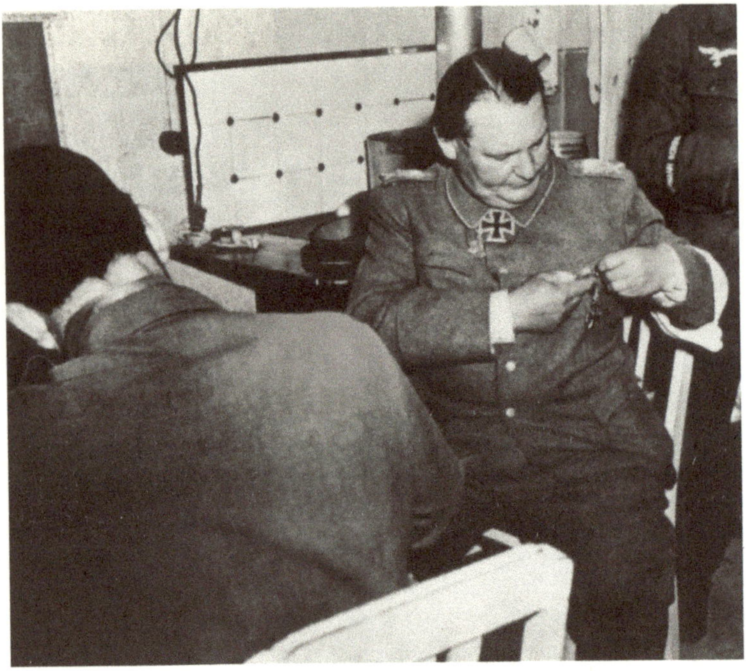

Hermann Göring im amerikanischen Internierungslager in Augsburg beim Ablegen der Orden und Ehrenzeichen, 10.5.1945

Walter Kempowski

Das Echolot

Abgesang '45

Ein kollektives Tagebuch

PENGUIN VERLAG

Für Cherry Duyns

Vorwort

Als ich vor zwanzig Jahren am Echolot zu arbeiten begann, beschäftigten mich drei Bilder.

Zunächst der «Turmbau zu Babel» von Breughel, jene Darstellung des konisch zulaufenden Turms, der vielbögig aufeinandergesetzten Spirale, die sich in die Wolken hineinschraubt und zu Gott hinaufdrängt, jener Turm, den Menschen bauten, um dem Allmächtigen gleich zu sein, den sie aber auch aus Sehnsucht aufrichteten, möglichst schon vor der Zeit zu ihm zu gelangen und sich in seinem Schoß zu bergen. Der Babylonische Turm stürzte ein, wir wissen es, und die Verwirrung, die sein Fall mit sich brachte, dauert an.

Das zweite Bild war die «Alexanderschlacht» von Albrecht Altdorfer, jenes bekannte Gemälde, auf dem Tausende von Kriegern auszumachen sind, die einander umbringen. Menschen ohne Namen, Todgeweihte, längst vermodert und vergessen, und doch Männer, die Frau und Kind zu Hause sitzen hatten, deren Keime wir als Nachkommen in uns tragen.

Das dritte Bild war die «Übergabe von Breda» des Spaniers Velázquez. Auf diesem Bild steht ein Sieger einem Besiegten gegenüber. Der siegreiche Feldherr hat dem Unterlegenen, der ihm demütig die Schlüssel der Stadt übergibt, nicht den Fuß in den Nacken gesetzt, sondern er neigt sich ihm gütig zu, ja, er hebt den sich beugenden Unterlegenen auf! Dieses Bild wurde vor 360 Jahren gemalt, und bis heute wurde seine Botschaft nicht eingelöst.

Heute, in den Tagen des Erinnerns, zwei Generationen nach Kriegsende, sind es andere Bilder, an die ich denken muß: Die Kamera schwenkt über das zerstörte Warschau, über die Leichenhaufen von Bergen-Belsen und über eine Gefängnismauer, die von Einschüssen gesprenkelt ist, und noch immer werden Massengräber geöffnet und Tote exhumiert. In Hiroshima läutet die Glocke.

Ich erinnere mich in diesen Tagen auch an die stillen Trecks der Flüchtlinge, an die zurückhetzenden fliehenden deutschen Soldaten, rette sich wer kann! Und an die fröhlich heimziehenden Fremdarbeiter mit ihren nationalen Kokarden. Auch an den weinenden Kindersoldaten auf der Protze seines zerstörten Geschützes muß ich denken.

Meine Eltern besaßen eine Tabakbüchse aus der Zeit des Siebenjährigen Krieges, sie stand auf dem Radio neben Judenbart und Schlangenkaktus, auf der war zu lesen:

Es wechselt alles ab,
Nach Krieg und Blutvergießen
Laßt uns des Himmels Huld,
Des Friedens Lust genießen.

Nein, von «genießen» kann keine Rede sein. Unser Film ist zwar durchgelaufen, aber es liegen andere bereit, die wir alle noch sehen werden, wieder und wieder werden es Bilder von Krieg und Blutvergießen sein, ein Ende der Vorstellung ist nicht in Sicht: Die Hochhäuser brennen schon.

An die Bilderbibel von Doré muß ich denken, die ich als Kind, auf dem Teppich liegend, durchblätterte, an die Sintflut: Die Wasser verlaufen sich, und auf den Klippen liegen die Leiber der Ertrunkenen ... Wir warten noch immer auf die Taube, die uns den Ölzweig bringt. Aber auf dem Bild von Doré spannt sich kein Regenbogen über den Toten.

Nartum, Februar 2005 — Walter Kempowski

Frühlingsglaube

Die linden Lüfte sind erwacht,
Sie säuseln und weben Tag und Nacht,
Sie schaffen an allen Enden.
O frischer Duft, o neuer Klang!
Nun, armes Herze, sei nicht bang!
Nun muß sich alles, alles wenden.

Die Welt wird schöner mit jedem Tag,
Man weiß nicht, was noch werden mag,
Das Blühen will nicht enden.
Es blüht das fernste, tiefste Tal:
Nun, armes Herz, vergiß der Qual!
Nun muß sich alles, alles wenden.

Ludwig Uhland

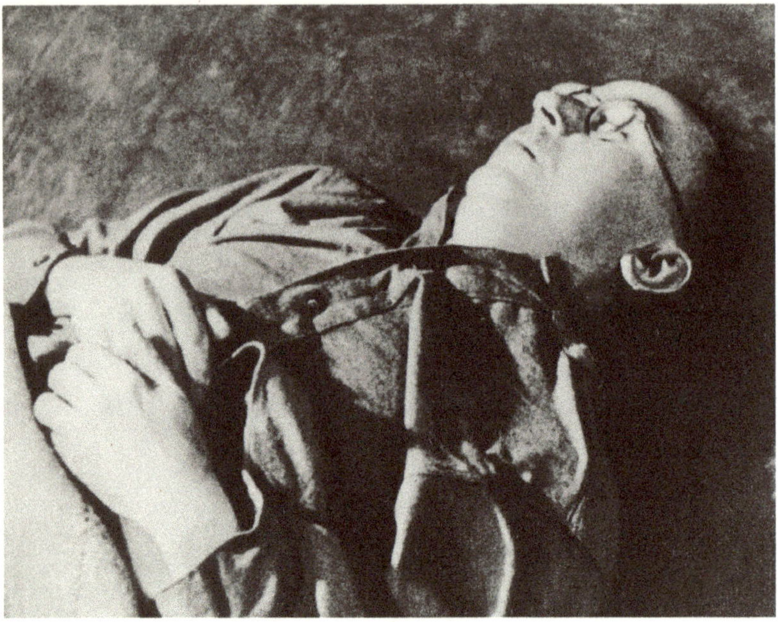

Heinrich Himmler nach dem Selbstmord in britischer Gefangenschaft in Lüneburg, 23.5.1945

Den Feinden entfiel der Mut; denn sie merkten, daß dies Werk von Gott war.
HERRNHUT NEH. 6,16

Diesen hof ausfegen
Deezen hoaf ous faygen
Sweep this yard
STARS AND STRIPES,
DAILY GERMAN LESSON

Der Flugkapitän Hans Baur 1897–1993 **(Berlin)**

Der letzte Geburtstag Hitlers verlief trübe und traurig. Zur Gratulation erschienen die Großadmirale Raeder und Dönitz, Himmler und Goebbels.

Martin Bormann 1900–1945 **Berlin**

Geburtstag des Führers

Leider nicht gerade «Geburtstags-Lage»
Abflug Vorauskommando nach Salzburg angeordnet.

Dr. Theodor Morell 1886–1948 **Berlin/Reichskanzlei**

Strophantose, Betabion forte i. v. plus Harmin s.c. – durch Dr. Stumpfegger machen lassen, da ich zu zittrig war.

★

Benito Mussolini 1883–1945 **Mailand/Palazzo Monforte**

Interview

Ich empfand und empfinde für Hitler die größte Hochachtung. Man muß unterscheiden zwischen Hitler und einigen seiner Männer, die in vorderster Reihe stehen.

Adolf Hitler 1889–1945 **(Berlin)**

An Benito Mussolini

Meinen Dank Ihnen, Duce, für Ihre Glückwünsche zu meinem Geburtstag. Der Kampf, den wir um unsere nackte Existenz führen, hat seinen Höhepunkt erreicht. Mit unbeschränktem Materialeinsatz setzen der Bolschewismus und die Truppen des Judentums alles daran, ihre zerstörerischen Kräfte in Deutschland zu vereinen und so unseren Kontinent in ein Chaos zu stürzen. Im Geiste zäher Todesverachtung werden das deutsche Volk und alle, die gleichen Geistes sind, diesen Ansturm zum Halten bringen, wie schwer auch der Kampf sein mag, und durch ihren einzigartigen Heldenmut den Verlauf des Krieges ändern. In diesem historischen Augenblick, in dem das Schicksal Europas auf Jahrhunderte hinaus entschieden wird, sende ich Ihnen meine herzlichsten Grüße.

Adolf Hitler

Joseph Goebbels 1897–1945 **(Berlin)**

Rundfunkansprache

Deutschland wird nach diesem Kriege in wenigen Jahren *aufblühen* wie nie zuvor. Seine zerstörten Landschaften und Provinzen werden mit neuen, schöneren Städten und Dörfern bebaut werden, in denen glückliche Menschen wohnen. Ganz Europa wird an diesem Aufschwung teilnehmen. Wir werden wieder Freund sein mit allen Völkern, die guten Willens sind, werden mit ihnen zusammen die schweren Wunden, die das edle Antlitz unseres Kontinents entstellen, zum Vernarben bringen. Auf reichen Getreidefeldern wird das tägliche Brot wachsen, das den Hunger der Millionen stillt, die heute darben und leiden. Es wird Arbeit in Hülle und Fülle geben, und aus ihr wird als der tiefsten Quelle menschlichen Glücks Segen und Kraft für alle entspringen. Das Chaos wird gebändigt werden! Nicht die Unterwelt wird diesen Erdteil beherrschen, sondern Ordnung, Frieden und Wohlstand.

Das war immer unser Ziel! Es ist das auch noch heute. Setzten die Feindmächte ihren Willen durch, – die Menschheit würde in einem Meer von Blut und Tränen versinken. Kriege würden sich mit Kriegen, Revolutionen mit Revolutionen abwechseln, und in ihrer furchtbaren Folge würde auch noch der *letzte Rest*, der von einer Welt, die schön und liebenswert war und wieder sein wird, übriggeblieben ist, zugrunde gerichtet werden.

⋆

Winston Churchill 1874–1965 *(London)*
In dem Moment, da sie am dringendsten nötig gewesen wäre, fehlte die unerläßliche politische Führung. Meister über die Geschicke der Welt, standen die Vereinigten Staaten als Sieger auf dem Schauplatz, aber ohne eine in sich geschlossene, klare Konzeption der Zukunft.

Bernard Law Montgomery 1887–1976 (Nordwestdeutschland)
Ich hatte immer Berlin als das Hauptziel angesehen. Es war der politische Mittelpunkt Deutschlands, und wenn wir vor den Russen dortsein konnten, würde in den Jahren nach dem Krieg alles für uns viel leichter werden. [...] Berlin ging uns schon im August 1944 verloren, als wir es nach dem Sieg in der Normandie unterließen, einen vernünftigen Operationsplan aufzustellen.

Der sowjetische General Georgij Shukow 1896–1974 ***vor Berlin***
Am 20. April [...] eröffnete die weitreichende Artillerie des 79. Schützenkorps der 3. Stoßarmee das Feuer auf Berlin. Der Sturm der deutschen Hauptstadt begann.

★

Alfred Kantorowicz 1899–1979 *(New York)*
Franklin Delano Roosevelt starb – wie Abraham Lincoln – im Bewußtsein des erkämpften Sieges. Ein schöner Tod: zu sterben am Endpunkt des Erfolges, bevor noch die Gegenkräfte zum Zuge gekommen sind, die den Sieg schänden werden, seine Früchte verwesen machen – das Schicksal Wilsons ist Roosevelt erspart geblieben. Er wird nicht mehr erleiden müssen, wie andere ihm den Frieden verderben.
Es ist ein seltsames Zusammentreffen: Roosevelt in der westlichen Hemisphäre der entscheidende Gegenspieler des rasenden Pöbelanführers aus Braunau, kam zur gleichen Zeit an die Spitze der Staatsmacht wie jener. Hitler, der Besiegte, wird den Sieger nicht lange überleben. Der wütige Hasser hat Roosevelt wahrscheinlich mehr gehaßt als irgendeinen anderen einzelnen in der Welt. Juden, Kommunisten, Intellektuelle, gegen die er sich heiser schrie, das waren Kollektive, Abstrakta gewissermaßen, Zwangsvorstellungen des Tobsüchtigen, Objekte seiner manischen Ausbrüche, aber wenn er den Namen Roosevelt aussprach, dann brach sich seine Stimme vor Haßgekreisch. Es war das Aristokratische in Roosevelt, das Helle, Strahlende, Zauberhafte, das des verlumpten Kleinbürgers dumpfige Minderwertigkeit zum Brodeln brachte.

Ich will keinen «Übermenschen» aus ihm machen, auch nicht in der Stunde der Trauer. Eher muß ich vor mir selber Ungerechtigkeiten abwägen, die sich seit Jahren in meinen Notizen finden. Ich habe bittre Worte über ihn niedergeschrieben; sie kamen aus enttäuschtem Vertrauen, enttäuschter Hoffnung. Und ich kann sie nun teilweise zurücknehmen.

Der Staatsmann, der Visionär, der geistige Führer Roosevelt hat dem Politiker, der sich im Ränkespiel des Alltags bewegen muß, allzuoft Konzessionen gemacht. Er hat geschwiegen, als er – nach Pearl Harbor und der Kriegserklärung durch Nazideutschland – die Möglichkeit gehabt hätte, mit den Freunden und Verteidigern von Nazismus und Faschismus in seinem Lande abzurechnen. Er hat den Krieg entarten lassen zu einer Polizeiaktion gegen Gangster, nach deren Niederringung seine Truppen sich als Gendarmen der Restauration einführten. Die Wohnviertel der Armen sind zerbombt worden, aber seine Sonderbotschafter überbrachten Komplimente in die Paläste der Könige, Marschälle und Industrieherren. Er hat mit französischen Faschisten in Casablanca Händedrücke getauscht – in Sichtweite der Konzentrationslager, in denen damals immer noch die überlebenden Antifaschisten mißhandelt wurden. Daß er mitunter nicht von den wohlfeilen Kümmerlingen der Tagespolitik zu unterscheiden war, machte mich zornig bis zur Ungerechtigkeit.

★

Anaïs Nin 1903–1977 *(New York)*

Frances schenkt mir einen kleinen Samthut mit schwingender Feder, der letzte Schrei. Pablo färbt die Feder um in leuchtendes Rosa. Ich trage diesen gewagten Hut, wenn wir ins Theater oder ins Ballett gehen.

Thea Sternheim 1883–1971 *(Paris)*

Welche Pracht in den Gärten! Flieder, Goldregen, Weiss- und Rotdorn blühen. Über den Mauern hängen die heliotropenen Trauben der Clematis. Welch ein Zauber den weissblühenden Blumen innewohnt. Auf der Höhe Ausblick auf die hingebreitete Stadt. Wie viele Städte sind inzwischen zum Trümmerhaufen geworden – die Engel haben Paris beschützt.

Hans Henny Jahnn 1894–1959 **(Bornholm)**
An seine Tante Helene Steinius
In den letzten zwei Tagen haben wir Frühlingswetter, und die Arbeit auf den Feldern geht mit aller Kraft vor sich. In dieser Woche hoffe ich, werden wir mit der Einsaat der Gerste fertig werden; dann folgen Hafer und Rüben. Inzwischen werden wohl weitere drei Füllen bei uns ankommen und hoffentlich auch einige Kälber.

★

Eberhard Fechner 1926–1992 **Schloß Waldeck**
Am 20. April 1945 lag ich im Schloß Waldeck in der Barockbibliothek, als Gefreiter, verwundet. Wir waren vom Amerikaner gefangengenommen und dort untergebracht worden.
Die Tür geht auf, und drei deutsche Führungsoffiziere kommen rein, grüßen und halten eine Geburtstagsfeier für den Führer. Mit deutschem Gruß! Und wir lagen da mit sechs Mann, und ich dachte, ich bin verrückt geworden. Amerikaner gestatteten deutschen Offizieren, eine Geburtstagsfeier für Hitler zu machen. Und ich lag im Bett, mit Steckschüssen im Bein und hab' nicht opponiert, sondern hab' den Arm gehoben und dachte, ich bin verrückt.

Der Hauptmann Fritz Farnbacher *1914 **Bohnsack bei Danzig**
10 Uhr Offiziersversammlung des ganzen Regiments zur Feier des Führergeburtstages. Erst kurze Gedenkrede für Herbert K., dann Pathétique, vom Doktor gespielt, dann verschiedene Sprecher, ein Chor, das Kaiserquartett von Haydn, Führerehrung und schließlich Brötchen und Alkohol, der seine Wirkung nicht verfehlt; aber schließlich wird noch 20 Minuten gute Musik vom Regimentskommandeur befohlen, die ich mit 2 Bachchorälen abschließen muß.

Günter Cords *1928 **Antiesenhofen/Österreich**
Führers Geburtstag. Auf dem Dorfplatz traten wir, durch dickbäuchige Linden gegen Fliegersicht gedeckt, zur Feier an. Von unseren Märschen angelockt, standen anderthalb Dutzend Kinder um uns herum, während ihre Eltern feige durch die Gardinen schauten. Kurz vor Schluß der Ansprache verschwanden selbst die Gören. Dafür erschienen Jabos und beendeten die Feier, bevor wir das Deutschlandlied blasen konnten.

Der Volkssturmmann Fritz Steffen 1893–1979 **Stettin**

Am 20.4.45, 19 Uhr müssen wir zur «Feier des Geburtstages des Führers» im Kasino des Landeshauses erscheinen. Ein Kreisleiter redet über den Endsieg! Die spendierte Flasche Rotwein und die kleine Portion Schinken und Wurst mit Brot haben uns nicht vom Sieg überzeugen können.

Dieter Borkowski 1928–2000 **Berlin-Kreuzberg**

Die meisten Parteigenossen saßen oder lagen auf dem Rinnstein; sie waren betrunken. Der Ortsgruppenleiter hatte alkoholische Beuteware verteilt. Er, selbst noch ein ganz junger Mann, stand dann käsebleich vor den alten Kämpfern des Führers, die sich kaum erheben konnten und teilweise bekotzte Uniformen hatten. «Kameraden, die Stunde der Bewährung hat geschlagen! Ihr werdet an der Reichskanzlei eingesetzt und unseren geliebten Führer retten.» [...] Wir setzten uns schließlich in Marsch, um über Blücherstraße zum Halleschen Tor und dann in die Wilhelmstraße zu marschieren.

★

Der norwegische Journalist
Theo Findahl 1891–1976 **(Berlin-Dahlem)**

Als ich gegen halb ein Uhr zum Hotel Adlon hinüberkomme, schlagen die Geschosse der russischen Artillerie mit Poltern und Getöse vor dem Eingang zu den Linden ein. Im Speisesaal sind die wenigen Gäste überwältigt von der Bereitwilligkeit der Kellner, den Wein in Strömen auszuschenken, sonst heißt seit langem die Regel: ein Glas pro Kopf. Nun ja, lieber die letzten Gäste bezahlen lassen, als alles den Russen geben. [...]

Goebbels' Stimme ist in Berlin schon lange ziemlich ausgeschrien gewesen. Er hat nicht mehr den gleichen Griff um sein Publikum wie früher, und es herrscht der Glaube unter den ausländischen Journalisten in Berlin, daß es zu einer ernsthaften Schlacht um die deutsche Hauptstadt nicht kommen werde. Die Barrikaden, aus Pflastersteinen errichtet und mit allem möglichen Gerümpel, verrosteten Autos und Badewannen verstärkt, wirken nicht imponierend, und wir können uns nicht vorstellen, daß sie ein ernsthaftes Hindernis für Stalins große Panzerwagen sein werden. In zwei, drei Tagen wird es vorüber sein, sagen wir. Alle haben wir aus den verschiedensten Richtungen gehört, daß der Volkssturm nicht kämpfen wird, und die Kommunisten werden die Russen natürlich als Befreier begrüßen. Nur einzelne schütteln ihre klugen Köpfe und sagen, die Raserei der roten Armee werde deutsche Verzweiflung auslösen, so daß die Hitze der Schlacht selber einen Riesenbrand entfachen werde. Die Schlacht um Berlin kann sogar furchtbar werden, sagen sie, seid keine Toren, sondern flüchtet, solange es noch an der Zeit ist. Denkt daran, die rote Armee hat die beste Artillerie der Welt. Die Russen haben an die tausend Kanonen auf einen Kilometer, eine Kanone auf den Meter – Trommelfeuer. Es ist so, daß man meint, die Erde solle untergehen.

Im Presseklub am Leipziger Platz ist die Auflösung vollständig. Die Arbeitszimmer sind ein Chaos von Papier, Glasscherben, Stühlen und Tischen, holterdipolter durcheinander, alles unter einem Geriesel von Kalkstaub. Keine Telephonwache. Keine Zensur. Alles fließt. Es sieht aus, als habe jeglicher Pressedienst von Berlin aus aufgehört. Die Servierfräuleins pressen sich jedesmal, wenn die Kanonen dröhnen, auf den Treppen aneinander. Essen ist nicht zu bekommen. Auch die Bar ist geschlossen. Die allermeisten Berichterstatter sind geflohen. Schon jetzt muß man Berlin als eine belagerte Stadt ansprechen; die Russen haben, soviel wir wissen, die wichtigsten Ausfallstore unter ihrer Kontrolle. Wie durch ein Wunder kommen die telephonischen Anrufe aus Stockholm und Kopenhagen durch, und einzelne Glückliche haben Gelegenheit, sensationelle Telegramme nach Hause zu schicken – an die Zensur kehrt sich keiner, alles ist ja in Auflösung. Hört, hört, sagen sie am Schluß, hört den *Kanonendonner* in Berlin! Wir hören, wir hören, sagen erregte Stimmen aus Stockholm und Kopenhagen.

⋆

Der Hauptmann
Arthur Mrongovius 1905–1992 **Tabor**

Ausgerechnet am 20. April, Führers Geburtstag, hatten wir Tabor, die heilige Stadt der Tschechen erreicht. In einem überfüllten Wartesaal hörten wir Goebbels' Rede aus Anlaß von Hitlers Geburtstag. Es war gespenstisch, die bekannte Stimme inmitten dieser trostlosen Umgebung zu hören – sie strahlte keinerlei Zuversicht mehr aus. Es klang wie ein Abgesang, als der Redner zum Schluß die Treue zu «unserm Hitler» beschwor. Betretenes Schweigen der versammelten Menge aus Flüchtlingen, versprengten Soldaten war das Echo zu dieser Ansprache.

Marie Wassiltschikow 1917–1978 **Gmunden**

Adolfs Geburtstag. Eine lächerliche Rede von Goebbels: «Der Führer ist in uns und wir in ihm!» Wie weit will er das noch treiben? Er fügte hinzu, daß es keine Schwierigkeiten bereiten werde, alles Zerstörte wieder aufzubauen. Unterdessen rücken die Alliierten von allen Seiten weiter vor, und die Fliegeralarme dauern den ganzen Tag. Die Frau des Obersten scheint jedoch all diese Kundgebungen zu glauben. Sie ist überzeugt, daß Deutschland eine geheime Wunderwaffe besitzt, die in letzter Minute eingesetzt werden wird; die Arme kann sich nicht vorstellen, wie sie sonst derartige Dinge sagen könnten. Sie besteht darauf, daß wir mit ihr frühstücken. Das ist sehr freundlich von ihr, denn es ist unsere einzige Mahlzeit am Tage.

Der Rittmeister Gerhard Boldt **Zossen**

Man verbreitet das Gerücht einer Befreiungsarmee. Flugblätter werden über Berlin abgeworfen: «Die Armee Wenk kommt und gibt euch Freiheit und Sieg». Aber diese 12. Armee, nach ihrem Führer, dem General der Panzertruppen Wenk, genannt, ist in Wirklichkeit keine Armee. Von ihren neun Divisionen stehen sechs auf dem Papier, nur drei Divisionen, also ein Korps, waren zu voller Aufstellung gekommen. Die drei Divisionen sind sehr schlecht ausgerüstet und bewaffnet. Fast 90 Prozent der Leute sind 17- und 18jährige kriegsunkundige Offiziersanwärter. Es gibt Gruppen, wo nicht einmal die Hälfte der Leute mit Waffen versehen ist. Das war die «Befreiungsarmee». Als Hitler sie am 5. oder 6. April Wenk übergab, sagte er feierlich: «Wenk, in Ihre Hände lege ich das Schicksal Deutschlands!»

★

Ernst Jünger 1895–1998 **Kirchhorst**

Weiter im Hiob. Mehr erfaßt keine Philosophie; der Schmerz ist der tiefste Goldgräber.

Thomas Mann 1875–1955 **Pacific Palisades**

Schulterte wieder den Roman und schrieb etwas weiter an XXVI. – Mit K. in der Nähe gegangen. [...] Abschrift der deutschen Ansprache, geübt. –

Heimito von Doderer 1896–1966 Aalborg

Park Hotel, beim Frühstück [...]

Gestern vor dem Schlafengehen und heute beim Aufstehen mußte ich mich des Rauchens enthalten, weil mir die Streichhölzer fehlten: das hat zur Folge, daß mir die Frühstücks-Zigarette einen kleinen Schwips erzeugt.

Mir scheint, man spürt, in der Uniform wandelnd, hier in ephemeren Kleinigkeiten die allgemeine Situation: Unverschämtheit der nach früheren Wiener Maßstäben ohnehin schlecht erzogenen dänischen Kellner (an Norddeutschland erinnernd) – das letztere erseh' ich aus dem Verhalten gegen dänische Gäste – und dergleichen. Ein wenig Marmelade auf den Frühstückstisch zu bekommen, erfordert umständliche Urgenzen, wobei zunächst erklärt wird, es sei keine da, bis sie am Ende doppelt erscheint ... So geht man heute durch die Welt: haftbar für's Kollektiv. Die Brücke zwischen innen und außen, die Brücke der Wirklichkeit, ist zerbrochen.

Heute drei Seiten Prosa, Melzers Abreise.

Wilhelm Hausenstein 1882–1957 Tutzing

Diese Nacht das «Riesenspielzeug» von Emil Strauß in großen Zügen zu Ende gelesen. Ich bin sonst ein langsamer, pedantisch genauer Leser, ein sehr umständlicher; aber gegenüber diesem Buch hat mich denn doch die Ungeduld gepackt; die Ausführlichkeit (der beiläufigen Gespräche zum Beispiel) scheint mir zum Gewicht des Ganzen nicht im richtigen Verhältnis zu stehen; das Exkursive und Diskursive hat mich ermüdet und mir die Konzentration unmöglich gemacht. So habe ich, was ich sonst *nie* tue, ganze Seiten überschlagen, und endlich habe ich mich von dem Buch ohne Schmerz getrennt, obwohl es mich vom Landschaftlichen her ja ganz besonders angeht. Dabei verkannte ich nicht das Gescheite und gut Formulierte, das oft aufleuchtet.

*

Der Offizier

Udo von Alvensleben 1897–1962 Norwegen

Hitlers Geburtstag. Man feiert in Saetermoen mit Streichquartett, Chorgesang, Ordensverleihungen, Beförderungen, Pudding und Sonderzuteilungen. Zur gleichen Zeit umklammern die Russen Berlin. Deutsche Truppen stehen sinnlos unentwegt am Nordkap, am Apennin und auf Kreta. Im Kessel des Reichs fluten die Menschen von Schrecken gejagt ziellos hin und her, während Bombenteppiche auf Ortschaften und Straßenkreuzungen niederprasseln.

Christian Graf von Krockow 1927–2002 **Kavallerieschule Næstved/Insel Seeland**

Wie zum Hohn: Großer Aufmarsch zu Führers Geburtstag. Es wird wohl das letzte Mal sein. Orden werden verliehen. Unser Rittmeister, hochdekoriert, ärgert sich über das Kriegsverdienstkreuz, das man ihm anheftet: «Bin ich denn ein Zivilist?» Vor allem werden markige Reden gehalten, mit Treuegelöbnissen, die DEM FÜHRER gewidmet sind.

Der dänische Journalist
Jacob Kronika 1897–1982 **Berlin**

Hitlers Geburtstag!
Diesmal ist es der letzte Führergeburtstag, sagen die Berliner.
Vor Jahren riefen sie «Heil!» Nun hassen sie den Mann, der sich ihr Führer nennt. Sie hassen ihn, sie fürchten ihn, sie erleiden seinetwegen Not und Tod. Aber sie haben weder Kraft noch Mut, sich von seiner Machtdämonie zu befreien. Verzweifelt und passiv warten sie auf den letzten Akt des Kriegsdramas.
Unbekannte Hände haben in der vergangenen Nacht an einer Ruine am Lützowplatz ein großes, primitives Plakat angebracht. Die Inschrift prangt in Höhe des ersten Stockwerkes und lautet:
«Das danken wir dem Führer!»
Der Text ist bekannt. Sein Erfinder ist Dr. Goebbels. Unzählige Male wurden diese Worte schon verwendet. Allerdings waren sie nicht als Grabschrift für Deutschlands Ruinen gedacht!

⋆

Albert Speer 1905–1981 **Berlin/Reichskanzlei**

Eigentlich wurde Hitlers letzter Geburtstag nicht mehr gefeiert. Wo an diesem Tag sonst zahlreiche Autos vorfuhren, die Ehrenwache präsentierte, Würdenträger des Reiches und des Auslands ihre Glückwünsche vorbrachten, herrschte Ruhe. Hitler hatte sich zwar vom Bunker in die oberen Räume begeben, die in ihrer Vernachlässigung einen passenden Rahmen zu seinem bejammernswerten Zustand gaben. Eine Abordnung der Hitlerjugend, die sich im Kampf bewährt hatte, wurde ihm im Garten vorgestellt; Hitler sprach einige Worte, tätschelte den einen oder anderen. Seine Stimme war leise. Nach kurzer Zeit brach er ab. Er hatte wohl das Gefühl, nicht mehr überzeugen zu können, es sei denn, im Mitleid. Die Verlegenheit einer Gratulation wurde von den meisten dadurch umgangen, daß sie wie immer zur militärischen Lagebesprechung kamen. Niemand wußte recht, was er sagen sollte. Hitler nahm die Glückwünsche, den Umständen entsprechend, kühl und fast abwehrend entgegen.

Kurz danach standen wir, wie schon so oft, in dem engen Bunkerraum um den Lagetisch zusammen. Hitler gegenüber hatte Göring Platz genommen. Er, der auf äußeren Schein stets großen Wert legte, hatte seine Uniformierung in den letzten Tagen bemerkenswert verändert. Der silbergraue Stoff seiner Uniform war zu unserer Überraschung durch das braungraue Tuch der amerikanischen Uniform ersetzt worden. Gleichzeitig waren seine bis dahin fünf Zentimeter breiten, goldgeflochtenen Achselstücke durch einfache Stoffachselstücke ersetzt, auf denen schlicht sein Rangabzeichen, der goldene Reichsmarschall-Adler, geheftet war. «Wie ein amerikanischer General», flüsterte mir ein Teilnehmer der Lage zu. Aber Hitler schien auch diese Änderung nicht zu bemerken.

Während der «Lage» wurde der unmittelbar bevorstehende Angriff auf den Stadtkern von Berlin besprochen. Der Gedanke des Vorabends, die Metropole nicht zu verteidigen, sondern sich in die Alpenfestung abzusetzen, war über Nacht bei Hitler dem Entschluß zum Kampf um die Stadt, in den Straßen Berlins, gewichen. Sofort wurde Hitler bestürmt, daß es nicht nur zweckmäßig, sondern auch der letzte Augenblick sei, den Sitz des Hauptquartiers nach dem Süden, auf den Obersalzberg, zu verlegen. Göring machte darauf aufmerksam, daß nur noch eine einzige Nord-Süd-Verbindung über den Bayerischen Wald in unserm Besitz sei und daß der letzte Fluchtweg nach Berchtesgaden jederzeit unterbrochen werden könnte. Hitler ereiferte sich über die Zumutung, Berlin gerade jetzt zu verlassen: «Wie soll ich die Truppe zum entscheidenden Kampf um Berlin bewegen, wenn ich mich im gleichen Augenblick in Sicherheit bringe!»

In seiner neuen Uniform saß Göring ihm bleich, schwitzend und mit weit geöffneten Augen gegenüber, als sich Hitler zunehmend in Erregung redete: «Ich überlasse es dem Schicksal, ob ich in der Hauptstadt sterbe oder ob ich noch im letzten Augenblick nach dem Obersalzberg fliege!»

Kaum war die Lagebesprechung beendet, die Generale verabschiedet, als Göring sich verstört Hitler zuwandte: er habe in Süddeutschland dringendste Aufgaben zu erledigen, er müsse noch in der gleichen Nacht Berlin verlassen.

Hitler sah ihn geistesabwesend an. Mir schien dabei, daß er in diesem Augenblick von seiner eigenen Entscheidung, in Berlin zu bleiben und sein Leben aufs Spiel zu setzen, selber ergriffen war. Mit gleichgültigen Worten gab er Göring die Hand, ließ sich nicht anmerken, daß er ihn durchschaute. Ich stand wenige Schritte von beiden entfernt und hatte das Gefühl eines historischen Augenblicks: die Führung des Reiches ging auseinander. Damit war die Geburtstagslage beendet.

*

Der Postbeamte
Wilhelm Bodenstedt 1894–1961 **Breslau**

Die Nacht war wieder sehr unruhig. Das Artilleriefeuer hörte erst am Morgen etwas auf. Am Tage ging es noch heißer zu. Vom Weiberle heute einen Brief vom 10. 3. bekommen, also mehr als 40 Tage unterwegs war der Brief. Es ist der 11. Brief seit 10. Februar. Leider *ohne* Härchen wie alle Briefe bisher. Die Handwunde heilt recht langsam, muß immer noch verbunden werden. Ich glaubte, es würde schon mit einem Pflasterverband gehen, so muß ich immer noch Binde tragen. Es ist jetzt 22 Uhr. Wir hatten schon wieder Fliegerbesuch; die Burschen haben Sprengbomben geworfen. – Nun gute Nacht, mein Weiberle.

Der Volkssturmmann Emil Heinze **Breslau**

Am 20. April, Führers Geburtstag, hielt ein Propaganda-Offizier eine Rede, in der er unter anderem über die Verwüstungen von Breslau tröstete: «Ich habe einen Ingenieur gesprochen. In vier Wochen kann eine Straße wie die Albrechtstraße wieder aufgebaut sein.» Dies erweckt bei der Kompanie ein lautes Lachen. Es wurde Beschwerde geführt, daß viele unter der Uniform einen Zivilanzug tragen.

Der Dramaturg Hugo Hartung 1902–1972 **Breslau**

Im großen Seminarsaal findet eine funebre Feier zu Führers Geburtstag statt. Der Oberst hält in etwas hohlem Pathos eine Gelöbnisrede der Siegeszuversicht. Die meisten seiner Offiziere blicken recht skeptisch drein. Wieder werden Orden verliehen und Beförderungen mitgeteilt. Das Positive an diesem Tag ist, daß wir vorzügliches Mittagessen und eine Flasche Wein bekommen. An den Breslauer Stadtfronten bleibt es auch weiterhin verhältnismäßig ruhig.

Der Fallschirmjäger
Albrecht Schulze-van Loon **(Breslau)**

Unsere Scharfschützen arbeiteten mit allen Tricks, die möglich waren. Einmal hatten sie sich durch die Trümmer in eine Straße geschlichen, in die der Russe mit einem LKW fuhr, um Ablösungen nach vorn zu bringen. Poldi saß links, sein Kamerad rechts von der Straße, die durch einen hohen Geröllwall nicht mehr weiterführte. Als der russische LKW hielt, schoß Poldis Kamerad von rechts. Die Russen reagierten blitzschnell und vernünftig: sie sprangen nach links vom LKW und damit genau unserem Poldi vor die Flinte. Unsere beiden Scharfschützengruppen hatten im Laufe der Kämpfe zusammen etwa zwei Kompanien russischer Soldaten vernichtet.

Senta Tittmann *1919 ***Obernigk bei Breslau***

Am 18. April waren 2000 deutsche Gefangene durchgekommen. Sie lagen im Schloßpark. Hildburg und ich gingen nach dem Abendessen mit anderen Frauen zum Kartoffelschälen. Es war ein Anblick, wie auf einer Theaterbühne, alles schemen- und kulissenhaft.

Vor uns liegt ein riesengroßer Berg Kartoffeln. Links davon stehen drei Gulaschkanonen, die von einem Deutschen bedient werden.

Im Hintergrund des weiten Gutshofes steht die dunkle Front der hungrigen Gefangenen. Hinter uns steht die Ruine des Schlosses schwarz und anklagend, beleuchtet vom flackernden Schein des Lagerfeuers der Russen. Ein sternenklarer Himmel wölbt sich über uns. Zur bekannten Zeit beginnt das Schauspiel über Breslau. Scheinwerfer, Flakspuren, Feuersbrunst. Irgendwo sangen Russen – weit klingt es durch die Nacht.

Die Türen der Feueröffnung sind geöffnet, damit wir etwas Licht für die Arbeit haben. Ein russischer Major gibt mit unangenehmer Stimme Befehle. Wir hatten Gelegenheit beim Vorüberschreiten der Gefangenen an den Gulaschkanonen mit ihnen zu sprechen. «Haltet aus, seid tapfer und bleibt uns gut.»

Oh, diese Männer, sie wissen gut, welche Gefahr uns droht. Ein Berliner fand sich gleich heraus. Es waren heimatliche Klänge für mein Ohr. Welch ein Schmerz senkte sich ins Herz, wenn wir dabei an unsere eigenen Männer denken.

★

Erna Seiler 1906–1990 **Tschechoslowakei**

Wir hatten inzwischen gar nicht gemerkt, wie nahe die Russen schon waren und wie betriebsam die Tschechen. Aber wie sollten wir jetzt dort rauskommen, Züge fuhren nicht mehr, Bomben fielen.
Nun begann etwas, was nur unsere Tante Lena konnte. In Tschaslau waren noch deutsche Soldaten, eine Kaserne voll. Tante Lena ging jeden Tag, ließ sich beim Hauptmann melden und sagte: «Wir haben 11 Kinder, wollen Sie die auf dem Gewissen haben? Bringen Sie uns hier heraus!» Und eines Tages war es dann soweit, Tante Lena bekam den Bescheid. «Morgen geht es im Konvoi von Tschaslau nach Passau. Wir werden über Winterberg fahren und Sie dort abladen. Ein Lastwagen für Sie wird angehängt.» Tante Lena mußte sich von vielem trennen, aber einen alten Schrank (wertvoll) und die Kinderbetten nahm sie mit. Wir hatten nicht viel zum Packen. Das Auto war leer, aber hinten wurden alle Sachen eingeschichtet, den Abschluß bildete eine alte Nähmaschine. Der Rest an Platz war für die 11 Kinder, 2 davon im Kinderwagen, und für uns 2 Mütter. Unten im Haus wohnte eine Tschechin, eine ältere Frau. Sie drückte mir ein großes Brot in die Hand und sagte: «Für Ihre Kinder. Die Deutschen ziehen ab, aber die Russen kommen. Ich glaub, für uns wirds nicht besser.» Nun begann eine sehr abenteuerliche Fahrt, meist nur des Nachts. Am Tage standen die Autos am Waldrand und wurden von den Soldaten bewacht. «Partisanen» sagten sie. Nachts fuhren wir durch Prag; Pfiffe, Schreie, Schüsse.

Die Seminaristin
Hildegard Holzwarth *1928 **Prag**

Gestern waren wir im Zirkus. Es war herrlich. Ich hab immer nur geschaut und mich gefreut wie ein kleines Kind. Ein Zauberkünstler hat mir besonders gut gefallen. Er hat so aufregende Sachen gemacht. Ich freu mich, daß ich wieder einmal so kindlich glücklich sein durfte. Jetzt aber steht der traurige Ernst des Lebens wieder in großer Klarheit vor mir. Ich bin genau ein Jahr in Prag in dieser Woche. Ich bin dankbar für dieses eine schöne Jahr, das ich in der «goldenen Stadt» erleben durfte. Es war so voll Abwechslung, voll Heiterkeit und Traurigkeit. Ich werde dir diese Tage nie vergessen, du schöne Stadt!
Hier werden alle Vorbereitungen gegen den Feind getroffen. Eine ungeheure Spannung ist zwischen Deutschen und Tschechen. Es sind jetzt schon kleine Unruhen. Warum sollen sich deutsche Frauen und Mädel da hinopfern? Meine Pflicht ruft mich zu den Eltern. Hier werden wir nicht mehr gebraucht. Prag, ade!

Heute hat der Führer Geburtstag. Welch ein Jubeltag war das sonst. Dieses Jahr ist der Tag ein Trauertag. Führer!

Der Leutnant
Hans Kranich 1919–1980 **bei Jägerndorf/Altvater-Gebirge**

Jetzt möchte ich fast glauben, daß ich an Führers Geburtstag auch noch beim Bataillon war, denn ich habe die kurze Rede des Führers im Radio gehört, in der er seine Befriedigung darüber ausdrückte, daß mit Roosevelt sein ärgster Feind überraschend gestorben war, während ihn die Vorsehung am 20. Juli bewahrt hatte.
Im April ereignete sich doch noch einiges, während ich als Adjutant beim Bataillon war. Es wurde Frühling, am Berghang blühte ein wilder Kirschbaum, am Horizont hing müder blauer Dunst.
Die Befehle überschlugen sich: von der Heeresgruppe kam fast täglich ein Befehl, doch meist waren die Befehle nur für Offiziere bestimmt. Sie waren lustig zu lesen, Feldmarschall Schörner zeigte darin seine sprachschöpferische Begabung, und sie gefielen mir auch deswegen, weil endlich wieder die Wirklichkeit angesprochen wurde und die Klischees von den Tag und Nacht tapfer kämpfenden Soldaten plötzlich vergessen waren. So hieß es: «Ich stehe auf einem Turm und überblicke den Abschnitt einer Division. Was sich da über das Gelände breitet, ist der Ausdruck lascher Gleichgültigkeit, um nicht zu sagen: Feigheit. Die Granatwerfer sind so weit hinten wie möglich in Stellung gegangen, die Artillerie hat sich nicht den Platz für den wirksamsten Einsatz ausgesucht, sondern die Stellung, aus der sie am raschesten wegkommen kann. Drei (!) Feldgendarmen bringen einen gefangenen Russen zurück, anstatt sich um das Gesindel zu kümmern, das sich in der Etappe rumdrückt.»
Der Nimbus des wilden Mannes umgab ihn wie kaum einen zweiten. Die Division wußte es zum Glück vorher, daß Schörner den Troß besichtigen wollte. Sie kommandierte schnell alle fronttauglichen Soldaten zur kämpfenden Truppe ab und stellte einen Troß vor, der aus Kranken und Verwundeten bestand, und erntete prompt das höchste Lob des Chefs der Heeresgruppe: «Der Troß der 78. St.D. war vorbildlich.»

★

Görings Adjutant **Karinhall – Berlin**

An diesem Tage fahre ich zum letzten Mal mit RM [Reichsmarschall] von Karinhall ab. Der Abschied von den Räumen, in denen er jahrelang gewohnt hat und die Zeuge seines Aufstieges waren, fällt ihm verdammt

schwer. Ich habe bisher niemals Tränen in seinen Augen gesehen – als er sich von seinen Angestellten verabschiedet, lassen sie sich nicht länger zurückhalten.
Die Stimmung in Berlin ist gedrückt, wie in den ganzen letzten Wochen. AH kommt sehr spät und läßt sich nur ganz kurz zu seinem Geburtstag gratulieren, dann beginnt die «Säge» [Lagebesprechung]. Über diese Einrichtung und über die teilnehmenden Personen wird es sich einmal lohnen, einige Aufzeichnungen zu machen. Gegen 22 Uhr ist sie zu Ende, RM hat Befehl (oder Genehmigung), in den Süden zu fahren, und geht ohne langen Abschied. Zwischen zwei Fliegeralarmen versuchen wir die Ausfahrt, müssen aber wieder umkehren, auch in der zweiten Pause schaffen wir nur einen Sprung bis zum Zoobunker. Dort geht RM kurz durch die Lazaretträume und setzt sich dann in den Vorraum zum allgemeinen LS[Luftschutz]-Raum. Die Haltung der Bevölkerung ist erstaunlich: ich hätte Verständnis dafür, wenn sie «Meiern» auspfeifen würden, aber im Gegenteil, wie ein Lauffeuer ist es durch den Bunker: unser Hermann ist da! Und dann drängt sich alles begeistert heran, um ein Wort von ihm zu hören oder einen Händedruck zu erhaschen. Erst nach Mitternacht können wir vom Bunker abfahren.

Der General
Karl Koller 1898–1951 **Wildpark-Werder/OKL**

Göring war übrigens schon völlig reisefertig aus Karinhall zum Führerbunker gekommen und hatte auch bereits für seine Begleitung die entsprechenden Anordnungen getroffen. Seine Kraftwagen waren alle beladen.
Bei der Lagebesprechung im Führerbunker hat er dann nach meinem Weggang nochmals die Frage der Verlegung angeschnitten und von Hitler gefordert, daß vom OKL. sofort wenigstens einer, entweder er oder der Chef des Generalstabes nach dem Süden gehe, weil die Situation dort eine gemeinsame, obere Führung der Luftwaffe verlange. Darauf sagte Hitler: «Dann gehen Sie, der Koller bleibt hier.»
Dies meldet mir nach meiner Ankunft in Wildpark-Werder Christian fernmündlich aus dem Bunker. Er sagt mir, Göring fahre unmittelbar nach der Lagebesprechung nach Berchtesgaden ab. Er ließe mir bestellen, ich müsse bleiben und ihn vertreten.

⋆

Der Arzt
Hans Graf von Lehndorff 1910–1987 Königsberg

Meine Ausrüstung setzt sich zur Zeit folgendermaßen zusammen: ein kurzärmeliges Afrika-Hemd, eine Unterhose, eine mir im Bauchumfang um einen halben Meter zu weite Manchesterhose, die ich auf der Straße gefunden habe, darüber meine eigene lange Hose, unten zugeschnürt, eine von einem Verwandten geerbte Jacke, der Militärmantel, die Filzstiefel und ein Hut, den ich ebenfalls gefunden habe. In einem Sack über der Schulter trage ich meine alten Schuhe und die gefundene Tarnjacke. Das Wetter ist etwas besser. Zeitweise scheint die Sonne. Die Straße ist noch ungemein belebt und die Luft voller Flugzeuge, die Pillau zum Ziel haben. Vor den Wagen gespannt und unter dem Reiter entdecke ich ein Reihe ostpreußischer Pferde, die schon ganz apathisch sind und sich an diese fürchterliche Gangart gewöhnt haben, die ausnahmslos angeschlagen wird: Stechtrab in Dreischlag übergehend. Ein Martergeräusch ist das, wenn man sie auf dem Straßenpflaster entlangrasen hört, den Hals hintenübergebrochen, den Kopf schief, das Maul blutig gerissen. […]

Eng nebeneinander auf dem Fußboden hockend, werden wir von einem gemütlichen blonden Russen bewacht, der etwas Deutsch kann. Mittags kocht er uns im Vorraum auf einem Ziegelherd dicke Grütze in einem Eimer. Die hungrigen Augen machen ihm offensichtlich Vergnügen.

Am Nachmittag werden wir einzeln zur Vernehmung geholt. Bei mir geht es merkwürdig schnell. Aus meinen restlichen Papieren sieht der grimmige Major wohl, daß ich Arzt bin. Sonst wird er nicht recht klug aus mir. Offenbar begreift er nicht, wie ich gerade zu diesem Trupp gelangt bin. Wieder staune ich über die Möglichkeit eines Systems in diesem Wirrwarr. Warum machen sie überhaupt noch Unterschiede? Der größere Teil der Leute wird ja aus dieser Sortiermaschine sowieso nicht lebend herauskommen. Meine sonstigen Angaben hält der Major für übertrieben. Ich befinde mich offenbar in einem Zustand, der kein besonderes Interesse an meiner Person mehr aufkommen läßt. Daß ich nicht in der Partei gewesen sei, glaubt er nicht. Der Dolmetscher fragt: «Warum Partei für dich schlecht?» Das könne ich ihm nicht so schnell erklären, antworte ich. Auf mehrfaches Drängen, dennoch eine Erklärung abzugeben, mache ich das Zeichen des Kreuzes. Der Dolmetscher tippt sich auf die Stirn und nickt dem vernehmenden Major zu. Der schiebt mir meine Papiere wieder hin und läßt mich gehen.

Die anderen Männer werden sehr viel länger vernommen. Der Junge wird unter anderem gefragt, wieviel gefangene Russen er bei den Übungen der Hitlerjugend erschossen hätte. Ein alter Mann, der früher bei der Polizei war, kommt überhaupt nicht wieder zum Vorschein.

Frau Bruno **Königsberg**

Am 20. 4. wurden alle politisch Unverdächtigen zu Fuß nach Königsberg getrieben, der Rückweg war wieder ein Leidensweg, weil die Frauen immer wieder belästigt wurden. In Königsberg lagen Leichen auf den Straßen, Deutsche, Russen, Pferde, ganze Straßenzüge waren ausgebrannt, so daß in der Stadt und auch auf den Hufen nur noch Häusermauern standen. ich schleppte mich mühsam zu meiner Wohnung und fand ein Nichts, alles ausgebrannt, nur das Treppenhaus stand, und die Heizkörper hingen an den Wänden, sonst nur Schutt und Asche! Ich war innerlich so abgestumpft, daß mich dieser Anblick kaum mehr erschütterte. Schon im Lager hatte ich mich an ein altes Apothekerehepaar angeschlossen und an Herrn Wiehler, und wir vier Personen zogen nun in Herrn Wiehlers Wohnung. Von seinen 5 Zimmern waren 2 Zimmer und die Küche benutzbar, und wir gründeten eine Schicksalsgemeinschaft, die etwas Einmaliges ist.

Willi Holtzer **Fischhausen bei Königsberg**

In einer kleinen Stube des Bauernhauses verbrachten wir nun die erste Nacht. An der Tür wurden wir von einem Russen bewacht. Es muß um Mitternacht gewesen sein, da weckte mich der Russe mit dem Gewehrkolben und bedeutete mir, ihm zu folgen. Meinen Rucksack mußte ich zurücklassen.

Er führte mich sodann in eine dunkle Ecke des Hofes. Dort stand unter einem Überbau eine lange, schmale Kiste mit Deckel, in Form eines Sarges. War das eine Falle? Nachdem der Russe an einem Regal hantiert hatte, kam er aus dem Dunkeln hervor mit einer Büchse roter Farbe und einem Pinsel. Mit Handbewegungen befahl er mir, den Sarg rot zu streichen.

Der Posten entfernte sich in Richtung Unterkunft. Was stand mir nun bevor? Sollte ich versuchen zu fliehen?

Die Überraschung war noch größer, als der Posten nach kurzer Zeit zurückkam und mich in die Küche führte. Dort hatte die russische Feldküche noch einen reichlich gedeckten Tisch übriggelassen. Durch freundliches Hindeuten wurde ich zum Essen aufgefordert. Sollte das nun meine Henkersmahlzeit sein?

Beim Essen konnte ich beobachten, daß der nächste Kamerad zum Anstreichen in den Schuppen geführt wurde. Dabei erfuhr ich auch den

Grund, warum uns der Posten ohne Gepäck in den Schuppen gebracht hatte. Er hatte auf diese Weise in aller Ruhe unsere Gepäckstücke filzen können. Schweres Gepäck hätte uns wohl auch nur belastet, und vielleicht war doch irgendwo eine «Uhri» versteckt. Diese Sorgen mit der Uhr hatte ich nicht mehr. Ich war dankbar für das gute Essen und einige Kleinigkeiten, die ich in der Küche «gefunden» hatte.

Klara Gawlick *1907 **Königsberg**

Täglich kamen die Russen, um uns noch den Rest unserer Sachen zu nehmen. Einem alten Herrn rissen sie sogar das Jackett von der Schulter. Es war der späte Abend des 19. April, als uns ein russischer Posten von der schweren Tagesarbeit nach Hause brachte. Ein anderer Russe, der uns auf einem Rad entgegenkam, überbrachte uns allen den Befehl, zur Kommandantur zu kommen. Dort wurden wir bis in die Nacht hinein vernommen und dann nach einem unsanften Reißen an der Nase mit der Bemerkung «Nazihunde» in den Keller gesperrt. Darauf teilte man uns mit, wir würden nach Rußland abtransportiert. Meine Angst um meine drei kleinen Kinder, die ja in dem Siedlungshaus zurückgeblieben waren, war unbeschreiblich groß. Am Morgen wurden wir für einige Minuten herausgelassen, um sofort wieder in den Keller gesperrt zu werden. Zum Glück kam ein Russe eines höheren Ranges und befragte uns nach unserer Beschäftigung hier. Auf unser Erzählen und Bitten hin ließ er die Frauen, die kleine Kinder hatten, nach Hause zurückgehen. Über das Schicksal der anderen Personen weiß ich nichts zu berichten.

★

Der Musiker Erich Zimmermann 1900–1987 ***(Heubude)***

Die nächste Zeit verging damit, daß Omi Paula in unserem Keller alle verwühlten und in den Dreck getretenen Lebensmittel zusammensuchte. Es war unsere Rettung, daß dabei noch allerhand zutage kam, auch die Kartoffeln waren noch da und aus meiner Lebensmittelkiste die zwei Gläser mit Fett.

Wir lebten in einem Haufen von Gerümpel und Verwüstung, und ich bestand darauf, daß Omi Paula das so ließ, – als gute Hausfrau wollte sie natürlich sofort aufräumen – weil unter dem Gerümpel viele für uns wertvolle Sachen lagen, die Omi Paula noch aus ihrer Wohnung hatte holen können. Das verwüstete Aussehen unseres Zimmers war unser bester Schutz. Wenn dann die jeden Tag durch die Häuser streifenden

russischen und polnischen Soldaten auch zu uns kamen, sagten sie meistens nur grinsend: «Alles kaputt!» und suchten nicht weiter nach.
Am schlimmsten waren die Nächte. Wir kamen immer erst um 1 Uhr zur Ruhe, weil jede Nacht die Wohnungen von Russen nach Frauen durchsucht wurden. Omi Paula und ich hatten mit allen Hausbewohnern verabredet, daß ich sie als meine Frau ausgeben wollte, und den beiden Jungen hatte ich eingeprägt, daß sie mich nur noch «Großvater» nennen durften.
Es war mir klar, daß ich mein Überleben bis dahin zu einem guten Teil Omi Paulas Mithilfe zu danken hatte. Seitdem wir aber in ihr Wohnhaus zurückgekehrt waren, ergab es sich, daß ich ihre Hilfe vergelten konnte durch mein Vorhandensein und meine Verfassung. Ein gesunder, kräftiger Mann wäre sofort von den Russen verschleppt worden. Ich hatte mich seit Wochen nicht rasiert, und mein langer Bart und der verhungerte Zustand, gaben mir ein Aussehen, daß ich bei den Soldaten öfter den Ausdruck «stary invalid» (alter Invalide) hören konnte.
Wenn wir nachts auf die Russen warteten, lagen Omi Paula und ich angekleidet im Bett, sie mit einem alten Tuch um den Kopf, das sie auch am Tage niemals ablegte, um ihr Gesicht darin zu verbergen. Wenn wir dann Russen kommen hörten, drückte sie sich im Bett so unsichtbar wie möglich an die Wand, während ich schnell aus dem Bett kroch und mich auf meinen Reiserollstuhl setzte. Kamen die Russen, dann stellte ich mich ihnen als Invalide in den Weg. Sie palaverten irgendwas und zogen los.
Unter allen Bewohnern des Hauses war es vereinbart worden, daß, wenn irgendwo im Haus eine Frau zu schreien anfangen sollte, sofort alle andern Frauen aus aller Kraft in das Geschrei einstimmen sollten, weil dies das beste Mittel war, die Russen zu vertreiben.
Eines Nachts kamen drei Russen in unser Zimmer. Sie hatten etwas besonderes an sich. Sie waren vollständig bewaffnet, mit umgehängten Gewehren.
Ich empfing sie wie üblich. Der eine war ein kleiner, bösartig aussehender Kalmückentyp, der zweite ein großer, finsterer Russe, der dritte sah eigentlich ganz menschlich aus, war sogar freundlich. Die Kerle waren mir besonders unheimlich, da sie auch noch ein sonderbar ruhiges, verstohlenes Wesen an sich hatten. Sie wollten Salz von mir haben, damals eine große Seltenheit. Ich bestritt, daß wir welches besäßen, wobei ich mächtig Angst hatte, denn im Zimmer stand ein kleiner Steintopf voll Salz, das ein großer Schatz für uns war.
Dann wollten sie, daß ich mit in die Küche käme, und ich war froh, sie erstmal aus dem Zimmer zu kriegen. Sie verlangten Kochtöpfe von mir,

und als ich mich anstellte, als ob ich sie nicht verstände, nahmen sie zwei, das war ja selbstverständlich. Dann zogen sie los, und ich dachte natürlich, daß ich unsere unersetzlichen Kochtöpfe zum letzten Mal gesehen hätte, obgleich der eine mir verständlich zu machen suchte, daß er sie in einigen Stunden zurückbringen würde.
Diese Kerle blieben drei Tage und Nächte im Haus. Sie hatten sich im Keller eingenistet, wo sie kochten und in unseren Töpfen Kaninchen brieten, was man im ganzen Hause riechen konnte. Einmal hatten sie in der Toten Weichsel mit Sprengstoff gefischt und brachten uns eine Schüssel voll kleiner Fische. Nach drei Tagen verschwanden sie und brachten mir sogar vorher die Töpfe zurück. Überhaupt hatten sie sich sehr zurückhaltend und vorsichtig benommen und niemandem etwas getan. Einige Tage später aber bekam Omi Paula sie zufällig auf der Straße vor dem Haus noch einmal zu sehen, als sie entwaffnet von russischen Soldaten abgeführt wurden. Also waren es wohl Ausreißer oder Deserteure gewesen.

*

Brigitte Kramer **Pillau – Kopenhagen**

Da lag ein Schiff, aber ein sehr kleines, auf dem nur wenige Personen Platz hatten. Meine Mutter war entsetzt, damit könnten wir niemals über die Ostsee, meinte sie. Darüber machte ich mir keine Gedanken. Die Matrosen würden doch wissen, ob das geht. Ich wollte jetzt weg. Irgendwohin, wo man wieder richtig leben konnte.
Und dann geschah wieder etwas Schreckliches. Der Volkssturm wollte meinen Vater nicht auf das Schiff lassen. Meine Mutter und wir Kinder waren schon auf dem Schiff, als wir bemerkten, daß sie ihn daran hindern wollten. Menschen drängten nach, so daß wir auch nicht wieder runter konnten. Wir schrien und weinten, es konnte doch nicht sein, daß wir jetzt, da wir soweit alles überstanden hatten, noch getrennt werden sollten.
Mein Vater sah uns auf dem Schiff. Er war bleich und konnte nicht sprechen. Seine Stimme versagte durch die Verletzung ganz, wenn er sich aufregte.
Dann bemerkte einer der unten stehenden Offiziere unsere Verzweiflung. Er befahl dem Volkssturmmann, meinen Vater an Bord zu lassen. Der weigerte sich. Dann, in einem unbewachten Augenblick, zeigte der Offizier meinem Vater, wie er durch die Reling klettern könnte. Er tat es und war wieder bei uns. Niemand holte ihn mehr herunter, denn es mußte alles sehr schnell gehen.

Wir fuhren sofort aus dem Hafen, und gleich danach hatte Pillau Großalarm. Vom Schiff aus sahen wir, wie die Stadt bombardiert wurde. Es brannte überall! Dann verfolgte uns ein russisches Flugzeug, aber unsere Flak zwang es zum Abdrehen.
Wir waren von der Aufregung ziemlich erschöpft und versuchten zu schlafen, wo es sich gerade ergab. Mutti und ich auf den kahlen Eisenplanken, einige auf dem Gepäck, meine Schwester auf einem Tau, und mein Vater saß und schlief auf der Ecke einer Kiste. Und über uns der kalte Nachthimmel.
Mitten in der Nacht erreichten wir die Halbinsel Hela. Hier sollten wir auf ein größeres Schiff umgeladen werden. Im Hafen brannten drei Schiffe, und Schiffsrümpfe ragten schwarz aus dem Wasser. Ein trostloser Anblick. Wir blieben außerhalb. Dort lag völlig im Dunkel die «Lappland», ein Frachter, der uns übernehmen sollte. Von allen Seiten fuhren Fähren und kleine Schiffe auf die «Lappland» zu. Gegen Morgen, es dämmerte schon, waren wir an der Reihe. Über einen sehr schmalen Steg, mit einer Leine, rechts, als einzigem Halt, mußten wir von dem kleinen auf das große Schiff, über die offne See, die dunkel unter uns lag. Das Gepäck wurde gleichzeitig mit Netzen herübergehievt. Eins dieser Netze öffnete sich über dem Wasser, und der ganze Inhalt, Koffer, Bündel, Kisten und Kinderwagen fielen in die See.
Dann hatten wir sie erreicht. Die oberen Stockwerke waren zum größten Teil mit Verwundeten belegt. Wir hörten ihr Stöhnen, als wir durch alle Etagen bis nach ganz unten in den Kielraum geschickt wurden. Er war mit Stroh ausgelegt worden.
Die «Lappland» gehörte zu einem Geleitzug. er bestand aus noch drei weiteren, größeren Schiffen und mehreren Begleitfahrzeugen. Am nächsten Morgen sprach es sich rum, daß die Insel Bornholm in Sicht wäre, gegen Mittag die Insel Rügen, und abends hieß es, wir wären in Kopenhagen angekommen. Ich konnte das fast nicht glauben, aber es war wirklich so.
Aus dem stickigen, dunklen Kielraum des Schiffes kommend, angefüllt mit dem Erlebten, mit dem Bild unserer zerstörten, chaotischen, verbrannten Heimat vor Augen, sahen wir Kopenhagen vor uns liegen. Ein strahlend blauer Himmel, die hellgrünen Patina-Kuppeln und -dächer, frisches Frühlingsgrün der Bäume und sommerlich bunt gekleidete Menschen am Kai, die uns zuwinkten.

Der Suchdienst des Deutschen Roten Kreuzes 1989
Kindersuchdienst UK – 01227 – weiblich
Familienname: unbekannt
Vorname: unbekannt
Angenommenes Geburtsdatum: 20. 4. 1945
Fundort: Kam am 20. 4. 1945 in das königliche Blindeninstitut auf Refanaes bei Kalundborg, Dänemark. Es soll sich um ein Kind deutscher Flüchtlinge handeln.
Bekleidung: unbekannt
Personenbeschreibung: Augen grau, Haarfarbe dunkelblond.

Der Matrosen-Hauptgefreite
Klaus Lohmann 1910–2002 **Travemünde**
Abends. Mit drei Kameraden im Pfarrhaus Holz klein gemacht! Im übrigen ein Tag mit viel Arbeit auf der Schreibstube und dem üblichen Alarm. Abends kommen einige englische Jäger im Tiefflug über uns weggebraust, die Flak feuert wie toll, aber ohne zu treffen.

★

Eva Braun 1912–1945 **(Berlin)**
An eine Freundin
Liebes Hertalein!
Hab' herzlichen Dank für Deine beiden letzten Briefe und nimm bitte noch nachträglich, meine schriftlichen Geburtstagswünsche entgegen. Die schlechte Telefonverbindung machte es mir unmöglich, sie auszusprechen. Ich wünsche Dir ein baldiges, gesundes Wiedersehen mit Deinem Erwin. Sicher komme ich damit auch Deinem Denken und Fühlen am Nächsten. Hoffentlich kommt der Geburtstagsbrief von ihm noch an. Er kann doch nicht verlorengegangen sein!
Ich bin sehr froh, daß Du Dich entschlossen hast, Gretl auf dem Berghof Gesellschaft zu leisten. Seitdem gestern Traunstein angegriffen wurde, bin ich nicht mehr so fest überzeugt, daß Ihr in Garmisch sicher seid. Gott sei Dank, daß auch Mutter morgen zu Euch kommt. So brauche ich mir doch keine Sorgen mehr zu machen.
Wir hören hier bereits den Artilleriebeschuß der Ostfront und haben naturgemäß jeden Tag Fliegerangriffe. Vom Osten und Westen wies Ihnen gerade gefällt! Leider muß ich auf Befehl, bei jedem Alarm parat stehen, wegen des eventuellen Wassereinbruchs, trotzdem sich mein Leben nur noch im Bunker abspielt. Du kannst Dir denken, daß der Schlaf

dabei sehr zu kurz kommt. Ich bin aber sehr glücklich, gerade jetzt in *seiner* Nähe zu sein. Es vergeht zwar kein Tag ohne Aufforderung mich auf dem Berghof in Sicherheit zu bringen, aber bis jetzt habe immer noch ich gesiegt. Außerdem: ab heute ist wohl an ein Durchkommen mit dem Wagen nicht mehr zu denken. Wenn alle Stricke reißen wird sich aber sicher ein Weg für uns *alle* finden Euch wieder-zu-sehen.
Mit Brandt ist eine tolle Schweinerei passiert, d.h. er hat sie gemacht. Näheres kann ich hier nicht berichten.
Die Sekretärinnen und ich schießen jeden Tag mit der Pistole und haben es bereits zu solcher Meisterschaft gebracht, daß kein Mann es wagt, mit uns in Konkurrenz zu treten.
Gestern habe ich, vermutlich, das letzte Gespräch mit Gretl geführt. Seit heute ist kein Anschluß mehr zu bekommen. Aber ich bin fest überzeugt, daß sich alles wieder zum Guten wenden wird und *er* ist hoffnungsvoll wie selten.
Was macht Anneliese? Fliehen konnte sie sicher nicht, der Fabrik wegen. Ich habe Ihr und Tante, in seinem Auftrag, den Berghof als Asyl angeboten. Wenn sie noch eintreffen sollten, sind sie herzlich willkommen. Wo Ilse jetzt steckt? Bitte schreibt doch mal, wenn möglich. Vielleicht kann die Beförderung durch ein Flugzeug geschehen! Kapitän Bauer hat regen Flugverkehr mit Bayern. Auch Frau Bormann wird wissen wie Ihr am Besten einen Brief durchbringt.
Wo ist Käthl? Georg, Bepo, und wie gehts Gretl? Bitte schreibt bald und viel! Entschuldige, wenn der Styl dieses Briefes nicht dem sonstigen entspricht aber es eilt, wie immer.
Mit herzlichen Grüßen für Euch alle bin ich immer Deine Eva
N.S. Das Photo ist für Gretl bestimmt. Eins von den Würstchen soll Ihr Eigentum werden.
Sag bitte Frau Mittlstrasser sie soll den Mädchen aus Österreich auf allerhöchsten Befehl Urlaub geben um nachhause zu fahren. Aber bitte nur auf beschränkte Zeit. Ich denke an 14 Tage oder so. Grüß sie bitte ebenfalls herzlich.

⋆

Sigmund Graff 1898–1979 **Kriegsgefangenenlager Bad Kreuznach**

Kurz vor Mitternacht kam ich mit einem Transport von mehreren tausend gefangenen Offizieren in Kreuznach an. Man wies uns in den Draht, wo wir im schwachen Mondlicht Kameraden in offenen Erdlöchern schlafen sahen. Sie hatten sich zum Schutz gegen die Kälte mit Pappe und Zeitungspapier zugedeckt. Auch wir froren und wollten uns kleine Feuer machen. Aber da einer, der deshalb fragen wollte, von dem Posten am grell beleuchteten Zaun sofort angeschossen wurde, blieb uns nichts übrig, als bis zum Morgen herumzulaufen. Als es hell wurde, stellten wir fest, daß wir uns im oberen Drittel eines gigantischen Käfigs befanden, der als schiefe Ebene aus dem Tal aufstieg. Ein paar Tage später war die ganze ungeheure Fläche mit einem wimmelnden grauen Menschenteppich belegt.

Gerhard von Rad 1901–1971 **Kriegsgefangenenlager Bad Kreuznach**

Das Wetter war im ganzen sehr günstig; es hat verhältnismäßig wenig geregnet. Dann freilich war das Elend groß. Es war schon ein merkwürdiges Bild, wenn bei Beginn eines Regengusses das ganze Lager, das sonst das Bild von überwiegend liegenden Männern bot, auf die Beine sprang und jeder sich irgend eine Pappe oder Decke über den Kopf legte; in wenigen Minuten war der gelbe Lehmboden ein unergründlicher Brei, der jeden Schritt zur großen Anstrengung machte. Und doch mußte man sich, wenn die Nässe anfing auf die Haut durchzudringen, unter allen Umständen Bewegung machen. Ließ der Regen nach, so kratzte man den Schlamm ein wenig beiseite und legte sich wieder hin, um bis zum nächsten Guß etwas ausgeruht zu haben. War der Himmel klar, so wurden die Nächte recht kalt, und man konnte immer nur kurze Zeit auf der Erde liegen. Da gab es nun ein seltsames Mittel, um rasch wieder warm zu werden. Schon auf einem meiner nächtlichen Rundgänge sah ich im Mondlicht von weitem einen großen Haufen von Männern dicht gedrängt beieinander. Dieser Haufen – es waren immer einige Hundert – war nun aber in ständiger Bewegung; er wogte wie eine Qualle hin und her, so daß die Außenstehenden oft den Bewegungen nicht folgen konnten und hinfielen. Das war freilich kein übermütiges Spiel. Auch hier wurde wild geflucht und gezankt, der Lärm war weithin zu hören. Aber eine Notgemeinschaft des gegenseitigen Sichwärmens war es doch. So eine Gruppe vergrößerte sich schnell. Weil jeder vom Rand ins Innere strebte, entstand ein Druck, durch den man von allen Seiten durchgeknetet und bald warm wurde. An das Ungeziefer, dem man sich dadurch aussetzte, dachte man nicht viel. Da der Druck natürlich nie ganz gleichmäßig war, befand sich der riesige Menschenkloß in ständiger Hin- und Herbewegung. Einmal hat einer in dem zähen Boden einen Halbschuh verloren und war dadurch natürlich in eine höchst üble Lage

gekommen. Er umkreiste ständig den Haufen und bat flehentlich, man möge doch nur eine Sekunde auseinander treten, so könne er den Schuh holen. Aber es hat keiner auf ihn gehört.
Unweit unseres Lagers stand ein hübsches Siedlungshaus. Schon früh am Morgen öffneten sich die Fenster der Mansardenstube, und kaum schien die Sonne, da wurden die Betten im Fenster ausgelegt. Aber wir waren noch früher auf. Ob die Leute sich wohl klargemacht haben, mit welchem Verlangen sich die Augen von Zehntausenden auf diese Betten und dieses Stübchen gerichtet haben?

Franz Bittkowski *1915 **Kriegsgefangenenlager Bad Kreuznach**

Fast die ganze Nacht geregnet. Die Erkältung und Fieber noch schlimmer geworden. Noch weniger zu essen! Hin und wieder etwas Sonne. Aprilwetter, Entlausung.
Ein Kochgeschirr empfangen.

★

Waltraut Fach *1925 **(Groß Soltikow/Pommern)**

Wir wohnen zu sechs Personen in einem winzigen Stübchen bei dem Bauern Koball. Wir schlafen auf Stroh, haben nichts zu essen. Muttchen bettelt bei Bauern nach Eiern und Speck. Die Ausbeute ist gering. Auf dem Boden entdecken wir Lebensmittel und Waschmittel. Wir bedienen uns, ohne den Bauern um Erlaubnis zu fragen. So ist es Muttchen möglich, unsere verlauste Kleidung zu waschen, denn wir haben Kleiderläuse entdeckt!
Wir haben nun eine tagefüllende Beschäftigung: Läuse und Nissen knacken!

Die Schülerin Jutta **Tantow bei Stettin**

Am Morgen des 20. April setzte ein so starker Beschuß ein, daß wir alle Angst bekamen. Ununterbrochen schlug es ein! Jetzt wurde doch der Entschluß zur Flucht gefaßt, denn es ging um unser Leben. Mein Vater lief zum Kutscher, er solle anspannen. Zuerst luden wir, wie befohlen, die betrieblichen Unterlagen auf, dann packte der Kutscher Sachen für sich und seine Familie auf den Wagen, und so war dieser fast voll, als er zu uns kam. Wir hatten im Stall noch einen zweirädrigen Karren, den holten wir nun, beluden ihn mit unseren nötigsten Sachen und koppelten ihn an den Pferdewagen. Ich bestand darauf, daß meine große

Nach der Verhaftung: Albert Speer, Karl Dönitz und Alfred Jodl im Hof des Flensburger Polizeipräsidiums, 23.5.1945

Puppe mit den echten Haaren mitmüsse. Zwar war ich schon fünfzehn, aber ich meinte, sie gehöre zu mir. Meine kleine Schwester konnte sich von ihren Angorakatzen nicht trennen, sie weinte so sehr, daß die Tiere auch auf den Wagen gesetzt wurden.

Walburg Lehfeldt **Lönnewitz**

Gegen 6 Uhr machten wir Rast bei Nexdorf. Wir waren nun 9 Stunden unaufhörlich getreckt. Wir hielten im Wald und deckten die Wagen mit Sträuchern gut ab als Fliegertarnung.

Die amerikanischen Flieger kreisten den ganzen Tag über uns und bombardierten die in unmittelbarer Nähe gelegenen Munitionswerke in Schlieben! Besonders Karin hatte große Angst vor den Fliegerbomben. So mußte man trotz eigener Schrecken Kinder und Pferde immer wieder beruhigen und sich selbst Mut zusprechen. Wir konnten uns nicht auf die Straßen begeben. So kochten wir im Walde mit Hilfe von vier Ziegelsteinen, auf die wir den Kochtopf stellten, Fleisch von einem in letzter Minute in Clementinenhof geschlachteten Hammel mit eingelegten Salzbohnen und Kartoffeln ab. Wir aßen den heißen Eintopf von flachen Zinntellern mit Zinnlöffeln, die ich zu diesem Zweck von Lehfelde aus der alten Eichenanrichte in der Diele mitgenommen hatte. Da das Zinn sehr heiß wurde, erwies sich das als unpraktisch.

Es war warmes Frühlingswetter! Jobst wurde in seinen Kinderwagen gelegt, den wir vom Treckwagen abluden. Wir versuchten, soweit dies bei den Fliegerangriffen möglich war, auf den Pelzdecken zu schlafen nach der durchwachten Nacht. Die beiden großen Kinder schliefen auf Heu in einer Wildfutterkrippe, die wir im Wald vorfanden. Plötzlich kamen mit Kampfgeschrei berittene Russen angeloppiert und umzingelten uns. Wir glaubten uns in der Hand der russischen Armee. Aber es waren nur versprengte Wlassow-Truppen, die sich mit dem Kampfgeschrei selbst Mut machen wollten und uns nach dem Weg fragten. Mit ihren kleinen schnellen Pferden galoppierten sie in Richtung Westen.

Der Landwirtschaftslehrling
Klaus Reinhardt **Prositten**

Dann kam der 20. April 1945, ich kam mit einer Fuhre Heu auf den Hof gefahren und sah einen Lastwagen stehen. Neben dem Lastwagen standen zwei russische Soldaten mit schußbereiten Maschinenpistolen. Auf dem Lastwagen waren schon ein paar deutsche Jungen, die auch auf der Kolchose arbeiteten. Als die Russen mich sahen, mußte ich gleich vom

Heuwagen absteigen und auch zu den anderen auf den Lastwagen aufsteigen. Nach einer Weile kamen noch zwei Russen, die den ganzen Hof nach Deutschen abgesucht hatten, aber nur alte Leute und Kinder gefunden haben, die sie nicht mitnehmen wollten. Einige Jüngere hatten sich versteckt. Nach einiger Zeit kam dann ein Offizier aus dem Haus, er hatte wohl mit unserer Wachmannschaft verhandelt. Die Russen setzten sich dann auch in den Lastwagen, der Offizier zum Fahrer ins Führerhaus und die drei anderen Russen, um uns zu bewachen, auf die Pritsche. So ging die Fahrt los. Bei der Abfahrt warf uns eine alte Frau noch einen Beutel mit Lebensmittel auf den Lastwagen, der, wie sich später herausstellte, uns vor großem Hunger bewahrte, denn wir haben drei Tage von den Russen nichts zu essen bekommen.
Unsere Fahrt ging dann bis zu einer Kolchose nach Prowangen. Hier hatte man schon 30–40 Deutsche von überall zusammengetrieben. Unter diesen Personen entdeckte ich drei meiner Schulkameraden, Lieselotte Bolk, Ulrich Columbus und Heinz Schulz. Ich war natürlich froh, daß ich Bekannte gefunden hatte. Nach einiger Zeit mußten wir uns aufstellen und wurden von den Russen losgetrieben. Unterwegs kamen immer mehr Deutsche dazu. So kamen wir am ersten Abend bis Prositten. Wir mußten in ein großes Haus hinein, in dem schon Strohlager ausgebreitet waren, vermutlich war hier schon vor uns eine Gruppe Deutscher von den Russen hergebracht worden und weitergetrieben worden. Wir legten uns auf die Strohlage und verbrachten so die Nacht. Nachts hörten wir Schreie von Frauen und Mädchen, die von den russischen Wachmannschaften vergewaltigt wurden.

Walter Mehlberg **Prokopewsk**

In der Nacht zum 20.4. kamen wir in Prokopewsk an, das wir nach 25 Tagen Bahnfahrt erreicht hatten. Die Stadt liegt in Südsibirien im Vorgebirge des sajanischen Gebirges, etwa 150 km von der chinesischen Grenze entfernt. Ca. 9000 km hatten wir zurückgelegt und haben dabei 4 Wetterzonen durchfahren. Als wir in Prokopewsk ankamen, lagen hinter Hecken und Häusern noch hohe Schneeschanzen. Nach der langen Bahnfahrt waren die Glieder steif geworden, und so fiel uns das Laufen schwer. Nur in Moskau und auf einer Station auf dem Ural haben wir für kurze Zeit den Waggon verlassen dürfen, um uns etwas zu bewegen und Luft zu schnappen.
Auf der Endstation bemerkten wir, daß der Zug bedeutend kürzer geworden war. Etwa die Hälfte der verschleppten Männer war in ein anderes Lager gekommen. Nach einer guten halben Stunde Marsch hatten

wir das Lager erreicht. Bevor wir auf die drei Baracken verteilt wurden, fand noch einmal eine gründliche Leibesvisitation statt. Dabei wurde mir das Taschenmesser, welches mir mein Vetter in Köselitz geschenkt hatte, und auch der Sack, in dem sich meine Habe befand, abgenommen. Ebenso wie mir, ging es meinen Kameraden. Mit unter den Arm geklemmten verbliebenen Sachen gingen wir in die uns angewiesene Baracke, die für eine Nacht unser Asyl sein sollte. Aufgeworfene Schneehaufen an beiden Seiten des Einganges ließen darauf schließen, daß das Lager längere Zeit nicht belegt war. Wir suchten eine Pritsche, aber alle waren schon belegt, und somit mußten wir unser Lager auf den Dielen aufschlagen. Da es erst wenig getaut hatte, und es hier über 2 m tief in die Erde hinein friert, strahlte sie die Kälte wie ein Eisberg aus.

⋆

Ernst Jünger 1895–1998 **Kirchhorst**

Dazwischen las ich die Erinnerungen der dänischen Gräfin Ulfeldt, die sie unter dem Titel «Jammers Minde» hinterließ. Lange und schwere Gefangenschaften wie die ihre im Blauen Turm weisen auf horoskopischen Einfluß hin, auf zwingenden Bann. Er kann unmittelbar, durch Unstern, wirken, oder er schafft sich charakterologische Hilfsmittel. Diese sind sekundär, denn das Gefängnis steht sowohl Schuldigen wie Unschuldigen offen; und es können Tugenden wie Laster zur Haft führen.

Fesseln kommen vor allem den unbeherrschten Lebenstrieben zu. Das liegt auf der Hand hinsichtlich der Kriminalität. Es gilt aber auch, wie etwa bei Casanova, Sade, Schubart, Trenck, für die erotische Welt. Zu dem mit ihr verbundenen Reisefieber sind Fesseln das Pendant, auf das, glaube ich, Weininger zuerst hingewiesen hat. Don Juan muß wie ein Verfolgter den Schauplatz wechseln; Kant kam kaum je aus Königsberg heraus. Am wenigsten bedroht sind ausgeglichene Naturen; auch ist für sie die Haft erträglicher.

Maxime: Was uns an inneren Fesseln mangelt, wird uns von außen auferlegt. Daher ist das Titanische in uns besonders gefährdet; Prometheus ist der größte Gefangene. Das ist einer der Gründe, aus denen heute die Gefängnisse zunehmen. Sie gehören zur Ausstattung des technischen Kollektivs wie die Klöster zur gotischen Welt. Hierzu auch der Wahnsinn als des Titanengeistes Zwangsjacke.

Draußen geht der Vorbeizug der befreiten Russen und Polen weiter, zugleich die Plünderung. Gestern hatten wir drei Franzosen bei uns,

angenehme Leute, wie wir überhaupt jedem, der vorspricht, nach Möglichkeit helfen, sei es mit Nahrung, sei es durch Unterkunft. Das ist nicht nur das menschlich Gebotene, sondern zugleich der beste Riegel, der sich gegen das Geplündert-Werden vorschieben läßt.
In dieser Lage bewährt sich wieder der Vorrang der originalen Arbeit – der Bauer kann weiterschaffen und auch der Autor, nicht aber jemand, der von der Bürokratie, dem Elektrizitätswerk oder anderen Verteilern abhängig ist.
Für den Autor kommt es nicht nur darauf an, die Lage zu erfassen, sondern sie zugleich zu bändigen, sie in einen Spiegel zu bringen, in den sich auch die Schreckensbilder einfügen.

★

Die Ostarbeiterin Nina Mursina *1925 Namslau

Über zwei Jahre habe ich für «Großdeutschland» gearbeitet. An diese Sklaverei will ich mich lieber nicht erinnern. Ich weinte jede Nacht und träumte von zu Hause, das ich nicht mehr hatte. Links an der Brust hatte ich ein Muttermal. Als ich noch ein Kind war, sagte mir die Mutter, daß es mir immer Glück bringen werde. Es hat mir umgekehrt nur Unglück gebracht. Ich erinnerte mich an die Worte aus einem Lied: «Wozu bin ich in diese Welt gekommen?»
Nur arbeiten durften wir, sonst nichts. Wir wurden nicht wie Menschen ernährt, unsere Verpflegung war schlecht und kalorienarm. Wir arbeiteten mit Kartoffeln und durften keine Kartoffel für uns auf dem Feuer braten. Wenn die Aufsicht nur den Rauchgeruch spürte, hetzte sie bissige Hunde auf uns. Alles war verboten. 1944 war ich 19 Jahre alt. In diesem Alter träumt man schon von der Liebe. Die deutschen Frauen, die bei uns eingesetzt waren, kamen geschminkt zur Arbeit, ihre Haare hatten sie vor dem Spiegel zurechtgemacht. Und wir als Untermenschen hatten widerliche Lumpen an und Holzschuhe, die beim Gehen laut klapperten.

Die Ostarbeiterin Anna Popowskaja *1926 Görzig bei Köthen

Im Frühjahr 1945 erkältete ich mich und bekam eine Angina. Unser Bauer ließ für mich sogar den Arzt holen, wovon wir früher nicht mal träumen konnten. Der Arzt untersuchte mich und verschrieb Medikamente. Eine Woche lang hatte ich Bettruhe. Doch alles umher war sehr unruhig, es gab laufend Bombenangriffe in den nahen Städten.
Unsere Kollegin aus Rußland, eine blonde schöne Ludmila, bekam ein

unerwünschtes Kind von einem polnischen Zwangsarbeiter. Der Bauer wollte sie an das Arbeitsamt abgeben, das hätte für sie den Weg nach Ravensbrück bedeutet. Bei uns arbeiteten auch echte Zigeuner aus Rumänien. Ludmila setzte ihr Kind bei ihnen aus. Als wir das erfuhren, waren wir entrüstet.
Mit der Liebe sah es bei unserem Bauern sehr streng aus. Die heimliche Liebe erkannte er nicht an. Wenn die jungen Leute es aber ernst meinten, stellte er dem Liebespaar sofort ein separates Zimmer zur Verfügung. Sonntags durften wir zum Tanz ins Dorf gehen. Bei uns war ein bildhübsches Mädchen, Lida. Ein deutscher Junge verliebte sich in sie. Als unser Bauer davon erfuhr, prügelte er sie mit einer Peitsche erbarmungslos durch. Ganz böse war er auf beide, insbesondere auf das «russische Schwein», das damit die deutsche Rasse schänden wollte. Der Junge war aber so verliebt, daß er seine Mutter bewegen konnte, Lida dem Bauer abzukaufen.

Die Ostarbeiterin Polina Moissejewa *1925 Hamburg
Beinahe drei Jahre lang habe ich in Hamburg als Ostarbeiterin verbracht. Zuerst 13 Monate in einer Marmeladefabrik im Lager, wo ich und meine Freundinnen aus der Ukraine manchmal verstohlen Beeren in den Mund stecken. Unser Aufseher war ein alter Mann und sehr gutmütig. Er drohte bei Diebstählen immer mit der Einweisung ins KZ. Tatsächlich aber drückte er ein Auge zu und drohte dann schweigend mit dem Finger.
Dann wurden wir einige Wochen zum Straßenfegen eingesetzt, bis wir in eine Fischfabrik in Hamburg-Altona aufgenommen wurden, wo wir für Jahre üblen Fischgestank atmen mußten. Unsere Lagerführerin, Frau Böhme, eine bildhübsche Dame, war sehr streng, aber gerecht. Eines Tages ließ sie mich zu sich kommen, sie wollte mir einen Auftrag geben. Aber ich konnte nicht verstehen, was sie mir zu erklären versuchte. So stand ich vor ihr und blinzelte mit den Augen. Frau Böhme war außer sich und holte schon aus, mich zu schlagen. In diesem Augenblick traten mir die Tränen in den Augen, und Frau Böhme ließ ihre Hand sinken. Sie begann mich zu trösten und brachte mir eine Dose Fischkonserven. Dann befahl sie einem Polen, mir den Auftrag zu erklären. Sie entschuldigte sich sogar bei mir. Zum Essen gab man uns sehr wenig, wir hatten stets Hunger. Deshalb klauten wir Heringe am Arbeitsplatz, die wir in unseren Strümpfen versteckten oder sogar unter die Zöpfe auf dem Kopf einflochten. Vor jeder Razzia wurden wir seltsamerweise rechtzeitig gewarnt, an diesen Tagen nahmen wir dann

nichts. Ich bin sicher, daß Frau Böhme hinter diesen Warnungen steckte. Einmal gab sie mir Strümpfe von sich: «Nimm, deine stinken so übel nach Fisch!» Ich bekam einen roten Kopf, doch Frau Böhme sagte nichts und ging weg.

★

Joseph Goebbels 1897–1945 **(Berlin)**

Rundfunkansprache

Er [Adolf Hitler] ist der Kern des Widerstandes gegen den Weltverfall. Er ist Deutschlands tapferstes Herz und unseres Volkes glühendster Wille. Ich darf mir ein Urteil darüber erlauben, und es muß gerade heute gesagt werden: Wenn die Nation noch atmet, wenn vor ihr noch die Chance des Sieges liegt, wenn es noch einen Ausweg aus der tödlich ernsten Gefahr gibt, – wir haben es ihm zu verdanken. Er ist die Standhaftigkeit selbst. Nie sah ich ihn wankend oder verzagend, schwach oder müde werden. Er wird seinen Weg bis zum Ende gehen, und dort wartet auf ihn nicht der Untergang seines Volkes, sondern ein neuer, glücklicher Anfang zu einer Blütezeit des Deutschtums ohnegleichen.

Hört es, Ihr Deutschen! Auf diesen Mann schauen heute schon in allen Ländern der Erde Millionen Menschen, noch zweifelnd und fragend, ob er einen Ausweg aus dem großen Unglück wisse, das die Welt betroffen hat. Er wird ihn den Völkern zeigen, wir aber schauen auf ihn voll Hoffnung und in einer tiefen, unerschütterlichen Gläubigkeit. Trotzig und kampfesmutig stehen wir hinter ihm: Soldat und Zivilist, Mann und Frau und Kind – ein Volk, zum Letzten entschlossen, da es um Leben und Ehre geht. Er soll seine Feinde im Auge behalten; darum versprechen wir ihm, daß er nicht hinter sich zu blicken braucht. Wir werden nicht wanken und nicht weichen, wir werden ihn in keiner Stunde, und sei es die atemberaubendste und gefährlichste, im Stiche lassen. Wir stehen zu ihm, wie er zu uns – in germanischer Gefolgschaftstreue, wie wir es geschworen haben und wie wir es halten wollen. Wir rufen es ihm nicht zu, weil er es auch so weiß und wissen muß: Führer, befiehl – wir folgen! Wir fühlen ihn in uns und um uns. Gott gebe ihm Kraft und Gesundheit und schütze ihn vor jeder Gefahr. Das übrige wollen wir schon tun.

Unser Unglück hat uns reif, aber nicht charakterlos gemacht. Deutschland ist immer noch das Land der Treue. Sie soll in der Gefahr ihren schönsten Triumph feiern. Niemals wird die Geschichte über diese Zeit berichten können, daß ein Volk seinen Führer oder daß ein Führer sein

Volk verließ. Das aber ist der Sieg. Worum wir so oft im Glück an diesem Abend den Führer baten, das ist heute im Leid und in der Gefahr für uns alle eine viel tiefere und innigere Bitte an ihn geworden: Er soll uns *bleiben*, was er uns *ist* und *immer war – unser Hitler*!

Der Chemiker
Dr. Julius Voß 1898–1968 **Wiesbaden-Biebrich**

Wie sinnlos dieser Befehl der obersten Führung, jede Stadt zu verteidigen, ist – man begründet ihn damit, daß jede Stadt ein wichtiger Verkehrsknotenpunkt ist –, geht aus einer Meldung der Feindseite hervor, daß in 14 Tagen 4000 deutsche Flugzeuge zerstört worden seien!
Und was sagt Dr. Goebbels dazu? Er sagt in seinem Artikel am vergangenen Freitag, daß wir jetzt um die Ehre kämpfen und kein Mensch uns ansieht, wenn wir kapitulieren. Hierüber ist Clausewitz, der so gern früher zitiert wurde, anderer Ansicht. Für ihn hat das mit Ehre nichts, sondern nur mit Borniertheit etwas zu tun.
Gestern abend sprach er zum Vorabend des Geburtstages von Adolf Hitler. Es war das die tollste Rede, die er je gehalten hat. Sie hatte verzweifelte Ähnlichkeit mit dem Verhalten eines vor dem Tode stehenden Tuberkulosen, der glaubt, daß sich jetzt alles zum Besten wenden wird. Oder hat hier ein völlig Wahnsinniger gesprochen? Denn wie kann man sonst in dieser Lage sagen, daß, wenn wir nicht kapitulieren, wir doch noch oben bleiben werden, unsere Ideen die Welt erobern werden, daß in wenigen Jahren unsere Städte schöner entstehen werden als je, die Felder reife Frucht tragen werden und Arbeit und Wohlstand zu finden sein werden. Und das wagt ein Mensch zu sagen, der früher einmal Anspruch gemacht hat, als Vertreter der deutschen Intelligenz gewürdigt zu werden! Die Antwort kommt im Radio von der Gegenseite. Churchill wird heute als Geburtstagsgeschenk an den «Führer» Enthüllungen über die deutschen Konzentrationslager bringen, insbesondere über Buchenwald, und das, was dort herauskommt, dürfte furchtbar sein. Und was den Wohlstand anbetrifft, so kann man Näheres aus einer Aufforderung Eisenhowers an die deutschen Seeleute entnehmen, der angekündigt hat, daß nun die deutschen Schiffe zur Versorgung Deutschlands herangezogen würden. Das wird die Nazis aber nicht hindern, auch diese zu versenken. Denn ihnen ist es gleich, wieviel Menschen in Deutschland sterben.
Im übrigen spricht die ausländische Presse einhellig vom «letzten» Geburtstag des Führers, und sie dürfte damit recht behalten.

Hans-Jochen Vogel *1926 bei Pisa

Am Abend des 19. April 1945 hörte ich zusammen mit einer Handvoll Kameraden in einem halbzerstörten Bauernhaus Joseph Goebbels' Rede zu Hitlers 56. Geburtstag. Obwohl wir wußten, daß die Alliierten und auch die sowjetischen Truppen schon tief nach Deutschland vorgestoßen waren und die Heimatorte der meisten von uns bereits besetzt waren, und obwohl auch in unserem Frontabschnitt der endgültige Zusammenbruch schon begonnen hatte, gelang es diesem teuflischen Verführer noch einmal, uns für einen Augenblick in seinen Bann zu ziehen. Ob nicht doch im letzten Moment noch die Wunderwaffen, von denen er redete, eine Wende brächten? Und ob nicht doch vielleicht der Tod des amerikanischen Präsidenten Franklin D. Roosevelt, den er wohl mit dem Tode der russischen Zarin Elisabeth während des Siebenjährigen Krieges verglich, zum Auseinanderfallen des Bündnisses der Westmächte mit der Sowjetunion führen würde; so wie der Tod der Zarin Elisabeth das Ausscheiden Rußlands aus der Allianz gegen Friedrich den Großen zur Folge hatte? So fragten wir uns. Aber die Wirkung dieses letzten Versuches einer Massensuggestion verflog binnen weniger Minuten. Einschläge in nächster Nähe und der Anblick einzelner oder auch in Gruppen zurückflutender Soldaten brachten uns rasch auf den Boden der Realität zurück.

*

Der Generalfeldmarschall
Wilhelm Keitel 1882–1946 Berlin

Am 20. 4. gegen Mittag fand der letzte großangelegte Luftangriff der englischen und amerikanischen Luftflotten auf das Zentrum (Regierungsviertel) von Berlin statt. Mit meiner Frau, Herrn und Frau Dönitz und den Adjutanten beobachteten wir dieses gewaltige, schaurige Schauspiel von der kleinen Anhöhe im Garten der Dienstwohnung des Großadmirals, der nachts zuvor von seiner Befehlsstelle «Koralle» (Gegend von Eberswalde) wegen dessen Gefährdung durch die Russen, nach Berlin zurückgekehrt war.
Die schon schwer beschädigte Reichskanzlei war bei diesem letzten Großbombardement an einem sonnenklaren Tage nicht erneut getroffen worden, eigene Jagdgeschwader zur Abwehr des Angriffes traten über Berlin nicht in den Kampf, die Flak-Abwehr war gegenüber der Flughöhe des Gegners wirkungslos. Der Luftangriff von fast 2 Stunden vollzog sich wie [beim] Friedensexerzieren in exaktesten Formationen und kommandomäßigem Abwurf der Bomben.

Von 4 Uhr nachmittags [an] war zum Lagevortrag in der Reichskanzlei (Führerbunker) befohlen. Jodl und ich betraten den Bunker, da sahen wir den Führer in Begleitung von Goebbels und Himmler in die Tagesräume der Reichskanzlei hinaufgehen; der Aufforderung eines Adjutanten, mich anzuschließen, kam ich nicht nach, weil ich vorher keine Gelegenheit gehabt hatte, den Führer zu begrüßen. Man sagte mir, daß oben in der Reichskanzlei eine Anzahl Hitler-Jungen Aufstellung genommen hatte, denen für ihre hervorragende Haltung bei feindlichen Luftangriffen im Luftschutz- und Flak-Dienst Tapferkeitsauszeichnungen, darunter auch mehrere Eiserne Kreuze, verliehen werden [sollten].

Nach Rückkehr des Führers in den Bunker wurden in seinen kleinen Wohnraum, neben dem Lageraum, nacheinander einzeln befohlen, der Reihe nach: Göring, Dönitz, Keitel, Jodl, um ihrem Geburtstags-Gedenken jeder einzeln Ausdruck zu geben. Alle sonstigen Lageteilnehmer begrüßte der Führer beim Betreten des Lageraumes mit Handschlag, und ohne, daß sonst von seinem Geburtstage Notiz genommen wurde.

Ich war nicht imstande, als ich allein dem Führer gegenüberstand, ihn zu beglückwünschen. Ich sagte etwa: Daß ihn die Vorsehung am 20. 7. bei dem Attentat so gnädig verschont habe, und daß er heute an seinem Geburtstage, in diesen bisher ernstesten Tagen, wo die Existenz des von ihm geschaffenen Reiches aufs schwerste bedroht sei, die Führung noch in der Hand habe, das gäbe uns das Vertrauen, daß er die unaufschiebbaren Entschlüsse fassen werde. Ich sei der Meinung, daß er handeln müsse, noch bevor die Reichshauptstadt zum Kampfgebiet werde.

Ich wollte weiter sprechen, aber er ließ es nicht zu und unterbrach mich mit den Worten: «Keitel, ich weiß, was ich will, ich werde mich vor, in oder hinter Berlin schlagen.» Mein Versuch, sich gegen diese Idee, die ich als Schlagwort empfand, zu wenden, war ihm offenbar bewußt. Er streckte mir die Hand entgegen. Mit den Worten: «Ich danke Ihnen, rufen Sie mir Jodl herein, wir sprechen uns später noch», war ich entlassen.

Am 20. 4., also auf der Rückfahrt nach Dahlem, teilte ich Jodl meinen Entschluß mit, am 21. alles noch Entbehrliche mit Flugzeug nach Berchtesgaden vorauszuschicken, nachdem mein Sonderzug schon am 18. 4. dorthin abgefahren war. Unter Führung meines Adjutant[en] Schimonsky flog meine Maschine – [von] Fliegeroberstabsingenieur Funk im Tagesflug sicher gestartet – mit voller Besatzung – darunter auch General Winter, Dr. Lehmann, Frau Jodl und meine Frau – nach Prag, von wo die Insassen mit bereitstehenden Dienstwagen nach Berchtesgaden fuhren. Mein Flugzeug war abends wieder in Berlin-Tempelhof zu meiner Verfügung. Alles dies geschah zur Erleichterung und Vorbereitung der nahe bevorstehenden Übersiedlung des F.H.Qu. nach Berchtesgaden, die damals jedenfalls noch außer jedem Zweifel stand.

★

Der Soldat August Thurn 1925–2003 östlich von Berlin

Das Oberkommando des Heeres setzt sich nach Bayern ab. Somit wird das Wachregiment nicht mehr gebraucht. Am Abend öffnet der Kellermeister den Weinkeller für alle. Wir kosten reichlich von dem guten Wein und füllen unsere Feldflaschen mit dem besten Tropfen. Noch vor Einbruch der Dunkelheit fahren wir auf Lastwagen an die Ostfront. Leicht angeheitert, begegnen wir ganzen Kolonnen von Flüchtlingen. Wir werden bald nüchtern, angesichts der Not dieser Menschen.

Nach Mitternacht sind wir am Ziel, irgendwo östlich von Berlin. Mit mir sind die Männer von der Musikkapelle vom Wachregiment, fast durchweg Stabsfeldwebel. Den Leuten hat man ein Sturmgewehr in die Hand gedrückt und sie an die Front geschickt. Die hatten keinerlei Fronterfahrung. Der Mann, der hier seine Musiker eingewiesen hat, konnte sicher in Berlin einen zackigen Wachaufzug kommandieren. Aber das war's dann auch schon. Der hat seine Leute den Russen regelrecht auf dem Präsentierteller dargeboten. Auf freiem Feld, ohne jede Deckung, mußten sie auf den Angriff der Russen warten.

Der Unteroffizier Bruno J. Paap *1916 Wittenberge/Elbe

Der Bataillonsstab hatte die Idee, mich an Hitlers Geburtstag mit Wirkung ab 1.4.45 zum Feldwebel zu befördern. Hierauf war ich gar nicht mehr stolz, war es leid. Mußte mich aber, einer militärischen Pflicht genügend, beim Stab, beim Kommandeur unserer Festung melden. Ich also hin zum Stab, mache vor dem sitzenden Kommandeur meine Meldung: «Herr Hauptmann, melde, Unteroffizier P. ab 1.4.45 zum Feldwebel befördert.»

Aus der Antwort, dem Lächeln und dem Glitzern der Augen sowie aus den herumstehenden vollen und leeren Flaschen Alkohol entnahm ich, daß die Herren Offiziere ganz schön am Saufen waren, vielleicht feierten sie noch Hitlers Geburtstag? Es war sein 56. An diesem Abend hörten wir noch die letzte Rede des Josef Goebbels zu Hitlers Geburtstag aus unserem Radio.

Zur Aufrechterhaltung von Disziplin und Ordnung innerhalb der Festung Wittenberge wurden nach dem 20. April, wie auch schon vorher, strenge Kontrollen der öffentlichen Luftschutzbunker und -räume sowie der Gaststätten vorgenommen. Bewährte alte Soldaten, Unteroffiziere und Feldwebel, die «Kettenhunde» mit ihren Brustschilden, hatten diesen schweren Dienst. Eines Nachts nun gerieten zwei junge Männer, etwa 18 Jahre alt, in die Kontrolle und hatten keine richtigen Ausweispapiere. Diese Armen, sie wurden am darauffolgenden Tage vor das zusammengetretene Kriegsgericht gestellt, wegen Desertation schuldig befunden, zum Tode verurteilt und am anderen Morgen, in aller Frühe in den Singer-Nähmaschinenwerken, an einer hohen Mauer vor die Gewehre gestellt und erschossen. Ich sah sie selbst kurz darauf, tot, in ihrem Blut liegend.

Der Oberleutnant
Fritz Radloff 1916–1989 **Blumeshof bei Berlin**

Täglich vernehmen wir im Wehrmachtsbericht, die Ostfront steht im harten Ringen. In Berlin sind die Panzersperren gebaut. Man jagt nur von einer Besprechung zur anderen, von einem Planspiel zum anderen, Waffen, Waffen, Waffen fehlen uns! Was soll ich mit französischen Gewehren anfangen? Was soll ich mit den Luftwaffenhelfern, was sollen die Mädchen noch bei uns? Und niemand wagt eine Entscheidung zu treffen. Der Volkssturm rückt nach dem Stellungsbau, und wer ist sonst noch da? Nur wir! Also werden wir auf uns allein gestellt sein. «Jungs, wir sind allein!» Am Vorabend des Führers Geburtstages hören wir die Rede des Propagandaministers. Wir hören den Aufruf des Führers. «Berlin bleibt deutsch!» Also, es muß sein, das ist unsere Empfindung. So fügt sich ein jeder in das Unvermeidliche, der Tanz beginnt.

Dieter Wellershoff *1925 **Chorin**

Inzwischen sickerte die Nachricht durch, daß die Rote Armee nördlich und südlich von uns die Oder überschritten hatte und sich in einer Zangenbewegung auf Berlin zu bewegte. Wir waren also umgangen worden, und wahrscheinlich war uns der Rückzug längst abgeschnitten. Ich wurde als Melder zum Unterstand des Regimentskommandeurs abkommandiert. Es war ein sympathischer, ruhiger, besorgt aussehender Mann, im Zivilberuf Studienrat, der mich nach mir ausfragte und sich längere Zeit sehr väterlich mit mir unterhielt. Es war der 20. April. Der Gefechtslärm an der Oder flaute für Stunden ab und begann dann wieder. Im Radio hielt Goebbels aus dem fast eingeschlossenen Berlin eine

wahnsinnige Rede zu Hitlers Geburtstag. Der Führer sei in Berlin und leite persönlich die Verteidigung der Reichshauptstadt, an deren Mauern die russische Dampfwalze zerschellen würde. «Berlin bleibt deutsch, Wien wird wieder deutsch», schrie der oberste Märchenerzähler, der bei niemandem mehr Glauben fand.
Die Ukrainerinnen waren plötzlich verschwunden. Statt dessen kam ein verirrter Treck von deutschen Dorfbewohnern aus der Oderniederung durch den Wald, die vor Erschöpfung kaum noch weiter konnten. Noch immer geschah nichts. Wahrscheinlich war die Verbindung zu den höheren Armeestäben abgerissen und wir lebten hier im Wald in einem toten Winkel der Schlacht.

*

Neue Zürcher Zeitung
Als die amerikanischen Infanteristen in Leipzig einzogen, wurden sie von der Bevölkerung mit Jubel und Begeisterung begrüßt. Stellenweise wurden die Truppen mit Blumen überschüttet. Die Begeisterung der Bevölkerung scheint sich jedoch weniger auf die Tatsache der Befreiung vom Nazijoch zu gründen als vielmehr auf den Umstand, daß es die Amerikaner und nicht die Russen waren, die Leipzig nahmen. Die Szenen erinnerten nach der Aussage eines Stabsoffiziers aus dem Hauptquartier General Hodges' an die Tage der Befreiung der Normandie und der Bretagne.

Mary Wigman 1886–1973 *Leipzig*
Zerschlagen an Leib und Seele.
Ein qualvoller Tag. –
Die – ausgebombten – Weiber im Souterrain soffen mit Franzosen und U.S.A. Soldaten.– Die ganze Nacht ging das Gejohle, und Gesinge, das ekelhafte Duett von Männer- und Frauenstimmen, die jede Selbstkontrolle verloren hatten. Ich habe mich so geschämt für diese Frauenzimmer, die es nicht verdienen als «deutsche Frauen» angesehen zu werden. O, ich habe Verständnis für das ausgehungerte Geschlecht das – ob Freund oder Feind – aufeinander prallt in seiner Not und Vereinsamung. Aber es gibt noch so etwas wie eine letzte Würde, selbst in der tiefsten Demütigung. Nirgendwo ist mir die Geilheit so nackt, so schamlos begegnet wie in den Vereinigten Staaten.
Aber was würden diese amerikanischen Jungens sagen, wenn sie es erleben müssten, dass ihre eigenen Frauen und Mädchen sich fremden

Soldaten, den Besiegern ihres heimatlichen Bodens so hemmungslos an den Hals werfen?/
Um 10 erschienen zwei U.S.A. Soldaten. Haussuchung. Nach Waffen. Zwei Fotoapparate nahmen sie mit.
In der Stadt wird geplündert. Die Deutschen tun das! Wir sind in die 3. Phase des Krieges eingetreten.
Die erste: Eroberung u. Sieg
die zweite: Niederlage u. Rückzug
die dritte: Besetzung und Beginn der Auflösung.
Die vierte? –
Der Leidensweg ist lang –

Elisabeth Kraushaar-Baldauf *1915 *Leipzig*

Der heutige Tag lief ab wie ein überdrehter Film. Die Sieger haben das Ausweichlager einer Leipziger Spirituosenfirma gefunden. Das Resultat ist ein grandioses Besäufnis. Ich würde ihnen den Siegesrausch gönnen, wenn sie dadurch nicht so gefährlich würden.
Heute nachmittag kam ich durch einen Sieger in arge Bedrängnis. Der kleine Prietz holte mich ganz aufgeregt ins Gutsbüro. Dort, sagte er, sei ein Ami, der die Schubladen durcheinanderwerfe, die kleine Gutskasse habe er bereits genommen, und außerdem fuchtele er mit der Pistole herum.
Als der Amerikaner mich sah, sagte er: «O, what a nice girl – come on, I am victor and I have a pistol!» Auf meine englische Bemerkung, er sei ein guter Junge, aber betrunken, stutzte er, faßte mich dann aber um meine Taille und sagte: «Come on, let's go.» Für solche Fälle hatte ich mir einen Plan gemacht. Ich ging mit den Siegern immer, unter dem Vorwand, ich hätte noch etwas zu tun, in den Keller, wo noch der tote deutsche Soldat lag. Das hatte bisher immer eine heilsame Ernüchterung bewirkt. So versuchte ich es auch diesmal. Wir gingen über den Hof, als es diesen Sieger plötzlich überkam. Er schrie mich an, ich sei jetzt sein, und er habe eine Pistole. In meiner Verzweiflung zeigte ich ihm meinen Trauring, was ihn wütend machte. Mein Mann sei ein Saunazi, sagte er, und er werde es mir schon zeigen. Ich reagierte rein instinktiv mit einem Ablenkungsmanöver. Ich fragte ihn, wie es seinem Präsidenten gehe (Roosevelt, das hatte ich vom Luxemburger Sender gehört, war am 12. April gestorben). Es wirkte wie ein Keulenschlag! Er setzte sich mitten im Hof auf den Boden und schluchzte: «My President is dead!» Ein weinender Krieger ist nicht mehr gefährlich. Der tote Präsident hatte mich gerettet.

Am Abend kamen erneut die beiden Amerikaner der ersten Nacht. Sie hatten nach mir verlangt, standen dann aber nur so herum, und ich wußte nicht, was sie wollten. Nach einiger Zeit begann der eine von ihnen, mir seine Heimat zu schildern. Er stamme von einer Farm, sagte er, und deshalb gefalle ihm die Atmosphäre hier auf dem Gut. Er hatte einfach Heimweh. Weil die beiden nüchtern und sehr anständig waren, kam mir der Gedanke, sie für die Nacht um Schutz zu bitten. Im Ort ging nämlich das Gerücht, daß die Sieger in der kommenden Nacht mit den Frauen «victory» feiern wollten – wie, konnte man sich denken. Ich fragte die beiden, ob sie auch davon gehört hätten, und ob sie nicht einen Offizier wüßten, der zu unserem Schutz im Gut übernachten würde. Da lächelten sie, griffen in die Hosentaschen und zeigten mir auf der flachen Hand Abzeichen. Als ich erstaunt die mir unbekannten Spangen betrachtete, sagten sie, sie seien Offiziere, und ich solle unbesorgt sein.
Heute wurde ich in die Stallungen gerufen. Dort sei, so sagte man mir, ein amerikanischer Offizier, der mit einer Maschinenpistole die Schweine totschieße. Als ich in den Schweinestall kam, stand der Mann mit dem Rücken zur Tür mitten unter den toten Säuen. Ob dieses Anblickes ziemlich erregt, stellte ich ihn auf englisch zur Rede. Er drehte sich um, musterte mich von Kopf bis Fuß und sagte dann in fließendem Deutsch: «Gehen Sie, ehe ich mich vergesse, Sie haben in Polen mehr als Schweine getötet!» Das reichte mir, um blitzschnell zu verschwinden.
Die Schweine wurden dann später auf einem Lastwagen abtransportiert. Der Mann, der die Requirierung vorgenommen hatte, war ein Pole in amerikanischer Uniform.

Die Fotografin
Margaret Bourke-White 1904–1971 *Leipzig*

Am frühen Morgen des 20. April, eines Freitags, stürzte mein LIFE-Kollege Bill Walton zu mir herein, die Haare standen ihm vor Aufregung wie kleine feuerrote Wirbel vom Kopf.
«Fahren Sie schnell zum Rathaus, ehe sie es aufräumen», sagte er. «Da drin sieht es aus wie in Madame Tussauds Wachskabinett!»
Wir rasten im Jeep über die Zeppelinbrücke und fuhren vor dem Leipziger Rathaus vor. Tiefe Löcher vom Artillerie-Beschuß hatten die Silhouette des ehemals schönen, alten Rathauses zerrissen.
Bill und ich rannten drei Stockwerke über Steintreppen hin auf, kletterten über abgestürzte Büsten Friedrichs des Großen und anderer, zu Fall gekommener Preußen, und stürzten durch eine gegen Lärm abgedichtete, zweiflügelige Polstertür. Wir standen in einem überladen ein-

gerichteten Büro, mit sentimentalen Landschaftsbildern an den Wänden und schweren Möbeln, wie sie die Deutschen im neunzehnten Jahrhundert für luxuriös hielten. Auf den massiven Ledermöbeln lehnte eine Familiengruppe, die so intim und so lebendig wirkte, daß man kaum glauben konnte, daß diese Menschen nicht mehr am Leben waren. Am Schreibtisch saß Dr. Kurt Lisso, den Kopf in die Hände gelegt, als ob er ausruhen wollte. Auf dem Sofa lag seine Tochter und in dem dick gepolsterten Armsessel saß seine Frau. Die Ausweise und Dokumente der ganzen Familie waren ordentlich auf dem Schreibtisch ausgebreitet, daneben stand die Flasche Pyrimal, mit dem sie sich offenbar umgebracht hatten. Dr. Lisso war Stadtkämmerer und Schatzmeister der Stadt Leipzig gewesen, Parteifunktionär mit einer jener niedrigen Mitgliedsnummern, die besagte, daß er zu den Getreuen der ersten Stunde gehört hatte. In einem Nachbarzimmer saßen ebenso lebensecht Alfred Freiberg, der Oberbürgermeister, mit seiner Frau und seiner hübschen Tochter Magdalena im Kreis. Auch andere Zimmer in der Nähe bargen solch totenstille und schweigsame Gestalten. Am auffallendsten war der Befehlshaber des Volkssturms in seiner schönen Uniform und mit einem Hitlerbild neben sich. [...]

Am Nachmittag desselben Tages, an dem Bill Walton und ich das Rathaus aufgesucht hatten, waren wir auf der Suche nach einer Fabrik für Flugzeug-Ersatzteile, die von der 8. Air Force Division bombardiert worden war, auch an den Rand von Leipzig gefahren. [...] Als wir auf der Suche nach der Fabrik eine schmale Landstraße zwischen gepflügten Äckern entlangfuhren, drang ein merkwürdiger Geruch zu uns, ganz anders als alles in unserer bisherigen Erfahrung. Wir folgten dem Geruch und sahen schließlich jenseits einer kleinen Wiese einen etwa drei Meter hohen Stacheldrahtzaun, der seltsamerweise um einen leeren Platz gezogen schien. Wir parkten den Jeep, liefen durch ein kleines Tor hinein und standen vor einem Leichenfeld.

Niemand war da, das heißt, kein lebendiger Mensch. Über dem Flecken mit all den Schädeln und verkohlten Rippenknochen wehte an einem hohen, dünnen Mast eine groteske, weiße Fahne. Es war nur zu deutlich, daß die Menschen, die es hier vor kurzem noch gegeben hatte, nicht freiwillig in den Tod gegangen waren. In der meterbreiten Einzäunung von eng geflochtenem Stacheldraht hingen geschwärzte menschliche Gestalten, ihre verzweifelte Haltung sprach noch von ihrer letzten Anstrengung, ins Freie durchzubrechen. Bei diesem Fluchtversuch hatten sie sich in den Stacheldraht-Rollen verfangen und waren als lebende Fackeln verbrannt.

Außer dem unwirklichen Fahnenmast in einer Ecke stand nichts mehr in der Asche. Überall auf dem gespenstisch gefleckten Teppich, der die Fläche bedeckte, waren Dutzende gleichförmiger kleiner Näpfe und dazwischen immer wieder Löffel verstreut.

★

Der General Karl Koller 1898–1951 Wildpark-Werder/OKL

Um 2.20 Uhr morgens passiert Göring die Wache, sein Wagen lenkt in den großen Hof ein, die Hupe dröhnt. Gleich darauf bestätigt mir Brauchitsch fernmündlich die Ankunft von ihm. (Ich erfahre später durch Oberstabsarzt Dr. Ondarza, der Göring auf der Fahrt vom Führerbunker durch Berlin begleitete, daß sie sich wegen der Luftangriffe geraume Zeit in verschiedenen öffentlichen Berliner Luftschutzbunkern aufgehalten haben. Dabei sei Göring von der Bevölkerung nicht unfreundlich aufgenommen worden, er selbst habe sich sehr leutselig gegeben und Witze gemacht, vor allem auch über seinen berüchtigten Ausspruch, er «wolle Maier heißen, wenn ...» Man sandte sogar Boten aus den Nebenbunkern, um ihn auch dorthin zu bitten. Er ging auch hin und war bei den Berlinern noch durchaus populär.)
Ich bestelle Brauchitsch, daß ich Göring bei seiner Abfahrt vor meinem Dienstgebäude, an dem er ohnehin vorüber muß, sprechen muß. Ich habe Wichtiges für ihn. Dränge auf Eile, da sonst Passieren der Elbe vor Tagesanbruch nicht mehr möglich.
Meine Uhr zeigt drei. In diesem Augenblick fährt Göring an der Spitze seiner Wagenkolonne in hohem Tempo an meinem Hause vorbei und durch das Tor bei der Hauptwache hinaus. Abgefahren ohne Aussprache und Abschied.

★

Der Oberst Richard Wolf ***Nürnberg***

Kampfmäßig verlief die Nacht zum 20. April verhältnismäßig ruhig. Gegen 0.30 Uhr mag es gewesen sein, als mich Liebel [Oberbürgermeister] verließ. Er war seelisch sehr niedergeschlagen. [...] Kaum war Liebel gegangen, da hörte ich einen peitschenden Knall. Von einer trüben Ahnung erfaßt, eilte ich in den vom Gauleiter mit seinem Stabe belegten Raum des Bunkers. Liebel lag mit einem Kopfschuß tot auf seiner Pritsche. Der Revolver war seiner Hand entfallen. [...]
In den frühen Morgenstunden trafen die Meldungen vom weiteren

Vorrücken der Amerikaner ein. Der SS-Verband im Norden hatte seine Stellungen verlassen. Ein Funkspruch Hitlers traf ein, der dem Kampfkommandanten die Verleihung des Eichenlaubs zum Ritterkreuz und den Dank für das Aushalten aussprach.
Die Lage war unhaltbar geworden. Weiterer Widerstand sinnlos. Gegen 10.30 Uhr kann es gewesen sein, daß ich durch Funk an alle Einheiten das Einstellen des Kampfes befahl und ihnen ihr Handeln freistellte. Ich selbst war für mich entschlossen, Nürnberg nicht zu übergeben.
Nürnberg, die geschichtlich so bedeutende deutsche Stadt konnte im Kampf bezwungen, durfte aber auch in diesem dunkelsten Abschnitt ihrer Geschichte nicht übergeben werden.
Den ganzen Tag über war noch vereinzelter Kampflärm zu vernehmen, ratterten die in die Stadt einrückenden Panzer. Ich selbst versuchte mich mit meinem Ia nach Norden durchzuschlagen. Wir durchwateten in den Nachtstunden die Pegnitz. Anscheinend wurden wir von den Brückenwachen entdeckt. Feuerstöße aus Maschinenpistolen deckten uns ein. Handgranaten detonierten. Mein Ia blieb von dem Feuerüberfall ab verschollen. Über 2 Stunden suchte ich das Gelände nach ihm ab. Als ich vor der hereinbrechenden Morgendämmerung in einem Keller Schutz suchte, wurde ich von einem amerikanischen Posten überrascht und gefangengenommen.

Ein Schüler *Nürnberg*

Das größte Erlebnis meines Vaters war, als er als Volkssturmmann im Alter von 50 Jahren am 20. April 1945 – ausgerüstet mit einem französischen Gewehr von 1865, zehn Patronen, nur zu einem italienischen Gewehr von 1870 passend, einer Panzerfaust ohne Zünder – im Angesicht zweier im Stadtgraben vor der Burg angeketteter lebender Ochsen, die als Nahrung während der Belagerung dienen sollten, die Burg von Nürnberg verteidigen sollte. Die ganze Tätigkeit bestand nur in der Hissung der weißen Flagge und Übergabe der Burg an die Befreier.

Paula Nemeskei 1904–1989 *Nürnberg*

Der 20. April 1945, der Geburtstag des Führers, wird der Tag, an dem die «Stadt der Reichsparteitage» endgültig besiegt wird! Wir sehen vom Boden aus, daß im Norden der Stadt noch geschossen wird, wir sehen, die Türme der Sebalduskirche haben keine Spitzen mehr, – muß denn unsere an sich schon so zerstörte Stadt noch ganz kaputt werden? Aber die Nationalsozialisten bleiben sich treu: alles noch opfern, weil sie selbst ihr Ende sehen.

Wir tragen die Betten nach oben – endlich mal ganz ausgezogen in frisch überzogenen Betten schlafen, soll es das wirklich geben?
Wie lange haben wir das schon nicht mehr gehabt. Der Tag ist wieder bunt bewegt, überall wird organisiert, Amerikaner kommen in die Wohnungen, suchen nach Waffen, fragen Verschiedenes, sind erstaunt, wenn wir ihnen von unseren Verhältnissen erzählen. Sie staunen über unsere demolierten Wohnungen, schütteln den Kopf, solch ein Leben! Wir verfolgen wieder vom Dachboden aus die Schießerei und merken, daß scheinbar gegen Abend doch der letzte Widerstand aufgehört hat. Am Abend sitzen wir dann bei Kerzenschein in der Wohnung und feiern.

Hanns Lilje 1899–1977 *Nürnberg*

In der letzten Nacht, während ich mein Bett wegen des besseren Schutzes gegen Granatsplitter unter das Gitterfenster gezogen hatte, drang aus dem Keller, wo die Gefängnisleitung mit ihren Getreuesten noch ein Abschiedsgelage veranstaltete, der Duft von Gebratenem und der Lärm weinseliger Männer herauf, während oben in ihren Zellen Hunderte von Männern zwischen Hunger und Todesangst fiebernd auf ihre herannahende Befreiung hofften. Ich selber habe geschlafen und sehe ein, daß ich eines Tages eine theologische Abhandlung werde schreiben müssen über den Schlaf als eine Form, Gott zu loben.
Ich bin gänzlich ruhig, als am andern Vormittage, während das Ohr noch kaum eine Veränderung im Artilleriebeschuß wahrzunehmen vermag, plötzlich nach kurzem Lärm auf dem Flur die Zellentür aufgerissen wird und einer der Leidensgenossen mit Freudentränen hereinstürzt: «Die Amerikaner sind da!»
Es sind wirkliche Freudentränen, die in seinen Augen stehen, und es ist eine ehrliche Entrüstung, mit der er feststellt: Du freust dich ja gar nicht!
Es ist wahr, ich freue mich nicht. Jedenfalls nicht in diesem vordergründigen, fast ein wenig einfältigen Sinn, in dem es meine johlenden, aufgeregt gestikulierenden Gefährten tun. Mir ist sofort klar, daß für die meisten jetzt ein sehr mühseliger Weg ins Leben zurück beginnen wird, langwierige Formalitäten, bis wir wirklich als freie Menschen uns draußen bewegen können, die Suche nach den Familien, die Frage, wo künftig meine Heimat sein wird.
Da ist die jäh aufsteigende Bitterkeit, daß es Fremde sein müssen, die uns das kostbare Gut der Freiheit wiedergeben, das die eigenen Volksgenossen uns geraubt haben; und da ist auch – ganz anderer Klang – irgendwo ein ganz leises Verwundern (oder muß ich es gar Bedauern nennen?),

daß nun plötzlich und unwiderruflich die Zeit der Prüfung vorbei ist – hat sie geleistet, was sie an Reinigung, Läuterung, neuer Kraft schenken sollte?

*

Der Reichsstatthalter
Franz Ritter von Epp 1868–1946 **Bayern**

Als die militärische Lage sich in den ersten Monaten des Jahres 1945 weiter verschlechterte und auch Bayern und München bedroht schienen, habe ich natürlich mit meinen Mitarbeitern, insbesondere Major Carraciola und auch mit dem damaligen stellvertretenden Kommandierenden General des VII. Armeekorps, General Kriebel, die Lage besprochen. Kriebel erklärte mir, zu einer Verteidigung Münchens brauche er mindestens 2 Divisionen. Ich wußte, daß er diese Divisionen jedenfalls in seinem Korpsbereich nicht zur Verfügung hatte, daß im Gegenteil einige noch kampfkräftige Ersatzformationen in den letzten Wochen abgezogen und in die Front in Württemberg geworfen waren. Von der Front selbst trafen nur spärliche Nachrichten ein, sie gaben kein Bild über die Anzahl und Kampfstärke der noch kämpfenden Verbände und insbesondere nicht über die Befehlsverhältnisse. Kriebel hatte mir gesagt, er werde sich mit seinen ihm verbleibenden Kräften auf eine Gebirgsstellung am Nordrand der Alpen in die Gegend von Garmisch zurückziehen. Ich hatte deshalb, da ich aus den schon genannten Gründen in seiner Nähe bleiben mußte, in Partenkirchen auch ein Quartier für meine Dienststelle vorbereiten lassen. Kriebel, mit dem ich sehr gut zusammengearbeitet hatte, wurde etwa am 20. 4. 1945 abgelöst. Ich habe später von Kriebels Nachfolger, Greiner, gehört, daß Meinungsverschiedenheiten mit dem Gauleiter Giesler über die Fragen der Kriegsführung entstanden seien, deretwegen Giesler durch den SS-General Fegelein im Großen Hauptquartier die Abberufung Kriebels Knall und Fall durchgesetzt habe.

Heinrich Prinz von Hessen *1927 ***Kronberg/Taunus***

Vom 2. April an war der Gesundheitszustand meiner Großmutter [eine Schwester Kaiser Wilhelms II.] immer schlechter geworden; nun bekam sie auch noch eine beidseitige Lungenentzündung.
Am 19. April um vier Uhr nachmittags klopfte es an die Tür des Cottage. Ein Sergeant und mehrere Soldaten lassen uns wissen, daß wir bis sechs Uhr aus dem Haus zu verschwinden hätten.

Wir müßten den gesamten Besitz räumen. Lediglich Kleider, Bettwäsche und Lebensmittel dürften wir mitnehmen, nichts sonst. Mit knappen Worten erklären sie uns, sie seien nicht in der Lage, Zugeständnisse zu machen, sie führten nur Befehle aus.
An allen Türen, im Cottage genauso wie im Schloß, kontrollieren Soldaten jeden Koffer. Wenn sie etwas finden, was nicht auf ihrer Liste steht, nehmen sie es heraus und werfen es ins Haus zurück. Als mein kleiner Koffer an der Reihe ist, beschlagnahmt der Soldat meine persönlichen Papiere und meine Brieftasche. Er packt auch mein Tagebuch, aber ich flehe ihn an, es in mein Zimmer zurückbringen zu dürfen. Das wird mir gestattet; kaum bin ich im Zimmer, reiße ich die beschriebenen Blätter aus dem Heft und verstecke sie in einem alten Mantel meines Vaters, der glücklicherweise der Durchsuchung entgeht.

Walter Dirks 1901–1991 ***Frankfurt am Main***
Am 21. April wurde ich von den Amerikanern zum Personalreferenten beim Landesarbeitsamt Hessen eingesetzt. Der kommissarische Leiter des Amtes und ich waren also schon zweieinhalb Wochen vor dem Tag der Kapitulation sozusagen mit aufgekrempelten Ärmeln dabei, am Neuaufbau mitzuwirken. Wir hatten die durch geflüchtete Nazis kopflos gewordenen Arbeitsämter des Landes mit zuverlässigen Demokraten zu besetzen: Sozialdemokraten, Zentrumsleuten, Gewerkschaftlern.

★

Der Kammerdiener
Heinz Linge 1913–1980 **Berlin**
Früher waren die Führer-Geburtstage gewöhnlich wie folgt «eingeleitet» worden: Hitlers persönlicher Stab erschien um Mitternacht vom 19. auf den 20. April und gratulierte zuerst, nachdem ich es allerdings bereits immer schon getan hatte; denn ich mußte Hitler ja melden, daß der Stab zur Gratulation erschienen sei. Diesmal sah alles anders aus. Hitler hatte mir zuvor schon gesagt, daß er Gratulanten nicht empfangen werde, was ich den zu ihm kommenden Herren beibringen solle. Es gäbe nichts, wozu man ihm noch gratulieren könne. Dennoch versammelten sich gegen Mitternacht im Vorraum der Chefadjutant General Wilhelm Burgdorf, der SS-Gruppenführer Hermann Fegelein, Hitlers persönlicher Adjutant Julius Schaub, der Marine-Adjutant Albrecht, der Chef der Adjutantur der Reichskanzlei, der Adjutant Otto Günsche, der Botschafter Walter Hewel, der den Reichsaußenminister im Füh-

rerhauptquartier vertrat, und Werner Lorenz als Vertreter des Reichspressechefs. Nachdem Hitler dies von mir erfahren hatte, blickte er mich müde und niedergedrückt an. Ich mußte dem wartenden Stab mitteilen, daß der Führer keine Zeit habe, ihn zu empfangen. Dabei blieb es zunächst. Doch dann nutzte Fegelein, der mit Eva Brauns Schwester Gretl verheiratet war und sich mit Eva duzte, seine verwandtschaftlichen «Beziehungen». Er ging zu seiner Schwägerin Eva und redete auf sie ein, den Führer zu bewegen, die Gratulanten, die nicht von seiner Seite weichen würden, zur Gratulation zu empfangen. Eva «schaffte» es. Widerwillig erhob Hitler sich und ging, gebückt, mit schleifenden Schritten, in den Vorraum, wo jeder nur gerade «ich gratuliere» sagen konnte – und dann Hitlers gebeugten Rücken von hinten sah. Hans Baur, Hitlers Chefpilot, sein zweiter Pilot Betz, Rattenhuber, der stellvertretende Chef des Sicherheitskommandos Peter Högl und Franz Schaedle, der Chef des SS-Begleitkommandos in der Reichskanzlei, die ebenfalls gratulieren wollten, hatten den Anschluß verpaßt. Als sie zu Beginn der Nachtlage-Besprechung erschienen, um dem «Chef» zu gratulieren, befand er sich gerade auf dem Wege von seinem Arbeitszimmer zum Lagezimmer. Im Vorübergehen reichte er jedem von ihnen die Hand.

Nach der Lagebesprechung, die nur eine kurze Zeit in Anspruch nahm, kam Eva Braun zu ihm ins Arbeitszimmer, wo beide gemeinsam Tee tranken und allein sein wollten. Der Geburtstag war der Lage angemessen.

Kaum waren Hitler und Eva Braun zu Bett gegangen, es war gegen 9 Uhr früh, erschien General Burgdorf und bat mich geradezu händeringend, «um Gottes willen doch den Führer zu wecken», damit er, Burgdorf, ihm eine sehr wichtige Frontmeldung vortragen könne. Ich tat es. Hitler, der zwar sofort aufstand, sich aber nicht anzog und auch nicht den Schlafraum verließ, sondern nur an die Tür ging, fragte durch die Tür: «Was gibt es, Burgdorf?» Nachdem der neben mir stehende General ihm durch die Tür gemeldet hatte, daß die Russen zwischen Guben und Forst durchgebrochen und Gegenangriffe bereits eingeleitet worden seien und der Kommandeur der eigenen Einheiten erschossen wurde, weil er bei der Verteidigung seines Frontabschnittes «versagt» hatte, befahl Hitler mir: «Linge, ich habe noch nicht geschlafen. Wecken Sie mich eine Stunde später als sonst um 14 Uhr.»

Befehlsgemäß weckte ich Hitler um 14 Uhr. Dann frühstückte er und ließ sich von mir Kokaintropfen ins rechte Auge träufeln. Ein Gespräch kam nicht zustande. Er wollte «Wolf» zu sich gebracht haben, ein Junges seiner Schäferhündin «Blondi». Mit dem kleinen Rüden, seinem Lieblingswelpen, spielte er dann bis zum Mittagessen, das er zusammen mit Eva und den Sekretärinnen einnahm. Er hatte sich nun total abgekapselt, wollte außer Eva und mir – keinen Menschen mehr sehen. Ganz der Gegenwart entfliehen konnte er jedoch nur bedingt. Gegen 15 Uhr warteten Abgesandte der Hitler-Jugend unter Arthur Axmanns Führung, Offiziere der Heeresgruppe Mitte, der Kommandant des Führerhauptquartiers, der Chef der Wachkompanie des Führers, ein Mitarbeiter Bormanns und einige SS-Männer am Bunkerausgang der Reichskanzlei, um ihm ebenfalls zu gratulieren. Hitler, der einen feldgrauen Uniformmantel trug, schlug den Kragen hoch und begab sich, von dem Marineadjutanten Karl-Jesko von Puttkamer und von mir begleitet, zu den Gratulanten, die bei unserem Erscheinen schweigend «Haltung» annahmen und Hitler den «Deutschen Gruß» entboten. Im Park, an der Tür des Wintergartens, standen Himmler, Bormann, Burgdorf, Fegelein, Hewel, Lorenz, Hitlers Ärzte Theo Morell und Ludwig Stumpfegger, Schaub, Albert Bormann, Albrecht, Willi Johannmeier, Nikolaus von Below und Günsche. Heinrich Himmler ging auf Hitler zu und gratulierte ihm. Hitler reichte ihm zwar die Hand, doch ich sah, daß dieser Händedruck betonte Achtlosigkeit ausdrückte. Nachdem Hitler, müde, gebeugt, grau im Gesicht und kraftlos, schleppend die «Front» abgeschritten und die Wünsche der Gratulanten entgegengenommen hatte, gruppierten sich die Männer im Halbkreis um ihn, um zu hören, was er ihnen sagen würde. Was sie aus seinem Munde vernahmen, konnte sie infolge der erdrückenden Lage jedoch nicht von der Überzeugung «befreien», daß die totale Niederlage unmittelbar bevorstünde, auch wenn Hitler immer noch einen gegenteiligen Eindruck zu erwecken versuchte.

Da für 16 Uhr die tägliche Besprechung angesetzt war, schlossen Himmler, Bormann, Burgdorf, Fegelein und die Adjutanten sich dem Führer an, als er wieder in den Bunker zurückkehrte, den er nie mehr verließ. Dann kamen Göring, Ribbentrop, Dönitz, Keitel und Jodl, die ich jeweils einzeln anmeldete und zu Hitler begleitete, um zu gratulieren. Keiner von ihnen sprach vom katastrophalen Ende. Jeder versicherte Hitler nur seine Treue bis zum Tode. Nach dieser Prozedur, die Hitlers Stimmung keineswegs positiv stimuliert hatte, dankte Hitler den Anwesenden im Vorraum für ihre Glückwünsche und Gelöbnisse und fragte den Generalstabschef Hans Krebs, wie sich die Lage an der Oder entwickelt habe.

⋆

Der US-Soldat Donald J. Willis *1919 *bei Dessau*

Einige gute Nachrichten für alle Soldaten. Unsere Post hat endlich zu uns aufgeschlossen. Das ist immer ein eindeutiges Zeichen dafür, daß unser Sektor sicherer wird. Bekam einige Briefe, einer von Mom war auch dabei. War froh, etwas von zu Hause zu hören.

Jeder sagt, daß der Krieg fast vorüber ist. Ich weiß nicht. Es geht mir zu schnell, als daß ich es glauben kann. Andererseits ist es hier das Hauptgesprächsthema. Jetzt will niemand mehr unnötige Risiken eingehen.

Der britische Soldat Edwin Chapman *Nordwestdeutschland*

An seine Eltern

Liebe M & lieber V.

Vielen Dank für noch mehr Zeitungen.

Hier gibt es nicht viel zu berichten. Das Wetter ist jetzt großartig. Es gibt noch immer keine Bäder (Ich hatte jetzt fünfzehn Tage keins). Ich weiß nicht, ob das Regiment etwas dafür tun kann: Es gibt eben keine im Bezirk, & kontinentale Häuser sind gewöhnlich nicht mit Bädern ausgestattet.

Von den Leuten hier bekommen wir viele Eier. Zehn gab man mir gestern. Morgen spielt das Regiment wieder Fußball gegen das örtliche Team. Schokolade zu schicken, lohnt sich nicht. Wir bekommen eine Menge, vielen Dank.

Bitte vergeßt nicht, daß ich mich über einige Umschläge freuen würde, groß genug, um Postkarten hineinzustecken.

Immer Euer Edwin.

Der britische Sergeant
Norman Kirby *1913 *Nordwestdeutschland*

Wir trafen hier auf ein Problem, das es nur allzu häufig gibt: deutsche Deserteure und Möchtegern-Kriegsgefangene. Anstatt ruhig nach Hause zu gehen, bestanden sie darauf, sich zu ergeben. Vielleicht waren die alliierten Rationen der Grund, oder sie wollten ihren hungernden Familien nicht zur Last fallen. Wir mußten zusätzlich zu unseren dienstlichen Pflichten mit dieser steigenden Zahl zurechtkommen. Es schien, als ob Stacheldraht eine merkwürdige Anziehung auf deutsche Soldaten ausübte. Sie waren durch die ungewohnte Befreiung von militärischer Disziplin und durch den Verlust der Sicherheit, die ihnen Jahre des Kasernendienstes und Lagerlebens gegeben hatten, orientierungslos geworden.

Zwei Soldaten der Wehrmacht in Zivilkleidern warteten drei Stunden lang, um uns unterstellt zu werden, beharrlich wie Londoner, die vor dem Kino Schlange stehen, um «Vom Winde verweht» zu sehen. Während der Nacht kam ein junger Luftwaffenangehöriger in Uniform und erzählte uns, er sei auf Urlaub gewesen, um sein Kind zu sehen, das gestorben war. Während dieser Zeit hätten die Alliierten sein Dorf überrollt, und jetzt sei er bereit, sich zu ergeben. Er hatte eine offene Wunde am Bein und trug einen weichen Pantoffel an einem Fuß. Wir befahlen ihm, die Nacht zu Hause zu verbringen, wir würden ihn dann am Morgen in der Wohnung abholen.

Der britische Captain
Maurice F. Jupp *(Nordwestdeutschland)*

Es ist interessant, gerade jetzt in Deutschland zu sein. Das Wohnungsproblem ist schrecklich. Eure Farm müßte, wenn sie in Deutschland läge, ungefähr 14 Leuten Unterkunft bieten. Zu essen gibt es nichts mehr. Es ist bewundernswert, wie sie trotzdem wirtschaften. Die Hauptstraßen sind in unglaublichem Zustand. Unser Transport bewegt sich in einem endlosen Zug in die eine Richtung, und in die andere, gegen den Strom, marschieren deutsche Gefangene unter Bewachung, deutsche Soldaten mit weißen Fahnen, die sich ergeben wollen, deutsche zivile Flüchtlinge + Gruppen von befreiten Kriegsgefangenen aus ganz Europa. Für sie alle scheint eine Armeeration eine große Menge zu sein. Mein Freund nahm eine Rolle Seide aus einer deutschen Fabrik mit für die Frauen, die uns geholfen hatten, etwas zu organisieren. Sie waren völlig außer sich vor Freude und brachen zusammen. Ich hörte, wie er einem jüdischen Geistlichen, (der mich um einen Fallschirm bat, um die Frauen mit Kleidung zu versorgen), den Rat gab, noch vierzehn Tage zu warten, bis er ihnen solche Luxusartikel geben könnte, da die Auswirkungen sonst gefährlich sein könnten. Ich bin überzeugt, daß dem Durchschnittsdeutschen nicht bewußt ist, was sich in jenen Lagern abspielt.
Herzliche Grüße
Dein Maurice.

*

Der Schriftsteller Walther Teich 1894–1962 **Hamburg**

Die Phrase konnte erst recht gedeihen, als die Buchdruckerkunst immer weiter fortschritt. Was aber ist Phrase? Auf Anhieb würde ich definieren: Bei der Phrase decken sich nicht Form und Gehalt. Der Gehalt

ist kleiner als die ihn einhüllende Form. Die Form will einen bedeutenden Gehalt vortäuschen. Also ist die Phrase ein Stück Unehrlichkeit. Es gibt Menschen, die von Natur unehrlich sind. Sie müssen sich durch Phrasen ausdrücken. Das kann sich zu einer regelrechten Kunst entwickeln. Der Dichter wird nie Phrasen machen, der Künstler kann es tun. Es gibt große Talente, die herrliche Phrasen schreiben können. Die Zeit kommt ihnen entgegen. Man könnte behaupten, daß das letzte Jahrhundert in Kunst und Literatur von Phrasen gelebt hat, ja, das tägliche Leben der «Gebildeten» ist ohne die Phrase überhaupt nicht zu denken. In den Schulen beginnt es, auf den Hochschulen treibt es seine Blüten. Mir scheint die deutsche Sprache besonders Gefahren in sich zu bergen, was die Versuchung zur Phrase angeht. Das liegt daran, daß wir zu viel Freiheit haben, in der Anwendung von Begriffen. Dieses Glück wird leicht zum Unglück. Es geht den Menschen da, wie es den Klavierspielern oft geht. Sie sizten vor einem Flügel. Dieser gibt ihnen die Möglichkeit, unheimlich viel auszudrücken. Sie können aber technisch nicht so viel. Da beginnen sie denn, musikalische Phrasen zu spielen, indem sie mit unzureichenden Mitteln eine virtuose Klangfülle zu erreichen versuchen. Also Unehrlichkeit, Verschwommenheit, Klaffen zwischen Gehalt und Form.
Solange die Leser nicht bemerken, daß die Einfachheit mehr sagt als die Weitschweifigkeit und die Wahrheit mehr als der Schwindel, ist wenig Hoffnung auf Besserung. Da aber das menschliche Auge, das Gesicht den Menschen mehr sagt und es eindringlicher sagt als das Wort, mögen die Trümmer unserer Städte uns sagen, wohin die Phrase, die Halb-Wahrheit, ein Volk führen kann.
Kurz ist der Weg von der Halb-Wahrheit zur Ganz-Lüge. Wir haben es da sehr weit gebracht, teuflisch weit.

★

Der sowjetische Hauptmann
Alexei Kalinin *1911 *im Osten*

An seinen Sohn Wladimir
Guten Tag, Wowotschka!
Wowotschka, gerade eben habe ich Deinen Brief bekommen, während des Kampfes, und während ich Dir die Antwort schreibe, sitze ich in einer Spalte, die wir in die Erde gegraben haben.
Wir schlagen die Deutschen, mein Sohn, und wir bewegen uns täglich so fünf oder manchmal acht Kilometer vorwärts. Wir bemühen uns,

möglichst schnell alle Fritzen zu vernichten, damit der Krieg zu Ende ist, damit Ihr besser leben könnt.
Du schreibst, daß Du Ferien hast, während bei uns die Ferien zu Ende sind, und wir zeigen es jetzt den Fritzen, das heißt, wir schlagen sie, damit ihnen die Lust am Kriegführen vergeht.
Mein Sohn, ich habe Euch schon drei Päckchen geschickt, ich habe auch Papier dazugelegt.
Nach unserem Feuer ist die Infanterie vorwärtsgegangen, jetzt rücken auch wir vor.
Also, einstweilen auf Wiedersehen, Wowotschka!
Ich küsse Dich herzlich
Dein Papa

Der Rotarmist Boris Markus *Österreich*
Brief an Unbekannt
Wir sind also schon im vierten Staat angelangt. Er ähnelt weder dem ersten noch dem zweiten noch sonst einem. In Ungarn war es mit der Sprache schwierig, aber ich habe mich auch nicht bemüht, sie zu lernen, dort war mir alles zuwider, die Landschaft, die Architektur, die Menschen (und nach den Begegnungen mit den Serben und den Bulgaren ist das nicht erstaunlich). Hier in Österreich kann man die Sprache verstehen (und zwar möglicherweise besser als in Deutschland selbst, denn mir scheint, daß die Österreicher im Vergleich zu den reinblütigen «Ariern» ein Deutsch sprechen, das unserem «Schuldeutsch» nähersteht).
Jedenfalls fällt mir das Reden und das Verstehen bei den Österreichern leichter als bei den gefangenen Fritzen. Also: Was die Sprache angeht, ist es leichter. Aber das Volk ist noch fremder als die Magyaren. Entweder sind sie durch Hitlers Propaganda dermaßen verschreckt, oder sie sind eben wirklich so, in jedem Falle wecken weder ihr Aussehen noch ihre Blicke irgendwelche Sympathien.
Ich wußte mir zuzureden, daß das noch keine Deutschen sind, sondern eben Österreicher (d.h. die ersten, die die deutsche Gewalttätigkeit zu spüren bekamen), aber dennoch kann ich mich eines gewissen Unbehagens nicht erwehren, wenn ich mit ihnen zu tun habe. Und wenn das schon bei mir so ist, dann kann ich mir vorstellen, was unser durchschnittlicher Soldat sich denkt.
Immerhin hat man unseren Leuten bis zu einem gewissen Grad beigebracht, sich zu benehmen (was man allerdings von einigen Infanterieeinheiten nicht behaupten kann, insbesondere nicht von den vorausgehenden Aufklärern, die machen, was sie wollen, und gehen über jeden

denkbaren und undenkbaren Rahmen hinaus). Da muß noch viel getan werden, damit die verstehen, daß sie nicht mit Frauen und nicht mit Gegenständen kämpfen sollen, sondern mit den Hitlerleuten. Im realen Leben ist das schwer zu erreichen, und deshalb bewegen wir uns oft auf reichlich unangenehmen Spuren, die die Voraustruppen hinterlassen haben.

Aber das ist alles unter uns gesagt. Diese Fragen bewegen mich im Augenblick mehr als alles andere, weil man so häufig auf sie gestoßen wird; oft muß man radebrechend (in einer «Mischung aus Deutsch und dem Russisch von Nischni Nowgorod» sozusagen) den Einwohnern klarmachen, daß das, was wir tun müssen, etwas ganz und gar Nobles ist, daß es uns nicht darum geht, Dinge an uns zu reißen und zu rauben usw. Letztlich sind das Lehrstunden der politischen Bildung, die damit enden, daß man über die Sowjetunion, unsere Gesetze, unsere Eroberungen und Errungenschaften auf allen Gebieten von Wissenschaft, Kultur und Technik erzählt.

Und bisher gab es kein Dorf und kein Städtchen, in dem die Leute bei unserem Abzug nicht aus den Häusern gekommen wären und uns verabschiedet hätten. Und daran sehen wir, daß sie von unserer Einheit einen guten Eindruck gewonnen haben. Also auch von der Roten Armee.

Es grüßt Sie Ihr Boris

Der Rotarmist Wladimir Alexandrow *Ostpreußen*

An seine Eltern bei Nowgorod

Seid gegrüßt, meine Lieben. Ich schick Euch meinen Gruß und wünsch Euch alles Gute und vor allem Gesundheit. Ich teil Euch mit, daß ich die Karte, die Ihr mir am 6.4.45 geschrieben habt, gekriegt hab, und den Brief, den Ihr am 8.4.45 geschrieben habt, hab ich auch gekriegt. Für beides dank ich Euch. Diese zwei Briefe haben mich sehr gefreut, weil Ihr die Geschenke von mir gekriegt habt. Und vor allem, daß alles unversehrt angekommen ist, wie man so sagt, und nichts verlorengegangen ist. Ich hab mir doch große Sorgen gemacht, und ich sag Euch warum, Du, Vater, mußt allein an Hosen vier Stück kriegen und Hemden auch vier Stück, aber nu werd ich die Gewißheit haben: wenn der Sommer kommt, hat mein Vater was anzuziehen. Und von dem mitgeschickten Stoff kann er sich ein Hemd nach Maß nähen lassen. Ich weiß natürlich nicht, ob Ihr das Paket gekriegt habt oder nicht, wo fünf Meter Seide und sieben Meter blauer Stoff drin sind und dann noch drei Hosen und zwei Hemden. Na, und Mutter hab ich natürlich auch was geschickt, Kleider, vier Stück, seidene natürlich. Was sie damit macht, ist mir egal.

Und in einem andern Paket ist noch ein Kleid drin. Alles in allem hab ich ihr fünf Stück geschickt. Und auch noch Stoff, aus dem sie was nähen kann. Ich werd also die Gewißheit haben, daß Ihr was anzuziehen habt. Ihr müßt noch ein Paket von Pawel Alexejew kriegen. Na, Vater weiß wahrscheinlich von wem. Er muß es verstehen. Er hat Euch zwei Stück Stoff geschickt, roten Flauschstoff und eine Zeltplane, aus der man ein schönes Hemd nähen kann. Nu genug davon. Liebe Eltern, ich hab eine Bitte an Euch. In einem Paket hab ich einen Mantel und Hosen geschickt, und ich bitt Euch, das und was noch drin ist, für mich aufzubewahren.

Noch paar Worte über mich. Wie ihr seht, bin ich gesund und munter. Besondre Veränderungen gibt's keine. Wir sind auf dem Vormarsch und vernichten die deutschen Banditen auf ihrem Territorium, und wir rächen uns an ihnen für Eure Leiden und Tränen. Gruß an Tante Dascha und alle meine Bekannten. Viele Grüße und Küsse

Euer Sohn Wolodja

*

Benito Mussolini 1883–1945 **Mailand / Palazzo Monforte**

Interview

Lassen Sie diese stürmischen Jahre vorbeigehen. Ein Junger wird emporkommen. Ein Unbeirrbarer. Ein Führer, der unausbleiblich die Ideen des Faschismus vertritt. Kollaboration und nicht Klassenkampf; Charta der Arbeit und Sozialismus; das Eigentum heilig, solange es Armut nicht fördert; Fürsorge und Schutz der Arbeiter, vor allem der Alten und Invaliden; Fürsorge und Schutz von Mutter und Kind; brüderlicher Beistand für die Bedürftigen; Moralität auf allen Gebieten. Kampf gegen die Ignoranz und die Unterwürfigkeit gegenüber den Mächtigen. Sofern dafür noch Zeit ist, Stärkung der Autarkie, unserer einzigen Hoffnung bis zum utopischen Tag der Aufteilung der Rohstoffe, die Gott der Welt gegeben hat, unter allen Völkern; Verherrlichung des Stolzes, Italiener zu sein; Erziehung in die Tiefe und nicht an der Oberfläche, wie es leider aufgrund der Ereignisse geschehen ist und nicht wegen ideologischer Unzulänglichkeit.

Ein unbeirrbarer Junger wird kommen, der unser Postulat von 1919 und das Programm von Verona von 1943 vorfindet, frisch, kühn und würdig sie umzusetzen. Dem Volk werden sich dann die Augen geöffnet haben, und es wird selbst diesen Ideen den Triumph bereiten. Zu viele hatten ein Interesse daran, daß diese Ideen nicht verstanden und ge-

würdigt würden, und machten glauben, daß sie gegen die moralischen und materiellen Interessen des Volkes verstießen. Wir haben 18 Jahrhunderte der Invasionen und des Elends durchlebt, des Geburtenrückgangs, der Knechtschaft, innerer Kämpfe und Ignoranz. Vor allem aber des Elends und der Unterernährung. Zwanzig Jahre Faschismus und siebzig Jahre Unabhängigkeit haben nicht ausgereicht, um der Seele jedes Italieners jene Kraft zu geben, um die Krise zu überwinden und das Wahre zu begreifen. Die großartigen und zahlreichen Ausnahmen zählen nicht.
Diese Krise, die 1939 begann, hat das italienische Volk nicht überwunden. Es wird wieder hochkommen, aber die Rekonvaleszenz wird lang und traurig sein, und wehe, wenn es zu Rückfällen kommt. Ich bin wie der große Kliniker, dem es nicht gelungen war, die richtige Therapie zu geben, und der jetzt das Vertrauen der Angehörigen des bedeutenden Patienten verloren hat. Viele Ärzte drängen sich um die Nachfolge. Viele von ihnen sind bereits als Versager bekannt; andere sind nichts weiter als dreist oder gewinnsüchtig. Der neue Arzt muß noch kommen. Und wenn er auftaucht, dann wird er meine Mittel anwenden. Er muß sie nur besser einsetzen können. Ein Ankläger des Admirals Persano antwortete, als er gefragt wurde, welche Schuld der Admiral habe: «Die, verloren zu haben.» So geht es mir.

★

Weert Sweers *1917 *Kriegsgefangenenlager Cherbourg*

Heute hat unser Führer Geburtstag. Früher war dieser Tag ein großes Fest für die ganze Nation, und nun in Gefangenschaft ist es anders. Es wird furchtbar gehetzt; es sind immer Leute da, die schon vorher alles gewußt haben. Eins steht aber fest, nach dem Stand der heutigen Dinge ist es unverantwortlich, daß der Krieg noch weitergeführt wird. Der Krieg ist verloren, da hilft alles nichts.
Die Russen und die Amerikaner stehen vor Berlin und sind zur letzten Entscheidung gestartet.
Das Wetter war noch ganz schön, und ich beschäftigte mich den ganzen Tag mit Rätselraten und sonstige Abwechslungen. Ich kann nicht den ganzen Tag sitzen und in die Gegend dösen, wie die meisten es tun. Wir müssen eben mit diesem Leben fertig werden.

Rita Ullrich *1922 *Internierungslager St. Sulpice*

Wir haben einen «neuen Mann» hier, der irgendwie eine Ausnahmestellung unter den Inspektoren einnimmt. [...] Er spricht uns niemals an. Heute lief ihm unsre dreijährige, blondlockige Christa über den Weg, der Liebling des ganzen Lagers, einschließlich der Franzosen, süß und drollig und zutraulich, wie sie ist. Ich weiß nicht, wie die Natur es fertigbrachte, ihr die Speckfalten an den kernig-fetten Ärmchen und Waden zu erhalten! Es muß an dem Naschwerk liegen, das jede der Aufsichtsdamen für sie bereithat; und vor lauter Verwöhnung und Huckepack wurde sie, wie ein kleiner Spatz im Winter eben wird: ein wenig keck, und gerade dadurch hat sie zu seiner Belustigung jeder gerne ein Weilchen bei sich. Da kam es wohl auch den kleinen Stalin heut' mal an, seine Kinderfreundlichkeit an ihr zu beweisen. Als sie da im Kies wühlte, hielt er inne, lächelte auf sie herunter und sagte etwas Kinderliebes, indem er ihr die Hand hinstreckte. Und just da geschah das Bedenkliche: Christa, die in diesem Augenblick sonst jedem gegen die Knie fliegt und aufgenommen werden will – sie blieb wie angewurzelt stehen, wandte kein Auge von ihm, kein Lächeln entblößte ihre herzigen weißen Mausezähnchen – dann legte sie nachdrücklich ihre Patschhände auf den Rükken, und plötzlich machte sie kehrt und wuselte davon.

Klein-Stalin kniff die Lippen zusammen und stürmte mit drei Schritten in unsre Kinder-Baracke herein, erblickte auf unsern Tischen die Sträuße vom gestrigen Spaziergang – fegte einen samt Vase vom Tisch – den zweiten, den dritten, fauchte: «Pas de fleurs aujourd'hui!» und stob davon, zur nächsten Baracke! Wir sahen Madame Duliac in die dritte laufen, auf den Lippen den Ruf: «Pas de fleurs aujourd'hui!» der sich fortpflanzte von Haus zu Haus.

Keine Blumen heute? Was sollte es? Da erinnerte sich jemand:
Führers Geburtstag!

Rudolf Bradatsch *Kriegsgefangenenlager Hayes/England*

Der zur Zählung eingeteilte Feldwebel erschien im Lager, wir waren schon angetreten. Nachdem er das Lager betreten hatte, sah er zwischen den beiden großen Zelten eine Hakenkreuzfahne flattern. Er gab sofort Alarm, und die Wachmannschaft trat mit Maschinenpistolen bzw. aufgepflanzten Seitengewehren an. Nun wurden wir gefragt, ob der Täter sich nicht selbst melden wolle. Nachdem sich niemand gemeldet hatte, wurde aus der Wachmannschaft ein wilder Haufen schreiender und tobender Soldaten. Bis dahin waren wir mit den Wachsoldaten immer gut ausgekommen. Die angetretenen Kriegsgefangenen wurden nun

in Gruppen eingeteilt, und dann begann der Zirkus. Ein Teil von uns mußte strammstehen, eine andere Gruppe mußte singen, und wieder andere Gefangene wurden im Laufschritt durch das Lager gejagt, dabei wurde von den Wachsoldaten mit den Waffen herumgefuchtelt und geschrien, als wenn eine Horde Indianer einen Angriff ausführt. In der zweiten Abteilung des Zirkusses mußten wir das Lager abbrechen, die doppelten hölzernen Unterböden der Zelte wurden genau wie die Zelte selbst außerhalb des Lagers auf einen Haufen gestapelt.
Nun kamen die Gehwegplatten, die sich als Wege zwischen den Zelten sehr gut bewährt hatten, an die Reihe und wurden ebenfalls entfernt und außerhalb des Lagers aufgestapelt. Um die einzelnen Zelte hatten die Kriegsgefangenen im Laufe der Zeit kleine Beete und Rasenteile angelegt, um das Lager etwas menschlicher aussehen zu lassen. Davon war nach dieser Prozedur nichts mehr zu sehen, denn die kleinen Beete waren schnell verschwunden und zusammengetrampelt worden. Die großen Zelte mußten selbstverständlich auch noch abgerissen werden und die Bänke und Tische auch noch auf dem großen Haufen gestapelt werden. Die Gefangenen wurden mit viel Geschrei angefeuert, und wenn einzelne Gefangene nicht schnell genug liefen (nach Meinung der Wachmannschaft), dann wurden Gewehrkolben und Seitengewehre eingesetzt. Einige Kriegsgefangene hatten Hieb- und Stichverletzungen erlitten und mußten im Revier behandelt werden [...] Was mich damals sehr befremdet hat, waren die deutschen und englischen Offiziere, die sich am oberen Teil des Lagers dieses Treiben anschauten, aber niemand machte diesem Zauber ein Ende.

★

Ludwig Munzinger *1921 *(Kriegsgefangenenlager/Frankreich)*
Durch immer neue harmlose kleine Demütigungen wirst du schließlich zum Einheitsgefangenen, der antritt, wenn gepfiffen wird, und schlafen geht, wenn es dunkel wird. Du siehst dann auch nicht mehr die auf den Postentürmen lümmelnden jungen Franzosen, die so tun, als hätten sie Europa vor der nazistischen Barbarei gerettet. Aber vielleicht gebärden sie sich ja gerade deshalb so wild, weil sie es eben nicht taten, sondern andere.
Dich stören dann auch am Sonntag die Franzosen nicht, die mit Kind und Kegel johlend am Lager vorbeiziehen und in unmißverständlichen Gebärden ihren «Sympathiegefühlen» Ausdruck verleihen. Es erschüttert dich auch nicht mehr im geringsten, daß der Lagerkommandant im-

mer dicker und du immer dünner wirst, und wunderst dich nur manchmal, wie wenig man eigentlich zum Leben braucht. Was haben wir früher schamlos gefressen!
Aber ganz versturen wir doch nicht. Sogar geistige Betätigung ist erlaubt. Mit Begeisterung wird hier Englisch gelernt, dort Stenographie. Ganze Hefte aus dem reichlich gelieferten Klosettpapier werden mit Kochanweisungen für die leckersten Gerichte gefüllt.
Und noch andere Talente entwickeln sich in solcher Umgebung, das sind die Verpflegungsexperten. Schon von weitem erkennen sie, in welchem Topf die Suppe dicker oder dünner ist. Alles wird gezählt: Wenn am Morgen die Kolonne beladen vom Verpflegungsstapel ins Lager zurückkommt: 45 Sack Brot, 3 Säcke weiße Bohnen, 4 Karton Keks, 4 Kisten Rosinen, 6 Dosen Milchpulver usw. Kurze Zeit darauf wirst du mit einer genauen Vorhersage der «Speisenfolge» überrascht.
Dann kannst du auch den Reinlichkeitssinn der Menschheit bewundern lernen. Für 3000 Menschen steht immerhin ein Wasserhahn zur Verfügung und ein paar Waschbecken unter freiem Himmel.

Mariela Kuhn *1909 *(Oxford / Head Injury Hospital)*
Sulger, jetzt allein mit sich selbst, ist sehr einsam und langweilt sich; er ist seit dem 12. März hier. Unterhielt mich lange mit ihm, hauptsächlich über die Entdeckungen (die schrecklichen) in den Konzentrationslagern Buchenwald und Nordhausen – heute waren Bilder in den Zeitungen. Sie können diese Dinge nicht glauben, selbst wenn sie sie auf Bildern sehen. Sulger sagt: «Ja, aber haben Sie die furchtbaren Bilder von den polnischen Verbrechen vor dem Krieg gesehen? Diese Geschehnisse haben den Krieg tatsächlich ausgelöst!»
Röhl auf Station M 1 war wach und ganz guter Stimmung – sprach lange mit ihm über das gleiche Thema, weil es das erste Mal ist, daß man ihnen konkrete Bilder von diesen Verbrechen zeigen kann. Er sagte: «Ich kann das nicht glauben», nimmt aber an, daß das wahr ist und sie von diesen Dingen nichts gewußt hätten. Er legt sich weder in der einen noch der anderen Weise fest. Ich zeigte ihm auch Bilder vom «Blitz» über England 1940/41, weil die deutsche Propaganda immer nur von «Terrorangriffen» auf Deutschland spricht. Sie alle (die Kriegsgefangenen) möchten wissen, wie schwer London wirklich bombardiert worden ist usw.
Station M 3: Heinz Kasburg fährt morgen ab, etwas zu früh, da er noch weit davon entfernt ist, gesund zu sein. Aber er möchte in das «Waterford-Kriegsgefangenen-Hospital», weil er sich hier einsam fühlt, und

dort hofft er, Freunde zu treffen. Daher hatten wir ein letztes, langes Gespräch. Er war wegen der Zeitungsberichte und Fotos erschüttert, so daß ich wirklich Mitleid mit ihm hatte; er sagte immer wieder: «Das kann nicht wahr sein, Deutsche machen so etwas nicht», und vergrub sein Gesicht in den Kissen.

Dann erzählte er mir von den polnischen Verbrechen. Er sagte: «Jahrelang war ich doch in der Hitlerjugend, und wir haben nie davon gehört oder ähnliches gesehen, und ich habe so an den Nationalsozialismus geglaubt und daß er etwas Gutes ist, und ich habe versucht, ihn zu vergleichen mit Sozialismus und Plutokratie und Demokratie und bin immer wieder zu der Überzeugung gekommen, das der Nationalsozialismus die beste Regierungsform für das deutsche Volk ist.

Wir sprachen über Hitler: «Ich habe immer so an den Führer geglaubt, ich hätte mich in Stücke reißen lassen für ihn.» Und er wiederholte immer wieder: «Ich kann Ihnen gar nicht sagen, was das auf einmal für mich heißt. Noch vor 14 Tagen war ich in der Armee und habe nie an der Wahrheit des deutschen Rundfunks gezweifelt oder an dem, was uns gesagt wurde, und auf einmal soll das alles nun falsch und unwahr und schlecht sein!»

Der Junge tat mir leid. Er erzählte mir, daß sein Vater Oberstudienrat war und am Anfang gegen Hitler, er war kaisertreu. Später meldete er sich freiwillig zur Armee, obwohl er schon 45 Jahre alt war. Antisemitismus kam in die Familie, als die Großmutter in Cottbus nach dem Tode ihres Mannes einen jüdischen Kaufmann bat, ihr großes Geschäft zu übernehmen. Er scheint den Laden ruiniert zu haben, türmte mit dem Geld und ließ die Familie von da an antisemitisch zurück. Eine sehr typische Geschichte.

Kasburg äußerte immer wieder, wie besorgt er um die Zukunft Deutschlands sei, was würde aus Deutschland unter russischer Herrschaft werden? Wie würde sein eigenes Schicksal sein? – Er glaubte, es sei besser sich zu erschießen, als in Schande und Sklaverei zu leben usw. Ich bemühte mich, alles zu sagen, was man dazu sagen kann, er tat mir schrecklich leid, er nimmt alles so ernst und ist richtig bekümmert. Während seines aktiven Dienstes war er in der Division Hermann Göring.

Erich Kuby *1910 *Kriegsgefangenenlager Landerneau*

Drei Amerikaner kamen ins Zelt, von denen mich der eine über den Büchereibetrieb ausfragte und sich Notizen machte. Vielleicht will er darüber schreiben. Einer betrachtete mit spürbarem Interesse die Holzschnitte. Er bat um einen Satz der Blätter. Ich sagte, wir hätten zur Zeit

nur die Musterabzüge, und ob er sich nicht gedulden wolle, bis neue Drucke vorhanden sind. Er respektierte die Bitte, ohne mit einem Wort dagegenzusprechen. Das gibt's eben auch.
Wenn sie nur nicht so schrecklich ahnungslos wären, unsere Obersieger.

★

Der General
Siegfried Westphal 1902–1982 **im Westen**
Mitte April griff die US-Army Richtung Nürnberg an. Teile drehten auf Passau ab. Französische Truppen drangen am 20. April in Stuttgart, Sigmaringen und Freiburg im Breisgau ein. Am gleichen Tage – Hitlers letzter Geburtstag – war Feldmarschall Kesselring noch einmal in der Reichskanzlei.
Ich hatte ihn dringend gebeten, Hitlers Zustimmung zu einer Waffenstreckung einzuholen, da jeder weitere Widerstand zwecklos und ein Verbrechen gegen die Nation sei. Nach einer sehr schwierigen Autofahrt – Fliegen war für uns schon lange nicht mehr möglich – kehrte Kesselring am nächsten Tag gewissermaßen auf Schleichwegen zurück – so eng war die Nord-Süd-Passage bereits geworden. Er berichtete von der «Gratulationscour». Ich brannte darauf, die Sachentscheidung zu hören. Dazu war man aber nicht gekommen. Hitler sei recht «aufgeräumt» gewesen. Sachlichen Erörterungen war er natürlich mit bekannter Meisterschaft ausgewichen.

★

Hans Erich Dalgas 1896–1987 **Bremen**
«Kaisers Geburtstag». Die Lage wird immer aussichtsloser. Ich kann mir keinen verstandesmäßigen Ausweg mehr denken. In der Stadt öfters Feuerüberfälle. Im Garten lasse ich noch ein kleines Bunkerchen bauen.

Luise Solmitz 1889–1973 **Hamburg**
Gebet im Rundfunk: «Herrgott, steh dem Führer bei; gib, daß Dein Werk sein Werk sei, gib, daß sein Werk Dein Werk sei!»
Eine einzige Flagge, Gustav-Falke-Straße 81 links. Es sprach sich herum. Dr. Henneberg sagte, leider werde es doch zum Großkampf in Hamburg kommen, deutsche Truppenansammlungen bei Lauenburg! Keine Milch, da die Strecke nach Elmshorn kaputt. Den ganzen Tag grollte es

dumpf von der Front Harburg. Wir machten Besorgungen, nahmen Ri. mit. Köstliche Baumblüte, Magnolien, Mandel-, Obstbäume, so schön, so unschuldig. Wer kann sich ihrer freuen!
X. fürchtet Gefangenschaft in Hamburg … Zivilanzug, aber den darf er nicht anziehen.
Spät abends Krachen, das Ri. aufweckte. Er schrie. Ich holte ihn. Er schlief an meiner Schulter ein, so rührend. 60 000 Kinder sollen in Hamburg sein.
Frau W. ganz aufgeregt, war gerade draußen, der Tiefflieger über ihr; sie sah das Aufblitzen der Geschütze.
Jetzt in der Nacht beängstigendes Schießen ohne Alarm; der Feind ist wohl schon in Harburg drin. Es ist unheimlich, grausig. Weil ich so Angst um Ri. habe.
Gestern Goebbels-Rede, heute wiederholt. Ja, nun sitzen wir wirklich vorm letzten bitteren Ende, so oder so.

Mathilde Wolff-Mönckeberg 1879–1958 Hamburg

Nun stehen wir vor der Endkatastrophe! Die Amerikaner sind bis Harburg vorgerückt, und der Kanonendonner rollt über unserer Stadt. […] Hamburg ist Festung, und überall ziehen sich höchst merkwürdige Barrikaden durch die Straßen, die aus den Häusertrümmern errichtet sind und über die man mittels kleiner, aus groben Steinplatten gefertigter Treppen, wie von Kindern aus Spaß gemacht, herüberklimmen muß. Ob sie was nutzen? Der Hamburger lacht und zuckt die Achseln, er glaubt nicht daran. Baldrian verkündet allabendlich mit tiefer Baßstimme die beruhigende Litanei, daß unser Statthalter es sehr gut mit uns meine, und er beweist es auch durch sehr willkommene Extrazuteilungen wie 100 Gramm Kaffee, 50 Gramm Tee, 2 Pfund Zucker, ½ Pfund Margarine. Außerdem haben wir schon Zuteilungen für die 75. Periode erhalten an Mehl und Fett und Zucker, was alles als eiserne Ration in den Keller gewandert ist. […]
Am Dammtor haben Luftminen und Bomben gewütet, die Alsterterrasse existiert nicht mehr, nur Trümmerhaufen, rauchende, schwelende, in der Klopstockstraße keine einzige Fensterscheibe, die Universität eine Ruine mit leeren Fensterhöhlen, gegenüber ganze Häuser fort, das englische Seminar ebenfalls ohne Scheiben mit herausgerissenen Türen, sogar die Tischplatte von Vater W.s Tisch wurde vom Luftdruck abgerissen. Und so sieht es in der Johnsallee, am Mittelweg und in der Badestraße auch aus. Ganz große Etagenblocks sind vernichtet, wie Kartenhäuser umgepustet, nur nicht so leise. Es müssen Riesenbrände und ein

Höllenspektakel gewesen sein. Die arme Annie Stammann, Schwester von Tante Lili Siemsen, ist unter ihrem zusammenstürzenden Hause begraben worden und erst nach 3 Tagen gefunden worden. Die alte 90jährige Tante Adele Mönckeberg starb infolge dieser fürchterlichen Nacht. [...]
Vielleicht wird es Kinder und Kindeskinder später noch mal interessieren, dieses zu lesen, für uns ist es furchtbar, und der Druck der letzten 6 Jahre liegt zentnerschwer auf einem. Heute abend geht das Gerücht, daß Hamburg zur offenen Stadt erklärt wird. Wäre es nur wahr!

Ulli S. *1928 **bei Hamburg**

Heute «feiert» Adolf Hitler seinen 56. Geburtstag. Und gerade weil es sein 56. Geburtstag ist, sollte er ihn noch einmal ordentlich als Festtag begehen. Aber nach Feiern ist ihm gar nicht zumute, was man schließlich auch verstehen kann.
Mit den sonst so großartigen Geburtstagsüberraschungen ist es in diesem Jahr auch nicht weit her. Die einzigen, allerdings unliebsamen Überraschungen für ihn sind heute, daß Nürnberg, die Stadt seiner Parteitage, in amerikanischer Hand ist, und daß die Russen vor Berlin durchgebrochen sind und Freienwalde, Wriezen, Seelow, Lebus, Beeskow, Forst und Weißwasser eroberten und noch 30 km vor Berlin und Dresden stehen.
Goebbels' Geburtstagsrede fiel daher auch recht weinerlich aus. Beflaggung wurde untersagt, da die Volksgenossen in den Frontgebieten größtenteils farbenblind sind und leicht Rot und Weiß verwechseln könnten.
Das letzte deutsche Panzerschiff «Lützow», wurde am 16. April vor Swinemünde von 2 panzerbrechenden Bomben getroffen. Das 10 000 t-Schiff sank in der Nähe des Strandes auf Grund. Die Beschädigungen sind so schwer, daß es als verloren angesehen werden muß.
Amerikanische Berichterstatter bringen Meldungen aus den besetzten Konzentrationslagern Buchenwald, Nordhausen, Belsen und Ohrdruf, die so grauenhaft, so himmelschreiend sind, daß man meinen könnte, der Verstand bliebe einem stehen. Die ganze Welt steht starr vor Grauen. Man möchte sagen: «Das stimmt nicht! Das ist Lüge!» So etwas gibt es im Lande Goethes nicht! In keinem «noch so primitiven Lande der Erde würde das möglich sein»!

Dr. Erwin Garvens **Hamburg**

War denn nun also der 56. Geburtstag Hitlers, den er, so hieß es, sich noch zu erleben gewünscht haben soll, weil dieser Tag nach seinem Horoskop für ihn besonders bedeutungsvoll zu werden verspreche.
Nach den Abendmeldungen stehen die Engländer an der Unterelbe – u. a. einen Kilometer vor Harburg! – und beschießen die nach Norden flüchtenden Truppen. Die Leute auf der Straße nehmen von der Schießerei kaum Notiz, sehr viele werden es überhaupt nicht begriffen haben, was vor sich ging. Über Tag war allerdings ein Dauer-Kleinalarm, durch den sich aber niemand stören ließ; auch ich nicht, indem ich um 4 Uhr in den «Kammer-Lichtspielen» einen ganz niedlichen und geschickt gemachten Film «Das Hochzeitshotel» ansah. Auch abends und nachts gab es keinen Alarm, so daß unsere Vorsichtsmaßnahme hinsichtlich Zubettgehen in Kleidung – ich mag es gar nicht! überflüssig gewesen. Sollte der Luftkrieg auch für uns zu Ende sein? Es wäre ein Segen!

★

Benito Mussolini 1883–1945 **Mailand/Palazzo Monforte**

Interview

Ich habe hier Beweise, daß ich mit all meinen Kräften versucht habe, den Krieg zu verhindern. Sie erlauben es mir, absolut ruhig und unbeschwert gegenüber dem Urteil der Nachkommenden und den Schlußfolgerungen der Geschichte zu sein. Ich weiß nicht, ob Churchill so ruhig und unbeschwert ist wie ich.
Merken Sie sich das gut: Wir habe die Welt der großen Geschäftemacher und der großen Spekulanten erschreckt. Sie haben nicht gewollt, daß uns die Möglichkeit zu leben gegeben wird …
Wenn der Ausgang des Krieges für die Achse günstig gewesen wäre, dann hätte ich dem Führer nach dem Sieg die Sozialisierung der Welt vorgeschlagen und das heißt: Grenzen nur historischer Natur; Abschaffung aller Zollämter; freier Handel von Land zu Land, von einer Weltkonvention geregelt; Einheitswährung und konsequenterweise das Gold der ganzen Welt als Gemeinschaftseigentum, genauso die Rohstoffe, sie werden nach den Bedürfnissen der Länder aufgeteilt. Reale und radikale Vernichtung jeglicher Waffen. Kolonien: Die entwickelten werden zu unabhängigen Staaten, die anderen werden unter den Ländern aufgeteilt, die von der Zahl der Bevölkerung her oder aus anderen Gründen am geeignetsten sind, zu kolonisieren und zu zivilisieren.

Meinungsfreiheit, Pressefreiheit? Ja, vorausgesetzt, daß sie von genauen Grenzen, die klar festgesetzt sind, reguliert und gezügelt werden. Ohne das hätten wir Anarchie und Ausschweifung. Und merken Sie sich, vor allem die Moral muß zu ihrem Recht kommen. Jede Religion hat alle Freiheiten sich zu verbreiten: Wir waren die ersten, die der katholischen Kirche Glanz, Würde, Freiheit und Autorität wiedergegeben haben. Wir wohnen diesem außergewöhnlichen Schauspiel bei: Dieselbe Kirche zieht schwache Feinde starken Freunden vor. Einen Feind zu bekämpfen, der ihr im Grunde keine Angst macht und der ihr Argumente liefert, mit denen man den Glauben wiederbeleben kann, ist zweifellos ein Vorteil.

★

Der Wehrmachtsfunker Werner Hütter *1917 **bei Berlin**

Wir waren durchgedreht, wir hatten kein Auge zumachen können. Vor allem unser Fahrer war zermürbt – ständig auf überfüllten Straßen hin u. her, kreuz u. quer, ja selbst im Kreise herumzufahren, ständig durch andere Einheiten u. Kolonnen hindurch, das war für den Fahrer eine große Anstrengung.

Gegen Morgen war erst einmal Sammeln und Verschnaufen. Ein Leutnant fuhr mit unserem Wagen los, um Benzin zu besorgen. Zigaretten wurden ausgegeben. Müde u. zerschlagen warteten wir dann Stunde um Stunde auf die weitere Entwicklung. Neue Einheiten wurden mit Panzerfäusten ausgestattet u. marschierten nach «vorn». Wir hatten uns auch mal kurz diese Waffen erklären lassen. – In entgegengesetzter Richtung kam mit einigen Wagen der Divisions-General vorbei.

Gegen Mittag ging unsere Reise weiter. Die Kompanie sollte sich in einem Wald, etwa 1 km ostwärts von Radebruck treffen. Die Trupps wurden wieder einsatzfähig gemacht u. erhielten einige Trommeln Kabel. Und es gab Frontkampf-Päckchen: Zusatzverpflegung für Besatzungen von Panzerkampfwagen usw. Wir wuschen uns in einem Pfuhl. Die Sonne kam ein bißchen durch.

Am Nachmittag erhielten wir den Befehl, nach Hohenfließ-Eggersdorf zu fahren u. dort von der Divisions-Vermittlung zum Ari-Kommandeur eine Verbindung zu bauen. Natürlich sollte es wieder schnell gehen u. wir mußten also gleich beginnen – obwohl es noch nicht feststand, wohin die Vermittlung ziehen würde. Nachdem wir an der Hauptstraße mühsam (mit Straßenübergang) zwei Längen Kabel ausgebaut hatten, kam der erbauliche Befehl, daß wir sie wieder abbauen können! Inzwi-

schen war nämlich der neue Divisions-Gefechtsstand bezogen u. wir neu angewiesen. Was kam es darauf an, daß wir zwei Stunden umsonst gearbeitet hatten?
Auf der Hauptstraße herrschte ein gewaltiger Verkehr! Vor allem kamen viele schwere Fahrzeuge u. Panzerwagen durch. Sie fuhren in Richtung Altlandsberg.
Wir begannen also von neuem u. bauten eine Leitung durch die langgestreckte Siedlung vom Südende nach Norden bis zur Hauptstraße, auf der uns dann ein Trupp entgegenkommen sollte.
Inzwischen war es dunkel geworden – aber es fielen Leuchtschirme, die alles wieder in taghelles Licht verwandelten. Und fast konnte man von einem Bombenhagel sprechen, es wurde gefährlich.
Schließlich hatten wir unser Kabel ausgebaut – aber von dem anderen Trupp sahen wir nichts. Es begann leicht zu regnen. Wir mußten jetzt auf die Suche nach diesem Trupp gehen. Wir bekamen auch keine Verbindung mit unserem Leutnant. Nun würde er dringend gebraucht, aber er war nicht erreichbar. Unteroffizier N. wurde ungeduldig, denn es sollte doch schnell gehen, diese Leitung durchzubringen.
Also Karabiner her – und zu Fuß los, mit dem Wagen konnten wir nicht weiterkommen, die Straße war in beiden Richtungen mehr als verstopft! Es herrschte auf ihr ein Befehlen u. Toben ohnegleichen!
Nachdem wir einige Kilometer marschiert waren, wurde es stiller – und diese Ruhe kam uns verdächtig vor. Von dem anderen Bautrupp hatten wir keine Spur gesehen. Es mußten inzwischen andere Befehle gekommen sein, die uns nicht erreicht hatten.
Eine Telefonverbindung hatten wir jetzt leider auch nicht – was blieb zu tun? Wir trafen sehr viele Gruppen von Landsern jeder Art – das kam uns alles recht merkwürdig vor. Manche Kameraden fragten uns, woher wir kämen und wohin es hier ginge? Nach Altlandsberg! Sie staunten uns groß an – dort seien doch schon die Russen. Wir wußten von nichts!
Wir haben mit vielen Kameraden gesprochen – die Stimmung oder gar die Hoffnung sind dahin. Manche Landser drücken sich sehr drastisch aus. Eine Kompanie zog sogar mit Gesang durch den Ort – als sei der Krieg schon zu Ende. Wo geht es nach Berlin? Wir sahen angetrunkene Offiziere, von Mannschaftsdienstgraden ganz zu schweigen. Wir wurden angestaunt – was wir hier überhaupt noch täten. Diese zurückflutenden Soldaten konnte niemand mehr aufhalten.
Das war also der 20. April und die Nacht darauf. Wer mag noch an den Geburtstag des Führers gedacht haben? Fast den ganzen Tag war es grau bedeckt – es gab kein «Hitlerwetter» mehr.

Der Reserveoffiziersbewerber
Helmut Vaupel *1928 **Berlin-Kladow**

Am 20. April, dem letzten «Führers Geburtstag», zogen wir zum Truppenübungsplatz Spandau und übten Scharfschießen auf lebensgroße Pappkameraden. Zwischendurch lagen wir unter Kiefern in Deckung, während über uns alliierte Bomberströme hinwegflogen Richtung Zentrum, um letzte «Geburtstagsgrüße» abzuladen. Als wir am Abend wieder in Kladow anlangten, trafen wir dort auf die ersten Reste unseres Regiments, die sich aus dem Zusammenbruch der Front gerettet hatten. Sie erzählten Furchtbares: vom Flächenbombardement der Stalinorgeln, entsetzlichen Verlusten, vielen, vielen toten Kameraden, die noch vor zehn Tagen lebendig in die Schlacht gezogen waren, und daß der Feldwebel Braun, ein harter Mam bei der Ausbildung, geweint habe beim Anblick so vieler junger Opfer. In den folgenden zwei, drei Tagen trafen weitere Überlebende des Infernos ein; sie sollten sich wieder in der Kaserne sammeln, hatte man ihnen gesagt. Etwa 80 waren es schließlich, 80 von 800! Wir warteten nun allesamt weiter in lähmender Ungewißheit.

Der Offizier der Waffen-SS
Léon Degrelle 1906–1994 **Berlin**

Am Abend des 19. April 1945 legte mir General Steiner die Katastrophe in ihrer ganzen Ausdehnung dar. Die roten Panzer waren schon fast bis zum Ring, der bekannten Umgehungsstraße von Berlin gekommen.

Eine Reihe unserer Kameraden befand sich in dienstlichem Auftrag in Berlin. Mit ungewöhnlicher Kaltblütigkeit veröffentlichten sie noch am Vortage der Einschließung unsere Tageszeitung in französischer Sprache «L'Avenir». Ich sprang in meinen Volkswagen, um sie von der drohenden Gefahr zu unterrichten. Von meinem Befehlsstand brauchte ich anderthalb Stunden Fahrt bis Berlin. An den jammervollen Flüchtlingsströmen, die sich nach allen Richtungen ergossen, fuhr ich vorbei und traf um neun Uhr abends in der alten preußischen Hauptstadt ein.

Das Hotel Adlon war noch in Betrieb, trotz Bomben und Granaten, die nun schon in den Straßen einschlugen. Im strahlend erleuchteten Speisesaal richteten Kellner im Smoking und Oberkellner im Frack weiterhin feierlich und unerschütterlich violette Stücke Kohlrabi auf den großen Silberplatten besserer Tage. Alles blieb wohlgeordnet und gepflegt, ohne ein lebhaftes Wort und ohne ein Zeichen der Überstürzung.

Morgen oder übermorgen würde der Bau zweifellos in Flammen stehen. Oder aber die Russen würden sich in der vergoldeten Halle drängen. Aber diese Aussichten änderten nichts an der Führung dieses Hauses.
Es war wirklich schön. Die Haltung der Deutschen, ihre Selbstbeherrschung und das Gefühl für Disziplin bis in die sonderlichsten Einzelheiten hinein und bis zum letzten Augenblick werden für alle, die das Ende des Dritten Reichs erlebt haben, eine großartige menschliche Erinnerung bleiben.
Im zusammenbrechenden Berlin war nicht das geringste Zeichen einer Panik zu entdecken.
Und doch, wer konnte noch am Ausgang des Kampfes zweifeln? Die Verteidigungsstellungen in den Vororten waren lächerlich. Die Infanteriekräfte waren gering. Die Zahl der Panzer war unbedeutend.
Vor Küstrin war das letzte Bollwerk errichtet worden, nach dessen Überwindung war die Straße frei.
In der Nacht fuhr ich im Artilleriefeuer durch die Stadt. Ich kam sogar bis nach Potsdam. Keine Spur von Plünderung. Kein Zeichen von Revolte. Die Greise des Volkssturms und Knaben der Hitlerjugend erwarteten mit der Panzerfaust den Feind und waren ernst wie Deutschordensritter.

★

Elvira Stührmann-Boljahn **Berlin**

Ich war Gebietsmusikreferentin im BDM, und ich habe am 20. April 1945 die Geburtstagsfeier der Hitlerjugend für den Führer gestaltet. Wir begannen mit dem Berliner Fahnenmarsch unter der Leitung des Rundfunkspielschar-Leiters Willi Träder.

> Aufhebt unsre Fahnen
> in den frischen Morgenwind …

Der Text war von dem Arbeiterdichter Fritz Sottke. Die Feier fand im Kuppelsaal des Olympiastadions statt. Es nahmen daran teil Gruppen der Hitlerjungen und der Mädchen aus den verschiedenen Bannen.
Neben mir saß der Komponist der Lieder: «Heilig Vaterland» und «Nichts kann uns rauben», Professor Heinrich Spitta. Er hat auch das Lied komponiert: «Erde schafft das Neue», dessen Text er selbst geschrieben hatte. Der Refrain lautete:

Die Leichen von Goebbels und seiner Frau Magda nach ihrem Selbstmord im Garten der Reichskanzlei in Berlin, 1.5.1945

Wir Jungen schreiten gläubig
der Sonne zugewandt

und

Wir geloben Hitler Treue
bis ins Grab

Das Ganze war eine reine HJ-Veranstaltung, der Fanfarenzug war gekommen und das Gebietsorchester. Und die Rede hielt der Gebietsführer.
Es fuhren am 20. April noch alle öffentlichen Verkehrmittel, und wir haben uns damals gewundert, daß kein Fliegeralarm war. Ob die darauf Rücksicht nehmen? haben wir uns noch gefragt.

Artur Axmann 1913–1996 **Berlin**
Am 19. April 1945, dem Vorabend des 56. Geburtstages von Adolf Hitler, wurden traditionsgemäß die zehnjährigen Jungen und Mädel in das Jungvolk aufgenommen. In den vergangenen Jahren hatte die Feier zur Aufnahme im großen Remter der Marienburg im Osten des Reiches stattgefunden. Sie befand sich jetzt schon längst in Feindeshand. Die diesjährige Feier wurde deshalb im Kuppelsaal des Berliner Reichssportfeldes begangen. Wir hatten alle vorbeugenden Maßnahmen für den Fall eines Luftangriffs getroffen. Es war unsere letzte Reichsveranstaltung. Der amphitheatralische Raum des Kuppelsaals war bis auf den letzten Platz gefüllt. Nicht mehr die Uniform bestimmte das Bild. Die Jungen trugen weiße Hemden und die Mädel weiße Blusen. Mit ihren hellen Stimmen sangen sie die Lieder der Jugend. Das Kammerorchester der Berliner Hitlerjugend spielte. Hier drinnen war Frieden, während draußen schon das Grollen der nahenden Front zu hören war. Mir fiel es sehr schwer, an diesem Tag die rechten Worte zu finden. Woher sollte man die Hoffnung nehmen? Aber trotz allem pflanzt man sie immer noch am Grabe auf.
Unter uns saßen auch die 16- und 17jährigen Kämpfer unserer Panzernahkampfbrigaden, die schon verwundet und wegen Tapferkeit ausgezeichnet worden waren. Bei ihnen weilte ich zwei Tage zuvor, als die Sowjets unter massiertem, heftigstem Artilleriefeuer zum Großangriff auf Berlin aus dem Raum Frankfurt/Oder und den Seelower Höhen angetreten waren. [...]
Am Nachmittag des 20. April fand ich mich mit unserer Abordnung im Garten der Reichskanzlei ein. Dort war eine Einheit der Kurland-Armee und der SS-Division «Frundsberg» angetreten. Zwischen ihnen nahm

unsere Abordnung Aufstellung. Hitler erschien aus dem Bunker mit Dr. Goebbels, Heinrich Himmler, Albert Speer und Martin Bormann. Hermann Göring war nicht dabei, sondern vorher bei Hitler gewesen. Ich erstattete dem Führer Meldung. Dann schritt er mit mir die Front der Abordnung entlang. Er ging leicht gebeugt und hielt seine zitternden Hände auf dem Rücken verschränkt. Er hielt eine kurze Ansprache. Sinngemäß verglich er unser Volk mit einem schwer erkrankten Patienten, für den die Wissenschaft am Ende noch ein rettendes Medikament zur Verfügung habe. Es sei aber entscheidend, daß der Patient seinen Lebenswillen behielte. Die Schlacht um Berlin müsse gewonnen werden. Seine Worte schloß er mit dem Ruf: «Heil euch!» Es blieb still. Keine Antwort, ein Zeichen der Erschütterung. Nur wenige Kilometer entfernt stand bereits der Feind. Erstaunlich war, welche Willenskraft und Entschlossenheit von diesem Mann noch ausging. Alle standen unter seinem Bann, auch ich. [...]
Als die engsten Mitarbeiter dem Führer gratulierten, stand ich in der Nähe von Himmler und hörte seine Worte: «Mein Führer, herzlichen Glückwunsch zum Geburtstag, auch im Namen der SS, und alles Gute.» Für meine Begriffe klang das kühl und unverbindlich. [...] Hatte sich seitdem das Verhältnis zwischen diesen beiden Männern abgekühlt?, so fragte ich mich.

Lothar Loewe *1929 **Berlin-Tempelhof**

Am 20. April, es war Hitlers Geburtstag, erhielten wir Sonderrationen: zwei Tafeln Fliegerschokolade und eine Flasche Rotwein. In den Kellern des Flughafens spielten sich nachts gespenstische Orgien ab. Auf den Feldbetten vergnügten sich Soldaten und Offiziere mit den Stabshelferinnen. Deren Schutzbedürfnis und ihre verzweifelte Hoffnung, sich mit Hilfe irgendeines Offiziers oder Feldwebels noch aus Berlin retten zu können, ließ alle Hemmungen schwinden. Die letzte Nacht bevor die ersten Granaten der russischen Fernartillerie in den Straßen Berlins einschlugen, ähnelte in Tempelhof einem Tanz auf dem Vulkan.

*

Friedrich Pechtold *1929 **Bayerischer Wald**

Es ist der 20. April, der Führer hat Geburtstag. Die Kompanie sitzt an einem Hang mit wundervoll blühenden Apfelbäumen. Leutnant Weber hält eine Rede und sagt, daß es nun darum geht, daß das Werk unseres

Führers nicht zerstört werden darf, und auch wir sollen dabei mithelfen. Nachmittags läßt er uns hinter einer Scheune antreten und hält noch eine Ansprache: «Wer jetzt nicht mehr mitmachen will, der soll jetzt vortreten und es sagen, aber wir werden ihn und seine Sippe verfolgen bis ans Ende der Welt!» Und dann werden wir auf den Führer vereidigt. Ich bin ein bißchen enttäuscht: Es ist kein bißchen feierlich, eine Fahne haben wir auch nicht, wir stecken noch in unseren buntscheckigen Uniformen, und außer ein paar Übungsmodellen haben wir auch keine Waffen.

Wir haben aber auch Sorgen und gehen damit zu Unteroffizier Stolze: Wenn es jetzt ernst wird, dann müßten wir Soldbücher haben und nicht mehr unsere Wehrpässe. Schließlich zeigt der Wehrpaß, daß man eben zur Zeit nicht bei einer offiziellen Einheit ist. Wir wissen, daß es die Amerikaner damit sehr genau nehmen: Wer kein Soldbuch, aber ein Gewehr hat, hat nach der Genfer Konvention nicht den Kombattantenstatus, und wer den nicht hat, den braucht man nicht gefangenzunehmen, sondern kann ihn gleich umlegen. In Kohlscheid, wo ich damals zum Schanzen war, haben sie sieben Luftwaffenhelfer gefangen und gleich erschossen. Den Heldentod – wenn's sein muß – ja! Aber doch nicht so!

Unteroffizier Stolze weiß aber auch keinen Rat; wir bekommen keine Soldbücher, und dabei bleibt es.

Als wir abends ins Quartier rücken, läuft uns einer mit dem Ruf «Panzeralarm!» entgegen. Der Bataillonschef kommt und sagt, daß es nur falscher Alarm ist. – Die französischen Kriegsgefangenen, die auf unserem Hof arbeiten, ziehen ihre besten Anzüge an.

Dann kommt ein Traktor mit zwei Anhängern in den Hof gefahren, die sofort entladen werden: Tarnanzüge, Zeltplanen, Stiefel, Panzerfäuste, Maschinenpistolen, Maschinengewehre und Gewehre. Als wir gegen 22.00 Uhr zum Schlafen ins Stroh kriechen, hat jeder einen Tarnanzug; den Hoheitsadler der SS auf dem Ärmel müssen wir vorher abtrennen. Die Anzüge sind dick gefüttert und weit geschnitten; ich kann meine ganze sonstige Kluft darunter anbehalten. Der Stoff und auch die Mützen sind grün-braun feinfleckig gemustert. Auf 15 Mann kommen außerdem ein MG 42, vier bis fünf Panzerfäuste, elf russische Maschinenpistolen, die auf deutsche Munition umgearbeitet sind, ein Schnellfeuergewehr mit Zielfernrohr und ein Karabiner 98 k. In den Panzerfäusten ist am Rohrende ein Waschzettel eingeschoben, auf dem genau beschrieben ist, wie der wehrhafte deutsche Mensch – ob Mann oder Frau, ob Kind oder Greis – damit ganz einfach Feindpanzer abschießen kann. Nur aufpassen muß man, weil beim Abschuß hinten eine mächtige Stichflamme rauskommt:

«Ob Panzerfaust, ob Panzerschreck,
vorne frei und hinten weg!»

Friederike Grensemann *1924 Berlin-Wilmersdorf

Am 20. April, Führergeburtstag, ging ich ins Büro, wo ich dann beurlaubt wurde. Als ich zu Hause war, kam auch Vatsch [Vater]. Er wollte nur seinen Ledermantel holen, er trug Uniform, die Binde VOLKSSTURM am Arm. Er war endgültig einberufen!

Es kam der Abschied – wir haben nicht viel miteinander gesprochen. Als er fertig war, gab er mir seine Pistole. «Es ist aus, mein Kind, verspreche mir, daß Du Dich erschießt, wenn die Russen kommen, sonst habe ich keine ruhige Minute mehr.» Er gab mir noch die Anweisung, den Lauf in den Mund zu halten. Dann noch eine Umarmung, ein Kuß! Alles stumm! Er ging. – Draußen wartete Dr. Ott im Auto. Er stieg ein – sie fuhren los, um die Ecke in die Mannheimer Straße. Er hob den rechten Arm, *nicht* zum deutschen Gruß, und er winkte auch nicht.

Ich ging ins Haus zurück. Was sollte ich nur tun? Ich weiß noch, daß ich am anderen Ende unserer Couch an den noch warmen Ofen gelehnt saß. Was mache ich nur? Ist jetzt alles aus? – Ich suchte Bilder zusammen und stellte sie auf mein Klavier. Bilder von all meinen Lieben. Dann spielte ich: «Ave Maria» von Bach-Gounod. Wie oft hatte ich es in guten Tagen gespielt, mein Leib- und Magenstück.

Erst fünf Jahre später wurden bei Erdarbeiten im Tiergarten südlich der Sommerstraße Skeletteile gefunden und dabei auch Fetzen einer Karte zum Postsparbuch. Ich hatte damals das Sparbuch, und er behielt die Karte bei sich. Das Hauptpostsparamt war in Wien, von da aus hat man den Eigentümer ermittelt. Es muß wohl unser Vater gewesen sein, denn er war ja auch in der Gegend zum Einsatz vorgesehen, für Goebbels' Privatvilla!! Er wurde dann in einem Massengrab in Berlin-Plötzensee beigesetzt.

Die Künstlerin Eva Richter-Fritzsche 1908–1986 Berlin

Als ich nach Hause kam, erfuhr ich von Frau Simke, daß es auf die zugeteilten Lebensmittelkarten Kaffee und Butter geben würde. Das Lebensmittelgeschäft lag gleich um die Ecke, und so machten wir uns auf den Weg, um unsere Ration zu holen.

Die Russen waren schon nach Köpenick vorgerückt und beschossen mit Granaten Adlershof. Häuserfronten und zum Teil einzelne Häuser wurden erbittert umkämpft. Unter dem Donner der Geschütze mußten wir nach Hause laufen. Frau Simke war gerade in unserem Hausflur, ich selber hielt schon den Knauf der Eingangstür in der Hand, als das Unglück geschah. In unmittelbarer Nähe schlug unter lautem Krachen eine Granate ein, deren Geschoß mich traf. Ich sank unter von mir nie zuvor ausgestoßenem Geschrei zu Boden. Das Unglück geschah und, wie mir später bewußt werden sollte, der Abschied von dem mir bisher verbliebenen gesunden Leben; unfaßbar für mich, nach der überstandenen Flucht und dem Überleben der Tieffliegerangriffe auf dem Fluchtweg über das Frische Haff.

Das Geschoß hatte meinen Unterschenkel zerfetzt. Die Ärzte versuchten alles, um das Bein zu erhalten. Doch einen Tag später erklärte mir die Ärztin, daß das Bein amputiert werden müßte. Ich konnte in diesem Augenblick nicht zu Gott beten, ich habe an seiner Existenz gezweifelt. Ich gab die Zustimmung zur Operation in der stillen Hoffnung, danach nicht wieder aufzuwachen. Doch drei Stunden nach der Operation holte mich die Schwester ins Leben zurück.

Ich erwachte mit nur noch einem gesunden Bein. Auf der linken Seite fehlte der Unterschenkel, und auch das Knie hatte man entfernen müssen. In der heutigen Zeit wäre die Operation anders ausgefallen.

⋆

Dr. Felix Kersten 1898–1960 **Gut Hartzwalde**

Am 19. April um 14 Uhr bin ich mit Masur [Vertreter des Weltjudenkongresses] von Stockholm abgeflogen und wurde mit einem Dienstauto der SS hierher gefahren. Masur und ich waren die einzigen Passagiere der fahrplanmäßigen Flugmaschine zwischen Stockholm und Berlin, die mit den Paketen des schwedischen Roten Kreuzes an das Rote Kreuz in Berlin vollbepackt war. Der Flug dauerte 4 Stunden, wir sahen weder alliierte noch deutsche Flugzeuge am Himmel. Als das Flugzeug auf dem Tempelhofer Feld ankam, wurden wir von einer Polizeiwache, bestehend aus 5 Mann, in strammer Haltung mit «Heil Hitler» begrüßt. Masur zog den Hut und sagte freundlich «Guten Tag.» Am Flugplatz erhielt ich den Freigeleitbrief des Reichsführers SS für Masur, von dem SS-Brigadeführer Schellenberg unterschrieben.

Um 2 Uhr früh am 20. April traf Schellenberg in Hartzwalde ein. Wir besprachen eingehend die Wünsche der schwedischen Regierung und daß Masur als Ausdruck des guten Willens so viele Juden wie möglich freizugeben seien.

Schellenberg war deprimiert, daß Himmler infolge stärksten Druckes, den die Parteileitung in der Person Bormanns auf ihn ausübte, zu neuen Konzessionen nicht bereit wäre. In stundenlanger Besprechung überlegten wir, wie man bei Himmler am besten vorgehen könnte. Schellenberg war mit mir einig, daß schnelle Hilfe nottat.

Walter Schellenberg 1910–1952 **Gut Hartzwalde**

Inzwischen war die Nachricht eingetroffen, daß Kersten und Norbert Masur im Flughafen Tempelhof eingetroffen und auf das Gut Kerstens in Hartzwalde gefahren seien. Da zur selben Zeit auch Graf Bernadotte in Berlin erwartet wurde, bestand die Gefahr einer zeitlichen Überschneidung beider Begegnungen, zumal Himmler angesichts der gespannten militärischen Lage schwer abkömmlich war. Himmler bat mich deshalb, noch in der Nacht zu Kersten zu fahren und vorbereitende Verhandlungen mit Herrn Masur zu führen. Zugleich sollte ich einen Termin für ein Treffen zwischen Masur und ihm vereinbaren. Ich aß noch in Hohenlychen zu Abend. Ganz entgegen seiner sonstigen Gepflogenheit bestellte Himmler plötzlich eine Flasche Sekt, um damit Punkt zwölf Uhr auf Hitlers Geburtstag anzustoßen.

Dr. Felix Kersten 1898–1960 **Gut Hartzwalde**

Um 9 Uhr morgens machte ich Schellenberg mit Masur bekannt, Masur hatte dabei Gelegenheit, seine Wünsche vorzutragen. Ich erhielt von Schellenberg die feste Zusage, die Forderungen Masurs bei Himmler zu unterstützen.

Walter Schellenberg 1910–1952 **Gut Hartzwalde**

Am Morgen erwachte ich vom Gedröhn der Flugzeuge, und während ich mich ankleidete, fiel in der Nähe eine Bombe. Beim Frühstück unterhielt ich mich mit Herrn Masur. Er drängte, Himmler alsbald zu sehen, da er wieder abreisen müsse. Ich wußte, daß Himmler versuchen würde, diese Zusammenkunft immer wieder hinauszuschieben, und mußte alles daransetzen, das Treffen bald zustande zu bringen.

*

Marthel Kaiser *1925 ***Neheim/Westfalen***

Ein denkwürdiger Tag ist dies für uns, der 20. April, Hitlers Geburtstag. Verfluchen werden viele, ja fast alle Deutsche heute diesen Tag, und wie waren wir einmal so froh darüber. Wie hat sich doch alles gewandelt.

Was hat dieser eine Mann doch alles getan. Gutes, ja gewiß, es ist nicht zu leugnen, daß auch manches dabei war, was gut war und idealistisch, aber das Gute wiegt nicht all das Furchtbare auf, was schließlich und endgültig über unser deutsches Volk gekommen ist, durch diesen Mann. Wie stehen wir heute in der Welt, niedrig wie nie zuvor, und es ist uns um so schlimmer und schmerzlicher, als wir hochgestanden haben wie nie zuvor. Wie haben wir gläubig vertraut, wie hat das Volk alles Elend geduldig ertragen, weil es glaubte, daß sich dies eines Tages zum Guten wenden würde. Aber nichts davon, sondern alles Leid und all die unendliche Reihe der Toten – umsonst – sinnlos geworden. Es ist eine solche bittere Wahrheit, daß man sie kaum begreifen kann. Die Zerstörung und Vernichtung unseres herrlichen, stolzen und geliebten Vaterlandes, ist das einzige, was restlos gelungen ist, Verbrechen sind begangen worden, von denen niemand etwas geahnt hat, für die wir heute alle büßen müssen und mit Recht. Und daß sie in Deutschland geschehen konnten, belastet uns alle, und wenn ein deutscher Offizier bei dem Anblick der Konzentrationslager sagt, daß er nun auch seine Ehre verloren habe, dann hat er ein wahres Wort ausgesprochen. Was müssen die Feinde von uns denken! Sie sind ja jetzt die Herren über uns, und wir müssen dankbar sein, wenn sie uns gnädig behandeln, und das alles haben wir dem zu verdanken, der heute Geburtstag hat!! Vielleicht ist nie ein Mensch mehr geliebt und verehrt worden, aber vielleicht auch nie von den gleichen Menschen mehr gehaßt, nachdem sich alles als Lug und Trug erwies. Wenn dann ein Mann wie Goebbels gestern eine solche phrasenhafte Lobhudelei dem Volk vorsetzt, wie in seiner alljährlichen Geburtstagsrede, so kann man nur denken, entweder sind wir alle wahnsinnig, oder was wahrscheinlicher ist, er selbst. Es klingt uns wie Hohn in den Ohren, wenn er sagt, daß der Führer nur für das Volk lebt und sein ganzes Wohl im Auge hat und daß wir uns dem Ende des Krieges nähern, das den Endsieg bringen wird. Wenn es nicht so jämmerlich wäre, müßte man lachen, daß dieser Mensch vom baldigen Endsieg spricht, ohne dabei zu sagen, wie er es anstellen will, den Feind, der weit mehr als die Hälfte des Reiches besetzt hat, wieder hinauszutreiben, und dem Volk waren diese Worte einst wie ein Evangelium. Wenn ich zum Beispiel an Frau Pfeiffer denke und so viele andere liebe Menschen und an mich selbst, dann wird es mir so recht elend zumute. Was wird man uns jetzt bringen? Wie wird die endgültige Regelung aussehen? Was wird aus uns und unserer Jugend, die man so verschwendet hat?! Ich habe für unsere Familie keine Angst, denn wir sind – so glaube ich – stark genug, um uns überall durchzusetzen und immer Herr zu bleiben, aber unser Vaterland wird man zerreißen, daß wir es nicht mehr wiedererkennen. Wie traurig bin ich und wie ohnmächtig.

⋆

Benito Mussolini 1883–1945 **Mailand / Palazzo Monforte**
Interview
«Gibt es denn noch eine Hoffnung? Gibt es die Geheimwaffen?»
«Es gibt sie. Es wäre lächerlich und unverzeihlich zu bluffen. Wenn vergangenen Sommer nicht das Attentat auf Hitler verübt worden wäre, hätte man genügend Zeit für die Aktivierung dieser Waffen gehabt. Auch in Deutschland hat der Verrat den Zerfall verursacht, nicht einer Partei, sondern des Vaterlandes.»
«Aber wir waren Ihnen immer treu und werden es immer sein …»
«So viele Schwüre! So viele Worte der Treue, der Hingabe! Heute erst erkenne ich, wer wirklich treu ist, wer ein echter Faschist ist! Ihr seid es, die immer gleich treu sind, in guten wie in schlechten Zeiten. Es war leicht, mir 1938 zuzujubeln! Ich habe eine ganze Liste von Personen, die nicht mehr wußten, was sie tun sollten, um mir zu gefallen! Und beim ersten Anzeichen des Sturms haben sie sich zuerst vorsichtig zurückgezogen, um die Entwicklung der Ereignisse zu beobachten, und dann haben sie sich auf die Seite des Feindes geschlagen. Wie betrüblich! Aber welch ein Trost, endlich zu sehen, wer die Reinen, die Wahren, die Aufrichtigen sind. Man kann die Idee verraten, mich verraten, aber nicht das Vaterland.»

⋆

Odd Nansen 1901–1973 **Lübeck**
Ich sitze im Omnibus und schreibe. Im Bus – zur Freiheit. Es geht durch Deutschland, Richtung Norden, über die Norddeutsche Tiefebene. Wir sind nicht weit von Lübeck, aber das Ziel der Reise ist weiter nördlich, wir hoffen Schweden. Die Nachricht kam gestern abend, nachdem wir zu Bett gegangen waren. Um vier Uhr sollten wir geweckt werden und reisefertig um 6 Uhr sein! Wir durften nur so viele Kleider mitnehmen, als wir tragen konnten, und ganz wenig Essen.
Geschlafen habe ich nicht viel heute nacht. Ich lief stundenlang draußen herum, konnte mich einfach nicht dazu bequemen, diese letzte Nacht zu Bett zu gehen. Draußen herrschte eine lebhafte Tätigkeit. Ununterbrochen war Fliegeralarm. Bomben krachten, Kanonen donnerten, und

Maschinengewehre knatterten an allen Enden. Man hatte den Eindruck, als wenn man mitten drin stünde – ohne daß es so war, denn es fielen keine Bomben, keine Splitter und Granaten. Sogar das war unwirklich geworden. Und doch gab es Unruhe im Lager. Einige Gefangene hatten irgendwo Pakete gestohlen. Sie wurden eingefangen und geschlagen. Ihre Schreie und ihr Gebrüll tönten unheimlich in die mondklare Nacht hinaus, zwischen den Bombendonner und die langgezogene Unheimlichkeit der Fliegersirenen. Hunderte von Gefangenen waren damit beschäftigt, ihre Matratzen auf den Appellplatz hinauszutragen und das Stroh auf einen großen Haufen zu schütten. Warum? Sollte es verbrannt werden mit den Millionen von Läusen und Bazillen? Ich weiß es nicht. Der Haufen lag noch dort, als wir heute morgen abzogen. Wie alles andere unter dem hiesigen Kommando vollzog sich auch dieser Vorgang unter Gebrüll und Geschrei, rasenden Kommandos und Schimpfworten. Auch dies gab dieser letzten Nacht eine «heimatlich» bekannte Melodie. Wir halten jetzt gerade in Lübeck. Wir sind durch die Stadtmitte gefahren und haben die Zerstörungen gesehen. Es war traurig, den Rathausplatz mit dem alten, schönen Rathaus, der Marienkirche und dem Dom zerstört zu sehen. Gerade der schönste Teil von Lübeck ging in Trümmer, und doch ist Lübeck wohl eine jener Städte, die am billigsten davongekommen sind.

Dokumentation «Cap Arcona» **Neustadt/Holstein**

Gegen 5 Uhr erfolgte der Abtransport der 4255 dänischen und norwegischen KL-Häftlinge aus ihrem Sonderlager im KL Neuengamme mit den «Weißen Bussen» des Schwedischen und Dänischen Roten Kreuzes.
Die für die Skandinavier bestimmten RK-Verpflegungspakete, die nun nicht mehr benötigt wurden, verblieben zur weiteren Verwendung für die übrigen KL-Insassen in Neuengamme.
Hiermit war die Hauptaktion des Grafen Bernadotte zur Rettung von skandinavischen Häftlingen beendet. Weitere Neuengammer KL-Gefangene wurden zu je 50 Personen in Viehwaggons nach Lübeck und dann auf die «Thielbek» gebracht. Aufgrund der Tieffliegerangriffe waren die Bahnlinien häufig unterbrochen, sodaß die Häftlinge sehr lange auf Nebengleisen in den Zügen ausharren mußten. Zum Teil ging es von diesen Zwischenstationen zu Fuß in Todesmärschen weiter.
Noch am Morgen kamen 2300 Häftlinge aus Neuengamme auf dieses Frachtschiff. 280 Wachleute bezogen dort ebenfalls Quartier. Nur vereinzelt empfingen die Gefangenen Hungerrationen aus Paketbeständen

der neutralen Hilfsorganisationen. Den Hauptteil der Gaben hielt die SS für sich zurück.
Die «Athen» wurde ebenfalls mit Gefangenen beladen und versuchte am Abend, diese Zwangspassagiere an die «Cap Arcona» abzugeben. Aber unverrichteter Dinge lief die «Athen» wieder im Lübecker Hafen an ihren Liegeplatz zurück. Die Zustände in den überfüllten Laderäumen der Schiffe waren unerträglich. Mehrere hundert Tote waren im Hafengebiet zu verzeichnen, und die Todesrate nahm zu.
Die für pseudomedizinische Versuche mißbrauchten 20 jüdischen Kinder und weitere 28 Betreuer der Kinder und sowjetische Kriegsgefangene wurden am Abend im Heizungskeller der Schule am Bullenhuser Damm erhängt.

Ein Jugendschaftsführer **Waren/Mecklenburg**

Nach Beginn der Oderschlacht entluden wir pausenlos Verwundetenzüge und Lastkähne, in denen die Verwundeten notdürftig verbunden ankamen. Einen Vorfall werde ich nicht vergessen. So um den 20.4.1945 mußten wir auf dem Bahnsteig zurücktreten. Nur wir Jungen in unseren Uniformen und Reichsbahner blieben zurück. Alle Zivilisten mußten den Bahnhof räumen. Dann kam ein riesiger Güterzug. Alle Waggons waren vergittert mit Stacheldraht. Jeder Waggon war vollgepfercht mit Frauen in KZ-Kleidung. Sie schrien nach Wasser. Davor patrouillierten Frauen in SS-Kleidung mit Pistolen und Peitschen. Niemand durfte an den Zug. Es wurde nur die Lok gewechselt. Dann rollte der Zug weiter in Richtung Güstrow. Unten aus den Waggons trieften die Fäkalien.

⋆

August Richard Protz **Lager 2 Aschendorfer Moor (Emsland)**

Am 20. April war der Rest, darunter auch ich, als ein regelrechter Leichenzug wieder im Lager 2 gelandet. Hier herrschte der 2. Hauptmann von Köpenick, ein sich selbst als Offizier beförderter Schornsteinfegerlehrling namens Herold. Dieser Stift ließ sämtliche V.+F. Träger, die angeblich auf dem Todesmarsch bei den Moorkolonisten geplündert hatten, rausrufen aus sämtlichen Baracken. Jeder bekam einen Spaten und es ging zum nahen Waldrand. Hier wurden Gräben in Länge jeder Gruppe von 2 m Tiefe von den Häftlingen ausgeworfen. War die Tiefe erreicht, hieß es, Spaten raus und der wahnsinnige Herold schoß mit seiner 2 cm Pakkanone, die auf einem Kraftwagen montiert war, auf die armen Menschenleiber, bis sich alles krümmte im Graben. Dann mußte die nächste Gruppe die Gräben mit den sich noch bewegenden Leibern zuschaufeln. So wurden 80–90 junge Menschen hingemordet. Gott sei ihnen gnädig.

Für uns, die wir wegen Feindannäherung und Fliegergefahr nicht aus den Baracken rausdurften und schon tagelang nicht gegessen hatten, hatte der Engländer bzw. die in englischen Diensten stehenden Polen (Poland) eine große Überraschung vor. Um die Mittagszeit begann die englische «Ari» ein mörderisches Feuer auf die Elendsbaracken zu eröffnen, wobei zu erwähnen ist, daß durch Fliegereinsicht und wohl in der ganzen Welt bekannt war, daß solche Barackenlager im ganzen Emsland nur staatsfeindliche Häftlinge beherbergten.

Nachdem nun die Baracken 2 und 3 und die Latrinen in hellem Feuer standen und die Schreie der getroffenen Leidensgenossen über die Barackenstadt hallten, setzte der Tommy seine Moskitos und Jabos gegen dic armseligen Menschen ein. In Schwärmen kamen sie und überschütteten die Baracken mit 2 cm Explosivgeschossen, bis alles brannte und drinnen alles verreckte [...]

Mit Aufbietung aller noch vorhandenen Kräfte kroch ich durch die brennende Hintertür unserer Baracke 13 ins Freie und ließ mich in cin von Genossen verlassenes Erdloch fallen. Dies war meine Rettung, denn nun setzte ein Bombardement ein seitens der Flugzeuge, das alles überbot. Mit infernalischem Geheul stürzten sich die Moskitos auf die Reste der noch stehenden Baracken und sogar die außerhalb des Lagers stehenden Torfmieten waren als «Kampfobjekt» das Ziel ihrer Tod und Verderben speienden Mgs und Bomben. Fürwahr, ein ruhmvolles Kampfgeschehen! – und ich mußte unwillkürlich an das Warschauer Ghetto 1941 denken.

Die englischen Piloten sahen die verwundeten Elendsgestalten rumkriechen, aber sie mordeten ruhig weiter und vollendeten das Werk eines böhmischen Deserteurs und Gefreiten.

Lager 2 Aschendorfer Moor, welches soviel Leid und Grausamkeit in sich barg, war nicht mehr. Wie ein Fanal schlugen die Flammen zum Himmel und löschten alles aus, was an irdischen Überbleibseln Hitlers Schergen zum Verderb Deutschlands Söhne und Töchter ersannen. Wir, ein Häuflein Verkommener mit Phlegmone und Hungerödem behafteten Menschen wurden ins Moor gejagt. Hier gruben wir uns in die Torfmieten Löcher und legten uns auf die einzige Decke, die ich im Lager fand und hierher mitnahm. Regen setzte ein und ich lag im durchgesickerten Moorwasser. Wie lange ich dort lag, weiß ich nicht mehr, denn mein Hirn und mein Körper waren von den Geschehnissen und Anstrengungen zu Tode erschöpft. Ich wurde eines Tages von englischen Soldaten aus der Torfmiete getragen und nach Papenburg geschafft. Bei den katholischen Schwestern im Waisenhaus Papenburg-Ems erhielt ich nach Tagen des Hungerns das erste Essen. Ich verdanke mein Leben einzig und allein diesen hochherzigen und barmherzigen Leuten. Von der Stadt Papenburg erhielt ich und mein Kumpel Helmut Baumgarten aus Pattensen-Hannover nichts.

*

Der britische Kriegsgefangene
Samuel Charles Grace **Nanndorf**

Freitag, Ruhetag. Genoß es, im Bett zu rauchen, bekamen Brot & Käse & Ananasmarmelade zum Frühstück & gegen 11 Uhr der Höhepunkt, ein Pott kalter, guter, alter englischer Tee mit Milch & Zucker, zusammen mit süßen amerikanischen Keksen, Käse & Marmelade.
Ein englischer Geistlicher besuchte uns heute morgen, & nachdem er sich unser Jammern angehört hatte, erzählte er, daß Päckchen von III A kommen und wir bevorzugt behandelt würden. Heute nachmittag Kartoffeln, wir zerstampften sie mit Milch. Leberpastete & Salz, dann süßer Kaffee, Brot mit Marmelade, nur wenig, aber sehr schmackhaft. Noch keine Anzeichen von Rationen. Gerüchte, daß dieses ein Gebiet für den Nachschub ist. Gegen 7 Uhr flogen 100 Yanks über uns weg und bombardierten eine Müllkippe in der Nähe, 1 Kilometer entfernt. Auf einem selbstgebauten Kocher brühten wir uns Tee auf und aßen ein paar Schnitten an der frischen Luft. Letzter Befehl, bereithalten zum Abrücken. Die Russen sind jetzt viel mehr unsere Verbündeten.

Der britische Lieutenant Michael Gow ***KZ Bergen-Belsen***

Gestern fuhr ich mit unserem Arzt zum Konzentrationslager Belsen, über das Du zweifellos in der Zeitung gelesen hast. Wir fuhren durch den Ort Belsen und folgten den Schildern zum Lager, fuhren durch die Tore in eine sehr beeindruckende Ansammlung von Kasernengebäuden, viel besser in ihrer Art als irgendetwas in England. Das erstaunte uns zu dieser Zeit, weil wir kaum erwartet hatten, so einen gut aussehenden Ort vorzufinden. Wir erfuhren später, daß diese Kasernen nur Tarnung waren und daß, wenn ausländische Besucher kamen, um das Konzentrationslager zu besichtigen, ihnen statt dessen dieser Platz gezeigt wurde. Es gab nur die schmale Straße ins Lager, die ich in der Karte eingetragen habe. Die Briten hatten ein Lazarett in «B» eingerichtet, und das besichtigten wir zuerst. Als wir außerhalb der «Entseuchungshalle» standen, sahen wir Krankenwagen kommen und gehen und konnten nicht herausfinden, aus welchem Grund die Tragen bis auf die Decken leer waren, bis wir entdeckten, daß es ganz unmöglich war, zwischen einer Trage nur mit Decken oder einer mit einem Körper darauf zu unterscheiden, so ausgemergelt waren die Gefangenen. Wir gingen dann in die Halle, und auf jeder Seite wurden weibliche Gefangene gewaschen und mit Desinfektionsmittel eingesprüht. Sie waren alle so dünn, daß es praktisch unmöglich war, mit Bestimmtheit zu sagen , ob sie Frauen waren, vom Alter ganz abgesehen. Sie litten fast alle unter Typhus, Dünndarmentzündung oder Ruhr, und die Todesrate beträgt immer noch 500 täglich.

Um die Männer hatte man sich noch nicht gekümmert, weil das medizinische Personal so schwer arbeitete, daß es einfach keine Zeit dazu hatte. Es ist entsetzlich, darüber nachzudenken, daß diese Frauen einst normal und gesund waren und daß sie einmal aus guten Häusern kamen. Einige waren drei Jahre in Belsen gewesen. Das Waschen wurde von herbeigeholten deutschen Krankenschwestern erledigt, die ganz entsetzt waren über das, was sie sahen.

Außerhalb der Baracken lagen Leichen, die noch nicht begraben waren; die SS-Wachen, die gefangengenommen wurden, als die Briten den Ort einnahmen, erhielten den Auftrag, die Körper aufzuheben und zu begraben. Einige weigerten sich, offenbar weil es gegen die «Spielregeln» war, daß sie diese Arbeit verrichten sollten, aber ich denke, daß unsere Truppen ganz schön hart mit ihnen umgesprungen sind.

Erbeutete deutsche Statistiken für den letzten Monat verzeichneten 15 000 Tote in Belsen «C». Die Sicherheitsvorkehrungen gegen Ausbruch waren, wie Du vermuten wirst, Wachtürme usw., obwohl ich nicht weiß, wie die Deutschen sich vorstellten, daß diese Menschen mit Oberschenkeln von der Stärke meines Handgelenks ausbrechen könnten. Es war der entsetzlichste Anblick, den ich je gesehen habe oder je sehen werde.

Beim Fortgehen wurden wir gebeten, vom Bataillon Schokolade für die Kinder zu schicken, (die entweder hier geboren oder mit ihren Eltern eingeliefert wurden). Die Reaktion der Männer war großartig, und wir brauchten zwei Jeeps, um die Schokolade hinzubringen. Ich werde mich an diesen Besuch erinnern, weil er mir umso mehr klar gemacht hat, gegen was wir gekämpft haben – und noch kämpfen – und es machte mich sicher, daß der Tod vieler Freunde nicht vergebens war.

Der britische Captain
Maurice F. Jupp *Nordwestdeutschland*
Die Insassen [von Bergen-Belsen] brauchten zwei Tage, um zu verstehen, daß es in Zukunft genügend zu essen & zu trinken geben würde. Zunächst kämpften sie um jeden sichtbaren Tropfen Wasser oder Bissen zu essen. Der übliche Wunsch sind Zigaretten: Die besseren Typen baten um nichts, oder Dinge wie Zeitschriften. Es waren auch einige SS-Hilfskräfte hier – kräftige Mädchen, die angesetzt waren, Gräber zu schaufeln & tote weibliche Insassen zu beerdigen. Auch einige SS-Wachen waren dabei. Sie brachten, gefolgt von Posten der britischen Armee, die toten Körper auf Lastwagen zu einem Beerdigungsplatz. Wenn sie durch das Lager fuhren, warfen Gefangenen, die stark genug waren, Steine nach der SS. Vorgestern verlor einer der SS die Nerven und nahm Reißaus. Er wurde von Kugeln durchlöchert. Das Gleiche geschah gestern mit drei von ihnen. Das Interessante dabei war, sagte mein Freund, daß keiner der Insassen versuchte, vor den Schüssen wegzulaufen: Tote und Geschosse usw. machten ihnen keine Angst.

★

Erich Kessler **KZ Theresienstadt**
Heute war ich auf der Augenklinik, da ich im rechten Auge eine kleine Verhärtung habe, die operativ entfernt werden muß. Da die Instrumente vorbereitet werden müssen, muß ich morgen um 9 Uhr wiederkommen. Derzeit ist wenig Arbeit, so daß wir nur halbtägig beschäftigt sind. Nachmittags setzte ich mich in den Park am Hauptplatz. Heute kam der erste Rücktransport von Juden, die aus den verschiedenen Lagern in Deutschland nach Theresienstadt gebracht wurden. In ungefähr 30 Viehwaggons kamen gegen 1700 Menschen. Ein weiterer Transport von 27 Waggons steht in Bauschowitz. Der Transport ist seit dem 9. März, also 6 Wochen, am Weg. Der Zustand dieser Menschen ist grauenhaft: Halb verhungert, in Fetzen gekleidet, die Frauen kahl geschoren. Bisher wurden 70 Leichen aus den Waggons herausgehoben, die in den letzten Tagen gestorben sind. Die meisten können kaum mehr stehen. Es ist möglich, daß auch Hans unter ihnen ist, da angeblich auch aus Schwarzheide Leute dabei sind. In einigen Tagen werde ich durch die Evidenz Genaueres erfahren. Es ist furchtbar, das alles mitansehen zu müssen, wie unwürdig man mit Menschen umgeht. Daß Menschen es mit ihrem Gewissen vereinbaren können, so zu handeln. Abends kam Harry und erzählte, daß er geholfen hat, die Kranken aus den Waggons herauszu-

heben und in die verschiedenen Ambulanzen zu tragen. Auch er war ganz niedergedrückt und erschüttert. Als die armen Teufel in die Krankenzimmer gebracht wurden und die weiß überzogenen Betten sahen, begannen sie zu weinen. Sie wurden entkleidet und gewaschen. Auf dem Rücken hatten sie eine fingerdicke Schmutzschicht. Dann wurde ihnen eine besonders zubereitete Suppe verabreicht, um ihre Mägen nicht zu überlasten.

Alisah Shek *1927 KZ Theresienstadt

Um 6.30 kam ein Transport von 25 Waggons, 1800 Leute, an. Es flog die Nachricht durchs Ghetto: Leute aus den Lagern.) Als sie an «Kreta» [Stadtteil von Theresienstadt] vorbeifuhren, riefen sie «Auschwitz», «Birkenau», «Hannover», «Buchenwald», sie riefen alle die grausamen Formeln aus dem Zug. Da blieb das Herz der Stadt stehen, und jetzt sind sie da. Stinkende, verpestete Viehwaggons, darin stinkende, verpestete Menschen, halb lebendig, halb tot oder Leichen. Sie drückten sich an die Fenster, furchtbare Gesichter, Knochen und Augen. 80 Frauen aus Teres [?] und sonst fast lauter Männer. Wie die aussehen. Da kam es auf uns zu, das, wovor wir zitterten monatelang. Um unser Leben und Dahinsterben geht es, um millionenfaches Leiden, ohne Erlösung, und jetzt ist es da. Es ist da. Die Restchen der Massen, die Reste der Menschen. Sie warfen Zigaretten heraus, sie zeigten sich in den Mund, sie fielen zu Boden – trinken, essen. Sie wurden in die Schleuse abgeladen – abgeladen. Der und jener ist gekommen, Namen – Mutter, Tochter, Geliebter von dem und dem. Allen gruselt. Man führt sie in Plattenwagen nach den schnell errichteten Marodenstuben, Mütter erkennen ihre Kinder nicht wieder, sie haben alle so ausgeloschene Augen. Leute werfen ihnen Brot zu, sie stürzen sich darauf und schlagen sich darum. Sie sind Tage unterwegs. Sie sind verhungert. Die Waggons – ich vergesse es nie. Das Halbdunkel, die Holzkisten und Zellstoff, Dreck, Kleidungsstücke, bemacht – und doch so leer. Ein zu grauenhafter Gestank von altem Mist, und am glitschigen Fußboden, hinter Kisten, im Dunkel ein weißer, leuchtender Fuß eines Toten, eines, der vor einer Woche noch lebendig war. Und in all dem Elend wurde mir klar, wie gut es ist tot zu sein. Auf Tragbahren heraus … In der Nacht 6 Waggons Ungarn.

H.G. Adler 1910–1988 (KZ Theresienstadt)

17 539 Gefangene in Theresienstadt (ca. 7000 Protektorat, 5500 Deutschland, 1250 Österreich, 1250 Holland, 1400 Slowakei, 1000 Ungarn)
36,6% der Gefangenen nicht mosaisch.

Transporte aus KZ-Lagern kommen an – bis 10. Mai ca. 13 500–15 000 Häftlinge
Himmler verhandelt mit dem schwedischen Juden Masur u.a. wegen Theresienstadt.

★

Der Adjutant
Nicolaus von Below 1907–1983 **Berlin/Führerbunker**

Zur Lagebesprechung am 20. April, Hitlers 56. Geburtstag, fanden sich alle noch in Berlin befindlichen prominenten Persönlichkeiten ein. Ich sah Göring, Dönitz, Keitel, Ribbentrop, Speer, Jodl, Himmler, Kaltenbrunner, Krebs, Burgdorf und andere. Vor dem Lagevortrag nahm Hitler ihre Geburtstagswünsche entgegen, ließ sich aber dann sofort die neuesten Ereignisse vortragen. Danach führte Hitler Einzelgespräche. Göring erklärte Hitler, daß er in Süddeutschland noch Wichtiges zu erledigen hätte. Wahrscheinlich gelänge es nur heute noch, im Wagen durchzukommen. Er verabschiedete sich von Hitler. Ich hatte den Eindruck, daß Hitler innerlich keine Notiz mehr von Göring nahm. Es war ein unschöner Augenblick. Auch der Großadmiral verabschiedete sich von Hitler. Er erhielt von Hitler die kurze Weisung, in Norddeutschland die Führung zu übernehmen und sich für einen ehrenvollen Kampf einzusetzen. Aus Hitlers Worten war auf das große Vertrauen zu schließen, das er Dönitz entgegenbrachte. Von den anderen Anwesenden, wie Himmler, Kaltenbrunner und Ribbentrop, verabschiedete sich Hitler ohne viel Aufhebens. Ich hatte an diesem Tage den Eindruck, daß Hitler noch nicht entschlossen war, ob er Berlin verlassen oder bleiben sollte.
Es herrschte viel Unruhe in den Bunkern der Reichskanzlei, ein Zeichen, daß an einen allgemeinen Aufbruch gedacht wurde. Von unserer Adjutantur reiste Puttkamer mit zwei Unteroffizieren zum Obersalzberg, um die dort befindlichen Unterlagen zu vernichten. Ich bat ihn, meine dort aufbewahrten Tagebücher auch den Flammen zu übergeben, was er versprach und gehalten hat. Gleiches geschah mit Schmundts Aufzeichnungen. Auch Fräulein Wolf und andere Mitglieder der persönlichen Adjutantur rüsteten zur Reise.
Am späten Abend versammelten wir uns in Hitlers kleinem Wohnraum zu einem Umtrunk. Es kamen Eva Braun, Frau Christian geb. Daranowski, Frau Junge geb. Humbs, auch Hitlers Diätköchin Fräulein Manziarly sowie Schaub, Lorenz und ich. Vom Krieg sprachen wir in die-

ser kleinen Runde nicht. Am besten verstand es wie immer Gerda Christian, Hitler auf andere Gedanken zu bringen.

*

Edgar Kupfer-Koberwitz 1906–1991 **KZ Dachau**

Heute ist Hitlers Geburtstag. –
Brünn soll gefallen sein, – in Berlin sollen immer noch Strassenkämpfe sein.
Himmler soll in München sein, um die Verteidigung der Stadt bis zum letzten zu leiten. – Man erwartet jetzt die Offensive auf München. – Es sind jetzt sehr viele Soldaten hier in Dachau, auch Tanks und Kanonen sollen da sein. – Ich selbst sah eine Menge Soldaten, die hier ins Revier zur Untersuchung kommen, alle in anderen Uniformen. – Ein österreichischer Feldwebel sagte: «Alles Scheisse!» –
Am Nachmittag wieder Tieflieger, welche schossen. – In der Nacht dreimal Alarm, dreimal Bombardement, – die Bomben wurden einzeln geworfen, also musste man die Ziele genau kennen. – Es war etwa in einer Entfernung von schätzungsweise fünf Kilometern. – Die Baracken erzitterten bei jedem Abwurf. – Was werden wir hier noch alles erleben? –
Man sagt, dass die Bevölkerung von Dachau die Stadt bis morgen um Mitternacht verlassen und 130 Kilometer weiter südlich gehen soll. –
Wieder habe ich die Zahl der Toten der letzten Zeit gehört: Dezember 1944 = 1800 Mann, – Januar 1945 = 2800 Mann, – Februar 1945 = 3000 Mann, – März 1945 = 4000 Mann. – Das ist die Zahl vom Lager Dachau, ohne Aussenkommandos, sagte man mir. – Das sind 11 600 Tote in dieser kurzen Zeit, Menschen, die sich nicht gegen den Tod aus Hunger und Typhus wehren konnten. – Das geschah ohne Bombardement. – Fast 12 000 Tote. – Sollten wir da nicht genauso ruhig einem Tode durch Bomben und Granaten entgegensehen? – Wer will entfliehen? – Wir müssen ruhig bleiben, wo wir sind. – Wen es trifft, den wird es treffen. – Auch die vielen Kriegsgefangenen und die anderen Kameraden in anderen Lagern sind ja in Gefahr. – Trotzdem ist es ein seltsames Gefühl für uns, gerade zwischen zwei kriegführenden Parteien zu liegen, ohne allen Schutz. – Denn im Rücken hält der Nazifeind München, und von Augsburg her kommen unsere Befreier, die Amerikaner. –

K. A. Gross **KZ Dachau**

Jahrmarkttreiben und Meßgewühl hat sicher etwas Schönes, vielleicht sogar Poetisches an sich – einmal – im Jahr. Aber im Trubel aufstehen

und im Meßgewühl schlafen gehen, und beim Essen nicht wissen, wohin mit dem Napf, da hört die Gemütlichkeit auf, und auch von Poesie bleibt keine Spur mehr. Zu einem solchen Herdenheringsleben ist der Mensch nicht geschaffen, wenn wir irgendeine Ahnung von den Absichten des Schöpfers haben; gewiß nicht. Lieber Hax, was haben sie aus deinem sauberen Musterblock gemacht von anno dazumal! Gedenkst du noch der alten Zeiten, wo du den Wirt sozusagen einer Tiroler Bauernschenke spieltest, die Kumpels als deine Gäste betrachtend, die du gerne mit einer Tischkegelrunde unterhieltest. Martin, der Nürnberger, spielte als Stubenpharao den weiblichen Gegenpol, der mit seinem «Guat Nacht jetz und Ruah is!» manche Schärfe vor dem Einschlafen wieder ausglich. Und diese Exklusivität! Ja, ihr habt etwas gehalten auf Ordnung und Auswahl, da konnte sich manches Studentenkorps ein Beispiel dran nehmen. Nur Reichsdeutsche hatten Zutritt zu eurem Klub, und in die erste Stube durften nur Capos rein und vielleicht noch dieser oder jener schöne Bube. Ja, was haben sie aus deinem Block gemacht: eine internationale Spelunke, darin sogar Grüne und Schwarze Aufnahme finden – pfui doch! – und Zigeuner. Und doch, was wahr ist, muß wahr bleiben, es sind diese Zigeuner noch gesittete Herren im Vergleich mit manchen Reichsdeutschen, die jetzt unter uns das große Wort führen, und die ihr Deutschtum damit dokumentieren, daß sie sich an Landsleuten wie dem Knaben Hiob vergreifen, den gestern einer von ihnen betätschelte, daß er im hohen Bogen an die Ofenecke flog.
Heute abend geht's bunt zu in der Stube: Zigeunermusik. Der schwarze Oskar spielt die Zither, daß es eine Art hat. Wer merkt ihm an, daß er erst zu Beginn der Woche zurückgekehrt ist vom Katastrophenkommando, einer Art von Sprengkommando, nachdem es erst das Kommando gesprengt hat statt der Ruinen. Reich mit Beute beladen ist er angekommen, mit einem Zigeunersack voll Brotkrusten, Konserven und Rauchspeck. Das sind Ausweise, die bei uns für den Zutritt zu den höchsten Gesellschaftskreisen vollkommen genügen.

Edmond Michelet 1899–1970 **(KZ Dachau)**

Ein anderes Bild kommt mir in Erinnerung, eines der eindrucksvollsten dieser letzten Wochen. Citron und ich waren eines Abends unterwegs in der Allee, die am Ende des Lagers am Kaninchenkommando entlanggeht. Im vergangenen Jahr war ich mit meinen Schülern, den polnischen Pfarrern, oft dort entlanggegangen.
Der bisher blaugraue Himmel stimmte endlich in die Szene ein. Vom

Westen her kam der Lärm von Panzern und Artilleriefeuer immer näher; dort riegelte ein purpurroter Streifen das ab, was wir vom Horizont erblicken konnten. Eine wagnerische Szenerie, ein Bild aus der Apokalypse. Wir bewegten uns jetzt in einem Laufgraben, der durch eine doppelte Reihe aufeinandergehäufter Leichen entstanden war. Auf ihren Wachttürmen schoben die SS-Leute die letzten Stunden eines Dienstes, der seit zehn Jahren dauerte. Sie ließen ihre Raubvogelaugen über den unruhigen Ameisenhaufen kreisen und ebenso die Mündungen ihrer Maschinengewehre, die bereit waren, beim geringsten Anzeichen einer gemeinsamen Unternehmung in Tätigkeit zu treten.

Da dringt merkwürdiger Gesang zu uns: eine Mischung von Kriegs- und Kirchenlied. Die Klänge kommen näher. Wir verstehen die Worte. Citron erkennt ein Marschlied der Nazijugend. In dieser schwarz-roten Dämmerung ist der Eindruck ergreifend. Die letzten SS-Rekruten kommen vom Exerzieren zurück.

«Geben wir es zu», sagt Citron, «dieser Zusammenbruch hat doch in seiner Art etwas Großartiges.»

★

Der französische Häftling Chereau **unterwegs**

Mit der Evakuierung wird es ernst, wir verlassen das Lager um 10.30 Uhr, und wir erhalten keinerlei Verpflegung für den Weg. Wir konnten noch einen Liter Suppe hinunterstürzen, bevor wir aufbrechen mußten. Unsere immer noch gleich brutalen und jeglicher Menschlichkeit abholden Bewacher zeigen immer noch keine Nachlässigkeit bei unserer Bewachung. Wir erleben wieder die Wechselfälle der vergangenen Woche. Wir durchqueren Freystein. So legen wir ungefähr 30 km zurück, und als die Nacht hereinbricht, werden wir auf einer Wiese zusammengepfercht, um uns dort einige Stunden auszuruhen. Mit Freude stellen wir fest, daß nur wenige unserer Kameraden fehlen. Der Aufenthalt in Flossenbürg hat jedem von uns ein wenig Erholung ermöglicht.

Der amerikanische Kriegsgefangene
Ray T. Matheny *1925 **Österreich**

Um den 20. April herum zogen wir über eine Straße, die durch ein kleines Tal hindurchführte. Unsere Gruppe von Kriegies kam gerade an liegengebliebenen deutschen Fahrzeugen vorüber, als wir ein Flugzeug herankommen hörten. «Das ist eine P-51», sagte ich zu meinen Gefährten. Die Kriegies suchten gemeinsam mit ihren deutschen Bewachern

Deckung in den Gräben zu beiden Seiten der Straße. Zwischen uns und der kleinen Raststätte lagen vielleicht zweihundert Schritt. Einer unserer Leute hatte im Stalag 17-B ein Sternenbanner erhalten, das für ein Begräbnis gedient hatte. Diese Flagge hatte er auf dem ganzen Marsch mitgeschleppt, und jetzt breitete er sie auf dem Boden aus in der Hoffnung, daß der Flugzeugführer der P-51 sie sähe. Ausgerechnet in diesem Augenblick kamen rund fünfzig Hitlerjungen aus der Raststätte heraus und liefen schutzsuchend auf uns und die amerikanische Flagge zu. Die P-51 kam auf uns herniedergefahren und wäre bestimmt in der Lage gewesen, die meisten von uns in den Himmel zu schicken, doch plötzlich hörte die Maschine auf zu rollen und ging die Waagerechte, damit der Pilot besser sehen konnte. Und in der Tat hatte er das Sternenbanner entdeckt und bei genauerem Hinsehen die abgerissene Armee von Gefangenen erkannt. Woraufhin der Flugzeugführer uns ein herrliches Beispiel von Siegesloopings vorführte, was unglaublich erhebend für uns war.

Wir verspotteten die uniformierten und mit einem Fahrtenmesser bewaffneten Hitlerjungen. «Wohin mögen diese Witzbolde bloß marschieren?» dachte ich. «Sie laufen ja direkt den Russen in die Arme.»

Der kanadische Lieutenant Colonel H. M. Baker *Friesoythe*

Heute einige Kriegsgefangenenlager besucht, die unsere Truppen während der letzten Tage befreit haben. In einem dieser Lager befanden sich über 1000 polnische Frauen, die nach ihrem gescheiterten Aufstand und dem Fall von Warschau vor ein paar Monaten gefangengenommen worden waren. Die Hunnen hatten Hunderte von Frauen aus allen Schichten zusammengetrieben und sie in dieses Lager gepfercht. Sie hatten sie nicht eigentlich mißhandelt, aber sie hatten Hunderte in Unterkünften zusammengepfercht, die normalerweise nur für ein paar Dutzend geeignet waren. Sie hatten auch ihr Bestes getan, durch alle möglichen anderen Mittel ihre Moral zu brechen, ohne direkt zu körperlicher Gewalt zu greifen. Zum Beispiel hatten sie für hundert Frauen nur einen einzigen Wasserhahn für alle Zwecke zur Verfügung gestellt.

Es waren ein paar echte Schönheiten unter ihnen, und Tommy O'Hara und ich weideten unsere Blicke an den vielen hinreißenden Brüsten, die die Pullover und Hemden mit offenem Kragen so verführerisch präsentierten. Im ganzen Lager gab es nicht einen Büstenhalter, und alles konnte sich frei im Wind bewegen. Sie alle schienen einigermaßen wohlgenährt zu sein, und einige der Mädchen trugen sogar echte Seidenstrümpfe zur Schau. Diese letzte Ungereimtheit läßt sich jedoch leicht erklären, denn

überall im Lager schwärmten Soldaten der polnischen Panzerdivision umher. Mehrere von ihnen hatten sogar Frauen, Töchter und Freundinnen unter den Gefangenen wiedergefunden.
Tom und ich besuchten auch ein Lager mit Italienern, die von den Deutschen gefangengenommen worden waren. Hier bot sich uns ein völlig anderes Bild. Den Hunnen hatte es gar nicht gefallen, als die Italiener sich aus dem Krieg zurückzogen und dann auf unserer Seite wieder eintraten. Die Folge davon war, daß sie alle italienischen Gefangenen miserabel behandelten. Die meisten Männer in diesem Lager waren wandelnde Vogelscheuchen. Sie erzählten uns, die Einstellung der Deutschen sei gewesen: «Arbeite oder stirb» und «Zum Teufel mit dir, wenn du krank bist.»
Am Tor des Lagers wurden wir von einer großen hageren Gestalt in einer zerlumpten italienischen Uniform empfangen. Wir konnten nicht viel anfangen mit dem, was er uns zu sagen versuchte, und da er ein ziemlicher Esel zu sein schien, schoben wir ihn beiseite und machten uns auf den Weg ins Lager, bis wir das Lagerhauptquartier fanden. Der Kommandant war nicht da, aber der diensthabende Offizier schickte einen Melder nach ihm, und man stelle sich unsere Überraschung und Verlegenheit vor, als ein paar Minuten später niemand anderes auftauchte als unser Freund, die Vogelscheuche vom Haupttor. Er war offensichtlich ein leibhaftiger General der italienischen Armee!

*

Benito Mussolini 1883–1945 **Mailand / Palazzo Monforte**
Interview
Die berühmten zerstörerischen Bomben werden hergestellt. Erst vor wenigen Tagen habe ich präzise Nachrichten erhalten. Vielleicht will Hitler nicht eher zum Schlag ausholen, bevor er nicht die absolute Sicherheit hat, daß er entscheidend ist. Es scheinen drei Bomben mit unglaublicher Wirkung zu sein. Die Herstellung jeder einzelnen ist schrecklich kompliziert und langwierig. Auch der Verrat Rumäniens hat darauf Einfluß gehabt, insofern, als der Mangel an Benzin einer der Hauptgründe für den Verlust der Vorherrschaft in der Luft war. Zwanzig-, dreißigtausend stillstehende oder zerstörte Flugzeuge. Mangel an Treibstoff. Die schrecklichste aller Tragödien.

*

8. Sitzung des Lagerkomitees *KZ Buchenwald*

Stellungnahme des neuen Kdt.:

Eiden teilt mit daß der neue Kommandant (Kapt. Ball) das Lager besichtigt hat und grundsätzlich mit der Arbeit der Komitees einverstanden ist. Er bittet das int. Komitee die Dinge weiterhin in den Händen zu behalten und den Kameraden im Lager das zu verschaffen, was sie benötigen. Er ist weiter der Auffassung, daß das traurige Kapitel der SS-Herrschaft in Buchenwald sichtbar zum Abschluß gebracht werden soll und bittet alles was auf ehemaligen Schreckenstaten schließen läßt zu beseitigen. Es soll vor allen Dingen bei dem Krematorium begonnen werden. (Beseitigung der Asche und Urnen und ihre Beisetzung am Bismarkturm.) Der Kommandant weist darauf hin, daß die Toten der Nationen in irgendeinen Raum aufgebahrt werden sollen (Vorschlag: Halle 8, Gustl.-Werk).

Eiden hat den Kdtn. vorgeschlagen, daß die noch sterbenden Kameraden auf einen Friedhof in Weimar beigesetzt werden möchten. Der Kdt. ist mit diesen Vorschlag einverstanden. Um 12 Uhr soll bereits ein Transport von toten Kameraden nach Weimar abgehen, die dort auf einen Art Ehrenfriedhof in die Erde beigesetzt werden. [...]

Ab heute Nachmittag läuft ein Film. (Vorschläge der Komiteemitgl. Kinobesuch nationsweise, die Nationen haben selbst für Ordnung während des Kinobesuchs zu sorgen. Ausgabe von Karten. Besuch zuerst für Russen, Tschechen u. Polen.

[Zum] 1. Mai: Pieck:

Am 1. Mai 8 Uhr Weckruf und Marsch der Kapelle durch das Lager.

9 Uhr oder 11 Uhr (je nach den Umständen ob Besucher das Lager betreten dürfen oder unsere Kameraden raus können) eine zentr. Zusammenkunft auf den Appellplatz.

Programm: 3 Sprecher (die noch zu bestimmen sind, Vorschlag: slw., russ., roman.)

Musik – zum Abschluß eine Pantomime und evtl. Ausmarsch unserer Kameraden.

Nachmittags nationales Zusammentreffen bzw. Zusammenkunft in den Sälen die uns unter Umständen im Lager zur Verfügung stehen.

Die Dekoration der Säle führt als Beauftragter der Kamerad Hurta, von Block 53, durch. Mit der Verteilung der Räume wird ein österr. Kamerad betraut.

Ab 19 Uhr findet auf dem Appellplatz ein intern. Volksfest statt, wo die

einzelnen Nationen bestimmte Plätze zugewiesen bekommen. Den Aufbau übernimmt ebenfalls der tsch.-slv. Kamerad Hurta.
Zu all den für den Aufbau erforderlichen Arbeiten müssen natürlich die einzelnen Komitees Leute zur Verfügung stellen.
Der tsch.-slv. Kamerad Sitte wurde mit der Organisation der Musik- und Kabarett-Veranstaltungen betraut.
Das Komitee möchte beschließen, welche Bilder für die Großkundgebung am 1. Mai angefertigt werden sollen. Die Veranstaltungs-Kommission schlägt vor: Stalin, Roosevelt, Churchill u. Thälmann.
Der tsch.-slv. Kamerad Neumann möchte den Vorschlag auf die Bilder von Benesch und Tido erweitert haben.
Das Lagerkomitee einigt sich auf folgende Festlegung: Anfertigung der Bilder von Stalin, Roosevelt, Churchill und wenn technisch möglich von den weiter genannten Bildern.
Bartel schlägt vor die Ausarbeitung der Losungen der Kommission zu überlassen.
Das russ. Komiteemitglied schlägt vor f. d. 1. Mai eine kurze Entwicklungsgeschichte über die Zeit vom 1. Mai 1944 bis 1. Mai 1945 auszuarbeiten. (Komitee einverstanden)
Der Aufmarsch am 1. Mai soll nach Nationen und mit Transparenten geschehen.
Wegen Anzahl der Fahnen sollen sich die nat. Komitees mit den Beauftragten der Kommission in Verbindung setzen.

⋆

Die Sekretärin
Christa Schroeder †1984 **Berlin – Obersalzberg**

Als am 20. April 1945 Hitler 56 Jahre alt wurde, war Berlin umzingelt. Die ersten russischen Panzer standen vor Berlin. Der Donner der Infanteriegeschütze drang bis in das Gebiet der Reichskanzlei. Die Gratulationscour des persönlichen Stabes und der Militärs am Vormittag war im Vergleich zu früheren Jahren in sehr gedämpfter Atmosphäre erfolgt. Um so aufdringlicher war die Gratulationscour der Alliierten, indem sie fast unentwegt vom frühen Morgen bis gegen 2 Uhr nachts rollende Luftangriffe auf Berlin flogen. Wir kamen aus dem Bunker nicht mehr heraus. Gemäß dem Dienstplan leisteten Johanna Wolf und ich dem Chef Gesellschaft beim Mittagessen. Während des Essens herrschte eine sehr gedrückte Stimmung. Am Abend, mitten unter einem Angriff, es mag kurz vor 22 Uhr gewesen sein, wurden Johanna Wolf und ich zum

Chef gerufen. Müde, blaß und abgespannt empfing uns Hitler in seinem kleinen Arbeitsraum im Bunker. Er sagte: «... daß sich die Lage in den letzten vier Tagen sehr verändert habe.» Am 16. April hatte er mir noch beim Mittagessen im Treppenzimmer auf meine Frage, ob wir in Berlin bleiben würden, fast unwillig geantwortet: «Natürlich bleiben wir in Berlin. Sie brauchen keine Angst zu haben!» Ich entgegnete ihm, daß ich keine Angst habe, da ich sowieso mit dem Leben abgeschlossen hätte. Aber ich könnte mir nicht vorstellen, wie das weitergehen solle, wo von der einen Seite die Amerikaner und der anderen die Russen täglich näher rückten. «Beruhigen Sie sich», antwortete Hitler ärgerlich: «Berlin bleibt deutsch, wir müssen nur Zeit gewinnen!» Auch bei seiner letzten Ansprache an die Gauleiter am 24. Februar 1945 in Berlin teilte Hitler seine unerschütterliche Überzeugung mit: «Wir müssen Zeit gewinnen!» Nun sagte er zu uns: «Die Lage hat sich in den letzten vier Tagen so verändert, daß ich mich gezwungen sehe, meinen Stab aufzulockern. Da Sie die Älteren sind, machen Sie den Anfang. In einer Stunde geht ein Wagen in Richtung München. Zwei Koffer können Sie mitnehmen, das Weitere sagt Ihnen Reichsleiter Bormann.»

Ich bat ihn, da ich keine Familienangehörigen besaß, in Berlin bleiben zu dürfen, er möge statt meiner die jüngere Kollegin fahren lassen, deren Mutter in München lebte. Doch davon wollte er nichts wissen. «Nein, ich will später eine Widerstandsbewegung gründen und dazu brauche ich Euch beide. Ihr seid mir die Wertvollsten. Wenn es zum äußersten kommt, werden die Jungen immer durchkommen, Frau Christian wird sich auf jeden Fall durchschlagen und wenn wirklich eine der Jungen draufgeht, so ist das eben Schicksal!»

Er verabschiedete sich von uns nicht, wie bisher immer üblich, mit einem Handkuß, sondern jetzt mit einem Handschlag. Damit wollte er wohl zum Ausdruck bringen, daß er keinen Widerspruch mehr gelten lasse und das Gespräch für ihn beendet sei. Sicher bemerkte er unsere gedämpfte Stimmung, denn er sagte dann noch, vielleicht mit dem Versuch uns trösten zu wollen: «Wir sehen uns bald wieder, ich komme in einigen Tagen nach!»

Dieser Befehl zum Verlassen Berlins am 20. April 1945 entsprach nicht meiner damaligen Vorstellung, da ich mich bereits damit abgefunden hatte, gegebenenfalls die mir von Skorzeny im Tausch gegen eine Flasche Whisky übergebene Messingkapsel mit Zyankali zu benutzen. [...] Mir waren plötzlich und unerwartet befohlene Reisen schon von jeher ein Greuel gewesen. Diese Anordnung Hitlers überstieg aber meine frühere Unlustgefühle bei weitem und versetzte mich in Verwirrung. Wie

erstarrt verließ ich Hitler, um mich zusammen mit meiner Kollegin Wolf zum Kofferpacken zu begeben. [...]
Der Vorraum zum Bunker in der Voßstraße war voll gedrängt mit Menschen, die vor den anhaltenden Luftangriffen von der Voßstraße herein in den Bunker geflüchtet waren. Der uns Sekretärinnen zur Verfügung stehende Raum war ursprünglich als «Sendestation» für Radioaufnahmen gedacht. Ich hatte mich darin höchst ungern aufgehalten, da die Decke und die Wände mit schalldämmenden Platten belegt, jeden Ton schon während des Sprechens verschluckten. Ein toter Raum von bedrückender Stille wie ein Grab.
Die Packerei kam mir sinnlos vor. Plötzlich läutete das Telefon. Der Chef war am Apparat. Mit kraftloser Stimme sagte Hitler: «Kinder, das Loch ist bereits geschlossen (wir hätten mit dem Auto durch das Protektorat fahren sollen). Ihr kommt dort mit dem Wagen nicht mehr durch und müßt nun morgen früh fliegen!»
Nach Mitternacht rief Hitler noch einmal an: «Kinder», sagte er, «Ihr müßt Euch fertig machen, beeilt Euch, die Maschine startet sofort nach der Entwarnung.» Seine Stimmte klang matt und brach mitten im Gespräch ab. Ich fragte zurück, aber obwohl er den Hörer nicht aufgelegt hatte, gab er keine Antwort mehr. Dies waren übrigens die einzigen Telefonate, die ich in den 12 Jahren mit Hitler geführt hatte. [...]
Kurze Zeit später, es mag so gegen ½3 Uhr morgens gewesen sein, bahnten wir uns einen Weg zurück durch die überfüllten Gänge des öffentlichen Bunkers der Voßstraße in der Reichskanzlei, in dem es wie in einem Bienenschwarm summte und brodelte. Neugierig starrten alle auf uns und unsere zwei Koffer. Ich hatte ganz erbärmliche Gefühle und ging voller Scham an den verängstigten Menschen vorbei. [...]
Als wir endlich in einem der Autos saßen, mußten wir feststellen, daß sich der Fahrer in Berlin überhaupt nicht auskannte. Auch hatte er keine Anweisung bekommen, ob er uns nach Tempelhof oder Staaken bringen sollte. Auf jeden Fall brachte er uns fälschlicher- oder glücklicherweise nach Tempelhof. Es war eine macabre Fahrt durch das nächtliche Berlin. An brennenden Häusern, qualmenden Trümmerhaufen, Ruinen und Wolken von Rauch ging es an Volkssturmmännern vorbei, die damit beschäftigt waren, Straßensperren zu errichten. In gar nicht weiter Ferne hörte man den Donner der russischen Artillerie.
Am Flugplatz Tempelhof angekommen, war von einer Ju 52, von der Oberst von Below, Hitlers Luftwaffenadjutant, gesprochen hatte, nichts bekannt. Der Kommandant des Flughafens gab uns den Rat zu versuchen, in der gerade aus Norddeutschland avisierten Transport-Ju, die

nach Salzburg fliegen sollte, unterzukommen. Dies glückte uns dann auch nach einigen Verhandlungen.
Ohne unsere Koffer, nur mit einer Reisetasche und einem, auf Anordnung von SS-Obergruppenführer Schaub in letzter Minute gepackten Rucksack, dessen Hauptinhalt aus runden Blechdosen mit «Schoko-Dallmann» bestand, startete das Flugzeug.
Nach dem Start, der durch einen Schneeregen erschwert wurde, kamen wir nach einem aufregenden Flug über brennende Dörfer und Städte im Morgengrauen auf dem Salzburger Flughafen an. Die Angst war furchtbar gewesen, wenn Geräusche, die auf einen Beschuß schließen ließen, dumpf an unsere mit Watte verstopften Ohren drangen und die Maschine abzusacken schien. Wir saßen stumm in der Transportmaschine zwischen den fremden Soldaten auf grün angestrichenen Munitionskisten am Boden. Ich kann mich nicht erinnern, daß auch nur ein Wort gesprochen wurde. Wir waren wie gelähmt, als wir landeten. Bedrükkend war diese Stille plötzlich.
Als wir einige Stunden später mit einem Omnibus auf den Obersalzberg fuhren, habe ich mich im nachhinein gewundert, diesen Flug überhaupt lebend überstanden zu haben.

★

Iwan Litwin *1924 **bei Artern/Thüringen**

Bis auf einen Tag genau drei Jahre lang habe ich bei dem Bauern Robert Bachmann in einem kleinen Dorf gearbeitet. Sein einziger Sohn hieß auch Robert, er war drei oder sogar vier Jahre jünger als ich. Kurz vor Kriegsende wurde er zur Wehrmacht eingezogen. Bald hörte ich seine Mutter sagen, ihr Robert kämpfe irgendwo im Westen und komme Gott sei Dank, wenn es sein müsse, in amerikanische Gefangenschaft.
Wir waren drei Ostarbeiter aus der Ukraine bei unserem Bauern. Vorher gab es noch zwei Franzosen, doch sie waren so anspruchsvoll, ständig kamen sie mit neuen Wünschen und ließen ihre Umgebung ihre schlechte Laune spüren. Deshalb hatte Herr Bachmann sie an einen Blumenzüchter in Sondershausen abgegeben.
Mein Landsmann Kolja Malaschtschuk war aus Kiew und stammte aus einer hochintelligenten Familie, er konnte sogar Klavier spielen. Er war ein wenig jünger als ich. Vor dem Krieg war er Sportler gewesen, sein Körper war deshalb sehr muskulös. Die Arbeit in einem fremden Land weit weg von seinem lieben Kiew schien ihm unerträglich zu sein. Jeden Tag sprach er mit schluchzender Stimme über den Dnepr und

Chreschtschatik [Hauptstraße in Kiew], mit Wehmut dachte er daran zurück, und als Arbeiter war er ganz wenig wert.
Es war schon Mitte Februar 1945, ganz genau kann ich mich daran nicht mehr erinnern. Wir hatten mit Nikolaj den Acker zu düngen und die Steine dort wegzubringen. Am Dorfrand hatte unser Bauer einen vernachlässigten Schacht, in den wir die auf dem Acker gesammelten Steine zu werfen hatten. Dafür waren wir mit einer Schubkarre und einer Spitzhacke, für den Fall, daß die Steine zu groß waren, ausgerüstet. Als wir am Nachmittag an den Schacht kamen, bat mich Kolja überraschend, ihm mit der Spitzhacke den linken Unterarm zu brechen. Irgendwo habe er gehört, daß die Ostarbeiter mit solchen Verletzungen zurück in ihre Heimat abgeschoben würden. Und er könnte es nicht mehr aushalten, er wolle nach Kiew, er habe so ein Vorgefühl, daß er bald ums Leben komme, und er wolle nicht sterben, ohne einen letzten Blick auf seine liebe Stadt und auf sein Haus zu werfen, wo in einem Zimmer mit einer hohen Decke sein Klavier verstaubt stehe.
«Sei doch nicht so blöd, Mensch», sagte ich zu ihm, «der Krieg ist bald zu Ende, gestern habe ich den Bauern zu seiner Frau sagen hören, die Russen sollen schon an der Oder stehen. Erst mal ist dein Kiew total zerstört, Chreschtschatik liegt sicher in Ruinen, und dein Klavier hat man bestimmt schon längst zum Abfall weggetragen. Und wie stellst du dir vor, über die Front im Osten zu gehen? Sollen die Deutschen etwa für dich eine Flugmaschine reservieren oder wie?»
Doch Nikolaj war unnachgiebig. Wenn ich ihm den Gefallen nicht täte, wollte er Herrn Bachmann alle meine Vergehen erzählen. Er werde ihn aufklären, wieviel Eier ich heimlich im Hühnerstall getrunken hätte, als ich angeblich die Hühner füttern ging. Er werde ihm die Stelle zeigen, wo ich dann die Eierschalen versteckt hatte. Für so ein Zap-Zarap werde er mir sicher nicht über den Kopf streichen.
Das hätte mir gerade noch gefehlt. Der Bauer vertraute mir. Ich aß mit ihm und seiner Frau am gleichen Tisch in ihrem Eßzimmer, vor kurzem hatten sie mich mitgenommen, als sie die Mutter der Wirtin besuchten, und man ließ mich aus diesem Anlaß eine fast neue Jacke von ihrem Sohn anziehen. Ich mußte nicht wie Nikolaj abends in der Baracke schlafen, ich schlief in einem Zimmer neben dem Schlafzimmer von Herrn Bachmann und zwar in einem Daunenbett unter einer Daunendecke. Und das alles sollte ich wegen der verfluchten Eier verlieren? Nein, das wollte ich nicht zulassen.
Also kippten wir die Schubkarre um, damit Nikolaj seinen Arm darauf legen konnte, dann wickelten wir seinen Arm in mein Unterhemd, da-

mit der Pickel keine Spuren auf der Haut hinterließ, und ich schlug mit voller Kraft zu. Kolja schrie kurz auf, erbleichte und verlor das Bewußtsein. Sein Arm schwoll rasch dunkelblau an. Danach schleppte ich Nikolaj an die Schachtlücke und warf noch einen großen Stein auf seinen Arm. Herr Bachmann ließ Nikolaj zum Krankenhaus nach Sondershausen fahren. Dort legte man ihm den Arm in Gips und nach einigen Wochen goß er schon mit seiner Rechten Blumen bei dem Blumenzüchter, zusammen mit den abgeschobenen Franzosen. Ich habe ihn dort besucht. Er nahm mir nichts übel, er hatte nur Angst, daß er jetzt nicht mehr Klavier spielen können würde.

Ein deutscher Soldat **(Rappenhof)**

Strahlender Frühlingsmorgen, die ersten Kirschen blühen. Ich sitze in meinem Studierzimmerchen und lese in Hans Carossas «Geheimnisse des reifen Lebens». Vor meinem Fenster gräbt ein ukrainischer Soldat unseren Garten um, ich habe ein unbehagliches Gefühl dabei, wie dieser Mensch sich für mich schindet, während ich hier untätig sitze.

Welches sind die Ursachen unserer tödlichen Niederlage? War es nur die Uneinigkeit zwischen politischer und militärischer Führung, die am 20. Juli 44 zum Ausbruch kam, und wird es wieder ein Versailles geben? Ist es der Sieg des Bolschewismus, also das Böse über das Gute? Oder stehen wir nicht an einem großen biologischen Wendepunkt in der Menschheitsentwicklung? Hat nicht das alte Rom im Jahrhundert seines Unterganges noch einen Aetius gehabt? Warum soll nicht der biologisch starke, unverbrauchte slawische Mensch zum Erben Europas bestimmt sein? Sind nicht auch die Germanen den Römern als kulturlose Barbaren erschienen? Auch die Tatsache, daß schon jetzt vor Beendigung des Krieges, das allmächtige England vollkommen unter der politischen Knute Moskaus steht, beweist, wo die eigentliche Kraft herkommt. Unser Kampf ist das letzte heldenhafte Aufbäumen gegen ein unerbittliches Schicksal, England glaubte es durch seinen Bund mit den Russen aufhalten zu können. Wie schnell wird es aus seinem Irrtum wachgerüttelt werden! Nur Amerika wird aus dem Kriege seine Interessen in Übersee retten können, doch wird es natürlich ebenso wie England auf jeden Einfluß in Europa verzichten müssen.

In Ostasien wird später ein neuer Machtkampf ausgetragen werden, in dem Amerika aber keine Rolle mehr spielen wird. Die germanischen Völker gehen alle dem biologischen Volkstod entgegen. Das wachsende japanische Volk wird auf das ebenso wachsende slawische stoßen. Wird dann der letzte Exponent der weißen Rasse bestehen?

Der Bolschewismus, der jetzt so im Vordergrund der Auseinandersetzung steht, ist vielleicht das Mittel, dessen sich die Russen in ihrem Machtkampf bedienen. Es ist denkbar, daß er in einem höheren Entwicklungsstadium des Volkes von innen aus alleine zerbricht.

Grete Dölker-Rehder 1892–1946 **Neumühle/Allgäu**

Otto sagte eben, jemand – ich weiß nicht wer – wisse, was Stalin, Roosevelt und Churchill in Jalta auf der Krim bei ihrer letzten Konferenz beschlossen hätten über uns: die Bolschewisten sollten alles Land östlich der Oder bekommen, die Franzosen das Land links des Rheins und Baden, den verbleibenden Rest würden die Engländer und Amerikaner unter ihre Verwaltung nehmen. Und Österreich und die Tschechei würden sie uns natürlich auch abnehmen. Es bliebe also in diesem zerstükkelten Gebilde kaum etwas von dem alten Deutschland übrig! Und wie haben wir geträumt und geschwärmt von dem Großdeutschland mit seinen 90 Millionen, vom tausendjährigen 3. Reich! Das war ein kurzes Glück ... Und dennoch ist die Niederlage jetzt so vollkommen, daß wir noch froh sein müssen, überhaupt nur am Leben zu bleiben. Stünde jetzt nicht der Amerikaner so tief in Deutschland wie der Russe, würden wir wohl ganz vom Bolschewismus verschlungen. Man hat auch den Eindruck, so erbittert im Osten gerungen wird, so leicht machen wir es dem Feinde im Westen. [...] Auch unser überstürztes Zurückgehen aus Frankreich war wohl kein Weichenmüssen vor den Amerikanern, sondern wir mußten den einen Feind gegen den anderen noch größeren zu Hilfe hereinlassen. Auch gegen die untragbar gewordenen Bombardierungen und Zerstörungen deutscher Städte gab es kein anderes Mittel mehr. O, wenn nur noch ein Kern Deutschland übrigbleibt, wollen wir dankbar sein! Wenn nur unsere Kinder und Enkel noch leben und arbeiten dürfen, daß das deutsche Volk nicht ganz untergeht, dann werden seine Seele und sein Geist auch wieder auferstehen aus diesem gigantischen Sterben.

*

Benito Mussolini 1883–1945 **Mailand/Palazzo Monforte**

Interview

Ich sagte es Ihnen schon. Der dritte Weltkrieg wird ausbrechen. Kapitalistische Demokratien gegen den bolschewistischen Kapitalismus. Nur unser Sieg hätte der Welt den Frieden mit der Gerechtigkeit gebracht. Man hat mir Tyrannismus vorgeworfen, den ich den Italienern auferlegte. Wie werden sie ihm nachweinen. Und er muß wiederkehren, wenn die Italiener wieder ein Volk und nicht ein Haufen Sklaven sein wollen. Und die Italiener werden ihn wollen. Sie verlangen danach. Das wütende Volk wird die falschen Führer, die kleinen niederträchtigen Männer, die sich den ausländischen Interessen unterworfen haben, davonjagen. Sie werden Blumen zu den Gräbern der Märtyrer tragen, zu den Gräbern derer, die für eine Idee gefallen sind, die das Licht und die Hoffnung der Welt sein werden. Dann werden sie ohne Schmeichelei und Falschheit sagen: Mussolini hatte recht.

John Colville 1915–1987 *London*
Am Nachmittag wurde in meiner Gegenwart eine Botschaft des Premierministers aufgenommen, die zusammen mit Botschaften Stalins und Trumans gesendet werden soll, wenn die russischen und alliierten Truppen zusammentreffen. Danach dinierte er [Churchill] alleine mit Lady Lytton, die er, wie er mir anvertraute, beinahe einmal geheiratet hätte.

Wehrmachtbericht **Berlin**
Auch in der Lüneburger Heide setzten die Briten ihre Angriffe auf breiter Front nach Norden fort.

★

Der Frühling

Wenn neu das Licht der Erde sich gezeiget,
Von Frühlingsreegen glänzt das grüne Thal und munter
Der Blüthen Weiß am hellen Strom hinunter,
Nachdem ein heitrer Tag zu Menschen sich geneiget.

Die Sichtbarkeit gewinnt von hellen Unterschieden,
Der Frühlingshimmel weilt mit seinem Frieden,
Daß ungestört der Mensch des Jahres Reiz betrachtet,
Und auf Vollkommenheit des Lebens achtet.

Mit Unterthänigkeit
Scardanelli.
d. 15 Merz
1842 Friedrich Hölderlin

Fritz Sauckel während des Nürnberger Prozesses in seiner Zelle, 8.12.1945

Sie sollen mein Volk sein, so will ich ihr Gott sein, denn sie werden sich von ganzem Herzen zu mir bekehren.
HERRNHUT JER. 24,7

Bringen sie uns speise
Bringen zee oons spy za
Bring us food
STARS AND STRIPES,
DAILY GERMAN LESSON

Der Oberleutnant z. S.
Otto Westphalen *1920 Kolafjord / U 968
In getauchtem Zustand fuhren wir durch den Fjord und erreichten die offene See. Als unser Einsatzgebiet war die russische Küste bei Murmansk vorgesehen. Getaucht, in Sehrohrtiefe ging es entlang der russischen Küste. Mit fortschreitender Dunkelheit wagten wir uns immer näher heran. Trotz unserer Unterwasserfahrt muß uns dennoch die Küstenwache bemerkt haben, denn plötzlich war reger Betrieb an Land zu beobachten. Lichter gingen an, Autos fuhren die Küstenstraße entlang. Plötzlich leuchteten Scheinwerfer auf und suchten die Wasseroberfläche ab. Doch schon hatte der Kommandant das Sehrohr eingezogen, wir waren somit für die Russen nicht mehr auszumachen.

★

Die Lehrerin Agnes Seib 1901–1983 Brockhöfe / Kreis Uelzen
Nachmittags war bei herrlichem Wetter fast alles im Garten tätig. Ich half Bohnen legen und Wickensaat auslegen und danach mit Oma Westermanns Eisen plätten.

Hans Carossa 1878–1956 Rittsteig bei Passau
Am 25. April verließ ich nachmittags den Garten, wo schon die Tulpen dicke Knospen trugen, und ging zwischen ergrünenden Feldern in östlicher Richtung dahin, immer die Stadt Passau vor Augen. Kinder stan-

den um einen größeren Buben, der ein vorjähriges Vogelnest auf der flachen Hand hielt. Es war wie von Silber durchwirkt, und dieser Schmuck bestand aus jenen weichen dünnen Zinnfäden, die damals oft von feindlichen Piloten herabgestreut wurden, um den deutschen Abwehrgeschützen die Peilung zu erschweren. Diese sogenannten Störstreifen hatte der glanzliebende Vogel, vermutlich ein Fink, in sein Halmen- und Flaumgeflecht hineinverwoben.

Hildegard von Marchtaler 1897–1995 **Hamburg**

Schon morgens zur Stadt, beim Schlachter eine Kalbshaxe erobert. Zu Fuß zurück über Rabenstraße und Harvestehuder Weg, der Blick auf die ewig schöne Silhouette der Innenstadt inmitten des zarten Frühlingsgrüns, unendlich wehmütig, man vergißt ganz, daß rundum nichts anderes als Untergang, Tod und Verderben lauern. Die lichten Pastelltöne des sonnigen Aprilmorgens, die überwältigende Knospen- und Blütenpracht will gar nicht zu all dem Elend passen. Wir haben es hier immer noch merkwürdig ruhig, obgleich sich große Feindmassen unserer Stadt nähern.

Der Matrosen-Hauptgefreite
Klaus Lohmann 1910–2002 **Travemünde**

Nach einigen kalten und nassen Tagen wieder sonnig und wärmer. Wie wunderschön ist überall das Blühen in den Gärten! Vormittags ist Alarm, da hab' ich Gelegenheit, mich der Pracht im Pfarrgarten zu freuen. Abends gehe ich allein an Land, schlendere anschließend durch den kleinen Wald – eben geht die Sonne blutend unter – da hinten ist die Heimat!

Später im Pfarrhaus Nachrichten gehört. Die Lage wird immer unheimlicher. Wenn nur der Russe nicht so nah heranrückte. Aber Gott wird auch da wissen, was das Rechte für uns und unser Volk ist. Auf jeden Fall müssen wir *alle* die furchtbare Schuld, die geschehen ist, mitbüßen.

Der Führer und seine Leute sollen in Berlin, dem eingekesselten Berlin sein. Ob dadurch das Ende in Kürze eintritt?? – Immer wieder taucht auch die Frage auf, ob und wann die unvermeidliche Auseinandersetzung zwischen Russen und Anglo-Amerikanern kommen wird. Es sind grausige Perspektiven, die sich auftun – es gibt tatsächlich nur *einen* echten Grund zur Freude: die Hoffnung auf Gottes kommendes Reich.

Cesare Pavese 1908–1950 ***Kalabrien***
Den Weg gehen und auf Wunderdinge treffen, das ist das große Motiv – besonders deines.

*

Der Major
Joachim Schultz-Naumann 1913–1991 **Neu Roofen/OKW**
Bei Torgau an der Elbe findet die erste Vereinigung zwischen Sowjets und Amerikanern statt. Truppen der 58. Garde-Division, die zum Verbande der 1. Ukrainischen Heeresgruppe unter Marschall Konjew gehören, vereinigen sich hier mit der 69. US-Division, die unter dem Befehl der 12. Amerikanischen Armeegruppe des General Bradley steht.

Winston Churchill 1874–1965 ***London***
PERSÖNLICHE UND GEHEIME BOTSCHAFT VON
HERRN CHURCHILL AN MARSCHALL STALIN
Ich danke Ihnen für Ihre beiden Botschaften vom 23. April, die ich pünktlich erhalten habe. Ebenfalls vielen Dank für die Grüße, die Sie im Namen Ihrer tapferen Armeen an die der westlichen Demokratien senden, die Ihnen jetzt die Hand reichen. Ich kann Ihnen versichern, daß wir diese Grüße erwidern.

Lagebesprechung **Berlin/Führerbunker**
Hitler: Die Engländer und Amerikaner verhalten sich an der Elbe ruhig. Wahrscheinlich haben sie eine Art Demarkationslinie abgemacht. In Berlin sieht es schlimmer aus, als es ist. Der Berliner Raum muß ausgeschöpft werden von Menschen, soweit es irgend möglich ist. Die 12. (Wenck) und die 9. Armee (Busse), die im Westen und Osten feste Fronten bilden, müssen an Berlin herangezogen werden. Die in Berlin stehenden Divisionen müssen auf jede nur mögliche Weise aus der Bevölkerung aufgefüllt werden. Erfassungskolonnen müssen gebildet werden, um alles heranzuholen.

*

Der General
Walther von Seydlitz-Kurzbach 1888–1976 *Lunowo*
An Erich Weinert
Hochverehrter Herr Präsident, lieber Herr Weinert!
[...] Ich weiß nicht, ob Sie das wissen, daß es hier im Hause noch zahlreiche Herren gibt, die Moskau noch nie gesehen haben. Wir haben daher den großen Wunsch, und vielleicht ist es Ihnen möglich, diesen Wunsch an entsprechender Stelle zu vertreten, daß die Gefangenenlagerverwaltung am Tage vor dem 1. Mai, also Montag, den 30. April, zwei Omnibusse zur Verfügung stellt für eine Fahrt durch Moskau, damit wir die Stadt in ihrem Schmuck für den 1. Mai besichtigen können. Sie würden unendlich vielen Herren des Hauses einen ihrer sehnlichsten Wünsche erfüllen.

Der Leutnant
Alfred Schlenker 1922–1985 **nördlich des Po**
Drei Kaninchen haben wir geklaut, die wir in einem Kochgeschirr nach und nach – von einem zum andern Mal einen größeren Hunger bekommend – kochen. Mit Powasser und Löwenzahnblättern! Besser schmecken könnte es uns im besten Hotel nicht!
Über dieser Beschäftigung vergessen wir sogar den notwendigen Schlaf. Unsere Lagerstätte haben wir, um nicht überrascht zu werden, in das dichte Flußdickicht verlegt, wo uns allerdings Schnaken und Stechmücken keine Ruhe lassen.

Der US-Lieutenant Albert L. Kotzebue †1987 *an der Elbe*
Am nächsten Morgen fuhr ich mit fünf Jeeps ostwärts; zwei Jeeps ließ ich zum Aufrechterhalten des Funkkontakts mit dem Regiment zurück.
Als ich Kühren an diesem kalten Aprilmorgen verließ, hatte ich keinen Befehl, mich weiter nach Osten zu bewegen. Ich legte meine Anweisung, «mit den Russen Kontakt aufzunehmen», sehr weitherzig aus. Da es zwischen Mulde und Elbe wirklich keinen Widerstand mehr zu geben schien und die Gerüchte davon sprachen, daß die Russen ganz in der Nähe seien, hielt ich es für naheliegend, die Patrouille weiterzuführen und zu versuchen, einen Kontakt herzustellen. Außerdem hegte ich ein besonderes persönliches Interesse am russischen Volk. Einer meiner Vorfahren, der Dramatiker August von Kotzebue, war ein Günstling am Hof der russischen Zarin Katharina der Großen gewesen [...].

Wir passierten Lampertswalde, bewegten uns auf verschiedenen Landstraßen voran und erreichten den kleinen Ort Leckwitz.
Auf der Hauptstraße sah ich einige hundert Yards entfernt einen einzelnen Reiter. Er verschwand in einem Hof.
Er nahm sich seltsam fehl am Platz aus. Was hatte es mit ihm auf sich?
Wir rissen die Jeeps herum und stoppten vor dem Eingang zu diesem Hof. Dort, inmitten einer zerlumpten Schar verschleppter Menschen, saß ein russischer Soldat auf einem Pferd. Es war jetzt 11.30 Uhr. Das war der erste Kontakt zwischen Angehörigen der Armeen der Vereinigten Staaten und der Sowjetunion.
Der Soldat war ein Kavallerist. Er blieb ruhig und zurückhaltend und schien gar nicht begeistert.

*

Rachele Mussolini 1892–1979 **bei Como / Villa Mantero**

Den Tag des 25. April verbrachten wir allein. Ich war gezwungen einen Kochherd zu kaufen, weil absolut alles fehlte. Man sagte, dass es in Como kein Benzin für unsere eventuelle Weiterfahrt gebe, deshalb telefonierte ich nach Mailand in die Präfektur, um mit meinem Mann zu sprechen [...].
Abends verbreitete sich die Nachricht, dass Mussolini in Como angekommen sei. Er liess mir sofort etwa zwanzig treue Soldaten zu unserem Schutz schicken.
Als wir uns in der zweiten Nacht zum Schlafen niederlegen wollten, bestanden einige der Soldaten darauf, vor der Schwelle unserer Türe auf dem Boden zu schlafen, um uns zu schützen, und soviel Anhänglichkeit rührte uns. Auf das Drängen der Kinder hin legte ich mich nieder, fühlte aber, dass ich kein Auge schliessen konnte.
Meine Qual war ungeheuer.

Vittorio Mussolini *1916 **Mailand**

Ich sah meinen Vater zum letzten Mal allein am Nachmittag des 25. April 1945 in seinem Büro, das er seit wenigen Tagen in der Präfektur von Mailand hatte.
In diesen letzten Monaten war er bei ausgezeichneter Gesundheit. Die ständigen Kuren von Doktor Zacchariae, ein alter, sympathischer deutscher Arzt, den Hitler persönlich geschickt hatte, zeigten einen Erfolg, den andere Ärzte in besseren Zeiten nie hatten. Physisch wie intellektuell war mein Vater wieder der willensstarke Mann von 1939 geworden.

Luigi Meneghello *1922 *Padua*

Äußerst gereizt kehrte ich zu den anderen unter die Arkaden zurück. Wir waren zu dritt oder zu viert; liefen zwischen den Pfeilern hin und her, kreuzten einander im Zickzack und verschossen aus Repräsentationsgründen ein paar Erbsen. Als die Deutschen aus ihrer Deckung hervorzukommen beschlossen, dachte ich: «Jetzt ist's soweit: nun sind die Handgranaten dran; es ist ja sowieso zwecklos, aber denen da drinnen geschieht es recht.» Die Deutschen aber, eine kleine Gruppe blaugrün gekleideter Herren, hatten seltsamerweise ihre Hände erhoben und ließen sie oben. Heilige Muttergottes! so hatte ich sie noch nie gesehen, ich wäre beinahe erschrocken. Von rechts sah ich eine Schar bewaffneter Zivilisten hervorbrechen; ich lief vor und konnte gerade noch rechtzeitig schreien: «He da, schnell, nehmt die mal in Empfang», bevor sie sie aus eigenem Antrieb unschädlich machten.

Klaus Mann 1906–1949 *Rom*

Sehr beschäftigt. ...: Artikel *«The great job in Germany»* («sie verstehen nicht»). – Spät nachts gearbeitet. («Shots» bekommen beim HQ-Comp.)

⋆

E. Taube *Danzig*

Über das Dolmetscherehepaar W[aldmann] aus Riga, die wir bei den Morgen- und Abendandachten im Konfirmandensaal kennengelernt hatten, lernte ich ein wenig Russisch und dadurch ein paar Offiziere der Kommandantur kennen. Das waren herzensgute Menschen, genau wie der Kommandant. Ersterer war sehr menschlich bei den Requisitionen. Unser Flügel blieb auch verschont, und für meine Geige bekam ich einen Schutzzettel.

Elsa Güttner *Danzig*

Nach ca. 4 Wochen konnten wir in unsere Wohnungen zurück. Ein heilloses Durcheinander und große Vernichtung erblickten wir. Die Küchentür bekamen wir überhaupt nicht auf. Da lagen sämtliche Bücher aus ihren Einbänden herausgerissen, Papiere und Scherben durcheinander. Im Eßzimmer sah es genau so aus. Sämtliche Scheiben in den Möbelstücken zerschlagen, in die Tischplatten große Löcher gebrannt, die Lampen heruntergerissen, Gardinen und Vorhänge zerschnitten. Aus dem Badezimmer kam uns der übelste Gestank entgegen. Die Bade-

wanne, in der das Luftschutzwasser verblieben war, hatten die Russen, man kann es nicht anders nennen, als Dunghaufen benutzt. Hier waren alle Speisereste, altes Brot und noch Schlimmeres hineingeworfen. Auch hier lagen Kleider und Wäsche darin.
Wir waren aber trotz allem froh, wieder daheim zu sein, und fingen gleich an, Ordnung zu schaffen, soweit es unsere Kräfte zuließen. Ich hatte Glück und fand in meinem Keller ein paar Kartoffeln und Kohlen, diese teilte ich mit meinen Nachbarinnen.

Elsa Kreisel *1888 *Danzig*
Die Reaktion des Hungerns und all der ausgestandenen Ängste trat ein, ich schwoll an beiden Füßen und Beinen bis hoch über die Knie auf: es war Wasser in den Gliedern, Nervenentzündung kam dazu, ich war unfähig, einen Schritt ohne heftige Schmerzen zu tun. Schließlich holten meine Kameradinnen von drüben Hilfe. Die polnische Ärztin behandelte mich freundlich und erfolgreich.
Unserer Gastgeberin, sie war über 70 Jahre alt, legte sich erschöpft sofort nach ihrer Wiederkehr ins Bett. Sie hatte an offenen Beinwunden gelitten und war mit ihrer Tochter in der Olivaer Kirche in Sicherheit geblieben. Dachte sie – Sicherheit im Schutze Gottes. Da drinnen aber vergewaltigte sie ein junger Russe, das gab ihr den Rest, jetzt blieb sie im Bett, ergeben in diese schlechte Welt.

Else Gloeden 1913–1995 *Groß Jenznick/Pommern*
Unser Pole hat mir keine Arbeit aufgetragen, ich soll mir ein Stück im Garten mit Gemüse einsäen. Alice hat etwas gekocht, und wir wollen essen. Da kommen zwei Reiter auf den Hof, ich springe aus dem Fenster und verstecke mich, mal hier, mal dort und weiß bald nichts mehr, ich gehe wieder durchs Fenster in unsere Küche. Da kommt der Russe, der mich wahrscheinlich immer verfolgt hat, draußen ans offene Fenster und gibt zu verstehen: Er will Heu für Pferde. Ich verweise auf unseren Polen als Besitzer, doch er bleibt dabei: «Du zeigen.» Kaum im Stall angekommen, grinst er mich an und wirft mich mit voller Wucht auf den Mist im Stall, reißt mir die Unterwäsche ab. Es geht ihm alles nicht schnell genug, sein Gewehrkolben hilft nach. Er hat es geschafft! Mir schwindelt, ein Ruck innerlich, ein Blutsturz, ich liege in einer Blutlache. Er springt auf, schlägt mit dem Gewehr auf mich ein: «Deutsches Schwein», und geht zur Seite. Das Blut wischt er sich ab und geht fluchend hinaus.

*

Der Flugkapitän Hans Baur 1897–1993 (Berlin)

In der neuen Reichskanzlei sah es trostlos aus. Gardinenfetzen wehten hin und wieder aus den dunklen Festerhöhlen. Alles Leben war aus den riesigen Räumen gewichen. Wilhelmsplatz und Voßstraße waren Kriegsschauplatz geworden. Der ungefähr fünfhundert Meter lange Komplex war unterkellert. [...]

Es war möglich, mit Kraftfahrzeugen in die unterirdischen Teile zu fahren. Zu anderen Zeiten waren die Lastwagen nach unten gefahren, um Koks zu bringen. Jetzt brachten sie Verwundete – wenn sie überhaupt noch fuhren. In den letzten Tagen kamen rund 600 Verwundete an und 900 bis 1000 Zivilisten, Frauen und Kinder, die nach irrsinniger Jagd durch Berlin hier Zuflucht suchten.

Hitler wohnte in einem eigenen Bunker. Hier gab es nur wenige Räume für ihn, seinen Diener, den Arzt und das unbedingt notwendige Personal.

Die Sekretärin Traudl Junge 1920–2002 Berlin

Nach dem 23. April 1945 (die Russen waren schon in die Reichshauptstadt eingedrungen) hat er nur noch vom Ende und vom Untergang gesprochen. Er hatte grausige Vorstellungen von dem, was die Sieger mit Deutschland machen würden. Nach seiner Schilderung gab es für unser Volk überhaupt keinen Hoffnungsschimmer.

Der General
Helmuth Weidling 1891–1955 Berlin

Um 22.00 Uhr traf ich in der Reichskanzlei mit dem Bericht über die Lage ein. Der Führer saß wieder hinter seinem Tisch mit den Karten. Der verhältnismäßig kleine Raum war voll von Menschen. [...]

In langen, sich wiederholenden Sätzen legte er [Hitler] die Gründe dar, die ihn dazu zwängen, in Berlin zu bleiben und entweder hier zu siegen, oder unterzugehen. Alle seine Worte drückten so oder anders nur den einen Gedanken aus: mit dem Fall von Berlin ist die Niederlage Deutschlands unzweifelhaft. [...]

Ich, ein einfacher Soldat, stand hier an dem Ort, von dem aus früher das Schicksal des deutschen Volkes gelenkt und an dem es bestimmt worden war. Ich begann einiges zu begreifen. Mir wurde immer klarer, weshalb wir das Ende Deutschlands erleben mußten.

Niemand in diesem Raum wagte, seine eigene Meinung zu äußern. Alles, was aus dem Munde des Führers kam, wurde mit voller Zustimmung aufgenommen. Dieses war eine Kamarilla, wie sie ihresgleichen nicht

hatte. Oder befürchteten sie, aus diesem gesicherten und noch immer üppigen Leben herausgerissen zu werden, wenn sie ihre eigene Meinung vertreten würden?
Sollte ich, ein Unbekannter, hier in diesem Kreis ausrufen: «Mein Führer, das ist doch Wahnsinn! Eine solche große Stadt wie Berlin kann man nicht mit unseren Kräften und mit der vorhandenen geringen Menge an Munition verteidigen. Bedenken Sie, mein Führer, das unendliche Leid, das die Bevölkerung von Berlin in diesen Kämpfen wird ertragen müssen!»
Ich war so erregt, daß ich mich nur mit Mühe beherrschte, diese Worte nicht herauszuschreien.

Lagebesprechung **Berlin/Führerbunker**
Hitler: In Berlin hat General Weidling die zentrale Führung, Oberst Kaether ist sein Stellvertreter. Der eine oder andere Divisionsstab kommt noch herein. Die Rahmenverbände werden in Ordnung gebracht und wiederaufgefüllt, so daß man Divisionen hat. Alles, was noch hereinkommt, wird in diese Divisionen eingegliedert, so daß eine richtige Ordnung zustande kommt.

*

Anna Eleanor Roosevelt 1884–1962 ***Hyde Park bei New York***
Gestern morgen kehrten wir nach Hyde Park zurück, etwa eine Woche nachdem wir uns alle zur Beerdigung in unserem von Hecken umgebenen Garten versammelt hatten. Meine Söhne und ich besuchten das Grab. Wenn nicht zwei Soldaten dort Wache gehalten und wenn die schönen Orchideen, aus dem Süden hereingeflogen, nicht die Stelle bedeckt hätten, wo die Erde sorgfältig angehäuft war, wir hätten nicht gewußt, daß der Rasen nicht so wie immer aussah.
Bald wird der einfache Stein, den mein Mann so sorgfältig beschrieben hatte, seinen Platz gefunden haben, aber in der Zwischenzeit werden die Kinder und die Hunde nicht ahnen, daß hier vor nicht allzu langer Zeit eine feierliche militärische Beerdigungszeremonie stattfand, und sie werden glauben, daß dies nur ein Platz ist, auf dem Blumen wachsen, wo die Hecke sie vor Wind schützt und wo die Sonne so warm scheint. Und so wollte es mein Mann. Er liebte Kinder und Hunde und Sonnenschein und Blumen, und all dies umgibt ihn jetzt. […]
Es war ein wunderbarer Tag, aber sehr windig und kälter als vor zwei Wochen. Den ganzen Nachmittag und Abend brannten die Kaminfeuer

in den Wohnzimmern. Aber das Haus selber war kalt, und ich wagte nicht die Heizung hochzudrehen, weil wir nur eine begrenzte Menge Heizöl haben. [...]
Heute beginnt unsere schwerste Arbeit, da von Washington die Lastwagen eintreffen. Wir müssen Gegenstände auspacken und bereitstellen, um Nachlaßfragen zu klären. Ich sehe viele lange Arbeitstage in dem großen Haus vor uns, bevor es für Besucher fertig ist, und viele lange Abende, an denen wir die Post öffnen und lesen. Doch der Tag wird kommen, an dem wir wieder ein Buch lesen können ohne das Schuldgefühl, das auf einem liegt, wenn die Arbeit, die gemacht werden muß, nicht getan ist.

*

Ernst Jünger 1895–1998 **(Kirchhorst)**
Über die Anschauung. In ihren Figuren genießen wir mit- und nebeneinander, was in der Logik nacheinander, als Kette erscheint. Das fiel mir heute im Garten ein, als ich eine tief sammetbraune Aurikel mit gelbem Kelch betrachtete. Der friedliche Genuß, den sie in mir hervorrief, beruhte darauf, daß ihre Farben die sanfte Wärme des gedämpften, gezähmten Feuers ausstrahlten. Gelb war der Herd, braun seine Dämmerung. Ein Scharlachsaum um die gelbe Mitte hätte vermutlich eine lebhaftere, doch unruhigere Heiterkeit erzeugt.

Kurt Weill 1900–1950 ***Los Angeles/Hotel Bel-Air***
An Lotte Lenya in New York
[...] Und was bedeutet das alles schon, wenn du bedenkst, daß die Russen in Berlin sind, und wenn du dir das Photo anschaust, das ich hier beilege. Das ist es doch, worauf wir seit 12 Jahren gewartet haben. Ist es nicht phantastisch, wie unvorbereitet diese Nazis auf die Niederlage waren? Bis zum letzten Moment wollten sie nicht glauben, daß sie wirklich zu besiegen sind – warum sonst sollten sie zu Tausenden Selbstmord begehen? Ich glaube nicht, daß jemals eine Nation so vernichtend geschlagen worden ist. «Götterdämmerung» war immer eine romantische Idee dieser kranken Gemüter, und jetzt, da sie Wirklichkeit wird, sind sie zu klein, sie zu ertragen. Welche Dummheit! Welche Feigheit! Was für eine «Herrenrasse»! Denkt man an den Mut, den Stolz, das Selbstvertrauen, die Engländer, Holländer, Russen und vor allem die Juden in der Stunde ihrer Niederlage gezeigt haben, erfüllt es einen mit tiefer Abscheu, diesen völligen Zusammenbruch jeder menschlichen

Würde zu beobachten. Aber stärker als dieses Gefühl des Abscheus ist das Gefühl des «Vertrauens in die Menschheit» – in einem der großen Augenblicke der Geschichte zu sehen, wie der menschliche Geist fähig ist, eine Krankheit abzuschütteln, zu Anstand zurückzufinden und die größte Gefahr für Zivilisation und Fortschritt zu überwinden.
Nun, während ich hier schreibe, ist die Sonne rausgekommen und ein kleiner blauer Vogel nimmt im Bach vor meinem Fenster ein Bad – und das Leben ist schön.

Thomas Mann 1875–1955 *Pacific Palisades*

Geschrieben an XXVI. Zum Haarschneiden in Westwood. [...] Heute die Eröffnung der Konferenz von San Francisco. Radio-Rede Trumans aus Washington. Stimmungsbilder im Radio. – Zu den deutschen Selbstmördern gehört der militärische Kommentator Generalleutnant Dittmar. – Schwerstes Luft-Bombardement von Hitlers Siedelung bei Berchtesgaden, die zerstört wurde. War er dort, mag er tot sein. Der Hamburger Sender fährt fort zu versichern, daß der Elende an der Kampffront in Berlin ist, wie die anderen Mitglieder der Regierung (?) In diesem Fall sind sie gefangen, denn die Stadt ist völlig eingeschlossen und wohl auch schon die Flugfelder genommen. Die Amerikaner beschießen Regensburg, nähern sich Augsburg. Deutsche Truppen ergeben sich massenweise den Amerikanern aus Angst vor den Russen. Pétain begibt sich durch die Schweiz nach Frankreich, um sich den Prozeß machen zu lassen.

⋆

Thea Sternheim 1883–1971 *Paris*

Die Sensation des Tages: Philipp Petain erklärt sich von der Schweiz her bereit, sich der französischen Justiz zu stellen.
Die Nachricht löst eine ungeheure Erregung in den Petain feindlichen Kreisen aus. [...]
Diese Reaktion lässt mich über die sonderbare Rechtsauffassung der in Wallung geratenen Massen nachdenken. Ich habe sicher nie Sympathie für Philipp Petain empfunden – ist mir doch alles was Uniform trägt à priori suspekt – aber dass ein Marschall von Frankreich, dem man Landesverrat und Gott weiss was vorwirft, sich nicht einmal verteidigen soll, damit die durch den Umsturz ans Ruder Gelangten in ihren Maschinationen nicht gestört werden, scheint mir immerhin auch nur ein Vorstoss auf dem Wege zu Illegalität.

Die Schlacht in Berlin tobt weiter und scheint sich zum Teil, Mann gegen Mann, in der Untergrundbahn auszutragen.

Der Archivar Chobaut *Avignon*

Die Franzosen haben den Rhein nördlich von Basel überquert und Lörrach eingenommen. Vissault de Coëtlogon, bretonischer Separatist und Mitglied der Waffen-SS, wurde in der Festung von Montrouge hingerichtet. Die Berufung gegen die Todesstrafe im Fall Lucien Rotée, des ehemaligen Leiters des Nachrichtendienstes, wurde abgelehnt. Carles, ehemaliger Präfekt der Region Nord hat sich vergiftet; er sollte vor Gericht erscheinen. Bollaert frei.

Der Offizier der Waffen-SS
Léon Degrelle 1906–1994 **Prenzlau**

Prenzlau war eine alte Stadt, ihre wie Festungstürme massiven Backsteinkirchen waren von bezaubernden schmalen Spitzbogen aufgelockert.

Als wir am 25. April durch die Stadt kamen, begann auch ihr Todeskampf. Seit mehreren Tagen warf die sowjetische Luftwaffe Bomben ab. Zusammengestürzte Häuser erschwerten den Verkehr. Erschöpfte Zivilisten flohen truppweise.

Dreitausend Offiziere der belgischen Armee hatten gerade die Kaserne von Prenzlau verlassen, wo sie nach der Kapitulation vom 28. Mai 1940 interniert worden waren. Sie schwitzten und keuchten auf der Landstraße. Generäle mit roten Köpfen und schiefem Käppi wischten sich am Straßengraben das Gesicht ab oder schoben, wie dicke, kurzatmige Kinderfrauen, Kinderwagen vor sich her, auf denen sie ihr ganzes Gepäck verstaut hatten. Große sportliche Leistungen waren von ihnen nicht zu erwarten. Die Russen würden sie bald haben.

Unsere Stellungen lagen einige Kilometer nordwestlich von Prenzlau.

Ich richtete meinen Befehlsstand im Schloß von Holzendorf ein, in dem es von stöhnenden Flüchtlingen wimmelte. Die meisten waren aus dem Rheinland nach Osten evakuiert worden. Jetzt fielen ihnen die Russen in den Rücken und trieben sie nach Westen, dahin, woher sie gekommen waren.

Diese Aufregung war zu viel für sie. Viele Frauen blickten verstört um sich. Eine von ihnen zog drei kleine Kinder an ihrem Rock. Sie erwartete ein viertes Kind und bewegte sich mit ihrem riesigen, ganz spitzen Leib in diesem fürchterlichen Durcheinander. Am Abend verlor sie den

Verstand. Sie lag flach auf dem Rücken, weinte, schluchzte und verweigerte jede Hilfe.
Flämische und wallonische Freiwillige waren von nun ab bis zum Schlußgeschehen vereint.

Der Fähnrich z. S.
Peter Meyer-Ranke *1925 **Prenzlau**

Morgens am 25. April waren wir in Prenzlau, einer ausgestorbenen Stadt, die zwei Tage später von den Russen besetzt wurde. Wir fuhren gleich zum Bahnhof, das große Lazarett war schon geräumt. Dort stand ein Lazarettzug, das heißt sechs Viehwagen und acht alte Personenwagen 3. Klasse. Der Zug hätte eigentlich am Abend vorher abfahren sollen, doch es kam keine Lok.
Nun wurden wir als letzte verladen; Sanis, ein Arzt und eine junge Rote-Kreuz-Schwester verteilten heißen Kaffee, Brot und rote Einheitsmarmelade. Ich kam zu fünf Flamen in ein Abteil, die mindestens einmal im Satz «Gott verdammich» fluchten.
Aber wir arrangierten uns: Ich lag und schlief wie einer der jungen SS-Männer im Gepäcknetz, zwei schliefen auf den Holzbänken und zwei auf dem Fußboden. Wir bekamen noch Decken zugeschmissen, dann fuhr der Zug los. Die Lok war endlich gekommen, es mag so um sechs Uhr früh gewesen sein.

Erich Kuby *1910 ***Kriegsgefangenenlager Landerneau***

Zwei Soldaten in deutscher Uniform kamen in die Bücherei und sagten auf französisch: Sie sprechen Französisch, mein Herr?
Ich: Ja, was wünschen Sie?
Haben Sie französische Lektüre?
Ein wenig, nichts Besonderes leider. Sind Sie Franzosen? Woher?
(Der eine:) Aus Brest.
(Der andere:) Aus Rennes.
Wir waren in der französischen Legion gegen Rußland, sagte der eine.

Elias Canetti 1905–1994 ***(London)***

Die Überwindung des Nationalismus liegt nicht im Internationalismus, wie viele bisher geglaubt haben, denn wir sprechen Sprachen. Sie liegt im Plurinationalismus.

★

Grete Dölker-Rehder 1892–1946 ***Neumühle/Allgäu***

In Wangen sei vieles frei verkauft worden, heißt es. Seit nachts 2 Uhr ständen die Leute vor den Läden.

Hier hat die Panikstimmung sehr nachgelassen. Die große Käseverteilung und der Sonderverkauf ist vorbei. Wir sind wieder ruhiger geworden und gehen unserer täglichen Arbeit nach.

Dieter Wellershoff *1925 **Gollin/Schorfheide**

Am Morgen sammelt sich das Regiment in Gollin. Schweine werden geschlachtet, die in den Ställen zurückgeblieben sind. In einem Haus sitzt ein junges Mädchen bei seiner kranken Mutter. Es will sie nicht verlassen. Wir ziehen ab. [...]

Das Regiment gerät wieder auseinander, vermischt sich mit Versprengten anderer Truppenteile. Neben mir läuft eine Zeitlang ein Soldat mit einem blutroten Verband. Ihm sind zwei Finger abgeschossen worden. Er versucht, Anschluß zu halten, bleibt aber immer weiter zurück. [...]

Ich schleppe immer noch einen Karabiner mit mir herum. Viele haben ihre Waffen schon weggeworfen. Im Sand der Waldwege stecken Flüchtlinge mit ihren hochbeladenen Pferdewagen fest, Frauen und Kinder, einige alte Männer. «Soldaten, helft uns!» flehen sie uns an. Aber das ist sinnlos, und wir gehen weiter. Man wird zum Schwein, wenn es nur noch um das eigene Leben geht.

Auf einmal galoppieren zwei reiterlose, gesattelte Pferde quer über den Weg. Sind das Kosakenpferde?

Martin Bergau *1928 **in der Mark**

Wir gelangten an eine höher gelegene Straßenkreuzung und fuhren den «Kettenhunden» direkt in die Arme. Neben einem Kübelwagen standen einige SS-Leute und verlangten unsere Papiere. Verängstigt holte der [RAD-]Unterfeldmeister den Marschbefehl hervor, aber damit kam er denen gerade recht. Sein Jammern und der Hinweis auf das jugendliche Alter seiner Schützlinge halfen überhaupt nichts. Die «Kettenhunde» hatten schon hinter einem abseits gelegenen Gehöft etwa hundertzwanzig Soldaten aller Waffengattungen aufgegriffen und wollten nun eine Auffangstellung bilden. Wir gesellten uns zu ihnen. In barschem Ton meinte ein SS-Sturmführer: «Sie stehen jetzt unter meinem Kommando, und merken Sie sich, ich habe eine weitreichende Pistole.»

Ein Obergefreiter mit Wiener Dialekt fragte etwas hämisch: «Kameroden, woa san die deitschen Rückzugstroaßen?»

Der Dramaturg Hugo Hartung 1902–1972 **Breslau**

Sie bringen einen Deserteur in unseren Gefechtsstand. Es ist ein Breslauer Handwerker, Vater von mehreren Kindern, der versucht hat, sich der längst sinnlos gewordenen Verteidigung zu entziehen und sich für seine Familie aufzusparen. Der Mann hat ein gutes Gesicht und eine anständige Haltung. Nur als der Oberst ihn nach den Gründen seines Handelns fragt, antwortet er nicht. Er weiß, daß sein Schicksal besiegelt ist. Das Verhör nimmt eine üble Wendung, als ein junger Leutnant dazukommt, der den Mann in der unflätigsten Weise beschimpft und ihm erklärt, daß jede Kugel für ihn zu schade sei. Er gehöre, mit Chlorkalk bestreut, in eine Latrine gestopft. Am Abend kommt der Leutnant noch einmal in den Gefechtsstand, um zu fragen, ob das Standgerichtsurteil an dem Deserteur vollzogen wurde.

★

Der US-Lieutenant Albert L. Kotzebue †1987 *an der Elbe*

Wir fuhren mit Höchstgeschwindigkeit über die Landstraße, die nördlich von Strehla zur Elbe führt. Wir machten den Strom aus, als wir bis auf einige hundert Yards heran waren, und sofort blickten wir angestrengt über ihn hinweg. Ich sah die Überreste einer Pontonbrücke und die Wracks einer Fahrzeugkolonne auf einer Landstraße, die parallel zum Ostufer verlief. [...]

Durch meinen Feldstecher erkannte ich Männer in braunen Feldblusen. Ich wußte, daß es Russen waren, denn jemand hatte mir erzählt, die Russen trügen ihre Orden während des Kampfes. Und Orden blitzten auf den braunen Blusen im Sonnenlicht. Ja, das waren Russen. Es war jetzt 12.05 Uhr.

Ich befahl dem Gefreiten Ed Ruff, zwei grüne Leuchtraketen abzuschießen – das war das Erkennungszeichen, auf das sich die amerikanische und die russische Armee vor kurzem geeinigt hatten. Die Amerikaner sollten grüne Leuchtraketen benutzen, die Russen rote. Die Russen antworteten nicht mit roten Leuchtraketen. Statt dessen kamen sie alle von der Landstraße herunter auf den Fluß zu. Ich befahl Ruff, eine weitere grüne Leuchtrakete abzufeuern, und er tat es.

Der Unteroffizier Schmied **bei Torgau**

Die beiden Kameraden wollten zum «Ami», der nur wenige Kilometer entfernt bei Düben stehen sollte.

«Nein», sagte ich, «laßt davon ab, es ist Fahnenflucht. Es kann sowieso

nur noch ein paar Tage dauern. Haben wir jetzt jahrelang unsere Pflicht getan, wollen wir nicht noch zuletzt zum Verräter am eigenen Volk werden. Wir melden uns hier beim Kampfkommandanten und sehen zu, daß wir mein Bataillon finden.»
Wir schlugen nun einen Bogen um Dimmitzsch und sorgten für unser leibliches Wohl. Milch, Eier, Speck und Brot gab es überall, wo die Bauern noch da waren.
«Wir geben's euch gerne, denn sonst ißt es doch nur der Iwan.»
Wir aßen uns dick und rund, und wir staffierten uns außerdem mit Brotbeuteln, Feldflaschen und Koppeln aus und wurden nun langsam wieder Soldaten.
Gegen Mittag fanden wir im Wald eine Kiste Schweinefleischkonserven. Ein Trichterloch schien uns der geeignete Platz zum Mittagessen zu sein, und wir futterten jeder zwei Büchsen. Als Nachtisch knabberten wir Lebkuchen, dann ging eine geöffnete Zigarrenkiste reihum.

Ein Unbekannter *1924 **bei Berlin**
Ich ging in einen Wald, und da lag ein abgerissener Arm, mit Ärmel noch dran und Ärmelstreifen, am Baum lag der. Auf dem Ärmelstreifen stand «Frundsberg». Eine Leiche war nirgends zu sehen. Vielleicht gehörte der Arm einem Verwundeten, den sie abtransportiert hatten.

★

Erich Kessler **(KZ Theresienstadt)**
Heute erfuhren wir, daß Herr Dunand unversehens ins Lager kam, als die Elendstransporte ankamen. Er sagte zu dem ihn begleitenden Lagerkommandanten Rahm: «Das ist ja furchtbar!» Rahm sagte darauf nur trocken: «Sehen Sie, so kommen die Leute zu uns.» Als wenn er sagen wollte: «Und ich mache wieder Menschen aus ihnen.» [...]
Das Versprechen des Judenältesten, daß durch die neu Angekommenen keine Verkürzung der Rationen eintreten wird, hat sich rasch als unrichtig erwiesen, da heute die Brotration allgemein auf 70 dkg für 4 Tage festgesetzt wurde. Bei uns Arbeitenden bedeutet dies eine Herabsetzung um 50 %. Auch die Qualität der Speisen läßt zu wünschen übrig. Die Suppe von gestern abend war ganz leer und dünn. Da ist es kein Wunder, wenn die Vorräte des Paketes rapid schwinden. Nachmittags traf ich einen Bekannten, der mir erzählte, daß vor einer halben Stunde ein Mann einer Frau ein Paket über den Holzzaun, der das Ghetto von der übrigen Welt trennt, herübergereicht hat und hat ihr die Mitteilung

überbracht, daß die Alliierten von drei Seiten in Berlin eingedrungen sind. Hitler hat selbst die Verteidigung übernommen.

Alisah Shek *1927 **KZ Theresienstadt**

Früh 250 Frauen aus Dresden. Nachmittag Männer aus Dresden, Polen und Ungarn, «ganz gut». Früh Barackenbau Kommandantur. 40 sollen fahren. Wohin, wissen sie jetzt, seit vier Tagen ... Erste Ohrfeigen gesehen. Nachmittag abgeblasen, die Deutschen führen sämtliches Fressen mit. Und die Details fliegen hin und her, alle wissen, keiner weiß. Nur ein Grauen, Grauen, Grauen, ich kann nicht mehr denken, die gleiche Narkose wie im Oktober. Ich weiß nur jetzt, ich werde nach und nach erwachen. Jeden Tag kommt ein neuer Schmerz, eine neue Wunde wird wund. Ich bete, es solle jetzt nur gleich Sof [?] sein, damit wir nicht zum Erwachen kommen.

Lagebesprechung **Berlin / Führerbunker**

Hitler: Südwestdeutschland ist brüchig. Auch mein Einfluß von Berchtesgaden hätte das nicht zu verhindern vermocht. Die defätistische Stimmung war früher da. Die verantwortlichen drei Männer leben nicht mehr. Sie haben die ganze Westfront von Anfang an verseucht gehabt, eine im Wohlleben verkommene Gesellschaft.

*

Olga Gindina 1902–1966 ***Moskau***

An ihren Mann

Lieber Lasinka!

Vielen Dank dafür, daß Du Dich um uns gekümmert und Leute geschickt hast. Folgendes haben sie gemacht: das Dach repariert, den verfaulten Balken an der Decke befestigt, alles verputzt und beide Zimmer gestrichen. Alle drei Fenster haben sie gestrichen, und die Zimmertür von innen. Über diese ganze Arbeit hinaus hat Iljewski den Herd zur Hälfte zerlegt, gereinigt, die Backsteine umgesetzt, alle Löcher mit Lehm zugeschmiert, und jetzt funktioniert er aufs neue großartig. Der zweite, Pjotr, hat mir aus Konservendosen zwei Krüge gemacht, und das Sofa haben sie repariert. Ich war ihnen so dankbar, daß ich gestern auf ihr Bitten hin mit ihnen eine Exkursion gemacht habe: Zuerst habe ich ihnen das Zentrum gezeigt, den Roten Platz usw., und dann habe ich ihnen die interessantesten Stationen (der Metro) gezeigt. Ihnen hat es, scheint's, gut gefallen.

Einige Tage lang funktionierte das Radio bei uns nicht, und die Nachrichten über den Marsch nach Berlin hörten wir bei Wera Iwanowna. Aber Iljewski hat auch das in Ordnung gebracht, und seit gestern läuft das Radio. Nur mit dem Strom sieht es schlecht aus. Strom gibt es am Tag für 3–4 Stunden, dann schalten sie wieder ab.

Der Geschäftsmann Paul S. **Lienewitz / westlich Berlin**
Brieftagebuch
Heute wieder Sensationsnachrichten. Diese aufzuzählen ist zwecklos, da sie sich alle widersprechen. Nun ist's genug. Alle Menschen aus allen Gegenden strömen in unseren Wald und verstecken sich wie waidwundes Wild. Wir haben uns auch entschlossen und bauen eine Hütte dort, wo man von der Küche um die Bucht in dichtes Schilf kommt.
Die Hütte ist fertig. Einzug mit Betten und allem Zigeunerkomfort. Mit Schilf getarnt. Dach aus Brettern, wasserdichte Zeltplanen als Wände. Alles unter dem Donner der Geschütze, Panzerabwehrkanonen, Panzer, Panzerfaust, Infanteriefeuer, Maschinenpistolen usw.
Gute Nacht, Euer Papi

Gisela Grössel *1933 **Ramhof bei Donauwörth**
Wir gehen in den Wald, wo die Männer einen Holzbunker gebaut haben. Die Granaten pfeifen, und ich habe Angst. Erst am Abend dürfen wir wieder nach Hause. Wir versinken in einen tiefen Schlaf.

Ein Unbekannter **Kaulsdorf / östlich Berlin**
Wir schlafen wieder im Keller des Pfarramts. Luise auf einem Stuhl. Ich auf einem Kinderdrahtbettgestell. Wir trinken noch vorher mit dem Onkel P. und Frl. L. unsere letzte Flasche Wein. Bald darauf trage ich mit dem Kirchendiener die Leiche eines Mannes, der soeben gestorben ist, in den Vorraum der Kirche.

Der dänische Journalist
Jacob Kronika 1897–1982 **Berlin**
Der Tag von San Franzisco! Tagung eines werdenden Völkerbundes? […]
Wir befinden uns in unmittelbarer Nachbarschaft der Zoo-Flaktürme […] also mitten in der Tiergartenfestung. Der Bunker ist am Rande des eigentlichen Tiergartens erbaut. Zum Landwehrkanal ist es nicht weit. Bis zur dänischen Gesandtschaft sind es nur einige Minuten. Die spanische Botschaft, das Büro von Reichsminister Speer und die Ge-

sandtschaft der Schweiz sind die nächsten Nachbarn des Bunkers. Die Palais der spanischen und schweizerischen Vertretung haben schwere Bombentreffer erhalten.
Eine Weile müssen wir einem dreiundsechzigjährigen Feuerwehrmann Asyl gewähren; er ist durch Bombensplitter schwer verwundet worden. Er stöhnt furchtbar. Eine Schlagader ist getroffen [...]
Mit dem Personal der Legation wird ausgemacht, daß einige große Danebrog-Fahnen auf dem Dach des Gesandtschaftsgebäudes ausgebreitet werden sollen, da die Russen ihre Tagesangriffe in sehr geringer Höhe fliegen. Diese Maßnahme wird schnellstens durchgeführt.
Zu essen und trinken haben wir genug. Das ist auch im Krieg eine gute Sache! Der dänische Sekretär der Kriegsgefangenenhilfe, Christian Christiansen, der bei den Schweden wohnt, versieht uns mit englischen und amerikanischen Zigaretten.
Gegen Abend müssen wir für einige Stunden im Bunker Deckung suchen. Es hagelt Bomben und Granaten. Wir schließen alle vier Stahltüren; jeder Eingang hat deren zwei. Selbst hinter den dicken Mauern vernimmt man den Lärm von draußen sehr deutlich. Wenn ein Splitter den Bunker trifft, dann klingt es, als wenn Metall gegen einen hohlen Stahlkörper schlägt. Wir fühlen uns trotz allem vollkommen geborgen. Der Bunker kann allerlei aushalten, das wissen wir. Als wir endlich wieder die Tür öffnen können, stellt es sich heraus, daß ein in der Nähe befindliches deutsches Munitionsdepot getroffen worden ist. Über eine Stunde lang explodieren die im Tiergarten gelagerten Geschosse. Es ist ein tolles Krachen.
Ringsum brennt alles; in Schöneberg, Wilmersdorf, Charlottenburg und Moabit.
Die Zoo-Flak schießt nicht mehr so häufig. Ob Munition gespart werden muß?

*

Dr. Meerfeld **Gönningen**

Mittwoch, den 25. April, verabschiedete sich der Franzose Gaston von uns, der fast fünf Jahre als Metzger bei Herrn Anstätt gearbeitet hatte, ein hochanständiger Mensch, dem der Abschied von der Familie offensichtlich schwer fiel. Er wurde mit einem Sammeltransport nach Frankreich zurückgebracht.

Ursula von Kardorff 1911–1988 **Günzburg/Donau**

Saß vorhin mit Bürklin unter einem blühenden Apfelbaum in der Sonne, über uns ein strahlend blauer Himmel. Um uns herum Artillerieeinschläge, Granatwerfer – die letzten Szenen eines schaurigen Dramas. Und doch sprachen wir von völlig anderen Dingen. Er steckte mir eine Blume ins Haar. Dann wurden die Schüsse heftiger, eine Staffel Jabos kreiste über der «Festung Jettingen», in Wetzels Wald gegenüber Artillerieeinschläge.

Marie Wassiltschikow 1917–1978 **Gmunden**

Endlich ein sonniger Tag. Wir versuchten, uns auf der Terrasse ein wenig zu bräunen. Am Nachmittag unternahmen wir eine lange Fahrradtour um den See. Als wir am Ufer saßen, schien es uns plötzlich, als würden die Berge rundum grollen und erzittern. Irgendwo muß ein Luftangriff stattgefunden haben, aber wir konnten nicht ausmachen, wo. Er schien so nah, und doch sahen wir keine Flugzeuge. Auf dem Heimweg hörten wir, daß der Angriff dieses Mal Berchtesgaden gegolten habe, das rund fünfzig Kilometer entfernt liegt. Es hatte nur durch den Widerhall der Berge so nah geklungen. Sita Wrede berichtete uns die Einzelheiten später am Telefon. Sie sprach von Berchtesgaden als dem «Fels».

Die Sekretärin
Christa Schroeder †1984 **Obersalzberg/Berghof**

Mittwoch der 25. April war ein Frühlingstag mit einem strahlend blauen Himmel. Es lag noch ein bißchen Schnee, aber es war nicht mehr kalt. Ich hatte mich für morgens um 10 Uhr beim Friseur Bernhardt im Platterhof angemeldet. [...] Gegen halb 10 Uhr ertönten plötzlich wieder die Sirenen (Voralarm). Gleich darauf kündeten die Sirenen eine akute Luftgefahr an und schon kamen amerikanische Bomber über den hohen Göll angeflogen. In diesem Moment fiel in allernächster Nähe eine Bombe. Ich konnte nur noch meine Handtasche ergreifen und meinen Mantel umhängen und stürzte zu Johanna Wolf ins Zimmer (sie war vorher von einem Besuch bei ihrer Mutter in Wessobrunn zurückgekommen) und rief: «Komm schnell, es fallen Bomben!» Ich lief, ohne zu warten, die Treppe im Altbau des Berghofs runter, d. h. ich flog mehr vom Luftdruck getrieben, als daß ich lief, zum Bunkereingang, wobei nur wenige Meter Hof zu überqueren waren, die 60 Stufen in den Berg zum Bunker hinunter. [...]
Pausenlos fielen die Bomben, manche direkt auf den Bunker. Die Einschläge hallten schauerlich in dem Felsgestein, es war unheimlich. Bei

jedem Einschlag zog ich den Kopf ein. Die technischen Einrichtungen, der als so sicher gepriesenen Bunkeranlagen versagten. Das Licht und die Belüftung setzten aus. Wasser drang in den Bunker ein und kam die Treppe herab. Bei Frau Fegelein, die hochschwanger war, befürchteten wir eine Frühgeburt. Das Chaos und die Angst waren nicht zu beschreiben.
Gegen halb 3 Uhr nachmittags konnten wir den Bunker endlich verlassen. Langsam stiegen wir durch die lange Treppe vom Bunker an das Tageslicht hoch. Ein Bild grauenvoller Verwüstung bot sich uns dar. Der Berghof war schwer getroffen. Die Mauern standen zwar noch (nur eine Seite war geborsten), das Blechdach hing zerfetzt herab. Türen und Fenster gab es nicht mehr. Im Haus war der Boden dick mit Schutt bedeckt und der größte Teil der Möbel war demoliert. Alle Nebengebäude waren zerstört, die Wege verschüttet und die Bäume abrasiert. Nichts Grünes war mehr sichtbar, das Bild glich dem Gelände einer Kraterlandschaft.

Lagebesprechung **Berlin/Führerbunker**

Hitler: Ich kann nur hier allein einen Erfolg erringen. Erringe ich hier einen Erfolg, und wenn es nur ein moralischer sein sollte, so ist das zumindest die Möglichkeit, das Gesicht zu wahren und Zeit zu gewinnen. Eines weiß ich: es ist völlig zwecklos, im Süden zu sitzen, weil ich dort keinen Einfluß und keine Armee habe. Ich wäre dort nur mit meinem Stabe. Einen süddeutsch-ostmärkischen Gebirgsblock könnte ich nur halten, wenn auch Italien als Kriegsschauplatz behauptet werden könnte. Aber auch dort herrscht ein völliger Defätismus bei der Führung, die von oben herunter zerfressen ist.
Goebbels: In Berlin kann man einen moralischen Welterfolg erzielen. Dieser Erfolg kann nur an diesem Punkte, auf den das Auge der ganzen Welt gerichtet ist, errungen werden. Daß die Sowjets in Brandenburg einziehen, wird nicht so bedauernd empfunden, als daß Berlin von ihnen in Besitz genommen ist. Wenn sie aber vor Berlin zurückgeschlagen werden, dann wäre das Grund für ein großes Beispiel der Welt gegenüber.

*

Der sowjetische Offizier Alexander Gordejew ***an der Elbe***

Ich ging mit meinen Stellvertretern Jakow Koslow, Tossoltan Bitarow und Wladimir Lyssow zur Anlegestelle der Fähre, wo sich die Amerikaner befanden. Es handelte sich um eine von Lieutenant Albert Kotze-

bue geführte Patrouille des 273. Infanterieregiments der 69. Infanteriedivision der 1. Armee der USA. Es dauerte nicht lange, da hatten sich viele unserer Soldaten und Offiziere zu uns gesellt.
Wir waren alle sehr aufgeregt. Ehrfürchtig betrachteten die amerikanischen Soldaten unsere Gardeabzeichen, Orden und Medaillen, fragten nach den Bezeichnungen und wollten wissen, was die roten und gelben Tressen an den Feldblusen bedeuteten. Als sie erfuhren, daß das Verwundetenabzeichen waren, äußerten sie sich begeistert über das Heldentum unserer Soldaten.
Auf Zeltbahnen, die auf der Wiese ausgebreitet worden waren, wurden russischer Wodka und ein einfacher Imbiß serviert. Dann brachten die amerikanischen und unsere Soldaten Trinksprüche aus – darauf, daß nie wieder Krieg sein möge, auf die im Kampf gegen den gemeinsamen Feind mit Blut besiegelte Freundschaft, auf den Frieden. Besonders herzlich und überschwenglich zeigte sich der amerikanische Soldat Joseph Polowsky, Stellvertreter des Patrouillenführers. Er dankte den sowjetischen Soldaten für ihren im Namen des Friedens geführten Kampf gegen den Faschismus. Er sprach deutsch, und seine Worte wurden von unserem Dolmetscher übersetzt.
Polowsky bat mich, ihm zum Andenken mein Foto zu schenken. Leider hatte ich keins. Oberstleutnant Jakow Koslow half mir mit einem Foto unserer Regimentsführung aus der Verlegenheit. Ich schrieb eine Widmung darauf und überreichte es dem sympathischen Amerikaner.

Der US-Soldat Joseph Polowsky ***bei Strehla an der Elbe***
Es war kaum zu glauben. Als wir uns dem Elbufer näherten, kam mit Macht der Flieder zum Blühen. Diese ungeheure Erregung, wieder zu leben, nach all den Tagen, da wir in der Falle der Stellungskämpfe gesessen hatten! Man hörte sogar scherzen, es ginge zum Jordan und dann hinein nach Kanaan. Wir wußten, daß an diesem Tag, am 25. April, in San Francisco die Vereinten Nationen gegründet wurden. Genau an dem Tag, an dem wir mit den Russen an der Elbe zusammentrafen. [...]
Die Elbe ist ein schnellfließender Strom, so um hundertfünfundsiebzig Yards breit. [...] Fünfzig Yards nach rechts und links war das Gelände mit Leichen buchstäblich bedeckt – Frauen, alte Männer, Kinder. Ich erinnere mich noch heute an ein kleines Mädchen, das mit einer Hand eine Puppe umklammert hielt – gerade vor mir, es kann nicht älter als fünf, sechs Jahre gewesen sein, und mit der anderen Hand klammerte es sich an seine Mutter. Die Toten lagen aufgestapelt wie Klafterholz am Ufer.

In diesem historischen Augenblick des Treffens zweier Nationen schworen alle anwesenden Soldaten feierlich – einfache Soldaten, Amerikaner und Russen –, daß sie alles in ihren Kräften Stehende tun würden, damit so etwas nie wieder auf der Welt geschehe. Wir versprachen einander, daß die Nationen der Erde in Frieden leben sollten und müßten. Das war unser «Schwur an der Elbe».
Es war ein sehr zwangloser, aber auch feierlicher Augenblick. Den meisten standen die Tränen in den Augen. Vielleicht hatten wir eine Vorahnung davon, daß in Zukunft nicht alles so vollkommen verlaufen würde, wie wir es erwarteten. Wir umarmten einander. Wir schworen uns, nie zu vergessen. [...]
Ich war von dem Ereignis so gefangengenommen, daß ich es bis heute nicht vergessen habe. Es hat meinem Leben Farbe gegeben.

Der Bildreporter Allan Jackson *Torgau*

Weil alle Brücken gesprengt worden waren, überquerten Ann und ich die Elbe in einem heruntergekommenen Ruderboot, das anscheinend irgendwann eine Art von Rennboot gewesen sein mag. Auf der russischen Seite gerieten wir in einem alten Gebäude in eine Party, die in vollem Gange war. Es floß der Wodka, und auf den Tischen standen allerlei Speisen. Wir trafen auf einige amerikanische Soldaten und Offiziere von niederem Rang, keine hohen Tiere, und, was für uns sehr wichtig war, keiner von ihnen war ein Korrespondent. Russische Soldaten in den verschiedensten Uniformen, die jede Sorte von Waffen trugen, gab es haufenweis. Sie waren alle sehr freundlich. Aber die Sprachbarriere erschwerte die Unterhaltung. Meistens wurde das Gespräch in gebrochenem Deutsch geführt.
Ich entschied mich dafür, daß das Zusammentreffen am besten dargestellt werden konnte, wenn wir einige amerikanische und russische Soldaten auf der zusammengebrochenen Brücke einander die Hände reichen ließen. Mit Hilfe eines französisch sprechenden russischen Soldaten, der so etwas wie ein offizieller Pressevertreter war, brachte ich ein paar Russen und Amerikaner dazu, auf die Brücke hinauszugehen. Ich erklärte ihnen, was ich von ihnen wollte, und brachte sie in Stellung für meine Fotoaufnahme. «Seht nicht in die Kamera!» Ich machte einige Aufnahmen, wobei ich darauf achtete, daß sie nicht direkt in die Linse blickten.
Zwei Tage später prangte mein Foto auf den Titelseiten der größten Londoner Zeitungen. Es war, wie die «News Chronicle» berichtete, «ein Bild, das die Welt nie vergessen wird». Am selben Tag noch erschien es

auf der Titelseite der «New York Times» und vieler anderer amerikanischer Zeitungen. Über die Jahre hinweg wurde mein Bild von den händeschüttelnden amerikanischen und russischen Soldaten auf der Brücke von Torgau für die zweitbeste Fotografie des zweiten Weltkrieges angesehen. Nur Joe Rosenthals Foto von der Flaggenhissung auf Iwo Jima ist bekannter.

★

Michael Wieck *1928 *Lager Rothenstein*

Der Zustand, in dem wir uns befinden, ist mit Folter zu vergleichen und absolut unerträglich. Doch siehe, es geschieht etwas. Als wieder ein neuer Trupp in den Keller kommt, holt man uns heraus und steckt uns zu den anderen. Der Keller ist lang und verzweigt. An irgendeiner Kellertür bleibt der Posten stehen, und mindestens achtzig Personen werden in einen leeren Kellerraum geführt, in dem wir aufrecht stehend gerade soviel Platz haben, daß die nach innen sich öffnende Kellertür wieder geschlossen werden kann. Da stehen wir nun in einem Keller, der nur zwei, auch noch mit Splitterschutz versehene Fenster hat. Das bedeutet: Die unter der Kellerdecke befindlichen Fenster sind zugemauert und haben nur zwei Luftschlitze, die für die Belüftung eines mit so viel Personen vollgepferchten Raumes nicht entfernt ausreichen. Eine Weile stehen wir hilflos herum, dann beginnen sich einige auf den Boden zu setzen, was wiederum anderen den Platz nimmt. Allmählich geht ein Gerangel los, Schimpfen und Fluchen. Jeder kämpft, stößt und schubst um einen Fleck Boden. Aber ohne daß man aufeinander liegt, ist das nicht zu erreichen. Wir würden uns auch schlagen, wenn nicht Erschöpfung und lähmende Resignation die Oberhand gewonnen hätten. Wie in Waggon eingepferchtes Schlachtvieh kommen wir uns vor, aufgefordert zum Sterben. Verglichen damit ist unsere Schweinebucht zwar dreckig, aber wie eine Zwischendeckkabine. Wer jetzt einschläft, erlebt bald ein böses Erwachen. Arme, Beine, Köpfe und sogar Körper liegen auf einem, und es ist gar nicht leicht, sich von den Lasten wieder zu befreien. Wer schläft, gerät in die Unterlage, wer wach ist, strampelt sich nach oben. Der Sauerstoffmangel wird immer unerträglicher. Jemand hat noch Streichhölzer, und da auch dieser Keller völlig dunkel ist, zündet er eines davon an. Außer dem Schwefelkopf brennt kein Streichholz, so schlimm ist bereits der Sauerstoffmangel. Und dann der Blech-Hobbock, dieser gelbe Marmeladeneimer, der als Klosett dient. Man kommt nicht hin zu ihm und wenn, dann sitzt irgendein ruhrkranker Dauerscheißer – wie sie genannt wurden – darauf. Das Fassungsvermögen reicht nicht aus, und am ersten Tag läuft er über. Neben mir hustet ein Mann, der sich immer sehr bemüht, von mir weg zu husten. Er ist ziemlich am Ende, aber sorgt sich rührend um mich und erträgt es, daß ich die meiste Zeit auf ihm liege. «Jungche, halt dich wech von mir!» sagt er nur ab und zu in breitem Ostpreußisch.

Nur ein einziges Mal am Tag, ab und zu zweimal, können wir den Keller verlassen. Dann werden wir unter Bewachung an ein Buschgelände in der Nähe des Stacheldrahtzaunes geführt. Dort sollen wir in flache Mulden «machen», was erst gelernt sein will. Man muß ganz nahe an den Muldenrand treten ohne hineinzufallen. Außerdem ist uns durch den ungewohnten Sauerstoff schwindlig, und wir haben kein Papier, keinen Halt, keinen Kleiderhaken.

Auf dem Rückweg sehen wir einen Haufen aufgeschichteter Leichen. Sie liegen an der Kasernenwand. Am nächsten Tag sind sie weg, und am übernächsten Tag ist ein noch größerer Haufen da. Man stirbt, und die Russen haben nichts dagegen. Im Gegenteil. –

Irgendwann am Vormittag gibt es Wasser zu trinken. Es ist unabgekochtes Wasser aus dem Oberteich, das sie aus einer Wanne austeilen. Das Wasser ist so trübe, daß man den Grund der Wanne kaum sehen kann. Ich werde das Wasser nicht trinken, durchfeuchte aber mein ausgezogenes Unterhemd und lege es mir auf das Gesicht. Es wirkt wie ein erfrischender Luftfilter. Ich bemerke auch, daß ganz dicht am Boden die Luft etwas besser ist. Unter der Tür kommt ein frischer Luftzug herein. Nachmittags Suppenempfang. Ich nehme für meine beiden nächsten Nachbarn ohne Gefäße die Suppe mit. Der nette, hustende Mann, auf dem ich meistens liege, verweigert mein Angebot, die Suppe mit ihm zu teilen. Er verrät mir, daß er Tuberkulose hat und sich große Sorgen um mich macht. Ich schütte ihm Suppe in die gewölbte Hand, so kann er sie schlürfen. Alle Augenblicke kommt ein Russe an die Kellertür und brüllt irgendwelche Namen, die er weder richtig lesen, noch aussprechen kann. Hans Gohngheim für Hans Hohnheim usw. Ab und zu ist einer der Aufgerufenen bei uns dabei. In der Hoffnung, aus dieser Hölle erlöst zu werden, folgt er freudig. Nach Stunden kehrt er blutig geschlagen wieder zurück, nicht mehr in der Lage zu sprechen; ein Kiefer scheint gebrochen, ein Auge ist zugeschwollen. Der nächste, der aufgerufen wird, geht schweren Herzens mit und erscheint gar nicht mehr wieder. Ein anderer kommt unversehrt zurück. Wie die Mächtigen es wollen. Nachts ist es besonders fürchterlich. Ständig werden Leute zum Verhör geholt. Weil viele schlafen, schreien sie und blenden mit starken

Scheinwerfern in den Keller. Sie wollen sicher sein, daß keiner schläft und sie nicht hört. Und weil auch das nichts hilft, müssen jedesmal alle vom Boden aufstehen, wenn Namen verlesen werden. Die Aufrufe an den anderen Kellertüren hören wir auch. Eine zusätzliche Tortur, wenn sich das zehn- bis zwanzigmal wiederholt. Natürlich kann mein Name gar nicht verlesen werden, denn ich stehe ja auf keiner Liste. So stelle ich mir vor, daß ich in diesem Höllenloch für immer bleiben werde.

★

Der US-Kriegsberichterstatter
William J. Fox ***an der Elbe***

Der Morgen war noch jung und die Luft kalt, als sechs Jeeps von der E- und der H-Kompanie sich mit zwei anderen Jeeps am Sammelplatz trafen. Der eine war der Funk-Jeep vom Regimentsstab, der andere kam vom Stab des V. Korps. [...]

Die Patrouille folgte einer Route auf verzweigten, kurvenreichen Neben- und Hauptstraßen über Gornewitz, Denwitz und Fremdiswalde nach Roda. Bei der Annäherung an jede Ortschaft drosselten wir die Geschwindigkeit und führten sorgfältige Aufklärung durch; erst dann fuhren wir hinein. Es waren kleine, friedliche Landgemeinden, in denen fast noch alles schlief, als wir sie mit unseren Jeeps passierten. Andere amerikanische Patrouillen hatten zuvor bereits diese Dörfer erkundet; von den meisten Häusern hingen weiße Fahnen herab und flatterten im Wind. Hier und dort steckte ein neugieriger junger Bursche den Kopf aus einem Fenster des Obergeschosses heraus. Kleine Gruppen Dorfbewohner sahen teilnahmslos zu, wie die Amerikaner sich lautlos durch die Straßen bewegten. Es gab keinen Widerstand. Eine unwirkliche Ruhe herrschte. An diesem frühen Aprilmorgen schien der Krieg weit entfernt zu sein von diesen grauen Häusern und den einsamen, gewundenen Landstraßen.

Das Wetter blieb kalt, der Nebel löste sich nicht auf. Die Jeeps arbeiteten sich langsam, mit großer Vorsicht voran. Wir hatten ein waches Auge auf alles um uns herum. Als wir Roda verließen, befahl Major Craig, nach Wermsdorf weiterzufahren. Aus der Ferne sahen wir ein riesiges rotes Kreuz vom Dach eines Gebäudes leuchten, das ein Krankenhaus in der Stadt zu sein schien.

Wermsdorf erreichten wir um 09.15 Uhr. Nachdem wir ins Zentrum der Stadt gefahren waren, steuerten einige Jeeps direkt das Kranken-

haus an, während die anderen die Lage im allgemeinen erkundeten. Französische, belgische, russische und polnische Zwangsarbeiter, die in der Landwirtschaft eingesetzt gewesen waren, zeigten sich. Bestrebt, uns zu helfen, wiesen sie uns die Verstecke deutscher Soldaten [...]
Gegen 11.00 Uhr verließ die Patrouille Wermsdorf und durchfuhr das zwischen den Forsten Wermsdorf und Hubertusburg gelegene Waldstück. Unsere Kolonne machte halt am nördlichen Waldrand. Dort nahmen wir eine komplette deutsche Sanitätskompanie gefangen, die keinerlei Widerstand leistete. Trotzdem bedeutete das weiteren Zeitverlust, denn viele von uns fieberten schon ungeduldig einem baldigen Treffen mit den Russen entgegen. [...]
Um 15.00 Uhr verließen die Jeeps Calbitz. Überall sahen wir Ströme von befreiten Zwangsarbeitern und ehemaligen alliierten Kriegsgefangenen. Manche waren betrunken, andere plünderten. Alle winkten uns zu, grüßten uns, jubelten. Sie waren das Treibgut Europas – aber sie waren frei. Diese Flut führte auch viele deutsche Zivilisten mit sich, die im Angesicht der Niederlage von Panik ergriffen waren. Sie saßen auf Bauernwagen, auf Fuhrwerken und Einspännern, auf jeder Art von Gefährt, das sie tragen konnte. Sie flohen – die ganz Alten und die ganz Jungen, die Kranken und die Verkrüppelten. Sie waren in den Strudel des Zusammenbruchs ihrer Nation geraten und ein Teil der umherziehenden Massen Europas geworden.
Gegen 16.00 Uhr bewegte sich die Patrouille auf Terpitz zu. Nicht weit vom Elbufer hielten wir auf einer Hügelkuppe an, um einen Überblick über das Gelände zu gewinnen. Wir glaubten, den russischen Brückenkopf von dort aus sehen zu können.
Jedermann war plötzlich erregt. Durch Feldstecher machten wir verschiedene Kolonnen aus, die sich über die sanften Erhebungen jenseits von Liebschütz nordwärts bewegten. Wir befragten einige versprengte deutsche Soldaten. Sie gaben uns die Auskunft, daß es deutsche Truppen seien, die sich nach Norden zurückzögen, keine Russen.
Weiter östlich erreichten wir Clanzschwitz. Inzwischen waren die Landstraßen sehr staubig geworden. Die Luft hatte sich erwärmt, dennoch wehte ein kühler Wind. In diesem Ort wurde unser Konvoi von schnellen Jeeps eingeholt. Wir hielten an. Die Männer in den Jeeps gehörten zur Patrouille von Lieutenant Kotzebue. Sie überraschten uns mit der Neuigkeit, daß Kotzebue am Morgen einen ersten Kontakt mit den Russen aufgenommen habe und er sich selbst noch auf dem östlichen Elbufer befinde, gar nicht weit von hier entfernt.

Craig gab sofort das Zeichen zum Aufbruch. Wir rasten aus dem Ort in Richtung Leckwitz und Elbe. Nachdem unsere Jeeps das letzte Haus hinter sich gelassen hatten und das führende Fahrzeug sich ungefähr einhundertfünfzig Yards von der östlichen Ortsgrenze entfernt befand, kam die Kolonne in einer Wolke von aufgewirbeltem Staub zum Stehen. Alle sahen mit offenen Mündern nach rechts. Dort, auf einer baumgesäumten, parallel verlaufenden Landstraße, die von Zausswitz herführte, galoppierte eine Reiterabteilung nach Westen. Wir stießen nur ein einziges Wort des Erstaunens aus: «Russen!»
Die Reiter erblickten offenbar zur selben Zeit die Jeeps. Sie ritten auf uns zu. Unter den Kavalleristen befanden sich einige Soldaten auf Fahrrädern und Motorrädern. Wir stürzten alle aus den Jeeps. Die Zeit stand still, als der erste Russe auf uns zukam.
«Ich dachte, der erste Bursche würde nie bei uns ankommen», erzählte mir später ein GI. «Meine Augen starrten wie gebannt auf sein Fahrrad. Er schien größer und größer zu werden und gleichzeitig langsamer und langsamer. Ein paar Yards vor mir warf der Mann das Rad zur Seite, salutierte, grinste und streckte mir die Hand entgegen. Dann waren auch die übrigen schon da.»
Das war das Treffen. Es fand um 16.45 Uhr statt. Die Sonne verblaßte bereits. Es war ein klarer Tag geworden. Jeder lächelte. Keinem fiel etwas Nettes ein, das er hätte sagen müssen. Die Amerikaner sagten: «Amerikanski.» Die Russen sagten: «Russki.» Das war's auch schon. Es war ein historischer Augenblick, und jeder wußte das. Aber keiner brachte einen unsterblichen Satz zustande. [...]
Dann boten die Russen uns an, uns zu einem Gefangenenlager für alliierte Soldaten zu bringen, das vor einigen Tagen befreit worden war. [...] Als die Jeeps das Lagertor passierten, war es schon fast dunkel, doch nicht so finster, daß verborgen geblieben wäre, daß wir Amerikaner waren. Die uns zuerst erkannten, riefen überrascht: «Mein Gott! Yanks!» Während die Jeeps durch die Lagerstraßen fuhren, wurden Begrüßungsrufe laut und steigerten sich zu Donnerstärke. Amerikaner, Briten, Franzosen, Jugoslawen, alliierte Offiziere und Soldaten aus allen Nationen jubelten uns zu, schrien und weinten ihre Freude heraus. [...] Sie waren wild darauf, nur «Hello!» zu sagen und Hände zu schütteln und einfach die Männer aus den Vereinigten Staaten zu berühren.

*

Der Soldat Ernst-Günther Henken *1921 **Rheinsberg**

Gestern Abend zur Kompanie gestoßen, von der nur rund 50 Mann da sind. Die Front rückt schon wieder heran. Der Führer in Berlin, welches scheinbar eingeschlossen ist.
In Rheinsberg SS-Heini Himmler gesehen.

Dr. Felix Kersten 1898–1960 ***Stockholm***

Gestern und heute Besprechung bei Excellenz Günther. Ich berichtete über die erneuten Verhandlungen mit Himmler zwecks Vermeidung eines skandinavischen Krieges und etwaiger Kapitulation der deutschen Verbände in Norwegen. Auf Günthers Wunsch bestätigte ich das schriftlich.
Ferner teilte ich ihm den Wunsch Himmlers mit, die Kampfhandlungen gegen Westen einzustellen, sie aber gegen die Sowjets fortzusetzen. Günther meinte, es sei unmöglich, daß Bernadotte ins Hauptquartier fahre, die Mitteilung müßte über das schwedische Außenministerium geleitet werden.
Später erfuhr ich, daß auf Grund der von mir erlangten Befehle Himmlers die Lage sich an allen wesentlichen Punkten entschärft hatte, ein Krieg in Skandinavien vermieden und die späteren Besprechungen und technischen Abwicklungen durch andere Stellen und Personen mit Erfolg durchgeführt werden konnten.

John Colville 1915–1987 ***London***

Aus Stockholm traf ein Telegramm ein, in dem es heißt, daß Himmler vor den westlichen Alliierten kapitulieren wolle. Hitler liegt angeblich nach einer Gehirnblutung im Sterben. Dies kann ein Versuch in letzter Minute sein, uns von den Russen zu trennen. Der Premierminister berief sofort eine gemeinsame Sitzung des Kabinetts und der Stabschefs ein und informierte Stalin. Jedenfalls beweist das Telegramm, so meinte Wilson, «daß sie fertig sind».

Winston Churchill 1874–1965 ***London***

PERSÖNLICHE UND STRENG GEHEIME BOTSCHAFT
AN MARSCHALL STALIN

Was die Regierung Seiner Majestät betrifft, kommt nichts anderes als eine bedingungslose Kapitulation gegenüber den drei Großmächten gleichzeitig in Frage. Nach unserer Meinung sollte Himmler mitgeteilt werden, daß sich die deutschen Streitkräfte, als einzelne Soldaten oder in Formationen, überall den alliierten Truppen oder den am Ort befindlichen alliierten Vertretern ergeben sollen. Solange dies nicht geschieht, wird der Angriff der Alliierten von allen Seiten und auf allen Kriegsschauplätzen, wo der Widerstand anhält, mit aller Macht fortgesetzt.

Josef Stalin 1879–1953 *Moskau*

PERSÖNLICHE UND GEHEIME BOTSCHAFT
AN DEN PREMIERMINISTER, HERRN W. CHURCHILL

Vielen Dank für Ihre Botschaft vom 25. April über Himmlers Absicht, an der Westfront zu kapitulieren.
Ich halte Ihren Vorschlag, Himmler mit der Forderung nach bedingungsloser Kapitulation an allen Fronten, einschließlich der sowjetischen, entgegenzutreten, für den einzig richtigen. Da ich Sie gut kenne, habe ich nie daran gezweifelt, daß Sie genau in dieser Weise handeln würden. Bitte handeln Sie im Geiste Ihres Vorschlags, und was die Rote Armee betrifft, so wird sie im Interesse unserer gemeinsamen Sache weiter nach Berlin vorwärts drängen.

Lagebesprechung **Berlin / Führerbunker**

Hitler: Wenn das wirklich stimmt: Ich habe eine Nachricht bekommen, daß die Besprechungen zwischen Eden und Molotow anscheinend keinen Kompromiß ergeben haben. Die Russen verlangen das gesamte Gebiet. Damit wäre für England der ganze Krieg verloren. England hat diesen Krieg begonnen, weil ich verlangt habe: Korridor nach Ostpreußen und Danzig mit Abstimmung unter alliierter Kontrolle. Und jetzt sollen sie erlauben, daß eine Macht, die jetzt schon praktisch ganz Europa beherrscht und sich bis nach Ostasien ausdehnt, noch weiter vorrückt?

★

Renata Laqueur *1919 *Niederlausitz / Transport aus KZ Bergen-Belsen*

Um halb sechs am nächsten Morgen war ich wieder hoch und wollte organisieren gehen. Wir hatten nichts mehr. Als ich noch einmal zu unserem Wagen zurückkehrte, da ich etwas vergessen hatte, hörte ich aufgeregtes Debattieren und laute freudige Rufe. Eine Frau kam mir heftig gestikulierend entgegen und berichtete atemlos vom Eintreffen der Russen. Die deutsche Transportleitung sei gefangengenommen, näheres noch nicht bekannt.
Ich konnte es nicht glauben, zu oft hatte J. P. A. uns mit «sicheren» Mel-

dungen genarrt. Ich mußte es selbst sehen, lief an der Bahn entlang, bis ich an die Straße kam, auf der in hundert Meter Entfernung ein Soldat stand. Zögernd lief ich weiter, erkannte eine grau-grüne Uniform, eine lange Joppe, ein Gewehr – nichts besonderes. Dann mußte er meine Schritte gehört haben. Er drehte sich zu mir, ich sah sein Gesicht, seine Mütze und den roten Stern. Es stimmte! [...]

In dem Dorf, Tröbitz, herrschte ein unglaubliches Chaos. Jetzt gab es keine Zweifel, überall russisches Militär, russische Fahrzeuge, und eine Kolonne schwerer Panzer rollte dröhnend durch die Hauptstraße. Die Russen hatten das Dorf um 2 Uhr in der Nacht erreicht, und der Bürgermeister war besonnen genug gewesen, es kampflos zu übergeben. Doch die Deutschen blieben ängstlich in ihren Verstecken. Ich spürte plötzlich wieder quälenden Hunger und in dem Augenblick begriff ich, was es für uns bedeutete, «frei» zu sein. [...] Ich ging in ein Haus und fand die Bewohner in der Küche eng aneinandergedrückt am Tisch sitzend, eine Mutter mit vier Kindern und eine Großmutter. Dazu Tanten und Nichten, die alle aus dem Ruhrgebiet hierher evakuiert worden waren. Es war angenehm warm in dem überfüllten Raum, auf dem kleinen Tisch dampfte eine Kanne Kaffee. Tief atmete ich diesen so lang vermißten Duft ein. Ich fragte nach einer Tasse, fragte nach Brot. Man gab mir schwarzen Kaffee, und dicke Brotscheiben, die mit Speck belegt waren. Niemand sagte etwas. Nur, so ganz bereitwillig wollten sie den Speck nicht herausrücken, denn als ich mich niedersetzte und auf das Brot wartete, begann die Frau zu jammern: «Wir haben ja selber nichts. Die Sowjets haben heute in der Nacht alles weggenommen.» Ich wußte, sie log. Denn das Militär hatte ihr Brot nicht nötig, deswegen sagte ich in bestimmtem, festem Ton: «Geben Sie mir Brot mit viel Butter, aber warten Sie nicht zu lang damit.» Es dauerte eine knappe Minute. Ich aß, betont ruhig, bis ich satt war, sprach aber nichts mehr. Mein Blick fiel durch das Küchenfenster auf den Dorfplatz. Ich sah einen Brunnen und im Hintergrund den Kirchturm. Die Mutter strich einem Kind über das Haar und jammerte: «Siehst du, jetzt kommen sie, jetzt werden sie die Kirche anzünden, und wir werden alle verbrennen. Kinder, kommt in den Keller. Sie kommen!»

Für mich war es das erste Beispiel, wie allgegenwärtig die Goebbels-Propaganda noch war – auch nach der Befreiung ...: «Die Russen stecken alle Kirchen in Brand und ermorden Frauen und Kinder.» Die Moffen in Tröbitz glaubten das fest.

*

Natalja Krischanowskaja *1909 *Sowjetunion*

An ihren Mann

Lieber Witussik!

Heute ist ein ganz besonderer Tag: im Radio haben wir gehört, daß unsere Truppen von Osten und von Süden her nach Berlin eingedrungen sind. Diese freudige Nachricht hat bei uns eine solche Aufregung verursacht, daß ich es gar nicht beschreiben kann! Stolz, Begeisterung, Vorfreude auf das Wiedersehen – das sind die Gefühle, von denen wir alle erfaßt wurden ... Berlin – das heißt: die Höhle des faschistischen Untiers – steht kurz vor der völligen Vernichtung!

Mein lieber Witussik, ich bin mir sicher, daß diese Postkarte Dich erst nach Kriegsende erreichen wird, nach der vollkommenen Kapitulation des faschistischen Untiers Deutschland, und daß dies in den nächsten Tagen geschehen wird, ist meine feste Überzeugung! Bis zum baldigen Wiedersehen, mein Liebster!!! Wir küssen Dich ganz, ganz herzlich, Deine Natalka, die Mamas und die Kinder.

Ich warte auf Briefe von Dir. N.

Der Rotarmist Boris Gindin 1926–1945 *Tschechoslowakei*

An seine Mutter Olga Gindina

Liebe Mama!

Jetzt befinde ich mich in einem dichten Fichtenwald. Es ist etwas kalt geworden, wir sind jetzt einfach etwas nördlicher. Gerade habe ich heißen Tee getrunken: da wurde es mir wärmer. Es nieselt seit dem Morgen. Ich blicke in etwa auf so ein Bild wie das in dem Lied, weißt du, es gibt so einen Walzer, «Im Wald nahe bei der Front». Es sind aktuelle Zeitungen gebracht worden. Da finden sich außerordentlich interessante Mitteilungen. Die Truppen der Marschälle Shukow und Konew sind nach Berlin eingedrungen. Die schlagen ordentlich zu. Und dann noch unsere Alliierten. Ich verstehe nicht, was der Deutsche da noch die Zähne fletscht. Egal, bald werden sie ihm den Todesstoß versetzen.

Auf Wiedersehen. Gruß an alle, alle, alle.

Der Rotarmist Boris Bajanow *vor Berlin*

An seine Frau

Meine liebe Asko!

Ich bin durch das Umland von Berlin gefahren, überall sieht man die Folgen heißer Kämpfe, Schützengräben, Panzergräben, ausgebrannte Panzer, Waffen, die von den Deutschen zurückgelassen wurden. Die Gegend ist schön, es gibt Kiefernwälder, viele Seen und in deren Nähe

Ortschaften mit Wochenendhäusern. Die Natur ist immer die Natur. Aber trotz der Freude des Sieges bleibt einem doch die ganze Zeit spürbar und bewußt, daß man auf fremder Erde ist, und mit Innigkeit denkt man an unsre Gegend um Moskau, die uns lieb und teuer ist.
Ich sende Dir, Liebe, einen Gruß aus dem Umland von Berlin.
Gruß an die Töchterchen
Ich küsse Dich
Dein Boris

Der sowjetische General
Georgij Shukow 1896–1974 *vor Berlin*

Am 25. April wurden die Gefechte in der Innenstadt immer erbitterter. Der Gegner, der sich auf starke Verteidigungsknoten stützte, leistete hartnäckig Widerstand.
Unsere Truppen hatten große Verluste, doch drangen sie begeistert weiter zum Zentrum Berlins vor, wo sich immer noch das faschistische Oberkommando befand. Das wußten wir aus den Funksprüchen Hitlers, der seine Armeen hysterisch zum Entsatz Berlins aufforderte, ohne zu ahnen, daß diese Armeen schon von der 1. Belorussischen und der 1. Ukrainischen Front zerschlagen worden waren.

Der sowjetische Feldchirurg
Alexander Wischnewski *Ussurisk*

Am Morgen begab ich mich zur Medizinischen Verwaltung, wo mir Pesis mitteilte, daß viele Medikamente angekommen seien, darunter etwa 5 Tonnen Glukose und 200 Kilogramm Novovain. Nach seinen Berechnungen muß man mit zweihunderttausend Verwundeten rechnen.
Im Radio wurde berichtet, die Truppen der Marschälle Shukow und Konew führten in Berlin Straßenkämpfe. Ja, dort könnte ich nützlicher sein als hier.

⋆

Martin Bormann 1900–1945 **Berlin**

Göring aus Partei ausgestoßen!
Erster Großangriff auf den Obersalzberg.
Berlin eingeschlossen!

Der SS-Sturmbannführer
Erich Kempka *1910 Berlin/Führerbunker

Ein Telegramm Görings vom Obersalzberg traf ein. Mit größter Empörung hörten wir den Wortlaut, der etwa folgendermaßen lautete: «Nachdem Sie, mein Führer, mich zu Ihrem Nachfolger bestimmten, falls Sie durch den Tod oder sonstige Umstände nicht mehr in der Lage sein sollten, die Regierungsgeschäfte weiterzuführen, halte ich die Zeit für gekommen, mein Amt als Nachfolger anzutreten. Sollte ich bis zum 26. April 1945, 24 Uhr keine Antwort von Ihnen erhalten haben, nehme ich an, daß Sie mit meinen Forderungen einverstanden sind. gez. Göring.»

In dem kleinen Kreise, in dem dieses Telegramm bekannt wurde, war seine Wirkung größer, als das Einschlagen einer Bombe. [...]

Mit der Erklärung, er handele im Auftrage Adolf Hitlers, gab Bormann etwa folgenden Funkspruch an Göring auf:

«Ihre Absicht, die Staatsführung zu übernehmen, ist Hochverrat. Hochverräter werden mit dem Tode bestraft. Unter Würdigung der guten Verdienste, die Sie sich durch Ihre jahrelange Tätigkeit in Partei und Staat erworben haben, will der Führer nochmals von der Todesstrafe Abstand nehmen, verlangt aber sofort Ihren Rücktritt mit der Begründung, daß Sie infolge Erkrankung nicht mehr in der Lage sind, die Ihnen übertragenen Geschäfte wahrzunehmen. gez. Bormann.»

Der Rittmeister Gerhard Boldt Berlin/Führerbunker

Diese Nachricht traf Hitler wie ein Keulenschlag. Er weinte zuerst wie ein Kind, dann tobte er wie ein Besessener. Das war in seinen Augen ein unerhörter Treuebruch. Außerdem betrachtete er das Telegramm als ein Ultimatum. [...]

Die Empörung Hitlers teilte sich dem ganzen Bunker mit. Auch Goebbels kochte vor Wut und machte seinen Gefühlen in einem theatralischen Wortschwall Luft, hinter dessen geschwollenen Phrasen von Ehre, Treue, Tod, Blut, Ehre, Sie, mein Führer, Ihnen, mein Führer und nochmals Ehre, sich nur schlecht der Neid zu verbergen schien, daß Göring im Begriff stand, den Kopf aus der Schlinge zu ziehen.

Der Flugkapitän
Hans Baur 1897–1993 (Berlin)

Tempelhof ging am 22. April verloren, wir hatten also nur noch den Flugplatz Gatow. Am 25. April flogen von hier aus zum letzten Mal die Maschinen nach München und Salzburg. Sie starteten in der Nacht um

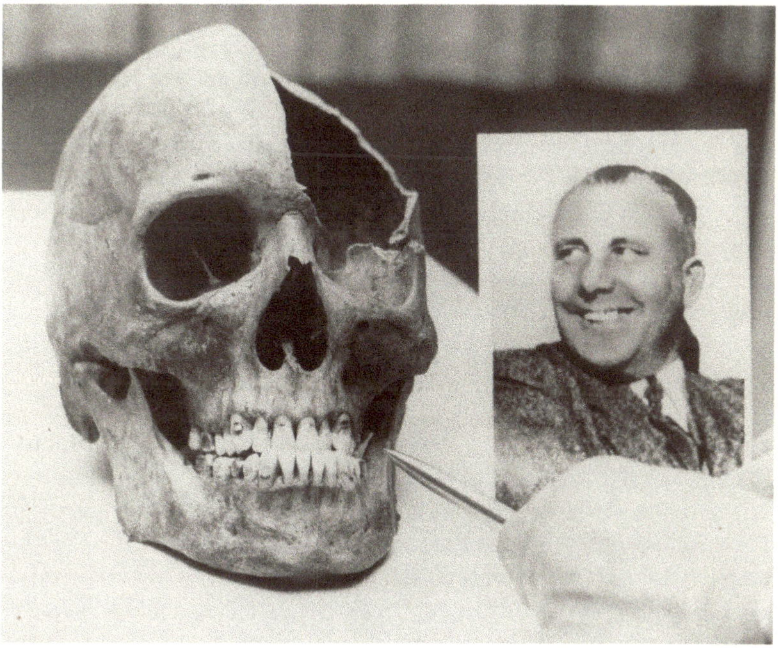

Der mutmaßliche Schädel von Martin Bormann, Dezember 1972

2 Uhr, um noch vor dem Licht des neuen Tages an Ort und Stelle zu sein. Lediglich Major Gundelfinger konnte sich nicht auf den Weg machen, weil noch einige Passagiere fehlten. Als er endlich in der Luft war, konnte er sich ausrechnen, daß er noch rund fünfzig Minuten bei Sonnenlicht würde zurücklegen müssen. Von allen Maschinen bekamen wir noch in der Nacht oder in den Morgenstunden Landemeldungen, von Gundelfingers nicht.

Die Nachforschungen nach der Maschine blieben erfolglos. Als ich Hitler Meldung machte, war er sehr erregt, denn ausgerechnet in dieser Maschine war einer seiner Diener mitgeflogen, der ihm besonders am Herzen lag.

Hitler: «Ich habe ihm außerordentlich wichtige Akten und Papiere anvertraut, die der Nachwelt Zeugnis von meinen Handlungen ablegen sollen!» – Hitler konnte sich lange Zeit nicht beruhigen, der Verlust schien ihm unendlich nahe zu gehen.

Frau Henschel **Flugplatz Gatow**

Kurz bevor wir unsere Maschine bestiegen – die ersten drei Flugzeuge waren schon gestartet –, kam es zu einem Zwischenfall. Arbeiter, die im Fackelschein unser Gepäck transportierten, begannen über die «Reichskanzlei-Bonzen» zu schimpfen, dann pöbelten sie uns an und plünderten die Koffer. Bis die Ordnung wiederhergestellt war und wir starten konnten, verging fast eine Stunde.

★

Der Oberleutnant Erich Weitzsch *1920 **Kurland**

Wir stehen vor der 8. Kurlandschlacht und sind gefechtsbereit – der Gegner mit Sicherheit auch. Noch immer hat die Versorgung über die Ostsee unbeeinträchtigt durchgeführt werden können. Es ist alles vorhanden: Verpflegung, Munition, Kraftstoff, Waffen. Die Kompanien sind sogar wieder gut beieinander. Wir sind sicher, daß wir in der 8. Kurland-Schlacht den Feind abermals abschlagen werden. Zugleich habe ich aber das unbestimmte Gefühl, daß es so oder so die letzte Kurlandschlacht werden könnte. Der ganze Frontbogen ist noch einmal verkürzt worden.

Wird nicht bald alles zu Ende sein? Vielleicht auch wartet der Feind jetzt auf weitere Fortschritte an den anderen Fronten? Nur zögernd folgte er der Verkürzung der Front.

Noch immer ist von einem Waffenstillstand mit den Westmächten die

Rede. Aber mir scheint: Alle ausweglosen Lagen bringen ein Wunschdenken hervor. Ist es mehr als dieses?

Der Oberleutnant Harro Ketels *1915 Kurland

Als Sonderdruck für Kommandeure ist ein Vortrag von Prof. Baumgarten über «Die wahre Zukunft Europas» gedruckt worden. B. ist Inhaber des philosophischen Lehrstuhls der Universität Königsberg und hat diesen Vortrag vor kurzem gehalten, als die Russen schon vor der Stadt standen. In ihm ist ein wesentlicher Beitrag zum Verständnis unserer Zeit gegeben. Er zwang mich, manches noch einmal durchzudenken. Der Nationalsozialismus und der Bolschewismus haben vielerlei gemeinsam.

Der Korvettenkapitän Dr. Arnold Schön Pillau

Als die Front nun immer näher rückte und es sich zeigte, daß Pillau nicht zu halten war, setzte sich der Rest des Stabes der Kriegsmarine nach Neutief ab. Ich erhielt den Befehl, am 24. April um 23.00 Uhr die Zitadelle zu verlassen und mit dem Rest unserer Kompanie, 80 Mann, nach dem Hinterhafen zu marschieren, wo uns von der Marineausrüstungsstelle ein Schiff abholen sollte. Wir warteten von Stunde zu Stunde, aber es meldete sich niemand, und es kam kein Schiff. So wurde es 3.00 Uhr. Das Artilleriefeuer auf das hinter uns liegende Bahngelände nahm allmählich zu, und die Russen waren von Camstigall her in das Gelände des Hinterhafens eingedrungen; die Häuser auf dem Russendamm brannten lichterloh, die Werft von Sakuth, das Hafenbauamt, alles ein Flammenmeer, das die ganze Gegend erleuchtete. Es wurde 4.00 Uhr, und kein Schiff kam, uns abzuholen. Vom Russendamm her und über den Hinterhafen hinweg wurden wir bereits mit Mg's beschossen. Das Artilleriefeuer auf Bahnhofsanlagen und Holzwiese nahm weiter zu. Da entschloß ich mich, mit meiner Kompanie mich zum Vorhafen durchzuschlagen, in der Hoffnung, daß dort noch ein Schiff lag. Einzeln, oder in kleinen Trupps, nach jedem Einschlag weiterspringend, gelangten wir wie ein Wunder ohne Verluste über die Holzwiese und Hindenburgbrücke, an dem gerade in hellen Flammen stehenden Hause des Konsuls Janzen vorbei, über den Schutt der Häuser in der Königsbergerstraße (Sparkasse, Strahlendorff) und am Markt (Wendes's Haus), durch die Lizenstraße, darin jedes Haus, vom «Deutschen Haus» bis zum «Kurfürstlichen Hof» Bombentreffer bekommen hatte, und dann durch die Lotsenstraße über die Trümmer des «Goldenen Ankers» bis zum 1. Stock hinweg – nur die Vorderfront stand noch – zur Ecke Vorhafen.

Hier konnten wir gerade noch im letzten Augenblick den letzten Marine-Fährprahm und damit das letzte Fahrzeug, das aus Pillau ablegte, besteigen. Wenige Minuten darauf, um 4.30 Uhr am Morgen des 25. April legten wir ab.

Der Matrose Georg Sukow **Swinemünde/«Haussa»**

Wir waren mit über 3000 Flüchtlingen, Verwundeten und Gefangenen als letztes größeres Schiff von Pillau ausgelaufen. [...] Wir machten in der Kaiserfahrt in der Nähe des Marinedepots [von Swinemünde] fest, und zwar kurz vor der von den Pionieren geschlagenen Pontonbrücke. Die Flüchtlinge gingen an Land und wurden in Richtung Wolgast weitertransportiert.
Die Laderäume, die sich in einem fürchterlichen Zustand befanden, wurden gereinigt. Man kann sich nicht vorstellen, wie Räume aussehen, in denen Menschen gezwungen sind, ohne hygienische Einrichtung einige Tage leben zu müssen. Anschließend wurde damit begonnen, militärische Güter und Benzin in Fässern zu laden. Diese Ladung war für die Kurlandarmee bestimmt.

Der Volkssturmmann Bruno Just **Kopenhagen**

Wir sind morgens in Kopenhagen angekommen und zur Zitadelle geleitet. Wir hatten gehofft, hier wenigstens einen Tag ruhen zu können und etwas zu essen zu bekommen. Nichts wird von alledem. Wir haben nur noch 2 Stunden Zeit, uns die Stadt anzusehen. Kronen haben wir uns eingewechselt, und los geht's in die Stadt. Herrlich ist es, hier spazierenzugehen. Nichts ist vom Kriege zu spüren. Alle Läden sind offen, und alles kann man sich kaufen. Was für ein Unterschied zwischen hier und dem, was wir in Ostpreußen verlassen haben. Dort überall Zerstörung und Vernichtung, monatelang haben wir uns nur zwischen zerstörten Häusern bewegt, die von den Einwohnern verlassen waren, nur Entbehrung, und hier nun ist alles zu haben. Die Menschen sind gut angezogen und sauber, wenn alles Weibliche auch viel im Tuschkasten zu rühren scheint, denn sie haben sich alle das Gesicht angemalt. Ich kaufe mir zuerst Schokolade. Leider sah sie nur so aus, es war Ersatz. Die Wurst war kräftig gefärbt und ungenießbar. Also auch hier sehr viel scheinbar Gutes.

*

Ruth Schwarz *1926 *Tapiau*

Das Gefängnis war schon übervoll, als wir dort eingeliefert wurden. Männer und Frauen getrennt. Auch beim Essen. Unseren Vater sahen wir hier noch dreimal. Das erste Mal haben wir ihn gesehen, als die Männer mit LKWs aus Löwenhagen einen Tag später als wir im Gefängnishof eintrafen. Wir durften uns im Gebäude frei bewegen und schauten durch die Fenster in den Innenhof, wo sich die Männer befanden, die gerade angekommen waren. Dort entdeckten wir unseren Vater Er sah schrecklich aus. Die Männer wurden weitaus schlimmer behandelt als wir Frauen. Wer weiß, was er schon alles hinter sich hatte.

Wir waren geschockt, was dieser Haufen alter Männer, jetzt schon nach ein paar Tagen der Knechtschaft, total abgerissen, entwürdigt, zum Teil durch Schläge und Folter bei den Verhören, mit hohlen Wangen, unrasiert, verkommen und total teilnahmslos alles über sich ergehen lassen mußte. Und einer von ihnen war unser Papa. Das war die erste Begegnung.

Dann haben wir ein paar Tage nichts mehr von ihm gesehen und gehört. Noch einmal konnten wir ihn eine Minute sehen, als wir zum Essen auf den Hof gingen. Da rief er uns an, aus einem Kellerloch, auf unsere Frage «Wie gehts Dir, Papa?», sagte er: «Ich hab so den Durchfall.» Mutti sagte dann schnell: «Habt ihr da keine Holzkohle? Die kannst Du essen, das hilft!». Dann mußten wir auch schon wieder weiter. Einmal noch haben wir ihn auf dieselbe Weise gesehen, da erzählte er uns schnell, daß die Sache mit der Holzkohle geholfen hätte. Das war in der gebotenen Eile unsere ganze Konversation. Mehr war nicht erlaubt, und auch das war schon verboten.

Ein paar Tage später sah ich ihn dann noch einmal, und das war dann endgültig auch das letzte Mal. Es war ein trauriger Anblick. Ungefähr zehn Männer, in fünf Paaren, zogen einen Leiterwagen hinter sich her aus dem Lager heraus. Alle verkommen, elend und ein Bild voller Resignation und Hoffnungslosigkeit.

⋆

Edmund Wilson 1895–1972 *(London)*

Als ich im April, eben in London angekommen, von englischen Freunden zu einem Essen in ein erstklassiges Restaurant eingeladen worden war, bestellte ich eine «Bratente». Allerdings war mir aufgefallen, daß die Londoner dem Gericht mit einer gewissen Reserve begegneten. Die Ente war denn auch eine Enttäuschung: die kleinen, trockenen und zähen

Scheibchen stammten von einem Vogel, der selbst für ein unterernährtes Haushuhn unglaublich mager schien. Als ich anderntags in der Nähe von Holborn mit G. durch die engen Straßen lief, stieg uns ein fauler, schaler Geruch in die Nase. Auf seiner Spur stießen wir auf ein kleines Geschäft, dessen Regale mit Reihen toter Krähen ausgelegt waren. Das war offensichtlich alles, was sie in diesem Laden verkauften.

Paul Valéry 1871–1945 *Paris*

Es erstaunt mich, beim Lesen von *Robert d'Harcourt – Goethe et l'Art de vivre* – auf eine Menge «Phobien» und Manien zu stoßen, die Goethe und mir gemeinsam sind – mit bestimmten wesentlichen Unterschieden selbstverständlich. Aber Zahl und Energie der gemeinsamen Wesenszüge sind auffällig.

Meine *Hand* ist der seinen sehr ähnlich (Abguß beim Abbé Mugnier), und beide sind sehr verschieden von der Victor Hugos. Aber welche Gegensätze: Der Ordnungssinn, die Kunst, sich zu entziehen usw. Von alledem vermag ich nichts.

Das wäre nur interessant, wenn man ein sorgfältiges Verzeichnis der Unterschiede anfertigen würde.

Addenda. Ich stoße bei dieser Lektüre auch auf Aspekte Goethes, welche *in meinem Faust* vorkommen, von denen ich jedoch vor der Niederschrift nichts wußte.

So der Auftritt des Schülers in *Lust* und die große Szene des II. Akts.

Ich sehe überhaupt nicht, wie ich mir diese auffälligen Ähnlichkeiten zurechtlegen soll, die ich in der Ego-Ästhesie mit Goethe habe, während er doch, so scheint mir, in andern Punkten wiederum ausgesprochen Gide gleicht. Pflanzen, Insekten, Fluchten, einstudierte Haltungen, Schüler usw.

Es gibt vielleicht *chrononomische* Resonanzen. Ich fühle mich mehr und mehr siebzehnhundert ... Seit einem Monat berausche ich mich an Voltaire (Briefe).

Hans Friedrich Blunck 1888–1961 **(Greben/Holstein)**

Eine Zuschrift. Jemand will die Welt und insbesondere die europäische Gegenwart auf Grund der Erkenntnisse über die Gestalt des tetraoiden Atoms bessern. Beginn der Heilsanpreisungen? (Eine seiner Überschriften: Das gegenwartsgeforderte Urbild vom einheitlich tetraedisch strukturierten C-Atom als höchstwertigen Kern- und Schlüsselprinzip der Europa neu einenden Weltschau.) Da der Verfasser Dr. habil. ist, begann man ernsthaft zu lesen.

Die Tage sind unsagbar schwer. Das Herz will nicht mehr recht und soll sich frisch erhalten für die Aufgaben, die vor uns liegen. Gut, dass das Haus nicht viele Spiegel hat!
Versuch der Ablenkung durch Stifters «Nachsommer». Aber diese Schilderung bis in die letzte Einzelheit ist in dieser Zeit nicht lesbar, und unerträglich ist auch, an das dort beschriebene herrliche Wien zu denken und an die Sommer in Österreich, an Zeit und Raum, den die Menschen dort unten hatten, und an die Vernichtung dieser Tage. [...]
Gustav Frenssen ist gestorben. Weltanschaulich waren wir einander sehr fern, als Landsleute nahe und gut freund. In Einsamkeit hat er seine letzten Jahre vergrübelt. Ihm ist wohl, dass er diese Tage nicht wie wir zu erleben braucht. [...]
Eine der englischen Zeitungen gab gestern Stimmungsbilder wieder. «Der Major der Luftwaffe Bell erklärte als seine Weltanschauung, dass man alle Deutschen nebst Frauen und Kindern töten müsse und dass er kein grösseres Vergnügen fände, als sich dabei hervorzutun.»
Ich könnte keine deutsche Stimme nennen, die solche unmenschliche Äusserung getan hätte, habe im ganzen Krieg nichts derartiges vernommen.

*

Martin Cranz *1926 *Kriegsgefangenenlager bei Dülmen*

Die mit uns vollgepfropften Armeelastwagen brausten mit aufgeblendeten Scheinwerfern durch das östliche Ruhrgebiet nach Norden, wir mußten uns gegenseitig festhalten, um nicht in Kurven über Bord zu gehen, was ja gerade verhindert werden sollte. In der Nähe von Dülmen stoppte der Konvoi. Ringsum dehnten sich Wiesen und Felder, längs der Straße unterbrachen zwei altersschwache Bürgerhäuser die Pappelreihen. Aufgeregte Kommandos forderten uns auf, abzusteigen, hier auf freier Flur. Mannshohe Stacheldrahtspiralen kreuzten den bangen Blick, wir mußten uns durch eine wirre Drahtschleuse auf einen Acker zwängen – von Zehntausenden zertreten, oder waren es fünfzehntausend Männer, die diesen Pferch wie zu einer Schlachtviehzählung füllten? Die Nacht dunkelte herüber und es regnete, zunächst zaghaft, dann nachdrücklich, dann unerbittlich. In der Platzmitte rückten die Gefangenen zusammen, sie standen dicht an dicht und ich mittendrin. Es sammelten sich immer mehr, um die Körper möglichst trocken und warm zu halten, und da begann jemand zu singen, zwei, drei folgten, dann alle, hundertfach, tausendfach: Hauslieder, Volksweisen, Heimatlieder – ein monumentaler Chor, bewegt von leidvoller Sehnsucht und weher Hoffnung. Im Mitternachtsgrau verstummte der Menschensockel, zerfiel, manche der sich gegenseitig Anlehnenden sanken vor Müdigkeit und Schwäche auf die quatschnasse Erde. Es goß durch bis zum Morgen und dann weiter den ganzen Tag über.

Gerhard von Rad 1901–1971 *Kriegsgefangenenlager Bad Kreuznach*

Das war dann jene Zeit, in der jedes Witzwort von den Lippen der Männer verschwunden war. Um so mehr nahm das Fluchen überhand. Man ist ja als Soldat einem saftigen und derben Wettern gegenüber abgebrüht, und das hat nichts zu sagen; aber was da und wie da geflucht wurde – ich meine dieses hilflose und ohnmächtige, dieses zähneknirschende und wilde Aufbegehren gegen eine übergroße Schickung –, das waren Laute wie aus einer höllischen Tiefe. Und wenn sich diese Menschenmassen dann zusammenballten, sei es zum Andrang auf den Essensempfang oder weil irgendwo vielleicht 20 Paar Socken oder 10 Paar Unterhosen ausgegeben wurden, oder zum Ansturm auf ein Unterkunftszelt, in dem höchstens 30 Mann Platz finden konnten, dann wuchs dieser Schwall zu dämonischer Größe an. Ich habe dabei oft an jene Bilder alter Maler denken müssen, vom Sturz der Verdammten, an jene stürzenden Menschenleiber, an jene verzerrten Gesichter und verkrampften Arme und Hände, die aneinander Halt suchen und die doch, weil keiner einen Stand hat, sich nur gegenseitig weiter in die Tiefe ziehen. Hier tat sich die Dimension wirklicher Gottverlassenheit auf, und wir waren alle schon deutlich auf dem Weg, an dessen Ende jene apokalyptische Vision der Bibel und jener alten Maler steht. Es gehörte für mich zu den wichtigsten Erlebnissen der Lagerzeit, diese äußersten und letzten Möglichkeiten auf dem Weg des Menschen, von denen die Bibel zwar offen redet, die wir Theologen aber doch immer etwas umgangen haben, so als nackte Wirklichkeit bestätigt zu sehen.

Philipp Schasset †1983 *Kriegsgefangenenlager Remagen*

Vor dem Hinlegen für die Nacht gingen wir nacheinander – einer mußte zur Bewachung immer im Loche bleiben – zu den Latrinen, wo sich jedesmal, wenn wir hinkamen, alles Elend der Massen offenbarte. So wurden die Tage in mancherlei Stumpfsinn verbracht, durch keinerlei beglückenden Hoffnungsschimmer erhellt. Immer den Mantel um die Schultern gehängt oder richtig angezogen, Kragen hoch, Hände in den Taschen, die Mützenklappen meist auch herunter – so standen wir fröstelnd und vor der Nässe schaudernd in unserem Loche, immer grübelnd: Was wird, was kommt, wie lange noch?

Franz Bittkowski *1915 ***Kriegsgefangenenlager Bad Kreuznach***
Sehr kalte, mondklare Nacht. In einer Konservendose «große Wäsche»! Drei Stunden nach Wasser angestanden. Wie jeden Tag mehrere Stunden nach Verpflegung angestanden.
Herrlicher Sonnenaufgang. Schöner Tag.

*

Der Obergefreite Karl Friedrich Waack *1921 **Grabow**
Zurück über Karstädt – Wittenberge – Pritzwalk nach Neustadt/Dosse. Dort Ausladung und Marsch nach Grabow bei Freyenstein. Weil die Kompanie nur noch wenige Fahrzeuge hat, dürfen nur die Älteren mitfahren, wir Jüngeren müssen marschieren. – In Grabow kann ich in der Dorfkirche Orgel spielen. Unter den Zuhörern sind auch KZ-Häftlinge, die unter SS-Bewachung nach Westen geführt werden, hier in einem Wirtshaussaal übernachten und sich ziemlich frei bewegen können.

Ein Arzt †1945 **Wittstock a. d. Dosse**
In der Stadt ebbt der Durchstrom ab. Viele Trecks, die nach dem Norden ziehen. Eine Reihe von ca. 1000 weiblichen KZ-Angehörigen marschiert durch die Stadt, ein erbarmungswürdiger Anblick, junge Mädchen und alte Frauen, z. Teil barfuß, z. Teil in Hausschuhen, sogar ein Fuß nackt, der andere im Schuh. Im Ausländerbarackenlager vor der Stadt liegen 300 Jüdinnen, die sich dem Zug anschließen sollen.
Nachmittags gegen 3 Uhr kommt ein Feldwebel mit einer Schwester und bittet mich dringend, zur Hilfeleistung zum Lazarettzug zu kommen, der auf der Berliner Strecke vor Wittstock steht. Ich gehe mit Charlottchen hin und finde wieder ein trostloses, trauriges Bild des Zusammenbruchs. In Viehwagen, nur auf wenig Stroh, viele zusammengepfercht, so daß man achtgeben muß, keinen Verwundeten zu treten, liegen ca. 700 zumeist Schwerverletzte. Kein Arzt ist im Zug, nur eine Schwester. Kein Verbandmaterial, keine Tabletten, keine Medikamente. Aus allen Wagen verlangt man Hilfe. Ich lasse mich mit Mühe in einen Viehwagen hineinziehen. Ein Bild des Elends: Auf beiden Augen blind, ein Bein amputiert, Lungenschuß mit Bluthusten und hektischem Aussehen. Eine Frau mit Armschuß. Daneben ihr Kind mit einem Rückenschuß und beginnendem Scharlach. Ein 16-jähriger Südtiroler, beide Beine ampu-

tiert. Ein Toter mit Decken zugedeckt. Armamputierte. Ein Schädelschuß. Eine Querschnittslähmung, der Katheter, der einliegt, funktioniert nicht, ist wohl verstopft. Die Harnblase ist prall gefüllt. Grauenvoll! Die allerschwersten Fälle lasse ich ins Lazarett abtransportieren. Mit Charlottchen und der Zugschwester verbinde ich die notwendigsten Fälle. Alle Verbände sind schwer durchweicht, stinken, sehen nach Gasbrand und Pyocyanus [?] aus. Viele Verwundete haben noch nicht einmal ein Hemd auf dem Leib. Sind nur mit einer Decke zugedeckt. Charlottchen macht Morphiumspritzen.
Es ist eine körperliche Qual, knieend bei diesen primitiven Verhältnissen zu verbinden. Kein bißchen Wasser. Ich bin bis auf die Haut durchgeschwitzt. Überall rufen die Verletzten. Wir sollen uns beeilen, da der Zug auf den Bahnhof gefahren und die Strecke freigemacht werden soll. Diese Stunden von 3–8 Uhr haben mir aufs eindringlichste das Bild völligen Zusammenbruchs vor Augen geführt. Keine Führung mehr. Wie diese Verwundeten, so wird das ganze Volk dem Untergang, dem Jammer und Elend zugeführt. Der Zusammenbruch im Weltkrieg ist im Vergleich dazu ein Kinderspiel gewesen.
Der Außenminister v. Ribbentrop ist in Wittstock, im Deutschen Haus abgestiegen. Wittstock ist demnach zu einer Insel scheinbarer Sicherheit geworden. Wie ich später von Hoffmann erfahre, hat er sich mit Frank und dem Leutnant des Wehrertüchtigungslagers fast eine Stunde lang unterhalten. «Außenpolitik könne er zur Zeit nicht machen.» Also hat er den dreien nur Banalitäten erzählt. Es sei noch nicht alles verloren. Alle Gerüchte über Differenzen der Alliierten, Annäherung Deutschlands an Amerika, all die Gerüchte, die anfangs der Woche umgingen, sind erfunden und erlogen. Mit der Wlassow-Armee ist es nichts. Timoschenkos Armee ist erfunden: «¼ Jahr lang noch müßte das deutsche Volk durchhalten, dann bestehe die Möglichkeit einer Rettung. Und doch wird Deutschland nicht untergehen!»

Bertram Bietz **Marsch des KZ Sachsenhausen Richtung Mecklenburg**

Die Kolonnen marschieren nicht mehr, sie schieben sich nur noch vorwärts. Für die Schwachen, Zurückbleibenden ist die Frage des «Wie enden» gelöst – Genickschuss! Nur eine Waffe der Abwehr bleibt uns – langsam treten – lasst uns lange zusammenbleiben in der letzten Stunde zwischen Freiheit und Tod!
Die kräftigsten Arme werden zum Sterbelager der Schwachen und Siechen. Solidarität! – noch einmal besteht sie ihre Bewährungsprobe.

Herzberg – Altruppin – fliehende Wehrmachtskolonnen, Panzer – Autos – Flüchtlingstrecke – Pferdekadaver am Strassenrand und die Gemordeten von Sachsenhausen, das ist das Bild am 25. April 1945.
Fast Schritt um Schritt liegen die stummen Ankläger im gestreiften Ehrenkleid.
Mütter, Väter, Bräute, Brüder, Schwestern, – wem galt Euer letzter Gedanke. Oh' wenn Ihr wüsstet in Dortmund, Paris, Utrecht, Brüssel, Milano und Belgrad, was in diesen Tagen und Stunden geschieht. – Oh' Deutschland! – Wir Hochverräter, Wehrmachtzersetzer, Empörer und Staatsverbrecher, wir tragen dennoch die ... [fehlt]

Ernst Niekisch 1889–1967 **Zuchthaus Brandenburg**
Das Geschützfeuer näherte sich von Tag zu Tag. Die Beschießung von Brandenburg nahm ihren Fortgang, die Rote Armee drang über Brandenburg hinaus gegen Görden vor und besetzte die Landesanstalt Brandenburg, eine Heil- und Pflegeanstalt, die zehn Minuten von der Strafanstalt entfernt lag. Die deutschen Truppen standen westlich von der Strafanstalt, so daß sich diese im Niemandsland befand. Über die Strafanstalt hinweg sausten die Geschosse. Offensichtlich handelte es sich beiderseits nur um Spitzen, die Sowjets schienen den Nachschub abzuwarten.
Der Direktor der Anstalt änderte plötzlich seine Haltung. Er bildete einen Gefangenenrat, der in allen Angelegenheiten um seine Meinung angegangen wurde. Jetzt spielte sich der protestantische Pfarrer in den Vordergrund. Man hatte den Eindruck, daß er sich an die Gefangenen anbiedere und den Direktor in den Hintergrund zu schieben trachte.
Der Gefangenenrat verlangte, daß den Gefangenen die Zivilkleider und das Gepäck ausgehändigt würden. Mit dieser Forderung indes drang er nicht durch. Am 25. April wurde aber verfügt, daß die Zellen der politischen Gefangenen tagsüber nicht mehr verschlossen werden sollten.

Lagebesprechung **Berlin/Führerbunker**
Hitler: Ich glaube, es ist der Moment gekommen, wo die anderen sowieso aus Selbsterhaltungstrieb diesem maßlos gewordenen proletarisch-bolschewistischen Koloß und Moloch entgegentreten werden. Wenn ich heute hier feige davonliefe, so wäre die Folge, daß die anderen versuchen, in Süddeutschland eine Art neutrale Linie zu bilden, und das wäre alles. Der Nationalsozialismus wäre somit beseitigt und das Deutsche Reich ebenfalls. Schlage ich hier erfolgreich und halte ich die Hauptstadt, so wächst vielleicht die Hoffnung bei den Engländern und Ameri-

kanern, daß man unter Umständen doch mit einem Nazi-Deutschland eventuell dieser ganzen Gefahr würde doch noch entgegentreten können. Und der einzige Mann hierfür bin nun einmal ich.

*

Der Kapitänleutnant
Franz Kuhlmann 1905–1989 **Stralsund – Berlin**

Nach längerem Flug erkannten wir unter uns die Hauptstadt, unfehlbar auszumachen an den Bränden und dunklen Glutmassen, die teils noch von den letzten Fliegerangriffen, teils aber auch wohl von den neuerlichen Bombenabwürfen der Russen herrührten. Es war ein schauriges Bild mit apokalyptischen Zügen.
Aus irgendwelchen Gründen konnte der Pilot die Landung nicht sofort wagen, schließlich klappte es dann doch. Wir rutschten aus dem Flugzeug auf die Rollbahn und kullerten wild durcheinander. In demselben Augenblick erscholl ein lautes und scharfes Kommando: Volle Deckung! In die Bunker!
Wir sahen in der Nähe einen riesigen Betonbunker, den wir im Laufschritt erreichten. Im Bunker war die militärische Flugleitung untergebracht. [...]
Nach einigem Warten erschien ein SS-Sturmbannführer. Er begrüßte mich und sagte, er habe den Auftrag, uns in den Zoo-Bunker zu führen. Auf meinen Einwand, ich hätte Befehl, mich sofort in die Reichskanzlei zu begeben, bemerkte er ein wenig herablassend: «Na, das überlassen Sie mir. Sie werden schon an die richtige Stelle kommen.» Wir marschierten dann mit ihm in Richtung Osten, der Heerstraße zu, wurden aber immer wieder gezwungen, Deckung zu nehmen, da der Himmel voll von russischen Jägern war.
Unser SS-Führer begleitete mich zum Gefechtsstand Mohnke, der sich in einem der Bunkerräume unter der Reichskanzlei befand. Er sagte mir, ich möge mich beim General melden; er selbst verschwand dann. SS-General Mohnke, der Kommandant der Zitadelle, war an unserem Eintreffen offensichtlich sehr interessiert, wie ich überhaupt von jetzt an feststellen konnte, daß man uns allenthalben eine Aufmerksamkeit und ein Interesse entgegenbrachte, das in gar keinem Verhältnis stand zu der Kampfkraft, die von uns zu erwarten war. Er erkundigte sich sehr genau nach Zahl, Bewaffnung und Ausbildung meiner Soldaten, war offensichtlich angetan davon, da es sich um Offiziersanwärter handelte, während ihn die mangelhafte Ausrüstung meiner Einheit wohl ent-

täuschte. Im ganzen gab er sich wohlwollend und leutselig, bis ich die Dummheit machte und ihm sagte, daß ich Befehl hätte, mich bei Hitler persönlich zu melden. Da verwandelte sich sein freundlicher Ton plötzlich: er sagte, das wäre ja noch schöner, wenn sich hier jeder kleine Kommandeur persönlich beim Führer melden wollte.
Ich erhielt von Mohnke Anweisung, meine Soldaten zunächst einmal in den Kellerräumen des Auswärtigen Amtes unterzubringen, uns einsatzbereit zu halten und weitere Befehle abzuwarten. [...]
In den nächsten Stunden blieben wir völlig unbeachtet und unbehelligt. Das war umso erstaunlicher, als das Feuer, das auf der Reichskanzlei lag, immer heftiger wurde, und die Soldaten der Roten Armee – wie wir durch Ordonnanzen erfuhren – überall in ihrem Vordringen auf die Zitadelle Fortschritte machten. Ich glaube, es war eine Nacht vergangen, als ich durch meinen Adjutanten dringend ans Telefon geholt wurde. Am Apparat war Admiral Voß, der Großadmiral Dönitz im Führerbunker vertrat. In ungnädigem Ton sagte er zu mir: «Ich erfahre soeben, daß Sie schon längere Zeit hier sind. Sie hatten doch Befehl, sich sofort nach ihrer Ankunft beim Führer zu melden. Warum haben Sie den Befehl nicht ausgeführt?» Ich erklärte ihm, daß ich zunächst zu Brigadeführer Mohnke geführt worden sei, der aber habe eine Meldung beim Führer geradezu für absurd gehalten. Darauf Voß: «Aha! Na, kommen Sie sofort herunter in den Führerbunker! Ich erwarte Sie an der Eingangstreppe.»
Ich machte mich sofort auf den Weg. Man stieg aus einem Kellerfenster des Auswärtigen Amtes auf einen Hof, mußte ein Stück Gartengelände überqueren, das sehr stark unter feindlichem Feuer lag, konnte dann aber durch Nebeneingänge hinabsteigen in das unterirdische Labyrinth, das den Führerbunker und den großen Bunker unter der Reichskanzlei verband. Ich war in voller Kriegsmontur, hatte den Stahlhelm auf, die Maschinenpistole umgehängt usw. und war sehr erstaunt, wie leicht es für mich war, so vollbewaffnet bis zu Hitler vorzudringen. Bei den Posten genügte meine Erklärung: «Ich bin zum Führer bestellt.»
Admiral Voß empfing mich an der Treppe, die in den eigentlichen Bunker hinabführte. Nach meiner Meldung wollte ich ihm eine Erklärung für mein bisheriges Verhalten abgeben. Er winkte aber ab und sagte nur: «Nachher – jetzt will ich Sie erst dem Führer vorstellen.» Wir stiegen die Treppen hinab und kamen in den großen Konferenzraum. Dicht an der Eingangstür stand ein großer Tisch. Auf seiner Platte saß mit herunterbaumelnden Beinen Reichsminister Goebbels. Er unterhielt sich mit General Krebs, dem Chef des Stabes, der am Kopfende des Tisches

saß. Bei unserem Eintritt kam Goebbels wie elektrisiert sofort auf mich zu, fragte höchst interessiert nach meinen Soldaten, nach unserer Stärke, Bewaffnung usw. Plötzlich brach er dann aber ab und sagte zu mir: «Wollen Sie sich bitte beim Führer melden.»
Ich hatte, während Goebbels mich befragte, am Ende des Raumes unter einem Türbogen, der in einen weiteren Raum führte, einen alten Mann in ziviler Kleidung stehen sehen und war nun zutiefst betroffen, daß es sich um Hitler selbst handelte. Ich brachte meine Meldung an, Hitler reichte mir die Hand und sagte als erstes: «Sie sind hier in die Hölle gekommen!» Dann folgte so etwas wie eine kurze Befragung. Was Hitler aber sagte, klang so fremd und zusammenhanglos, daß ich völlig ratlos war. Ich wußte bis zu diesem Zeitpunkt überhaupt nicht, wie sehr Hitler damals schon gesundheitlich am Ende war.
Voß versuchte offensichtlich, den Eindruck, den ich gewinnen mußte, ein wenig zu verwischen, indem er selbst in die Fragen und Antworten eingriff. Mir konnte aber trotzdem der völlige Zusammenbruch Hitlers nicht verborgen bleiben. Sein Körper war in sich zusammengesunken, Hände und Beine zitterten sehr stark, und vieles von dem, was er sagte, klang so, als ob er im Fieberwahn spräche. Bruchstücke davon sind mir bis heute gegenwärtig. So kam häufig die Wendung: «Na, diese Berliner, diese Berliner!» oder: «Man müßte eine Hanna Reitsch haben!» Ich wußte damals ja noch nichts von den Ereignissen, die sich inzwischen dort unten abgespielt hatten und konnte mir keinen Vers auf das machen, was ich so bruchstückartig herausgestoßen zu hören bekam.
Hitler entließ mich dann, indem er mir nochmals die Hand reichte, und ich stieg mit Admiral Voß wieder die Bunkertreppe hinauf. Obwohl ich zutiefst erschüttert war, habe ich nichts von meinem Eindruck zu Voß gesagt. Auch er erwähnte mit keinem Wort den Zustand Hitlers. Ich merkte allerdings, daß er meine Betroffenheit wohl zur Kenntnis nahm. Er machte dann einige Andeutungen, daß der Plan bestanden habe, noch größere Verbände der Kriegsmarine nach Berlin hereinzuschleusen. Dieser Versuch sei gescheitert, wir seien die einzigen, denen der Einflug noch gelungen sei.
Wenige Stunden, nachdem ich bei Adolf Hitler gewesen war, kam ein Abgesandter des Reichsjugendführers Axmann zu mir. Er sollte mit mir vereinbaren, wie man einen Lehrgang der Hitlerjugend, der in Potsdam stattgefunden hatte, dort aber von der raschen Einschließung Berlins durch die Rote Armee überrascht und nach Berlin in das Palais Heß an der Wilhelmstraße geführt worden war, zusammen mit meinen jungen Offiziersanwärtern zur Verteidigung der Reichskanzlei und des Führer-

bunkers einsetzen könne. Bevor ich eine Übernahme zusagte, bat ich darum, mir die Jungen ansehen zu können, und ich war erschüttert, als ich zwölf- bis 15jährige Kinder vor mir sah.
Ich habe deren Einsatz abgelehnt, kann aber bis heute nicht vergessen, wie diese Jungen vor mir standen und immer wieder baten: «Herr Kapitänleutnant, nehmen Sie uns doch bitte! Wir können und wir wollen für den Führer kämpfen!» Sie sind dann später wohl von SS-Brigadeführer Krukenberg eingesetzt worden, und durch Zufall wurde ich Zeuge, wie am 30. April Goebbels diese Jungen noch einmal beim Essen um sich versammelte, um sich von ihnen zu verabschieden und um viele von ihnen, die sich im Einsatz bereits besonders ausgezeichnet hatten, mit dem Eisernen Kreuz zu dekorieren.

★

Lothar Loewe *1929 **Berlin**
Während am Hermannplatz in Neukölln eine Einheit der Hitlerjugend und französische Freiwillige der Waffen-SS das Kaufhaus Karstadt verlustreich verteidigten, erhielt unser Stab des Festungs-Pak-Verbandes am frühen Abend Befehl, den Gefechtsstand in den Tiefbunker des Oberkommandos des Heeres am Fehrbelliner Platz zu verlegen. In rasender Fahrt, unter heftigem Artilleriefeuer verließen wir mit unseren Fahrzeugen Tempelhof. Auf der Gneisenaustraße kurvten wir um Trümmer, Granattrichter und herabhängende Straßenbahnoberleitungen. Unter den Bahnunterführungen in der Yorkstraße parkten Stoßstange an Stoßstange die Troß-Fahrzeuge der Panzerdivision «Müncheberg». Beherzte Soldaten steuerten bereits in Brand geschossene Lastwagen in die Nebenstraßen, bevor sie dann explodierten.
Der Tiefbunker im Innenhof des heutigen Bezirksamtes Wilmersdorf am Fehrbelliner Platz war vollbesetzt mit Stäben, Verwundeten, einem Notlazarett und zahlreichen Frauen mit Kindern aus der Umgehung. Einige Mütter brachten hier Babys zur Welt. Wir alle atmeten auf. Der Bunker war bombensicher, es brannte elektrisches Licht, die Wasserhähne liefen, wir konnten uns waschen, es gab zum ersten Mal seit Tagen für uns eine warme Suppe, und wir fielen auf den Matratzen sofort in den Tiefschlaf.

Artur Axmann 1913–1996 **Berlin**
Am 25. April 1945 standen Einheiten der Roten Armee in Zehlendorf, Schlachtensee und Nikolassee und drangen auf die westliche Innen-

stadt vor. Bald hatten sie auch die Heerstraße und den Kaiserdamm erreicht, wo unsere Dienststelle lag. Rechtzeitig hatte der Chef unseres Organisationsamtes, Otto Würschinger, Einheiten aus Führern und Jungen der HJ zur Abwehr des Angriffs in Stellung gebracht. [...] Der erste Ansturm der Sowjets konnte abgeschlagen werden. Auf unserer Seite gab es die ersten Toten und Verwundeten. Der Stammführer Schlichting fiel aus. Otto Würschinger übernahm selbst das Kommando. Bannführer Moses wurde schwer verwundet. [...]
Als ich mich in meinem Arbeitszimmer aufhielt, klingelte das Telefon. Die Fernsprechleitung war noch intakt. Ein Anruf aus dem Führerbunker. Am Apparat sprach Staatssekretär Dr. Naumann. «Was ist denn bei Ihnen los?» fragte er unter dem Eindruck des Lärmens und Krachens bei uns, das er durch die Muschel vernahm. Ich erklärte ihm unsere Lage. «Sie können unmöglich dortbleiben. Ich melde mich wieder.» Der Rückruf kam bald. Er hatte inzwischen mit Hitler gesprochen und teilte mir mit, daß ich meinen Gefechtsstand in der Partei-Kanzlei aufschlagen sollte. Das war im Regierungsviertel, Wilhelmstraße 64, schräg gegenüber vom Führerbunker. Unsere Verwundeten und Mädel konnten wir nicht in der Dienststelle lassen. Wir nahmen sie mit.

Julia Tremayne *1903 **Insel Sark**
Ich wäre so gern in London und möchte wissen, ob es sehr zerstört ist und sich verändert hat. Wir haben auch erfahren, daß sich unsere Armeen vereinigt haben und Berlin eingekesselt ist. Wenn das wahr sein sollte, kann das Ende nicht mehr fern sein.

Lagebesprechung **Berlin/Führerbunker**
Hitler: Ich habe gesagt: Die Dinge liegen nicht so, daß ich etwa hier unten in Süddeutschland eine völlig stabile Front habe und ein Glacis besitze und nur aus purem Eigensinn Berlin nicht verlassen will. Ich sehe, wie die Entwicklung geht. Alle meine Versuche, auf die Taktik einzuwirken, sind einfach vergeblich Bei der Verteidigung des Rheinlandes wie auch an anderen Stellen sind wahnsinnige und katastrophale Fehler gemacht worden. Alle Pläne, die ich ausarbeitete, scheiterten einfach daran, daß ihnen auf Grund von Eigenmächtigkeiten der unteren Befehlshaber immer wieder der Boden entzogen wurde.

⋆

Der US-Lieutenant Albert L. Kotzebue †1987 *an der Elbe*

Der Beginn unseres Zusammentreffens verlief sehr förmlich. Wir tauschten Grüße aus und gaben einander die Hand. Ich erklärte Oberleutnant Goloborodko durch meinen Dolmetscher Kowalski, wir seien eine amerikanische Patrouille [...] und hätten den Auftrag, ein Treffen der amerikanischen und russischen Befehlshaber so bald wie möglich zu arrangieren. Es war 12.30 Uhr. [...]

Innerhalb weniger Augenblicke wurden wir lockerer, lächelten und machten uns gegenseitig Komplimente. Während wir auf den Regimentskommandeur warteten, gruppierte uns der russische Bildreporter, um einige Aufnahmen zu machen.

Der Befehlsstand war in einem großen Bauernhof untergebracht. Auf einem Tisch war ein kaltes Büfett angerichtet. In jedem von uns lebte der festliche «Geist der Elbe», der Geist der Kameradschaft, des Gedenkens an die Opfer auf beiden Seiten, des Glücks und der Erleichterung, daß der Krieg bald zu Ende sein würde. Generalmajor Wladimir Russakow traf bald ein. Wir stießen auf den verstorbenen Präsidenten Roosevelt an, auf Präsident Truman, Premierminister Churchill, Marschall Stalin und auf «immerwährende Freundschaft» zwischen uns allen.

Der Rotarmist Alexander Olschanski *an der Elbe*

Als wir uns gegenüberstanden, waren wir vor Verlegenheit zunächst ziemlich einsilbig. Beim Stellungsbau hatten wir uns von Kopf bis Fuß mit Lehm beschmiert, und unsere Uniformen waren an Knien und Ellenbogen vom Robben durchgescheuert. Unsere Verbündeten wirkten sauber dagegen, immerhin waren sie wie wir unrasiert.

Die Amerikaner wunderten sich, daß wir keine Helme trugen. Wir erklärten ihnen, daß wir sie vor dem Angriff ablegten. Sie sind in der Verteidigung gut, wenn man im Schützengraben sitzt, sagten wir, beim Angriff jedoch ist man Kugeln und Splittern in ganzer Größe ausgeliefert. Der Helm, der einem über die Augen rutscht und die Sicht nimmt, stört da nur. Außerdem ist er zu schwer.

Die sowjetischen und die amerikanischen Soldaten begrüßten sich als Kampfgefährten, als Waffenbrüder, und sie tauschten einen festen Händedruck.

Nachdem Kotzebue seinem Stab über Funk von der Begegnung berichtet hatte, schickte er einen Teil der Soldaten mit der Meldung zurück. Sie fuhren mit zwei Jeeps. Elf Mann und drei Fahrzeuge behielt er bei sich.

Für die Amerikaner war der Krieg zu Ende, doch wir setzten den Angriff auf Dresden und Prag fort.

Der Frontberichterstatter
Konstantin Simonow 1915–1979 *Torgau*

Ich habe noch Aufnahmen, die an der Elbe gemacht wurden und uns zusammen mit amerikanischen Soldaten und Offizieren zeigen, und in meinem Schreibtischkasten bewahre ich Souvenirs von damals auf, vernickelte amerikanische Dienstgradabzeichen, die ich gegen meine aus den Ersatzschulterklappen gezogenen Offizierssternchen eingetauscht habe.
Ich erinnere mich, welche große Freude ich in jenen Tagen empfand, eine Freude, die noch nicht von Zweifeln und Befürchtungen belastet war.
An vieles erinnere ich mich, aber in den erhaltenen Notizblöcken von damals findet sich nichts hierüber.

*

Der britische Soldat
Edwin Chapman *Nordwestdeutschland*

An seine Eltern
An den letzten drei Tagen war das Wetter wieder trocken, obgleich es nicht so heiß und sonnig ist wie in der letzten Woche.
Neulich abend gab mir der Bursche hier, der Wild- und Geflügelhändler, Kiebitzeier zu essen. Sie waren wirklich gut.
In Liebe Euer Edwin.

Der Postbeamte Wilhelm Bodenstedt 1894–1961 **Breslau**

Wieder keine Post vom Weiberle; dafür weiß ich aber, daß heute morgen alle Post von Breslau abgeflogen wurde, so daß mein Weiberle vielleicht schon am nächsten Sonntag reichlich Post von mir bekommt, worüber ich mich sehr, sehr freuen würde.
Der Kampf geht hier fast ausnahmslos; im Westen brennt es: Alsenstraße, Zehnerstraße usw. Es ist jetzt 22.30 Uhr. Wir hatten eben Fliegerbesuch, und die Burschen haben uns ganz in der Nähe mit Sprengbomben eingedeckt, so daß bei uns die Türen aufschlugen. Gute Nacht, mein Weiberle.

Der sowjetische Offizier Akim Popowitschenko *Österreich*

An seine Familie

Liebe Werusska, lieber Wodik, liebe Dinotschka!

Jetzt ist wirklich der Frühling da. Die Apfelbäume, die Birnbäume, die Kirsch-, Aprikosen- und Pfirsichbäume blühen. Wie schön es ringsum ist, wie wenig das doch zusammenpaßt mit dem Leben, das ich im Augenblick führe.

Liebe Werusska! Jetzt bin ich schon bald zwei Jahre an der Front.

Ich werde natürlich nicht als der heimkehren, der ich war. Der Krieg hat mir seinen Stempel aufgedrückt. Vielleicht werde ich zärtlicher sein, vielleicht gröber, mit Sicherheit älter, obwohl niemand, der mich jetzt sieht, mich für älter als 30 hält.

Kätzchen, die Sendungen habe ich jetzt immer noch nicht abgeschickt. Das ist jammerschade. Ich habe ja an die 100 kg allein an Seide – das sind so 500–600 Meter, und dann noch wollene und andere Stoffe. Auf das Leben und das Glück kommt es an, alles andere wird sich schon finden.

Deine lieben Briefe habe ich bekommen. Ich habe niemals daran gedacht, daß Du mir untreu sein könntest. Niemals! Das wäre ja dumm von mir. Und wenn ich ab und zu in dieser Hinsicht scherze, dann mußt Du das auch genau so auffassen, als Scherz eben. Wir beide haben eine Lebenseinstellung entwickelt, die aus manchen schwierigen Erfahrungen erwachsen ist, es wäre eine Dummheit, einander nicht zu vertrauen. Den physischen Betrug fürchte ich nicht weiter, obwohl unsere Beziehung zueinander wohl kaum dieselbe bleiben würde, selbst wenn ich davon noch zehn Jahre später erfahren sollte. Ich bin nicht eifersüchtig, glaube ich, aber ich habe zuviel durchgemacht, ich habe zuviel von dieser Welt und den Menschen gesehen, von diesen widerwärtigen Betrügereien, von Schmeichelei und Lüge, von all dieser verdammten Hinterlist.

Wie würde ich mich dabei fühlen, Dir ein oder fast zwei Jahre lang so schmeichelhafte Briefe zu schreiben, wenn ich, wie manche andere, hier eine Gefährtin hätte?! Wo wäre dann die große Seele, von der Du so häufig schreibst, nach der Du solche Sehnsucht hast?! Nein, Werusska, so etwas wird es nicht geben.

Auf Wiedersehen. Ich umarme und küsse Dich herzlich

Dein Kima.

*

Mariela Kuhn *1909 ***(Oxford/Head Injury Hospital)***

Ging in die Augenklinik, um [den deutschen Kriegsgefangenen] Bernau zu besuchen – kam gerade zurecht, um ihm Lebwohl zu sagen, da er jetzt ins Watford-Kriegsgefangenenlazarett gebracht wurde. Er hatte Angst zu gehen, so blind, wie er ist, widerwillig einen Ort zu verlassen, an den er gewöhnt war. Ich geleitete ihn die Treppe hinunter zum Wagen, nur im Bademantel über dem Pyjama, sein Eigentum umklammernd, ein mitleiderregender Anblick. Ein freundlicher kleiner Soldat der Wache mit einem Revolver im Gürtel und einer Maschinenpistole über der Schulter und eine Krankenwagenfahrerin brachten ihn in einem kleinen Wagen fort.

Roehl geht es viel besser, er liest und sieht gut aus: ein Durchschnittsdeutscher, rundherum eine durchschnittliche Person; über die Neuigkeiten, Kämpfe in Berlin usw., ist er weder aufgeregt noch niedergeschlagen, seine Einstellung und seine Redensart sind: «Man muß das Leben eben nehmen, wie es kommt.» Hat keine Zahnbürste und Zahnpasta, es scheint, als ob man diese Dinge für die Kriegsgefangenen eingestellt hat.

Johhess von Station M 4 ist am 24. gestorben. Ich weiß nicht einmal, ob das sein richtiger Name war, kann auch Johann Hess gewesen sein. Zu diesem Namen gehörten die Zahlen 11339 F.P.N (Feldpostnummer), werde versuchen, mehr über ihn herauszufinden und Verbindung mit seiner Familie aufnehmen.

Ruth Klüger *1931 ***(Straubing)***

Und eines Tages waren sie da, die Amis. Das Wetter war schön, es war Frühling geworden, sie hatten die Stadt eingenommen, indem sie mit ihren Panzern und Jeeps voranfuhren, und es hatte keine Schlacht um Straubing gegeben. Der lange Spuk, der mein Leben gewesen war, diese sieben bösen Jahre, seit Hitlers Truppen, auch sie ohne Kampf, in Österreich einmarschierten, war mit einem Mal vorbei. Wir waren am Ziel. Wir hatten nie weitergeplant als bis zu diesem Moment. Wir drei gingen in das Stadtzentrum, sahen einander verdutzt an, und fragten uns, «Was nun?» Meine Mutter nahm ihr bestes Schulenglisch zusammen, das sich übrigens als gar nicht so übel entpuppte, ging getrost auf den ersten besten amerikanischen Soldaten zu, einen MP (military policeman), der an diesem Straßeneck den Verkehr regelte, und erzählte ihm kurz und bündig, wir seien aus einem KZ entlaufen. Was er antwortete, verstand ich nicht, weil ich noch kein Englisch konnte, aber seine Gebärde war unmißverständlich: Er legte die Hände an beide Ohren und wandte sich ab. Meine Mutter übersetzte. Er hätte nachgerade genug

von den Leuten, die behaupteten, sie seien in den Lagern gewesen. Man treffe sie überall an. Wir waren schon wieder welche.
Die Aprilsonne wärmte mir die Haut. ich konnte von jetzt an kurze Ärmel tragen, und es war egal, ob jemand die KZ-Nummer bemerkte; auch bei meinem richtigen Namen durfte ich mich wieder nennen. Ein unvergeßlicher Tag würde es bleiben, doch ich war froh, daß wir uns schon selbst befreit hatten und von den Siegern nicht mehr viel brauchten, denn für die lang herbeigesehnte und in meiner Phantasie zu einem großen Fest hochstilisierte Stunde der Befreiung war sie etwas spärlich ausgefallen. Hier war mein erster Amerikaner, und der hielt sich die Ohren zu.
Also eines stand fest: nicht unsertwegen war in diesem Krieg gekämpft worden.

Alfred Kantorowicz 1899–1979 *New York*
Im April 1945 hat die westliche Welt den Bestand von Konzentrationslagern in Nazideutschland «entdeckt». Ein Aufschrei des Entsetzens läuft durch die Presse der Demokratien. Sie hätten das alles bereits seit zwölf Jahren zur Kenntnis nehmen können, aus Tausenden von Berichten entkommener Opfer, aus dokumentarisch belegten Büchern – dem Braun-Buch zum Beispiel. – Hätten sie die Wahrheit damals nicht überhört, so wäre dieser Krieg mit seinen dreißig Millionen Toten und der Verwüstung Europas vielleicht zu verhindern gewesen. Wir alle haben gewarnt: Seht euch um, so beginnt es; die ersten Opfer sind die guten Deutschen selber, ihr werdet die nächsten sein, wenn ihr ihnen nicht zu Hilfe eilt. Jetzt, nachdem alles vorbei ist, die Blüte Europas teils in diesen Lagern und teils auf den Schlachtfeldern verfault, jetzt «entdeckt» man, daß Nazis wie Nazis handeln. Es wird die Toten nicht wieder erwecken.

*

Joan Wyndham *1922 *Watnall/Nottinghamshire*
Noch so ein höllisches Konzentrationslager, Dachau, ist gefunden worden. Gestern wurde es befreit. Die Russen und Amerikaner haben sich endlich an der Elbe getroffen und kämpfen von jetzt an zusammen.

Franz Ballhorn **KZ Sachsenhausen**
Wir wanken über regennasse Straßen und Wege, manchmal mehr kriechend als marschierend. Die Toten, die Toten ... ihre Namen wirbeln immer wieder hoch wie längst gefallenes Laub.

Vielen ist das Schuhwerk aufgerissen. Sie haben Bindfäden und Draht darum geschnürt, die sich unterwegs lösen, so daß sie halb barfuß weitertaumeln. In Fetzen schlottern die Mäntel und Hosen um die knackenden Gelenke und Knochen, Fleisch ist nicht mehr auf den Rippen. Rechts und links liegen Erschossene im Straßenschlamm und in den Gräben. Ihre aufgerissenen Augen wäscht der Regen, ihre mageren, schmutzigen Hände sind im Dreck versunken. Schrecklich blecken sie ihre Gebisse in den Himmel. Kein Kreuz wird je ihre Frauen und Mütter zu ihrer letzten Ruhestätte führen.

Wir weinen nicht, wir fluchen nicht, wir trauern nicht. Unsere Gesichter sind schwer zu erkennen in der aschfahlen Haut. Zwischen den spitz hervorstehenden Knochen unserer Wangen liegen die ausgelöschten Augen wie trübe, schlammgefüllte Löcher. Die letzten Tage, die hinter uns liegen, lassen uns nicht mehr daran glauben, daß wir noch leben. Niemand spricht, kein Ruf ertönt. Wir sind todmüde, zerschlagene, halbverhungerte Jammergestalten, die irgendwo eine Handvoll Laub, ein Bund Stroh und Lumpen suchen, wo sie sich ausstrecken und sterben können. Wir keuchen dahin, tiefgebückt und mit schlurfenden Schritten. Da und dort hockt eine graue, zerfallene Gestalt etwas abseits und spritzt Blut und Schleim von sich. Manchmal fällt auch einer um und bleibt liegen, windet sich in furchtbaren Schmerzen. Der Genickschuß ist das bittere Ende.

Man müßte schreien können. Aber Zungen und Stimmbänder sind gelähmt. Es wird noch eine Zeit dauern, bis wir wieder sprechen, weinen, aufbrüllen können, hinausschreien können, gellend, daß es das Blut derer erstarren läßt, die hören sollen: die unsagbare Verzweiflung unserer Seelen und Leiber.

Werden wir je wieder normale Menschen werden? Wie ein Stück Dreck hat uns diese Zeit in ihre blutigen Fäuste genommen und uns hineingeklatscht in das Grauen, in Sadismus und Wahnsinn.

Einer kriecht auf allen Vieren vorwärts, bleich im Entsetzen vor dem nahenden Ende. Niemand achtet darauf, nicht der nächste Nebenmann. Jeder kennt nur sich, fühlt nur dumpf seine eigene Qual. Sein furchtbares Leiden betäubt ihn, Tag und Nacht.

Wir gut, daß ihr daheim nicht wißt, wir furchtbar wir unsere Qual durch die Stunden tragen. Euere armen, geschwächten, ängstlich horchenden Herzen müßten daran zerbrechen.

K. A. Gross **KZ Dachau**

Die Morgenmesse ist so gut besucht, daß die Kapelle überfüllt ist. Vergeblich versuchen die am Ausgang Stehenden die Tür zu schließen. Sie öffnet sich immer aufs neue, und jedesmal flutet ein Strom kalter Morgenluft von draußen herein, die Nacken der betenden Priester wie mit frostigen Händen begreifend. Doch keiner sieht, in Andacht versunken, zurück. Die Litanei zu Ehren des heiligen Markus, dessen Fest heute gefeiert wird, gleicht einem Streifzug durch die Zeit der alten und ältesten Christenheit; ergreifend klingt sie immer wieder auf, die Anrufung der apostolischen Kämpen und Märtyrer: «Sancte Petre, Sancte Paule, ora pro nobis!» – Märtyrerluft! – Die Kette der Blutzeugen reißt nicht ab, und auch dieser Boden hat schon das Blut derer getrunken, die um des Glaubens willen ihr Leben opferten, ohne großes Aufsehen davon zu machen.

Die Kommunion! Ein feierlicher Augenblick! Sie lassen sich alle in Ehrfurcht auf die Knie nieder, um das Sakrament zu empfangen. Tief verneigt sich jeder, wenn ihm der durch die Reihen wandelnde Priester das geweihte Brot reicht. Danach – wiederum ein Anblick von herzbewegender Tiefsinnigkeit – umarmen sie sich und geben sich gegenseitig den Bruderkuß. Bei aller Schlichtheit greift dir diese edle Form tief ans Herz. [...]

Es sind die letzten Zuckungen eines ungeheuren Todeskampfes, was sich in diesen Tagen vor unsern Augen abspielt. Ein Betrieb nach dem andern macht Schluß. [...] Hartmann, der Laibacher Nr. 1, erzählte mir, daß heute das Porzellan seine letzten Figuren einpackt. Ade, ihr Seydlitzkürassiere, ade, ihr Fahnenträger, Hitlerbüsten und Bären, ihr Lebensleuchter, Kannen und Tassen und sonstigen Gebilde aus feiner Tonerde, gehabt euch wohl samt dem Übermenschen, dem Mannweib und dem Zerberus, unter deren Assistenz ihr in den neuen Räuberhöhlen Tirols euer gebrechliches Dasein weiterführen mögt.

*

Hella Jacobowski **Schloß Wudicke bei Rathenow**

Die Landstraße ist voller Flüchtlinge, die meisten aus Berlin. Mit Autos und Pferdefuhrwerken, zu Rad und zu Fuß zieht ein ununterbrochener Strom westwärts. Wir erkundigen uns, wohin um alles in der Welt sie denn noch flüchten wollen, denn der Krieg kommt ihnen ja doch nach. Sie wollen alle über die Elbe, bei Tangermünde soll es eine Möglichkeit geben. Nur weg von den Russen!

Viele Soldaten sind unterwegs, darunter unzählige mit nur einem Arm oder einem Bein und mit Verbänden. Und dieser traurige Haufen, der ohne jeden Elan dahintrottet, bald nach Westen, bald nach Osten, soll nun in letzter Minuten noch das Verhängnis aufhalten! Nur ein Trupp junger SS-Leute redet große Töne von «nach Berlin ziehen» und «die Heimat verteidigen», und Hitler soll selbst die Kämpfe um die Stadt leiten, und auch Goebbels wird irgendwelcher Heldentaten oder zum mindesten heldenhafter Äußerungen bezichtigt. Die armen Irren! Nun, sie werden kaum mehr nach Berlin kommen, denn nach allem, was wir hören, ist nun auch die letzte Ausfallstraße zu.
In Trittsee eine sehr gemütliche Teestunde. Die Atmosphäre ist dort sehr viel wärmer und freundlicher.

Gertrud Bayer *1909 **Berlin**

Im Wald, gegenüber unserm Haus, lagert eine Kampfgruppe, die sich nach dem Westen durchschlagen will. Ob ich mich da anschließen kann? – Vergrabe meinen Schmuck im Garten.
Als ich nachmittags zu einem echten Kaffee zu Haeberleins wollte, sprach ich mit den Soldaten. Sie hatten Zivilpersonen bei sich, aus bereits besetzten Berliner Gebieten Geflohene, die schauervoll schildern konnten, was ihnen zugestoßen war. Ein junges Mädel war ganz apathisch, hatte kaum Zeug am Leibe, und die Soldaten organisierten aus einem leerstehenden Haus Kleider für sie. Die Kampfgruppe, die aus dem Osten kam, hat Befehl, sich nach Hamburg durchzuschlagen. Nach Rücksprache mit dem Major wollen sie mich «auf eigene Gefahr» mitnehmen!!
Ich sauste zu Haeberleins, um mich wiederum zu verabschieden und wartete abmarschbereit noch bis 5 Uhr morgens.

Der Soldat Herbert Nürnberger **bei Berlin**

Kurz danach, es muß vielleicht der 23. bis 25. April gewesen sein, hieß es plötzlich, alle Marschfähigen mit möglichst wenig Gepäck antreten, es geht heraus aus Berlin!! Und da habe ich aus dem Fenster unserer Stube etwas gesehen, was ich auch nicht vergessen habe: Da marschiert doch eine Gruppe von halbuniformierten, alten Männern unten vorbei mit «vorsintflutlichen» Flinten, und einer hatte, wie man bei uns daheim sagt, ein «Buckerl»!!
Ich hatte einen Holzkoffer von daheim mitgebracht. Der Marsch ging also tatsächlich los in Richtung Westen oder Nordwesten. Ich tauschte meinen Koffer gegen einen Rucksack um; es lagen da schon bereits sol-

che Dinge am Straßenrand. Aber auf einmal gab es eine Stockung, unser Zug wurde durch SS-Leute aufgehalten – und vorbei war es mit dem Abmarsch nach Westen!

⋆

Lagebesprechung **Berlin / Führerbunker**

Hitler: Mit was wollte ich dann den Süden halten gegen den Westen. Sie sehen, es ist überall so: Ein Name verbürgt eine gewisse Ordnung. Überall wo ein Name ist, eine Persönlichkeit, dort herrscht Ordnung. Solange in Italien eine Persönlichkeit war, war hier eine gewisse Ordnung. Unter Vietinghoff sind die zersetzenden Einflüsse wieder stärker geworden. Es sind das jene Klugscheißer, vor denen Clausewitz warnt, Leute, die immer den leichteren Weg als den klügeren bezeichnen. Tatsächlich ist der leichtere Weg der dümmere. Dazu kommt die falsche Klugheit. Es gibt für mich keinen Zweifel: Die Schlacht hat hier einen Höhepunkt erreicht.

Wenn es wirklich stimmt, daß in San Franzisko unter den Alliierten Differenzen entstehen – und sie werden entstehen – dann kann eine Wende nur eintreten, wenn ich dem bolschewistischen Koloß an einer Stelle einen Schlag versetze. Dann kommen die anderen vielleicht doch zu der Überzeugung, daß es nur einer sein kann, der dem bolschewistischen Koloß Einhalt zu gebieten in der Lage ist, und das bin ich und die Partei und der heutige deutsche Staat.

Wenn das Schicksal anders entscheidet, dann würde ich als ruhmloser Flüchtling vom Parkett der Weltgeschichte verschwinden. Ich würde es aber für tausendmal feiger halten, am Obersalzberg einen Selbstmord zu begehen, als hier zu stehen und zu fallen. – Man soll nicht sagen: Sie als der Führer …

Der Führer bin ich, solange ich wirklich führen kann. Führen kann ich nicht dadurch, daß ich mich irgendwo auf einen Berg setze, sondern dazu muß ich Autorität über Armeen besitzen, die gehorchen. Lassen sie mich hier einen Sieg erringen, und mag es noch so schwierig und hart sein, dann habe ich auch wieder ein Recht, die trägen Elemente, die dauernd Obstruktion machen, zu beseitigen; dann werde ich mit den Generalen arbeiten, die sich bewährt haben. Nur eine heroische Haltung kann uns diese schwerste Zeit bestehen lassen.

⋆

Ein Flugblatt des «Werwolf Oberbayern»

Warnung an alle Verräter und Liebediener des Feindes!
Der Oberbayerische Werwolf warnt vorsorglich alle diejenigen, die dem Feinde Vorschub leisten wollen oder Deutsche und deren Angehörige bedrohen oder schikanieren, die Adolf Hitler die Treue hielten. Wir warnen!
Verräter und Verbrecher am Volke büßen mit dem Leben und dem ihrer ganzen Sippe. Dorfgemeinschaften, die sich versündigen am Leben der Unseren oder die weiße Fahne zeigen, werden ein vernichtendes Haberfeldtreiben erleben, früher oder später. Unsere Rache ist tödlich!
Der Werwolf.

Herbert Steiner **(Koprein/Kärnten)**

Die Familie Sadounik aus Koprein bei Eisenkappel in Kärnten wurde am 25. April 1945 von der SS ermordet:

1. Franziska Sadounik, geb. Dlopst, geb. 26. Januar 1868
2. Katharina Sadounik, geb. Dobranc, geb. 25. April 1901
3. Lukas Sadounik, geb. 6. Oktober 1906
4. Anna Sadounik, geb. Haberc, geb. 15. Juni 1909
5. Franziska Sadounik, geb. 4. Februar 1932
6. Albina Sadounik, geb. 11. Februar 1938
7. Viktor Sadounik, geb. 8. April 1941
8. Mirko Sadounik, geb. 8. April 1944
9. Gottfried Sadounik, geb. 4. August 1944
10. Stanislaus Kogoj, geb. 13. November 1935, Nachbarskind
11. Adelgunde Kogoj, geb. 28. Januar 1942, Nachbarskind

Die Familie hatte Partisanen unterstützt.

Der Pfarrer August Ganter **Ewattingen/Schwarzwald**

Am Morgen des neuen Tages, Mittwoch 25. 4., wie auch an den beiden folgenden Tagen versammelten sich auf Einladung des Pfarrers diejenigen, die kommunizieren wollten, in einer ruhigen abgelegenen Ecke des Stollens. Dort empfingen sie nach gemeinsamem Gebet den Leib des Herrn. Über dieser Kommunionfeier lag ein tiefer Ernst, der wohl kaum mehr vergessen werden kann von denen, die sich daran beteiligten.

*

Der Generalfeldmarschall
Wilhelm Keitel 1882–1946 **bei Berlin**

Am 25. 4. in aller Frühe fuhr ich wieder an die Front und suchte zunächst Gen. Holste auf seinem Gefechtsstande auf. Nachdem ich mich über die Lage bei seinem Korps informiert, mit Gen. Wenck telefoniert und von ihm mich hatte unterrichten lassen – er hatte wieder seinen Armee-Gefechtsstand verlegt – gab ich Jodl meine Auffassung der Lage an den Führer durch. – Gen. Wenck war zwar mit seiner Angriffsgruppe auf Potsdam, wenn auch in sehr schmaler Front, die einem spitzen Keil glich, bis an die Seen südlich der Stadt durchgedrungen. Es fehlten aber Reserven und an weiterer Stoßkraft, weil stärkere Teile seiner Armee in den ständig sich verstärkenden Kämpfen um die Elbe-Übergänge (mir fehlt Karte zu genauerer Ortsbezeichnung) nördlich Wittenberg gebunden waren, so daß er sie für den Angriff auf Berlin und ein Zusammenwirken mit der 9. Armee, die offenbar nur noch aus Resten bestand, nicht frei machen konnte. Beiden Aufgaben gerecht zu werden, war die 12. Armee zu schwach.

In dieser Lage ermächtigte ich Gen. Wenck, trotz alledem jede Gefahr an der Elbefront in Kauf zu nehmen und wenigstens eine Division für die Hauptaufgabe Richtung Berlin noch frei zu machen, und dem Führer diesen Entschluß durch Funk, unter Berufung auf mich, selbst zu melden. –

Als ich gegen Mittag auf der Rückfahrt das Kreisstädtchen X (Name ist mir entfallen ohne Karte), etwa halbwegs Brandenburg – Nauen, durchfahren wollte, sperrten eigene Truppen mir den Weg, mit der Begründung, X-Stadt werde von den Russen angegriffen und läge unter feindlichem Feuer. Da ich keinerlei Gefechtslärm wahrnehmen konnte, fuhr ich auf der völlig leeren Straße weiter in die X-Stadt hinein. Auf dem Marktplatz hatte eine Kompanie «Volkssturm» einen Schützengraben, 1 m tief, ausgehoben und besetzt, mit Schußfeld von kaum 100 m bis zu den gegenüberliegenden Häusern. Vom Feinde wußte man nichts, als daß ein Angriff auf die Stadt erwartet werde. Ich setzte dem Kompanieführer das Unsinnige seiner Maßnahme auseinander, ließ die Kompanie sammeln, hielt eine kurze Ansprache und befahl, daß der Kompanieführer mich zum Kommandanten der Stadt führe.

Auf dem Wege dorthin sah ich an verschiedenen Stellen Geschütze aller Art (Feldhaubitzen, Infanterie-Geschütze, 3,7 cm Flak) in Höfen untergezogen aufgeprotzt, gegen Fliegersicht offensichtlich gedeckt, dabei die Zugmittel und Mannschaften, untätig herumstehen. Einzelne Schüsse einer feindlichen Batterie schienen dem Stadtrand zu gelten.

Ich fand den Kommandanten in einem abgelegenen Hause bei der Befehlsausgabe an etwa 10–12 Offiziere, die um ihn versammelt waren. Er war ein aktiver Pionier-Offizier, den mein Erscheinen nicht nur in Erstaunen, sondern auch in Verwirrung versetzte. Er meldete mir, daß er den Abmarsch noch besonders und die Sprengung der Brücke am Osteingang befohlen habe, weil der Feind im Begriff sei, die Stadt anzugreifen. Ich schrie ihn nun an, ob er von Sinnen sei, auf einige Schüsse Fernfeuer auszureißen, was er vom Feind gesehen habe, wo seine Gefechtsaufklärung angesetzt sei, was sie gemeldet habe, und wozu er die Kanonen habe, die in den Höfen der Stadt überall herumständen? Ich holte die ganze Gesellschaft aus dem Hause, ging mit ihnen an den Ausgang der Stadt, wo der Feind angeblich angreifen sollte; es war nichts zu sehen außer einigen Geschoßeinschlägen. Unter meiner Aufsicht wurde der Befehl zur Verteidigung gegeben, die Geschütze in Stellung gebracht, und der Herr Major bezog einen Gefechtsstand, wo er die weite, offene Ebene, auf der kein Feind sichtbar war, selbst übersehen konnte.
Ich eröffnete ihm, daß ihn die Aufgabe der Stadt den Kragen kosten würde […], daß ich am nächsten Tage ihn wieder besuchen werde und eine wohlorganisierte Verteidigung vorzufinden erwarte. Er sollte dem Gen. Holste sofort durch Motorradfahrer mein Eingreifen und meine ihm erteilten Befehle melden. Ich fuhr die von dem mutigen Kommandanten vorgesehene Rückzugsstraße entlang und traf dort kilometerlange Kolonnen der schon im Abmarsch befindlichen Formationen aller Art und die Trosse, ganze Fahrzeugkolonnen, hoch beladen mit Gewehren, Masch.-Gewehren, Munition usw. Alles wurde von mir angehalten und in die Stadt zurückgeschickt, unter Führung einiger älterer [Feld-]Gendarmerie-Offiziere, die ich mir gegriffen hatte. […]
Am Spätnachmittag kehrte ich in unser Lager Neu-Roofen zurück und bereitete meinen Flug nach Berlin für die kommende Nacht erneut vor. Da Jodl den Führer telefonisch bereits unterrichtet hatte, verzichtete ich angesichts meines Fluges nach Berlin auf persönlichen Anruf. Leider wurde mir aus der Reichskanzlei nunmehr die Landung auf dem Flugplatz Gatow verboten, weil dieser zeitweise schon unter feindlichem Geschützfeuer lag. Es war deshalb die Heerstraße zwischen Charlottenburger Tor (Techn. Hochschule) und Brandenburger Tor als Start- und Landeplatz für Flugzeuge eingerichtet worden, und hier ab Dunkelwerden der Einflug von Transport-Ju's mit Munition aller Art, die von der Reichskanzlei bzw. dem Kommandanten von Berlin angefordert war, und außerdem die Landung von 2 SS-Kompanien, die sich freiwillig ge-

meldet hatten, vorgesehen. Mein Einflug war deshalb auf die Zeit nach Mitternacht angesetzt, so daß ich noch vor Hellwerden wieder starten konnte. Ab 24 Uhr wartete ich auf dem Flugplatz Rheinsberg auf Startbefehl. Statt dessen erfolgte aber eine kategorische Absage, weil durch Brand in Berlin eine derartige Rauchschicht den Tiergarten einhüllte, daß jede Landung unmöglich geworden war.
Es half mir auch ein persönlicher Anruf nichts; es wurde mir außerdem bedeutet, daß infolge dieses Rauchschleiers schon zahlreiche Maschinen Bruchlandung gehabt hätten, die Landebahn also nicht frei sei. Mein Vorhaben war also gescheitert. Als ich nach Rückkehr ins Lager erneut mit der Reichskanzlei verhandelte, wegen Einflug bei Tagesanbruch, wurde mir das Verbot des Führers persönlich übermittelt, nachdem am Abend vorher der Gen.Oberst von Greim vor der Landung noch bei letztem Tageslicht verwundet worden war.

*

Emil Barth 1900–1958 *(Haan/Rheinland)*
Zu dem erwähnten Heilprozeß gehört auch dies: daß ich, seit er im Gange ist, nur mehr wenig Neigung verspüre, nach Chronistenart vom Verlauf der äußeren Ereignisse Notiz zu nehmen. Mich geht jetzt bloß an, was mit diesem Heilvorgang im Zusammenhang steht, – genug und übergenug freilich! Es ist ein Vorgang von weiträumiger Erstreckung, und seine Inständigkeit bestätigt mir die alte Überzeugung, daß der Mensch, solange er in der Fülle des Daseins steht, auch physisch ein Wesen von sphärischer Größe ist.
Um gleich ein Äußerstes zu nennen: ist nicht die Nacht, wie sie sich jetzt wieder herabsenkt, sich silbern und samtig mit Stille, mit Stimmen unermeßlichen Schweigens und Atmens niederspendet, mit Schlafes süßem Vergessen von allen Sternen träuft und mit Strömen voll Träumen sich durch die ruhende Brust ergießt, – ist sie nicht gleich einem leibhaft mir Zugehörigen, von dem ich lange geschieden war? Ein Leib von zartester Physis, gewoben aus Sternlicht, Äonen der Zeit, Unermeßlichkeiten des Raums? Nicht Hülle nur meines Selbst, sondern selber Substanz meines Selbst? Oder die vielhundertjährige Eiche droben am Windhügel, an der ich durch mehr als ein Jahr fast täglich vorüberging, doch kaum je, ohne das Brennen der Wunde zu spüren, daß sie außer mir dastand: ist es nicht jetzt wieder im Meinigen, wo sie steht und sich begrünt? Durchaus eine mir eigene Zone, wo sie ihr mächtiges Astwerk reckt und Nester von Himmel in sich birgt? Und so ist es mit vielem.

Sogar die Aufräumungsarbeiten auf der Straße erscheinen mir zuvörderst, in Unmittelbarkeit, unter diesem Aspekt der Heilung und Wiederherstellung von etwas mir Eigenem; obwohl man, wie ich weiß – denn an äußeren Zeichen ist es nicht bemerkbar –, gewisse Träger der lokalen Tyrannis zu diesen Arbeiten angestellt hat, die sie als eine Demütigung empfinden mögen (während sie eine Gelegenheit für sie sein könnte, sich selber unter die Einsicht ihrer aktiven Mitschuld an dem schauerlichen Spiel unsrer nationalen Tragödie zu demütigen). Aber um hierauf zu sehen, bedarf ich erst eines besonderen Anstoßes der Besinnung, wie ihn etwa das Auftauchen eines bekannten Gesichtes hervorbringt, von dessen Zügen inzwischen die törichte Anmaßung der Macht gewichen ist. Übrigens wird diese Arbeit bereits in wenigen Tagen getan sein, soweit es die Hauptstraße betrifft; die Panzersperren sind schon zum größten Teil weggeräumt, die zerschossenen und ausgebrannten oder von Plünderern ausgeweideten Autos abgeschleppt, die zerschlagenen Gewehre, die fortgeworfenen Stahlhelme und Koppel und ganze Berge verstreuter Munition gesammelt, und nur das in Wut ausgeräumte Parteihaus, aus dem heraus noch eine Panzerfaust abgefeuert wurde, und die Brandruinen zweier Häuser beim Rathaus, die in der ersten Nacht in Flammen aufgingen, werden noch eine Weile an die Entscheidungsstunden jenes unvergeßlichen Montags erinnern. Doch auch diese Makel und Male begütigt rasch das Grün der alten Linden, das so zeitig in diesem Frühjahr seinen dämmriggoldenen Bogen über die Straße wölbt; und wenn ich nachmittags oder gegen Abend mich auf eine Stunde ins väterliche Haus begebe, so gehe ich unter dem grünen Gewölb von einem Frieden umfangen dahin, wie ich ihn süßer nie erfahren habe und ihn nicht mehr für möglich gehalten hätte.

*

Der amerikanische Kriegsgefangene
Ray T. Matheny *1925 *Braunau am Inn*

Wir kamen durch etliche kleine Dörfer und Städte. In einer Stadt gelang es ein paar von unseren Leuten, etwas Speiseeis zu kaufen, nur war der Vorrat nicht groß. Im selben Städtchen bot uns ein unternehmensfreudiger Vater seine Tochter für ein paar Reichsmark zur Belustigung an. Es gab liebeshungrige Kriegies, die darauf warteten, bis sie an die Reihe kamen.

Manchmal boten Österreicherinnen am Wegesrand Körbe mit Äpfeln und Möhren zum Verkauf. In einem Städtchen warfen die Frauen kleine Brocken Brot auf uns herunter. Wir segneten diese Frauen, doch glaube ich, daß sie sich den ungarischen Juden gegenüber, die vorher durch ihre Stadt gekommen waren, nicht so freundlich gezeigt hatten. Unter den Zivilisten herrschte eine allgemeine Atmosphäre der Angst, denn die deutschen Verbände waren bereits abgezogen und hatten sie ihrem Schicksal überlasen. Wahrscheinlich behandelten die Zivilisten uns so freundlich, weil sie hofften, deshalb nach Beendigung des Krieges selber besser behandelt zu werden.

Der britische Kriegsgefangene
Arthur Thomas Scales ***auf der Flucht bei Regensburg***

Jedoch auch unser vierter Tag im Wald brach endlich an. Während des Morgens und Nachmittags lagen wir vollkommen unbeweglich, trauten uns nicht, uns zu bewegen, denn obwohl eine Bewegung bei dem betäubenden Lärm der Kanonen nicht hätte gehört werden können, war es wichtig, die Büsche, unter denen wir Schutz gesucht hatten, nicht zu bewegen.

Es gab eine Menge Unruhe während des späten Nachmittages. Wir hörten, wie die deutschen Soldaten ihre Maschinengewehre hinter sich herzogen, auf dem Weg 7–8 Yards über uns rennend. Obwohl wir unsere Köpfe unten hielten, als sie vorbeigingen, sah ich doch einen von ihnen, als er, ein leichtes Maschinengewehr tragend, vorbeirannte.

5 Uhr. Alles schien ruhiger, kein Maschinengewehrfeuer, jede Artilleriekanone feuerte 3 Salven alle 15 Minuten.

Dann hörten wir in der Ferne ein lautes Rumpeln, das an Lautstärke zunahm, bis wir es als das eines Panzers erkannten. Wir blieben unten, als das Monster auf dem Weg vorbeirumpelte. Nachdem der Krach abgenommen hatte, fragten wir uns flüsternd, wessen Panzer es wohl gewesen wäre. Wir waren überzeugt, daß es die Deutschen auf dem Rückzug gewesen sein müßten.

Weiterhin nur Artilleriefeuer und Gewehrschüsse. 17.45 Uhr, das Geräusch eines herannahenden Wagens war zu hören, der zu unserer Überraschung mit quietschenden Bremsen hielt. Wir konnten durch die Büsche nichts sehen, aber er war nur 20 Yards entfernt. Dann hörten wir jemanden sprechen – und sahen uns überrascht an. Hatten wir richtig verstanden? Emmot sah mich an und formte, ohne einen Ton von sich zu geben, das Wort «Amerikaner» mit seinen Lippen. Genauso antwortete ich: «Ich glaube.»

Der Wagen fuhr weiter, hielt aber nach 100 Yards erneut. Wir unterhielten uns flüsternd. Wir alle dachten, wir hätten das Wort «headquarters» mit amerikanischem Akzent sprechen hören, waren uns aber nicht hundertprozentig sicher.

Wir wollten hinaus auf den Weg kriechen, um zu sehen, ob es sich wirklich um Amerikaner handelte. Emmot sagte jedoch, als Rangältester werde er gehen. Shepherd bestand darauf, ihn zu begleiten.

Emmot zog einen kleinen «Union Jack» aus der Tasche und heftete ihn an die Kappe. Wir flüsterten unser «Viel Glück», als die beiden aus dem Unterholz krochen.

Die folgenden Augenblicke schienen eine Ewigkeit zu dauern. Ich kann mich nicht mehr an unsere Gedanken zu der Zeit erinnern, aber dieser Moment bedeutete nach fünf Jahren Gefangenschaft, frei zu sein oder ...!!

Wir hörten die zwei durch das Unterholz kriechen, Äste knickten, Steine bewegten sich unter ihren Füßen. Dann hörten wir jemanden rufen: «Don't shoot! British prisoners-of-war!» Danach trat grausige Stille ein. Ich dachte für einen schrecklichen Moment, das deutsche Wort «Nein» gehört zu haben. Wir vier horchten, um die Worte aufzufangen, die die Männer auf dem Weg sprachen.

Emmot kam als erster zurück – sein Gesicht verzog sich zu einem Grinsen –, dicht gefolgt von einem amerikanischen Soldaten, ein englisches Gewehr über die Schulter geschlungen.

Wir alle waren schrecklich glücklich, aber keiner wußte so recht was zu sagen. Wir alle schüttelten dem Yankee die Händen und sagten: «Vielen Dank.» Es war schwer, sich bewußt zu werden, was dieser Augenblick bedeutete, aber ich weiß, daß ich das Gefühl hatte, eine enorme Last wäre von meinen Schultern genommen worden. Wir krochen alle auf den Weg, wo ich meinen ersten Jeep sah. Daneben standen drei G.I.s, die vorwärts rannten, um uns zu treffen und uns freundlich die Hand zu schütteln. Sie gaben uns Schokolade, Dosenfleisch, Kekse, Bonbons und köstlichen heißen Kaffee aus einer Thermoskanne. Einer von ihnen nahm per Funk Kontakt mit seinem Stab auf, berichtete seinen Fund und fragte nach weiteren Befehlen. Er wurde gefragt, ob das Gebiet gereinigt sei, worauf er bestätigte und die Anweisung erhielt, uns zum Stab zu bringen. Wir stapelten uns auf dem Jeep, 10 Mann einschließlich der Besatzung. Wir holperten und sprangen über den steinigen Boden durch den Wald, bis wir schließlich die Straße erreichten, auf der viele Panzer und bewaffnete Fahrzeuge gegen den Feind vorrückten. Wir kamen zu einem Dorf, wo aus jedem Haus eine weiße Fahne flatterte. Die Bewohner, die in den Eingängen standen, blickten sehr verschreckt. Wir erreichten ein sehr großes Haus und fuhren auf den Hof.

Hier trafen wir den verantwortlichen Offizier, der uns nach unseren Erlebnissen fragte, uns Tee gab und – zu unserer Überraschung – weißes Brot, etwas, das wir seit fünf Jahren nicht mehr gesehen hatten. Zuerst dachten wir, es wäre Kuchen, aber der Leutnant versicherte uns unter Gelächter, daß es Brot wäre. Das Haus hatte offenbar einflußreichen Personen gehört, denn es war wundervoll möbliert und ausgestattet.

Die G.I.s. waren damit beschäftigt, den Ort zu plündern, bevor die Militärpolizei eintreffen würde, die gewöhnlich dicht hinter den Vortruppen folgte. Sie forderten uns auf, alles zu nehmen, was uns gefiele, aber wir waren so froh, frei zu sein, daß nichts anderes für uns von Wert war.

Der britische Kriegsgefangene A. J. East *Mühlberg/Stalag IV B*

Heute gingen Bill, Reg Fox und ich los, um uns Mühlberg anzusehen. Hunderte von Plünderern mit gestohlenen Fahrrädern, Kinderwagen – sogar Puppenwagen –, Ziehwagen, Kinderbetten etc., alle mit Beutegut beladen, kehrten zurück. Ein paar deutsche Herumtreiber waren auch unterwegs.

Die Straßen der Stadt waren mit Abfall übersät, und aufgeregte Menschen liefen überall umher und schauten sich ihre Häuser von draußen an.

Offensichtlich war die Methode so, daß die Meute einem russischen Soldaten folgte, der vor einem Haus oder Geschäft stehenblieb und an die Tür klopfte, die dann von einer deutschen Frau geöffnet wurde. Sie flehte die Eindringlinge an, wurde aber schnell von schmutzigen kleinen Itakern beiseite gestoßen. Ihnen folgten Angehörige anderer Nationalitäten, einschließlich Briten. Eine Heuschreckenplage ist nichts gegen einen aufs Plündern bedachten Pöbel. Die Lagergeistlichen versuchten das Schlimmste dieses Vandalismus zu verhindern.

Obgleich uns unser Stolz verbot, am allgemeinen Plündern teilzunehmen, genossen wir die Früchte, die die anderen mit in die Baracke gebracht hatten. Jetzt haben wir Speck, eingemachtes Obst, Honig, Milch, Marmelade, Zwiebeln, Rhabarber, Ersatzkaffee, Butter, Reis, Makkaroni und andere Fressalien.

Es gab heute nacht große Aufregung, als ein Jeep mit Amerikanern in unser Lager fuhr.

Mit Hochrufen sprangen die aufgeregten Krieger auf das Fahrzeug, das auf der Hauptstraße hin- und herfuhr.

Der Offizier erklärte, er sei genau so glücklich wie wir hier und denke, daß wir in Kürze mit Fahrzeugen wegkämen und Zigaretten erhielten. Die ganze Nacht hindurch gab es eine lange Parade von Leuten, die auf den Toiletten kotzten.

★

Karla Höcker 1901–1992 **(Berlin)**

Unwirklicher Abend bei Gründgens: kleiner, festverrammelter Souterrainraum, Kerzenbeleuchtung, Sekt. Ein paar Stunden ist es, als wäre der Krieg ferner gerückt. Diskussionen um das, was kommen wird. Scrullo sagt etwas Merkwürdiges, etwas, das uns alle angeht. Er sagt: «Es war unser Schicksal, immer ‹dagegen› sein zu müssen, und wir wären doch so begabt gewesen, ‹dafür› zu sein.» Er meint damit: für Menschlichkeit, für geistige Freiheit hätte ich mich begeistern können. Für manches andere noch. «Für das hier? – Neee!» Geri sagt: «Man wird eine neue Lebensform finden, gerade wir, die Erfolg hatten, können auf äußere Glücksmöglichkeiten verzichten. Beruf, Kunst, – wir haben das alles gelebt, uns bis zu einem gewissen Grade erfüllt. Vielleicht werden wir nun menschliche Erlebnismöglichkeiten nachholen …»

Gründgens sagt, gewissermaßen sotto voce: «– und ich werde pausenlos SS-Männer darstellen müssen.» Immer wieder bricht, trotz aller Überlegenheit und Ironie, die Besessenheit des Akteurs durch, der spielen *muß*, – dem ein Leben ohne Theater unausdenkbar ist. «Von meinen ganzen Rollen würde ich nur noch zwei gelten lassen. Selbst den Hamlet –, Herrgott, wenn ich den jetzt spielen könnte –!»

Später eine groteske Szene in der Küche. Gründgens holt Ölsardinen, Wiener Würstchen in Dosen, Weitkamp schneidet Brote. Es gibt selbstgemachte Leberpastete, und wir tafeln, von Kerzen sanft beleuchtet, gefräßig und glücklich am Küchentisch, als wäre das die Erfüllung dieses merkwürdigen Tages. […]

Wir sprechen über das Kommende. Daß man Theater spielen wird in Kellerräumen, ohne Kostüme, in Zelten, – aber man wird spielen. Neues wird sich entwickeln. In der Oper, meint Geri, wird die große Form weichen, man wird wieder Kammerorchester haben, wird experimentieren. Scrullo, skeptisch: «Ja, wenn sie uns experimentieren lassen!» Die große Frage. Haben wir in dieser neuen Welt noch Existenzberechtigung? Werden wir denken, leben, essen, spielen und darstellen können, wonach uns verlangt? Die Unantastbarkeit der Person ist gründlich zerstört worden!

Gründgens lächelt, während er ein Sektglas in den Fingern dreht: «Wir haben ihnen ja schon vorgelebt, was uns schön, richtig, vollkommen erschien, haben Muster und Beispiele aufgestellt. Aber ich fürchte, man wird uns alles anrechnen, was wir unter Zwang taten und sagten. Man wird uns verantwortlich machen für Dinge, an denen wir unschuldig sind.» Dann, mit einem Versuch, die Situation ins Lächerliche zu ziehen: «Wir sind tatsächlich wie das Huhn in der Bahnhofshalle ‹nicht für es gebaut›. Es ist nicht unser Stil. Wir müssen das alles erleben, aber es steht uns nicht.»

Lieselott Diem **Berlin-Eichkamp**

Es kommen flüchtende und sich zurückziehende junge Soldaten hier durch, keuchend vom Lauf. Sie flüchten hier durch die Gärten weiter nach der Stadt zurück. Arme Kinder – so jung wie sie sind. Die Russen sollen hier am Bahnhof stehen – Aufregung und Angst überall. Wir warten ab. Es wird alles ruhig vor sich gehen. Daß der Kampf nur bald ein Ende hätte. Man weiß immer noch nichts Näheres. …
Am frühen Nachmittag wagen wir uns aus dem Haus, und ganz Eichkamp ist auf den Beinen, Wasser holen und einkaufen. Es gibt Fleisch, Trockenmilch und Brot. Ich gehe bei Zettelmeyers vorbei, die Frau ist elend und niedergeschlagen. In der Eichkampstraße hat ein russischer Panzer gestanden, und eine Frau ist erschossen, andere verwundet. Beim Heimgang wieder schwere Beschießung, und ein Panzer fliegt in Waldrichtung in die Luft, ein hellglühender Splitterregen.
Gegen Abend kommt plötzlich der Mann – entlassen! Er ist von allem tief bedrückt, aber glücklich sind wir, zusammenzusein. Nun werden wir vieles leichter ertragen. Neben ihm sind heute viele gefallen, durch Artillerietreffer oder Bomben – das Schicksal war ihm wie schon so oft wieder gnädig.
Das Schlafen wird nicht ganz einfach, da der Keller so klein ist. Wir – Carl und ich – versuchen es erst oben im Eßzimmer auf dem Boden auf unseren Matratzen – unmöglich, da der Bombenregen ab ein Uhr den Kalk auf unsere Gesichter regnen läßt. Wir legen uns unten auf die Erde – der Mann ist sehr erschöpft.

Ein Arzt **(Berlin)**

Erhängte Soldaten in Berlin, mit Schildern um den Hals: «Ich war zu feige, meine Frau und meine Kinder zu verteidigen.» Die Hysterie, die aus diesen Texten abzulesen ist.
Tote Menschen, wenn die hängen, sind das keine Menschen mehr. Durch

den Knick im Hals, durch den schräg abstehenden Kopf und die entspannt herunterhängenden Gliedmaßen wird das, was ein Mensch bedeutet, aufgehoben.

Lagebesprechung **Berlin / Führerbunker**

Hitler: Auch schon früher in der Geschichte wurde der asiatische Sturm nicht dadurch gebrochen, daß alles kapitulierte, sondern irgendwo muß ihm Halt geboten werden. Wir haben ja selbst einmal erlebt, wie schwer es ist, mit Molotow zu verhandeln. Wir waren damals auf dem Höhepunkt der Macht. Hier steht der asiatische Khan, der Europa erobern will. England sieht ganz genau ein, daß sich der Bolschewismus auch über die heute von ihm bereits erreichten Punkte weiterfrißt. Es ist dies nun einmal die Entscheidungsschlacht.
Wenn ich diese Schlacht gewinne, dann verspreche ich mir davon nichts für meinen persönlichen Namen. Aber dann bin ich rehabilitiert. Dann kann ich eine Anzahl von Generalen und Unterführern einschließlich in der SS beseitigen, die in entscheidenden Punkten versagt haben. Aber all denen, denen ich ihr Absetzen zum Vorwurf mache, denen mußte ich selbst einmal das Beispiel geben, daß ich mich nicht absetze.
Es ist auch möglich, daß ich hier zugrunde gehe. Dann bin ich aber anständig zugrunde gegangen. Das wäre immer noch besser, als wenn ich als ein ruhmloser Flüchtling in Berchtesgaden sitze und Befehle von dort gebe, die nichts nützen. Diese sogenannte Südfestung ist nicht autark. Das ist eine Illusion. Die Armeen dort unten sind brüchig. Es ist im Süden einfach nichts zu machen.

⋆

Hans Heischmann 1906–1990 **Berlin-Tempelhof**

Man behauptet schon seit einigen Tagen, daß wir mit Amerika und England Waffenstillstand geschlossen hätten, und daß nun die Amerikaner mit uns gegen Rußland kämpfen werden. Wer das wohl glaubt? Das ist sicher ein absichtliches Gerücht, um die Soldaten und die Zivilbevölkerung aufzumuntern und ihre Widerstandskraft zu stärken. Einige sprechen auch davon, daß eine deutsche Panzerarmee aus dem Westen im Anrollen sei, und daß wir nur noch 24 Stunden aushalten müßten, dann würde sich alles ändern. Daß man den Westen entblößt, um die Reichshauptstadt zu retten, das glaube ich wohl, aber daß an dem Endergebnis noch etwas zu ändern ist, das glaube ich nicht. Ich sehe ja auch tagtäglich unsere Truppen vor den Fenstern. Mit denen ist kein Krieg mehr

zu gewinnen. Aber es wäre immerhin möglich, daß vorne in der Hauptkampflinie doch noch zuverlässige Truppen liegen.
Nachdem ich vorgestern dreimal in der Technischen Vorschule der Luftwaffe in Mariendorf gewesen war, ohne jemanden anzutreffen, versuchte ich es gestern nochmals, wieder mit dem gleichen negativen Erfolg. Allerdings, es mußte jemand dagewesen sein, denn 1.) war die Wirtschaftsbaracke nun abgeschlossen und 2.) ergab sich bei einer Untersuchung, daß der Ballen Fett, etwa 6–8 Pfund, verschwunden war. Ich wollte, ohne die Baracke zu betreten, schon wieder nach Hause gehen, als ich Herrn Müller vom Haus gegenüber vor der Haustüre stehen sah. Ich unterhielt mich mit ihm; dann kam Fliegeralarm. Herr Müller wollte natürlich auch gerne etwas «erben», aber ich sagte ihm gleich, daß das nicht in Frage käme; wir wollten doch nicht plündern. Aber dann stiegen wir doch zu einem offenen Fenster ein, damit ich ihm einmal die Vorräte zeigen könnte. Auch fütterten wir die herrenlosen Karnickel mit Rüben aus dem Keller. Schade, schade, sagten wir beide. Diese Vorräte an Kartoffeln, Rüben, Sauerkraut, Blaukraut, Brot, Nudeln, Grieß, Zucker usw.! Das sollte nun alles den Russen in die Hände fallen! Im Schrank eines der Jungen, der vorher auf Wache gewesen war, wurde untersucht, da ein ganz fauliger Geruch herauskam. Und siehe da!, eine große Schweinskeule, schon halb in Verwesung übergegangen, kam zum Vorschein! Und, o Freude!, ein großes Paket – 10 Pfund – Markenbutter. Beides beschlossen wir zu teilen und mitzunehmen, bevor es gar verderbe. Vielleicht war das Fleisch noch zu gebrauchen. Wir verstauten die Butter, beschlossen dann, doch noch zwei Brote als Leihgabe vor den Russen sicherzustellen. Als wir gerade vom Keller zurückkamen, hörten wir Stimmen, und siehe da!, Frau Krause war mit noch einer Frau, in der Hand einen Wäschekorb, gekommen, um noch Lebensmittel zu retten. Nun war wenigstens eine autorisierte Person da, die es uns erlauben konnte, Lebensmittel mitzunehmen. Und sie tat dies denn auch; denn man mußte unbedingt damit rechnen, daß die Russen in den nächsten Tagen eindringen würden.
Frau Krause öffnete den unteren Vorratsraum, und da standen nun noch Säcke mit Zucker, Salz, Mehl, Grieß, dazu massenweise Erbwurst, Milei [Trockenei], Essig, Kaffee-Ersatz, Kunsthonig, Knäckebrot, Suppenwürze, Sago u.s.w., u.s.w. Wir packten ein, was wir unterbringen konnten und was ich nach Hause fortzuschleppen vermochte. Herr Müller lieh mir dann seinen Handwagen, sodaß ich Lebensmittel im Gewicht von ungefähr 1 Ztr. mit heimbrachte. Das Tollste aber war, daß im Eisschrank noch ein ganzer Rinderschenkel hing, so schwer, daß ich ihn

nicht einmal heben konnte. Der Eisschrank war zwar abgesperrt, und wir fanden den Schlüssel nicht, aber ich kroch zur Nebenöffnung hinein und schnitt dann Stück um Stück des Fleisches ab und reichte es den Frauen hinaus. Zum Schluß wurde dann der Rest des Schenkels gar hinausgeschleppt. Das Fleisch wurde geteilt; den Löwenanteil hatte Herr Müller. Ich brachte so etwa 8–10 Pfund Fleisch mit nach Hause. Außerdem 4 Brote, 10 Schachteln Knäckebrot, 6 Pakete Kunsthonig, etwa 10 Pfund Sago, ebensoviel Grieß, 5 Pfund Zucker, einige Pakete Kaffee-Ersatz, eine Tüte Nudeln, eine Tüte Trockenzwiebeln, etwa 10 Pfund Mehl und 5–6 Pfund Schinken. Es war eine ganz schöne Fuhre. Dabei heulten abwechselnd die Sirenen Warnung oder Entwarnung, und es war rege Fliegertätigkeit. Ich war heilfroh, als ich wohlbehalten und ohne angehalten worden zu sein, wieder zuhause ankam. Ich war vollkommen durchnäßt, nicht vom Regen, sondern vom Schweiß; denn ich hatte natürlich höchste Geschwindigkeit eingeschaltet.

Hertha von Gebhardt 1896–1978 Berlin-Wilmersdorf

Gerüchte, Gerüchte. Wir leben davon wie von leicht fauliger Nahrung, wir haben keine andere mehr. Die Befürchtungen, die uns umtreiben und die immer in neuer Form sich aufdrängen, sind quälender als der Zustand, der *ist*. Kann man allen Hausgenossen trauen? Hat jemand doch noch Waffen? Bekommen wir die angekündigte Panzerfaust und das Geschütz ins Haus? Dann gnade uns Gott! Geheime Beratungen. Mit Soldaten oder Hausgenossen, die hier schiessen wollen, muss abgerechnet werden. Wir sind sämtlich Kinder des Todes, wenn das Haus verteidigt wird. Kann man es riskieren, jetzt schon weisse Fahnen zu hissen? Allgemeine Ansicht: zu früh.

Weitere grosse Gefahr: Die U-Bahnhöfe sollen sämtlich gesprengt werden. Wenn das bei uns geschieht, ohne dass man uns warnt, sind wir allesamt hin. Warnt man uns, so bedeutet es Ausweisung aus dem Keller – und wohin dann? Also abermaliges Umpacken der letzten Habe: vom Nötigsten das Allernötigste in kleinere Koffer, die man tragen kann.

Neues Gerücht: Die Russen in Steglitz sehr freundlich gegen Zivilbevölkerung. Nur aus den Häusern, die militärisch gebraucht werden, muss die Kellergemeinschaft weg, und zwar mit erhobenen Händen. Wiederum packen für solchen Fall. Auf Renates Vorschlag: Aktentaschen, kleinste Koffer, die mit Riemen oder Gürteln über beide Schultern gehängt werden, so dass dabei die Hände gehoben werden können.

Die Kellergemeinschaft jetzt durchaus freundlich gegeneinander. Alles hilft sich, tut einander Gefälligkeiten. Das Leben zu zwanzig hat sich

Hans Frank in einer Zelle des Nürnberger Stadtgefängnisses, 8.12.1945

langsam eingespielt. Zeitweilig wagen wir es, Luft und Licht durch die Eisenfenster hereinzulassen, aber das dauert meistens nur kurz, dann müssen wir sicherheitshalber wieder alles verrammeln und tasten uns im Dunkeln beim Schein der spärlichen Kerzen herum. Die Dunkelheit für mich zum Verzweifeln, ich finde kein Stück, stosse mich allenthalben, werde unbeschreiblich deprimiert. Der Strom seit heute endgültig weg. Die U-Bahn ist jetzt gesperrt worden – kommt die Sprengung?
Dauernd ziehen todesmatte Soldaten vorüber, man weiss nicht, woher und wohin. Verwundete schleppen sich vorbei.
Nachmittags schwerer Bombenangriff. 8 Treffer allein in den Block. Der Luftschutzkeller hat tadellos gehalten, alle Wohnungen über uns furchtbar zerstört. Gerolsteiner 8 leicht beschädigt, Treffer in den Keller, unser Keller noch zugänglich und heil.
Abends: Man realisiert wohl nicht mehr so recht, in welcher Gefahr man geschwebt hat. Was wir hinter uns haben, war das bisher Schrecklichste. Wir wurden umhergeschleudert, aus dem brennenden Herd schoss eine Flamme in den Raum, Wolken von Staub und Mörtel kamen durch die Fensteröffnungen. Ich mag Renate gar nicht mehr von meiner Seite lassen – man ist nur ruhig, wenn man dicht beisammen ist.

B. N. *1921 Berlin / Keller des Propagandaministeriums

Man kann mich gut gebrauchen, es sind bisher nur zwei Mädchen hier, und neben der dienstlichen Tätigkeit kommen die Männer mit allerlei Wünschen wie Knopf annähen, stopfen usw. Man fühlt, daß man hier nötig ist, und ich bin glücklich, in Jochens Nähe zu sein.
Heute kam wieder eine neue Gefahr auf dem Wege dazu, sowjetische Bombenangriffe. In der Nacht war es schon so unruhig, daß ich mich gegen 3 Uhr in den Keller schlafen legte. Früh machte ich Besorgungen für die Männer, brachte zu Haus noch alles in Ordnung und zog dann um 12.45 mit vollbepacktem Rucksack und Einholetasche stadtwärts. Ich kam nur langsam vorwärts, immer wieder mußte ich Deckung suchen. Manchmal sagte ich mir, es ist ja Wahnsinn, und war nahe dran, wieder umzukehren. Aber dann dachte ich an Jochen. Ich hatte versprochen wiederzukommen, und so schlug ich mich durch. Am Kaiser-Wilhelm-Platz nahm mich ein Lastwagen mit, hielt unterwegs bei dem Beschuß, alles abspringen, dann wieder über Geröll und Scherben weiter, daß einem Hören und Sehen verging. Das letzte Stück von der Möckernstraße lief ich zu Fuß und atmete erleichtert auf, als ich am Ziel war – ich möchte den Weg nicht noch einmal wagen.
Ich spiele Sekretärin, Näherin, – je nach Bedarf. Es macht mir Spaß.

Wenn ich mit Jochen auch nicht viel Privates besprechen kann – wir sind uns nah. Ich muß ihn oft anschauen, und mir ist's, als ob ich ihn von Tag zu Tag lieber habe.
Gerade haben wir kurz Gute Nacht gesagt. Ich liege auf einer Matratze neben der Telefonzentrale mit Decken im Keller, wo wir Mädchen schlafen, draußen hört man die Detonationen fallender Bomben – mein Kriegsalltag!

Lagebesprechung **Berlin / Führerbunker**

Hitler: Ich sehe eine Möglichkeit, die Geschichte zu reparieren nur, indem ich an einer Stelle einen Erfolg erringe. Bedenken Sie auch die Rückwirkungen auf die Engländer. Wenn wir heute Berlin erfolgreich verteidigen, und es zeigen sich doch gewisse Ansätze einer Stimmung gegen Rußland, dann werden sie sehen, daß die Leute, die über den entsprechenden Weitblick verfügen, gegenüber diesem Koloß wieder etwas Mut schöpfen. Diese Leute werden sich dann vielleicht sagen: Wenn man mit dem Nazi-Deutschland ginge, dann könnte man doch vielleicht gegenüber diesem Koloß standhalten.
Goebbels: Es wäre auch nach der anderen Seite ermunternd. Wenn Stalin diese Entwicklung in den Weststaaten auf Grund eines deutschen Sieges in Berlin sieht, dann würde er sich sagen: Das Europa, das ich mir vorstelle, kriege ich nicht. Ich bringe nur die Deutschen mit den Engländern zusammen. Also mache ich mit den Deutschen Kippe und mache irgendein Übereinkommen. In einer ähnlichen Situation hat ja Friedrich der Große auch einmal gestanden. Auch er bekam durch die Schlacht von Leuthen wieder seine ganze Autorität zurück. Wenn der Führer zeigt, daß man das kann, daß man bleiben kann, und daß man durch das Bleiben eine Schlacht gewinnt, dann werden diese Exekutionen einen erzieherischen Sinn und nicht eine niederschmetternde Wirkung haben.
Hitler: Es ist für mich persönlich einfach unerträglich, andere Leute erschießen zu lassen für Dinge, die ich selbst mache. Nur um meinen Berghof allein zu verteidigen, dazu bin ich nicht auf die Welt gekommen.
Goebbels: Wenn die Sache in Süd-Westen anders gewesen wäre, und es sich nur um einen Kampf um Berlin wie etwa um Breslau gehandelt hätte, dann hätte ich dringend dagegen protestiert, daß Sie nach Berlin kommen und eine Prestigefrage daraus machen. Aber die Entwicklung hat nun einmal diesen Kampf um Berlin zu einem solchen Prestigefall gemacht. Der Führer hat sich entschlossen, sich an dieser Stelle dem rus-

sischen Gegner zu stellen, und er hat das deutsche Volk von Berlin zur letzten Gefolgschaft aufgerufen. Diese Lage muß jetzt durchgefochten werden, so oder so.

Hitler: Es gab für mich hier gar kein Problem. Es ist die einzige Möglichkeit, überhaupt noch wieder die persönliche Reputation herzustellen.

Irgendwo muß die Macht des großasiatischen Khans gebrochen werden. Seinerzeit war es die Schlacht um Wien [1683]. Jetzt ist es die Schlacht um Berlin. Als Wien befreit war, war noch nicht gleich die ganze Türkenmacht gebrochen. Es hat noch Jahre gedauert. Aber es war ein Fanal. Wenn die Wiener damals feige kapituliert hätten, dann wäre die Türkenmacht immer weiter vorgerückt.

★

Friederike Grensemann *1924 Berlin

Ungefähr am 25. April konnte man den Kanonendonner vernehmen. Es grummelte ununterbrochen. Ich bekam nun doch immer mehr Angst. Abends sah man im Osten den Himmel rot, und es zuckte am Himmel. Unser Mandelbäumchen hatte schon geblüht und auch die Tulpen und der Flieder war gerade am Kommen. Als plötzlich viele deutsche Panzer durch die Berliner Straße fuhren, habe ich alles abgeschnitten und die Panzer damit geschmückt. Die Soldaten haben mich sicher für verrückt gehalten, aber ich glaube doch, daß die meisten bereit waren, Berlin zu verteidigen. Aber was war schon noch zu verteidigen?

Plötzlich lagen wir im Schußbereich der russischen Artillerie.

Inzwischen war Dirk's ehemaliger Jungvolkführer Ingo Körner dazugekommen, ein Kamerad von Wolfgang, beide schon aus der Armee entlassen. Dann kamen noch die beiden Nachbarmädchen neben Sturms dazu, und so saßen wir dann mit sieben Personen in Lautenbachs Musikzimmer. Sie hatten einen weißen Flügel, und Sessel standen locker in der Gegend. Ingo konnte fantastisch spielen und begann unter dem Heulen der Geschosse die Ungarischen Rhapsodien von Franz Liszt zu spielen. In dem Hause gegenüber schlugen die Geschosse ein, und es mußte uns jeden Moment treffen. Diese Weltuntergangsstimmung werde ich mein Leben nicht vergessen. Keiner sagte einen Ton, keiner weinte, nur Ingo spielte. – Das kann sich keiner vorstellen, der es nicht miterlebt hat. Dann war auch schon das Pak-Geschützfeuer zu hören und auch MG's. Es war aus! Entweder wir verreckten oder wir türmten. Wir beschlossen zu türmen, jeder für sich in Richtung Kurfürstendamm.

Eine Frau **Berlin**

Mittwoch, 25. April 1945, nachmittags.

Ich rekapituliere: Gegen 1 Uhr Nachts stieg ich aus dem Keller in den ersten Stock, haute mich wieder auf der Couch bei der Witwe hin. Plötzlich heftiger Bombenfall, die Flak tobt. Ich warte, bin so schlaftrunken, mir ist alles gleich. Die Fensterscheibe ist bereits entzwei, Wind mit Brandgeruch weht herein. Unter dem Bettzeug hab ich ein idiotisches Gefühl von Sicherheit, als seien die Decken und Laken aus Eisen. Und dabei soll gerade Bettzeug so gefährlich sein. Dr. H. erzählte mir einmal, wie er eine im Bett getroffene Frau verarzten mußte, der die Federpartikel bis tief in ihre Wunden hinein gedrungen waren, so daß man sie kaum herausbekam. Aber es kommt der Augenblick, wo tödliche Müdigkeit über die Angst siegt. So schlafen wohl auch Frontsoldaten im Dreck. [...]

Mit einem Eimer in jeder Hand wanderte ich durchs blühende Laubengelände zur Pumpe. Die Sonne strahlte so warm. Lange Pumpenschlange, jeder rührte den Schwengel für sich; er bewegt sich schwerfällig, mit Gequietsche. Zurück die Viertelstunde Weg mit überschwappenden Eimern. «Wir sind alle hübsch tastbare Eselinnen.» (Von Nietzsche, glaub ich). Bei Bolle immer noch Geschubse wegen der Gratisbutter. Bei Meyer endlose, dunkelfarbige Schlange, die ausschließlich aus Männern besteht; es wird dort Schnaps verkauft, pro Ausweis ein halber Liter, alle vorhandenen Sorten.

Ich ging gleich nochmals Wasser holen. Auf dem Rückweg plötzlich Bombenfall. Aus dem Rasenplatz vor dem Kino stieg eine Säule aus Rauch und Staub. Zwei Männer vor mir warfen sich platt in den Rinnstein. Frauen rannten in den nächstbesten Hausflur, treppab. Ich hinterdrein, abwärts, in einen völlig fremden Keller, der nicht die Spur von Beleuchtung hat. Die vollen Eimer schleppte ich mit, sonst werden sie einem geklaut. Drunten im Stockfinstern ein aufgescheuchter Haufen, unheimlich. Eine Frauenstimme ächzt: «Mein Gott, mein Gott ...» Und wieder Stille. [...]

Als ich vom Wasserholen zurück war, schickte mich die Witwe auf Kundschaft zur Fleischschlange. Dort großes Geschimpfe. Es scheint, daß immer wieder die Zulieferung von Wurst und Fleisch stockt. Dies ärgert die Frauen im Augenblick mehr als der ganze Krieg. Das ist unsere Stärke. Immer haben wir Frauen das Nächstliegende im Kopf. Immer sind wir froh, wenn wir vom Grübeln über Künftiges ins Gegenwärtige flüchten dürfen. Die Wurst steht zur Zeit im Vordergrund dieser Hirne und verstellt ihnen perspektivisch die großen, doch fernen Dinge.

Im Keller wiederum, gegen 18 Uhr. Konnte oben nicht länger ruhig liegen, bekam Angst, da Volltreffer nahebei und dicke Kalkbrocken auf meine Wolldecke gefallen sind. Hab hier unten gedusselt, bis die Henni vom Bäcker kam und meldete, daß ein Volltreffer in die Drogerie neben dem Kino gegangen sei. Der Inhaber war gleich tot. Ob durch Splitter, Luftdruck oder Herzschlag, war nicht sofort feststellbar. Henni sagt, er hat nicht geblutet. Aus dem Drei-Schwestern-Pudding der schwarzen Damen erhebt sich eine und fragt mit vornehm gespitztem Munde: «Ach bitte – wie ist der Mann kaputtgegangen?» So reden wir jetzt, so sind wir sprachlich heruntergekommen. Das Wort Scheiße rutscht uns leicht von der Zunge. Man spricht es mit Befriedigung aus, als könnte man inneren Unrat damit ausstoßen. Man kommt der drohenden Erniedrigung auch sprachlich entgegen.

Der Wachtmeister Arno Pentzien **Berlin / Zoo**

Ich bekomme vom Bataillon Bescheid, daß ich zur Batterie zurück kann. Wir gehen los und finden nach langem hin und her die Batterie im Volkspark. Alles schlief und ich ging zur Protzenstellung zum Chef, der auf meine Meldung hin sofort Stellungswechsel anordnet. Die ganze Abteilung fährt gegen 10.00 Uhr in Richtung Westen. Iwan beschießt wieder tüchtig die Häuser. Die armen Zivilisten! Nach kurzer Fahrt gehen wir zu unserer Überraschung im Berliner Zoo in Bereitstellung. Keine hundert Meter von dem großen Flak-Turm stellen wir unsere Fahrzeuge unter den Bäumen ab. Wir haben nicht viel Zeit, uns die Reste des Zoo's anzusehen. Es kracht hier mächtig und wir graben uns sofort Deckungslöcher. Die schwere Flak auf dem Turm bekämpft Erd- und Luftziele. Ich lege mich neben mein Deckungsloch und schlafe sofort, trotz des Lärms ein. Gegen mittag erwache ich von einem furchtbaren Krachen und liege schon, ehe ich wach bin, in meinem Deckungsloch. Russische Bomber greifen die beiden Flak-Türme an. Da nicht jede Bombe ihr Ziel trifft, bekommen auch wir etwas ab, haben aber zum Glück keine Ausfälle. [...]

Einige Bomben fallen in ein großes Bassin, in dem sich Pelikane und sonstige Schwimmvögel befinden, es ist kaum 20 m von uns entfernt. Wir bekommen eine mächtige Dusche, die, da es sehr heiß ist, gar nicht mal unangenehm wirkt. Aber gleichzeitig fallen auch an einigen Stellen die großen Vögel, die durch die Explosion hochgeschleudert wurden, tot herunter. Ein großer Braunbär in einem Käfig blutet stark aus der Schulter und brummt und brüllt laut vor Schmerzen. Zum Glück ist unser Wagen fertig, und wir verlassen schleunigst diesen traurigen Ort. Am

Eingangstor sitzt ein Wärter in einem kleinen Spitzbunker. Ich rufe ihm noch zu, daß sein Bär getroffen sei, und wir fahren in Richtung Krankenhaus. Ich bin so müde, daß ich auf dem Sitz in meinem Wagen einschlafe und nicht einmal höre, wie die Bomben um uns einschlagen. Hierdurch hatten wir wieder zwei Verwundete.

Lagebesprechung **Berlin / Führerbunker**

Goebbels: Mir scheint es wichtig zu sein, daß, solange wir noch keine Entlastung von außen bekommen, wir unseren Verteidigungsraum um Berlin möglichst groß halten müssen.

Hitler: Je enger wir sind, um so schlechter ist es. – Die Alliierten werden eine Demarkationslinie auf Grund von diplomatischen Abmachungen gezogen haben. Der Russe denkt aber bestimmt nicht daran, sie einzuhalten. Ich weiß, wie es im Winter 1940 war. Ich bin nicht aus Leichtsinn in den Krieg gegen Moskau gegangen, sondern weil ich auf Grund bestimmter Informationen wußte, daß ein Bündnis zwischen England und Rußland vorbereitet wurde. Die Frage war, ob man selbst losschlagen sollte oder ob man wartete, bis man zu irgendeiner Zeit erdrückt würde.

Nun habe ich damals den Molotow kennengelernt. Die Russen hatten damals keine überwältigenden Welterfolge erzielt. Sie hatten eine Niederlage in Finnland zu verzeichnen. Dann hatten sie ein paar Gebiete besetzt. Im Polenfeldzug haben sie so lange gewartet, bis wir weit über die verabredete Demarkationslinie hinaus waren. Dann kam unser Feldzug im Westen, in dem wir einen Riesensieg errangen. Das hatten die Russen nicht erwartet. Irgendwo muß die Macht des großasiatischen Khans gebrochen werden. Es war der größte Sieg der Weltgeschichte. Dann kamen die verschiedenen Demonstrationen unserer Luftwaffe gegen England. Und bei dieser Gesamtsituation stellte Molotow in Berlin Forderungen an uns, die ungeheuerlich waren.

⋆

Der Generalleutnant
Adolf Galland 1912–1996 **München-Riem**

In diesen Tagen erfüllte sich das deutsche Schicksal. Am 25. April reichten sich an der Elbe bei Torgau amerikanische und sowjetische Soldaten die Hände. Der letzte Verteidigungsring Berlins wurde bald durchbrochen. Über dem Wiener Ballhausplatz wehte die rote Fahne. Die deutsche Front in Italien brach zusammen. Und in Pilsen fielen die letzten

der während fünf Kriegsjahren auf Europa abgeworfenen 2 755 000 Tonnen westalliierter Bomben.
Um diese Zeit rief ich meine Flugzeugführer zusammen und sagte ihnen: «Der Krieg ist militärisch verloren. Auch unser Einsatz kann hieran nichts mehr ändern ... Ich kämpfe weiter, weil dieser Einsatz mit der Me 262 mich innerlich gepackt hat, weil ich stolz darauf bin, zu den letzten Jägern der deutschen Luftwaffe zu gehören ... Nur wer sich diesem meinem Gedanken anschließen kann, soll weiter mit mir fliegen ...»
Inzwischen entschied auch die harte Wirklichkeit des Krieges die Frage «Bomber- oder Jagdeinsatz der Me 262» endgültig zu unseren Gunsten. Die Führung hatte in Berlin und anderwärts vollauf mit sich selbst zu tun. Ungezählte Instanzen, die bisher in Zuteilung und Einsatz der Düsenflugzeuge hineingeredet hatten, hörten auf zu funktionieren oder drangen nicht mehr durch. Bomber, Aufklärer, Schlachtflieger, Nachtjäger und verschiedene Erprobungskommandos, die man mit den uns fehlenden Me 262 ausgerüstet hatte, lieferten jetzt ihre Flugzeuge bei uns ab. Von allen Seiten wurden wir mit Turbos beschenkt. Wir hatten schließlich einen Bestand von 70 Maschinen.

★

Der Oberleutnant Fritz Radloff 1916–1989 Berlin-Westend

Die Nacht vergeht verhältnismäßig ruhig. Der Russe wirft verstreut Bomben, wirft aber wenig. Gegen 3.45 Uhr dämmert es, es bricht der 25. April an. Es wird der große Tag von Westend. Die Abteilung besitzt von ihren neuen Batterien noch fünf. Gartenfeld, Plötzensee, Ruhleben, Westend und Grunewald. Kurz vor 4 Uhr kommen die ersten Feuerbefehle. Zilch hat den Rechenblock auf den Knien, Drews steht an der Karte, und ich habe die Befehlsleitung am Ohr. Der Kampf entbrennt erbittert an der ganzen Linie. Vom Spandauer Schiffahrtsweg, von der Tegeler Brücke bis zum Staudamm Jungfernheide. An der Hinklebrücke ist der Feind in der Nacht durchgesickert, und er plant den Durchstoß bis zum S-Bahndamm. Kaum ist der Feuerbefehl im Trapezverfahren gegeben, schon gehen die Ausgangswerte an die Kanonen. Rums! – Rums! – Rums! – erschallen die Feuerschläge, die Granaten orgeln durch die Luft ihrem Ziel entgegen. Von den Pionieren kommen Wünsche zur Feuerunterstützung, die vorgeschobenen Beobachter fordern Feuer, die Abteilung befiehlt, manchmal wissen wir nicht, wohin zuerst geschossen werden soll. Der Waffenwart kommt angesprungen, «wir müssen Rohre aufstellen lassen, sie sind zu heiß!» Geschütz daneben meldet

«Patronestaucher!» Bei Cäsar ist Hülsenklemmer, manchmal schießen wir nur mit einem Rohr, aber wir schießen. [...] Kaum ist Zeit für eine Zigarette, so geht Stunde um Stunde vorbei. Die Luft ist erfüllt vom Orgeln der Granaten. Über uns tollen sich die Flieger, von dort offener Beschuß, Bomben, Luftkämpfe, aber das interessiert uns nicht, wir schießen, schießen, schießen! Meine beiden Staffelführer sind schon heiser, so scharf und schnell kommen die Werte.

Gegen 10 Uhr bringt uns der Verbindungsoffizier von den Pionieren, ein Oberfeldwebel, folgende Lage: «Feind sammelt sich in der Jungfernheide zum Angriff. Gegenangriff um 11 Uhr von Spandau aus. Von 10.45 bis 11 Uhr Vernichtungsfeuer auf Raum XY mit allen verfügbaren Rohren.» Das ist eine Aufgabe. Ich spreche mit dem Kommandeur, und wir bekommen außer unseren vier Rohren noch zwölf dazu. Auf die Sekunde genau bricht von uns aus ein mörderisches Feuer los, Schlag auf Schlag, Granate um Granate! Im schnellsten Gruppenfeuer verlassen die Granaten die Rohre, die Erde erbebt, kein Wort ist zu verstehen, wir sind in Dampf und Nebel gehüllt, es ist, als sei die Hölle los. Da! Die roten Leuchtkugeln! Das vereinbarte Zeichen zum Einstellen des Feuers. Nun steigt der Gegenangriff, also, los Pioniere, Gott mit euch, schlagt die Russen raus! Unsere besten Wünsche begleiten euch! Wir taten, was wir konnten.

Ein neuer Brennpunkt ist entbrannt an der Tegeler Brücke. Hier will der Feind mit Panzern übersetzen. Die Batterie Gerstenfelde ist in Lebensgefahr. Der Beobachter sitzt im Siemensturm und gibt uns die Werte an. Dieses Schießen wird mein schwerstes Schießen im ganzen Krieg. Wir schießen uns ein, ein indirektes Punktschießen, besser und schwerer als auf allen Schießplätzen. Bravo Treffer! Ein Panzer brennt! – Weiter, weiter!! Gruppen um Gruppen raus aus den Rohren! Wir müssen es schaffen! Der zweite Panzer brennt, die Besatzung steigt aus. Zwei Strich links, 100 m zulegen, Feuer! Schlag auf Schlag, die Schüsse sitzen, ein Panzer nach dem anderen geht dem Feind verloren. Und dann die Meldung: Feuer einstellen, Panzer macht kehrt! Mit dieser Meldung steige ich auf den Geschützrand und dreimal Bravo hallt es aus den Kehlen meiner Männer! Neue Werte! Es geht schon weiter, es gibt keine Müdigkeit.

Unten im Süden, im Grunewald, stinkt es. Wir müssen unsere Kanonen um 180° schwenken und die Grunewaldbatterie unterstützen. 2000 Schuß Munition sind als Nachschub da. Alles, was an Armen nicht an den Kanonen gebraucht wird, lädt Munition ab. Schuß um Schuß verläßt die Batterie. Wieder um 90° schwenken, das Dorf Döberitz wird

angegriffen, Feuerunterstützung für Döberitz. Da kommt mein Oberfeldwebel von den Pionieren zurück. Der Gegenangriff brach zusammen, Jungfernheide aufgerieben, der Feind hat den Bahndamm erreicht! Wir schießen, schießen und schießen, und alles ohne Erfolg. Es kann doch nicht sein! Und nun rein in die Jungfernheide, was die Rohre halten, der Feind muß wieder raus! Die Ladenkanoniere leisten Unmenschliches, schweißbedeckt und rußgeschwärzt stehen sie an den Kanonen und laden Schuß um Schuß, niemand weicht, es ist ein erbitterter Zweikampf, du oder ich! Fällst du, dann ich! [...]
Als gegen 21 Uhr die letzte Kanone die Stellung verläßt, trete ich meine Maschine an, um nun zur Erkundung voraus zum Königsplatz am Reichstag zu fahren. Was uns dort erwartet, weiß ich nicht! Der Kommandeur sagt mir am Telefon soeben: «Was Sie mit Ihrer Batterie für die Verteidigung der Reichshauptstadt leisten, ist einmalig. Gott vergelt's Ihnen!» Die Batterie rollt im tiefen Fliegerabstand langsam auf die Reichsstraße vor, immer wieder haltend, Deckung nehmend und wieder weiter. Ich selbst fahre mit der Maschine durch, erreiche die Ost-Westachse, muß Panzersperren umfahren, sage Bescheid, daß eine schwere Flakbatterie folgt, weiche Bombentrichtern aus, die Splitter sausen mir am Kopf vorbei, aber ich muß weiter. [...]
Weiter, denn die Batterie steht auf dem Spiel. So erreiche ich Tiergarten und passiere die Siegessäule, als ein mörderischer Bombensegen heranheult. Ich werde von der Maschine geworfen, lande neben einem Baum, es prasselt und berstet, kurz hinter mir geht ein Munitionslager hoch, neue Bomben fallen, Rauchsäulen steigen empor, die Erde erzittert, unglaubliche Detonationen, Dreck und glühendes Eisen fliegen durch die Luft. Junge, hier bist du aber in eine Hölle hineingeraten. Nur gut, daß die Batterie noch zurück ist, sie darf jetzt hier nicht rein. Also heißt es auf die Maschine und zurück! Gut gedacht, aber schwer getan. Unaufhörlich kommt der Segen von oben, ist die Maschine denn noch intakt? Wenn nicht, dann zu Fuß, denn die Batterie ist hier unrettbar verloren. Also hoch! Nach einem verebbten Bombenschlag in unmittelbarer Nähe steige ich auf, ran an die Maschine, zweimal mache ich den Anlauf, zweimal werde ich durch den Luftdruck zurückgeworfen, beim dritten Mal gelingt es mir, antreten, 2. Gang und Vollgas, das ist eine einzige Sekundenhandlung. Die Maschine heult auf, und in sausender Fahrt brause ich die Ost-Westachse entlang, meiner Batterie entgegen. Am Knie erreiche ich sie und kann sie zum Halten bringen. Gott sei Dank, es ist geschafft. Schweiß rinnt mir von der Stirn, mein Erkundungsoffz. gibt mir eine Zigarette, ein Cognak wird von hinten aus dem

Wagen gereicht, das tut gut, ich freue mich, daß ich die Batterie wieder habe, die Männer freuen sich, daß ich wieder bei ihnen bin.

Der Oberleutnant Kroemer **Berlin / Flughafen Tempelhof**

Am Vormittag stehen wir am Tempelhofer Flugplatz. Russische Artillerie schießt ununterbrochen. Von den acht Berliner Verteidigungsabschnitten halten wir jetzt den Abschnitt «D». Der Kampfkommandant befindet sich im Luftfahrtministerium. Unsere Hauptkräfte konzentrieren sich um das Karstadt-Hochhaus und die Sarotti-Schokoladenfabrik. An Stelle von infanteristischem Ersatz erhalten wir zusammengewürfelte Alarmeinheiten. Hinter uns bricht immer noch Zivilbevölkerung auf, die im Artilleriefeuer den Versuch macht, zu entkommen. Sie schleppt dürftige Bündel, Reste ihrer Habe, mit. Dazwischen versuchen Verwundete, nach hinten zu kommen. Aber die meisten bleiben, weil sie fürchten, von irgendwelchen Standgerichten aufgegriffen und als Deserteure erhängt zu werden.

Die Russen brennen sich mit Flammenwerfern in die umkämpften Häuser ein. Das Schreien von Kindern und Frauen ist fürchterlich. Gegen 15 Uhr besitzen wir noch knapp ein Dutzend Panzer und etwa dreißig Schützenpanzerwagen. Dies sind die einzigen Panzerfahrzeuge im ganzen Befehlsbereich des Wilhelmplatzes. Die Befehlsverhältnisse sind unklar, denn immer wieder kommen über Bärenfänger Befehle aus der Reichskanzlei. Sie beordern Panzer an andere Brennpunkte der Stadt, von wo sie nicht zurückkehren. Nur der Härte von General Mummert ist es zu verdanken, daß die Division nicht schon heute verheizt wird. Es stehen kaum noch Fahrzeuge für Verwundetentransporte zur Verfügung.

Die Artillerie wird am Nachmittag in den Tiergarten verlegt. Munition ist nur noch wenig vorhanden. Rings um das Verwaltungsgebäude Tempelhof sieht es aus, als sei die Hölle losgebrochen. Gebrüll, Granatexplosionen, Einschläge der Stalinorgeln. Die Schreie Verwundeter, Lärm von Motoren und Maschinengewehren. Darüber Rauchschwaden, Chlor- und Brandgeruch. In den Straßen viele gefallene Frauen, die den Versuch machten, Wasser zu holen. Vereinzelt aber auch Frauen mit Panzerfäusten in der Hand, Schlesierinnen, die von wildem Rachedurst erfüllt sind.

Lagebesprechung **Berlin / Führerbunker**

Hitler: [Molotow] forderte von uns, daß wir am Ausgang zur Nordsee auf dänischem Boden Stützpunkte abtreten. Er hat schon damals Ansprüche darauf angemeldet. Er verlangte Konstantinopel, Rumänien,

Bulgarien, Finnland, und wir waren damals die Sieger! Wie wird dieser Molotow jetzt auftreten gegenüber den Engländern und Amerikanern mit solchen Siegen und nach dieser katastrophalen Pleite der Alliierten. Nun kommt dieser asiatische Konflikt dazu. In Amerika werden nüchterne Rechner sagen: Was wollen wir denn hier überhaupt? Kapitalinvestierungen vielleicht? Aber Absatzmärkte bekommen wir hier nicht. Rohstoff für uns gibt es in China. Andererseits aber wollen sie nicht, daß Rußland in den Krieg gegen Japan geht. Sie sagen: Mit Japan werden wir allein fertig.
Goebbels: Wenn die Sowjets bis an die Elbe vorrücken, einschließlich Protektorat, dann werden die Amerikaner hier abhauen. Von England bleiben nur 20 bis 25 Divisionen zurück. Pazifistische und salonbolschewistische Propaganda wird bei den englischen Truppen einsetzen. Stalin wird sein Gebiet einschließlich des deutschen militarisieren. Er wird mit der Propaganda gegen die Westmächte kämpfen, weil sie die Städte zerstört haben. Er ist ein besserer Propagandist als die Engländer.
Die Sowjets können auf allen Klavieren spielen. In kürzester Frist wird es hier zum Konflikt kommen. Ich kann mir nicht vorstellen, daß es kluge Engländer gibt, die das nicht sehen.

★

Ein SS-Mann **Berlin-Neukölln**

Wie im Manöver gingen unsere Männer vor, sprangen von Tür zu Tür und fielen über die roten Schützen her, die sich in den Etagen verborgen hielten. Die Panzer hinter ihnen spieen Feuer und Flammen und gaben der feindlichen Infanterie kaum Gelegenheit zu einem wirksamen Feuereinsatz. Unser Angriff gewann Boden, aber dann traf uns ein schwerer Schlag. Ein in Reserve gehaltener Zug traf am Rathaus Neukölln ein, wähnte sich in Sicherheit und blieb in Marschordnung auf der Straße stehen. Im gleichen Augenblick schlug eine ganze Salve russischer Panzerabwehrgranaten genau an dieser Straßenecke ein. Erschüttert zählte ich kurz darauf die Leichen von fünfzehn jungen Soldaten auf dem blutbespritzten Asphalt.
Rechts und links von uns war die Lage zunehmend verwirrender. Während wir den zurückeroberten Bereich von Russen säuberten, hätten wir eigentlich auf die Flanken benachbarter Verbände stoßen müssen. Statt dessen waren auf allen Seiten Russen.
Schließlich erreichte uns ein eigentümlicher Befehl der Division: Wenn der Angriff noch nicht begonnen hat, abbrechen und neue Befehle ab-

warten. Andernfalls tun Sie Ihr Bestes. Also hätten wir uns drei Stunden nach einem gelungenen Angriff zurückziehen sollen. In Wirklichkeit war aber weder rechts noch links noch hinter uns irgendeine eigene Front übrig. Ich fragte mich also, was nun zu tun sei, und beschloß, auf jeden Fall erst einmal zu halten, dabei aber besonders darauf zu achten, daß wir nicht abgeschnitten würden. Das Rathaus wurde so zum Zentrum des Widerstands, und eine Gruppe Hitlerjugend wurde als Verstärkung entsandt.

Ein Arzt **Berlin-Neukölln/Kriegsgefangenenlazarett**

Ich verbrachte geraume Zeit auf meinem Beobachtungsposten am Fenster. Auf der Straße sah ich Frauen mit Einkaufsnetzen, Soldaten, die sich in voller Deckung an den Gebäuden entlang bewegten, gepanzerte Fahrzeuge und Kräder fuhren vorbei. Die 88-mm-Kanone in der Weichselstraße feuerte ununterbrochen. Kein deutsches Flugzeug war zu sehen, nur russische Maschinen. Die leichte Flak vom Flughafen Tempelhof war zu hören. Zur Rechten verbarg eine Rauchwolke die beiden 80 m hohen Türme des Warenhauses «Karstadt», die das Viertel überragten.
Die Kämpfe rückten näher, vor allem von der linken Seite war das Rattern der Maschinengewehre zu vernehmen. Der russische Angriff schien aus zwei Richtungen zu erfolgen, in gerader Linie längs des Kanals Richtung Tempelhof und den Ring entlang zum Hermannplatz. Zahlreiche kleinere Einheiten zogen am Lazarett vorbei in Richtung Stadtmitte, Zeichen eines bevorstehenden deutschen Zusammenbruchs.
Wir hofften auf ein baldiges Ende der Kämpfe, denn unsere Schwierigkeiten stiegen von Stunde zu Stunde. 300 kranke Kriegsgefangene mußten versorgt werden, die Wasservorräte gingen zu Ende, womit sollten wir kochen? Im Keller herrschte fast völlige Dunkelheit, die Lage der Schwerkranken war besonders schlimm, sie lagen dicht gedrängt auf Bahren oder dünnen Matratzen auf dem Boden. Die medizinische Versorgung und selbst einfachste Hygiene war fast unmöglich. Die Enge wurde noch gesteigert durch viele deutsche Verwundete, die nach der ersten Versorgung nicht in der Lage waren, das Lazarett zu verlassen.
Der Operationssaal hatte schon lange verlegt werden müssen, und wir behalfen uns mit der ehemaligen Garderobe, wo wir Amputationen auf einem alten Holztisch mit einer Matratze darauf durchführten. Die Ärzte arbeiteten ohne Handschuhe, Antisepsis war nahezu unmöglich, die Instrumente nicht ausreichend sterilisiert. Operationskittel konnten nicht mehr gewechselt werden, Händewaschen wurde zum Problem. Die Pe-

troleumlampen waren leer und die letzten Kerzen verbraucht. Glücklicherweise hatten wir zwei Fahrräder mit Dynamo aufgetrieben, ihre beiden Lampen, die Pedale wurden mit der Hand bewegt, gaben genug Licht zum Operieren.

Edmond Michelet 1899–1970 ***KZ Dachau***

Plötzlich ein Operettenbild: Eine Gruppe französischer Waffen-SS von der Legion «Karl der Große», die behaupten, als Deserteure von der russischen Front und vor dem deutschen Kriegsgericht angeklagt zu sein, marschiert quietschvergnügt in Block 24. Ich gehe zu ihnen hin. Sie sehen alle unverschämt jung aus und tragen das blau-weiß-rote Schildchen neben dem SS-Totenkopf auf der Schulter stolz zur Schau. Zum Glück für unser Prestige waren die Pakete des Roten Kreuzes vor ihnen angekommen. Auboiroux kann sich nicht beruhigen. Er möchte diese französischen SS-Leute in den Block der deutschen Prominenten schicken. Leider liegt das nicht in unserer Macht.

Lagebesprechung **Berlin / Führerbunker**

Hitler: Jetzt tritt das in Erscheinung, was mir einst Lloyd George sagte, der provisorische Friedensvertrag. Lloyd George erklärte damals in einer Denkschrift: Der Friede von Versailles wird unhaltbar sein und ist wahnsinnig. England zerstört das europäische Gleichgewicht. Es war eine klassisch prophetische Denkschrift von Lloyd George.

*

Der Rotarmist Alexei Saporoschez ***Berlin***

An seine Freundin
Guten Tag, liebe Dora!
Diesen Gruß sende ich Dir, meine Liebe, aus … Berlin!
Ja, ja, aus der Hauptstadt Deutschlands, Berlin. Berlin brennt, von ihm sind nur noch Ruinen übrig, unter Tränen gehen auf den Straßen *Frauen* und *Herren* Richtung Osten. Wenn schon, sollen sie weinen, schließlich haben sie fast vier Jahre lang gelacht. Ganz Berlin besteht aus Ruinen, wir rücken ununterbrochen voran. Ich bin einstweilen gesund und munter und liebe Dich wie zuvor heiß und treu.
Wann werden wir uns sehen? Bald, wie es scheint, aber … wenn bloß alles gut geht.
Ich küsse Dich herzlich
Dein Ljoschka

Der Rotarmist Pjotr Sebeljow ***Berlin***

Liebe Mamotschka, Papa, Schura, Taja!
Wir bewegen uns auf das Zentrum von Berlin zu. Überall gibt es Schießereien, Feuer, Rauch. Die Soldaten laufen von Haus zu Haus, kämpfen sich über die Höfe vorwärts. Die Deutschen greifen unsere Panzer aus Fenstern und Türen heraus an. Aber unsere Panzerfahrer unter General Bogdanow haben eine kluge Taktik gewählt: Sie fahren nicht über die Straßen, sondern auf den Bürgersteigen voran, und die einen schießen aus Kanonen und Maschinengewehren nach rechts, die anderen nach links, und die Deutschen laufen von Fenstern und Türen weg. Unmittelbar in den Höfen verteilen unsere Soldaten vom Versorgungsdienst von Autos herab Lebensmittel an die hungernde Bevölkerung der Stadt. Die Deutschen sind ausgezehrt und völlig erschöpft. Berlin ist eine unansehnliche Stadt – die Straßen sind eng, überall stehen Barrikaden, defekte Straßenbahnen, Autos, es sind kaum Menschen in den Häusern, alle sind in den Kellern.
Die Stimmung unter unseren Soldaten und Offizieren könnte nicht besser sein, wir sehen den Tag des Sieges schon vor uns.
Uns alle hier freut es, daß Ihr schon Getreide sät. Wie gerne würde ich zusammen mit Euch in unserem Garten die Kartoffeln, Tomaten, Gurken und Kürbisse setzen.
Auf Wiedersehen, ich küsse und umarme Euch
Euer Pjotr.

Der Rotarmist
Ilja Kritschewski *1907 ***Berlin***

Den nächstfälligen Auftrag der Redaktion erhielten drei Mann, zwei Korrespondenten und ich, am 25. April, als die Kämpfe äußerst heftig wurden und sich unsere Soldaten um jedes Haus, ja um jede Etage schlagen mußten. Dies alles war anders als je zuvor, und wir spürten, daß auch uns besondere Anstrengungen bevorstanden.
Wir sollten zur 52. Gardedivision, wußten aber nur ungefähr, wo sie operierte. Auf der Suche nach dem gewünschten Regiment machten wir im Gebäude eines drittrangigen Kinos Station. Der Raum war überfüllt von Soldaten, die sich nach dem Kampf ausruhten. Auffallend war ihre Hochstimmung. Sie hatten noch tagelang angestrengte und gefahrvolle Gefechte mit dem Feind vor sich, aber alle schöpften Zuversicht aus dem Wissen, daß der Krieg nun endlich zu Ende ging.
In einer Ecke des Foyers tat sich etwas Merkwürdiges. An der Theke des ehemaligen Buffets stand ein bejahrter Deutscher und trieb schwung-

vollen Handel mit irgendwelcher Limonade. Aber der Stimmung nach war dieses Geschäft beiden Seiten recht.
Herzlich empfangen, mit Limonade bewirtet, beschlossen wir, Material über die Besten unter diesen Soldaten zu sammeln. Leider reichte mir die Zeit nur, um einen Kämpfer abzubilden, dabei gab es ringsum so viele großartige Gesichter. Alle Anwesenden schauten zu, und ich hätte zu gern weitergemacht, aber über uns hing der Auftrag der Redaktion. So nahmen wir Abschied und zogen weiter durch die endlosen, von Abschüssen und Einschlägen widerhallenden Straßen Berlins. [...]
Der letzte bewußte Eindruck fixierte in meinem Gedächtnis ein unwahrscheinliches Krachen, einen blendenden Feuerball und einen dumpfen Schlag gegen den Kopf.
Als ich wieder zu mir kam und mühsam die schmutzverklebten Augen aufschlug, versuchte ich zu begreifen, was mit mir passiert war. Besonders stark dröhnte es in der rechten Kopfhälfte, als ob daneben eine Glocke läutete. Ich wollte aufstehen, spürte aber überall Schmerzen, ein Gefühl, als würde ich durch den Fleischwolf gedreht. [...]
Leider besaß ich keine Uhr, und so konnte ich nicht feststellen, wieviel Zeit verstrichen war. Ich machte mir Sorgen um meine Genossen. Mir blieb nur eins übrig, den Regimentsstab zu suchen; hoffentlich ließen sich dort ihre Spuren finden. Mit Hilfe eines Soldaten erreichte ich die richtige Stelle, sie lag in einer Parallelstraße. Dieses Wegstück überwand ich mit großer Mühe. Im Kopf drehte sich alles, die Beine versagten. [...]
Erst Tage darauf fand ich mit Hilfe des Redakteurs der Divisionszeitung zur Redaktion zurück. Dort kam mein Auftauchen unerwartet. Meine Begleiter, die lebendig und unversehrt waren, hatten mich nämlich als tot gemeldet.
In jenen historischen Tagen tat jeder von uns, was er nur konnte, es war nicht die Zeit, an eigenes Unwohlsein zu denken, und einen Tag später streifte ich wieder durch die brennenden Straßen von Berlin, die Zeichenmappe, wie immer, auf dem Rücken.

Erna Saenger *1876 **Berlin**

Addis Geburtstag – wo ist sie? Und mein Bub, wo bist du? Sie schießen die ganze Nacht! Was ist stromlos, gaslos, wasserlos-Sein gegen diesen Ansturm auf Heimat und Vaterland? Zur Morgenwache kam ich nicht mehr durch – die Kugeln fliegen – die Infanterie schießt. «Wir stehn in unseres Herren Hand und woll'n drin stehen bleiben ...»

Lagebesprechung **Berlin / Führerbunker**
Hitler: Wenn wir so schmachvoll von der Weltbühne abtreten würden, dann haben wir zwecklos gelebt. Ob man das Leben noch eine Zeitlang fortführt oder nicht, ist völlig gleichgültig. Lieber den Kampf ehrenvoll beenden, als in Schande und Unehre ein paar Monate oder Jahre weiterleben.

★

Friedhöfe der
St. Georgen-Parochialgemeinde **Berlin-Prenzlauer Berg**
Name: Frika N.
Tag der Geburt: 4. 9. 1923
Stand: Ehefrau
Tag des Todes: 25. 4. 1945
Bemerkungen: Freitod

Name: Heinz N.
Tag der Geburt: 26. 12. 1913
Stand: Stadtinspektor
Tag des Todes: 25. 4. 1945
Bemerkungen: Freitod

Name: Johannes H.
Tag der Geburt: 3. 1. 1891
Stand: Bankvorsteher
Tag des Todes: 26. 4. 1945
Bemerkungen: Selbstmord durch Erschießen

Name: Gertrud H.
Tag der Geburt: 18. 1. 1897
Stand: Ehefrau
Tag des Todes: 26. 4. 1945
Bemerkungen: Selbstmord durch Erschießen

Name: Gisela H.
Tag der Geburt: 17. 11. 1923
Stand: Kontoristin
Tag des Todes: 26. 4. 1945
Bemerkungen: Selbstmord durch Erschießen

Name: Nikolaus v. R.
Tag der Geburt: 15. 4. 1889
Stand: Dolmetscher
Tag des Todes: 26. 4. 1945
Bemerkungen: Selbstmord

★

Die Sekretärin Traudl Junge 1920–2002 Berlin / Führerbunker

[Frau Goebbels] hatte kaum mehr die Kraft, ihren Kindern gelassen gegenüberzutreten. Jedes Zusammensein mit ihnen bedeutete ihr eine so ungeheure Belastung, dass sie hinterher in Tränen ausbrach. Auch sie und ihr Mann waren nur noch Schatten und schon dem Tod geweiht. […]
Als ich an der Tür des Kinderzimmers vorbeiging, hörte ich die sechs klaren Kinderstimmen singen. Ich trat ein, da saßen sie in drei zweistöckigen Betten und hielten sich die Ohren zu, damit sie sich bei dem dreistimmigen Gesang nicht gegenseitig rausbrachten. Dann wünschten sie einander fröhlich «gute Nacht» und schliefen schließlich ein. Nur die Größte, Helga, hatte manchmal einen traurigen wissenden Ausdruck in den großen braunen Augen. Sie war die Stillste, und manchmal denke ich mit Grauen daran, dass diese Kinderseele in der tiefsten Tiefe das Heucheln der Erwachsenen fühlte. […]
Noch immer saßen wir mit Hitler bei den Mahlzeiten beisammen. Nur Eva Braun, Frau Christian, Fraulein Manziarly und ich. Es gibt jetzt kein Thema mehr, das interessant genug gewesen wäre, um darüber zu sprechen. Ich höre meine Stimme wie die einer Fremden. «Glauben Sie, mein Führer, dass der Nationalsozialismus wiederkommen wird?», fragte ich. «Nein. Der Nationalsozialismus ist tot. Vielleicht wird in hundert Jahren einmal eine ähnliche Idee entstehen, mit der Kraft einer Religion, die über die ganze Welt geht. Aber Deutschland ist verloren. Es war wohl nicht reif genug und nicht stark genug für die Aufgabe, die ich ihm zugedacht hatte», sagte der Führer über uns hinweg wie zu sich selbst. Ich verstand ihn nicht mehr. […]
Drüben in den Bunkerräumen der Neuen Reichskanzlei war ein heilloses Durcheinander. Dort wohnten die Offiziere von Below, Fegelein, Burgdorf, Krebs, Hewel und Flugkapitän Baur und Oberführer Rattenhuber, die sich nach ihrer bayerischen Heimat sehnten. Die beiden waren außer mir die einzigen, die aus München stammten. Dann war da noch Admiral Voss, einige unbekannte Stabsoffiziere und Heinz Lorenz von der Presse. Irgendwo hatte auch Bormann mit seinem Mit-

arbeiter sein Quartier. In den langen Gängen hausten erschöpfte Soldaten von Volkssturm und Wehrmacht. Eine Feldküche versorgte sie mit warmen Getränken und Suppen. Überall lagen schlafende Gestalten auf dem Boden, dazwischen rannten hilfsbereite Frauen, Flüchtlinge, Mädchen und Krankenschwestern, Angestellte der Reichskanzlei herum, die zupackten, wo es nötig war. In einem der großen Räume war notdürftig ein Operationssaal eingerichtet worden. Oberarzt Haase, der drüben in der Charité ausgebombt worden war, arbeitete Tag und Nacht, amputierte, operierte, verband und half, wo er konnte. Die Betten, die überall, wo es möglich war, aufgestellt wurden, reichten nicht mehr aus. Bald gab es keine Hemden, keine Wäsche mehr für die Verwundeten. [...]
Der lange Gang, der unter der Erde von der Reichskanzlei hinüberführte zum Führerbunker, war schon an vielen Stellen zerschossen, die dünne Decke eingestürzt. Hitler wünschte, dass Frau Christian und ich auch nachts in seiner Nähe waren. Ein paar Matratzen wurden auf dem Boden des kleinen Konferenzzimmers ausgebreitet, wir schliefen ein paar Stunden in unseren Kleidern und draußen vor der halbgeöffneten Tür lagen die Offiziere Krebs, Burgdorf, Bormann usw. in Sesseln, schnarchten und erwarteten die Armee Wenck! Stattdessen ging über uns die Hölle los. Die Beschießung erreichte am 25./26. April ihren Höhepunkt; pausenlos krachten die Schüsse, und jeder einzelne schien direkt auf unseren Bunker gezielt zu sein. [...]
Es wurde überall und viel geraucht, ganz gleich ob der Führer dabei war oder nicht. Die dicken Rauchschwaden störten ihn nicht mehr und Eva Braun verbarg ihr «Laster» nicht länger. Manchmal kam ein abgekämpfter Berichterstatter von der Front. Die Hauptkampflinie schob sich immer mehr gegen den Anhalter Bahnhof vor. Jetzt waren es schon die Berliner Frauen und Kinder, deren Schreie wir zu hören glaubten, wenn wir hinaufstiegen und hinausblickten in Flammen und Rauch. Wir hörten, dass deutsche Frauen von russischen Panzern als Kugelfang missbraucht wurden, und wir sahen wieder nur als einzigen Ausweg den Tod.
Wenn ich heute daran denke, mit welcher Ausschließlichkeit und zermürbenden Genauigkeit ständig und überall von der besten Möglichkeit zu sterben gesprochen wurde, dann verstehe ich selbst nicht mehr, dass ich noch lebe. [...] «Ich will weder tot noch lebendig in die Hand der Feinde fallen. Wenn ich tot bin, soll meine Leiche verbrannt werden und unauffindbar bleiben für alle Zeiten», bestimmte Hitler. Und während wir mechanisch unsere Mahlzeiten nahmen, ohne zu merken,

was wir aßen, sprachen wir davon, wie man gründlich und sicher sterben könnte. «Am besten ist es, sich in den Mund zu schießen. Dann platzt der Schädel, man merkt überhaupt nichts. Der Tod tritt sofort ein», erklärte uns Hitler. Aber uns Frauen graute bei diesem Gedanken. «Ich will eine schöne Leiche sein», sagte Eva Braun, «ich nehme Gift.» Und sie zog aus der Tasche ihres eleganten Kleides eine kleine Messingkapsel mit einer Phiole Zyankali. «Ob es sehr wehtut? Ich habe solche Angst davor, lange leiden zu müssen», gestand sie. «Und wenn ich schon bereit bin, heldenhaft zu sterben, so soll es wenigstens schmerzlos geschehen.» Hitler erklärte uns, dass der Tod durch dieses Gift völlig schmerzlos sei. Durch eine Lähmung des Nerven- und Atmungssystems würde der Tod innerhalb weniger Sekunden eintreten. Und dieses «tröstliche» Bewusstsein veranlasste Frau Christian und mich, den Führer ebenfalls um eine solche Ampulle zu bitten. Er hatte zehn Stück von Himmler bekommen, und als wir ihn nach dem Essen verließen, gab er uns persönlich je eine mit den Worten: «Es tut mir sehr leid, dass ich Ihnen zum Abschied kein schöneres Geschenk machen kann.»

*

Der Bankdirektor
Friedrich Helms 1883–1955 **Wilhelmshorst bei Potsdam**

Mein Auge fällt auf den Gartenzaun eines Nachbars: Mit Erstaunen sehe ich dort, wie an einem langen Schaft eine weiße Fahne herausgesteckt wird. Noch will ich mich über diese eigentlich bei uns nie in Erwägung gezogene Maßnahme auslassen, als auch das Gerücht die Straße entlang eilt, russische Panzerwagen seien über den Bahndamm in den Ort gekommen und verhandelten dort wegen Übergabe des Ortes.

Die weiße Fahne heraus! Nein, dieser Gedanke war zunächst unfaßbar. Die allgemeine Starre löste sich bald in emsige Tätigkeit auf. An Häusern, aus Fenstern und Dachluken flatterte es bald weiß in den verschiedenen Formen. Hier war es ein Handtuch, dort eine Schürze an einem Spazierstock, ja, eine Kinderwindel erschien an einer Gartenpforte. Eine lange, halb polierte Gardinenstange, behängt mit einem einseitig zerrissenen Kopfkissenbezug, auf dem ich beim Nageln noch die Buchstaben M. T. las, war unser trauriges Zeichen der Kapitulation. [...] Ganze Straßenseiten zeigten Haus bei Haus das weiße Tuch der Übergabe – wenigstens des Ortes und, war es Einbildung oder Tatsache, fast schien es, als ob durch das Wehen dieser «Fahnen» zunächst ein voreiliges Aufatmen des einzelnen ging.

Die Künstlerin
Eva Richter-Fritzsche 1908–1986 **Berlin-Pankow**

Wir sind im Niemandsland. Abwechselnde Einfälle russischer und deutscher Soldaten bestimmen den aus allen Fugen gerissenen Alltag. Hier ist es der Einzelfall, der das Geschehen charakterisiert und die Meinungen bildet. Und seit gestern trennt sich unsere Welt hier klar und einschneidend – wenn uns auch im Hause noch alle gemeinsamen Wände verbinden.
Es gab ein paar Stunden am gestrigen Tag, welche alle menschlichen Beziehungen in grelles Licht setzten. Es war einer der längsten Tage meines Lebens, und wenn es der letzte gewesen wäre, dann wäre ich ohne Trost gestorben.

Margit Röhrich ***Berlin***

Um 12:00 Einzug der Russen! Die Schule wurde belegt, wir im Keller, Aufforderung des Russen – mit Maschinenpistole – nicht Folge geleistet, schoß nicht. Verkleidet, verstellt.

*

Matthias Menzel ***Berlin***

Der Morgen kommt lange nicht. Als er da ist, steht der erste [Sowjet]-Soldat vor uns: ein blonder Junge von wohl siebzehn Jahren, im dicken Paletot, mit der ungefügen Pistole in der Hand, die Maschinenpistole über den Buckel gehängt. Er mustert die Uhren, mustert die Frauen, mustert die destillierten Wasserflaschen, die in der Ecke stehen. Ein erstes ungläubiges, fast verlegenes Lächeln huscht durch den Kellerraum, als er es nicht glauben will, daß die junge Malerin fünfunddreißig sei [...]
Nun reißen die Besuche im Keller nicht mehr ab. Junge und Ältere gehen aus und ein, gerade Figuren und vierschrötige Gesellen, klare, vitale Gestalten und gesichtszerklüftete Mongolen. Sie kommen, wedeln mit der Pistole, fragen nach Waffen und Soldaten, suchen und gehen. Die Türen schließen wir nicht mehr. Die letzten Bomben dieses Krieges haben sie und die Fenster ohnedies aus den Angeln gehoben. Der Keller ist Schlaf-, Wohn- und Empfangsraum für die Vielen, die so Berlin betreten. Es sind die Krieger der ersten Linie. Ich muß an die deutschen Soldaten denken, an ihre Sieges- und Beutezüge ... Sind wir anders gewesen? Ist dies nicht nur eine andere Kategorie des Krieges der ersten Linie, geprägt von der rauhen Struktur des Ostens, gemeißelt von der weitläufigen Kraft der Steppe, gewachsen aus der Natur der grö-

ßeren und weniger faßbaren Menschenmasse? Ein ungeheurer Zug der Schlachten prägt ihre Gesichter, ein Marsch von Tausenden von Kilometern, ein Marsch des Ingrimms, des Zorns, der Vergeltung.
Ununterbrochen lösen sie einander ab: die Rauhen, Grimmigen und die mit dem Lächeln der Kinder. Die Sieger gehen durch die offenen Türen. Das ist das Urrecht des Krieges. Abends springen die Gerüchte von Haus zu Haus, daß die Frau angelächelt und gesucht wird, die Frau, gleich in welcher Gestalt. Und sie, die Frauen, jagen verängstigt über die Treppen, hüllen sich den Kopf mit Tüchern, verbergen sich, schwärzen Gesicht und Augen, wollen nicht schön sein. Alles Fremde, alles Plötzliche, alles Gewaltsame schreckt die Frau, die seit Jahren ohne Liebe dahinlebt. Sie hungert nach der Stille. Jeder Sieg aber kommt mit Schalmeiengeschmetter.

Ilsetraut Lindemann *1923 ***Falkensee bei Berlin***
Ein Tag und eine Nacht russischer Besatzung sind überstanden. Jetzt ist es 20 Uhr durch, und ich habe mich wieder soweit in der Gewalt, um die Gedanken schriftlich zu sammeln. Ich will versuchen, der Reihe nach zu berichten. Nachdem die erste russische Kolonne weitergerückt war, kam der Troß mit allem, was dazu gehörte. Daß es vielerorts unliebsame Zwischenfälle gegeben hat, war natürlich nicht zu vermeiden. […]
Aber die Angst war zum größten Teil unberechtigt. Sie waren bei uns hier *alle* freundlich, mit einer Ausnahme. Er war reichlich angeheitert, und seine Kameraden haben ihn zur Vernunft gebracht und an die frische Luft gesetzt. Der erste Schwung hat sich über zwei Stunden bei uns im Keller aufgehalten. Die Verständigung ist bedauerlicherweise sehr schlecht. Aber wir wurden einig, daß wir friedliche, gute Leute sind und keinen Krieg wollen. Sie sind sehr mißtrauisch gewesen, weil sie mit unseren Soldaten so trübe Erfahrungen gemacht haben.
Kaum war der erste Schwung raus, kamen Kraftwagen angerollt und machten Quartier. Es ging wie im Taubenschlag. Unsere ersten vier Häuser waren Offiziersquartier. Bei uns wohnte der oberste Chef mit seinem Stab. Insgesamt waren es wohl acht Leute. Aber die ganze Nacht durch kamen die Männer mit Meldungen und Befehlen. Es war nicht so einfach. Aber die Offiziere waren so anständig, haben uns einen großen Teil von ihrem Essen gegeben. Speck, Schweinebraten, Ölsardinen usw. Ein Dolmetscher war dabei, der war viel wert. Denn es kommen sonst so viel Mißverständnisse auf, die Grund zur Angst geben, die gar nicht nötig.

Im großen und ganzen ist aber immer noch bei jedem Angst vorhanden, vor diesen Elementen, die es unter jedem Volk gibt. Die Offiziere sind aber recht wachsam und was in ihren Kräften steht, wird abgebogen. Wie gesagt, *bis jetzt* müssen wir froh sein, daß wir so davongekommen sind. Hoffentlich wird es heute eine ruhige Nacht. Ich will mich gleich in den Keller packen. Mutti und Omi wollen oben schlafen. Ich wünschte ihnen, daß sie gesunden Schlaf finden. Sie haben ihn bitter nötig. An den Nerven hat das bis zum Zerspringen gezerrt. Möge uns Gott weiterhin beschützen.

Max Peuschel 1905–1981 ***Berlin/Tegel***

Früh erschienen ein «Kommissar» und zwei russische Soldaten im Luftschutzkeller. Kinder bekommen Butterbrote, Russen benehmen sich anständig, essen, rauchen und gehen bald weiter. Sie fanden bald «Freunde» im Hause. Halbwüchsige Tochter eines Hausbewohners scharwenzelt mit ihnen herum. Auf der Straße hat man versucht, meine Uhr zu stehlen, sie war ihnen aber nicht gut genug! Herr Stephan (Miteinwohner bei uns) berichtet von Plünderungen in Nähe des Gefängnisses.
Für die Hausgemeinschaft wird Grütze und Traubenzucker verteilt. Bei P. gibt es Käse auf Karten, durchziehende Russen verteilen Marmelade.

Lagebesprechung **Berlin/Führerbunker**

Hitler: Ich habe mir die Lage für Ostasien überlegt. Wenn überhaupt die Amerikaner ein Interesse daran haben, jetzt von diesem Krieg etwas zu gewinnen, dann muß irgendwie der Krieg für sie sich nützlich erweisen. Das kann er nur, wenn sie
1. in Europa möglichst viel zerstören. Die europäische Industrie braucht dann die nächsten zehn Jahre, um wiederaufzubauen, und macht in dieser Zeit keine Konkurrenz.
2. Amerika muß Ostasien als einen Dauerabsatzmarkt erhalten. Und die Amerikaner sollen jetzt kämpfen, damit die holländischen und englischen Kolonien frei werden, nur damit die anderen Geschäfte machen und die Sowjets in China und in der Mandschurei sitzen.
Das ist alles Wahnsinn! Die Amerikaner sind doch auch Rechner! Der Wechsel, der jetzt stattgefunden hat, ist ein tiefgehender Regimewechsel. Wenn die Geschichte hier zum Stillstand kommt, was ist die Folge? Die Folge ist, unter der Voraussetzung, daß wir tatsächlich bestehenbleiben und daß wir wirklich den Russen schlagen und ihm irgendwo einen Hieb versetzen und nicht zusammenbrechen – die Folge ist, daß die Ameri-

kaner sagen, wir wollen uns auf Ostasien konzentrieren und wollen uns in diesem gewaltigen Raum von einer halben Milliarde Menschen, einschließlich Korea, Philippinen und Mandschurei, einen dauernden gigantischen Absatzmarkt sichern.

⋆

Der norwegische Journalist
Theo Findahl 1891–1976 *Berlin-Dahlem*

Wir müssen eingenickt sein, denn gegen halb ein Uhr fahren wir plötzlich aus dem Halbschlaf hoch. Schwere Kolbenschläge gegen die Haustür. «Aufmachen! Aufmachen!» Ada Norna stürzt die Treppe hinauf, um zu öffnen. Die Russen! In der nächsten Sekunde haben wir den Eindruck, daß es im Keller von Soldaten wimmelt. In Wahrheit sind es nur drei bis vier Männer, während andere oben in den Zimmern herumstapfen. Die Rote Armee – eine spannende Begegnung. Die Russen in erdbraunen Uniformen; schwarz, bestäubt wie immer in einer Schlacht, bis an die Zähne bewaffnet, blicken sich scharf um. Wir lächeln unwillkürlich erleichtert, die Schlacht um Dahlem muß vorüber sein, die Russen sind ja schon hier.
«Finnisch» sagt Ada Norna.
«Norwegisch», sage ich, «keine Deutschen im Haus.»
Die Russen wollen sich vergewissern, daß wir die Wahrheit sprechen, sie sehen sich unsere Pässe an, beginnen mit der Haussuchung. Zwei bleiben unten bei uns im Keller sitzen, ein Offizier und sein Adjutant – ein Unteroffizier? – ich kenne nicht die Abzeichen der Roten Armee, aber die beiden jungen Leute haben feinere Uniformen als die anderen mit vielen Orden und Medaillen: dem Roten Stern, dem Stalinorden, dem Leninorden auf der Brust; die anderen Russen wirtschaften in der Villa herum, jetzt hören wir sie in der Speisekammer, jetzt gehen sie die Treppe hinauf und in die Schlafzimmer im zweiten Stock, jetzt sind sie schon oben auf dem Boden.
«Wasser», sagt der Adjutant, der gut Deutsch spricht, «wir wollen uns rasieren.» Wir holen Wasser in einer Schüssel, der Offizier wirft den Rock ab und der Adjutant beginnt ihn mit großer Geschicklichkeit einzuseifen. «Weißer Kragen?» fragt der Adjutant. Wir suchen einen hervor. Er bittet Frau Norna, ihn auf der Innenseite des Uniformkragens festzunähen. Frau Norna holt Nadel und Faden, setzt die Brille auf die Nase und nestelt den Kragen fest, so daß ein schmaler weißer Rand an der Kante heraussteht. Der junge Offizier will bei einem so feierlichen

Anlaß wie der Eroberung von Berlin fein sein. Die Minuten verstreichen. Es ist ganz still im Keller. Die Toilette ist beendet. Neue Soldaten kommen und gehen, niemand spricht. Der Adjutant sieht sich im Keller um, der von Koffern und Kisten vollgestopft ist.
«Waffen?» fragt er mit funkelnden Augen.
«Nein, nein», sage ich, «keine Waffen.»
«Essen für vier Personen!» fordert er mit der nächsten Frage. Frau Norna macht einige belegte Butterbrote zurecht.
«Schnaps!» Der Weinvorrat der Villa besteht lediglich aus einigen Flaschen slowakischen Weißweins von geringer Qualität, übrigens sind die Flaschen auf den Regalen mit abgekochtem Wasser gefüllt. Wir korken sie auf, trinken selbst zuerst, um zu zeigen, daß es kein Gift ist, und lassen ihn kosten. Er zieht die Nase kraus. «Waffen?» fragt er wieder und weist auf eine Kiste in einer Ecke. «Aufmachen!» Wir öffnen einen Koffer nach dem andern, und er wühlt wie ein Zollbeamter alles durch, nimmt aber nichts an sich. Alles wäre gut und in Ordnung gewesen, wenn Frau Norna in ihrer Gutmütigkeit nicht Kisten von Freunden zur Aufbewahrung in der Villa aufgenommen hätte, die ja unter dem Schutz der schwedischen Gesandtschaft steht. Sie hat keine Schlüssel für diese Koffer, weiß nicht, was sie enthalten.
Sollte nun in einem von ihnen ein Revolver liegen, würden wir verloren sein. Der Adjutant erbricht den Koffer mit dem Säbel. «Deins», sagt er zu Ada Norna und schleudert ihr alle möglichen weiblichen Kleidungsstücke hin, Kleider, Unterzeug, Seidenstoffe. «Deins» –, – sagt er zu mir und wirft mir Anzüge und Schlipse aus einem reichhaltigen Koffer in den Schoß, es soll offenbar der Lohn für die Aufbewahrung sein. Die letzte Kiste, die er aufbricht, ist unglücklicherweise bis an den Rand mit Wein und Spirituosen angefüllt – französischem Champagner, feinem Kognak, Mosel- und Rheinwein guter Jahrgänge, Likören; ein kleines Vermögen. Wären wir ihre bittersten Feinde gewesen, wir hätten ihnen keine tückischeren Schlingen legen, sie keinen gefährlicheren Lockungen aussetzen können. Die Russen strahlen über das ganze Gesicht. «Schnaps» – endlich, endlich! Ein bärtiger rotblonder Bursche, der sich ein Paar hellblonde Beinkleider als private Beute von einem der fremden Koffer ausgewählt hat, füllt eine Blechtasse mit Champagner und blickt skeptisch auf die brausende Flüssigkeit, ein fremdes Getränk für ihn, aber die ersten Schlucke machen ihn butterweich. Der Champagnerschaum perlt wie leichter Gischt um seine Bartstoppeln, er lächelt wie eine Sonne. «Gutt», sagt er und schwenkt den Becher, «sehr gutt. Krieg nix gutt.»

Wie durch Zauberei scheint die Neuigkeit von dem Alkoholfund durch die ganze Villa gedrungen zu sein, ein russischer Soldat nach dem andern kommt hereingestampft und will einen Tropfen abhaben. Die Stimmung steigt fortgesetzt, jetzt wird hier ein Fest gefeiert, und sie kommen auf den Einfall, sich waschen zu wollen. Drinnen im «Eßzimmer» des Kellers stehen sechs Kerle und seifen sich ein, lachen und treiben ihren Unfug und planschen mit unserm kostbaren Wasservorrat – sie sind gar sehr verschieden von Aussehen, und wir lernen daraus sogleich, daß die Rote Armee sehr bunt zusammengesetzt ist. Am angenehmsten ist ein dicker blonder Bursche mittleren Alters mit einem gutmütigen Gesicht, er wiederholt wieder und immer wieder: «Vojna (der Krieg) nix gutt, Berlin kaputt. Gitler kaputt» (das H können die Russen ja nicht aussprechen). Am wenigsten angenehm ist der forsche, deutschsprechende Adjutant, der so wunderhübsch damit begann, uns zu versichem, daß er an Gott glaube, der aber einen scharfen Ton hat und schnell bereit ist, am Revolver zu fingern, falls er nicht rasch genug Antwort erhält.
«Hilfe, Hilfe!» schreit eine Stimme aus dem Nachbargarten, irgendein verwundeter Soldat? «Die Deutschen sind Schweine», sagen die Russen, «sie sorgen nicht für ihre Verwundeten.»
Im Keller wird es immer lustiger, die Kiste ist ergiebig, die Waren sind erstklassig. Einzelne von den russischen Soldaten sind selig berauscht und fangen an, einzunicken. Der Adjutant hält Ordnung und kommandiert sie aus dem Keller nach oben. Die Flaschen unter den Arm geklemmt, steigen sie empor, die Treppen hinauf in die zweite Etage, um sich in die Betten zu legen. «Hilfe, Hilfe!» schreit die Stimme aus dem Nachbargarten. Wir sitzen da und können nichts tun. Die Stunden verrinnen. Langsam graut ein neuer Tag. Die Russen schnarchen.

★

Der Bankdirektor Dr. Schmidt *Berlin-Lichterfelde*

Gegen 8 Uhr betreten die ersten Russen unser Haus. Mit vorgehaltener M. P. Frage: Uhr? Parabell? (Pistole). Deutsche Soldaten hier? Nach 10 Minuten kommt der nächste Trupp. Wieder die gleichen Fragen, vor allem immer wieder sehr drohend die Forderung nach Uhren.
Dann im Laufe des Vormittags geht es richtig los. Eine Truppe hat bei mir die beiden Weinschränke aus dem Keller geholt, schlägt sie vor dem Hause auf. Ich ahne Fürchterliches. Zum Glück fährt ein Wagen vor und lädt das meiste auf. Aber es bleibt genug hier, um viele betrunken zu machen. Einer hat fast eine ganze Flasche Cognac allein getrunken und

liegt besinnungslos in meinem Vorgarten. Bei Frau F. im Hause beginnt ein Gelage mit meinem Wein. Bald hören wir Gröhlen und Klavierspiel. So geht es weiter. Ein Trupp nach dem anderen. Immer die gleiche Frage nach Schnaps und Uhren.

Auf die Garageneinfahrt fährt eine Feldküche, die Leute beginnen in unserer Waschküche sich häuslich einzurichten. Holen aus allen Kellern Kartoffeln heraus, das andere haben sie selber.

Einer kommt mit des Nachbars Hühnern. Braten für zwei Offiziere, die dann im Esszimmer tafeln. Wir müssen uns dazu setzen und werden aufgefordert, mitzuessen. Dazu Cognac aus meinem Keller, Hennessy. Den mögen sie, der Rheinwein wird ziemlich verächtlich abgelehnt: nix gut, nix stark.

Die ersten Unterhaltungen, der eine oder andere kann etwas deutsch. Drohungen gegen Hitler natürlich, der das friedliebende Russland mit Krieg überzogen hat. Aber jetzt ist in ein paar Tagen Berlin kaputt, und dann ist der «woina» zu Ende, und es geht nach Hause. Das wird häufig wiederholt, ebenso häufig aber auch der Hinweis darauf, was die deutschen Soldaten in Russland für Schandtaten begangen haben. [...]

Den ganzen Tag streifen die Trupps durch alle Häuser. Ich höre aus dem meinigen Krachen vom Einschlagen der Türen oder Möbel. Wie der nächste Tag lehrt, habe ich richtig gehört. In der Dämmerung kommt plötzlich Frau F. angstgehetzt mit ihrer Schwägerin über die Straße zu uns gerannt. Also auch das stimmt, dass die Frauen nicht sicher sind. Ich verstecke die Beiden zunächst im Heizungskeller. Der Koch von der Feldküche beginnt auch bald mit Andeutungen, er redet auf mich ein und zeigt auf Eva. Wir machen zwei gutartige Männer aus, denen wir unsere Angst anvertrauen. Sie versprechen, dass nichts geschehen soll.

Um 11 Uhr ziehen wir uns mit den Frauen und Kindern in den Luftschutzkeller zurück und machen die eiserne Tür zu, wie mit einem der Leute verabredet. Die Worte dazu habe ich mir aus einem kleinen Wörterbuch zusammengeklaubt, und er hat verstanden: Tür schließen. Als wir 10 Minuten liegen, pocht es an der Tür. Draußen eine raunende Stimme: komm, komm. Nach leiser Beratung mit Schütz machen wir auf. Der Koch! Was will er? Er bringt einen großen Teller mit gekochtem Fleisch, das wir essen sollen. Wir sagen, dass wir so müde seien und lieber schlafen möchten. Er geht. Nach zehn Minuten neues Pochen. Wieder der Koch: muka, muka. Was ist das nun? Ein deutsch Sprechender vermittelt: er will weißes Mehl, um damit Koteletts zu braten. Das bekommt er und verschwindet wieder in seiner Küche. Ich rede den Freunden beruhigend zu, die beinahe vor Angst schlottern. Aber dann gibt es in der Nacht keine Störung mehr außer einer Salve deutscher Granaten sehr in der Nähe und mit Splittern unserer Fenster.

Gert von Eynern 1902–1987 *Berlin-Nikolassee*

Heute beginnt die Konferenz in San Francisco! Wann und wie werden wir etwas darüber erfahren?
Rohrer ruft aus Zehlendorf West an. Er sei heute früh gegen 6 Uhr überrollt worden; Näheres – wie viele Panzer, auch Infanterie, in welcher Richtung und Dichte – wird er leider nicht befragt.
Wir sind abwechselnd im Keller, im Haus, auf dem Boden. Mehrere Brände in der Nähe, ein Haus dicht beim Schlachter Röhl brennt ganz herunter, andere in Richtung Schlachtensee-Bunker und Machnow.
Pferdegetrappel. Ein Wagen mit Russen (Pelzmützen), noch einer, ein dritter, mit Säcken beladen. Troß einer Kompanie, der hier in Deckung gebracht wird? Troß schon nachgerückt? Sie wenden bei der Garage von Nr. 8 und ziehen wieder weg.
Ruth meldet einen einzelnen Russen im Garten von Nr. 8. Wir stehen etwas unschlüssig im Eßzimmer, schon klopft er an die Hintertür. Brügelmann ist wo? (oben auf meiner Logia und weiß nichts.) Gretel und Ruth und ich werden ins Eßzimmer geschickt, alle anderen in den Keller. Blutjung ist er, bös, scharf, Maschinenpistole. Erst werde ich rausgewiesen in den Keller, bald folgt Gretel aufgeregt, nach einiger Zeit Ruth; dann Brügelmann, der zu Ruth gekommen war, wieder hinaufgeschickt wurde, der Soldat war dann zu ihm gekommen und hatte seine Armbanduhr erhalten. Und ist weggegangen.
Langsam wagen wir uns nach oben, essen aber den Kartoffelsalat mit Beilage im Keller, mit Cognac. Ab 9 schlafen wir dort ein, trotz zahlreicher Gewehrschüsse und Schießerei eines nah eingebauten Mörsers. Einige nahe Abschüsse hatten Fenster an der Hintertreppe zerschlagen. Ein Granattreffer nachmittags brachte Schaden an Nr. 9 und 8, Brügelmann hat EW im Schach besiegt.

Frau Speer †1968 *Berlin-Zehlendorf*

Daß wir nun wirklich russisch waren, merkten wir, als es hell wurde, und das war so um halb 5 Uhr herum. Da begann draußen ein sonderbares Leben, ein lautes Getrappel und Gebumse an der Türen, man hörte Sägen und Äxte arbeiten, fremde Stimmen in ganz fremder Sprache. Wir standen dann leise auf und machten uns fertig. Die Frau wurde in die oberen Räume geschickt und sollte sich ruhig verhalten. Die Straße war voller Russen, die in alle Häuser hinein- und herausgingen. Ich guckte

interessiert zu. Sibylle tat das von oben. Hinten im Garten spazierten die Russen herum, zertraten aber nichts, trotzdem sie über die niedrigen Zäune kletterten und so von einem Haus zum anderen gingen.
Es war wunderschönes Wetter. Ich hatte mein grünes Kostüm an, das ich überhaupt in den Tagen gar nicht ausgezogen habe, wohl 14 Tage lang, und Sibylles grünes Kopftuch um. Als ich in der Küche anfing aufzuräumen, guckte der erste Russe durch das Gitter und sagte: Hei! Das sollte wohl «Heil» heißen. Er lachte freundlich und ich auch, und er ging weiter. Die Truppen sahen übrigens fabelhaft aus. Lauter gesunde große Kerle in tadelloser Ausrüstung.
Es verging eine Zeit, als ich plötzlich merkte, daß welche auf der kaputten Gartentreppe standen und ins Zimmer wollten. Ich rief sie an, sie kamen dann ans Küchenfenster und stiegen munter das Treppchen hinunter. Ich sagte ihnen, sie sollten vorsichtig sein und meine Wasserkübel nicht umwerfen. Sie nahmen sich auch sehr in acht.
Im Eßzimmer stand Sibylles Wellensittich. Das war ein Entzücken! Besonders der eine fing an mit dem Vogel zu reden und zu spielen. Der andere betrachtete andächtig die Holbeinsche Familie. Der erste war ein kleiner tatarischer schwarzer Typ mit einer riesigen Maschinenpistole, der andere ganz weißblond, mit einem schönen Gewehr, auf das er sich stützte. Sie gingen dann in mein Zimmer, und der kleine Schwarze setzte sich auf das Sofa. Auf dem Tisch lag ein klitzekleines Kartenspiel von Sibylle. Er nahm es gleich in die Hände, murmelte was von: Kinder und mischte und schaute mich bittend an und wollte es offenbar haben.
Dann besah er sich meine Bücher, die auf dem Tisch lagen, es lag da zufällig, von Bernard Shaw: Wege zum Kapitalismus und Sozialismus für die intelligente Frau, oder so ähnlich heißt es, was mir B. geliehen hatte. Darüber schnatterten sie lange. Ich fragte den Schwarzen, was er da für ein Abzeichen trage, und sie erklärten, das bedeute die Zugehörigkeit zur NKDW = SS, so sagten sie. Überhaupt war ich bemüht um ein dauerndes Gespräch, hatte auch gar keine Angst. Sie fragten mich, ob ich Polin sei. Und dann schielten sie nach meiner Handtasche, aber alles so halb verlegen und gingen auch nicht dran, fragten, ob ein Mann im Hause, und fanden dann noch den Luftschutz-Helm, worüber sie dann sehr empört taten, aber eine Erklärung begriffen, das Hakenkreuz darauf mit dem Nagel wegkratzten und wirklich böse erklärten, damit sei es nun aus. Dann gingen sie vorne hinaus, «auf Strass». Die übrigen Hausbewohner hatten sich mucksstill verhalten. Das war meine längste Unterredung mit Russen.
Als sich die meisten verzogen hatten, ging ich hinten heraus zu Conra-

dus, um mich mal umzusehen. Dort war alles in wilder Aufregung. Die Frauen trugen alle schwarze Kopftücher und sahen wie Nonnen aus, und als ich dann hörte, was überall passiert war, knickten mir die Knie doch. Keiner wollte mir zunächst glauben, daß bei uns alles so ruhig verlief. Es war allen unbegreiflich, und ich konnte es zunächst auch nicht verstehen. Überall war geplündert worden, alles durchwühlt, die Männer bedroht, die Frauen und Mädchen waren vergewaltigt worden, besonders im Innenhof muß es furchtbar gewesen sein. Herr Fernau war tot, auch Herr Erkelenz. Ich ging in etwas anderer Verfassung schnell nach Hause zurück. Dort langte ich mir Sibylle und sprach ein offenes Wort mit ihr. Ich gab ihr den Rat, möglichst vornehm auszusehen, sauber gekämmt und freundlich zu sein. Meinen Beobachtungen nach konnte das nur nützlich sein. Sie war auch Gott sei Dank zu dünn. Wir wollten uns sehr in acht nehmen, sie sollte sich möglichst versteckt halten, sollte aber doch mal etwas passieren, so durfte das um Gottes willen nicht tragisch genommen werden! Dann spielten wir den ganzen Tag Halma und legten Patiencen.

Von da an habe ich nicht mehr aufgemacht, wenn an der Tür gebollert wurde. Es geschah nicht allzu oft. Die Tür schien mir fest genug. Den Russen war es verboten, in die Häuser einzudringen, wir wollten es darauf ankommen lassen, und wir hatten recht. Wir hatten zwar noch angstvolle Minuten, wenn sie manchmal recht lange aushielten vor der Tür, aber sie gingen schließlich immer zum Nachbarn dann, der meist dümmer war und aufmachte. Von hinten kamen sie sowieso nicht, weil wir da kaputt waren, und solche Häuser mieden sie. An sich ist es nicht allzu schwer, mit den Russen auszukommen, wenn sie nicht betrunken sind und wenn man keine Angst hat. Es wäre wahrscheinlich überaus einfach, wenn man sich verständigen könnte. Sie sind sehr gutmütig, teilen von dem, was sie haben, nehmen aber auch, was ihnen gefällt, wie es ihnen gerade einfällt und ob sie es brauchen können oder nicht. Sie haben darin ganz primitive Begriffe. Von Moral keine Spur. Zu kleinen Kindern sind sie immer reizend. – Dies nur nebenbei, denn zu diesem Thema Kinder kann man noch viel sagen. – Der erste russische Tag war nun für uns vorbei und damit das Schlimmste.

Peter Bagh *(Berlin-Babelsberg)*

Als die Kämpfe auf der anderen Seite abgeflaut waren, wurde es auf unserer Straße lebendig. Ein russischer Major mit Gefolge besichtigte von der Straße aus die Häuser und die Gärten und schickte in unser Haus einen Unterleutnant und zehn Mann, die wissen wollten, ob sich unser Dachboden für die Einrichtung eines Beobachtungspunktes eignete. Ich führte den Unterleutnant hinauf, er hielt den Dachboden für geeignet und schickte zwei Mann mit Telefon dahin. Als er hörte, daß ich Russisch sprach, versammelten sich alle anderen im Eßzimmer um den runden Tisch, schleppten Wein und Zigarren aus deutschen Wehrmachtsbeständen heran, und wir befanden uns bald in der lebhaftesten Diskussion. Mit den holländischen Zigarren hatten sie anfangs Schwierigkeiten, weil sie sie zusammen mit der weißen Umhüllung zu rauchen versuchten. Von ihnen erfuhr ich zuerst von fahrbaren Vergasungseinrichtungen, die die Nazis im Osten als Massenvernichtungsmittel eingesetzt hatten. Ich nahm ihnen damals ihre Berichte darüber nicht ab. Auf meine Vorhaltungen über Plünderungen, Vergewaltigungen und Mord, den die russischen Truppen nach der Überschreitung der deutschen Grenzen begangen hätten, erklärten sie, daß sie nach der Überschreitung der Oder strengsten Befehl hätten, solche Untaten zu vermeiden. Sollten uns derartige Übergriffe bekannt werden, so sollten wir es ihnen melden. Die Schuldigen würden auf der Stelle erschossen. Ich schloß daraus, daß die Untaten, die die Russen in Ostpreußen, Pommern und Schlesien begangen hatten, ein Teil der ebenso brutalen wie zielgerichteten Politik Stalins war, nämlich durch absichtliches Gewährenlassen die Truppen zum brutalen Verhalten zu animieren, um dadurch die deutsche Bevölkerung zur allgemeinen Flucht zu veranlassen. Unsere Diskussionen dauerten noch lange in die Nacht hinein, bis die Russen auf den Stühlen, in den Sessel, auf den Sofas, auf dem Fußboden, d.h. gerade wo sie sich befanden, einschliefen, ohne uns irgendwie zu stören. Am nächsten Tage in der Frühe waren sie verschwunden, ebenso wie die in den Nachbargärten aufgefahrenen Geschütze.

Der sowjetische Feldchirurg
Wladimir Kowanow *1909 *Blankenfelde bei Berlin*

Unsere Sanitätsabteilung stand in Blankenfelde vor Berlin. Ganz in der Nähe befand sich ein deutsches Lazarett, das von unserer Truppe schon eingenommen worden war. Mein Chef, Oberst Tarasenko, beauftragte mich, die im Lazarett liegenden Verwundeten zu besichtigen.
«Es kann sein, daß dort unter den Verwundeten sich auch gesunde Faschisten aufhalten, die dann von hinten auf uns schießen», sagte er zu mir. Nach einer halben Stunde kamen wir zum Lazarett. Am Eingangstor stand unser Posten. Der Posten warnte uns: «Eben ist ein Hauptmann von unserem Abschirmdienst angekommen.» So marschierten wir zum Haupteingang. Wir waren noch auf den Stufen des Vorbaus, als drinnen

ein Schuß fiel, und wir stürzten hastig in die Vorhalle. Uns begegnete unser Hauptmann, sein Arm hing leblos herab. Ich legte ihm mit meinem Taschentuch schnell eine Abschnürbinde an, und der Hauptmann sagte leise: «So ein Idiot! Man müßte ihn auf der Stelle niederknallen, aber ich konnte nicht, dem Kerl sind beide Beine amputiert worden ...» In diesem Augenblick lief ein alter deutscher Militärarzt auf uns zu. Es war der Lazarettsvorsteher. Am ganzen Körper zitternd, bemühte er sich, uns irgendwie aufzuklären, daß seine Patienten nicht gewußt hätten, daß sein Lazarett von den Russen besetzt wurde. So schoß der deutsche Offizier vor Angst aus seiner unter dem Kopfkissen liegenden Pistole auf den russischen Hauptmann, als der die Krankenstube betrat.
Nachdem ich im Operationszimmer des Lazaretts die Wunde des Hauptmanns versorgt hatte, wobei der deutsche Arzt mir assistierte, machten wir einen gemeinsamen Rundgang durch die Krankenzimmer. In jedem Zimmer empfingen uns ein Arzt und eine Krankenschwester, die uns das Allernötigste über ihre Patienten erzählten. Alle waren dabei sehr angestrengt. So besichtigten wir sämtliche Verwundete. Mein Begleiter hielt für alle Fälle unter seinem weißen Kittel eine Pistole schußbereit. Unbefugte Patienten konnten wir dabei nicht entdecken.

Die Hausfrau Emmi Z. *1893 — Berlin / Karlshorst

Eine Horde Russen stürmte ins Treppenhaus, und wir mußten alle ran. Auch die kleine Inge, die war gerade 8 Jahre alt, auf den Knien habe ich vor den Soldaten gelegen, es nützte nichts.
Später mußten wir für sie kochen, die nahmen die Sauciere quer.

Lagebesprechung — Berlin / Führerbunker

Hitler: Es kann dazu kommen, daß die Isolationisten sagen: Amerikanische Boys dürfen nur für amerikanische Interessen kämpfen. Warum sollen die Amerikaner sterben für nicht-amerikanische Zwecke. In all den Ländern ist überhaupt keine Demokratie, z. B. Rumänien, Bulgarien, Finnland. Die Amerikaner ziehen sich hier wieder zurück und werfen sich allein auf Ostasien und binden dadurch zugleich den Russen hier, weil sie uns frei machen, so daß sich der Russe drüben in Ostasien nicht so einsetzen kann.

⋆

Walter Schellenberg 1910–1952 **(Flensburg)**

Am folgenden Tag, es war der 25. April, ließ ich Standartenführer Bovensiepen nach Flensburg rufen. Zunächst zeigte ich ihm meine Spezialvollmacht mit Himmlers Unterschrift, die besagte: «Da General Schellenberg auf spezielle Anweisung von mir handelt, sind seine Befehle ohne Fragen zu befolgen.»

Nun erklärte ich Bovensiepen, daß alle KZ-Insassen dänischer und norwegischer Nationalität ohne Ausnahme an Schweden übergeben werden sollten. Ich setzte hinzu, daß ich am nächsten Tage nach Kopenhagen zu fahren beabsichtigte, um die politische Situation Dänemarks mit dem außerordentlichen Minister und Bevollmächtigten in Dänemark, Dr. Best, zu besprechen.

Danach bat ich ihn, Vorbereitungen für diese Zusammenkunft zu treffen. Der Hauptzweck dieser Reise war, alle Todesurteile und deren Vollstreckung sofort abzustoppen.

Mopsa Sternheim 1905–1954 ***(Ryd/Schweden)***

Ravensbrück. Und dann, eines schönen Tages, am 23. April 1945, die schwedischen Busse vor dem Lager. Ganz weisse Lastwagen, mit dem schwedischen Kreuz darauf. Diese wunderbaren Burschen des Schwedischen Roten Kreuzes, die uns mit Zigaretten und Kuchen eindeckten und uns hinaushalfen – die nicht schrien und nicht schubsten. [...]

Und jetzt hier. Folketspark – Volkspark, ein kleiner Erlebnispark für die Einwohner von Ryd, am Ufer eines Sees und umgeben von Wald. [...] Alles eingerichtet, es ist schrecklich hygienisch und fehlt an Träumerischem.

130 Französinnen sind in einem Festsaal zusammengepfercht. Ich bin in einem kleinen Zimmer daneben, zusammen mit vier anderen Kranken. Das Fenster geht zum See. Der See und der Wald sind flach wie das ganze Land, und viel hellblauer Himmel. Ein schöner Himmel, ohne Tiefe und ohne Geheimnisse, ein hygienischer Himmel.

Neben mir vier alte Überlebende. Friedlich, geschwätzig. Und ich mit flatternden Nerven und nicht bei Bewusstsein.

*

Adolf Hitler 1889–1945 **Berlin/Führerbunker**

An Alfred Jodl

Schnellste Durchführung aller Entsatzangriffe in den bisher befohlenen Richtungen ist zwingend notwendig. Die 12. Armee hat auf der Linie

Beelitz-Ferch anzutreten und unverzüglich den Angriff in ostwärtiger Richtung bis zur Vereinigung mit 9. Armee fortzusetzen. Die 9. Armee greift auf kürzestem Weg nach Westen an und stellt Verbindung mit der 12. Armee her. Nach Vereinigung der beiden Armeen kommt es darauf an, unter Eindrehen nach Norden die feindlichen Verbände im Südteil von Berlin zu vernichten und eine breite Verbindung mit Berlin herzustellen.

Charles de Gaulle 1890–1970 *Paris*

Philosophen und Historiker werden sich späterhin über die Motive dieser Verbissenheit streiten, die ein großes Volk zum vollständigen Untergang führt, ein Volk, das zwar schuldig ist und Bestrafung verdient, dessen Vernichtung aber die höhere Vernunft Europas beklagen würde. Was uns betrifft, so können wir im Augenblick nichts anderes tun, als Seite an Seite mit unseren Verbündeten unsere Anstrengungen zu verdoppeln, um sobald und so vollständig wie möglich das Ende herbeizuführen.

Erich Weinert 1890–1953 *Moskau*

An die Männer und Frauen von Berlin!
Landsleute! Die Stunde hat geschlagen. Das Ende ist da. Nicht das Ende Deutschlands, wie es Hitler und Goebbels euch weismachen wollten, sondern das Ende ihrer Mörder- und Brandstifterherrschaft. Dieses Ende hätte früher kommen können, bevor unsere Heimat zum Kriegsschauplatz wurde. Es lag in euer Hand. Aber ihr habt euch bis fünf Minuten nach zwölf für diese Schurken ins Feuer jagen lassen. Jetzt ist unser Berlin ein Schutthaufen.
Das habt ihr euch nun zwölf Jahre lang bieten lassen. Mit Brandstiftung, Mord und Betrug fing es an. Hitler ließ den Reichstag anzünden und gab damit das Signal zum Krieg gegen die freiheitlichen Kräfte Deutschlands. Berlin wurde überrumpelt, bevor es sich zum Widerstand sammeln konnte. Und Brandstiftung, Mord und Betrug blieben die Mittel, mit denen die Banditen bis zum letzten Tage regierten.
Hitler, das ist der Krieg! war unsere unablässige Warnung, als der Hausknecht des Rüstungskapitals sich anschickte, die Staatsgewalt in seine Hand zu nehmen. Aber Berlin ließ die Dinge an sich herankommen, statt zuzuschlagen. Da war es zu spät. Wer sich den braunen Knechten in den Weg stellte, wurde stumm gemacht. Tausende verließen ihre Heimat, um von draußen den Kampf gegen die Entehrer ihres Vaterlandes zu führen. […]

Berliner! Der Krieg ist zu Ende. Berlin liegt in Trümmern, aber niemand wird jetzt den Kopf hängen lassen. Auch über Ruinen wird der Mai nicht zu blühen vergessen.
Mit dem letzten Schuß, mit der letzten Bombe beginnt das neue Leben. Was geschehen ist, ist nicht mehr zu ändern. Von jetzt ab aber wird jeder Handschlag, jeder Hammerschlag nicht mehr dem Tod und der Zerstörung, sondern dem Aufbau, dem Frieden, dem Leben dienen.
Die Zeiten werden schwer sein, bis das Leben in Berlin wieder seinen Gang geht, bis jeder Berliner wieder sein Dach über dem Kopf, seinen Arbeitsplatz, sein tägliches Brot hat. Aber mit jedem Arbeitstag wird die erdrückende Last leichter werden, die die verfluchte Hitlerzeit auf euere Schultern lud.
Aus dem Chaos wird wieder Ordnung werden. Unser zerrissenes, entwurzeltes, irregeführtes Volk wird sich auf dem Boden des Rechts wieder frei und sicher fühlen. Die redlich Schaffenden aller Stände und Weltanschauungen werden sich zu einer wahrhaft demokratischen Gemeinschaft zusammenschließen.
Und Berlin wird dem Lande wieder vorangehen. An die Arbeit, Landsleute!

Der Journalist
William L. Shirer 1904–1993 **San Francisco**

Während Berlin heute im Sterben liegt, in den Flammen und im Blut eines Krieges, der vor fast sechs Jahren am gleichen Ort begonnen wurde, erlebten wir zur gleichen Zeit in dieser strahlenden Stadt den ersten Schritt auf dem langen Weg in Richtung eines geordneten Friedens. Die Konferenz der sechsundvierzig vereinten Nationen nahm einen guten Anfang. Die Eröffnungszeremonie war einfach, aber – wie es bei einfachen Dingen oft der Fall ist – sehr bewegend. Hier, in einem strahlenden Opernhaus, erbaut einst im Gedenken an den Krieg, kommen die Hoffnungen aller Völker auf Frieden zum Ausdruck. In Berlin werden die Hoffnungen eines Wahnsinnigen auf Eroberung der Welt in den Trümmern einer einstmals großen Stadt begraben. Hier, in dieser wunderschönen Ansiedlung am Pazifik, werden anständigere Hoffnungen geboren.
Jedermann schien das zu spüren. Ich habe Diplomaten – Männer, die gewöhnlich ziemlich stolz auf ihren Zynismus sind – noch nie so heilig ernst gesehen wie am heutigen Tage. Sie alle wissen, das spürte man förmlich, daß ihre Aufgabe diesmal zum Erfolg führen muß. – Zu einem dauerhaften Frieden.

Es gab ein sehr symbolisches kleines Zeichen bei der heutigen Eröffnung. Auf der Bühne, unter den Flaggen der sechsundvierzig Nationen, hatte eine Abteilung GI's Habtachtstellung bezogen. Es waren junge Soldaten. Sie haben den Krieg aus erster Hand erlebt. Einige waren verwundet worden. Es waren keine Offiziere. Es waren ganz gewöhnliche Amerikaner – amerikanische Durchschnittsbürger – in Uniform. Diese Amerikaner sind es, die jetzt auf der Errichtung einer Friedensordnung bestehen, damit sie und ihre Kinder niemals mehr das Grauen des Krieges erleben müssen.

Grete Paquin *Geismar bei Göttingen*

Die gelöste dankbar freie Stimmung weicht leider einer unklaren Angst. Es geschieht so manches, was ich nie geglaubt hätte. So übernimmt die Redaktion der einzigen Zeitung ein Mann, den nicht wenige Göttinger als in allen politischen Farben schillernd kennen. Er sitzt mit Amerikanern beim Wein, sein Haus wurde nicht beschlagnahmt, während alte Demokraten an die Luft gesetzt wurden. Die Universitätsangelegenheiten scheinen in Händen von Leuten zu liegen, die gelinde gesagt manche politischen Wandlungen durchmachten. Ich würde mich nicht wundern, wenn der alte Dozentenführer wieder auftauchte und erklärte, er sei ja nur der SS beigetreten, um Schlimmeres zu verhüten. So etwas geschieht und wird geglaubt.

Bei den kleinen Leuten kann man dasselbe erleben. Ein dicker Bäckermeister, der mit lautem «Heil Hitler!» antwortete, wenn ich «Guten Morgen» sagte, erklärte neulich seiner Kundschaft: «Endlich kann ich aufatmen. Jahrelang stand die Gestapo mit dem Revolver hinter mir.» Auch Sophie im Institut, die die «Plutokraten» und Pfaffen» nach dem Endsieg bekämpfen wollte, erklärte: «Wir haben schon daran gedacht, wieder in die Kirche einzutreten.»

Was geht da vor? Ist das nur die Verwirrung des ersten Augenblicks und bereinigen sich diese Dinge von selbst, oder müssen wir lernen, daß gewisse Leute immer oben schwimmen wie Korken im Wasser? Wir können uns ja gewissermaßen ins Innere zurückziehen und versuchen, mit unserm Leben ein Beispiel zu geben, aber viele Leute sind jetzt schon erbittert, und angesichts offensichtlicher Ungerechtigkeiten gehört auch Charakter dazu, gelassen zu bleiben.

★

Suchdienst des Deutschen Roten Kreuzes
Kindersuchdienst UK – 2697 – männlich
Familienname: unbekannt
Vorname: unbekannt
Angenommenes Gebrtsdatum: 20. 4. 1943
Fundort: im April 1945 schwerverletzt beim Forsthaus Kleinhammer bei Königswusterhausen
Bekleidung: nicht bekannt
Personenbeschreibung: blaue Augen, dunkelblondes Haar. Muttermal am Rücken.

★

Der Frühling

Der Mensch vergißt die Sorgen aus dem Geiste,
Der Frühling aber blüh't, und prächtig ist das Meiste,
Das grüne Feld ist herrlich ausgebreitet
Da glänzend schön der Bach hinuntergleitet.

Die Berge stehn bedeket mit den Bäumen,
Und herrlich ist die Luft in offnen Räumen,
Das weite Thal ist in der Welt gedehnet
Und Thurm und Haus an Hügeln angelehnet.

Mit Unterthänigkeit
Scardanelli.

Friedrich Hölderlin

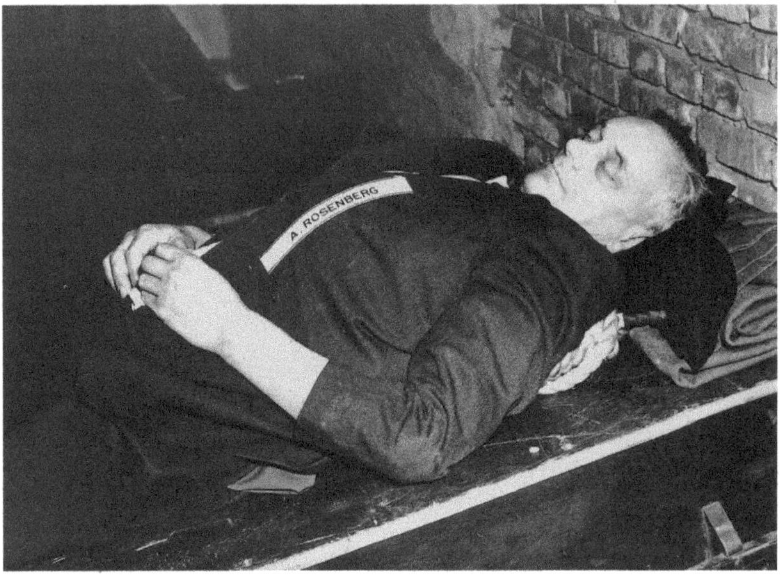

Alfred Rosenberg nach der Hinrichtung, 16. 10. 1946

Schmecket und sehet, wie freundlich der Herr ist. Wohl dem, der auf ihn trauet!
HERRNHUT PS. 34,9

Die ofen heizen
Dee aiefen hitesen
Light the stoves
STARS AND STRIPES,
DAILY GERMAN LESSON

Adolf Hitler 1889–1945 **Berlin / Führerbunker**
Funkspruch an Alfred Jodl
1. Wo Spitze Wenck?
2. Wann tritt er an?
3. Wo 9. Armee?
4. Wo Gruppe Holste?
5. Wann tritt er an?
gez. Adolf Hitler

Aus dem Wehrmachtbericht
Das heroische Ringen um das Zentrum der Reichshauptstadt hält mit unverminderter Heftigkeit an. In erbitterten Häuser- und Straßenkämpfen halten Truppen aller Wehrmachtteile, Hitlerjugend und Volkssturm den Stadtkern. Ein leuchtendes Sinnbild deutschen Heldentums.
Der am Anhalter Bahnhof, entlang der Potsdamer Straße und in Schöneberg eingebrochene Feind wurde von den tapferen Verteidigern zum Stehen gebracht. Fliegende Verbände warfen unter aufopferungsvollem Einsatz der Besatzung erneut Munition über der Stadt ab.

Klaus Mann 1906–1949 *Rom*
Arbeite immer noch an dem Artikel und warte auf die Marschbefehle, um nach Deutschland aufzubrechen. Abend mit Hans Brinitzer, aus Caserta hier.

Rolf Hädrich 1931–2000 **Hermsdorf/Thüringen**

Heute gab es Magermilch.

*

Der SS-Standartenführer
Dr. Ernst Günther Schenck 1904–1998 **Berlin/Führerbunker**

Nachts – 12 Stunden vor dem Selbstmord Hitlers: [...] Wir mochten einige Minuten gewartet haben, da trat Hitler alleine aus der Tür, die seinen Wohnbunker abschloß, und begrüßte uns mit den Worten «Entschuldigt, daß ich Euch noch so spät herausgetrommelt habe». Haase meldete, und ich salutierte. [...]

In solcher Nähe hatte ich Hitler bisher nicht gegenübergestanden; dieser Mann war nicht einmal ein Hauch dessen, den Millionen Bilder gezeigt hatten. Wohl trug er einen grauen Rock mit dem goldgestickten Hoheitszeichen und dem Eisernen Kreuz an der linken Brustseite, auch die lange schwarze Hose; aber der Mensch, der in diesem Tuch steckte, war unvorstellbar tief in sich selbst zurückgefallen. Ich sah hinab auf einen gekrümmten Rücken mit sich abhebenden Schulterblättern, aus dem er den Kopf fast gequält hob, als er Haase anblickte. Ein Gebirge lag auf ihm und machte, daß er mit Mühe zwei Stufen weiterstieg. Das Auge, das er auf mich richtete, starrte schmerzhaft. Es schaute nicht mehr strahlend, das Weiße war getrübt, keine Miene bewegte sich in einem Gesicht, in welchem Augensäcke beherrschend und entlarvend von entflohenem Schlaf zeugten. Tief eingegraben liefen Falten von Nasenflügeln zu Mundwinkeln. Der Mund blieb geschlossen, die Lippen aufeinandergepreßt. Die Bewegung, mit der er meine Hand forderte und sie drückte, war Reflex. [...]

Fast tonlos sagte er, er wolle uns danken, daß wir uns der Verwundeten angenommen hätten. Er stieg auf die Stufe, auf der auch ich stand. Zentimeternahe vor mir Mondlandschaft seines zerstörten Gesichtes in fahlem Gelbgrau. Ein Händedruck für Schwester Erna und ein marionettenhafter weiterer Schritt aufwärts zur zweiten Schwester. Wir hatten geschwiegen, aber sie begann, erregt und aufgewühlt, gehetzt und hysterisch übersteigert zu repetieren, was sie tausendmal gehört hatte: «Mein Führer – Glaube an den Endsieg Feinde schließlich vernichten – ein Volk, ein Reich – ewige Treue wir folgen – Heil.» Hitler stand vor ihr, blickte auf das agierende Geschöpf. Haase, der sich dicht hinter ihm gehalten hatte, griff nach ihrem Arm. Sie brach weinend, fast schreiend ab. [...]

Mir erschien der Ausbruch ungemäß, Hitler aber hatte er auf das ge-

stoßen, was sich in ihm noch regte. Er sagte dumpf, ohne das Wort an jemanden zu richten: «Man soll sich seinem Schicksal nicht feige entziehen wollen», und wandte sich.
An Haase vorbei, dem er winkte, ihn zu begleiten, stieg er langsam die wenigen Stufen der Wendeltreppe hinab. Eine Ordonnanz öffnete die Tür zu seinen Räumen und schloß sie, als die zwei Männer hindurchgetreten waren.

*

Fritz Hochwälder 1911–1986 *Zürich*
An Georg Kaiser
Verehrter, lieber Herr Kaiser,
ich habe von mir nichts hören lassen, weil ich bis jetzt noch keine Möglichkeit gesehen habe, zu Ihnen nach Ascona zu kommen. Da ich aber ab 14. Mai für 6 Wochen Arbeitsdienst machen muss, möchte ich Sie vorher noch gerne sprechen – wenn ich das darf. […]
Ihr Floss der Medusa habe ich hier gesehen – Die Vorstellung war leider unzulänglich. Das Stück wird die Jahrzehnte überdauern, wenn aller Schmarren, der heute mit Sorgfalt und Aufwand einstudiert wird, längst vergessen ist.
Es ist merkwürdig, wie gleichgültig ich die Tages-Ereignisse aufnehme, auf die ich 12 Jahre lang gewartet habe. […]
Mit herzlichen Grüssen
Ihr Fritz Hochwälder

Oskar Kokoschka 1886–1980 *Dartington*
An Josef P. Hodin
Lieber Hodinus, danke für Ihren Artikel, auf den ich nicht schimpfen will, sobald Sie die zarten Federstriche mit aufnehmen, die ich zur Verdeutlichung der Sache hinzugefügt habe.
Politische Bilder in England malen, heißt nicht lediglich, auf die Nazi in Deutschland zu schimpfen. Das träfe ein jeder, der sich hier in Sicherheit weiß. Man muß vielmehr den Leuten hier sagen, daß der Unterschied zwischen Nazi und Demokratie ja gar nicht oder nicht nur in der insulären Einbildung besteht. Ich weiß, es gibt die berühmten «degrees in which we differ». Aber erstens ist der Faschismus noch nicht tot, und dann können die Unterschiede mit der Zeit noch undeutlicher werden. Wir sind die ganze Zeit bemüht, diesen Prozeß zu verfolgen. Unser Führer Churchill hilft.

Also, wenn noch Zeit dazu ist, nehmen Sie, bitte, meine leisen Einflüsterungen in Ihr Opus auf und zeigen Sie damit Ihren Schweizer und Schwedischen Freunden, daß ich kein «Flüchtling», sondern ein Mensch im Vollbesitz der kritischen Fähigkeiten bin. Ihnen gute Erholung und noch weiteren Weltuntergang
Ihr O Kokoschka

Richard Strauss 1864–1949 *Garmisch*
Am 30. April wurde Garmisch von amerikanischen Truppen besetzt. Nachdem ein Major mein Haus als von der Einquartierung frei deklariert hatte, kam um 11 Uhr ein Major Kramers, der meinem Sohn befahl, ohne auf eine Erwiderung zu hören, daß wir innerhalb von 15 Minuten das Haus zu räumen hätten mit der kranken Mutter, Richard [der Enkel] wollte mich nicht hinauslassen, um mich nicht aufzuregen, ich ging aber an das Auto, sagte dem jungen Major nur meinen Namen als Komponist des «Rosenkavaliers» und «Salome», worauf er sofort artig wurde und mir die Hand gab und nach 2 Minuten war alles in Ordnung. (...) Ich habe jedem mein Bild geschenkt und schließlich den Rosenkavalierwalzer gespielt: kurz: Abwehrerfolg durch den Geist!

★

Der Angestellte Joseph Lewis *1907 *Birmingham*
Die Ereignisse in Deutschland überschlagen sich, und wenn man den Zeitungen trauen kann, besonders denen an diesen Abenden, dann hat Himmler sich für die bedingungslose Kapitulation an die Briten, Amerikaner und Russen entschieden, und wenn alles gutgeht, wird dieses die Friedenswoche sein.

John Colville 1915–1987 *London*
Die Zeitungen sind voll von Meldungen wie «Der Sieg steht unmittelbar bevor». Das hoffen wir alle. Aber die Erwartungen sind diesmal gedämpft. Ich bezweifle, daß es den gleichen Jubel und die gleichen Illusionen wie 1918 geben wird.

Harold Nicolson 1886–1968 *London*
Während der Nacht hat es wieder sehr stark geschneit, und der Flieder ist mit großen Schneewölkchen bedeckt, was sehr putzig aussieht. Es ist ganz offensichtlich, daß wir ein Kapitulationsangebot von Himmler annehmen werden und daß es jeden Moment kommen kann.

In der Zwischenzeit wurde die Nachricht von der Ermordung Mussolinis bestätigt. Er wurde in der Nähe von Como gefangengenommen und umgebracht.

Adolf Hitler 1889–1945 **Berlin / Führerbunker**
Politisches Testament
Seit ich 1914 als Freiwilliger meine bescheidene Kraft im ersten, dem Reich aufgezwungenen Weltkrieg einsetzte, sind nunmehr über dreissig Jahre vergangen.
In diesen drei Jahrzehnten haben mich bei all meinem Denken, Handeln und Leben nur die Liebe und Treue zu meinem Volk bewegt. Sie gaben mir die Kraft, schwerste Entschlüsse zu fassen, wie sie bisher noch keinem Sterblichen gestellt worden sind. Ich habe meine Zeit, meine Arbeitskraft und meine Gesundheit in diesen drei Jahrzehnten verbraucht.

*

Der Generalmajor
Wilhelm Mohnke *1911 **Berlin / Führerbunker**
Morgens 7 Uhr
Ich trat mit meinen Unterlagen in sein Schlafzimmer. Er saß auf einem Stuhl neben dem Bett. Über dem Pyjama trug er einen schwarzseidenen Morgenmantel; die Füße steckten in schwarzen Lackpantoffeln. […]
Der Mann wirkte auf mich sehr gesammelt und gut ausgeschlafen – was er natürlich nicht war. Gewiß, die linksseitigen Gliedmaßen zitterten. […]
Nun, mir stellte Hitler präzise Fragen. Die erste war: «Mohnke, wie lange können Sie noch halten?» Ich antwortete: «24 Stunden, mein Führer, nicht länger.» Dann schilderte ich ihm die Lage. Die Russen hatten die Wilhelmstraße erreicht, sie waren in die U-Bahnschächte unter der Friedrichstraße und sogar unter der Voßstraße eingedrungen, der größte Teil des Tiergartens war in ihrer Hand, und sie kämpften am Potsdamer Platz, 300 Meter von uns entfernt. Hitler hörte sich das ruhig und konzentriert an. […]
Nun, nachdem wir die militärischen Dinge besprochen hatten, begann er mit mir über Politik zu reden. Wahrscheinlich war es der letzte seiner zahlreichen Monologe. Der Grundgedanke, den er mir an diesem Morgen entwickelte, war: Die westlichen Demokratien seien dekadent und würden sich den jungen, unverbrauchten Völkern des Ostens, für die eine straffe Führung wie im kommunistischen System genau das

Richtige sei, nicht gewachsen zeigen. Der Westen werde unterliegen. Der Ton, in dem er sich über diese These verbreitete, war gelassen und distanziert. Kurz nach 7 Uhr verließ ich ihn wieder und kehrte auf meinen Gefechtsstand zurück.

Ein Telefonist **Berlin / Führerbunker**

Er wirkte gebrochen, ausgebrannt, verloren. Uns war längst klar, daß er keine andere Wahl hatte, als sich umzubringen, und man wartete schon seit der stürmischen Konferenz vom 22. April mit einem Gefühl nervöser Spannung auf den Schuß, mit dem Hitler die Konsequenzen ziehen würde. In der Stille dieses Morgens – nur das leise Surren der Ventilatoren war zu hören – empfand ich sein sinnendes Schweigen als besonders bedrückend, ja, unheimlich; ich zog mich schnell in die kleine Telefonzentrale neben dem Maschinenraum zurück.

Der Adjutant
Otto Günsche 1917–2003 **Berlin / Führerbunker**

Ich begrüßte ihn; er war völlig ruhig und seine Stimme hatte den gewohnten Klang, als er mir sagte: «Ich möchte nicht, daß meine Leiche von den Russen in einem Panoptikum ausgestellt wird. Günsche, ich verpflichte Sie noch einmal ausdrücklich, unter allen Umständen dafür zu sorgen, daß so etwas nicht geschehen kann.»

*

Der US-Offizier
Edward Perry Morton 1894–1954 ***Palermo***

Ich bin gerade von einem Besuch in Catania und Taormina zurückgekehrt. Catania ist ein Hafenort und eine überraschend schöne Stadt am Fuße des Ätna. Sie wurde auf den Ruinen eines Amphitheaters, das wie das Colosseum in Rom ausgesehen haben muß, erbaut. Aber Taormina war es, das mich für die vier- oder fünfstündige Fahrt dorthin belohnte, denn Taormina ist einer der reizendsten Erholungsorte in der Welt. Er ist ein verbessertes Modell von Laguna Beach und Carmel mit einem beachtenswerten griechisch-römischen Amphitheater mittendrin. Eine malerische Seeküste, reich an sowohl historischen Sehenswürdigkeiten als auch an Naturschönheiten, dehnt sich nach Norden und Süden aus und bietet mit Badia, Vecchia und Taormina einen der schönsten romantischen Anblicke der Welt. Der Zustand der schwarzen Lava vom Ätna in äußerst kunstvoller Ausführung ist großartig.

Paul Valéry 1871–1945 *Paris*
Was ist denn widerlicher als das Ende Mussolinis? Alles ist gemein an dieser Sache: er und seine Mörder. Seine Schwäche angesichts des Todes, das Bespucken des Leichnams, das Ausstellen.
Mailand – Was für Scheußlichkeiten!

★

Der britische Sergeant Martin Hauser *1913 *(Italien)*
Mussolini ist in Mailand von Partisanen, die ihn auf seiner Flucht am Lago di Como erkannt und verhaftet hatten, nach kurzem Verhör erschossen worden. So starb der Gründer des Faschismus – «Il Duce» – als Verräter in den Rücken geschossen auf dem Hauptplatz von Mailand an der Stelle, wo wenige Zeit vorher noch Antifaschisten ermordet worden waren.

Der sowjetische Feldchirurg
Alexander Wischnewski *Ussurisk*
Es sind Berichte eingetroffen, daß Mussolini und einige seiner Minister in Mailand von italienischen Patrioten hingerichtet wurden. Der italienische Faschismus geht also auch seinem Ende entgegen.
Ich erinnere mich noch lebhaft an einen Abend vor vielen Jahren, als Gorki zu uns gekommen war und über das faschistische System in diesem Land erzählte.

Richard Falk **Lauterbach**
Wie es an den Fronten steht und was in der Politik vorgeht, weiß niemand mit Sicherheit. Als einzige deutsche Sender melden sich nur noch Hamburg und München, die man aber mit dem Volksempfänger nicht hören kann. Die amtlichen Auslandssender halten sich auffallend zurück. Um so lauter sind ausländische Hetzsender. Es gehen Gerüchte um, daß Göring «wegen Herzleidens» seine Ämter niedergelegt habe, daß Himmler den Engländern und Amerikanern, nicht aber auch den Russen die bedingungslose Kapitulation der Wehrmacht angeboten habe, daß Reichswirtschaftsminister Funk eine neue Regierung mit General von Brauchitsch als Kriegsminister bilde, daß Mussolini am Comer See, unweit der Schweizer Grenze, von Italienern festgenommen und bald darauf erschossen worden sei, daß seine Leiche in Mailand ausgestellt sei und von der Bevölkerung besichtigt werden könne.

Rachele Mussolini 1892–1979 *Como*

Dann wurde ich von meinen Kindern getrennt und in eine kleine Zelle des Gefängnisses gebracht, wo schon andere Frauen waren und ständig weitere hinzukamen. In der allgemein herrschenden Aufregung wurde mein Kommen nicht bemerkt. Man sah mich kaum an, da man sich zum hundertsten Male die Geschichte der jeweiligen Verhaftung erzählte. Nur eine blickte mich an, ihre Augen weiteten sich, und sie rief: «Sie sind hier?» Mit einer Handbewegung brachte ich sie zum Schweigen, und sie fing an leise zu weinen. Langsam kamen auch Nachrichten über das, was draussen geschah. In regelmässigen Abständen hörte man vom nebenan liegenden Hof einen schauerlich klingenden Namensruf, dem dann Schüsse folgten. Dann kam eine Pause, in der die Räder eines Karrens knarrten, und dann gab es wieder einen Namensaufruf.

So dauerte die Tragödie die ganze Nacht. Die junge Frau, die mich erkannt hatte, war verzweifelt um ihren Mann, der in jenem Hof gefangengehalten wurde, und bei jedem Namensaufruf klammerte sie sich mit hysterischen Schreien an das Gitter. [...]

Eine andere Gefangene war eine arme Hausmeisterin, die auf Anzeige eines Jünglings verhaftet wurde. Man beschuldigte sie, vor Monaten einem Faschisten ein Zimmer besorgt zu haben. In dieser allgemeinen Tragödie fühlte ich mich fast ruhig, und die anderen fragten mich höchst erstaunt: «Ja, und Sie? Sie weinen nicht? Haben Sie denn niemanden verlassen?» Aber wenn der Schmerz so stark ist, lähmt er.

Zentralfriedhof-Friedrichsfelde **Berlin**

Margarete B.
Frankfurter Allee 177
Selbstmord (vergiftet)

Hans B.
Frankfurter Allee 177
Selbstmord (vergiftet)

★

Der Luftwaffenhelfer Bruno Hoenig *1928 ***bei Koblenz***

Ich bin mir darüber klargeworden, daß ich mit meinen Anschauungen, Wünschen und Gedanken nicht in diese Zeit passe. Ich habe es gern, mal etwas vergnügt zu sein, und hasse aber den heutigen Prunk und jede Schminke. Ich bin auch zu offen und ehrlich. Ich kann es nicht, daß ich jemand schöntue und im Inneren der Ansicht bin, daß er nichts taugt. Dann bin ich aber auch wieder herrisch und etwas grob und sehe es gern, daß man mich etwas lobt. Vielleicht würde ich besser in die Biedermeierzeit passen oder in die Zeit der Hanse. Aber ich lebe ja nun einmal heute und habe mich mit meiner Zeit auseinanderzusetzen. – Ich bin nur für einen Führerstaat. Nach meiner Ansicht ist eine Demokratie Unsinn. Die Kirche ist ja auch ein Gebilde, das nur von einem regiert wird. Ich liebe Deutschland über alles und werde meine Kraft daransetzen, daß es wieder stark und machtvoll wird. Ein christlicher, national und sozial regierter Staat, von einer Person geleitet, ist mein Wunschbild, möge ich es noch erleben, einen solchen Staat zu sehen.

★

Winston Churchill 1874–1965 *(London)*

PERSÖNLICHE UND GEHEIME BOTSCHAFT
AN MARSCHALL STALIN

Zu meiner persönlichen Botschaft vom 27. April.
Da es keine unterzeichnete Kapitulationsurkunde gibt, werden die vier Mächte eine Erklärung abgeben müssen, in der sie die Niederlage und bedingungslose Kapitulation Deutschlands verkünden und die oberste Gewalt in Deutschland übernehmen. Der Entwurf einer solchen Erklärung liegt der Europäischen Beratungskommission vor, und ich möchte Sie bitten, Ihrem Vertreter in der Kommission dringende Weisungen zu geben, damit der endgültige Text ohne Verzögerung festgelegt werden kann.

Josef Stalin 1879–1953 *Moskau*

PERSÖNLICHE UND GEHEIME BOTSCHAFT
AN DEN PREMIERMINISTER, HERRN W. CHURCHILL

Ich habe gegen Ihren Vorschlag nichts einzuwenden, im Namen der vier Mächte eine Erklärung zu veröffentlichen, in der die Niederlage und bedingungslose Kapitulation Deutschlands festgestellt werden, falls Deutschland ohne normal funktionierende Zentralgewalt bleiben sollte.
Der sowjetische Vertreter in der Europäischen Beratungskommission ist angewiesen worden, in die Präambel der Erklärung, deren Entwurf von der britischen Delegation vorgelegt wurde, eine Ergänzung einzu-

fügen, die für die bewaffneten Streitkräfte Deutschlands das Prinzip der bedingungslosen Kapitulation festlegt.

Dwight D. Eisenhower 1890–1969 *Reims*

An Feldmarschall Montgomery

Lieber Monty,

bei allen unseren Plänen haben wir Einigkeit erzielt über die außerordentliche Bedeutung, unsere Flanke so schnell wie möglich bei Lübeck zu verankern. Ich weiß, daß Sie sich der Wichtigkeit dieser Sache im Sinne des Premierministers voll bewußt sind. In der Einsatzbesprechung heute morgen stelle ich fest, daß die Front um Stettin, wie wir erwartet hatten, zu wanken beginnt. Das unterstreicht erneut die Notwendigkeit von Schnelligkeit. Obwohl mir klar ist, daß Sie jeden Nerv anspannen, um so schnell vorzurücken, wie Sie können, möchte ich, daß Sie mich unverzüglich wissen lassen, ob irgendwelche Schwerfälligkeit auf der Seite des US-Korps, das Ihrem Kommando unterstellt ist, Ihre Pläne einen Tag oder auch nur eine Stunde verzögert. Ich bin hier darüber unterrichtet, daß zusätzliche logistische Unterstützung, die Ihrer Armeegruppe versprochen wurde, voll anläuft. Unser HQ wird durchaus alles tun, was möglich ist, Ihnen zu helfen, die Geschwindigkeit und den Erfolg der Operation sicherzustellen.

Wie immer, (gez.) IKE

⋆

Wilhelm Pieck 1878–1960 *Moskau*

Lieber Genosse Chwostow!

Ich übermittle Ihnen eine Abschrift der Liste der Genossen, die nach Moskau zu einem einmonatlichen Kursus berufen werden sollen, um dann für das Land verwendet zu werden. Diese Liste wurde vom Genossen Ulbricht der Kaderabteilung übermittelt.

Wolfgang Leonhard *1921 *Moskau*

Am 27. April wurden wir noch einmal zu einer kurzen Besprechung zu Ulbricht bestellt.

«Alle bereit, alles fertig?» fragte Ulbricht. Zum erstenmal erlebte ich Ulbricht lächelnd und freundlich.

«Voraussichtlich werden wir am 29. oder 30. April fliegen. Vorher werden wir noch bei Wilhelm eine Abschiedsfeier haben. Nun noch eine praktische Angelegenheit ...» Er öffnete seine Mappe und nahm Bün-

del Banknoten heraus, die unter uns aufgeteilt wurden. «Das sind noch tausend Rubel für jeden, für kleinere Anschaffungen» (Eine Summe, die immerhin den damaligen Monatslohn eines Arbeiters weit übertraf.) Die Geldverteilung war jedoch noch nicht zu Ende.
«Und jetzt erhält jeder von euch noch zweitausend Deutsche Reichsmark für die ersten Ausgaben in Deutschland.»
Wieder erhielten wir gebündelte, neu gedruckte Scheine – diesmal alliierte Besatzungsmark, die von den Amerikanern hergestellt wurde. Wir hatten schon von dem Besatzungsgeld gehört, aber jetzt sahen wir es zum erstenmal.
Nur eines war uns noch unklar: handelte es sich bei unserer bevorstehenden Fahrt um einen kurzen Besuch, eine kurze Kommandierung, oder würde sie «für immer» sein? Schon wollte ich fragen, als ich mich daran erinnerte, daß es gerade jetzt mehr denn je darauf ankam, ein «unparteimäßiges» Verhalten zu vermeiden. Ich fragte nicht, glaubte aber, daß es sich um eine kurze Kommandierung handelte und wir in wenigen Wochen wieder in Moskau sein würden.

Nina Aralowez-Kowschowa *Moskau*
An ihren Freund
Lieber Borenka! Guten Tag!
Ich beglückwünsche Dich zum Feiertag des 1. Mai! Zum ersten Mal in mehreren Jahren spürt man in Moskau so richtig den Feiertag. Es herrscht große Freude, weil Ihr in der Ferne den deutschen Faschisten den Garaus macht. Unsere Truppen haben sich mit denen der Verbündeten vereinigt. Und das Wichtigste ist, daß unsere Rote Armee in Berlin ist!!! Unser sehnlichster Wunsch ist in Erfüllung gegangen. *Unsere* Armee hat Berlin eingenommen!! Jetzt feiern wir! Jetzt ist bei uns der Festtag angebrochen!!
Borenka! Gestern ist in Moskau die Verdunkelung aufgehoben worden. Jetzt strahlt Moskau wieder in vollem Licht. Schon den zweiten Abend habe ich die schwarzen Store nicht heruntergelassen. Im Zimmer ist es fein und auch auf irgendwie ganz besondere Weise gemütlich, und hell ist es, sogar nachts. Der Boden ist geschrubbt, daß er glänzt. Überall liegen reine weiße Tischdecken und Läufer und auf den Betten weiße Überdecken. Auf dem Tisch stehen Piroggen! Ein richtiger Feiertag eben!!
Eben höre ich schon den zweiten Salut für heute. Diesmal gilt er Rokossowski, für eine ganze Reihe zerschlagener deutscher Städte. Der andere galt der 1. Ukrainischen Front, für Ostrava in Mähren. Es ist jetzt

erst 23 Uhr. Um 24 Uhr wird möglicherweise noch ein Salut abgefeuert. Das kommt vor.
Ich bin zum Frühjahr hin so «schlaff» geworden, ich ermüde schnell und brauche Pausen. Dabei habe ich Arbeit und Sorgen genug, ganz allein könnte ich das gar nicht schaffen. Schon das viele Schlangestehen!! Dafür sind wir aber jetzt zum Feiertag verwöhnt worden wie noch nie. Viele leckere Sachen gab es, alle bekamen eine doppelte Portion Zucker usw. Das Volk soll mal ein wenig aufatmen können. Das hat es dreifach verdient. Wenn doch nur der Krieg bald vorbei wäre, dann wäre allen Leuten wenigstens leichter ums Herz. Wenn man schon nicht mehr darauf rechnen darf, die eigenen Lieben wiederzusehen, dann sollen doch die anderen sich freuen können, denen das Glück zugedacht ist, den geliebten, ersehnten, teuersten Menschen erneut zu sehen und in die Arme zu schließen. Was ist das doch für ein großes Glück!
Die Ereignisse gehen nun mit Riesenschritten voran. Heute lasen wir mit großer Befriedigung davon, daß italienische Patrioten, ohne lange zu fackeln und ohne irgendwo nachzufragen, ihren Schurken von «duce» hingerichtet haben. Der ist also nicht mehr dazu gekommen, in einem Sanatorium auf seinen Prozeß zu warten. Wahrscheinlich wäre er auch aus dem Sanatorium irgendwohin abgehauen. Also haben die Jungs genau das Richtige gemacht! Sie sind ohne «Erlaubnis von oben» zurechtgekommen. Jetzt haben wir ein Untier weniger auf der Welt. Aber – erst einmal nur eines weniger! Und wie viele kriechen sonst noch herum?
Wir kämpften und wir kämpfen für das Gute und das Gerechte, und so muß es auch sein, jetzt und auch in Zukunft!! Bis zum baldigen Wiedersehen, Borenka! Bleib heil und gesund!
Deine Freundin N.A.

Der sowjetische Admiral Arseni Golowko ***Kolabucht***

Der nächste Geleitzug traf heute ein. Ihm war eine verstärkte U-Boot-Suche vorausgegangen, an der fünf britische Korvetten, unsere «Catalina» und große U-Jäger teilnahmen. Die Flugzeuge versenkten nach glaubwürdigen Angaben ein U-Boot und beschädigten ein weiteres schwer. Der Geleitzug wurde zum festgelegten Zeitpunkt in Empfang genommen.

Adolf Hitler 1889–1945 **Berlin/Führerbunker**

Politisches Testament
Es ist unwahr, dass ich oder irgendjemand anderer in Deutschland den Krieg im Jahre 1939 gewollt haben. Er wurde gewollt und angestiftet aus-

schließlich von jenen internationalen Staatsmännern, die entweder jüdischer Herkunft waren oder für jüdische Interessen arbeiteten. Ich habe zuviele Angebote zur Rüstungsbeschränkung und Rüstungsbegrenzung gemacht, die die Nachwelt nicht auf alle Ewigkeit wegzuleugnen vermag, als dass die Verantwortung für den Ausbruch dieses Krieges auf mir lasten könnte. Ich habe weiter nie gewollt, dass nach dem ersten unseligen Weltkrieg ein zweiter gegen England oder gar gegen Amerika entsteht. Es werden Jahrhunderte vergehen, aber aus den Ruinen unserer Städte und Kunstdenkmäler wird sich der Hass gegen das, letzten Endes verantwortliche Volk immer wieder erneuern, dem wir das alles zu verdanken haben: Dem internationalen Judentum und seinen Helfern!

⋆

Die Seminaristin
Hildegard Holzwarth *1928 **Hermannshütte/Sudeten**

Morgen ist der 1. Mai, der Tag der Arbeit. Es ist ein nationaler Feiertag des deutschen Volkes. Wie wird er dieses Jahr begangen? Ich weiß es nicht. Tagebuch, wie gut, daß ich Dich wenigstens habe! Es ist ja so entsetzlich traurig, vor einem so unsäglichen Kriegsende zu stehen. Sechs Jahre lang haben wir durchgehalten. Es wird trotz unserer Niederlage nicht ganz zwecklos gewesen sein. Ach, das Kriegsgeschehen könnte einen zu Boden drücken.

Mein Vater durchsteht die größte Qual. Wie innig lieben wir das deutsche Volk. Was wird mit ihm geschehen? Dieser Gedanke ist wie eine Marter. Die ganze ungeheure Lebensarbeit meines Vaters ist vernichtet. Wir haben uns zu Hause wenig gegönnt und immer nur gespart.

Der Kanonendonner der Front kommt immer näher. Auch jetzt, während ich schreibe, ballert es draußen tüchtig. Vorhin habe ich solche Angst gehabt. Wenn nur schon alles vorbei wäre! Dabei müssen wir noch dankbar sein, daß in den Sudetengau doch die Amerikaner und nicht, wie befürchtet, die Russen kommen. Wir haben nur noch eine Hoffnung. Unsre jetzigen Feinde, die Westmächte, werden nicht zusehen, wie ganz Europa bolschewistisch wird. Gemeinsam müssen wir gegen den Bolschewismus gehen. Alles andere muß in den Hintergrund. Wir Deutschen haben lange für Europa auf Vorposten gestanden. Wir schaffen es nicht mehr. Bei uns ist alles in Auflösung begriffen. Die Soldaten und die Mädel wollen nur noch intensiv leben.

Viele Offiziere nehmen ihre Charge und ihren Rang nicht ernst genug.

Alles ist ungeordnet und kopflos. Das sind die typischen Zeichen des Verfalls. Der Widerstandswille des Volkes ist gebrochen. Wir sind der Übermacht erlegen. In Berlin sind schwere Straßenkämpfe. Der Führer steht ganz allein da. Wir zittern um sein Leben.
Der Duce ist mit 17 Anhängern von italienischen Partisanen ermordet worden. Entsetzlich! Die großen Menschen gehen jetzt alle unter. Von der Gegenseite ist der größte Kriegshetzer Roosevelt tot. Ist das nicht fast ein Wunder? Der neue Ministerpräsident Truman (Harry) ist sicher nicht zu schlimm. Vielleicht kommt es mit seiner Hilfe bald zu dem Opfergang der weißen Rasse gegen die gelbe Rasse. Diese unvermeidbare Auseinandersetzung ist schneller nahe gerückt als man [Text bricht hier ab.]

Alisah Shek *1927 **KZ Theresienstadt**

Österreichische Regierung, Soz. Dem. 6, Kommunisten 3, Bürgerliche 2, Christlich Soziale 2, Präsident – Renner.
Und wir? Wir warten 6 unendliche, unerträgliche Jahre auf diesen Augenblick. Und jetzt ist es alles so abgeschabt und hat den Glorienschein verloren, denn es ist alles so überflüssig und umsonst. Alles dreht sich im Kreis. Die uns vernichtet haben, retteten den letzten Rest und wollen noch gefeiert werden. Alles, alles ist so umsonst. Wir sitzen da und sehen: das Ärgste, was sie uns angetan haben, ist, sie haben uns des Wirklichen beraubt, des Begriffes von Wirklichkeit. Wir kennen eine qualvolle, schreckenerfüllte Welt von Grausamkeit, wo wir Dinge des Geschehens sind, Objekte. Und Träume. Und was dazwischen liegt, das einzig Fähige, Wirklichkeit zu sein und gelebt zu werden, ist Finsternis. Sie banden unsere Augen zu, so lange, und jetzt sind wir blind. Wir zerschellen im ewigen Flug zwischen Traum und Grausamkeit an den Felsen des Wirklichen, das in ewige Nacht eingehüllt ist. Es ist für alles zu spät. Was bleibt noch, etwas was Sinn hat in all diesem Sinnlosen? Die Dinge offenbaren sich alle in ihrer Sinnlosigkeit. Und das gerade jetzt, wo wir zu leben hofften, nach einem endlosen Dahinsterben, zwischen unserem 12. und 18. Lebensjahr.

Erich Kessler **KZ Theresienstadt**

Habe seit gestern Nachmittag Durchfall und daher den ganzen Tag, außer altem Brot, nichts gegessen. Nachmittag war mir nicht gut, und ich habe daher meinen Dienst nicht angetreten.

*

Annemarie Hedinger *Brünn/Mähren*

Seit drei Tagen ist es jetzt klar. Die Russen bleiben, die Tschechen haben die Oberhand, und es gibt zwischen diesen beiden Siegern arge Streitigkeiten. Die Tschechen haben die Illusion, daß sie nun Herren im Haus sind. Ihre Schikanen uns Deutschen gegenüber sind vielgestaltig, anmaßend. Die Russen ärgert das, denn wären sie es nicht gewesen, die den Sieg über die Deutschen errungen hätten, wäre die Tschechoslowakei immer im Schatten geblieben, denn – so sagen die Russen, vom kleinen Mann bis zum Offizier, verärgert – was haben diese Leute schon zu ihrer Befreiung getan? Sie haben alles geduldet, sie haben besser gelebt als die Deutschen, sie haben keine Opfer gebracht und wollen nun die Herren spielen. Aber das läßt sich nicht ändern, und die gemeinsamen Beschlüsse sind fadenscheinig und werden von den Tschechen radikaler aufgefaßt und ausgeführt, als sie von den Siegermächten gemeint waren. Man ist sich im tschechischen Lager einig, daß man uns demütigen muß und uns zum Schluß loswerden will. Jahrhundertelang lebten wir nebeneinander, friedlich, wenn auch kritisch. Die Deutschen waren die Kulturträger und haben Wirtschaft und Industrie aufgebaut und gut geführt. Tschechen, die sich dem Aufbau und der Verwaltung gegenüber positiv verhalten haben, bekamen leitende Stellen; es wurde ihnen ihr Volkstum nie streitig gemacht, im Gegenteil, vieles an Kulturgut hat sich gemischt, verwischt und ist heute beinahe keiner Gruppe mehr zuzuordnen. Sogar in den Jahren des Protektorates sind Gehässigkeiten und Überheblichkeiten der Sudetendeutschen niemals aufgekommen. Daß sich die Deutschen aus dem Reich, die nie ein Grenzlandschicksal gekannt haben, in diese Situation nicht einfühlen konnten und mehr Unruhe als gute Werte einbrachten – ist das unsere Schuld?

Wie dem nun auch sei – wir Deutschen sind zum Freiwild geworden. Als ich [meine Freundinnen] gestern besuchen wollte, sagten mir ihre Mitbewohner, daß sie am Tag vorher Selbstmord begangen hätten. Sie hatten sich, nach einem verhinderten Gift-Selbstmord, in ihrer Wohnung erhängt. Es war so erschütternd für mich, daß zwei so geistvolle, mütterliche, tolerante Menschen auf so unwürdige Weise ihren Tod gesucht haben.

Der Soldat Harald Simon *1927 **(Mähren – Prag)**

Der Monat April näherte sich seinem Ende. Nirgendwo sah ich keimende Saat, auch keinen Vogel, keine Katze noch anderes Getier. Es schien, daß auch die Tiere geflüchtet waren.

Wieder hatten wir nachts eine Stellung geräumt. Müde und dreckig er-

reichten wir einen Ort. Ich sah ein Schild: «Ruederswalde». Irgendwo in Mähren.
Wir besetzten einen Schützengraben am Ortsrand. Unterstützt von Artillerie, Panzern und den besonders gefürchteten, unglaublich langsam fliegenden gepanzerten Schlachtfliegern vom Typ «Iljuschin 2» griff die russische Infanterie an. Aus den feuernden Bordkanonen der Schlachtflieger züngelten lange rote Flammen. Von einem makellos blauen Himmel schien die Sonne auf dieses Inferno.
Das Geschoß traf mein Gesicht. Mich umgab plötzlich totale Finsternis. Jemand schrie durch den Gefechtslärm, ich solle mich festhalten. Er führte meine Hand. Ich fühlte ein Koppel. Später lag ich rücklings auf einem Karren, und meine Füße schleiften über den Boden. Irgendwann bekam ich Injektionen. Dann war ich in einem Zug. Später zog mir jemand die dreckige Uniform aus. Ich spürte warmes Wasser, dann ein Bett. Um mich her war es immmer noch finster. Ich fragte, was mit meinen Augen sei. Eine Schwester sagte, das linke Auge sei zerstört, aber das rechte sei noch vorhanden und könne ganz sicher von einem Augenarzt in Ordnung gebracht werden. Gott sei Dank, die Dunkelheit war nur vorübergehend. Ich sehnte mich nach einem Augenarzt. Hier gab es keinen. Die Ärzte waren bis auf einen Zahnarzt geflüchtet. Dieser bemühte sich vergeblich, meine Kiefernklemme zu beheben. Jeden Tag zog mir eine Schwester Knochensplitter aus dem Gesicht. Bei einer Zuteilung von Rauchwaren erhielt ich achtzig Zigaretten. Obwohl ich nicht rauchen konnte, freute ich mich über diesen unglaublichen Reichtum und tastete immer wieder nach den vier Päckchen auf meinem Nachttisch. Eines Tages waren sie nicht mehr da und blieben verschwunden. Das machte mir deutlich, daß Wehrlosigkeit für moralisch schwache Menschen eine Versuchung darstellt, weil sie ermöglicht, risikolos Böses zu tun.

Der Waffen-SS-Mann Manfred Klein *1926 Slowenien

Am 30. April wurde das Regiment, wahrscheinlich sogar die ganze Division, aus der HKL herausgenommen. Der Regimentsstab verlegte nach Gnas, fünf Kilometer westlich von Bad Gleichenberg. Wir bezogen mit der Funkstelle die Schule des Ortes, am Marktplatz gelegen. Am nächsten Tag war ein Angehöriger des Regiments, der desertiert war, wieder aufgegriffen worden. Das Divisions-Standgericht verhängte sofort die Strafe: Tod durch Erhängen. Das Urteil sollte einen Tag später vollstreckt werden. Zur vorgesehenen Zeit, etwa 13 Uhr, marschierte das Regiment am Marktplatz auf. Ein Galgen war bereits errichtet. Es gab aber irgend-

eine Verzögerung, das Regiment zog wieder geschlossen ab und durfte erst einmal einen Film ansehen. Nach Beendigung des Filmvortrags kam die Truppe wieder zum Marktplatz zurück. Wir Funker mußten nicht mit antreten, sahen aber aus den Fenstern unserer im ersten Stock gelegenen Funkstelle zu. Der Delinquent, die Hände auf dem Rücken gefesselt, mußte einen kleinen Handwagen besteigen, der unter dem Galgen stand. Als ihm die Schlinge um den Hals gelegt war, trat der Divisions-Gerichtsoffizier vor, verlas das Urteil und fragte den Verurteilten, ob er noch etwas sagen wolle. Der reagierte nicht, darauf nach kurzem Warten, der Gerichtsoffizier: «Wer den Tod in Ehren fürchtet, stirbt ihn in Schande.» Der Handwagen wurde weggezogen, der Hinzurichtende hing jetzt am Strick, aber kaum tiefer als vorher, da er auf dem Wägelchen stand. Er starb einen qualvollen Tod. Er hat noch sehr lange seine Beine hochgezogen, er wurde regelrecht stranguliert und ist am Galgen erstickt. Es wurde ihm noch ein Schild umgehängt mit der Aufschrift: «Ich bin ein Volksverräter. Ich habe die verdiente Strafe erhalten.»
In der Nacht beobachtete ich einige Offiziere, die betrunken aus der Gaststätte gekommen waren. Sie gingen auf den Galgen zu, einer von ihnen stieß mit seinem Stock den Gehenkten seitlich an, worauf dieser sich um sich selbst drehte. Den Betrunkenen war dies ein großes Vergnügen, sie lachten hellauf.

⋆

Der britische Captain B. R. Cowles *Bologna*

Am Nachmittag organisierte ich eine Rattenjagd, die recht gut ablief. Zwei Ratten wurden gefangen. Spielte später für die Truppe Cricket, und danach aßen wir uns fast krank an einem riesigen Haufen frisch gepflückter Erdbeeren. Die italienische Sorte ist sehr klein, aber der Geschmack ist in Ordnung. Beendete den Tag beim Kartenspiel in der Messe. Bin nicht sehr scharf darauf, aber scheine im Augenblick nicht in der Lage zu sein, mich hinzusetzen, um etwas Ernsthaftes zu lesen wie meine «Maths for the Million». Im Regimentsstab sind sie gerade dabei, Gruppen für die Entlassung zusammenzustellen. So verliert man das Interesse am Armeeleben, weil es jetzt nur noch eine kurze Zeit dauern wird.

Der US-Soldat Benedict S. Alper *1905 *Rom*

An seine Frau

Dear sweet E-

Du willst mir erzählen, daß die Leute noch immer zur Armee gehen? Unwahrscheinlich – hier denken wir alle nur daran, wann wir endlich nach Hause kommen, es sind jetzt die letzten Stunden. Gut mit Musso – verurteilt und hingerichtet durch die Hände derer, die er verraten hat. Ich mag es, wie sie die Dinge hier erledigen: Eine Industriegesellschaft ist es gewohnt, kooperativ und in disziplinierter Weise zu arbeiten.

Jetzt, da es so nahe bevorsteht, kann es nicht mehr lange dauern, bis wir beieinander sind, Darling. Am Ende hat sich alles gelohnt, was vorher war, irgendwie – aller Kummer und Einsamkeit und Schuldgefühle und Sorge – es ist plötzlich der Mühe wert, wie Genesung nach Krankheit. Die Welt lebt und die meisten Leute in ihr, trotz der Millionen, die gestorben sind, damit wir leben können.

Wir beide haben miteinander viel Zeit verloren, my Sweet, Aussicht auf Liebe, aber nicht nur Liebe selbst, auch etwas anderes, falls es noch etwas Stärkeres gibt. Sicherlich werden wir uns niemals mehr als selbstverständlich hinnehmen, und ich verspreche, niemals mehr rücksichtslos zu sein oder ärgerlich oder irgend etwas von dem albernen Zeug, mit dem ich mir sooft seitdem selbst geschadet habe.

Ich liebe Dich, und wir gehören für immer zusammen – Bups.

Der sowjetische Offizier
Boris Martschenko *1904 *(Österreich)*

An seine Frau

Gestern bin ich aus Wien zurückgekommen. Ich bin viel herumgefahren und habe vieles gesehen, aber einen solchen Ort habe ich noch nicht zu Gesicht bekommen. Das ist keine Stadt, sondern einfach ein Traum. Budapest ist im Vergleich zu Wien ein Dreck. Es ist interessant, daß du in eine beliebige Richtung gehen kannst, und überall wirst du auf Ecken stoßen, die noch schöner sind als die, die du zuvor gesehen hast. Übrigens mußte ich eine bestimmte Einheit suchen. Man sagte mir, sie sei im Hof des österreichischen Palastes. Da bin ich also hingegangen. Das läßt sich nicht beschreiben. Denjenigen, den ich treffen sollte, habe ich nicht angetroffen, aber man sagte mir, daß es da einen kaiserlichen Keller gebe mit viel Wein darin. Da bin ich hin. Ich bin so etwa anderthalb Kilometer unter der Erde gelaufen und dann endlich ans Ziel gekommen. So etwas hatte ich noch nie gesehen. Zusammen mit dem Fahrer habe ich so viele Flaschen von einem Wein, der über 15 Jahre alt ist, mit-

genommen, wie in den Wagen paßten. Im Grunde kann man das gar nicht Wein nennen, es ist einfach etwas ganz Außergewöhnliches. Das müßtet Ihr Schluckspechte mal probieren.
Ich war auch im Opernhaus. Der hintere Teil ist abgebrannt, aber trotzdem ist es ein bemerkenswertes Gebäude. Mit einem Wort: Von Wien bin ich begeistert. Wer hätte gedacht, daß ich da mal hinkomme. Ach ja, ich habe vergessen zu sagen, daß es in Wien so ist wie bei uns in der Heimat an Feiertagen. Aus den Fenstern ragen rote Flaggen. Die Menschen sind sehr zuvorkommend, wenn du jemanden nach dem Weg fragst, sammelt sich gleich eine Gruppe von 5–10 Leuten an, und die versuchen, sich gegenseitig in Hilfsbereitschaft zu übertrumpfen. Sie reden deutsch und wundern sich, daß ich mich in dieser Sprache mit ihnen frei verständigen kann. Mit einem Wort: Ich würde mich da gerne noch aufhalten und all diese Schönheit anschauen. Dich und Nika küsse ich ganz, ganz herzlich.
Dein Borja

Der sowjetische Offizier
Akim Popowitschenko *(Österreich)*
An seine Frau Wera
Werusska, Du hast ja wirklich so gar kein Glück. Die Pakete, die andere zugleich mit mir losgeschickt haben, sind alle schon längst angekommen, nur Du hast immer noch nichts. Das erste Paket habe ich an die T. G. Schewtschenko-Adresse geschickt. Das habe ich Dir schon mitgeteilt und die Quittung geschickt und das Absendedatum gesagt, mach doch eine Nachfrage beim Bezirksverbindungsbüro von Smela. Um nichts ist es mir da so leid wie um das Leder für neue Stiefel. Alles andere ist nicht wichtig. Allerdings waren auch Strümpfe für Dich dabei. Ich habe Dir noch weitere vier Pakete geschickt, eines davon hat mein Freund, der stellvertretende Redakteur Jascha Bibergal an Dich geschickt, das ist ein Kumpel aus Odessa. Er hat keine Angehörigen und niemanden, dem er was schicken könnte. Sein Paket kannst Du ganz als Dir gehörend betrachten, laß ihm nur die 3,5 Meter graue Wolle übrig. Darum hat er gebeten. Und die anderen Pakete, die Du von ihm bekommen wirst, kannst Du auch aufmachen und alles nehmen, bis auf die 10–20 Meter Krepp, die will er abholen, falls er überlebt und falls er die Möglichkeit haben wird, uns besuchen zu kommen.
Er ist Jude, aber er ist kein jüdischer Jude. Er ist wirklich ein feiner Kerl. Das wäre alles. Bis zum baldigen Wiedersehen, Liebe!
Dein Kima

Der Rotarmist Wassili Wassiljew *Berlin*

An seine Frau

Meine Liebe!

Ich gratuliere Euch zum Ersten Mai – dem Festtag des Frühlings und des Sieges. Mit dem ersten Probeversuch Himmlers hat Deutschland gezeigt, daß es vor der Sowjetunion nicht kapitulieren will, jedoch bereit ist, es vor England und den USA zu tun. Das ist bezeichnend. Es handelt sich hier nicht nur um einen Versuch, Zwiespalt zwischen freien Menschen zu provozieren und zu säen, sondern es ist auch gleichzeitig eine Bestätigung unserer Kraft, einer *besonderen Kraft*.

Darauf können wir stolz sein!

Deutschland wird in die Knie gezwungen.

Es wäre jetzt besonders angebracht, sich an die Worte Lenins und später auch Stalins über die Vorbereitung des imperialistischen Krieges und dessen mögliche und unabwendbare Folgen zu erinnern!

Es ist alles so gekommen, wie sie es gesagt haben. Man sehe sich den Balkan an! Man sehe sich Polen an! Man sehe Europa an, wo sich alles in Bewegung und vorläufig auch in Verwirrung befindet.

Der Leninismus hat eine Prüfung bestanden im Hagelfeuer von Kämpfen und Schlachten, wie sie die Welt noch nie gekannt hat, von Kämpfen mit Riesenausmaß und ungeheuerlichen Folgen. Die Faschisten wollten in Moskau als Herren thronen. Jetzt kennen sie diesen Ort als Gefangene. Wir hingegen wollten gar nicht nach Berlin, aber jetzt sind wir als Sieger dort.

So sieht die Realität aus.

Adolf Hitler 1889–1945 **Berlin/Führerbunker**

Politisches Testament

Ich habe noch drei Tage vor Ausbruch des deutsch-polnischen Krieges dem britischen Botschafter in Berlin eine Lösung der deutsch-polnischen Probleme vorgeschlagen – ähnlich der im Falle des Saargebietes unter internationaler Kontrolle. Auch dieses Angebot kann nicht weggeleugnet werden. Es wurde nur verworfen, weil die massgebenden Kreise der englischen Politik den Krieg wünschten, teils der erhofften Geschäfte wegen, teils getrieben durch eine, vom internationalen Judentum veranstaltete Propaganda.

*

Robert Ley kurz nach seiner Festnahme durch amerikanische Soldaten am 16.5.1945 in der Nähe von Berchtesgaden

Wolfgang Soergel *(Kriegsgefangenenlager in Schottland)*

Am 20. April ist Jena und Saalfeld besetzt, General Patton erreicht mit seiner US-Panzerarmee, von meiner Universitäts-Stadt Leipzig kommend, die Außenbezirke von Chemnitz. Wo werdet Ihr sein? Dringen sie in unser Haus in Rabenstein, in unseren Wald …

> «… wieder duftet der Wald, es heben die schwebenden Lerchen
> mit sich den Himmel empor …»,

und wieder ist es April, und von Berlin wird Hitlers Geburtstagsaufruf gemeldet, dessen Irresein alle begreifen, selbst die ahnungslosesten, grauledernen U-Boot-Besatzungen, die sonst nichts glauben wollen, die auf Tauchstationen liegen, doch die meisten fragen sich, ob Adolf Hitler ein Kranker ist oder der leibhaftige Satan.

Paul Groß *1925 *Kriegsgefangenenlager Florence bei Tucson*

Auf Anordnung vom Hauptlager Florence mußte ich am 30. April 45 dorthin zu einer Überprüfung meiner Personalien. Die Fahrt ging über Safford, durch eine herrliche Gebirgslandschaft in Richtung Globe, über die Staumauer des Coolidge Damm an großen Flächen mit Kakteen vorbei ins Hauptlager Florence. Dort wurde ich in die Hauptverwaltung zu einem gut Deutsch sprechenden amerikanischen Feldwebel geführt. Bei ihm mußte ich meine Personalien angeben, die er mit der Schreibmaschine auf ein Formular tippte. Zu den Fragen der Truppengattung verschwieg ich, daß ich bei der Waffen-SS gewesen war. Als er alles geschrieben hatte, holte er das gleiche Formular aus der Schublade, welches schon in Frankreich kurz nach der Gefangennahme ausgefüllt wurde, hervor. Auf diesem Formular waren die Angaben über meine Zugehörigkeit zur Waffen-SS, Nazi- und Eliteeinheit. Nach Einsicht in das Formular warf er es in den Papierkorb. Eine große Erleichterung für mich, die ihm wohl bei meinem Danke und Abschied nicht verborgen geblieben ist.

Dr. Hans-Georg von Wick 1907–1964 *Kriegsgefangenenlager Crossville, Tennessee*

An seine Frau

Mein Herz! Immer, immer fliegen meine Gedanken zu Dir in banger Sorge! Wo sollen sie Dich suchen? In unserm lieben Verden, das nun auch Kampfgebiet geworden ist? Ob Du dort bleiben konntest in den Tagen, da die Front durch Verden lief und dort gekämpft wurde? Und was magst Du mit unsern beiden Kleinen ausgestanden haben! Gebe

Gott, daß Ihr beschützt und bewahrt bleibt und gesund seid! Das ist mein heißestes Gebet. Ich kann Dir nicht sagen, mit welchen Gefühlen der Angst und Besorgnis ich besonders diese Tage an Euch gedacht habe. Da sitze ich nun hier in Ruhe und Sicherheit, mit gebundenen Händen, und Ihr, meine Liebsten, müßt so Schweres durchmachen! Was mag aus unserer Wohnung geworden sein? Wenn Ihr wenigstens noch ein Heim besitzt! Sonst ist ja der Verlust an materiellen Gütern so gleichgültig, wenn Ihr nur unverletzt bliebt und wir uns eines Tages gesund wiedersehen und zusammen das Leben wieder beginnen können. Könnte ich nur einmal wissen, wie es um Dich steht, mein einziger Liebling, meine geliebte tapfere Frau!
Immer wieder male ich mir Euer Schicksal aus und sinne auf neue Möglichkeiten, verzweifelt, daß ich nicht helfen und Dir nicht beistehen kann.
Mein Liebling, wenn nur Du mit den Kindern gesund bist und alles wohl überstehst! An diese Hoffnung klammere ich mich. In großer Liebe!

Walter D. *1921 *Kriegsgefangenenlager Maxey / Texas*

In Torgau sind Amerikaner und Russen zusammengestoßen. Mussolini ist ermordet. Himmler soll ein Übergabeangebot an Amerika und England gemacht haben, Rußland setzte eine neue Regierung in Wien ein. England und Amerika erkennen diese Regierung nicht an. Der russische Außenminister Molotow wird von der Konferenz in San Franzisco abberufen.
So liegen die Dinge in den letzten Tagen des Monats April. Deutschland hat den Krieg verloren. Diese Worte sind unsagbar schwer zu schreiben. Aber es ist die Wahrheit. Wir haben verloren.

Die Sekretärin Ethel Inglis *1908 *Glasgow*

Es gibt verbitterte Bemerkungen darüber, daß die deutschen Kriegsgefangenen doppelt so große Verpflegungsrationen bekommen wie unsere Zivilbevölkerung. Sie bekommen die gleichen Rationen wie die britischen Truppen. Die Amerikaner werden immer dafür gelobt, daß sie wissen, wie man mit der deutschen Zivilbevölkerung umgeht. Wir bezahlen für das, was wir ihnen wegnehmen, während die Amerikaner dieses und jenes einfach verlangen.
«Wir sind zu weich.»

⋆

Der Leutnant Rudolf Palitza **Onigo**

Der 30. April war noch ein qualvoller Marschtag mit allen Anzeichen der Flucht, nach dem Motto: Rette sich, wer kann! Infanteristen hatten es da noch leicht, weil sie querfeldein im Schutz von Weinfeldern und Bäumen vorankamen. Alle bespannten und motorisierten Fahrzeuge waren den pausenlosen Jabo-Angriffen ausgesetzt, entsprechend hoch waren die Verluste.

Ich war, aller Aufträge ledig, auf mich allein gestellt und hatte viel Zeit, aus einer Entfernung von 200 Metern das Zurückfluten der Reste einer geschlagenen Armee zu beobachten. Zum Glück verhinderte eine tiefliegende Wolkendecke die Angriffe der Jabos. Alles drängte auf der engen Straße nach Norden, sogar noch motorisierte Fahrzeuge und Geschütze, vor allem aber ungeordnete Haufen von Landsern, viele per Rad und einzelne zu Pferde. Als die Kolonne dünner wurde, schloß ich mich an und kam gegen Abend in Onigo an, wo uns freundliche Bewohner sogar ein Nachtquartier anboten. Es lag im 1. Stock, so trug ich mein Rad mit hoch und band es an mein Bein fest. Die Nacht war sogar ruhig, aber frühzeitig rollte die Karawane weiter.

Der Wehrmachtsfunker Karl Koch **Castelfranco**

Wir marschieren. Meine Knöchel sind durchgescheuert, die Strümpfe zerlöchert, das Schuhwerk ist defekt. Die Füße stecken bei dieser enormen Italienhitze dauernd im Leder, Tag und Nacht. Kein Bad, das den Schweiß einmal entfernt. Und dazu die Läuse, die Läuse! Ami und Tommy drängen unaufhörlich nach. Wir finden kaum noch Schlaf. Am Nachmittag geht ein Wolkenbruch nieder. Landser nehmen mich auf ihren mit einer großen Plane überdachten Wagen. Endlich kann ich, bis auf die Haut durchnäßt wie ich bin, etwas sitzen. Und meine schwer mitgenommenen Füße etwas schonen.

In Castelfranco müssen wir über eine Kreuzung, auf deren einem Schenkel weit draußen die Tommies halten. Schon kündigt sich der Abend an. Über die Kreuzung geht es mit größter Schnelle und nur truppweise hinweg. Man rechnet wohl mit Feind-Einsicht! Wenn uns die Partisanen an dieser Stelle in ein Gefecht verwickelt hätten, wären wir sicher auch mit den Tommies zusammengeraten. Wer weiß, mit welchem Ausgang? Jetzt erschienen also die Engländer schon links vor uns!

Der Soldat Fritz Köhler ***Bassano***

Die Partisanen (Grün-Weiß-Rot) wollen uns den Amerikanern übergeben, aber sie lassen sich bereden, uns weiterziehen zu lassen. Sie warnen uns allerdings vor ihren «Kollegen» weiter oben in den Bergen («Rote» Partisanen) ... Ich und meine Kameraden haben gar keine Lust, uns fünf Minuten vor Toresschluß noch abschießen zu lassen, und da ich diese Warnung schon von mehreren Seiten hörte, beschloß ich, daß wir uns dann doch lieber in die Hände der Amerikaner begeben wollen. Wie es sich später erwies, war es auch richtig, denn durchgekommen ist kaum einer ... Ehe uns die Partisanen nach Bassano ins amerikanische Sammellager führen, bekommen wir noch Brot und Wein. Dann treten wir den Marsch in die Gefangenschaft an.

Thilo Koch *1920 **Mione**

Auf der Nationalstraße 42 erreichten wir am 30. April Edolo. Von hier aus ist die Schweizer Grenze nur noch etwa 30 Kilometer Luftlinie entfernt. Nur mühsam konnte ich den beiden Kameraden, mit denen ich fliehen wollte, ausreden, den Absprung schon hier zu wagen. Ich fürchtete, daß man uns vor Bekanntgabe der Kapitulation als Deserteure behandeln würde, und ich glaubte nicht daran, daß die Schweizer deutschen Soldaten Asyl gewähren würden.

So blieben wir noch beim riesigen Heerwurm, der sich über den wunderschönen Tonalepaß, wo schon die Bäume blühten, auf der komfortablen Strada Nationale 42 Richtung Bozen bewegte. Wie ich nachträglich auf der Karte feststellte, muß sich unser Kommandeur am Lago di S. Giustino plötzlich entschlossen haben, seine Einheit in eine Sackgasse zu führen. Wir rollten auf einer kleinen Nebenstraße jetzt strikt nach Norden und kamen in dem kleinen Bergnest Mione zum Stehen, weil dort die Straße endete. Vor uns, um uns nur noch Berge und Wald.

Der Stadtpräsident Walther Bringolf ***Schaffhausen***

Der Andrang der Flüchtlinge in der Zeit vom 21. bis 30. April nahm derart zu, daß er alle Mutmaßungen und damit auch alle Dispositionen übertraf. Manches mußte improvisiert werden, und an gewissen Tagen war es einfach nicht mehr möglich, alle Flüchtlinge einer Desinfektion zu unterziehen. Ganze Transporte von Russen, vielleicht 800 bis 1000, wurden einfach am Bahnhof verpflegt, kamen dann in Eisenbahnwagen und wurden in das Innere des Landes abtransportiert. Es gab Tage, an denen wir überhaupt keine gedeckten Unterkünfte mehr hatten. Auch die Zelte waren inzwischen belegt, sogar nachts. Die Flüchtlinge gehörten den verschiedensten Nationen an, europäischen wie außereuropäischen, und mit Ausnahme der Deutschen waren alle ausgehungert oder in Lumpen gekleidet oder trugen das Mal, das ihnen die Nazis aufgeprägt hatten. So zogen sie täglich in langen Zügen durch die Straßen der Stadt. Eine deutsche Kolonne Volkssturm oder was immer es sein mochte – kam mit einem großen Marketenderwagen voll Butter, Speck, Fleisch, Marmelade, Brot und Früchten. Als ich mich erkundigte, was dieser Wagen zu bedeuten habe, meinte die deutsche Gruppe: «Das ist unsere Verpflegung. Wir bringen sie selber mit. Denn in der Schweiz habt ihr ja nichts zu essen.» Ich nahm davon Kenntnis, beschlagnahmte das Fahrzeug und übergab die Lebensmittel unserer Küche, damit sie allen zugute kamen.

*

Helmut Smend 1894–1984 *Kriegsgefangenenlager Remagen*

Wir Offiziere vom Stab blieben natürlich zusammen, zogen durch die Gassen zwischen den Menschenmassen, bis wir am Rande noch ein freies Plätzchen fanden, wo wir uns niederlassen konnten. An Hoffnungslosigkeit war diese Situation nicht mehr zu überbieten. Bei der Kälte im April ohne jeden Schutz, undenkbar! Da konnte man nun wirklich verzagen. Und dann fing es auch noch an zu regnen.

Ringsum am Stacheldraht entlang zog sich ein breiter Streifen, wo jeder seine Notdurft verrichtete. Und dieser Streifen kam mit jedem Tag näher an die Lagerinsassen heran. Wie kam mir nun meine neue Kluft, vor allem der neue Mannschaftsmantel, zustatten. Die andern hatten ihre eigenen Uniformen an, die viel weniger widerstandsfähig waren, dazu die langen Stiefel aus dünnem Leder, die sofort aufgeweicht waren.

Nun, ich war ja nicht so leicht unterzukriegen. Solange es regnete, auch die ganze Nacht, blieb ich auf einem Fleck stehen und wurde so am wenigsten, nur oben, naß. Aber da wird eine solche Nacht lang!

Hier blieben wir zwei Wochen, glücklicherweise wurde das Wetter besser, wenigstens trocken, sonst wären wir wohl alle draufgegangen. Wir lagen den ganzen Tag und auch die Nacht auf dem blanken Ackerboden herum. Viele hatten die Ruhr. Überall sah man Soldaten in Zivil, die sie auf den Landstraßen aufgegriffen hatten, tot in Wasserpfützen liegen. Verpflegung gab es kaum, am Lagertor wurde etwas Brot ausgegeben, aber der Weg dahin war weit durch die Menschenmassen. Die Kameraden, welche die Verpflegung holten, hatten Mühe, uns wiederzufinden, da es in dem Menschengewimmel keinerlei Orientierungspunkte gab. Man kann den Amis nicht einmal Vorwürfe machen, sie wußten einfach nicht, wohin mit den anfallenden Menschenmassen. Und die Soldaten einfach nach Hause zu schicken, trauten sie sich auch wieder nicht.

Philipp Schasset †1983 *Kriegsgefangenenlager Remagen*

An dem 70 m entfernten Lagerzaun standen unsere Landser und tauschten mit den Amis Uhren, Ringe, Orden, Abzeichen gegen Zigaretten, Biskuits und Konserven. Hunger und Not senkten die Preise, und für 20 Zigaretten wechselten gute Uhren ihren Besitzer, für einen goldenen Trauring wurden nur 3–5 Zigaretten gegeben, für einen Füllhalter nur einige Biskuits. Wer wollte die Kameraden tadeln, die vielleicht ohne Mantel, Decke, Zeltbahn frierend die vielen Tag- und Nachtstunden verbringen mußten in Kälte, Matsch und Regen, oft tagelang nicht trocken wurden und nun in aller Not zum Letzten griffen, um sich fühlbar neuen Lebensmut verschaffen zu können!

Die Tage kriechen langsam dahin. Um uns herum in den Krankenrevieren sterben so viele vor Entkräftung, namentlich junge Menschen, und alle die anderen in den Spezialabzäunungen mit den Aufschriften «Ruhr» oder «Fleckfieber». Auch sie liegen hier alle nur auf dem bloßen Lehmboden in großen Krankenzelten. Trostlos sind die Verhältnisse an den Abortgräben, ein unbeschreibliches Elend. Wie vielen guckt der Tod aus den Augen!

An einem Stacheldrahtkoller muß ein etwa 25jähriger Unteroffizier gelitten haben. Als ich gerade wieder die Tauschmanipulationen am Lagerzaun beobachtete, bemerkte ich, wie dieser junge Mann zuerst durch den inneren Zaun stieg und alsbald auch durch den äußeren gelangte und nun anfing, auf die kleine Brücke zuzulaufen. Doch längst hatten die amerikanischen Posten den schnell laufenden Mann bemerkt, und sie nahmen ihn nun unter Feuer. Erregt riefen wir ihm noch zu zurückzukommen, doch er hörte nicht, wurde bald getroffen und fiel tot nieder. Die Amis waren sehr lustig bei dieser Schießerei und verschwendeten offenbar keinen Gedanken daran, daß sie an einer perfekten Tragödie sehr aktiv beteiligt waren, denn, statt zu schießen, hätten 4 oder 5 Mann den Fliehenden auch greifen können. Unbedenklich schossen die amerikanischen Posten in der Dunkelheit auch ins Lager hinein, wenn eine Gruppe sich an einem offenen Feuer noch etwas kochte, weil die Verpflegung erst spät empfangen wurde.

Gerhard von Rad 1901–1971 *Kriegsgefangenenlager Bad Kreuznach*

Wir hatten schon lange gesehen, daß das Lager laufend weiter vergrößert wurde; so weit das Auge reichte, waren Pfähle eingerammt und Stacheldraht gezogen worden, und eines Tages wurde unser ganzes Lagergeviert geräumt. Man kann sich denken, was das für ein Umstand war, bis die 80–100 000 Mann auf die höher gelegenen Camps verteilt waren; ein ganzer Tag ging darüber hin. In dem neuen Lager war nun vieles anders. Wir waren darin nur 10 000 Mann, und diese Zahl war in lauter Hundertschaften (Züge) gegliedert, von denen immer zehn Mann (eine Gruppe) in einer Reihe nebeneinander angesiedelt waren. Diese Ordnung war wohltätig. Nun hatte man seinen bestimmten Kreis von Nachbarn, man hatte ferner einen Gruppenführer und einen Zugführer. So war das entsetzlich Chaotische einigermaßen gebändigt.

Ich ging in dieser Zeit mit Anton Schlotter zusammen, einem gutmütigen, einsilbigen württembergischen Bierbrauer und Landwirt. Als erstes machten wir uns jetzt an das Graben eines richtigen Erdloches. Zum Schaben hatten wir nur den Deckel einer Konservendose; so ging die Arbeit langsam vorwärts; ja eigentlich fertig waren wir nie damit, denn immer konnten neue Vervollkommnungen angebracht werden. Das Loch selbst war ungefähr ein Meter tief und ein Meter breit und hatte nach einer Seite hin zum Ausstrecken der Füße eine tunnelartige Vertiefung. Die Enge war sehr groß. Wir konnten zu zweit nur in einer ganz bestimmten Lage dicht aneinander gepreßt liegen; wollte der eine sich umdrehen, so mußte er den anderen wecken, damit der die Wendung mitvollziehe. Immerhin waren wir damit des unleidlichen Frierens ledig. Wenn wir drinnen lagen und von drinnen ein Stück Pappe über das Loch gezogen hatten, so konnte es ganz warm werden. Freilich gegen richtigen Regen half dieses Dach nicht. Da der Lehmboden nichts aufsaugte, lief das Wasser von allen Seiten in unsere Löcher.

⋆

Erich Kästner 1899–1974 **Mayrhofen**

Vorarlberg sei bereits besetzt, und der Feind nähere sich Innsbruck! Wenn das zutrifft, läuft ihm unsere Italienarmee, soweit sie den Brenner benutzt, geradenwegs in die Arme. Steiners machen sich der Tochter wegen Sorge. Viktl ist im Stubaital, wo ihr Bräutigam, einarmig, im Lazarett liegt. Die Eltern befürchten, sie könne mitten in den womöglich blutigen Trubel am Brenner geraten.

Neulich ist jemand, irgendwo im Gebirge, den Insassen eines Versehrtenlazaretts begegnet, das wegen Feindannäherung fluchtartig geräumt und verlagert wurde. Die einbeinigen Soldaten stelzten, auf Krücken und «zu Fuß», im Gänsemarsch die Landstraße entlang. Lastwagen hätte es zur Not gegeben, aber kein Benzin. Zwanzig Kilometer mußten die Helden humpeln!
Versehrtenlazarett, Ohnhänder, Feindannäherung, Frontbegradigung – die Betulichkeit und das Zartgefühl des neudeutschen, treudeutschen Vokabelschatzes wird die Philologen bald beschäftigen. Das Kapitel «Euphemismus» darf nicht zu kurz kommen. Der Wolf in Grimms Märchen fraß Kreide, bevor er die sieben Geißlein fraß. Die Sprachgeologen werden, unter anderem, die jüngste Kreidezeit zu erforschen haben.

Heute früh mußten die Schüler der in Straß hausenden Lehrerbildungsanstalt den Gasthof räumen. Der Wirt und die neuen Mieter hatten es eilig. Die neuen Mieter? Eine Gruppe Generalstäbler. Überall suchen sich jetzt solche Regimentsstäbe ohne Regimenter und Divisionsstäbe ohne Divisionen einen malerischen Schlupfwinkel. Sie sind arbeitslos geworden, beschlagnahmen abgelegene Quartiere, schlafen sich aus, atmen Bergluft, bringen die Chronik ihrer Truppe à jour, vernichten zweideutige Unterlagen, besprechen die Lage, koordinieren künftige Antworten auf peinliche Fragen und lassen, während sie auf die Gefangennahme warten, in der Küche von einem Offiziersburschen die weiße Fahne bügeln.
Es war ein stummer Tag. Nicht nur der Münchner Sender hielt den Mund. Auch die ausländischen Stationen schwiegen sich aus. Was hatte ihnen, in den verschiedensten Sprachen, die Sprache verschlagen? Sendeten sie die Reden auf einem internationalen Trappistenkongreß? Lügen im Funk, die gröbsten und die feinsten, kann man interpretieren, das große Schweigen gibt Rätsel auf.

Ruth Storm 1905–1993 **Schreiberhau**

Die letzten Wochen waren voll Harmonie. Mein Mann konnte dableiben. In unserem Stall steht aus der Zucht von Paula Busch aus Mühlatschütz das Bosniakenpferd «Minka» mit dem Stutfohlen «Buschy». Durch Kreuzung mit Haflingern wollte ich ein zähes und genügsames Bergpony züchten. Nun ist diesem Planen ein Ende gesetzt; der Haflingerhengst aus Tirol wird uns hier nicht mehr erreichen. Aber ich habe ja noch die zwei Stuten! Über die weiten Bergkoppeln toben die beiden mit schwungvollen, schwebenden Gängen, in den dichten Mähnen und langen Schweifen spielt der frühlingswilde Wind.

Die edlen Araberköpfe mit den zierlichen beweglichen Ohren wittern oft weit in die Landschaft; die alte Haltung der Steppentiere, sie trinken die Lüfte in sich ein. Oft lausche ich dem Pulsschlag der Kreatur, um das furchtbare Geschehen zu vergessen.
Reich ist der Tag an Arbeit, doch die Arbeit läßt uns zuweilen das Los unseres Landes vergessen. Ob wir aber bleiben können? Wer weiß es? Wir sind dankbar für jeden Tag, noch sind wir frei!

Clara Falckenthal *1926 *bei Königswalde (Warthe)*
Heute wollten sich die Russen der Landsberger Kommandantur ihren Braten für den 1. Mai holen. Sie hatten sich extra das letzte Stück Jungvieh dafür gelassen, aber sie kamen vergebens. In der Nacht hatten es sich die Banden geholt. Wir haben nun nur noch drei Fohlen, drei Pferde und vier Katzen.
Unsere Färse hat am 27. mit Kalben begonnen. Das arme Tier mußte sich bis zum nächsten Mittag herumquälen, dann mußten wir es doch abstechen. Wir konnten ihm nicht mehr helfen, denn das Kalb war abgestorben, es war ein Doppelender von ca. 60–65 kg. Das Fleisch haben wir an 117 Personen aufteilen müssen, an alle, die jetzt auf der Bergkolonie wohnen. Wir haben nur eine Keule behalten.

★

Max Beckmann 1884–1950 *Amsterdam*
S. Gespenst fertig gemacht. Frommel Portrait angelegt. Nachmittag wieder Peky und Abend. Zuviel gearbeitet. – Man kämpft in der Potsdamer Straße. Mussolini tot.
Gießt Schmeichelei auf Eure Seelenwunden
An Schmeichelei wird alle Welt gesunden.

Der Literaturagent Barthold Fles 1902–1989 *New York*
An Heinrich Mann
Lieber Herr Mann:
[…] Was nun Untertan betrifft, wie gefällt Ihnen der neue Titel: Little Superman? Nicht perfekt, aber auch nicht schlecht; entspricht dem Sinn des Buches so ziemlich. Dieses Buch wird sicher im Winter erscheinen. […]
Wie immer, Ihr, Barthold Fles

Thomas Mann 1875–1955 ***Pacific Palisades***

Fließend geschrieben am Kapitel. Gegangen. Nach Tische die Zeitung über Mussolinis klägliches Ende. Ob Hitler noch lebt oder nicht ist völlig gleichgültig geworden. Himmler, in Dänemark oder Lübeck, der einzige, der unbedingte Übergabe aussprechen kann und wohl noch hofft, dabei sein Leben zu retten. Der elende Ribbentrop soll von deutschen «Partisanen» gefangen sein. In München noch Kämpfe mit Snipern. Gehäufte Selbstmorde unter den Nazi-Bonzen: Die oberste B.D.M.-Führerin, General von Rang. – Zum Thee zwei Schweizer, Korrespondent der N.Z.Z. und Schweizer Consul. Über den amerikanisch-russischen Wettstreit um den Wiederaufbau Deutschlands, der bevorsteht. – Abends in Busch's Memoiren. – Erste Ausgabe einer neuen Frankfurter Zeitung mit dem Bonner Brief auf der 2. Seite.

Wilhelm Hausenstein 1882–1957 ***Tutzing***

Diese Nacht, die immerhin kritisch war, leidlich durchschlafen, hin und wieder durch heftige Detonationen geweckt. Die Detonationen kamen zum Teil, so wird mir versichert, von Sprengungen her, die deutsches Militär in der Untergangs-Phrenesie noch besorgen zu müssen meinte. Es ist schlüssig, daß in einem Bereich, in dem zwölf, fast dreizehn Jahre ein Agent des Teufels regiert hat, noch das Letzte ruiniert wird: die Bilanz des Teufels ist *Nichts*. Es würde mit der Monstrosität des verendenden Systems zusammenstimmen, wenn die Autobahnen nur gebaut worden wären, um schließlich zerstört zu werden.
Der Krieg scheint für unsere Gegend beendet zu sein; sie ist unversehrt. Heute Mittag wurden im Dorf die weißen Fahnen ausgesteckt. Die Verhandlungen um die Übergabe an den Occupanten scheinen *sehr* rasch verlaufen zu sein, wie sich's verstand.
Heute früh drei ungarische Juden aus dem Dachauer Lager bettelnd an der Tür: unbeschreiblich elend, Figuren der letzten Misere, dabei höflich; das Menschliche, weit davon entfernt, erdrückt zu sein, war vernehmlicher als bei dem Gros der Leute, die man hier in den letzten Jahren in Freiheit hat herumlaufen sehen. Die Bettler nahmen das Gebotene (Käsebrote und Bier) mit, um es denen unter den Ihrigen mitzuteilen, denen es *noch* schlechter ging.

Adolf Hitler 1889–1945 **Berlin / Führerbunker**

Politisches Testament
Ich habe aber auch keinen Zweifel darüber gelassen, dass, wenn die Völker Europas wieder nur als Aktienpakete dieser internationalen Geld-

und Finanzverschwörer angesehen werden, dann auch jenes Volk mit zur Verantwortung gezogen werden wird, das der eigentlich Schuldige an diesem mörderischen Ringen ist: Das Judentum! Ich habe weiter keinen darüber im Unklaren gelassen, dass dieses Mal nicht nur Millionen Kinder von Europäern der arischen Völker verhungern werden, nicht nur Millionen erwachsener Männer den Tod erleiden und nicht nur Hunderttausende an Frauen und Kindern in den Städten verbrannt und zu Tode bombardiert werden dürften, ohne dass der eigentlich Schuldige, wenn auch durch humanere Mittel, seine Schuld zu büssen hat.

★

Riemann *Lager Rothenstein bei Königsberg*

Zwei Tage vor dem ersten Mai wurde in der Nacht der Name Riemann aufgerufen. Mein Bruder Paul und ich meldeten uns. Wir wurden von einem Posten zum Hauptgebäude geführt, von einem Major empfangen und gefragt, ob ich bis zum 1. Mai vor dem Hause zwei große Sowjetsterne aus roten Blumen nach Möglichkeit pflanzen oder auslegen könne. Ich bejahte.

Mit ca. 40–50 Mann, die ich mir am anderen Morgen aussuchen konnte, begannen wir, grüne Rasenstücke auszustechen, um damit den Vorplatz auszulegen und zwei große Sterne zu bilden. Einen bepflanzten wir mit roten Stiefmütterchen, den andern streuten wir mit rotem Ziegelmehl aus. Der Major war's zufrieden. Mein Bruder und ich durften uns daraufhin etwas freier bewegen.

Die sowjetische Sergeantin
Tamara Astachowa *1922 *Frische Nehrung*

Im April 1945 stand unsere Abteilung in der Nähe der Frischen Nehrung bei Danzig. In einer Nacht hielt ich Wache. Plötzlich nahm ich schleichende Schritte hinter dem Haus wahr.

«Halt! Wer ist da?» – Es meldete sich niemand. Nach einer Weile hörte ich wieder diese vorsichtigen Schritte. – «Halt oder ich schieße!» Und hab' in die Luft geschossen. Und da ergab sich mir ... unser lieber Starschina.

Er wollte angeblich bloß auf diese Weise meine Wachsamkeit prüfen. Ob ich auf dem Posten nicht mal eingeschlafen bin. Und in der Hand hielt er seltsamerweise ein Kochgeschirr. Wieso denn?

«Komm, Baschkirowa, qualmen wir eine», lud er mich ein. Und er erzählte mir, daß im Keller von einem benachbarten zerbombten Haus

eine deutsche Familie im Versteck sitzt. Eine Frau mit fünf Kindern. Der älteste Bube sei erst 9 Jahre alt. Er habe das dem Koch von der Feldküche gesagt, damit die deutschen Kinder auch was zu essen kriegen könnten. Aber die SS-Leuten haben dem Koch die ganze Familie und seine kleinen Söhne irgendwo bei Woltschansk erschossen.
«Sie mögen kommen. Eine Kelle kochendes Wasser kriegen Sie ins Gesicht. Ich werde sie schon richtig füttern ...»
Seither brachte unser Starschina jede Nacht für die im Versteck sitzenden Deutschen was zum Essen. Illegal. Heimlich.

Michael Wieck *1928 *(Lager Rothenstein bei Königsberg)*
Wir haben die ersten Toten in unserem Keller, die wir beim morgendlichen Ausgang auf den Leichenhaufen schleppen. Manche sind kurz vor dem Sterben. Einige resignieren und holen sich auch kein Essen mehr. Sofort nehmen andere ihre Gefäße. Mein Mut sinkt von Tag zu Tag.
Einmal fragt ein Russe, ob jemand Kunstmaler sei. Sofort melde ich mich und werde zu einem Offizier geführt. Er lächelt skeptisch und gibt mir Buntstifte und Papier. Ich zeichne sein Profil, so gut ich kann. Es ist sogar etwas ähnlich, aber ihn überzeugt es nicht. Bevor ich wieder in den Keller zurückgeschickt werde, gibt er mir noch ein Stück Brot. Wenigstens etwas. [...]
Jeden Morgen ist mindestens einer gestorben, und alle freuen sich über den zusätzlichen Platz. Tatsächlich wird es nach und nach etwas geräumiger, aber aufeinander liegen wir immer noch.

Der Arzt *Lager Rothenstein*
Hans Graf von Lehndorff 1910–1987 *bei Königsberg*
Am Morgen werden die Toten herausgesucht. Mehrere sind auf dem Gang gestorben, einer sitzt tot auf dem Eimer. Die übrigen lassen sich nicht so leicht herausfinden, da auch die Lebenden nur sehr langsam reagieren, wenn man sie anspricht oder anstößt. Später liegen im Waschraum über meterhoch aufgestapelt sechsunddreißig Tote, alles Männer. Die Frauen halten länger aus. Viele sind fast nackt. Ihre Kleider haben sich schon andere angeeignet zum Schutz gegen die Kälte. Papiere haben die wenigsten noch. Aber auch die werden kaum lange erhalten bleiben, und später wird keiner mehr sagen können, wer eigentlich hier gestorben ist. [...]
Den ganzen Tag über werden neue Kranke herangeschafft, und fortwährend gibt es Reibereien mit den Russen, die mit nichts zufrieden

sind. Immer neue Kommissionen erscheinen, auch uniformierte Frauen sind dabei. Wir wissen schon nicht mehr, wo wir uns verstecken sollen.

Da wir längst nicht alle Kranken auf der einen Etage unterbringen können, werden etwa hundert Männer ganz oben auf den Dachboden gelegt, eine fürchterliche Quälerei für alle Beteiligten. Es zieht und regnet durch die offenen Fenster und Löcher im Dach. Als es schon wieder fast dunkel geworden ist, bin ich noch einmal dort oben, finde sie alle kreuz und quer durcheinanderliegend, höre hier und da leises sinnloses Sprechen, spüre überall verlöschende Lebensgeister. Einige von ihnen sind sicher tot. Denen ziehe ich die Mäntel und Jacken aus und decke andere damit zu.

Von Zeit zu Zeit ist es mir so, als fragte mich eine Stimme: «Was tust du hier eigentlich?» Ja, was tue ich hier? Was tun wir alle? Aber es hat keinen Zweck, darauf noch eine Antwort zu suchen. Dies ist kein Tun mehr im eigentlichen Sinn, sondern nur dann und wann noch ein Dürfen. Und als ich mich beim Verlassen des Bodenraums in der Tür noch einmal umwende, heben sich mir wie von selbst die Arme zum Segen über diese Todgeweihten.

Im weiteren Verlauf der Nacht kommt beim Schein einer Kerze unter meiner und Erikas Assistenz der erste der Zwillinge zur Welt. – Das Leben geht weiter, wie es so sinnig heißt.

Adolf Hitler 1889–1945 **Berlin / Führerbunker**

Politisches Testament

Nach einem sechsjährigen Kampf, der einst in die Geschichte trotz aller Rückschläge als ruhmvollste und tapferste Bekundung des Lebenswillens eines Volkes eingehen wird, kann ich mich nicht von der Stadt trennen, die die Hauptstadt dieses Reiches ist. Da die Kräfte zu gering sind, um dem feindlichen Ansturm gerade an dieser Stelle noch länger standzuhalten, der eigene Widerstand aber durch ebenso verblendete wie charakterlose Subjekte allmählich entwertet wird, möchte ich mein Schicksal mit jenem teilen, das Millionen anderer auch auf sich genommen haben, indem ich in dieser Stadt bleibe. Ausserdem will ich nicht Feinden in die Hände fallen, die zur Erlustigung ihrer verhetzten Massen ein neues, von Juden arrangiertes Schauspiel benötigen.

*

Der Erzpriester Paul Peikert *1884 **Breslau**

Der Anblick, der sich mir morgens in der Redemptoristenkirche bot, war erschütternd. Die Südwand des Schiffes und des Presbyteriums war herausgerissen; desgleichen sämtliche Fenster und Türen; das Dach war schwer beschädigt; die Altäre waren zum Teil umgeworfen, vor allem der Hochaltar. Nur das Bild der Mutter der immerwährenden Hilfe stand unversehrt an seiner Stelle. [...] Mit Ordinariatsrat Dr. Braun machten wir uns daran, das Allerheiligste aus dem Tabernakel des umgestürzten Hochaltars zu bergen. Es war nicht leicht, über die Trümmer zum Hochaltar zu gelangen, und der Tabernakel war selbst infolge des Druckes schwer aufzuschließen. Das Allerheiligste konnte nur mit größter Mühe aus dem verbogenen Tabernakel herausgenommen werden, und ich trug es in die Hauskapelle des Klosters und zelebrierte darauf die heilige Messe.

Der Dramaturg Hugo Hartung 1902–1972 **(Breslau)**

In der letzten Nacht mußte ich im Gefechtsstand Berichte aufnehmen und konnte mich erst gegen vier Uhr morgens im Geschäftszimmer ein wenig hinlegen. Aber an Schlafen war nicht zu denken, weil das schrille Schreien eines Verwundeten bis in den Tag hinein nicht aufhörte.

Der Postbeamte
Wilhelm Bodenstedt 1894–1961 **Breslau**

Wieder eine böse Nacht vorüber, und trotzdem geht das Leben weiter. Kinder rollen schon morgens mit ihren Rollern über Schutt und Steine in den Straßen und Frauen fahren über Berg und Tal in den Straßen mit den Kinderwagen spazieren, aber alle wissen genau, wenn die heulenden Granaten mal in ihrer Nähe platzen könnten, sie verschwinden rechtzeitig in den verfallenen Hauseingängen. – Hurra! Vom Weiberle ist ein Brief da, vom 10. 4., der auf Umwegen über eine Einsatzkompanie mich erreicht hat. – Leider ohne Härchen. Ich habe mich sehr, sehr darüber gefreut. Den Brief habe ich heute noch beantwortet. – Nun gute Nacht, mein Weiberle, schlafe gut und träume von mir.

Der Schüler Horst G. W. Gleiss **Breslau**

Die noch freien Kellerräume unseres Hauses werden am 29. April mit Waffen-SS belegt. [...] Sie kapseln sich ab und statten die von ihnen belegten Keller wie Clubräume aus. Sie bringen Berge wertvoller Teppiche mit, hängen sie rund um die von ihnen beschlagnahmten Privatkeller

und schlafen in blütenweiß überzogenen Federbetten – und dies kaum eine Nacht allein.
Sie bringen eine kleine Schar flotter, gut gewachsener Mädchen mit, und da deren Zahl nicht ganz ausreicht, allen Männern genußvolle Nächte zu bereiten, findet während der Nacht ein reger Partnerwechsel statt. Wenn ich dienstfrei habe und zu Hause schlafen kann, trennt mich nur ein dünner Behang und eine Wand, deren Holzlatten auf Abstand genagelt sind, von einem der Liebesnester. Ich höre und spüre vieles, was gewiß nicht für die Ohren eines Jungen in meinem Alter bestimmt ist. Die erotischen Hörbilder, die ich unfreiwillig jede Nacht frei Bett geboten bekomme, können sich qualitativ durchaus mit dem Magnetton eines französischen Pornofilms messen. Ich denke mir im stillen: «Jetzt weiß ich, woher die Burschen ihre ungebrochene Kampfmoral beziehen. Wenn die Nächte im Krieg so heiß sind wie die, deren Mithörer ich sein darf, dann lohnt es sich freilich, diesen Krieg noch etwas in die Länge zu ziehen. Da zählt ja jeder Tag, oder besser: jede Nacht!» Andererseits aber, so meine ich, haben es die jungen Kerle wohl doch verdient, ein paar schöne Nächte geboten zu bekommen, wo sie sich doch schon jahrelang draußen an der Front mit dem Gegner herumschlagen.
Das sind so meine Gedanken, als die Erschütterungen von nebenan allmählich nachlassen und ich einschlafen kann. Ich bin ja immerhin in einem Alter, in dem man weiß, daß die beiden, die da wenige Zentimenter neben mir liegen, nicht deshalb stöhnen, weil sie Schmerzen haben, und nicht deshalb außer Atem sind, weil sie miteinander fangen spielen!

Thea Seifert *1903 **Breslau**

Über viele grausige Angelegenheiten wird gar nicht mehr gesprochen, und manches sieht geschrieben so einfach aus. Aber es waren doch recht große Schwierigkeiten, ehe man z. B. über die Kaiserbrücke kam, was stundenlang durch den Beschuß dauern konnte, wie die Leichen auf Rollwagen weggefahren und z. B. in der Nähe der «Schweizerei» in Massengräbern ohne Sarg verscharrt wurden, wie an allen Promenadenteilen und um die Kirchen der Innenstadt Soldaten und Zivilisten eingegraben wurden. Die vielen Menschen, die auf ihre Angehörigen warten, werden oft vergeblich warten, denn meistens sind Aufzeichnungen nicht gemacht, und wenn, dann sind diese Beschriftungen und Verzeichnisse wieder verlorengegangen.
Wiederum werden sich so manche Flüchtlinge, die sich Breslau noch in alter Schönheit vorstellen, an ihr schönes verlassenes Heim erinnern und

sich in Gedanken an eine eventuelle Rückkehr von ihrem ehemaligen Hab und Gut für die Zukunft noch etwas erhoffen, aber längst ist nichts mehr da.

★

Casimir Katz *1925 **Lübeck**

Unser Haus war bis zum Dach voll besetzt. Meine Tante in Berlin kam etwa 14 Tage vor Kriegsende, als die Russen über die Oder gegangen waren, zu uns. Die Frau des früheren Lübecker Theaterintendanten, die bei uns im Berliner Büro gearbeitet hatte, kam und brachte einen achtzehnjährigen Rehpinscher, der nicht mehr stubenrein war, sowie einen Käfig mit einer Lachtaube mit. Kurze Zeit später kam auch ihr Mann, der zum Militär eingezogen war, zu uns. Eine Bekannte, die im Heereswaffenamt Sekretärin war, kam, kurze Zeit später auch ihre Mutter und dann auch noch ihr Bruder, ein Fregattenkapitän, der bei Kriegsende von seiner Truppe getrennt worden war.

Der Generalleutnant Albert Fett *1872 ***Frankfurt/Main***

Wir haben Ehepaar Bergmann im Zimmer v. Fischer u. ein Mittelzimmer aufgenommen.
Major Frankenberg zieht in unser Badezimmer. Seine Wohnung Melemstr. 3 ist von amerikanischen Truppen beschlagnahmt.
8 Uhr auf Polizeirevier 9 Registrierung der Frkf. Bevölkerung. Wir erhalten Ausweise.

Dr. Hans Lill 1882–1970 ***Würzburg***

Endlich den Passierschein bekommen. Nachmittags 2 Uhr auf Käppele zu Pater Petrus. [Kreuzweg-]Stationen nur gering beschädigt, 2 Dächer der Häuschen abgebrannt. Figuren nur gering verletzt, Kirche unbeschädigt. Anblick der Stadt von der Terasse schrecklich, alles grau wie ein Totengerippe. Ich habe richtig geheult!
Von der Sparkasse mit Schwierigkeiten 150 M bekommen. Gehalt für Mai wird vorläufig nicht ausbezahlt. Nachmittags langweilige Jour.

Der Bürgermeister Theodor Spitta 1873–1969 ***Bremen***

Besuch Knittermeyers. Die Bibliothek hat auch sieben Artillerietreffer bekommen und ist weiter stark beschädigt. [...] In den oberen Räumen der Bibliothek britische Soldaten einquartiert. Schutzanschlag gegen Plündern und Wegnahme von Sachen. In Knittermeyers Wohnung am

Osterdeich, die ganz unbeschädigt durch den Krieg hindurchgekommen ist, Einquartierung von zwölf britischen Offizieren. Da dort eine Feuerwaffe gefunden sein soll, geht Kn[ittermeyer] hin. Unterhaltung mit britischem Offizier. Kn[ittermeyer] sagt, er sei Philosoph und könne mit Waffen nicht umgehen; der Brite sagt, deutsche Philosophen seien für Krieg und Waffen, wie Nietzsche. Kn[ittermeyer] verweist auf Kants: «Vom ewigen Frieden». Unterhaltung über Krieg. Frage nach Stellung zum «Werwolf». Kn[ittermeyer] lehnt Werwolf ab; Krieg nur zwischen Soldaten. Brite: «I am for the Werwolf»; sie hätten ähnliche Organisationen in Frankreich, Holland und Belgien gehabt.
Das Plündern durch ausländische Arbeiter nimmt zu, straßenweise und systematisch.
Viel Schießereien in der Nähe Bremens.

Adolf Hitler 1889–1945 **Berlin / Führerbunker**
Politisches Testament
Ich hatte mich daher entschlossen, in Berlin zu bleiben und dort aus freien Stücken in dem Augenblick den Tod zu wählen, in dem ich glaube, dass der Sitz des Führers und Kanzlers selbst nicht mehr gehalten werden kann. Ich sterbe mit freudigem Herzen angesichts der mir bewussten unermesslichen Taten und Leistungen unserer Soldaten an der Front, unserer Frauen zuhause, den Leistungen unserer Bauern und Arbeiter und dem in der Geschichte einmaligen Einsatz unserer Jugend, die meinen Namen trägt.
Dass ich ihnen allen meinen aus tiefstem Herzen kommenden Dank ausspreche, ist ebenso selbstverständlich wie mein Wunsch, daß sie deshalb den Kampf unter keinen Umständen aufgeben mögen, sondern, ganz gleich wo immer, ihn gegen die Feinde des Vaterlandes weiterführen, getreu den Bekenntnissen eines grossen Clausewitz.

*

Dieter Wellershoff *1925 **Groß Kelle / Mecklenburg**
Es ist totenstill und finster, nur die Bäume rauschen manchmal im Wind. Vorübergehend kann man die Vorstellung verlieren, daß ringsum eine Katastrophe ihren Lauf nimmt, wie man sie allenfalls aus Geschichtsbüchern gekannt hat. Ich bin nicht im geringsten mit all dem fertig, was passiert. Ich kann es in Wirklichkeit überhaupt nicht fassen. Es ist aus mit Deutschland, das ich so sehr geliebt habe. Denn das ist nicht nur ein Krieg, der verlorengeht. Das ist viel umfassender und endgültiger, ein

Verlust von aller vorstellbaren Zukunft. Ich weiß nur eins, daß ich überleben will. Ich bin neunzehn Jahre alt. Eigentlich müßte alles erst anfangen.

Peter Neumann **Malchin**

Vor Malchin müssen wir absitzen. Zwei junge Offiziere, noch in tadellosen Uniformen, verlangen die Marschpapiere. Keiner kann sie vorweisen. Also werden wir entwaffnet: Die Karabiner fliegen auf einen großen Haufen, auch eine Eierhandgranate lege ich dazu. Wir werden auf einen Hof im Ort geführt, denn hier soll eine neue Kampfeinheit zusammengestellt werden. Ein Major oder Oberst Wolf hat sich zum Festungskommandanten ernannt, die Stadt selbst zur Festung erklärt, die zu verteidigen ist – so steht es auf den angeschlagenen Plakaten. Doch mit seiner Autorität scheint es schlecht zu stehen. Wir verdrücken uns schnell und treffen überall herumstreunende entwaffnete Soldaten.

Leutnant Wassilenko ***(Neustrelitz)***

Zuerst kamen wir nach Strelitz-Alt. Da auf den Straßen Minen waren, stießen wir auf dem Eisenbahndamm vor. Da erhielten wir Beschuß. Es war hier nicht sofort auszumachen, von wo geschossen wurde. Der Auftrag mußte erfüllt werden, ich gab den Befehl an die anderen Panzer, hinter mir herzufahren. Dann sah ich, daß am Stadtrand von Strelitz sich zwei «Tiger» eingegraben hatten und von dort schossen. Alt-Strelitz war schon zerstört. Wir glaubten daher nicht die ersten zu sein und auf unsere eigenen Genossen zu stoßen. Als wir aber vom Gefängnis aus mit Panzerabwehrkanonen und Maschinengewehren beschossen wurden, wußten wir ganz bestimmt, daß unsere eigenen Genossen nicht dort waren. Da ist eine ältere Frau gekommen und hat uns gezeigt, wo sich die SS versteckt hatte. Auch Hitlerjungen schossen jetzt mit Panzerfäusten auf uns. Ein Panzer brannte schon, der nächste auch. Jetzt galt es, schnell und entschlossen zu handeln, um unser Leben nicht unnötig aufs Spiel zu setzen. Von dort sind wir nach Neustrelitz vorgerückt. Direkt auf dem Marktplatz erhielt mein Panzer einen Schuß und fing an zu brennen. Ich selbst wurde verwundet. Ein Hitlerjunge hatte den Panzer erst vorbeigelassen und dann geschossen.

Ein Unbekannter ***Neustrelitz***

Der heraufdämmernde 30. April wird in der Geschichte der Stadt für immer als der schlimmste Tag des Schreckens dastehen. Die Stadt wurde, obwohl es militärischen Widerstand nicht mehr gab und die zurück-

gebliebenen Bewohner alles ruhig über sich ergehen ließen, für einige Tage von dem Kommandanten Rulenkow zur Plünderung freigegeben. In den Häusern spielten sich die entsetzlichsten Schreckensszenen ab; überall erscholl das Geschrei der vergewaltigten Frauen. Männer, die ihren Frauen oder Töchtern zu Hilfe kamen, wurden erschossen. Gar viele Einwohner aus allen Kreisen zogen es vor, freiwillig aus dem Leben zu scheiden, vergifteten sich, hängten sich auf oder verübten in den an die Stadt angrenzenden Seen Selbstmord.
Erst später wurde festgestellt, daß in diesen Tagen nicht weniger als 681 Menschen freiwillig aus der Welt gegangen waren. [...]
Am 30. April begannen die Brandstiftungen. Nach einigen Tagen war das alte Residenzschloß völlig vernichtet. Der Schloßturm blieb schief über den Trümmern hängen. Dazu wurden das alte Regierungsgebäude, das alte Palais, das Theater, zwei von den Kavaliershäusern in der Nähe des Schlosses und etwa 40 Häuser, hauptsächlich beim Bahnhof, in der Strelitzer Straße und am Markt, ein Opfer der Flammen. Jegliches Löschen der Brände wurde von den Sowjets verhindert. Schon zwei Tage zuvor war das 4 km entfernt liegende, eingemeindete Strelitz-Alt in der Innenstadt durch Brände fast völlig vernichtet worden.

Der amerikanische Geistliche
Francis Sampson ***Neubrandenburg***

Am 29. April besuchte uns ein russischer General, der unsere Rüstung lobte und uns sagte, die Russen hätten nicht durchhalten können, wenn die Amerikaner nicht ihre Armee ausgerüstet hätten. Fast alle Geräte, die wir bei den Russen sahen, stammten aus Amerika. Auch die russischen Flugzeuge, die herumflogen, waren Bell-Airacobras. Danach besuchte uns ein Kommissar und sagte unseren baldigen Transport zu den amerikanischen Truppen zu.
Die russischen Soldaten erhielten täglich ein Ration Wodka und hatten auch noch deutschen Schnaps gefunden, so daß die meisten ständig betrunken waren. In diesem Zustand raubten einige von ihnen den Amerikanern ihre Wertgegenstände, vor allem die Armbanduhren, und zwangen sie, ihnen Latrinen zu graben. Ich suchte den russischen Obersten, dem das Lager unterstand, auf, aber auch er war betrunken. Wir fühlten uns allmählich unter den Russen sehr viel weniger sicher, als wir uns unter den Deutschen gefühlt hatten, und wußten nicht recht, was wir da tun sollten. Ein alter französischer Pfarrer, der als Gefangener unter uns war, bat mich, am Nachmittag mit ihm in die Stadt zu gehen. Er wollte sehen, wie es den deutschen Geistlichen und den Deutschen, die

nicht hatten fliehen können, erging. Ich bewunderte den Mut des alten Mannes. Obwohl wir aufs Schlimmste gefaßt waren, erschütterte uns das, was wir sahen, in einem Maße, das mit Worten nicht zu fassen ist. Wenige Meter von unserem Lager entfernt, im Wald, stießen wir schon auf einen Anblick, den ich bis an das Ende meiner Tage nicht vergessen werde. Mehrere deutsche Mädchen waren hier geschändet und getötet worden. Und einige hatte man an den Füßen aufgehängt und ihre Leiber aufgeschlitzt. Kameraden hatten mir vorher schon ähnliches berichtet, aber ich hatte es nicht glauben wollen. Wir hielten an und sprachen einige Gebete.

Als wir dort ankamen, wo ein paar Tage vorher noch die schöne kleine Stadt Neubrandenburg gestanden hatte, war mir, als blickte ich auf das Ende der Welt und auf das Jüngste Gericht. Die meisten Häuser brannten noch, und in den Straßen häuften sich die Trümmer herabgestürzter Mauern. Eine große Gruppe Deutscher, Männer, Frauen und Kinder, räumte die Hauptstraße unter der Bewachung eines russischen Soldaten auf. Leichen, die in den Straßen lagen, wurden, soweit sie den Verkehr nicht behinderten, nicht beachtet. Über einigen Straßen lag ein unerträglicher Geruch verbrannten Fleisches. Der alte Priester sprach kein Wort, nur dann und wann, wenn wir auf neue Schrecken stießen, hörte ich ihn seufzen. Wenn er seinen Mantel raffte und bei jedem Toten anhielt, um ein kurzes Gebet zu sprechen, erschien er mir wie ein Symbol der Kirche in einer zerstörten Welt.

Schließlich kamen wir zu einem deutschen Pfarrhaus und gingen hinein. Das Haus war zum Teil durch Feuer zerstört und an vielen Stellen zusammengefallen. Die beiden Schwestern des Pfarrers saßen auf den kahlen Treppenstufen. Der Pfarrer selbst und sein Vater hockten daneben, und ihre fahlen Gesichter verrieten die äußerste Erschütterung, die Menschen überfallen kann. Drei Frauen kauerten auf einem Sofa. Eine der Schwestern sprach mit dem französischen Priester und sagte ihm, daß eine Horde Russen die drei Frauen geschändet und den Pfarrer und seinen Vater gezwungen hätte, dabei zuzusehen. Der französische Priester fragte sie, ob er irgend etwas für sie tun könne. Aber sie schüttelten den Kopf voller Hoffnungslosigkeit. Und ich sah, daß sie nahe daran waren, den Verstand zu verlieren. Sie befanden sich in einem Zustand, der schon jenseits der Angst lag, und ein Ausdruck von Mitgefühl erreichte sie gar nicht mehr. Ich war froh, als wir das Lager wieder erreichten, denn ich fürchtete, daß der alte französische Priester krank werden würde.

*

Der Offizier der Waffen-SS
Léon Degrelle 1906–1994 **Mecklenburg**

Am 30. April 1945 hörte ich um acht Uhr morgens über Radio London die verblüffende Nachricht: «Himmler verhandelt über einen Waffenstillstand!» Die Verhandlungen fanden, wie es schien, in der Umgebung von Lübeck statt.

Das faschistische Italien war verschwunden, Mussolini mit fürchterlichem Sadismus ermordet worden. Seine Leiche hing mit den Füßen nach oben, wie ein totes Stück Vieh, mitten in Mailand.

Die Landstraße nach Lübeck gab ein genaues Bild der Lage am 30. April 1945.

Bis Schwerin wälzte sich der Strom der Zivilisten und der Armeen, die von Osten kamen, gewaltig und lärmend über die ganze Breite der Straße.

In Schwerin flossen die Menschenströme zusammen.

Das herzogliche Schloß bewahrte allein hinter schiefergrauen Wassergräben die Gelassenheit der Steine, die Menschen und Jahrhunderte vorübergehen sahen. Die übrige Stadt ertrank unter den riesigen Menschenmengen aus Osten und Westen.

Dort wurde für uns das unmittelbar bevorstehende Ende des Krieges in Deutschland zu einer packenden Wirklichkeit. Ein Menschenstrom wälzte sich auf der Flucht vor den sowjetischen Panzern von Waren her. Ein zweiter Menschenstrom kam von der Elbe her und floh vor den Engländern. Beide alliierten Armeen näherten sich einander wie zwei sich schließende Türflügel. [...]

Britische Flugzeuge stürzten sich auf die Kolonnen, aus denen sich kurz darauf zehn oder fünfzehn dichte Rauchwolken erhoben. Benzintanks brannten. Reifen brannten. Gepäck brannte.

Auf fünfhundert Meter, ja auf tausend Meter sah man nur einen einzigen, fast undurchsichtigen Brandherd, der von Explosionen unterbrochen wurde.

Von den zerstörten Karren fielen zerlumpte Kleider fliehender Frauen herunter. Endlose Kolonnen waren in Unordnung geraten. Mein Volkswagen und der meines Stabschefs kamen nur mit größter Mühe durch Trümmer und Brände. Alle fünf Minuten mußten wir in den Straßengraben fahren, während die Salven der Tiefflieger knatternd über uns hinwegfuhren.

Das traurigste Bild boten die Verwundeten. Die Lazarette der Umgebung wurden in Eile geräumt. Aber es gab keine Sanitätskraftwagen mehr. Hunderte von armen Jungens, deren Arme oder Oberkörper in

Rudolf Hess, Joachim von Ribbentrop, Baldur von Schirach, Hermann Göring und (stehend) Wilhelm Keitel (v.l.n.r.), 1945/46 im Nürnberger Justizpalast

Gips lagen, wurden mit ihren Verbänden auf die Landstraße geschickt. Viele humpelten auf Krücken.
So zogen sie zur Ostsee, zu Fuß, unter feindlichem Feuer, durch brennende Lastwagen und inmitten unvorstellbarer Menschenmengen.

Erich Mende 1916–1998 **Warnemünde**

Als wir schließlich am 30. April nach Rostock wollten, hatte uns ein sowjetischer Panzervorstoß, der von Südosten in Richtung Rostock vorging, bereits überholt. Die Panzer waren in Rostock eingedrungen! Der Weg von Sanitz in Richtung Rostock war für uns gesperrt. Es gelang uns, mit unseren Lastkraftwagen, auf denen die Infanteristen aufgesessen waren, mit unseren Kübelwagen und mit den Fahrradeinheiten an Rostock vorbeizukommen. Die Fahrradeinheiten versuchten, unbemerkt von den sowjetischen Panzern südlich Rostock zu entkommen. Sie warteten jeweils die Durchfahrt einer Panzerkolonne ab, um dann, bis zur nächsten wartend, die Straße, die nach Rostock führte, zu überschreiten und schließlich sich in Richtung Bad Doberan zu bewegen. Unsere Kübelwagen und Lastkraftwagen konnten das natürlich nicht. Wir wichen daher, an Rostock vorbeifahrend, aus und erreichten die Hafenausfahrt beiderseits von Warnemünde. Hier liefen gerade die noch in dem Hafen von Warnemünde ankernden Flüchtlingsschiffe aus. Von der Eisenbahnfähre in Richtung Gedser gab es ständig einen Pendelverkehr aus Richtung Rostock in Richtung Norden. Ein Schiff nach dem anderen hatte, selbstverständlich angefüllt mit Flüchtlingen und Zivilbevölkerung aus Rostock oder Warnemünde, die Vorfahrt. Wir waren genötigt zu warten, bis die gesamten Schiffe in Richtung Norden den Hafen Warnemünde verlassen hatten. Als wir hier mit etwa 1200 Soldaten an dem Übergang bei Warnemünde warteten, kam ein eigenartiger Zug auf uns zu von etwa 400 bis 500 Menschen in auffallender Kleidung! In gestreifter Sträflingskleidung! Wir erkannten bald, daß es sich um ein Konzentrationslager handelte.

Walter Wendel 1928–1998 **RAD-Lager/Lübeck-Schlutup**

Die Engländer waren in der Nähe, zu denen wollten wir hin. Die Straßen waren voll Soldaten, alle zu Fuß. Alle wollten wir zum Engländer, zum Russen wollte keiner! Unser RAD-Verein löste sich auch so nach und nach auf, die RAD-Führer konnten nichts mehr machen. So marschierten wir mit den anderen Soldaten Richtung Westen. Bevor wir in die Dörfer hereinkamen, standen dort jeweils Zivilpolen, sie nahmen uns alles ab. Ich hatte eine Armbanduhr von meinem Bruder Ewald,

vorsorglich hatte ich sie bereits vom Arm genommen und in die Tasche gesteckt. Die Zivilpolen faßten aber einfach in die Taschen und holten alles heraus. Als wir eine große Wiese erreichten, sahen wir, daß die Engländer hier ein Gefangenenlager gebildet hatten. Und da sah ich, daß die Engländer den kleinen, zum Teil noch schmächtigeren Jungen wie ich, die Hosenbeine über den Knien abgeschnitten hatten. «Was wollen denn die Kinder bei den Soldaten?» fragten die Engländer immer wieder. Wir wurden nun auch zu Gefangenen auf dieser großen Wiese. Geschlafen wurde in Zelten. [...]
Am Tag bekamen wir ein paar Kekse und eine Wassersuppe, die Engländer hatten ja selbst nichts zu beißen! Wir waren aber auch zu viele, Tausende von Soldaten. Daß wir das so ausgehalten haben, 16 Jahre alt und so wenig zu essen.

*

Ernst Thape 1892–1985 *KZ Buchenwald*
Im Lager wird der 1. Mai vorbereitet. Dabei ist folgendes interessant. Alle Nationen marschieren auf unter ihren nationalen Fahnen. Im deutschen Komitee beschäftigt man sich mit der Frage, wie soll die deutsche Fahne sein? Ich beantrage im Namen der Sozialdemokraten die Farben schwarzrotgold und gebe zu bedenken, daß man es vielleicht ebenso machen könne wie die Jugoslawen, die in das Mittelfeld ihrer Fahne einen fünfzackigen Stern getan haben. Der Vorschlag kam so überraschend, daß man dagegen keine Einwendungen machte, sondern nun die Entscheidung verschob. Heute hat man die Sprache wiedergefunden und mitgeteilt, daß die Mehrzahl der Lagerinsassen, die ja doch fast alle irgendwie Kommunisten seien, gegen die Weimarer Republik so viel einzuwenden hätte, daß man sich die Farben schwarzrotgold nicht gefallen lassen werde. Man sollte doch eine rote Fahne mit einem fünfzackigen Stern, dem Symbol des Kampfes gegen den Faschismus, verwenden.
Ich stellte fest und werde das in der heutigen Sitzung am Abend, in der aber nichts mehr geändert werden kann, nochmals tun: Alle anderen Sozialisten und Antifaschisten zeigen ihre nationalen Symbole und kümmern sich dabei gar nicht um den innerpolitischen Streit, der oft unter diesen Symbolen ausgetragen wurde. Die Franzosen gehen unter der Trikolore ohne jede Zutat genau so selbstverständlich wie die anderen Franzosen, die gegen sie kämpften. Die Belgier, die Holländer, die Italiener, alle tun dasselbe. Die Österreicher, die im Kampf gegen die Heim-

wehren standen, gegen dieselben Heimwehren, deren Farben rotweißrot waren, und von ihnen ins Konzentrationslager gesteckt wurden, tragen heute noch umgeben vom Stacheldraht des Konzentrationslagers als internationale kommunistische Marxisten die rotweißrote Fahne. Die einzigen im ganzen Buchenwald unter den mehr als einem Dutzend Nationalitäten, die sich im unklaren sind über ihre Landesfarben, sind die Deutschen. In Rußland bildete sich zwar unter der Führung eines deutschen Generals ein «National-Komitee Freies Deutschland», aber die Nationalfarben, die jedes Kind sofort als die deutschen erkennen würde, und die immer im Kampf gegen die Faschisten vorangetragen wurden, dürfen nicht gezeigt werden.
Wir sind in der Minderheit hier und können unseren Willen nicht durchsetzen.
Im Namen meiner Freunde stelle ich folgende Rangfolge fest:
1. Wir beantragen Schwarzrotgold am Fahnenmast der Deutschen. Schwarzrotgold mit dem fünfzackigen Stern, nicht weil wir den wünschen, aber weil wir ihn als Zeichen unserer Zugehörigkeit zur Front der Antifaschisten, um jedes Mißverständnis zu vermeiden, für richtig halten. Wird diese Forderung als untragbar abgelehnt, dann wünsche ich,
2. daß der deutsche Fahnenmast leer bleibt, um offen zu zeigen, die Deutschen haben keine Fahne. Da auch das nach der vorausgegangenen Aussprache wahrscheinlich nicht angenommen werden wird, schlage ich als
3. Lösung vor, eine einfache rote Fahne zu zeigen, und erst, wenn das auch abgelehnt wird, kann ich nichts dagegen tun, wenn die kommunistische Mehrheit im deutschen Komitee beschließt,
4. die Rote Fahne mit dem fünfzackigen Stern am nationalen Fahnenmast der Deutschen aufzuziehen.

K. A. Gross **KZ Dachau**

Ich habe mir nachträglich die Herrnhuter Losung angesehen und eilte, sie samt dem sogenannten Lehrtext und dem Wochenspruch abzuschreiben, so, wie die wundersamen Worte von Pfarrer Rackwitz gestern morgen, als wir noch keine Ahnung von der Wucht der sich überstürzenden Ereignisse und der Bedeutung dieses Sonntags Cantate hatten, zu Beginn des Gottesdienstes vorgelesen wurden. «Singet dem Herrn ein neues Lied, denn er tut Wunder!» Das war ja auch das Wort, das der Knabe Hiob in der letzten Woche immer wieder anführte, als seine Sache so schlecht stand, daß keine Hilfe mehr möglich war. Zweimal war er für den Transport ausgesucht worden; selbst der Arzt hatte seiner

Wegschickung zugestimmt, nichts schien ihn mehr retten zu können als ein Wunder, und das Wunder geschah. Er ist noch unter uns und kann das Fest der Befreiung mitfeiern. Eine unvergeßliche Erfahrung der Treue dessen, der auch dem Ungetreuen die Treue hält.
Ach, so gerne möchte er sich von Herzen freuen, aber Trauer überwältigt ihn, wenn er an sein Vaterland denkt, das zur gleichen Stunde am Boden liegt. Doch wie? Darf nicht auch Deutschland dieses Sieges Früchte mitgenießen? Ganz gewiß, man muß den Dingen nur auf den Grund sehen. Hätten die gesiegt, die jetzt vollends zerschmettert werden, wäre das nicht das größte Unglück, ja eine furchtbare Niederlage für Deutschland gewesen? Denn der Abfall hätte sich im Siege vollendet. Unser Übermut hätte unsern endgültigen Fall besiegelt. Indem uns Gott aber im Zorn entgegentrat, bewies ER seine Güte an uns, die uns noch einmal Raum zur Buße schenken wollte. ER gab uns teil am Sieg derer, die uns besiegten. Konnte sich das Feldherrntum Christi überlegener vor aller Welt erweisen? Darum Kopf hoch, mein Bruder, du darfst weinen mit den Weinenden, aber zugleich lachen mit den Siegern als Mitsieger – übe dich darinnen, Knabe Hiob, das ist der Künste köstlichste!

⋆

Der Matrosen-Hauptgefreite
Klaus Lohmann 1910–2002 (Travemünde)

Noch einmal durfte ich hier in Travemünde predigen. Die Kirche war recht gut besucht, viele meiner Kameraden vom Lesekreis und Bibelkreis waren da. Ich predigte mit Freudigkeit über Joh. 6,67-69. (1. Eine entscheidende Frage, 2. eine herzliche Antwort, 3. ein weltansch. Bekenntnis)
Nachmittag gehe ich noch einmal mit meinen Freunden spazieren. Nachher zusammen in der Kirche, wo eine musikalische Vesper stattfindet. Sehr schöne Orgelmusik, Solo- und Chorgesänge. Musik aus der Bachzeit und auch einiges Moderne. Dazwischen Schriftlesung und Gebet. Wie gut tut diese besinnliche Stunde!
Abends zum letzten Mal im Pastorat, wo ich in den verflossenen fünf Wochen so oft sein durfte. Ich spüre, wie schwer mir das Abschiednehmen fällt! Gott beschütze diese lieben Menschen und ihr Haus!

Der Domkaplan Fritz Bauer *1913 Würzburg

Prälat Werthmann als Pfarrer und Dr. Winkler als der Hausgeistliche zelebrieren heute am Hauptaltar, ich gehe an den Nebenaltar im Elisabethenheim. Dann holt mich der Dieter von Stift Haug und bittet mich, ich möge mit ihm in den Keller seines Hauses kriechen. Wir finden nur noch Asche. – Eine schöne Hausmadonna liegt am Eingang von der Semmelstraße zur Handgasse im Steingeröll, sie ist ohne Kopf. Ich habe Glück und finde den Kopf und lege ihn neben die Statue.

Isa Vermehren *1918 **(Niederndorf/Österreich)**

Der strahlende Frühlingsmorgen des nächsten Tages vereinte uns alle um neun Uhr zur Bischofsmesse in der Dorfkirche. Zu den tiefsten Eindrücken dieser ganzen Reise gehört diese Stunde vollkommener Erlösung. Nicht nur hatte jeder von uns mit dem Gang zur Kirche einem persönlichen Wunsch wieder in freier Weise entsprechen können, das war die private Freude jedes einzelnen. Ergreifender war das Offenbarwerden der gleichen inneren Haltung bei allen, wie sie das Schicksal der vergangenen Monate und Jahre in uns herausgebildet hatte: die Haltung des Opfernden und Dankenden, die Haltung der Ehrfurcht und der Anbetung; hier kam die Gleichheit der Menschen als Kinder ein und desselben Gottes in überzeugender Weise zum Ausdruck, und mit ihr kam der Friede. Eine bedeutungsschwere und tiefverpflichtende Stunde, als Kinder aller Nationen an der Schwelle der Freiheit aus der Hand der Kirche den Segen und den Frieden zu empfangen! Das Übermaß von Gnade aus dieser ersten Stunde ließ noch lange in vielen Herzen den Schimmer der Andacht zurück, bis auch diese Verhaltenheit sich in reine, gütige Freude löste – «Heinrich, der Wagen bricht» – «Nein, Herr ...» Nun löste sich auch der letzte eiserne Reifen, und in nie gefühlter Freiheit atmeten die Herzen auf.

Victor Klemperer 1881–1960 **Unterbernbach/Bayern**

In uns ist immer wieder ein großes Erleichterungs- und Dankgefühl (Dank gegen wen?), dies Ungeheure, all diese mehr als romantische Gefahr nun wirklich überlebt zu haben. Das wallt immer wieder in uns auf, aber darüber legt sich natürlich von Stunde zu Stunde mehr all das guaio – für minder hart Getroffene wäre es schon ein richtiges Unglück, und auch wir Hartgesottenen sind schließlich nicht nur hartgesotten, sondern auch abgekämpft und, buchstäblich abgerissen – all das Elend unserer Situation: die Enge, die Primitivität, der Schmutz, die Zerfetztheit der Kleidung, des Schuhwerks, der Mangel an allem und jedem (wie Schnürsenkel, Messer, Verbandstoff, Desinfektionsmittel, Getränk ...).

Adolf Hitler 1889–1945 **Berlin/Führerbunker**

Politisches Testament

Aus dem Opfer unserer Soldaten und aus meiner eigenen Verbundenheit mit ihnen bis in den Tod, wird in der deutschen Geschichte so oder so einmal wieder der Samen aufgehen zur strahlenden Wiedergeburt der nationalsozialistischen Bewegung und damit zur Verwirklichung einer wahren Volksgemeinschaft.

*

Die Lehrerin

Anni Antonie Schmöger 1889–1994 **München**

Sonntag gingen wir schon um 7 Uhr in die hl. Messe, damit, wenn Feindalarm käme, wir doch noch den Heiland empfangen hätten. Kurz nach der heiligen Wandlung fielen plötzlich Bomben, gleich darauf ertönte die Sirene. Ich eilte mit einigen zur Tür, kehrte aber dann wieder um, da ich ja noch nicht kommuniziert hatte. Nach dem Segen verließen meine Schwester und ich gleich die Kirche und eilten heim. […]

Ein paar weiße Fahnen wurden in unserer Straße schon ausgehängt – mir blutete mein Herz, denn welcher einigermaßen charaktervolle Mensch liebt nicht sein Vaterland und empfindet Weh, wenn durch das Siegestor seiner Stadt der Amerikaner bald singend marschiert?

Hella Reidt 1901–1978 ***Halle***

Heute wurden wir durch ein blutiges Ereignis erschüttert. Hartmut Blume, 15 Jahre alt, fand beim Holzsuchen hinter unserem Garten eine Panzerfaust. Er hantierte damit und die Treibladung zerschmetterte ihm den Oberschenkel in furchtbarer Weise.

Frau Schneider fand ihn hilflos und allein liegen, kam schnell zu mir, und ich ging mit Frau Maschmann, die eben bei mir war, zur Unglücksstelle. Der Anblick des armen Kerlchens, das bei vollem Bewußtsein war, verursachte mir Übelkeit, so zerfetzt sah das Bein aus. Es war bis auf den Knochen durchgebrannt. Rüdiger und der junge Schneider sausten auf ihren Räder zum Arzt, aber Garber kam nicht. Da schickte ich zu Poschmann. Der kam pomadig nach einer halben Stunde und sagte, da könne er nichts machen, der Junge gehöre sofort in klinische Behandlung. Nun rasten die Jungen zur Bürgermeisterei und zur Rotkreuz-Schwester. Die Gemeinde hatte kein Gefährt zur Verfügung, und so blieb Rüdiger und Frau Schulz nichts weiter übrig, als ein amerikanisches Sanitätsauto anzurufen. Es hielt sofort und erklärte sich auch sofort bereit, den Jungen zu transportieren. In kurzer Zeit waren sie da und verbanden den armen Jungen, der totenbleich und ohne einen Laut von sich zu geben die ganze Zeit auf der Erde gelegen hatte. Das Bein wurde sachgemäß geschient, und Frau Blume konnte sogar mit nach Halle fahren.

Dr. Walther Kaldewey 1896–1954 ***Bremen-Osterholz***

Der heutige Tag ist totenstill [...] Je mehr man herumhört, umso deutlicher zeigt sich, daß die Engländer übel gehaust haben, von Ausnahmen abgesehen. Mir haben sie mein Auto und Reifen entwendet, sämtliche Instrumente aus dem Zirkelkasten, sie haben in der Anstalt medizinische Apparate zerstört, Taschentücher fehlen massenhaft. In den Wohnungen der Bevölkerung hat es nach dem Abzug der Einquartierung zum großen Teil verheerend ausgesehen, alles durcheinandergeworfen, Möbel als Brennholz verwendet, obgleich Holz an anderen Stellen vorhanden war. Photoapparate sind sehr gefragt: vor allem natürlich Kleinbildkameras als deutsche Werkmannsarbeit erster Weltklasse. Die Reichen bereichern sich an einem armen Volke. Viele Fälle rein mutwilliger Zerstörung werden von allen Seiten berichtet. Daß hierbei vorwiegend der kleine Mann betroffen wurde, gibt den meisten jetzt schon zu denken. Es zeigt sich auch jetzt, wie objektiv unser Nachrichtendienst war. Jeder sehnt sich danach, deutsche Nachrichten zu erhalten, weil man überall erkennen muß, wie unzuverlässig, widersprechend, hetzerisch und aufreizend der feindliche Nachrichtendienst ist.

Langsam beginnen die meisten, den Schock der ersten Tage abzustreifen und wieder wie auch vorher zu glauben an unsre gute Sache, das umso mehr, wenn man von der Richtungslosigkeit der Gegner Kenntnis nimmt.

Unser Schlafzimmer ist jetzt wieder benutzbar. Wir schlafen alle darin. Die übrigen Räume der Wohnung sind noch nicht benutzbar.

Der Schweizer Generalkonsul
Franz-Rudolph von Weiss 1885–1960 ***Köln***

Am Nachmittag erhielt ich den lieben Besuch meines alten Freundes Baron Waldemar von Oppenheim, der seine erste Fahrt in die weitere Umgebung von Köln dazu benutzte, um uns mit seiner Frau zusammen einen Besuch abzustatten. Es war wirklich erschütternd zu hören, was diese Familie während den 6 Monaten, wo sie sich in Köln versteckt hielt, hat durchmachen müssen, oft dem Hunger nahe, ohne bei den vielen schweren Luftangriffen auf Köln einen Luftschutzkeller aufsuchen zu können, immer in der Angst, lebend entdeckt zu werden, was ihren Tod bedeutet hätte. Es ist für einen Fernstehenden unmöglich, sich von den Leiden dieser angesehenen Familie ein Bild zu machen. Vor dem Einzug der Amerikaner wurde die Mutter von Frau Oppenheim trotz ihrer amerikanischen Staatsangehörigkeit von der Gestapo verhaftet und ins Zuchthaus Brauweiler gebracht. Von dort sollte sie trotz ihrer 75 Jahre den 100 km weiten Weg zum Zuchthaus nach Siegburg antreten, mußte jedoch nachher aus Zeitmangel zurückgelassen werden. Wie ich bereits erwähnt habe, wurde das Oppenheimsche Schloß Schlenderhan von den amerikanischen Truppen derartig verwüstet, daß eine Beschreibung dieses Zustandes einfach unmöglich ist.

Robert Bauer *Heilbronn*

Gang durch das Industriegebiet. Schwere Kampfspuren überall. Alle Großbetriebe total vernichtet.
Ecke Wilhelm- und Cäcilienstraße spielen ein schwarzer und ein weißer Soldat mit zwei deutschen Jungen Handball. Auch an anderen Stellen kann die Teilnahme von Kindern an den Spielen der Soldaten beobachtet werden.
Dagegen hört man immer zunehmende Klagen über Bedrohungen, Plünderungen, Raub, tätliche Angriffe und Belästigungen durch die russischen und polnischen Arbeiter und Frauenzimmer. Sie ziehen in Trupps von Haus zu Haus, besonders bei außen gelegenen Einzelanwesen und Weinberghäuschen, und nehmen rücksichtslos und gegen jeden Einspruch alles mit, was nicht niet- und nagelfest ist. Das ist eine wahre Landplage. Die Polizei hat leider keine Macht gegen sie und muß stillschweigend zusehen.
Das Bismarckdenkmal steht unbeschädigt. Unbewegt schaut der «Alte vom Sachsenwald» über die zerstörte Stadt und die gesprengte Brücke. Man möchte meinen, noch härter und finsterer ist sein Blick ob der furchtbaren Auswirkungen einer Politik, die von dem von ihm gezeigten Weg abwich: den Frieden mit Rußland zu halten und zu sichern.

Grete Dölker-Rehder 1892–1946 *Neumühle*

«Ein' feste Burg ist unser Gott, ein' gute Wehr und Waffen. Er hilft uns frei aus aller Not, die jetzt uns hat betroffen.» Der Feind beträgt sich bis jetzt durchaus korrekt. [...] Trotz Ausgehverbots war eine große Wallfahrt nach Ratzenried. Die Panzer waren wieder fortgefahren, der Ort wurde nur von bisherigen französischen Gefangenen, die man bewaffnet hatte, bewacht, die sich ruhig und freundlich verhielten. Sie hatten ein riesiges Lebensmittellager im dortigen Braukeller geöffnet und

die Bestände an die Bevölkerung verteilt. Es sah ja nicht schön aus, wie sie die kostbaren Dinge unter die Menge warfen und wie gierig die Menschen danach griffen. Sie sich gegenseitig aus den Händen rissen und sie in den Dreck traten. Wir fanden es unwürdig. Ich schämte mich, als ich schließlich doch auch eine Kiste mit Nestles Kindermehl forttrug, die mir einer ohne mein Bemühen hinhielt. Aber so charakterlos haben uns 5½ Kriegsjahre gemacht. Da meint man immer, wir würden diese gigantische Tragik nur tragisch erleben, und in Wirklichkeit fehlt es nicht an höchst nüchternen oder auch grotesken Begebenheiten.
Von der großen Politik wissen wir fast nichts, Zeitungen kommen schon lange nicht mehr – Radios sind abgegeben, wir sind auf widersprechende Gerüchte angewiesen. Hitler soll in Berlin noch immer mitkämpfen. Himmler soll mit dem Vorsitzenden des intern. Roten Kreuzes Bernadotte verhandeln.

Adolf Hitler 1889–1945 **Berlin / Führerbunker**

Politisches Testament

Viele tapferste Männer und Frauen haben sich entschlossen, ihr Leben bis zuletzt an das meine zu binden. Ich habe sie gebeten und ihnen endlich befohlen, dies nicht zu tun, sondern am weiteren Kampf der Nation teilzunehmen. Die Führer der Armeen, der Marine und der Luftwaffe bitte ich, mit äussersten Mitteln den Widerstandsgeist unserer Soldaten im nationalsozialistischen Sinne zu verstärken unter dem besonderen Hinweis darauf, dass auch ich selbst, als der Gründer und Schöpfer dieser Bewegung, den Tod dem feigen Absetzen oder gar einer Kapitulation vorgezogen habe.

*

Der sowjetische Hauptmann Alexei Kalinin *1911 ***Berlin***

An seine Frau

Ich grüße Euch alle aus Berlin!

Ja, Murotschka, wir sind schon in Berlin, wir kämpfen in den Vororten von Berlin und werden den Fritzen die Stadt bald wegnehmen. Und erst hier, Murotschka, haben wir das Leben der Deutschen in seiner ganzen Fülle zu Gesicht bekommen. Alle sind sie sich tödlich ähnlich, sie sind dünn und bleich, natürlich nicht reich, die Arbeiter leiden großen Hunger. Wir gehen irgendwo rein – da fürchten sie sich, sie zittern, aber nach zehn Minuten sehen sie, daß wir keine Untiere sind, und dann bitten sie, ganz ohne sich zu genieren, um Brot oder etwas zu essen, angezogen

sind sie gut, aber sie stehen auf der Straße und bitten unsere Soldaten um Brot (außen Seide, innen Mist, wie das Volk bei uns sagt). Sobald unsere Küche anfängt, die Soldaten zu verpflegen, kommt die deutsche Zivilbevölkerung, Männer wie Frauen, mit Näpfen angerannt.
Murotschka, Du fragst in Deinem Brief, warum Du keine Päckchen bekommst – das weiß ich auch nicht, Murotschka, ich habe Euch drei Stück geschickt.
Morgen ist der 1. Mai, und ich schreibe jetzt diesen Brief an Dich zu Ende, und unterdessen donnern bei mir die Rohre, sie machen es den Fritzen gut heiß, die Jungs tun einem geradezu leid, und zum Schlafen ist keine Zeit, wir dreschen und dreschen drauflos, zum Glück mangelt es uns nicht an Gurken.
Also, einstweilen auf Wiedersehen, meine Liebe!
Ich küsse Dich ganz herzlich,
Dein Ljoscha

Der sowjetische Offizier Akim Popowitschenko *(Österreich)*
An seine Frau
Liebe Werotschka!
Ich gratuliere Dir zum 1. Mai. Möge dies der letzte Maifeiertag sein, denn wir nicht gemeinsam begehen können.
Heute ist es mir endlich gelungen, an Deine Adresse zwei Pakete mit wertvollen Dingen zu schicken. Zwei bis drei neue stehen schon bereit, sie sind nicht weniger wertvoll als die vorigen, jetzt habe ich noch genug für ein weiteres mit Seide und Wolle. In dem Paket, das wir auf Jascha Bibergals Namen an Deine Adresse senden, liegt obenauf schwarzer Wollstoff, der gehört ganz mir, außerdem sind in dem Paket zwei Stücke dunkelblaues Tuch, ein Damenstoff, das eine gehört mir, das andere Jascha, und alles andere gehört ihm. Im Paket auf meinen Namen gehört natürlich alles mir. Ich zähle jetzt nicht auf, was alles drin ist, weil da so viele verschiedene Seiden- und Wollstoffe drin sind, ich weiß gar nicht, wie viele Meter von was, und über die Farben will ich mir gar nicht den Kopf zerbrechen. Wenn alles ankommt, siehst Du es sowieso, wenn nicht, ist das Aufzählen ohnehin umsonst.
Seidenstrümpfe für Dich sind dabei, ich glaube, so etwa acht Paar, alle neu natürlich, dann zwei seidene Damenblusen, eine ist hellblau und die andere rosa. Wenn insgesamt alles bei Dir ankäme, was ich Dir geschickt habe und was ich Dir noch zu schicken hoffe, dann wärest Du die reichste Frau in Smela. Das meine ich ganz ernst. Es wäre ärgerlich, wenn ich nicht Dich, sondern irgendwen sonst fürs Leben reich ma-

chen sollte. Von solchen Stoffen, wie ich sie Dir schicke, hast Du ganz gewiß im ganzen Leben nicht geträumt. Ich bin sicher, daß wenigstens einiges ankommen wird, und wenn gar nichts ankommt, dann – komme ich selbst!

Auf Wiedersehen. Ich umarme und küsse Dich herzlich.

Dein Kima.

P.S. Schreib Wadja selbst nach Kiew oder über das Bezirkswehrkommando. Von der Armee aus zu schreiben dauert lange und ist zwecklos.

Der Rotarmist Pjotr Sebeljow ***Berlin***

An seine Eltern

Mamotschka, Papa, Schura, Taja!

Heruntergekommene, abgerissene, oft völlig erschöpfte deutsche Soldaten und Offiziere legen überall auf den Straßen und Plätzen die Waffen nieder und ergeben sich scharenweise als Gefangene unseren Truppen. Auf vielen Häusern haben die Deutschen weiße Flaggen gehißt. Ich sehe gerade in dieser Minute, wie zwei Hitler-Offiziere mit ihrem gesenkten Banner und ohne Waffen vom Tiergarten-Park Richtung Brandenburger Tor gehen, in dessen Nähe ein Haufen deutscher Waffen liegt und sich deutsche Soldaten und Offiziere drängen.

Viele von uns haben schon gelernt, Deutsch zu reden, und viele Deutsche können schon ein wenig Russisch zusammenstottern.

Das allerletzte Paradox: Ich schreibe diesen Brief und sehe durch das Fenster, wie einer von unseren Soldaten und ein deutscher Soldat abwechselnd direkt aus der Flasche Schnaps trinken, gestikulieren und über irgend etwas reden. Erstaunlich! Ihr könnt euch diesen unseren Triumph kaum vorstellen, wie er sich jetzt in Berlin vollzieht.

Übermittelt meinen Gruß und meine besten Wünsche an alle unsere Verwandten. Auf das baldige Wiedersehen, Euer Pjotr.

Berlin, Straße Unter den Linden

⋆

Zentralfriedhof-Friedrichsfelde **Berlin**

Martha M. *1904

Wilhelmstraße

Freitod (vergiftet)

Willy M. *1901
Wihelmstraße
Freitod (vergiftet)

Brunhilde M. *1930
Wilhelmstraße
Freitod (vergiftet)

Helmut M. *1933
Wilhelmstraße
Freitod (vergiftet)

★

Der Leutnant Hans Kranich 1919–1980 **bei Jägernburg**
Was sagten wir denn zur Lage? – Nichts! Vielleicht haben die Offiziere bei der Artillerie über die Lage gesprochen, wir haben es nicht getan. Es gab sicher die wildesten Spekulationen: Frau Pätzold (Marie Pätzold) hatte beim ersten Treffen gemeint, wir ließen die Russen vielleicht absichtlich ins Reich. Sie war darüber erbost: jetzt lassen sie unsere Soldaten kämpfen und fallen, und dann kommt's: das war nur ein Scherz – die Russen sind unsere Verbündeten.
Von Offizieren konnte man öfter von geheimnisvollen Kontakten mit den Bandera-Partisanen hören, die in der Ukraine, unterstützt von deutschen Militärberatern, fabelhafte Erfolge über die Sowjets errangen. Ich hatte große Hoffnungen in die russischen (und tatarischen usw.) Verbände gesetzt, die an unserer Seite kämpfen wollten, aber von denen hörte man verdächtig wenig.

Der Hauptmann Arthur Mrongovius 1905–1992 *Linz*
In dem russischen General lernte ich einen höchst gebildeten, feinsinnigen Mann kennen, dessen Vertrauen ich bald gewann. In Gegenwart seiner Dolmetscherin, einer sehr einfühlsamen Frau deutsch-russischer Herkunft, hatte ich mit Michael Meandrow viele eingehende Gespräche über Gott und die Welt, wobei für mich kein Zweifel aufkam, daß er, wie so viele seiner Offiziere, nicht aus Opportunismus oder materiellen Gründen zu Wlassow gestoßen war, sondern aus der echten Überzeugung, daß die Stalin-Herrschaft dem russischen Volk zum Verderben gereiche. Seine ganze Hoffnung setzte er in jenen Tagen auf die Amerikaner, von denen er es sich als unmöglich vorstellen konnte, daß

sie ihn und seine Truppe an die Sowjets ausliefern könnten, was dem entgegen dann allerdings ja auch mit der ganzen Wlassow-Armee gerade geschah, – und er gleich Wlassow sein Eintreten für eine Beseitigung der Stalin-Herrschaft durch Erhängung an der Kreml-Mauer auf dem Roten Platz in Moskau büßen mußte.
Von großer Umsicht erwies sich dieser General auch, als eines Tages ein Transport mit KZ-Häftlingen ankam. Meandrow bewog die SS-Wachen, die in gestreifte Sträflingskleidung gehüllten Häftlinge freizulassen, die sich dann in Scharen über die ganze Umgebung verstreuten, was die Gefahr heraufbeschwor, daß diese halbverhungerten Menschen sich auf eigene Faust am Gut der ansässigen Bevölkerung vergehen könnten. Daß alles dann doch friedlich verlief, war auch nur dem Verhandlungsgeschick Meandrows zu verdanken, der die Dorfbewohner davon überzeugen konnte, daß es auch für sie das Beste sein würde, diese Menschen zunächst einmal aufzunehmen und zu versorgen. Ich stand übrigens hier das erste Mal Auge in Auge dem gegenüber, was ich bisher nur vom Hörensagen kannte, und dem ich daher auch keinen Glauben geschenkt hatte: dem grenzenlosen Elend der KZ-Schurkerei. Aber Hitler, als Letztverantwortlichen nahm ich immer noch davon aus.

Adolf Hitler 1889–1945 **Berlin/Führerbunker**
Politisches Testament
Möge es dereinst zum Ehrbegriff des deutschen Offiziers gehören – so wie dies in unserer Marine schon der Fall ist – dass die Übergabe einer Landschaft oder einer Stadt unmöglich ist und dass vor allem die Führer hier mit leuchtendem Beispiel voranzugehen haben in treuester Pflichterfüllung bis in den Tod.

★

Marianne Goerdeler *1919 **Österreich**
Am 30. April 1945 […] wurden wir aus dem Konzentrationslager Dachau abtransportiert. Unvergeßlich hat sich mir dieser Abend eingeprägt. Heute erscheint er mir stellvertretend für alle Not jener Tage. Diesmal waren die Fenster des Busses nicht verhängt und die Wachmannschaften spürbar nervös. Wir fuhren in den sinkenden Tag. Die schräg einfallende Sonne beleuchtete mit scharfen Strahlen eine gespenstische Szene: Eine Stunde lang, über Kilometer, kamen wir an marschierenden, nein, sich hinschleppenden Häftlingskolonnen vorbei. Zahllos schienen diese abgemagerten Elendsgestalten, zu Nummern entwürdigt

mit ihren kahlgeschorenen Köpfen und in der graugestreiften Häftlingskleidung. Bis in den Bus hörten wir den harten Tritt ihrer Holzschuhe, halb schlurfend, halb marschierend.
Ein grausamer Widersinn lag in dem Bild: Mitten im Chaos des Zusammenbruchs und der Auflösung waren sie noch unter dem Kommando ihrer Bewacher in Reihen und Blocks organisiert und geordnet. Am Straßenrand lagen tote Häftlinge, erschossen oder vor Schwäche umgekommen. – Wohin ging der Weg für die anderen?

Frau Gretka *1925 **Tünzenhausen**

Ich mußte während meines Aufenthaltes auf dem kleinen Bauernhof an einem Nachmittag kurz vor dem Einrücken des Amerikaners mit dem Fahrrad zu einem etwas entfernteren Bauern fahren, um einen sog. Kälberstrick zu holen, weil eine Kuh kalbte.
Auf dem Wege dorthin geriet ich in eine ziemlich große Kolonne merkwürdig gekleideter Männer: grau-blau oder grau-grün (das weiß ich nicht mehr genau) gestreifte Anstaltskleidung und Kopfbedeckung. Die Gesichter grau, ausgemergelt, wie tot. Eine Bäckersfrau rannte ins Haus und kam mit Broten auf den Armen wieder heraus, die sie in die Menge warf. Ich stand mit meinem Rad eingekeilt dazwischen. Wie hungrige Hunde stürzten sich die Männer auf die Brote. Die begleitenden Wachmannschaften schossen in die Luft, da sie wohl sonst der Lage nicht mehr Herr wurden, und schimpften fürchterlich mit der Bäckersfrau. Die schimpfte in gut bayrischer Manier zurück. Die Männer stanken direkt modrig. Nach den Schüssen ordneten sie sich ängstlich wieder in Reih und Glied. Ich war völlig verwirrt und wußte nicht, was das war. Ich schob mein Rad weiter und sah einen Mann am Straßenrand hocken, die Hose heruntergelassen, der seine Notdurft verrichtete. Ein Wachtposten stand mit dem Gewehr unter dem Arm neben ihm. Der Mann bedeckte aus Scham sein Gesicht mit seinem Arm, als ich vorbeikam. Heute weiß ich, daß das KZ-Häftlinge aus Dachau waren, die man in den letzten Tagen noch irgendwo anders hinbringen wollte, weiß Gott, wohin.

Der KZ-Häftling Willy Sägebrecht **auf dem Marsch**

Der lange, lange Todesmarsch begann ... Es war in diesen Apriltagen sehr kalt. Regen Tag und Nacht. Wir marschierten in durchnäßter Kleidung; über der langen grauen Marschkolonne Tausender von KZ-Häftlingen hatte sich eine Dunstwolke gebildet. Hunger und Durst quälten uns. Jede Gelegenheit benutzten wir, um den Durst zu löschen. Die SS feuerte auf

uns. Viele Tote blieben liegen. Wenn wir an einer Kartoffelmiete vorbeikamen, stürzten wir in großen Scharen darauf los, um uns mit rohen Kartoffeln zu versorgen Auch hierbei metzelte die SS mit ihren Gewehrsalven viele nieder. Verschiedene Häftlinge versuchten, wenn sie seitwärts austreten gingen, sich im Schutz von Sträuchern und Büschen zu entfernen. Aber die Marschkolonne war auch an beiden Seiten durch motorisierte SS mit Hunden gesichert. Bei solchen Fluchtversuchen wurden ebenfalls zahlreiche KZ-Häftlinge getötet. Viele Genossen fanden beim Marsch den Tod. Wir Häftlinge waren so ermattet und entkräftet, daß mancher von uns nicht mehr weiterkonnte. Aber jeder, der in die hintersten Reihen zurückfiel und nicht mitkam, erhielt durch die Nachhut der SS den Genickschuß.
Solange es ging, stützten wir die entkräfteten Häftlinge.

Ein unbekannter KZ-Häftling **bei Bad Tölz**

Am nächsten Morgen wurde dann der Marsch in Richtung Bad Tölz fortgesetzt. Die Deutschen bildeten die ersten Marschblöcke von jedesmal ungefähr 1000 Mann, dann kamen die Juden und zuletzt die Russen. – Während des Marsches hörten wir bereits das Gewehr- und Maschinengewehrfeuer der Front kurz hinter uns. Alle Brücken und Wege wurden bereits in die Luft gesprengt. Wir erfuhren, daß ein Teil der Russen bereits in die Hände der Amerikaner gefallen war und ein anderer Teil von dem Mordkommando zusammengeschossen war.
Einzelne Kameraden versuchten nun auf eigne Faust beim Eintreten der Dunkelheit zu entfliehen, was manchen gelang und vielen aber das Leben kostete. Volkssturm und Werwolf töteten die meisten durch Genickschüsse. Der Weg, den wir zogen, war wiederum mit dem Blut der Ermordeten getränkt. Tode und Sterbende lagen an den Straßenrändern, ein Bild des Grauens und des namenlosen Elends spielte sich vor unseren Augen ab. Hoffnungslosigkeit und Verzweiflung bemächtigte sich vieler Kameraden.
Man trieb uns dann gegen Mitternacht in eine Schlucht und eröffnete, als wir Feuer anzünden wollten, Gewehr- und Maschinenpistolenfeuer auf uns. Es war bitterkalt diese Nacht, Regen und Schnee rieselte auf uns nieder, und wir mußten im Freien ohne jeden Schutz die Nacht verbringen.

Der KZ-Häftling Max Mannheimer *1920 ***Poing***

Am 28. April 1945 kommt der Befehl zur Räumung des KZ-Lagers Mühldorf. Güterwagen stehen auf dem Gleis für uns bereit. Ich bin sehr

abgemagert und muß direkt aus der Krankenbaracke in den Wagen geführt werden. Fünf Wochen Typhus haben mich sehr geschwächt. Auf meinen Bruder gestützt, erreiche ich den Wagen. Ich fühle mich in Sicherheit – geborgen. Nach einigen Stunden fährt der Transport los. Die Begleitmannschaft besteht nicht nur aus SS, sondern auch aus Wehrmachtsangehörigen. Das beruhigt uns ein wenig.
In jeder kleinen Station bleiben wir stehen. Wir merken, daß wir nach Westen fahren. In Poing, unweit von München, bleiben wir länger stehen. Auf dem Nebengleis steht ein Zug mit Flakgeschützen. Plötzlich gibt es Alarm. Unsere Wachen, die den Zug umstellt haben, sind verschwunden. Ein amerikanischer Tieffliegerangriff richtet seine Geschosse auf die beiden Züge. Wir verlassen fluchtartig die Wagen und laufen in die Felder. Kann es wahr sein? Ist der Krieg zu Ende? Jedenfalls haben wir nicht mehr die Absicht, in die Wagen zurückzukehren. Einige Mithäftlinge kommen bei dem Fliegerangriff um. Jetzt, in letzter Minute. Auch ein Freund von uns. Ingenieur aus Prag. Fünf Jahre hat er durchgestanden. Umsonst.
Mit der Freiheit dauert es nicht lange. Plötzlich sind wir umzingelt. Die Posten schießen über unsere Köpfe hinweg und treiben uns in die Waggons zurück. Der Transport fährt weiter. Es ist der 30. April 1945. Wir bleiben auf offener Strecke stehen. Von weitem sehen wir eine lange motorisierte Kolonne. Unsere Bewacher sind verschwunden. Wir öffnen die Waggons. Das Tor zur Freiheit. Einige hundert Meter von uns fährt eine amerikanische Militärkolonne. Wir sind frei. Wir können es noch nicht fassen. Ich bin zu schwach, um den Waggon zu verlassen.
Neben dem Zug errichten die Amerikaner eine provisorische Ambulanz. Zwei Sanitäter nehmen sich der Kranken an, legen sie auf Feldbetten. Waschen sie. Geben ihnen Stärkungsmittel. Ambulanzwagen kommen. Die schwersten Fälle sollen in ein Krankenhaus gebracht werden. Wir sind wieder Menschen. Wir können in ein Krankenhaus gehen, ohne Angst zu haben. Wir sind frei.

★

Edgar Kupfer-Koberwitz 1906–1991 *KZ Dachau*

Die Nachrichten laufen tropfenweise ein, viele Kameraden besuchen mich, – ich höre vieles, sondiere, so gut es geht, und erhalte folgendes Bild dessen, was man mir erzählt: Als die Alliierten auf dem Wege nach Dachau waren, fanden sie an einer Stelle einen Haufen von 400 erschossenen und erschlagenen Häftlingen, also Massakrierte. – Später fanden sie einen anderen Haufen mit etwa ebenderselben Zahl. – In Dachau fanden sie dann einen Zug mit Toten angefüllt, auch massakrierte Häftlinge, etwa 2000 oder mehr, – man sagt, sie lagen sogar in offenen Wagen. – Angeblich sollen die Amerikaner daraufhin in die umliegenden Häuser der SS gegangen sein und niedergemacht haben, wen sie fanden. – Ob es so ist? – Es scheint mir nicht sicher. –

Auf den Türmen und verschiedenen anderen Orten des Lagers wehten weisse Fahnen. – Als die Amerikaner sich jedoch dem Lager näherten, wurden sie von der SS beschossen. – Angeblich, – ich sage: angeblich, soll jedoch die Vereinbarung gewesen sein, dass das Lager Dachau bis Freitag, den 27. April, um 12 Uhr mittags, von aller SS geräumt sein müsse, die weisse Flagge sollte überall wehen. – Die weisse Flagge wehte überall, aber die SS hatte ihr Wort nicht gehalten, sie war noch da und schoss, trotz weisser Flagge. – Daraufhin und wegen der Leichen, die man ausserhalb fand, soll der Befehl gegeben worden sein, jeden SS-Mann, der im Lagerbereich gefunden würde, niederzuschiessen, ganz gleich, ob er sich ergebe oder nicht. – Das gibt natürlich dem Ganzen ein anderes Gesicht. –

Überall im Lager wehen jetzt von den Blocks die Fahnen in den Farben aller Länder, die hier vertreten sind. – Wo sind sie nur hergekommen? Weisser Stoff, – gut: Leintücher, Bettlaken, – aber die anderen Farben? Ob die Kameraden sie in den Magazinen der SS fanden? –

Das Strassenbild sah ich durch den Bretterzaun. – Dachau, wie immer, viele Häftlinge gehen auf der Lagerstrasse, aber sie gehen, sie schleichen nicht so in ihrem Gang, sie gehen freier, unbeschwerter. – Auf dem Appellplatz marschierte irgendeine Gruppe auf, – aber es ist kein Marschieren wie einst, alles ist gelöster. – Die bunten Fahnen wehen, sonst ist es wie immer und ... doch nicht. – Es liegt etwas in der Luft, – etwas ganz Eigenes liegt über dem allem, fast erinnert mich die ganze Atmosphäre an die eines stilleren Jahrmarktes.

Aber was ich nicht sehen kann, was ich nur erfahre: überall liegen noch die Leichen der SS, – man hat sie nicht weggeräumt. – Warum nicht? – Es macht mich traurig, und ich denke an die geraubten Schuhe, Uhren und dergleichen. – Aber dann denke ich, dass nach all dem Furchtbaren, das die meisten von uns erlebten, nach all dem Teuflischen und Barbarischen, es wiederum doch eigentlich ein gutes Zeichen für unsere Kameraden ist, dass sich keiner irgendwie an den Leichen vergreift, dass man sie ruhig liegen lässt.

Man könnte sich ja auch denken, dass die Menschen voll Wut nun die Leichen treten oder sonstwie noch ihre Wut an ihnen auslassen wür-

den. – Aber es ist beglückend, zu denken, dass es scheinbar doch niemanden unter uns gibt, der solche Gefühle als Menschenbestie entwickelt und ausführt. –
Der Kanonendonner ist noch immer zu hören. – München soll noch nicht gefallen sein, – es ist so, wie ich es dachte. –
Es kommen amerikanische Soldaten ins Lager, uns anzusehen. – Man führte eine Gruppe von ihnen auf einen Block. – Im Waschraum lagen 50 Leichen von Gestorbenen, Verhungerten, Erschöpften. – Einer der Offiziere begann zu weinen, als er das sah. – Seltsam, zu denken, dass ein Mann, der aus der Schlacht kommt, dauernd Tote sieht, ein Offizier, mitten im Kriege, beim Anblick unserer Toten weint. – Aber ich kenne das, – ich weiss, wie unsere Toten aussehen, so erschütternd, dass selbst die Tränen eines Kriegers verständlich sind. –
Anscheinend kam heute auch eine Abteilung Filmreportage und machte Aufnahmen der jubelnden Häftlinge und der toten SS, des Lagers und so weiter. – Natürlich sind diese Aufnahmen echt, aber am echtesten wären sie wohl in dem Augenblicke der Befreiung gewesen. – Aber die Aufnahmen, die die Soldaten machten, gleich im ersten Augenblick, diese Aufnahmen möchte ich sehen, – wie echt müssen die sein! – […]
Man hat ein internationales Häftlings-Komitee gegründet. –
Heute sind auch schon die ersten Anzeigen erstattet worden. – Man hat ehemalige SS-Angehörige anderer Staaten ermittelt, die als Häftlinge unter uns lebten. – Die Häftlinge selbst, unter sich, fanden das heraus. – Die Beschuldigten wurden abgeführt, den Alliierten übergeben. – Sie sind im Bunker und sollen in ihren Ländern vor ein Gericht gestellt werden, – Ex-Kameraden. – Man hat auch ehemalige Capos, Blockpersonal und andere vorgeschleppt, solche, die viel auf dem Gewissen haben. – Gruppen von vielen Häftlingen taten das, die alle die Schandtaten der Abgeführten bezeugen konnten. – Man sagt, man hat sie gleich erschossen, – ich kann nicht nachprüfen, ob das mit dem Erschiessen stimmt. – Es sollen schon viele sein. – Eine grosse Aufräumungsaktion beginnt. – Es muss jetzt schrecklich sein, ein schlechtes Gewissen zu haben, auch für einen Häftling und besonders für ihn. – Welch bittere Frucht wird ihnen der Tod sein. […]
Auf vielen Blocks sind schon Radios. – Die Amerikaner bringen sie uns, sie nehmen sie, wo sie sie im SS-Bereich finden. –
Das Essen … – Ja, das hätte ich fast vergessen zu sagen: Wir bekommen jetzt dicke Suppen, – die Brot-Ration ist erhöht. – Es gibt Fleischkonserven, eine halbe Büchse je Mann zum Abendbrot. – Es ist noch Lager-

kost, Lagerbestände, – das Büchsenfleisch ist aus der Konservenfabrik Wülfert in Dachau oder aus sonstigen SS-Beständen. – Für uns ist das schon Feiertagskost – Alle lächeln selig, wenn das Essen kommt. Wie mag es der Bevölkerung in Dachau gehen? – Sie war stets so gut zu uns, hat uns zugesteckt, was sie hatte, und uns geholfen, wo es ging, – nur die SS konnten sie nicht leiden. – Hoffentlich haben sie nicht die Taten der SS zu büssen, hoffentlich wird der Name ihres kleinen netten Städtchens ihnen nicht Unglück bringen, weil er dem Lager auch seinen berüchtigten Namen gegeben hat. – Ich sorge mich darum. –

Der Pfarrer Johann Steinbock *1909 *KZ Dachau*

Das Wohnungselend wurde nicht sogleich aufgehoben. Es wurde erklärt, daß wir in die Baracken des SS-Lagers kommen würden. Diese mußten aber erst gereinigt und eingerichtet werden. Desgleichen wollten die Amerikaner immer wieder das Lagerelend photographieren und filmen, und immer neue Besuche und Kommissionen kamen, denen der Originalzustand des Lagers gezeigt werden sollte. So heißt es für uns noch eine Zeitlang im halben Zigeunerleben beisammen zu bleiben. Eine sofortige Entlassung aus dem Lager in die Heimat kommt noch nicht in Betracht, erstens weil Flecktyphus seit einigen Monaten im Lager ist und jeden Tag durchschnittlich hundert Todesopfer gefordert hat, es muß zuerst einige Wochen eine Quarantänezeit durchgemacht und Impfung vorgenommen werden, und zweitens, weil es keine Transportmittel gibt, die Bahnen stillstehen und Autos noch nicht zur Verfügung sind. Wir sollen beisammenbleiben, bis die einzelnen Regierungen Transportmittel schicken. Eine Anzahl Ausländer und Krimineller hatte im ersten Wirbel aber doch das Lager verlassen, im SS-Lager und in der Plantage Verwüstungen angerichtet und die Umgebung unsicher gemacht. Daher stellten die Amerikaner um das Lager ebenfalls Wachposten auf. [...]
Jede Baracke und fast jede Stube sah sich um einen Radioapparat und eine Schreibmaschine um. Was die SS zurückgelassen hatte, wurde requiriert. Aus allen Fenstern tönte nun zu allen Stunden bis tief in die Nacht hinein Musik und Stimmengewirr. Fast zeigte sich auch die Gefahr, die darin liegt, daß Unterdrückte plötzlich zu Ehren kommen: wenn vorher mit Recht von SS-Bonzen zu reden gewesen war, so wäre man nun beinahe versucht gewesen, aus Anlaß des Gebarens und der feudalen Einrichtung, die aus den SS-Räumen in manche Komitees geholt wurde, auch dort wieder an «Bonzen» zu denken. Sehr viel Macht und Kraft war den Komitees ja schließlich doch nicht gegeben.

Die Jugoslawen waren von weitem besonders kenntlich durch den Titostern auf allen Mützen. Bei ihrer Feier erfüllte der immer sprechchorartig wiederholte Schrei «Tito, Tito, Tito» die Straße. Das erinnerte allerdings zu sehr an die von früher bekannten italienischen Rufe «Duce, Duce».

Die Deutschen waren die einzigen, die in diesen Tagen keine Fahne hatten. Einzelne unter den Völkern wollten sie zunächst auch nicht im Internationalen Gefangenenkomitee vertreten sehen. Aber die Einsichtigeren wiesen mit Erfolg darauf hin, daß die im Lager anwesenden Deutschen doch auch genau so wie die übrigen Nationen Gegner und Opfer der Gestapo und SS waren, und so wurde auch ein deutsches Komitee gebildet.

Emil Barth 1900–1958 *Haan/Rheinland*

Besatzungsangehörige verteilen auf der Straße den «Kölnischen Kurier», eine von der amerikanischen Armee herausgegebene Zeitung in deutscher Sprache. Da die Fremden sehr kinderlieb sind, auch selber viel Kindlichkeit haben und ihre Quartiere und Posten daher ständig von Kindern umlagert sind, lassen sie es zu, daß ihnen die Kleinen beim Austeilen helfen, unsre arglosen deutschen Kinder, denen nicht ahnt, welche Mitgift von Unglück und Schande sie ins Leben mitbekommen und was für ein furchtbares Blatt sie da so eifrig den Erwachsenen zutragen. Denn furchtbar ist es, im vollen Sinn dieses Wortes; es hat etwas von der Furchtbarkeit der Stimme, die Kain nach dem Bruder Abel fragt, oder jenes mythischen Schuldblattes, das nach tiefsinnigem Glauben dem sündigen Menschen am Tag des Jüngsten Gerichts vorgewiesen wird. Es enthält Augenzeugenberichte und photographische Aufnahmen aus den Konzentrationslagern [...]

Mit gut zwei Dutzend Menschen mag ich heute gesprochen haben, und niemand, ob Mann oder Frau, war von anderem bewegt als von diesen Enthüllungen planmäßig-verbrecherischer Greuel, die im Machtkreis des Deutschen Reiches der letzten zwölf Jahre ihre höllischen Heimstätten gehabt. «Wenn das alles wahr ist ...», so versuchten einige noch einen Schatten von Hoffnung zu erraffen; aber in Wahrheit zweifelten sie nicht mehr, und ihren zögernden Vorbehalt überwog das unausgesprochene: «Dann ... Weh' über uns!»

*

Die Schülerin Jutta *Verchen am Kummerower See*

Es ist gar nicht zu beschreiben, was für ein Geschrei auf den Straßen, in den Wohnungen herrschte. Mein Vater versteckte mich auf einem Heuboden, holte mich nach kurzer Zeit aber wieder herunter, weil er meinte, es sei auch dort gefährlich. Und wirklich: Zehn Minuten später kletterten die Russen hinauf und stießen auf der Suche nach Frauen mit den Bajonetten in das Heu. Es waren die Truppen, die wochenlang im Morast an der Oder gelegen hatten, jetzt stürzten sie sich auf uns wie wilde Tiere und reagierten sich ab, viele waren betrunken. Ich habe unbeschreibliche Ängste ausgestanden und selbst auch Schreckliches erlebt. Meine Eltern konnten mich nicht schützen.

Irma von Blanck-Heise *1916 *Ahrensberg*

Als es etwas ruhiger wurde, kehrten wir in den Stall zurück. Dort sah es wüst aus. Die Russen hatten unsere Koffer und Taschen, auch meinen Rucksack aufgeschlitzt und den Inhalt auf den Schafmist gekippt; alles, was ihnen wertvoll erschien, hatten sie eingesteckt. Zwischen den Resten entdeckte ich noch meine wertvolle Brillantbrosche, eine alte von Stiefeln zerspaltene Gemme, deren Goldrand ebenfalls verschwunden war, und den grünen Anzug meines Mannes. [...]

Inzwischen versuchten die Holländer, sich bei anderen Russen unter dem Ruf «Hollandski, Hollandski, Freunde!» anzubiedern. Die Russen verstanden aber nichts und entgegneten nur «Hollandia nix gut – Uri, Uri!» und nahmen ihnen alle Uhren und sonstige Wertsachen ab.

Inzwischen kam ein völlig abgerissen erscheinender, seit langem unrasierter Mann in unseren Stall. Er erwies sich als entlassener polnischer Strafgefangener, der leidlich Deutsch sprach. Obwohl alle anderen vor ihm zurückschreckten, kam ich aus irgendeiner inneren Eingebung heraus dem Mann entgegen, erklärte ihm, daß er bei uns bleiben könnte, stattete ihn mit dem Anzug meines Mannes aus und gab ihm aus unserem großen Kochtopf, der stets mit schmackhaftem Haferbrei auf dem Feuer stand, zu essen, soviel er wollte. Er blieb bei uns und sollte in den nächsten Stunden unser bester Schutz vor den immer wieder in den Stall eindringenden Russen werden.

Der Musiker Erich Zimmermann 1900–1987 *(Heubude)*

Omi Paula mußte jeden Tag einen Eimer Wasser aus dem ersten Gehöft an der Rieselfeldchaussee von der Stallpumpe heranschleppen. Auf dem Gehöft fand sie noch einiges Geschirr für uns und verschiedene Lebensmittelreste. Das Wertvollste war ein sehr großes und fettes Rinderherz,

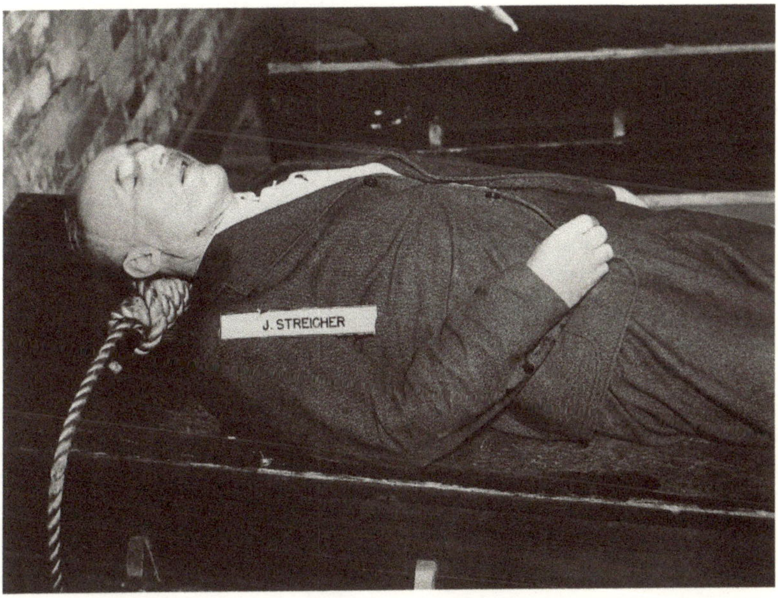

Julius Streicher nach der Hinrichtung, 16.10.1946

das in einem Pökelfaß lag. Als sie es auf unserm eisernen Ofen gekocht hatte, haben wir es alle mit Hochgenuß verzehrt. Wahrscheinlich war das Herzmuskelfleisch und das viele, pöklig-ranzige Fett die ideale Nahrung für unsern ausgehungerten Zustand. Der tägliche Gang nach Wasser und das Herumstreifen in den verlassenen Gehöften waren immer angstvolle Unternehmungen für Omi Paula, von denen ich sie stets mit großer Sorge zurückerwartete. Wenn auch die ganze Gegend völlig menschenleer war, so streiften doch ab und zu russische Soldaten umher. Einmal traf sie einen russischen Offizier, der sie fragte, was sie da mache. Als sie ihm zeigte, was sie geholt hatte, ließ er sie laufen, sie sah ja auch jammervoll genug aus. Überhaupt boten wir alle auf unserm Elendslager einen so kläglichen Anblick, daß es kein Wunder war, wenn die Russen uns in Ruhe ließen, sobald sie uns aufgestöbert hatten.

Ella Kossol ***bei Stolp***

In einer Nacht kam ein alter, gut und gemütlich aussehender Russe in Begleitung eines ganz jungen Bürschchens in unser Stübchen, hieß uns liegenbleiben und wollte sich anscheinend nur mit uns unterhalten. Er erzählte uns, soweit wir uns verständigen konnten, daß er auch Kinder in dem Alter unserer Kleinen zu Hause hatte und diese auch schon viele Jahre nicht mehr gesehen hatte. Traurig den Kindern zunickend, verließen die beiden uns dann bald.

Der sowjetische Oberleutnant Andrej Filin *1918 ***Ostpreußen***

An einem anderen Tag waren wir wieder auf dem Marsch. Ich lag in einem Pferdewagen und hielt mein bleiches Gesicht der warmen Aprilsonne entgegen. Herrlich!

Da sah ich plötzlich eine deutsche Frau, die übers Feld von ihrem Haus etwa einen halben Kilometer von der Straße entfernt zu uns lief.

«Bitte, Halt, Rotkreuz, Rotkreuz, Hilfe ...» – rief sie uns zu.

Ich ließ «Tprrr!» machen.

Soweit wir verstanden hatten, ging es um ihren Vater, den ein russischer Soldat durch einen Schuß tödlich verwundet hätte. Unser Regimentskommandeur bekämpfte jeden Versuch zur Vergewaltigungen der deutschen Frauen.

«Der Krieg wäre schon längst zu Ende, wenn wir uns in Ostpreußen nicht wie wilde Asiaten benommen hätten. Nun verteidigt jeder deutsche Rotzbengel nicht mal den verfluchten Führer oder sein nazistisches Vaterland, sondern seine Mutter und seine Schwestern. Und wird bis zur letzten Patrone kämpfen. Wer sich nicht mehr beherrschen kann, für den gibt es viele Löcher im Zaun nach jedem Kaliber. Und alle sind hundertprozentig tripperfrei.»

Oberst Pjatow gab mir einen Dolmetscher und wir liefen zum Haus.

Der Alte war leider schon tot.

Es stellte sich heraus, daß ein bewaffneter russischer Soldat ins Haus eingedrungen war und Schnaps verlangte. Man habe ihm den Schnaps gegeben. Dann sah er ein junges Mädchen im Haus und wollte sie vergewaltigen. Der Alte trat vor, um seine Enkeltochter zu schützen, und bekam eine Kugel in den Bauch.

Den besoffenen Asiaten von der NKWD-Truppe, die gewöhnlich hinter den kämpfenden Einheiten vorrückte, haben wir 3 km vom Haus in einem Wäldchen gefunden. Er schlief den Schlaf eines Gerechten. Unser Oberst gab dem Mörder seine Pistole und eine einzige Patrone im Lauf. «Fünf Minuten gebe ich dir, mein Junge, sei mutig. In fünf Minuten helfe ich dir als einem Feigling nach.» Der Schuß fiel nach wenigen Sekunden. Wir haben ihn als Selbstmord abgeschrieben.

*

Der Hafenkommandant
Hans-Heinrich Beerbohm **Stralsund**

Bei einer Lagebesprechung für alle Offiziere der 1. Marine-Schiffsstammabteilung auf dem Dänholm bekam ich nachts um 12 Uhr am 29. auf den 30. April den Befehl vom Standortkommandanten Zollenkopf, das Segelschulschiff «Gorch Fock» zu versenken, damit es nicht in russische Hände fallen konnte. Es war völlig abgetakelt, die Segel befanden sich im Schuppen auf dem Dänholm, auch hatte es keinen Schiffsmotor an Bord, der lag zum Überholen auf einer Werft. Die Besatzung war von Bord gegangen. Der Kommandant Kapitänleutnant Kahle hatte eine andere Verwendung erhalten. Ich gab zwischen 1 und 2 Uhr des Nachts meinem Oberfeldwebel Bauer, dem Leiter des Bootshafens auf dem Dänholm, den Befehl, mit einem Maschinengefreiten auf einer Motorjolle zu diesem Segelschiff zu fahren, das in der Nähe des Halbinsel Drigge mitten im Strom verankert war. Es wurden die Bodenventile aufgedreht, so daß das Wasser im Schiff schnell aufsteigen konnte. Eine Sprengung war unmöglich, da am anderen Ufer, also auf Festlandseite, die Russen standen und entsprechend reagiert hätten. Sie hatten bereits am Tage zuvor mit der Artillerie einen Schleppzug beschossen und teilweise versenkt, der versucht hatte auf dem nördlichen Fahrwasser unter der langen Eisenbahnbrücke nach Sassnitz zu entkommen.

Die Ostarbeiterin
Antonina Romanowa *1927 *Gut Alt-Neheim bei Greifswald*

Wir waren in 3 Baracken untergebracht: Polen, Ukrainer und wir, die Russen. Jeden Tag bei jedem Wetter mußten wir arbeiten. Meistens auf dem Felde. Am 30. April 1945 hatten wir Kartoffeln gelegt. Ich trug einen großen Korb voll von Kartoffeln mit dem Riemen um den Hals; sonnig und warm war es draußen. Auf einmal sahen wir, daß aus den Fenstern des dreistöckigen Hauses des Gutsbesitzers weiße Bettlaken herausgehängt wurden. Wir konnten das nicht verstehen. Die Betten hatte man erst vor zwei Tagen gelüftet. Und da erschienen plötzlich einige wild trabende Reiter. Das war ein Spähtrupp der Rotarmisten.
«Wo sind die Deutschen?» fragten sie. – «Hier keine mehr.»
Mein Gott! Wir umringten sie, wir zogen sie von den Sätteln herunter, wir küßten unseren Befreiern ihre Stiefel, die Steigbügel, wir streichelten ihre Pferde, wir waren betrunken vor Glück. Das war wohl die glücklichste Minute im Leben der anwesenden Ostarbeiter und -arbeiterinnen.
Nach dieser Aufklärung rollte dann den ganzen Tag lang unsere Truppe in Richtung Westen. Panzer, Pferdewagen. Wir standen am Rand der Straße, winkten unseren Soldaten und weinten vor Glück.

Die Ostarbeiterin
Soja Romanowa *1934 *Gut Alt-Neheim bei Greifswald*

Der Tag am 30. April 1945, als wir befreit wurden, ist nicht aus meinem Gedächtnis zu löschen. Er bleibt für mich für das ganze Leben der herrlichste Feiertag. So viel Böses mußte ich in den Monaten der Unfreiheit erleiden. Als Kind durfte ich nicht zu Landarbeiten herangezogen werden. Tagelang mußte ich in einer Baracke mit dem achtjährigen ukrainischen Jungen Ostap sitzen, der wenig Russisch verstand und stets weinte, wenn seine Mutter weg war. Ich gab mir viel Mühe, ihn jedesmal zu trösten.
Aber das waren Kleinigkeiten im Vergleich zu den Schikanen, mit denen mich ein Hitlerjunge, Erich, quälte. Dieser rothaarige Bengel, lang und schmächtig, der vier Jahre älter als ich war, war mehr als ein Sadist. Er wohnte in einem alleinstehenden Haus mit seiner Mutter, die wie auch andere deutschen Frauen irgendwelche Arbeit im Haus des Gutsbesitzers verrichtet hatte. Jeden Tag lauerte er mir irgendwo an einer abgelegenen Ecke auf und prügelte mich erbarmungslos, manchmal mit einem dicken Stock. Er würgte mich und redete dazu: «Du wilde Steppenwölfin, ich mache es dir so, daß kein Scheusal aus deiner V...e her-

auskriecht.» Ich konnte gut Deutsch, den Kindern fällt ja die Sprache leicht, doch dieses Wort war mir unbekannt.
Zwei Dinge haben meine Kindheit im Krieg total vergiftet: die Bombenangriffe – bei den Erinnerungen an sie wird mir bis heute angst und bange – und der Hitlerjunge Erich, er sei verflucht.

Die Ostarbeiterin
Anna Popowskaja *1926 *Gärzig bei Dessau*
In dem kleinen Dorf bekamen wir keine Befreier zu Gesicht. Auf einmal erklärte uns der Bauer, daß wir ab sofort alle frei seien und am nächsten Tag bei einem Sammelpunkt erscheinen müßten. Wer wolle, könne auch ein Fahrrad nehmen. In einem Laden kauften wir für gespartes Geld (wir verdienten doch 4 RM im Monat) getragene Kleidung. Einiges davon habe ich noch 1950 nach dem Abschluß meines Studiums getragen. So wurden wir an die Russen repatriiert. Man schickte uns mit einem Güterzug, der demontierte Industrieanlagen nach dem Donezbecken zu transportieren hatte, in unsere Heimat. Wir waren 1943 zu fünft aus unserem Dorf vertrieben worden, zu viert kehrten wir heim. Ein Mädchen hatte einen Polen geheiratet und war in Polen geblieben. Einige Monate nach der Rückkehr dachten wir schon wieder daran, nach Deutschland zurückzukehren. Bei unserem Bauern hatte man uns wenigstens reichlich gefüttert, und in der Heimat mußten wir als Sieger noch viele Jahre am Hungertuch nagen.

Adolf Hitler 1889–1945 **Berlin/Führerbunker**
Politisches Testament
Ich stosse vor meinem Tode den früheren Reichsmarschall Hermann G ö r i n g aus der Partei aus und entziehe ihm alle Rechte, die sich aus dem Erlass vom 29. Juni 1941 sowie aus meiner Reichstagserklärung vom 1. September 1939 ergeben könnten. Ich ernenne an Stelle dessen den Grossadmiral D ö n i t z zum Reichspräsidenten und Obersten Befehlshaber der Wehrmacht.

★

Der sowjetische Bomberpilot
Dmitrij B. *1918 *Berlin*
Dreimal sind wir gestartet, um Berlin zu bombardieren.
Insbesondere der letzte Einsatz Ende April 1945 blieb für mich unvergeßlich. Unser Ziel war der Flugplatz Tempelhof, wo angeblich noch

viele Jäger und Jagdbomber der deutschen Luftwaffe in Hallen einsatzbereit standen. Der wolkenlose Himmel, herrliches Wetter, grüne Felder und blühende Gärten unten. Sogar aus einer Höhe von 5000 m ist jedes Häuschen zu sehen.
Ab Küstrin sollten uns eigene Jäger Deckung geben. Wir sahen sie aber nicht. Na gut, der Krieg war praktisch schon zu Ende, die feindliche Luftwaffe lahmgelegt. Wenn ein verirrter deutscher Jäger auftauchte, dann würden ihn unsere Heckschützen sicher abschießen. Also flogen wir weiter ohne Deckung. Alles umher in dichten schwarzen Rauchschwaden. Weder Himmel noch Erde waren zu erkennen. Über Berlin ein echtes Inferno. Es brannte an allen Ecken, und Rauch stieg zum Himmel wie aus Tausenden von Schornsteinen.
Normalerweise warfen wir die Bomben ab 4000 m, diesmal gingen wir auf 1500 m runter, weil wir das Ziel nicht sehen konnten. Nur manchmal tauchte rechts oder links ein Flügel einer anderen Maschine auf, huschte vorüber, dann wieder nur schwarze Wolken und eine unglaubliche Kakophonie in den Kopfhörern. Endlich waren wir am Ziel und warfen unsere Bombenlast ab.
Als wir wieder an Höhe gewonnen hatten, sahen wir plötzlich, daß ein breiter Streifen des deutschen Bodens unter uns von der Havel her bis an die Oder hin in Flammen und Rauch stand.

Der Geschäftsmann Paul S. *Lienewitz bei Potsdam*

Lebendiges Treiben auf unserem Hof. Wir saßen in der Küche und wärmten uns. Da kamen einige Russen und fragten, ob sie kochen könnten. Allgemeines «Ja». Dann fing es an: Klötze von Margarine, ein Eimer Schmalz, Fleisch und was man sich sonst noch denken kann. Mittag gab es Leber mit Zwiebeln. Wir mußten mitessen, soviel wir konnten. Abends Nudelsuppe mit einem Klumpen Rindfleisch, Brot in Hülle und Fülle und gebratenen Fisch (mit Handgranaten geangelt), im Fett schwimmend.
Jetzt, wo ich schreibe, sausen Infanteriekugeln am Fenster vorbei. Das stört alte Frontschweine nicht. Wir leben wie die Made im Speck. Der Kommandant hat extra gesagt, wir sollen essen, was und wieviel wir wollen. Und das tun wir auch.
Es will dunkel werden. Auf einmal setzt die Stalinorgel ein. Ihr kennt dieses Geschütz nicht. Es ist einfach nicht zu beschreiben. Ein Urtier mit tausend Kehlen. Ein entsetzliches Gebrüll. Die Orgel sendet Tod und Verderben. Und ein paar wahnsinnige SS-Leute am Leipziger Autobahndreieck halten dort eine Stellung. [...] Gestern hatten sie 182 Tote,

72 Verwundete, und 35 wollten zu den Russen übergehen. Da sind 15 von den eigenen Leuten von hinten erschossen worden. Morgen ist der 1. Mai.
Euer Papi

Hermann Kasack 1896–1966 ***Potsdam***

Als ich mich am Montag vormittag mit Anne in unserem Vorderkeller befand, um festzustellen, daß meine Bücherkisten und die Manuskriptpakete des Verlages zwar vielfach aufgerissen, aber im allgemeinen unangetastet geblieben waren, wurden wir heraufgeholt, weil inzwischen zwei Russen gekommen waren. [...] Der eine von ihnen, ein Gardemajor Jermakow, sprach etwas deutsch. Er hatte bei seinem Eintreten einige bedauernde Bemerkungen über den Zustand der Wohnung gemacht, aber hinzugefügt, daß die Deutschen in Rußland nicht anders, ja sogar schlimmer gehaust hätten. Als Maria in dem Sinne widersprach, daß wohl nur einige der deutschen Soldaten sich so aufgeführt hätten, erklärte er hart: «Nein, alle.» Er fügte hinzu, daß die russische Bevölkerung in den Kriegsgebieten ärgere Grausamkeiten zu erdulden gehabt hätte. «Im übrigen», hatte er nicht ohne Absicht erklärt, «pflegen doch sonst die Deutschen die Ordnung zu lieben.» Wir verstanden natürlich diesen Wink. Er war von stämmigem Wuchs, hatte ein kluges, sprechendes Gesicht. Wir erfuhren erst am Nachmittag, daß er der stellvertretende Stadtkommandant von Potsdam war.

Carl Diem 1882–1962 ***Berlin***

Da kamen die Russen. Einer nach dem anderen betrat unser Haus mit vorgehaltener Maschinenpistole, durchsuchte es von oben nach unten «auf Waffen» und nahm mit, was ihm gefiel. Vor allen Dingen Uhren, Ringe usw. Einige Uhren wurden wir los, die anderen haben wir versteckt. Meiner ältesten Tochter, die damals 14 Jahre war, hatte meine Frau die Haare geschnitten und Hosen angezogen; sie lief als Junge umher und wurde nicht beachtet. Meine 12 jährige saß in der dunklen Kellerecke, eine große Puppe im Arm, und blieb auch ungeschoren. Meine Frau hielt sich auf der Straße auf und ließ sich durch keine Einladung «Komm, Frau» hineinziehen. Ich wurde regelmäßig abgetastet, der eine oder andere suchte mich einzuschüchtern, indem er mir die Pistole auf die Brust setzte. Einige schossen in den Radioapparat, zerschossen den Fernsprecher, schossen mir an der Stirn vorbei, aber sobald man ihnen keine Furcht zeigte, hielten sie sich zurück, und wahrscheinlich haben mich meine Bücher am besten verteidigt. Da mein ganzes Arbeitszim-

mer mit Büchern ringsherum vollgestellt war, hielten sie mich für einen großen Gelehrten. Sie fragten mich nach meinem Beruf. «Professor» und «physikultura» war ihnen ein vertrauter und ehrwürdiger Begriff. Einige Worte Russisch, die die Familie vorher gelernt hatte, kamen zustatten. Unsere alte Kochfrau «Maschka», wie sie sie nannten, machte sowieso nicht viel Federlesens. Sie schob die Männer, die in die Küche drangen, handgreiflich hinaus. Ein Unteroffizier schrieb ohne mein Wissen einen Schutzschein an die Tür, daß man diesen bedeutenden Arzt nicht behelligen dürfe.
Als ich eines Tages im Garten von einer Gruppe gefragt wurde, was ich sei, zeigte ich auf das Reck und machte die Kippe vor. Da hatte ich unversehens eine Turnriege, jeder wollte es nachmachen. Jeder wollte bei uns Volleyball spielen, und schließlich erhielten wir noch einen besonderen Schutzpatron in der Gestalt eines sibirischen Nomaden, der in meinem Buch «Asiatische Reiterspiele» die Kirgisen-Bilder entdeckte und nunmehr ganz närrisch war. Alle paar Stunden erschien er zu Besuch, brachte immer etwas zu essen mit, ein Kochgeschirr voll Erbswurst oder ein Brot oder Bonbons für die Mädchen. Wenn betrunkene Soldaten kamen, drängte er sie hinaus, und als seine Kolonne schließlich abmarschierte, machte er einen regelrechten Abschiedsbesuch.

Elisabeth Ditzen 1868–1951 *Carwitz*

Montag, wohl der allerschwerste Tag. Am Morgen ganz früh kam ein Kraftfahrer mit unserm Leutnant vom Tag vorher, der nun ganz anders war als am Tag vorher. Auf mein Guten Morgen winkte er gleich abweisend ab. Der Kraftfahrer hatte wohl höheren Rang, er war sehr zornig, daß wir keine Uhr gaben. Frau nicht lügen, sagte er zu Suse, dann ging er in die Garage. Sie wollten das Auto haben, von Frau Burlage, aber die Batterie fehlte, sie war abgegeben. [...]
Am Nachmittag begann dann für uns eine Leidenszeit, besonders für Suse. Eine Horde nach der andern erschien mit Gewehr, mit Gerten, mit Degen. Wieder ertönte das schreckliche Wort: Uhrr, Uhrr. Wir konnten nur auf die beiden Wecker zeigen, die sie aber abwiesen. Dann ging in jeder Stube, in jedem Raum das Wühlen an. Es sah nachher unbeschreiblich aus. Jeder Knopf im Nähkasten, alles Handswerkszeug wurde nachgesehen, aus allen Schränken und Koffern geräubert. Es war wohl ein Unglück, daß hierher so viel Koffer gebracht waren. [...]
Der junge Russe, der meines lieben Mannes Uhr nahm, starrte mich beim Weggang an und gab mir plötzlich die Hand. Vorher wollte er

noch einen Stein in mein Radio werfen, aber Suse sagte: Deutschland ist so kaputt, bitte nicht! Da ließ er es.

*

Adolf Hitler 1889–1945 **Berlin/Führerbunker**

Politisches Testament

Ich stosse vor meinem Tode den früheren Reichsführer-SS und Reichsminister des Innern, Heinrich Himmler aus der Partei sowie aus allen Staatsämtern aus. Ich ernenne an seiner Stelle den Gauleiter Karl Hanke zum Reichsführer-SS und Chef der deutschen Polizei und den Gauleiter Paul Giesler zum Reichsminister des Innern.

Göring und Himmler haben durch geheime Verhandlungen mit dem Feinde, die sie ohne mein Wissen und gegen meinen Willen abhielten, sowie durch den Versuch, entgegen dem Gesetz, die Macht im Staate an sich zu reissen, dem Lande und dem gesamten Volk unabsehbaren Schaden zugefügt, gänzlich abgesehen von der Treulosigkeit gegenüber meiner Person.

Um dem deutschen Volk eine aus ehrenhaften Männern zusammengesetzte Regierung zu geben, die die Verpflichtung erfüllt, den Krieg mit allen Mitteln weiter fortzusetzen, ernenne ich als Führer der Nation folgende Mitglieder des neuen Kabinetts: [...]

Obwohl sich eine Anzahl dieser Männer, wie Martin Bormann, Dr. Goebbels usw. einschließlich ihrer Frauen, aus freiem Willen zu mir gefunden haben und unter keinen Umständen die Hauptstadt des Reiches verlassen wollten, sondern bereit waren, mit mir hier unterzugehen, muß ich sie doch bitten, meiner Aufforderung zu gehorchen und in diesem Falle das Interesse der Nation über ihr eigenes Gefühl zu stellen. Sie werden mir durch ihre Arbeit und ihre Treue als Gefährten nach dem Tode ebenso nahestehen, wie ich hoffe, daß mein Geist unter ihnen weilen und sie stets begleiten wird. Mögen sie hart sein, aber niemals ungerecht, mögen sie vor allem nie die Furcht zum Ratgeber ihres Handelns erheben und die Ehre der Nation über alles stellen, was es auf Erden gibt. Mögen sie sich endlich dessen bewusst sein, daß unsere Aufgabe des Ausbaus eines nationalsozialistischen Staates die Arbeit kommender Jahrhunderte darstellt, die jeden einzelnen verpflichtet, immer dem gemeinsamen Interesse zu dienen und seine eigenen Vorteile demgegenüber zurückzustellen.

*

Der sowjetische Obersergeant
Iwan Kowtschenko *1927 ***(Berlin)***

Die Kämpfe um Berlin zeichneten sich durch besondere Härte und Widerstandskraft der Deutschen aus. Manchmal hatte man den Eindruck, daß uns eine frische und nicht mitgenommene Armee gegenübersteht. Keinen Fußbreit Land wollte der Feind kampflos aufgeben. Unsere 5. Stoßarmee durchbrach verhältnismäßig schnell die feindlichen Verteidigungslinien am äußersten Ring um Berlin, und schon am 22. April 1945 führte unser Bataillon erbitterte Straßenkämpfe unmittelbar in der Stadt, indem wir langsam vom Nordosten her zur Stadtmitte vorrückten. Alles stand im Feuer. Wir schonten nichts und sparten keine Munition, um nur ein paar Meter weiter vorzudringen. Es war noch schlimmer als einst in Stalingrad. Von der Härte der Kämpfe zeugt die Tatsache, daß über die Hälfte von den Offizieren und Mannschaften unseres Bataillons in Berlin gefallen sind. Und wir hatten vor dem Angriff hundertprozentig Sollstärke.

Lothar Loewe *1929 ***Berlin***

Am 30. April vormittags waren wir in der Sophie-Charlotten-Straße, als plötzlich drei russische Panzer schießend in Richtung Kaiserdamm vorrollten. Felgentreu und ich flüchteten durch einen Hausflur und Kellergänge in einen ziemlich großen Kellerraum mit einer Fensterluke zur Straße. Auf Befehl des Leutnants brachte ich die Panzerfaust mit hochgeklapptem Visier feuerbereit in Anschlag. Der zweite Russenpanzer wurde von mir getroffen. Der Panzer stoppte, qualmte ein paar Sekunden lang, und dann gab es eine Explosion in 20 Metern Entfernung. In panischer Angst, im Pulverrauch des Panzerfaust-Rückstoßes hatte ich mich instinktiv zu Boden geworfen. Ich glaube, ich schlotterte vor Angst. Felgentreu zog mich hoch und sagte ganz ruhig: «Junge, ab über die Hinterhöfe, der Iwan wartet nicht ...» Wir entkamen in Richtung Schloßstraße und kreuzten die Bismarckstraße unter Granatwerferbeschuß. Dies war ein aufwühlendes Erlebnis, und ich verspürte keine Lust, noch ein weiteres Mal auf russische Panzer zu schießen.

Der Wachtmeister Arno Pentzien **Berlin**

Endlich gelingt es uns, nach stundenlanger Fahrt, im Morgengrauen in der Nähe des Westkreuz im Lietzensee-Park in Stellung zu gehen. Wir quartieren uns bei Zivilisten ein, die uns freundlich aufnehmen. Alle sind sehr verängstigt. Viel Ruhe bekommen wir aber nicht. Hinter dieser Häuserfront liegen die Schienenstränge der S- und Eisenbahn, und in den Häusern jenseits der Schienen sitzt der Russe. Drüben sind Scharfschützen, die auf jede Bewegung diesseits schießen. Vor uns an den Schienen liegt ein sehr schwaches Volkssturmbataillon. Wir nehmen unsere Gewehre und schießen auf Russen, die sich über die Schienen heranarbeiten. Nach 1 Stunde haben wir neun Russen kampfunfähig gemacht. Nun aber kommt das dicke Ende. Der Russe hat inzwischen im 3. Stockwerk eines uns gegenüberliegenden Hauses ein Pak-Geschütz in Stellung gebracht und beschießt uns tüchtig. Hinzu kommen noch Granatwerfer. Unser Hauptwachtmeister Fricke, der auch mal schießen wollte, bekam einen Brustdurchschuß und nun lag er da im Treppenhaus. Wir schafften ihn schnell in ein nahe gelegenes Lazarett. Er hatte zum Glück nur einen Lungendurchschuß.

Der Lehrer Willi Damaschke 1892–1957 **Berlin**

9.30 Uhr

Gestern nacht mußten wir uns plötzlich «absetzen». Nun stehen wir seit vielen Stunden in einem Hausflur, oben haben wir die Tür zu einer Volksbücherei aufgebrochen: ich gehe die Reihen der Bücher durch: August Winnig, Das Buch der Wissenschaft, Felix Timmermann, Die Familie Hernat, Wilhelm Scholz, Regina Holderbusch usw. usw. Wie anders stände ich in Friedenszeiten hier. Es ist die Ravennee-Straße.

Auf Schloß Marquardt bei Potsdam war ich bei dem Fabrikkönig Ravennee zu Gast. Du hast mich damals besuchen können. Jetzt bin ich in einer Ravennee-Straße, mitten im höllischen Feuer.

Hoffentlich kommen wir hier wieder raus.

Ich schreibe dies in den Räumen der Bibliothek. In der rechten Manteltasche habe ich eine Flasche «Haase-Köm», aus der ich mich ab und zu wärme.

Ein elendes Leben!

Ich möchte einmal aufs Häuschen, aber der Hof steht unter starkem Beschuß.

*

Friedhöfe der
St. Georgen-Parochialgemeinde **Berlin-Prenzlauer Berg**

Name: Johannes H.
*3. 1. 1891
Bankvorsteher
Selbstmord durch Erschießen

Name: Gertrud H.
*18. 1. 1897
Ehefrau
Selbstmord durch Erschießen

Name: Gisela H.
*17. 11. 1923
Kontoristin
Selbstmord durch Erschießen

Name: Bruno M.
10 Jahre, 1 Monat, 21 Tage
Schüler
Erschossen durch die eigene Mutter

Name: Gisela M.
9 Jahre, 1 Monat, 4 Tage
Schülerin
Erschossen durch die eigene Mutter

★

Der dänische Journalist
Jacob Kronika 1897–1982 **Berlin**

Es ist viele Stunden hindurch vollkommen unmöglich, den Bunker zu verlassen. Das Schießen ist zu ununterbrochenem Trommelfeuer angewachsen. Viele Einschläge außerhalb des Bunkers. Der Bunker selber schaukelt kräftig. Vermutlich wird an der Ost-West-Achse, an den Bahnhöfen Zoo und Tiergarten, sowie in Charlottenburg gekämpft. Wir haben nunmehr das Gefühl, daß gerade «unsere» Ecke der «Festung Tiergarten» das letzte Schlachtfeld von Berlin sein wird.
Am Nachmittag bietet sich in einer Feuerpause Gelegenheit, einen Sprung hinüber in die Gesandtschaft zu tun. Die meisten SS-Männer sind verduftet. Nur noch wenige Soldaten und ein Leutnant befinden sich im Gebäude. Draußen stehen Wachtposten. Doch geschieht das natürlich keineswegs zum Schutz der Gesandtschaft! Die Posten spähen angespannt zum Tiergarten hinüber. Auch sie warten auf die ersten Russen. Aber mit anderen Gefühlen als wir.
Nachdem ein Wasserrohr in der Legation beschädigt worden ist, müssen wir mit dem Wasser sparsam umgehen. Bis jetzt schöpften wir aus den

Heizraum-Kesseln, die Carl vorrausschauend vollaufen ließ, ehe die Schlacht um Berlin begann. Unsere geheime Wasserquelle wurde von den Deutschen nicht entdeckt. Sonst aber haben sie wahrhaftig alles Trinkbare und Eßbare innerhalb der Gesandtschaftsmauern aufgespürt!

Der norwegische Journalist
Theo Findahl 1891–1976 ***Berlin-Dahlem***

Die Jungens [Russen] sind gegangen, bevor ich in das Erdgeschoß hinunterkomme, und haben alles in bester Ordnung zurückgelassen; das einzige, was an unseren flüchtigen Gästen auszusetzen war, ist, daß sie die Toiletten schlimm eingeschmutzt haben. Es ist unangenehmer, als es sich anhört, da es in den Leitungen kein Wasser gibt. Wasser ist jetzt nachgerade ein Problem geworden. Wir pflegen über die kleinen Waschwasserbütten zu lachen, die den Touristen in alten Schlössern gezeigt werden, aber jetzt erfahre ich, daß man tatsächlich im Gesicht sauber werden kann, auch wenn man nur so kleine Tassen voll Wasser hat; zum Rasieren braucht man nur die Neige in der Schüssel. Wenn man an die Wassermengen denkt, die ein Mann im Brennpunkt der Zivilisation wie z. B. Neuyork tagsüber braucht, kommt es einem wie unerhörte Verschwendung vor. Glücklicherweise haben wir Holz und Koks genug, um so viel Wasser abkochen zu können, wie wir brauchen. Im Nebengarten haben die Russen eine Feldküche aufgestellt; sie kochen unentwegt Schaffleisch, backen duftende, kräftige Roggenbrote und sind nicht faul, mit Leuten zu teilen, die um Essen bitten.

Eine Frau ***Berlin***

Ab acht Uhr wieder der übliche Betrieb durch die offene Hintertür. Allerlei fremdes Mannsvolk. Plötzlich sind zwei oder drei da, drücken sich um mich und die Witwe herum, suchen uns anzufassen, sind gierig wie die Füchse. Meistens kommt aber einer von den uns bereits Bekannten und hilft uns, die Fremden abzuwimmeln. Ich höre, wie Grischa ihnen das Tabu steckte, wie er Anatols Namen nannte. Und ich bin ganz stolz darauf, daß es mir wirklich gelungen ist, mir einen der Wölfe zu zähmen, wohl den stärksten aus dem Rudel, damit er mir den Rest des Rudels fernhalte.

Der Bankdirektor Dr. Schmidt ***Berlin-Lichterfelde***

Gestern Nachmittag haben wir Frau L. und ihre beiden Mieter, Herrn Kä. und Herrn Za., beides Angestellte von Telefunken, aus dem Keller geholt und beerdigt. Sie lagen alle drei im gleichen Raum, mitten zwi-

schen Bettzeug, Wäsche, herumgeworfenem Geschirr und Gerümpel. Lauter Kopfschüsse, fürchterliche Blutlachen. Sie herauszuholen war eine entsetzlich Aufgabe. Ich sprach am offenen Grabe ein Vaterunser. [...] Mehrfach strichen Bolschewisten währenddem durch die Gärten und beobachteten, was wir vorhatten. Das Grab ist im Kod.'schen Garten. Ich konnte das nicht hindern; es war schon zu mehr als zur Hälfte von fremden Leuten begonnen, als ich hinzukam. [...]
Nach der ungeheuren Erregung der ersten Tage macht sich jetzt die Reaktion bemerkbar. Ich fühle mich an Körper und Seele wie zerbrochen, jedes Glied wie zerschlagen und im Kopf eine dumpfe Leere. Ich starre die blühenden Bäume im Garten an, sie sind irgendwie unwirklich. Kann die Natur denn weiter blühen und wachsen und sich in ihr schönstes Frühlingsgewand kleiden, wenn ringsum die Bestie Mensch allem Hohn spricht, was Gott geschaffen hat?! Was ist der Sinn von alledem? Irgendeinen Sinn muss es doch haben! Aber ich finde ihn nicht – alle Menschen sind lebensüberdrüssig, man neidet den Toten ihre Ruhe. Würde irgendwo Gift verteilt, in Haufen würden die Menschen herbeiströmen und sich darum schlagen!

Adolf Hitler 1889–1945 **Berlin / Führerbunker**
Politisches Testament
Von allen Deutschen, allen Nationalsozialisten, Männern und Frauen und allen Soldaten der Wehrmacht verlange ich, dass sie der neuen Regierung und ihrem Präsidenten treu und gehorsam sein werden bis in den Tod.
Vor allem verpflichte ich die Führung der Nation und die Gefolgschaft zur peinlichen Einhaltung der Rassegesetze und zum unbarmherzigen Widerstand gegen den Weltvergifter aller Völker, das internationale Judentum.
Gegeben zu Berlin, den 29. April 1945, 4.00 Uhr.
Adolf Hitler
Als Zeugen: Dr. Joseph Goebbels, Wilhelm Burgdorf, Martin Bormann, Hans Krebs

★

Friedhof Plonzstraße ***Berlin***
Gerhard N. *1914
Rüdigerstraße
Freitod durch Erschießen

Ilse N. *1914
Rüdigerstraße
Freitod durch Erschießen

Irma N. *1944
Rüdigerstraße
Freitod durch Erschießen

Ein sowjetischer Soldat ***Berlin***

Liebe Mutter!

All das Gewaltige und Unwiederholbare, was in diesen Tagen an meinen Augen vorbeigezogen ist, wird niemals aus meinem Gedächtnis verschwinden.

Dieser Brief ist in Berlin entstanden. Ja, das ist kein Traum, keine Phantasterei, sondern die allerrealste Wirklichkeit, in Berlin. [...]

Es fällt einem schwer, sich so eine Möglichkeit vorzustellen, aber die Augen und die Ohren bestätigen etwas, woran der Verstand sich weigert zu glauben.

Erstmals bin ich nach Berlin hineingefahren um 9 Uhr früh am 23. April. [...] An den Zäunen sah man, als eine Art Tribut an den Tag, die eilig hingeworfenen Aufschriften in deutscher Sprache: «Berlin bleibt deutsch» (Eine Ironie des Schicksals – alle deutschen Zauberformeln und Prophezeiungen zerplatzen wie Seifenblasen); usw. Danach kamen große Häuser. Wieder Ziegeldächer, wieder Mansarden, hie und da sind Einzelvillen eingesprenkelt, zurückgeblieben aus jenen fernen Zeiten, als die Vorstadt noch ein fernab liegendes Dorf gewesen ist. Hier sieht man die Spuren des Krieges deutlicher; heruntergefallene Dachziegel, durchschossene Mauern, leere Augenhöhlen der Fenster. Auf den Straßen liegt viel Schutt und Müll. Die deutschen Soldaten haben sich nicht wenig Mühe gegeben, alle möglichen Hindernisse und Barrikaden aufzubauen, doch all dieses konnte unser Fortschreiten nicht stoppen.

Als wir die Vorstädte betraten, hatten sich die Kampfhandlungen schon längst auf das Zentrum zubewegt. Es war zunächst recht öde, doch dann tauchten langsam auch die Bewohner auf. Eine recht verschlissene Kleidung aus schlechtem Material, abgetretene Schuhe, blasse ausgemergelte Gesichter. Doch ihr Aussehen erwies sich als etwas besser als die tatsächliche Sachlage. Ohne Scham, mit hungrig glänzenden Augen, mit armseligen, gezwungen lächelnden Gesichtern kamen Frauen, Männer und Kinder auf uns zu und baten um Brot und um etwas zu essen. Wenn ich mich an all dies erinnere, so treibt es mir auch heute noch Tränen in

die Augen. Es war ein trauriges Schauspiel, dieser Marsch von hungrigen und verängstigten Menschen. Danach begann die Plünderung der Kaufhäuser durch die Berliner Bevölkerung. Die Menge stürzte durch zerbrochene Schaufenster und aus den Angeln gehobene Türen. Die Greise torkelten unter der Last der ihnen zugefallenen Säcke mit Lebensmitteln, alte Frauen entrissen Kindern Konservenbüchsen. [...]
Ich kann stolz darauf sein, daß die ersten Wegweiser in russischer Sprache in Berlin von mir geschrieben worden sind. Nicht irgendwo in Arschbackenhausen, sondern in Berlin. Die Straßenbahnleitungen sind an einigen Straßen abgerissen, weiße Wagen der Berliner Straßenbahn stehen dort herum, wo der Kriegssturm sie einholte.

Adolf Hitler 1889–1945 **Berlin**
Privates Testament
Da ich in den Jahren des Kampfes glaubte, es nicht verantworten zu können, eine Ehe zu gründen, habe ich mich nunmehr vor Beendigung dieser irdischen Laufbahn entschlossen, jenes Mädchen zur Frau zu nehmen, das nach langen Jahren treuer Freundschaft aus freiem Willen in die schon fast belagerte Stadt hereinkam, um ihr Schicksal mit dem meinen zu teilen. Sie geht auf ihren Wunsch als meine Gattin mit mir in den Tod. Er wird uns das ersetzen, was meine Arbeit im Dienst meines Volkes uns beiden raubte.

⋆

Hertha von Gebhardt 1896–1978 ***Berlin-Wilmersdorf***
Die Plünderung der Geschäfte hat eingesetzt. Es plündern keineswegs die Russen – vielleicht diese da und dort auch –, sondern im wesentlichen die Volksgenossen. Unbeschreibliche Szenen überall da, wo noch Ware vorhanden ist. Die Weiber schlagen sich, kratzen sich, begießen sich mit Öl, beschmieren sich mit Marmelade, verschütten gutes Mehl, gute Nährmittel, schleppen, wo sie können, zentnerweise alles weg. Widerlich. Es werden kleine Lädchen geplündert wie das von Frl. Sander mit ihren paar Büstenhaltern und Nähröllchen. Das Inventar der Läden geht mit. Es ist kein Halten mehr.
Bei Hefter am Breitenbachplatz waren Russen, riefen Frau E. hinein, der eine nahm sie gleich mit in den Keller und schenkte ihr dann zum Dank großzügig den ganzen Laden. Allzuviel war nicht mehr drin, aber sie kam angejagt: «Kinder, einer setzt mir Wasser aufs Feuer, alle anderen erst mal mitkommen!» – Wir wußten gar nicht, was los war, dann stell-

te sich's heraus: Wir schleppten eine große Rinderkeule ab, eine Riesenschüssel Marmelade, diverse Nährmittel. Endlich wird beschlossen, Gemeinschaftsküche zu machen. Frau P. wird kochen, jeder gibt zum Fleisch, was er hat, Nudeln, Fett usw. Die Keule ergibt zwei herrliche Mahlzeiten. Riesenknochen zum Auskochen. Wir konnten sie nur zu zweit tragen. Das hätte ich mir nicht träumen lassen, daß ich einmal mit einer Rinderkeule auf der Schulter vom Breitenbach- zum Rüdesheimer Platz marschieren würde, die nichts gekostet hat, bloß die dreimalige Bereitschaft einer Frau zum Beischlaf. […]
Neue Russen-Feldlager überall um uns her. Schweine werden im Laubenland geschlachtet, Wagen auf Wagen sausen vorbei, soviel Autohupen und Pferdegetrappel hat Wilmersdorf nie gehört. Lange Kolonnen von Flüchtlingen dazwischen, mit Wägelchen voll Habe oder ein paar Bündeln.

Friederike Grensemann *1924 *Berlin-Mitte*
Am 30. April starb ein Hausbewohner. Ein alter Herr. Er wurde in einen Teppich gewickelt, die Pflastersteine auf dem Hof gehoben, eine Kuhle geschaufelt und hinein mit dem armen Kerl. Er hatte es überstanden!
Die Toiletten waren bis zum Hals voll, die Spülung ging ja auch nicht. Das Wasser ging langsam zu Ende. Gegenüber auf der anderen Straßenseite von uns, sollte noch eine Pumpe gehen. Eva und ich wollten versuchen, frisches Wasser zu holen. Wir versuchten mit einem Eimer über den Ku-Damm zu robben, kamen aber nicht weit. Die russischen Panzer kamen. Als ich einmal vor dem Kellereingang stand, bekam ich noch einen Granatsplitter ab, er sauste am rechten Unterarm vorbei. Die Narbe konnte man noch zehn Jahre später sehen.
Im Keller lagen nun viele stöhnende Verwundete, und es war kaum auszuhalten. Die berühmten Stalinorgeln heulten über Berlin, alles brannte, qualmte und es krachte. Die Fußtruppen der Russen kamen von Haus zu Haus näher. Es konnte sich nur noch um Stunden handeln, dann hatten sie uns. Es hieß: jetzt sind sie in Nr. 217, jetzt 215, Nr. 213 und dann. Komisch, das alles ist über 31 Jahre her, und ich kann es schreiben, als wäre es gestern gewesen. Damals war ich gerade 20 Jahre alt, heute schon 52 Jahre, und ich sehe es noch immer mit den gleichen Augen an.
Kurz bevor die Russen in unser Haus, Kurfürstendamm 211, kamen, sagte der Oberstabsarzt zu uns: «Ihr braucht keine Angst zu haben, ich gehöre der ‹Untergrundbewegung› an und habe Ausweise, uns wird nichts passieren!»
Die Panzerfäuste auf dem Hof waren schon abtransportiert oder ver-

schossen, so sagte der Herr Doktor: «Jeder, der eine Waffe besitzt, gibt sie entweder mir oder verläßt das Haus *sofort!*» Ich hatte doch meine Pistole in der Manteltasche, und was sollte ich nun machen? Ich hatte Vatsch doch versprochen, mich zu erschießen, wenn die Russen kommen! Sollte ich es jetzt tun? Ich bekam Angst vor meiner eigenen Courage! Sollte ich das Haus verlassen? Unmöglich, dann konnte ich mich auch erschießen. Mich zu entscheiden, war sehr schwer! Ich zögerte. Die Pistole in meiner Hand in der Tasche war drohend und verlockend. Ich verkrümelte mich in eine Ecke, nahm die Pistole, noch gesichert, in die Hand und hielt den Lauf in den Hals! Mit Wasser füllen, ist noch wirksamer! hatte mir jemand gesagt. Die Minuten, die damals über mein Leben oder meinen Tod entscheiden sollten, habe ich auch nie mehr vergessen. Ich starrte auf den Hof, dort standen die großen Abfallkübel. Man hatte einen umgekehrt, um unten drin die Waffen zu legen, die mehrere besaßen. Mir flitzte es durch den Kopf: Vielleicht kriegen mich die Russen ja gar nicht, vielleicht sind die gar nicht so, wie man es uns beigebracht hat – die Untermenschen? Die Minuten rasten vorbei, was sollte ich machen?

Ich habe mich für das Leben entschieden. Ich lief schnell nach draußen und warf meine Pistole in den Abfallkübel.

Und nun weiter! Die Russen kamen in unser Haus! Der Untergrundarzt war der erste, der den Russen seinen Ledermantel abgeben mußte und seine Frau ihren Nerzmantel! Die Russen konnten wohl seine Ausweise nicht lesen. Wir anderen waren erst wütend, dann schadenfroh!

Die Russen betraten unser Haus, bzw. den Keller. Vier Mann. Einer hatte wohl das Sagen, denn er gab auf Russisch den anderen die Befehle. Man stelle sich den Keller so vor: wie ein 10 m langer Korridor, 1½ m breit. Davon gingen die einzelnen Keller jeder Wohnung ab, ca. 2 m × 4 m. Alles voll Koffer, Betten, Gepäck aller Art, usw. Am Ende des Korridors war ein größerer Raum. In dem lag Stroh, auf dem lagen die Verwundeten. Deutsche und Russen, mehr oder weniger schwer verwundet. Dann hieß es: alles raustreten (auf den «Korridor»), keiner sagte ein Wort, allen war das Herz in die Hose gerutscht. Der das Sagen hatte, war ein großer Kerl, Mongole! Er befahl wohl, alle Keller zu durchsuchen, es wurde in jedes Bett, in jede Matratze und jedes Gepäckstück mit dem Bajonett gestochen. Das gab vielleicht ein Durcheinander! Die Federn flogen, und alles fiel kreuz und quer. Die Russen stanken nach Schnaps. Einer der fiesen Kerle hob mir mit einem Finger unters Kinn das Gesicht hoch. Dabei fiel ihm seine Schnapsflasche auf den Boden. Kaputt! Ich dachte, nun werde ich sicher erschossen! Wurde aber nicht.

Als sie aus unserem Keller raus waren, unter uns nur betretenes Schweigen, auch unser «Untergrundkämpfer» sagte nichts mehr.
Im Nebenhaus hatten die Russen ein Tabaklager aufgestöbert, aber keine Zeit, sich weiter darum zu kümmern, denn für sie ging der Nahkampf ja weiter. Am Zoobunker wurde noch Widerstand geleistet. Ausgerechnet in der Gegend, wo sich die allerletzten Kampfhandlungen abspielten, mußte ich Zuflucht suchen! Aber das Tabaklager erregte unsere Aufmerksamkeit. Es war nur über den Hof. So plünderten wir den Laden, wir hatten ja nichts mehr zu essen. Also seit *dem* Tage rauche, bzw. qualme ich.

Die Künstlerin Eva Richter-Fritzsche 1908–1986 ***Berlin-Pankow***
Es knallt und dröhnt weiter um uns. Die Sonne scheint schweflig, stets von Branddunst umtost. Zwischendurch aprilmäßige Regen- und Hagelschauer, dunkle Wolkenballen wechseln ab mit unsteten Lichtblicken. Aber selbst das Wetter hat nichts Vertrautes mehr.
Vergangenen Mittwoch – also nach den Toten vom Dienstag – holte man ganze Hauseinwohnerschaften aus der Elsa-Brandström-Straße heraus. Sie mußten von der Kirche aus – Männer, Frauen und Kinder – zur Begleitung eines russischen Panzers bleiben, der von dort aus gegen den Widerstandsherd im Gartenkoloniegelände vorging. Es gab Tote und Verletzte unter dem unglückseligen zivilen Schlachtvieh.

*

Der Oberleutnant Fritz Radloff 1916–1989 **Berlin**
Der Reichstag bis unter das Dach mit restlos betrunkenen Russen angefüllt. Wo zehn zusammengeschossen sind, kommen zwanzig neue herein! Es ist entsetzlich. Handgranaten und Pistolenschüsse kommen von oben herab, in den unterirdischen Gängen und Gewölben erhallt es von Panzerfäusten und Gewehrschüssen, zum Schluß schießt jeder auf jeden. Am Süd-Eingang ist plötzlich Tumult, Geschrei, Handgemenge! Die Russen versuchen Gewalteinbruch! Verstärkung muß dorthin. Alles, was Beine hat, dorthin. In 20 Minuten ist auch dort die Lage bereinigt. Gegen 2 Uhr kommt wild schreiend eine Gestalt aus Richtung Krolloper mit erhobenen Händen: «Nicht schießen, nicht schießen, hier deutscher Arzt!» Was hat das zu bedeuten?
Es ist ein deutscher Oberstabsarzt, der von den Russen mißbraucht wird, um den Reichstag zur Übergabe zu zwingen. Ein Ultimatum wird gestellt für morgen 10 Uhr, andernfalls werde das gesamte Gebäude komplett gesprengt.

Der Rotarmist Ilja Kritschewski *1907 ***Berlin***
Die Kämpfe in Berlin näherten sich dem Ende. Unsere Armee hatte sich dicht an den Reichstag herangearbeitet. Die freudige Spannung erreichte den Gipfel, jeder wußte, die Einnahme dieser letzten Bastion der Faschisten bedeutete den endgültigen Sieg über das hitlerfaschistische Deutschland.
Aber es war nicht einfach, den Reichstag zu nehmen. Die Reste der einst furchterweckenden faschistischen Armee wehrten sich verzweifelt. Das Gebäude war in eine Festung verwandelt. Und dennoch – schließlich war es vollbracht. Die Kunde von der siegreichen Erstürmung des Reichstags verbreitete sich blitzschnell in der ganzen Armee. Alle wollten wissen, wer als erster in den Reichstag eingedrungen war, wer auf ihm das Siegesbanner aufgepflanzt hatte.

Der sowjetische Oberstleutnant Klimenko ***Berlin***
Als das 79. Schützenkorps den Reichstag erobert hatte, kam meine Abteilung im Gebäude des Gefängnisses Plötzensee unter; dorthin wurden die im Bereich des Reichstages und der Reichskanzlei gefangengenommenen Wehrmachtsangehörigen gebracht.

Der sowjetische Kriegsfotograf
Jewgeni Chaldej ***Berlin***
Es war gegen acht Uhr, der Reichstag brannte. Ich bin mit den russischen Soldaten auf das Dach geklettert und gab einem die Flagge in die Hand. Schließlich fand ich diesen Punkt, wo man den brennenden Reichstag und im Hintergrund die brennenden Häuser sowie das Brandeburger Tor sieht. Ich wußte, das ist es.

Adolf Hitler 1889–1945 **Berlin/Führerbunker**
Privates Testament
Was ich besitze, gehört – soweit es überhaupt von Wert ist – der Partei. Sollte diese nicht mehr existieren, dem Staat, sollte auch der Staat vernichtet werden, ist eine weitere Entscheidung von mir nicht mehr notwendig.
Ich habe meine Gemälde in den von mir im Laufe der Jahre angekauften Sammlungen niemals für private Zwecke, sondern stets nur für den Ausbau einer Galerie in meiner Heimatstadt Linz a. d. Donau gesammelt.

★

Friedhof Rummelsburgerstraße **Berlin**
Fritz H. *1894
Caprivi Allee
Freitod

Wilhelm M. *1905
Geusen Straße
Selbstmord durch Erschießen

Erich P. *1893
Siegfriedstraße
Selbstmord (Erhängen)

Der Kapitänleutnant
Franz Kuhlmann 1905–1989 **Berlin/Reichskanzlei**
Am 30. April nachmittags, es mag zwischen 15 und 16 Uhr gewesen sein, befand ich mich auf dem Weg zu einigen Gruppen meiner Soldaten, die die Nordflanke der Reichskanzlei verteidigen sollten. Ich wollte gerade den großen Bunker verlassen, um über den Kohlenhof in den Gang zum Führerbunker einzubiegen, als mich ein Oberfeldwebel meines Stabes ansprach und mich bat, einmal mit in den sogenannten Grünen Saal der Reichskanzlei zu gehen. Ich folgte ihm und wurde so Zeuge der Abschiedsfeier, die Goebbels für seine Hitler-Jungen veranstaltete. Es nahmen aber auch dessen Frau Magda Goebbels sowie fast alle Kinder des Ministers, Sekretärinnen aus dem Führerbunker, einige mir nicht bekannte Zivilpersonen und Kadetten meiner Einheit teil. Auch ich wurde sofort an eine lange Tafel gebeten, erhielt einen Teller Erbsensuppe vorgesetzt und sah mir schräg gegenüber den Minister sitzen in lebhaftem Gespräch mit einigen Hitler-Jungen. Mein Oberfeldwebel saß unten am Tisch neben Frau Goebbels, meine Kadetten hatten zum Teil die kleineren Kinder auf den Schoß genommen. Nach dem Essen wurden, von einem Schifferklavier begleitet, Lieder der Hitler-Jugend und auf Wunsch des Ministers die alten Kampflieder der Nationalsozialisten gesungen. Zwischendurch sprach Goebbels einige Worte und zeichnete eine Reihe von Hitler-Jungen, die von draußen hereingekommen waren, aber mit ihren Panzerfäusten bereits russische Panzer vernichtet hatten, mit dem Eisernen Kreuz aus.
Ich konnte Goebbels sehr genau beobachten und sah, wie ihm bei den alten Kampfliedern die Tränen rannen. Es herrschte in dem Raum eine eigenartige, sehr schwer zu beschreibende Stimmung, der sich wohl nie-

mand aus der Teilnehmerschar entziehen konnte. Jeder fühlte irgendwie, daß dies ein Abschied für immer war, daß hier eine Welt versank, für die Millionen gekämpft und ihr Blut gelassen hatten und daß alle Opfer vergeblich gewesen waren.
Das starke, unablässige Bombardement dort draußen, die vielen Toten, die nicht einmal geborgen werden konnten, der Gesang hier drinnen, die vielen ganz jungen Gesichter, die doch schon gezeichnet waren vom furchtbaren Handwerk, dann die unbefangen spielenden Kinder – das Ganze schuf eine Atmosphäre, die gespenstisch und unwirklich war und die doch ein ganzes Leben lang nachwirkt bei denen, die damals von ihr erfaßt wurden.

Adolf Hitler 1889–1945 **Berlin / Führerbunker**
Privates Testament
Dass dieses Vermächtnis vollzogen wird, wäre mein herzlichster Wunsch. Zum Testamentsvollstrecker ernenne ich meinen treuesten Parteigenossen Martin Bormann.
Er ist berechtigt, alle Entscheidungen endgültig und rechtsgültig zu treffen. Es ist ihm gestattet, alles das, was persönlichen Erinnerungswert besitzt, oder zur Erhaltung eines kleinen bürgerlichen Lebens notwendig ist, meinen Geschwistern abzutrennen, ebenso vor allem der Mutter meiner Frau und meinen, ihm genau bekannten treuen Mitarbeitern und Mitarbeiterinnen an der Spitze meinen alten Sekretären, Sekretärinnen, Frau Winter, usw., die mich jahrelang durch ihre Arbeit unterstützten.
Ich selbst und meine Gattin wählen, um der Schande des Absetzens oder der Kapitulation zu entgehen, den Tod. Es ist unser Wille, sofort an der Stelle verbrannt zu werden, an der ich den grössten Teil meiner täglichen Arbeit im Laufe eines zwölfjährigen Dienstes an meinem Volke geleistet habe.
Gegeben zu Berlin, den 29. April 1945, 4.00 Uhr.
Adolf Hitler

als Zeugen:
Martin Bormann
Dr. Goebbels

als Zeuge:
Nicolaus von Below

*

Der SS-Sturmbannführer
Erich Kempka *1910 **Berlin/Führerbunker**

Es war gegen Mittag des 30. April 1945. Ununterbrochen schlugen die Granaten der russischen Artillerie im Bereich der Reichskanzlei und des Regierungsviertels ein. Der Kampf nahm an Heftigkeit immer mehr zu. Donnernd und krachend stürzten Häuser zusammen. [...]
Der «Führer» verabschiedete sich von den noch anwesenden Personen. Jedem drückte er noch einmal die Hand und bedankte sich für die geleistete Arbeit und die ihm persönlich gehaltene Treue.
Die Sekretärinnen, Frau Junge und Frau Christian, sowie die Diätköchin wurden zum Mittagessen eingeladen. Neben Adolf Hitler saß seine Frau. Wie in seinen besten Tagen bemühte er sich, das Gespräch zwanglos zu führen und auf jeden einzelnen der Anwesenden einzugehen.
Als dieses letzte Mahl beendet war und die drei Damen sich bereits zurückgezogen hatten, rief der «Chef» sie durch seinen Adjutanten Günsche nochmals zu sich. Am Eingang zum Vorraum seines Zimmers standen er und seine Frau. Er verabschiedete sich nochmals von den drei Damen. Frau Hitler umarmte die langjährigen Mitarbeiterinnen ihres Mannes und gab jeder noch einmal zum Abschied die Hand.

Der Kammerdiener
Heinz Linge 1913–1980 **Berlin/Führerbunker**

Ich blickte auf den Mann, dem ich mehr als ein Jahrzehnt ergeben gedient hatte. Gebückt stand er da. Die Haarlocke fiel ihm – wie immer – in die fahl gewordene Stirn. Das Haar war grau. Aus müden Augen sah er mich an und deutete an, daß er sich nun zurückziehen werde. Es war 15.15 Uhr. Ich nahm Haltung an und meldete mich zum letzten Mal ab. Äußerlich gelassen und mit ruhiger Stimme, als würde er mich nur in den Garten schicken, um etwas zu holen, sagte er: «Linge, ich werde mich jetzt erschießen. Sie wissen, was Sie zu tun haben ...» – Ich machte meine Ehrbezeigung. Hitler kam zwei oder drei müde Schritte auf mich zu und gab mir die Hand. Zum letzten Male in seinem Leben hob er den rechten Arm zum «deutschen Gruß». Eine gespenstische Szene. Ich machte auf dem Absatz kehrt, schloß die Tür auf und lief zum Ausgang des Bunkers, wo das Begleitkommando herumsaß.

Der Adjutant
Otto Günsche 1917–2003 **Berlin/Führerbunker**

In Tränen aufgelöst und äußerst erregt, bat sie [Magda Goebbels] mich, sie ein letztes Mal zu Hitler zu lassen. Ich erklärte ihr, der Führer habe

sich bereits verabschiedet und wünsche nicht mehr gestört zu werden, aber ich wolle es noch einmal versuchen. Ich ging in den kleinen Vorraum und klopfte an die Tür des Wohnzimmers. Hitler kam mir entgegen – seine Frau war nicht zu sehen – und fragte mich barsch: «Was wollen Sie?»
«Kann Frau Goebbels Sie noch einmal sprechen?»
«Nein, ich will nicht mehr mit ihr reden.»
Doch im selben Augenblick hatte sie sich an mir vorbei in Hitlers Zimmer gedrängt. Sie beschwor ihn, Berlin zu verlassen; es sei doch immer noch möglich. Hitlers kategorisches «Nein» beendete das Gespräch; er war über diesen Zwischenfall sichtlich ungehalten. Etwa nach einer Minute hatte Magda Goebbels das Wohnzimmer wieder verlassen und zog sich weinend zurück.

Die Sekretärin
Traudl Junge 1920–2002 **Berlin / Führerbunker**
Plötzlich kracht ein Schuss, so laut, so nah, dass wir alle verstummen. Der Schall pflanzt sich fort durch alle Räume. «Aber das war ein Volltreffer», ruft Helmut und ahnt nicht, wie Recht er hat. Jetzt ist der Führer tot.

Artur Axmann 1913–1996 **Berlin / Führerbunker**
Wir sahen uns wortlos an. Dann fragte Dr. Goebbels: «War da nicht ein Schuß?» Bald darauf erschien Otto Günsche und meldete: «Der Führer ist tot.» Es war gegen 15.30 Uhr. Mit Goebbels und Bormann folgte ich Günsche in Hitlers Wohnraum. Wir blieben am Eingang stehen und erhoben den Arm. An der Wand uns gegenüber saß der tote Hitler in der rechten Ecke eines kleinen Sofas. Er trug Uniform, eine schwarze lange Hose und einen feldgrauen Rock mit dem goldenen Parteiabzeichen und dem EK I. Sein Oberkörper war nach rechts geneigt und sein Kopf etwas nach hinten gesunken. Gesicht und Stirn waren auffallend weiß. Von beiden Schläfen führte eine schmale Blutspur nach unten. Die Augenlider waren fast geschlossen, der Unterkiefer leicht verschoben. Der linke Arm lag am Körper, der rechte hing an der Lehne des Sofas herab. Auf dem Polster waren Blutspritzer zu sehen. Die Pistole lag auf dem Teppich. Durch den leicht verschobenen Unterkiefer vermutete ich zuerst, daß der Tod durch einen Schuß in den Mund eingetreten war. Später erfuhr ich von Otto Günsche, daß sich Hitler in die rechte Schläfe geschossen hatte. Neben ihm saß Eva Hitler in einem dunklen Kleid. Ihre Augen waren geschlossen, der Mund leicht geöffnet. Der Körper

wies kein Zeichen gewaltsamer Einwirkung auf. Sie machte den Eindruck einer Schlafenden. Eva Hitler hatte sich vergiftet.

★

Der Kammerdiener
Heinz Linge 1913–1980 **Berlin/Führerbunker**

Auf dem Sofa saßen Adolf und Eva Hitler. Beide waren tot. Hitler hatte sich mit seiner 7,65 mm Pistole in die rechte Schläfe geschossen. Die 7,65 und seine 6,35 mm-Pistole, die er für den Fall, daß die größere Waffe versagen würde, in Reserve gehalten hatte, lagen neben seinen Füßen auf dem Boden. Sein Kopf war etwas zur Wand geneigt, das Blut auf den Teppich neben dem Sofa gespritzt. Rechts neben ihm saß seine Frau. Sie hatte ihre Beine auf das Sofa gezogen. Ihr verkrampftes Gesicht verriet ihre Todesart: Vergiftung durch Zyankali. Der «Biß» markierte sich in ihren Zügen. Die Schachtel, in der sich das Zyankali befunden hatte, lag auf dem Tisch.

Der SS-Sturmbannführer
Erich Kempka *1910 **Berlin/Führerbunker**

Dr. Stumpfegger und Linge trugen die in eine große dunkle Felddecke gehüllte Leiche Adolf Hitlers durch den Lagevorraum. Bis zur Nasenwurzel war das Gesicht des «Chefs» verdeckt. Unter seinen Haaren, die inzwischen stark ergraut waren, lag die Stirn im wächsernen Bleich des Todes. [...] Schnell bückte ich mich und legte Hitlers linken Arm enger an seinen Körper. Vor mir flatterten seine Haare zerzaust im Winde.

Der Oberwachtmeister
Hermann Karnau **Berlin/Führerbunker**

Ich erhielt den Befehl von einem SS-Offizier, ich sollte meinen Dienstraum verlassen. [...] Ich habe das auch getan und bin so ins Casino gegangen. Nach einer halben Stunde kam ich wieder. Da war die Tür vom Führerbunker-Eingang verschlossen. Ich bin zurückgegangen und habe versucht, durch den Notausgang, der zum Garten der Reichskanzlei lag, reinzukommen. Als ich die Ecke zwischen Hochbunker – das war ein Postenstand – und dem eigentlichen Führerbunker erreichte, als ich in dieser Höhe war, sah ich plötzlich, wie ein Benzinlappen geworfen wurde. Vor mir lag Adolf Hitler auf dem Rücken und Eva Braun auf dem Bauch. Ich habe genau festgestellt, daß er es war. Ich bin zurückgegangen, habe meinen Kameraden Hilger Poppen verständigt, der mir aber keinen Glauben schenkte. Nach einer halben Stunde war ich nochmals da. Ich konnte ihn nicht mehr erkennen, weil er schon ziemlich verbrannt war. Ich habe mit Erich Mansfeld, der zu dieser Zeit Posten auf dem Turm hatte, gesprochen, der mir auch bestätigte: hier – da liegt Adolf Hitler jetzt. Er brennt. Ich habe diese Stelle verlassen [...] und traf an der Treppe den Sturmbannführer Stedle, der mir bestätigte, daß der Chef hinter dem Haus im Garten der Reichskanzlei brennt. Gegen 8 Uhr war ich nochmals an dieser Stelle. [...] Ich sah, wie Hitler und Eva Braun bis jetzt so weit verbrannt waren, daß das markante Knochengestell noch zu sehen war. Ob in dieser Zeit von 18 bis 20 Uhr diese Reste nochmals übergossen wurden, weiß ich nicht, aber wie ich um 20 Uhr nochmals da war, flogen schon die einzelnen Flocken im Winde ...»

Der Adjutant
Otto Günsche 1917–2003 **Berlin/Führerbunker**
Feldwebel Tornow, Hitlers Hundewärter, war völlig betrunken, rannte im Bunker der Neuen Reichskanzlei herum und schrie: «Der Führer ist gestorben, rette sich, wer kann!»

Martin Bormann 1900–1945 **Berlin/Führerbunker**
Adolf Hitler ᛣ [Rune]
Eva H ᛣ [Rune]

★

Der Journalist William L. Shirer 1904–1993 ***San Francisco***
Berlin ist am Ende – und Deutschland und der Nazismus! Der Krieg ist beinahe zu Ende. Doch hier in San Francisco erlebten wir heute, wie schwierig sich für die Siegernationen dieses Krieges, die so schreckliche Opfer gebracht haben, die Zusammenarbeit im Sinne des Friedens gestaltet. Zum ersten Mal zerbrach die Einigkeit der Großmächte, die den Hauptteil der Kämpfe des Krieges ausgetragen haben, in aller Öffentlichkeit. Und aus seltsamem Anlaß.
Die Vereinigten Staaten – deren verstorbener Präsident ebenso wie der frühere Außenminister stets eine äußerst kritische Haltung gegenüber der faschistischen Pro-Achsen-Militärclique in Buenos Aires bezogen hatten – bestanden darauf, daß Argentinien als Mitglied der Vereinten Nationen zugelassen werden müsse. Daraufhin schleuderten die Russen uns jedes bittere Wort, das Mr. Roosevelt und Mr. Hull gegen Argentinien gesprochen hatten, ins Gesicht und forderten «einige Tage

Aufschub» für die Entscheidung, damit die Konferenz das Ganze überdenken könne. Wir bestanden auf sofortiger Abstimmung – noch heute; als könne man nun den Frieden, genauso wie zuvor den Krieg, mittels «Mehrheitsvoten» in Gang setzen; als wüßten die Russen und alle anderen nicht, daß wir das Abstimmungsverhalten der etwa zwanzig südamerikanischen Staaten (die nicht in den Krieg einbezogen waren) bestimmen können und die Briten das der Commonwealth-Staaten.
Ed Stettinius also forderte die Abstimmung, und er bekam sie – mit großer Mehrheit für die Forderung Amerikas nach Mitgliedschaft des faschistischen Argentinien in den Vereinigten Nationen (zu deren Beschädigung es nach Kräften beigetragen hatte).
Nach Hause im Autobus, zusammen mit Walter Lippmann. Beide waren wir zu niedergeschlagen, um ein Gespräch zu beginnen.

⋆

Der Frühling

Wenn aus der Tiefe kommt der Frühling in das Leben,
Es wundert sich der Mensch, und neue Worte streben
Aus Geistigkeit, die Freude kehret wieder
Und festlich machen sich Gesang und Lieder.

Das Leben findet sich aus Harmonie der Zeiten,
Daß immerdar den Sinn Natur und Geist geleiten,
Und die Vollkommenheit ist Eines in dem Geiste,
So findet vieles sich, und aus Natur das Meiste.

Mit Unterthänigkeit
Scardanelli.
d. 24 Mai
1758.

Friedrich Hölderlin

Albert Speer bei Arbeiten im Garten des Kriegsverbrecher-Gefängnisses in Berlin-Spandau

<2077 Tage

Dienstag, 8. Mai 1945/ Mittwoch, 9. Mai 1945

0 Tage>

Du allein kennst das Herz aller Kinder der Menschen.
HERRNHUT 1. KÖN. 8,39

Ihr seid geschlagen
Eer zite ga Shlahgen
You are defeated
STARS AND STRIPES,
DAILY GERMAN LESSON

Winston Churchill 1874–1965 *London*

Der Krieg gegen Deutschland ist somit zu Ende. [...] Vorwärts, Britannia! Lang lebe die Sache des Friedens. Gott schütze den König.

Harry S. Truman 1884–1972 *Washington*

General Eisenhower hat mir mitgeteilt, daß die Streitkräfte Deutschlands sich den Vereinten Nationen ergeben haben. Die Fahne der Freiheit weht wieder über ganz Europa.

Josef Stalin 1879–1953 *Moskau*

Die Rote Armee und die Armeen unserer Verbündeten haben das faschistische Deutschland auf die Knie gezwungen. Wir konnten den deutschen Anführern keinen Glauben schenken. Weil sie die Vertragsurkunden nur als bloßes Stück Papier betrachteten, hatten wir keinen Grund, ihnen aufs Wort zu glauben, aber seit heute früh haben die deutschen Truppen in Ausführung der Kapitulationsbedingungen begonnen, massenweise ihre Waffen niederzulegen und sich in Kriegsgefangenschaft zu begeben. Das ist nicht mehr nur ein bloßes Stück Papier.

Charles de Gaulle 1890–1970 *Paris*

Der Krieg ist gewonnen. Der Sieg ist da, der Sieg der vereinten Nationen, und das ist der Sieg Frankreichs.

Gerichtsmedizinische Untersuchung der durch Feuer entstellten Leiche eines Mannes (vermutlich Hitlers Leiche)
Berlin-Buch / Leichenschauhaus

In einem Holzkasten (163 cm lang, 55 cm breit, 53 cm hoch) wurden die Überreste der durch Feuer entstellten Leiche eines Mannes eingeliefert. Auf der Leiche wurde ein an den Rändern verbranntes Stück gelben Strickstoffes gefunden, es ist 8 cm groß, das mit einem Trikotagehemd Ähnlichkeit hat. [...]
An dem durch Feuer stark verunstalteten Körper wurden keine sichtbaren Zeichen schwerer tödlicher Verletzungen oder Erkrankungen festgestellt.
Das Vorhandensein der Überreste einer zerdrückten Glasampulle in der Mundhöhle [...] der ausgeprägte Bittermandelgeruch [...] und die gerichtsmedizinische Untersuchung der inneren Organe, wobei Zyanverbindungen festgestellt wurden, gestatten der Kommission, den Schluß zu ziehen, daß der Tod in diesem Falle durch Vergiftung mit Zyanverbindungen verursacht wurde.

★

Sir Basil Henry Liddell Hart 1895–1970 *(London)*
Am 1. September ließ Hitler seine Streitkräfte in Polen einmarschieren. Zwei Tage später sah sich Chamberlain zur Kriegserklärung an Deutschland veranlaßt; sechs Stunden danach folgte, einigermaßen widerwillig, die französische Regierung. Der Zug der europäischen Zivilisation jagte in einen langen finsteren Tunnel, aus dem er erst nach sechs Jahren der Erschöpfung und der Verheerungen wieder hervorkam. Selbst dann erwies sich der glänzende Sonnenstrahl des Sieges als eine Illusion der Völker des Westens.

Der Diplomat
George F. Kennan *1904 *(Moskau)*
Daß das Ende des Krieges in Europa mich in besondere Hochstimmung versetzt hätte, ist mir nicht erinnerlich. Genau wie alle andern war ich froh darüber, daß das Blutvergießen und die Zerstörungen aufhörten. Daß es notwendig sei, den deutschen Nazismus restlos zu vernichten, hatte ich nie bezweifelt. Aber die Umstände, unter denen der Krieg zu Ende ging, waren wenig tröstlich. Wie bereits gesagt, war mir völlig klar, daß eine Drei-Mächte-Zusammenarbeit bei der Regierung Deutschlands nicht funktionieren würde. Aber wir Amerikaner bauten unsere

Pläne nach wie vor auf solchen Träumen auf. Realistische Pläne hatten wir nicht, und auch mit den Briten hatten wir uns nicht hinlänglich über eine konstruktive Neuordnung in den Westzonen verständigt, die, wie mir schien, das einzige Mittel war, den politischen Druck aufzufangen, dessen man von seiten der deutschen Kommunisten, mit Unterstützung der Sowjets, gewärtig sein mußte. Mittlerweile erreichte uns eine deprimierende Vielzahl von Berichten über die wilden Roheiten und Scheußlichkeiten, die ein Teil der sowjetischen Truppen – wohl nicht so sehr die Kampftruppen selbst, sondern mehr die nachrückenden Verbände – beim Einzug in Deutschland und in die von den Deutschen befreiten Gebieten verübten. Manchmal waren es anständige Angehörige der sowjetischen Streitkräfte selbst, die davon erzählten und sich von dem Benehmen ihrer Kameraden angewidert zeigten. War das, fragte ich mich, die Sorte Sieg, die wir erträumt hatten? Machte nicht der hohe Preis einen großen Teil des Sieges fragwürdig?

Alfred Kantorowicz 1899–1979 *New York*

Seit heute ist das Überfällige amtlich. Ich habe mir die Nachtschicht gewählt, meine jungen Reporter zu den Siegesfeiern in den Straßen New Yorks gehen lassen und bin mit meinem Schreibheft allein in dem Abhörraum des Newsroom. Es ist gut, heute allein zu sein. Das also liegt hinter uns. Immerhin zwölf Jahre. Zwölf Jahre, die die Verbrechen von tausend Jahren angehäuft haben. Ich versuche mir eine Vorstellung davon zu machen, wie es jetzt da drüben aussieht, aber ich weiß, daß jede Vorstellung vor der millionenfältigen Wirklichkeit versagen muß. Noch wage ich nicht weiterzudenken. Von irgendwoher wird Beethovens Fünfte gesendet. Die Hymne des Sieges!? Es gibt keinen Sieg. Es gibt am Ende dieses Krieges nur Besiegte.

Elsbeth Weichmann 1900–1988 *(New York)*

Der Krieg ist aus.

Es war ein warmer Maientag. Ich stand am Times Square, als die Lichtbuchstaben am Hause der New York Times die Nachricht von der Gesamtkapitulation der Deutschen in die dichte Menschenmenge hineinstrahlten. Lauter Jubel brach los. Ich hörte ihn kaum. Mit zitternden Knien setzte ich mich in das nächste Café. Die Spannung machte der Gewißheit Platz, daß von heute ab ein neuer Lebensabschnitt für die Welt und wahrscheinlich auch für uns begonnen hatte, der jahrelang herbeigesehnt und nun möglich geworden war. Mit welchen Schrecken der Zerstörung würde er beginnen, welche Wiederaufbaukräfte würden ge-

weckt werden und welche Enttäuschungen würden all die vielen, nun aufkommenden Hoffnungen wieder zerschlagen?
Am Abend, nach der Arbeit, trugen wir unsere Unruhe hinaus, auf den Broadway, in das laute Menschengetümmel, in Jubel und Rausch. Visionen einer zerstörten und wieder aufzubauenden Welt trieben uns viele Male den Broadway hinauf und hinunter. Die Zeichen standen nicht eben günstig. Die Rote Armee stand in Berlin, der begabte Taktiker, die große Führungskraft der westlichen Welt, Roosevelt, war gestorben, die Wirtschaft aller kriegführenden Länder war ausgeblutet. Welche Kräfte, welcher Aufbauwille, welche Machtverhältnisse würden nun in Bewegung gesetzt werden?

★

Eine Rundfunksendung *Paris*

Reportage aus Paris vom Ende des Krieges in Europa 8'
Sirene / Glockengeläut 3'25
Hurra-Rufe / Reportage (frz.) vom Platz de la Madeleine
Marseillaise (von der Volksmenge gesungen)
Hochrufe, u. a. «Vive de Gaulle»

Aimé Bonifas *1920 *Transport durch Frankreich*

Mitternacht fahren wir im Bahnhof von Maastricht ein. Während man uns heiße Fleischbrühe reicht, füllt eine Gruppe junger Burschen und Mädchen den Bahnsteig, und sie tanzen eine Farandole. Keiner schläft, als wir in Belgien einfahren. Liège und Namur im Flaggenschmuck begrüßen uns in unserer Muttersprache.
Die Reise geht weiter unter dem Begeisterungssturm der Bevölkerung, die das Gespenst des Krieges davonziehen sieht. Gegen 10 Uhr morgens, am 8. Mai, fährt unser Zug über die französische Grenze. Erster französischer Bahnhof Givet, liebe kleine Stadt in der Heimat, Sinnbild für das Vaterland, in das wir heimkehren. Man muß gelitten haben wie wir, weit weg von der französischen Erde, um zu verstehen, wie sehr man ihr verbunden ist. Klosterschwestern kommen eilig und dann Helfer vom Roten Kreuz mit Milch und Fleischbrühe. Entscheidend ist vor allem die große moralische Genugtuung: Frankreich hat uns nicht vergessen.
Am frühen Nachmittag sind wir in Charleville; die Verwaltungsformalitäten für unsere Rückkehr nach Frankreich werden erledigt. Schon eine kleine Aufmerksamkeit: Die Deportierten werden bevorzugt ab-

gefertigt. Ich weise die militärische Sicherheitspolizei auf eine Deutsche hin, die sich unter falschem Namen nach Frankreich einschmuggeln will.

Flora Neumann *1911 *Transport nach Belgien*

Man brachte uns in ein französisches Kriegsgefangenenlager. Wir sahen beide so krank und abgemagert aus. Wir hörten Schüsse und meinten, es seien die Deutschen, aber es waren diesmal Freudenschüsse: Der Krieg war zu Ende! Die Deutschen hatten kapituliert. Wir umarmten uns, keiner konnte es fassen. Mit anderen Kriegsgefangenen wurden wir per Eisenbahn nach Belgien gebracht. Nun meinte ich durchzudrehen, denn die Eisenbahnschienen hämmerten während der Fahrt in meinem Kopf: «Lebt Berni?» Ich konnte einfach nicht mehr abschalten. In Auschwitz konnte ich nicht weinen. Nun, nach der Befreiung, verlor ich die Nerven. Nora versuchte mich zu beruhigen.
Bevor wir über die Grenze nach Belgien kamen, gab man uns wieder eine Spritze. Man hatte wohl Angst, daß wir Krankheiten übertragen könnten.

⋆

Der Archivar Chobaut *Avignon/Frankreich*

Offizieller Victory Day. […] Natürlich waren der gestrige Abend und der heutige Tag eine einzige Sauferei. Wie kleinlich waren wir doch in unseren Handlungen, Gesten und Gedanken angesichts eines so großen Ereignisses. Ich habe geweint und es schmerzte mich, nicht beten zu können. Aber die Freude war nicht so spontan und zügellos wie 1918, und bei der Befreiung am 25. August 1944 war mehr Freude zu sehen. Die Menschen sind es überdrüssig, so viel und so lange zu leiden.

Der Ingenieur Ferdinand Picard *Paris*

Wir sind heute eingetaucht in die Pariser Menschenmenge, die trunken ist von Siegesfreude. Vom Saint-Lazare-Bahnhof bis zum Platz der Republik sind wir dem Strom der Menschen gefolgt, der auf der ganzen Breite des mit den alliierten Farben geschmückten Boulevards dahinfloß. Unvergleichliches Schauspiel, wo eine ganze Volksmenge in einem einzigen Elan der Erleichterung und der Befreiung kommunizierte. Alle Generationen mischten sich in dieser Flut, die unaufhörlich von den Menschenmengen der Vorstädte verstärkt wurde. Frauen trugen ganz kleine Babys im Arm, die sie manchmal hochhoben, um sie den alliierten Soldaten zu zeigen. Weißhaarige alte Männer, die von fünf

Jahren Entbehrung abgemagert waren, fanden die Begeisterung ihrer jungen Jahre wieder. Ältere Frauen mit seltsamen Hüten im Stil von vor zwanzig Jahren drängten sich auf den Kantsteinen der Bürgersteige, um ihre Freude zu zeigen. Die jungen Burschen und Mädchen in bunter Kleidung mit in die Haare gesteckten blau-weiß-roten Bändern und Kokarden drängten sich in den amerikanischen Jeeps und Lastwagen. Sie schrien und waren außer sich vor Freude. Alliierte Soldaten aller Waffengattungen und aller Nationen fügten dem Ganzen die Vielfalt von Farben und Formen hinzu: das Khaki und Beige der Amerikaner, das Graublau der R. A. F., das Blauschwarz der Marine, der Feldmützen und Helme der GI, die beigen Baskenmützen der Briten, die kecken Mützen der jungen Amerikanerinnen, die Käppis und Mützen der französischen Offiziere. Sie mischten auch ihre Freude und ihre Gesänge in das unbestimmte Stimmengewirr dieser menschlichen Meeresströmung. Dieses beruhigte sich gelegentlich, damit man hören konnte, was einzelne riefen oder was an Militärmusik aus den in den Bäumen aufgehängten Lautsprechern herauskam. Auf dem Boulevard Haussmann hatten die vom Whisky animierten Briten vor ihrer Hoteltür aus Spaß Autos angehalten. Dabei erhoben sie die Arme, die mit den Binden der Organisation Todt versehen waren, zum Hitlergruß. In einem Schaufenster des Boulevard Poissonnière baumelten Puppen von Hitler und Pétain. Mit Hupkonzerten bahnten sich die mit Fahnen schwingender, schreiender Jugend befrachteten Jeeps und Lastwagen einen Weg auf der Straßenmitte direkt durch die Menschenmenge, die die Lieder im Chor aufnahm.

Bewegendes Bild der Freude von einem ganzen Volk, das sich für einen Tag gehen läßt. Und dennoch habe ich in den Äußerungen dieses Massenfestes nicht die Begeisterung vom 11. November 1918 und vom 14. Juli 1919 wiedergefunden. Ich erinnere mich an diese Art Rausch, der in jenen Tagen das Volk von Paris erfaßte. Es öffnete mit Gewalt die Tore zu den Invalides, bemächtigte sich der erbeuteten Kanonen, um sie durch die Hauptstadt zu ziehen. Die Ereignisse dieser letzten zwanzig Jahre, die gebrochenen Versprechen, die enttäuschten Hoffnungen haben den Franzosen die für sie sprichwörtliche Leichtigkeit genommen. Alle diejenigen, die heute von den Vorstädten heruntergestiegen waren, um den Sieg der alliierten Armeen und das Ende der barbarischen Herrschaft zu feiern, bewahrten im Inneren ihrer Freude die Erinnerung an alle die Enttäuschungen der Vergangenheit und die Furcht vor den Schwierigkeiten der Zukunft. 1918 feierten die Pariser nicht nur das Ende des Krieges, sondern auch dessen, was sie für den letzten aller Krie-

ge hielten. Heute gibt sich keiner mehr dieser Illusion hin. Alle sind sich darüber im Klaren, daß die bevorstehenden Zeiten hart und voller Bedrohungen sein werden, daß wir kämpfen müssen, um nicht nur den Frieden, sondern auch unseren Platz unter den großen Nationen zu bewahren.
Da ist kein Idealist mehr, der vom allgemeinen Glück und vom ewigen Frieden spricht. Die schwierigen Verhandlungen von San Francisco, der unaufhörlich zu Tage tretende Gegensatz zwischen russischem und amerikanischem Imperialismus, die Herablassung, mit der wir sowohl in Moskau als auch in Washington und London behandelt wurden, haben sehr viele Illusionen beiseite geschoben, die uns noch während der schönen Tage der Befreiung in Paris teuer waren. Wir stehen aufrecht, aber der Weg vor uns ist sehr mühevoll und die Aufgaben, die uns erwarten, sind schwer: der Wiederaufbau der Armee, die Wiederherstellung der seit einem Vierteljahrhundert von den politischen und religiösen Zwistigkeiten zerrütteten Einheit, der Aufbau der zerstörten Städte und Dörfer, die Modernisierung unserer veralteten Wirtschaftsformen, Zurückdrängung des Egoismus, der trügerischen Stimmen vom leichten Leben. Niemand glaubt mehr an die alten Albernheiten, die 1918 unsere Besorgnisse beschwichtigt haben: «Der Boche wird zahlen!» – «Die Alliierten für immer vereint» – «Recht und Freiheit werden die Gerechtigkeit auf einer befriedeten Welt bestimmen.» Die Menge, die heute die Boulevards von Paris schmückt, zeigte ihre Freude über die Kapitulation von Reims. Aber sie tat es mit Maß, ohne Überschwang und ohne falsche Hoffnungen, wie ein Volk, das durch die harten Lektionen von Erfahrung und Vernunft gereift ist.

Claude Simon *1913 ***(Paris)***
Während die Befreiung von Paris im August 1944 der Anlaß für überschäumende (und mitunter schamlose) Freudenkundgebungen war, blieb der 8. Mai 1945 seltsamerweise fast ein Tag wie alle anderen. [...] Ich erinnere mich, daß ich am Abend meine Wohnung in der Absicht verlassen habe, an irgendeiner Bekundung der Erleichterung, des Sieges, teilzunehmen; doch die immer noch unbeleuchteten Straßen von Paris waren leer und still. Ich ging weiter in Richtung Zentrum mit dem Gedanken, daß sich vielleicht dort etwas mehr oder weniger Spektakuläres abspielen werde. Ich war nicht der einzige: Die Rue de Rivoli, auf der Höhe der Tuilerien, war voller Menschen, die, wie ich, aufs Geratewohl durch die Dunkelheit liefen, in einer Art Verwirrung, schweigend, ohne einen Ruf oder Gesang, als lasse das Ende dieses entsetzlichen Krieges,

an dem die Franzosen, wie ihnen trotz so lächerlicher Proklamationen wie «Paris und Frankreich haben sich selbst befreit!!» durchaus bewußt war, einen so kleinen und schlechten Anteil hatten, sie orientierungslos, unsicher und ratlos vor den bevorstehenden Problemen. Es war verblüffend, gespenstisch und finster, als laste auf dieser Menschenmenge unsichtbar das Gewicht von Millionen Toten.

★

Ekkehard Wagler *1925 *Kriegsgefangenenlager Rennes*

Siegesfeier d. Alliierten.
Exegese fortgefahren, Matth.; Abendandacht Joh. 2,12-21.
«Nietzsche-Vortrag» v. Schütting

Alexander Kern *1911 *Kriegsgefangenenlager Rennes*

Die Nacht vom 8.–9. Mai 1945 im Gefangenenlager Rennes/Frankreich
Bei Dunkelwerden werden wir in unserem Zelt aufgeschreckt durch ungewohnten Jubel – «Siegestaumel» der Amis aller Grade, aber nicht allein dieser, sondern auch deren «Satelliten», ihren «Hilfstruppen» auf den Wachttürmen, den polnischen Wachmannschaften, und über der Großstadt Rennes gibt es ein großes Feuerwerk, Raketen zischen hoch, bengalisches Licht läßt ganze Häuserblocks erstrahlen. Durch Zurufe hören wir: Sie feiern die Kapitulation Deutschlands, ihren großen Sieg. Als wir vor das Zelt treten wollen, fallen von den Wachttürmen Schüsse, die in der Nähe auf den Wegen zwischen den Zelten einschlagen: Die johlenden, betrunkenen polnischen Posten machen Scheibenschießen auf die verhaßten «Nemietzki». Wer von uns sich vor dem Zelt oder auf der Latrine sehen läßt, wird durch Schreckschüsse von oben gewarnt – getroffen wird keiner! Wir fassen uns an den Kopf: die Amis, die Engländer, ja, die haben ihren Kopf hingehalten, haben Grund zum Feiern. Aber die Franzosen ?? Als *Sieger*? 1813 – 1870 – 1918 – 1940: Eine Niederlage nach der andern. Sowas von Gedächtnisschwund?! Nach der beschämenden vollständigen Niederlage in 6 Wochen im Mai/Juni 1940, dem Waffenstillstand? Und jetzt *Sieger*macht?

Ulrich Maier *1927 *Kriegsgefangenenlager Orléans*

8.5.1945. Arg übel. Kann mich kaum mehr für kurze Zeit auf den Beinen halten. Im Revier 2 Tabletten und ein Stück Holz bekommen, soll mir Holzkohle draus brennen und einnehmen. Mehr hätten sie auch nicht. Und noch einen Tag fasten.

Wie sollte ich mir Holzkohle brennen, wo doch jegliches Feuer im Lager verboten war?! Ich schmiß das Stückle Besenstiel in die nächste Ecke und erreichte, zuletzt nur noch auf allen vieren kriechend, meine Lagerstatt, wo mir ein heftiger Weinkrampf etwas Erleichterung brachte. Ich wog gerade noch 99 Pfund, ein Gewicht, das ich in der Folgezeit lang nicht mehr überschritten habe. Die Krankheit, an der wir fast alle litten, nannten sie allgemein Dysenterie.

*

Ein Unbekannter *Reigate*

Heute ist der Tag des Sieges. Er wurde gestern abend in den 21.00-Uhr-Nachrichten verkündet. Wir gingen zu Bett, und ich schlief bei zurückgezogenen Vorhängen. Ich kann nicht sagen, warum, aber irgendwie schien das den Beginn des Friedens zu symbolisieren.

Es war ein wunderschöner Maimorgen, und sie riefen mich von der Schule aus an, um mir mitzuteilen, daß ein Vikar aus einer der Dorking-Kirchen um 10.00 Uhr einen Gottesdienst abhalten würde. So beeilte ich mich und versuchte, einen frühen Bus zu bekommen.

Als ich in Dorking ankam, war es schon nach 10 Uhr. Ich rannte den Hügel hinauf, aber als ich in die Kirche ging, wurde der Gottesdienst gerade mit einem Gebet und den drei Strophen von «God save the King» beendet. Weil ich kein Gesangsbuch hatte, konnte ich nur die erste Strophe mitsingen, die zweite und dritte mußte ich summen!

Ich glaube, ich vergaß zu berichten, daß die Blaumeisen am vergangenen Sonntag anfingen, ihr Nest in dem neuen Kasten zu bauen, den ich anstelle des alten in der vorigen Woche für sie aufstellte. Ich denke, sie fühlen sich darin wohl. Und ich hoffe, sie bereiten darin auch eine lange Zeit von ungetrübtem Frieden vor!!

So viele Menschen haben gesagt: «Jeder sollte hingehen und sich die Filme über die Schrecken in den Konzentrationslagern ansehen.» Aber ich kann nicht umhin, zu denken, daß viele dieser Leute ein krankhaftes Interesse (ich möchte nicht Vergnügen sagen) daran haben und daß das für Menschen mit Vorstellungsvermögen völlig überflüssig ist.

Mrs. B. Hubbard *West Sussex*

Das Rundfunkprogramm brachte mir die Ereignisse + Stimmungen des VE-Tags nach Hause durch die Beschreibung der Massen in London + die Übertragung ihrer Jubelrufe: Vor dem Buckingham Palast + in

Whitehall. Hier, in unserer friedlichen Heimat, ist der Krieg schon seit 18 Monaten vorbei. Es fällt zuerst schwer, es zu «begreifen».
Die Robinsons haben ein erschreckend ehrgeiziges Arrangement von Fähnchen vor ihrem Haus aufgehängt: Mrs. R. lenkte meine Aufmerksamkeit sehr schüchtern darauf und sagte, sie hätten es seit der Krönung aufbewahrt + «es mußte gebügelt werden».
Hendley hißte zwei Flaggen auf seinem Fahnenmast, den Union Jack + die vom Goodwood Golf Club. Unglücklicherweise ist es seit mittags windstill + warm, daher hängen die Flaggen schlaff herunter.
Zwischen Hillmanns + Gibbons Häusern hängt eine riesige Fahne, schön straff gespannt. Die Kriegserklärung hörte ich in Upton in meinem Badezimmer. Jetzt hier an diesem schwülen Nachmittag den Frieden. Es ist 11 Uhr abends + ich höre verschwommene Klänge von Jubel in der Ferne: Jubelrufe + Fetzen von Gesang + und gelegentliches Knallen, das wie Feuerwerk klingt.

John Colville 1915–1987 *Floors*

Am Dienstag, dem 8. Mai, feierten wir den Sieg in Europa. Mary und ich lunchten bei den Balfours in Newton Don, spielten Bridge und hörten die Rundfunkrede des Premierministers, der das Ende des Krieges gegen die Deutschen verkündete. Am Abend fuhren wir zu einem überfüllten Dankgottesdienst nach Keslo, um uns das große Freudenfeuer anzusehen. Man begrüßte Mary, die von der Menge erkannt wurde, mit Applaus.
Im übrigen verbrachte ich die Tage auf der Taubenjagd, stöberte in der herrlichen Bibliothek herum und machte lange Spaziergänge mit Mary.
Am Freitag radelten wir hinüber zu Elisabeth Dungless und besichtigten mit ihr Lord Holmes' wundervolle Rhododendron-Pflanzungen. Samstag mittag war ich wieder zu Hause.

Lord Alanbrooke 1883–1963 *London*

8. Mai. Siegestag. Ein durch den Sieg desorganisierter Tag. Eine Art von Desorganisation, mit der ich mich aber abfinden kann. […]
Um 16.10 Uhr fuhr ich vom Kriegsministerium zum Buckinghampalast, wo ich 16.30 Uhr zu erscheinen hatte. Eine Versammlung des Kriegskabinetts und der Stabschefs beim König. Ich kam mit Mühe über Whitehall hinüber, schlug mich die Mall entlang durch und geriet vor dem Palast in eine undurchdringliche Menge. Aber mit viel Hupen und Geduld kamen wir doch durch und rechtzeitig an.
PM [Premierminister] verspätete sich sehr, er hatte darauf bestanden, im offenen Wagen zu kommen!

Endlich waren nach Cunningham, Portal, Ismay und Bridges auch PM, Bevin, Woolton, Lyttelton, Morrison, Sinclair und Anderson beisammen. Der König hielt eine sehr nette beglückwünschende Ansprache und schloß mit einem Hinweis auf die Stabschefs als die Organisation, von deren wirklichem Anteil an der Sicherung des Kriegserfolges wahrscheinlich nur die Anwesenden eine Ahnung hätten.
Dann wurden wir fotografiert, erst alle zusammen und dann nur der König, der PM und die Stabschefs.
Darauf begaben wir uns zum Innenministerium, wo ein Balkon errichtet worden war, auf den der PM, das Kabinett und die Stabschefs hinaustreten sollten, um sich der Menge in der Whitehall zu zeigen und ihre jubelnden Zurufe zu empfangen. Die riesige Menge erstreckte sich vom Kriegsministerium bis zum Parliament Square.

Der Leibarzt Lord Moran 1882–1977 *London*
Die Aufforderung der Regierung an die Hausfrauen, sich für den Tag des Sieges mit Brot einzudecken, hat nicht die gewünschte Wirkung gehabt. Überall vor den Bäckerläden standen Schlangen, als ich zum Oberhaus ging, um die Siegesansprache des Premierministers zu hören. In der Bibliothek war kein Stuhl frei; ich lehnte mich an eine der Leitern, die für die oberen Fächer der Regale gebraucht werden.
Um drei Uhr kam Winstons Radioansprache von der Downing Street durch den Lautsprecher. Es war eine kurze, nüchterne Erklärung, wenn auch der Schluß etwas aufgeputzt klang.
«Vorwärts, Britannia! Es lebe die Freiheit! Gott erhalte den König!»
Der Peer neben mir (ich wußte seinen Namen nicht; bei dieser Gelegenheit sah man alle möglichen fremden Gesichter) fand es sonderbar, daß in der Rede der Herrgott nicht weiter erwähnt wurde. Es gab jedoch keinen Zweifel, wem Winston in seinem Herzen den Dank abstattete.
Ich fragte John Masefield, was er dachte. «Mir ist», antwortete er, «die aufrechte Art Winstons lieber als die falsche Rhetorik eines kleineren Mannes. Lloyd George wäre bestimmt pathetisch geworden.» Lincoln, wandte ich ein, hätte einen feierlichen Ton angeschlagen. Masefield gab mir recht, meinte jedoch, daß Lincoln auch ein Mann von tiefer Frömmigkeit gewesen sei.

*

Die Krankenschwester
Maud Cole *1888 *Pflegeheim in Somerset*

Ein Gewitter begrüßte den VE-Tag, war aber vorbei, als ich ging, um mich in der längsten Fischschlange anzustellen, die es je gab. Als ich den Laden des Gemüsehändlers erreichte, wurde er nach wenigen Minuten geschlossen, so daß ich gerade noch die Kartoffeln bekam. Nachdem ich im Haushalt einige Arbeiten erledigt hatte, brachte ich etwas Fisch zu Miss W., die genau wie Mrs. E. wegen Rußland besorgt war. Ich verpaßte die Nachrichten um 1 Uhr. Nach dem Mittagessen (gebratener Fisch, gekochte Kartoffeln; kleine Törtchen) und nachdem ich mich am Aufräumen beteiligt hatte, reinigte ich die Kirche, Messing usw. Ich war froh, daß ich während des Siegesgeläuts auf diese Weise danksagen konnte. H. ging heute abend zum Dankgottesdienst, während ich mich zu U. setzte. Sie berichtete, daß die Kirche unerwartet voll war, ein Organist war in letzter Minute gefunden worden, und der als einfach geplante Gottesdienst wurde etwas umfangreicher. Wir konnten die Kichenglocken läuten hören, während wir dem Dankgottesdienst im Radio lauschten. Die Ansprache des Erzbischofs war nicht gerade aufregend. Nachdem ich zu Bett gegangen war, gab ein Alarmhorn, das zur Warnung bei Bombenangriffen benutzt worden war, das Zeichen zum Entzünden des örtlichen Feuerwerks. Wir sahen nur zwei Raketen, hörten aber die Böller explodieren. Panik herrschte auf zwei benachbarten Wiesen, auf denen jeweils ein Pferd graste. Wir hörten, daß auf den Straßen im Ort getanzt wurde. Die Rede des Königs um 9 Uhr abends war eine seiner besten. Die Stimmung ist jetzt besser.

Charlie Draper *London*

Alle waren wie verrückt, tanzten und sangen auf den Straßen. Meine Freunde und ich tranken einiges, und ich landete in dem Brunnen auf dem Trafalgar Square. Ich dachte: Well, sie haben mich nicht gekriegt, und war glücklich, überlebt zu haben. Ich werde nun noch einen guten Drink nehmen und die Tatsache feiern, daß ich noch am Leben bin. Ich muß dann im St. James's Park geendet haben, denn dort fand ich mich am nächsten Morgen wieder.

Joan Wyndham *1922 *London*

Nahmen den ersten Zug. Ein Verrückter in unserem Abteil versuchte uns die ganze Zeit davon zu überzeugen, daß das Ganze eine Falschmeldung sei. Der Krieg sei gar nicht zu Ende, sondern wir seien jetzt im Krieg mit den Russen! Erst als der Zug in London eintraf und ich die Kirchenglocken läuten hörte, war ich von der Wahrheit überzeugt. Als ich im Nell-Gwyn-Haus ankam, waren Mutter und Sid schon dabei, den Frieden mit einer Flasche Sherry zu begießen, obwohl sie vor Aufregung und wegen eines furchtbaren Gewitters die halbe Nacht nicht geschlafen hatten. Roosie, Sids Teddy, saß in seiner Wiege mit dem Union Jack um die Pfote gewickelt. Draußen läuteten die Kirchenglocken immer noch wie verrückt.

Mutter kochte nach einem Rezept von ‹The Kitchen Front› ein Festessen – eine schreckliche Mischung aus Innereien und Hafergrütze. War nicht gerade ein Bombenerfolg, aber der Obstsalat aus der Dose war in Ordnung. Und dann holten wir eine schon lange versteckte Flasche Gin hervor. [...]

Abends wollten wir uns dann ins West End wagen. Mutter und Sid, die sich beide an Fälle von Vergewaltigungen und Orgien am Ende des ersten Weltkriegs erinnerten, zogen die unerotischsten Sachen an, die sie finden konnten, dazu schwere, «Männer abschreckende» Hosen. Eigentlich fehlte nur noch der Keuschheitsgürtel.

Auf dem ganzen Trafalgar Square herrschte helle Aufregung, und fast ganz London schien in Flutlicht getaucht – soviel unerwartetes Licht wirkte irgendwie unrealistisch. Die Leute tanzten wie verrückt herum, sprangen in die Springbrunnen und kletterten auf die Laternenpfähle. Dazu der leicht rot glühende Himmel von den Freudenfeuern, die ein bißchen an den «Blitz» erinnerten.

Die meisten Pubs schienen keinen Alkohol mehr zu haben, also brachte ich die beiden in den York Minster Pub, wo noch Rotwein in Strömen floß. Hinter dem Tresen stand Monsieur Berlemont, sein prächtiger Schnurrbart stand vor Aufregung fast aufrecht. Wir saßen an einem kleinen runden Ecktisch. [...] Ein französischer Matrose gab meiner Mutter einen Kuß und tauschte seine Mütze mit ihr; er nahm ihre kleine braune Samtmütze und gab ihr seine mit einem Bommel obendrauf. Es war ihr unglaublich peinlich. Sofort war sie damit beschäftigt, ihre Haare wieder in Ordnung zu bringen, sie über die Ohren zu legen. Sie haßte es, wenn irgend jemand ihre Ohren sehen konnte, und das, obwohl sie sogar recht hübsch waren.

Als wir von Soho in Richtung Piccadilly zogen, waren wir alle schon recht wackelig auf den Beinen. Wir kämpften uns langsam durch die Menge in Richtung Whitehall, wo angeblich Churchill erscheinen sollte. Es wurden alte Lieder gesungen: «Roll out the Barrel», «Bless 'em All» und «Tipperary», und die Leute tanzten im Kreis. [...]

Wir hakten einander unter und schaffen es so, langsam in Richtung

Whitehall zu gehen. Dort angekommen standen wir eingequetscht wie die Sardinen in der Dose. Sprechchöre riefen «Warum warten wir?» und «Wir wollen Winnie» – einige Leute fielen in Ohnmacht, doch plötzlich ging das Flutlicht an, Sirenen heulten, und da stand er auf dem Balkon und machte das V-Zeichen, ganz wie auf Pathé Gazette.
Er hielt eine ganz wunderbare Ansprache, obwohl ich mich jetzt nicht mehr an sehr viel erinnern kann. Außer an die Stelle, in der er uns fragte, ob wir entmutigt gewesen seien und wir alle ‹Nein› zurückschrien. Dann wurde ‹Land of Hope and Glory› gesungen, und ich bin sicher, daß alle dabei in Tränen ausbrachen – ich auf jeden Fall. Einer der aufregendsten Momente meines Lebens.
Hinkte dann nach Hause, mit meiner Strumpfhose in Fetzen gerissen und einen Schuh verloren. Am Himmel Tausende von Scheinwerferkegeln.
Was für ein wunderbarer Tag!

Miss Fisher *London*

Ich ging am Abend mit der Jugendgruppe der Kirche zur Victoria Station, und von dort spazierten wir nach Whitehall. Dort wartete eine riesige Menschenmenge vor dem Gesundheitsministerium, wie wir hinterher hörten, um den Premierminister Mr. Winston Churchill zu sehen; alles was wir sahen, war ein angestrahlter Balkon, auf dem auf jeder Seite Menschen standen. Wir liefen oder vielmehr schoben uns von Whitehall zum Trafalgar Square, wo auch riesige Menschenmengen waren. Die Nelsonsäule wurde aus allen Richtungen angestrahlt. Um uns herum knallte es unwahrscheinlich, und manchmal war es schwierig zusammenzubleiben. Vom Trafalgar Square gingen wir weiter zum Leicester Square und von dort zum Piccadilly, wo alles völlig verstopft war. Dort hielten wir für eine Weile an und beobachteten ein Mädchen, das auf einen Laternenmast kletterte, auf dessen Spitze ein paar Jungen von der Air Force saßen. Das Mädchen erreichte endlich die Spitze und winkte mit ihrer Hand der Menge zu, die ihr dreimal stürmisch zujubelte.
Wir gingen dann weiter hinter dem Regent Palace Hotel in die Regent Street, dann zur Mall, aber es gelang uns nicht, nahe an den Buckingham Palast heranzukommen, die Menge war so dicht. Weiter ging es in den St. James's Park und zu einem großen Freudenfeuer, um das herum viele Menschen zusammen sangen – wir stimmten alle ein.
Wir klammerten uns aneinander und gingen durch den Park und kamen endlich zum Big Ben, der fünf Minuten vor zwölf anzeigte; eine Minute

nach Mitternacht tritt der Waffenstillstand offiziell in Kraft, und daher warteten wir und hörten die Stunde schlagen. Als es zwöf schlug, war plötzlich Stille, dann «Auld Lang Syne» und dreifach gewaltige Hochrufe.

Als wir zur Westminster Bridge zogen, war dort ein höllischer Lärm von den Schiffssirenen, alle verschiedenen Tonarten, in der Tat, ein wirkliches Spektakel!

Ein außerordentlich schöner Abend, der nicht vergessen werden wird.

Harold Nicolson 1886–1968 *London*

VE-Day. […] Ich betrete das Parlamentsgebäude. Der Raum ist überfüllt, und ich sitze auf der Stufe unterhalb der Querbank. Ich sehe eine Bewegung an der Tür, und Winston kommt herein, ein wenig scheu – ein wenig errötet – aber mit jungenhaftem Lächeln. Das Parlament springt auf, und es gibt einen langen, donnernden Applaus. Er verbeugt sich und lächelt anerkennend. Ich blicke hinauf zur Galerie, wo Clemmy (Churchill) sein sollte. Aber statt dessen ist da Mrs. Neville Chamberlain. Und darauf beginnt Winston. Er wiederholt die kurze Erklärung, die er gerade über den Rundfunk abgegeben hat und schließt mit «Vorwärts, Britannia», und dann legt er sein Manuskript beiseite und mit mehr Gesten und Betonung, als man es von ihm gewohnt ist, dankt er dem House (Parlament) für seine Unterstützung in allen diesen Jahren. Er schlägt dann vor, daß wir uns zur Church of St. Margaret's Westminster begeben. Der Speaker verläßt seinen Platz, und sein Amtsstab wird ihm gebracht. Er hat seine Robe angelegt mit goldenem Besatz an seinem Talar, und sein Chaplain und der Sergeant-at-Arms tragen auch vollen Ornat. Wir gehen nacheinander durch den St. Stephen's Ausgang, und die Polizei hält in der Menge eine Gasse frei. […] Dann feiern wir einen Gottesdienst, einen sehr denkwürdigen dazu. Der Höhepunkt ist, als der Kaplan die Namen der Parlamentsmitglieder verliest, die ihr Leben gelassen haben. Es ist eine traurige Angelegenheit, das so zu hören. Meine Augen füllen sich mit Tränen. Ich hoffe, Nancy bemerkt es nicht. «Männer sind so gefühlsbetont», sagt sie.

Wir gehen alle in das Raucherzimmer. Winston kommt mit uns. Als er durch die Central Hall geht, bekommt er Beifall von der Menge. Sie klatschen in die Hände. Ein ganz kleiner Junge ist mutig, stürzt zu ihm und bittet um ein Autogramm.

Winston setzt feierlich seine Brille auf und schreibt. Dann tätschelt er dem erfreuten Jungen den Kopf und lächeld strahlend.

Ich habe Schwierigkeiten, hinterher zu den Travellers zu gelangen, da alle

Straßen gesperrt sind. Vielleicht gelange ich um den Berkeley Square dorthin. In dem unteren Zimmer hören wir um 9 Uhr die Rede des Königs. Die Worte sind ausgezeichnet gewählt, und er stottert nicht zu schlimm.

*

Paul Winkler *Giesdorf / Niederschlesien*

Dienstag, den 8. Mai 45, nachmittag 3 Uhr, herrschte bei den Italienern große Freude; es wurde gesungen, eine Musikkapelle spielte heitere Weisen. Ich ging sofort zu ihnen und erfuhr, der polnische Sender hat Waffenstillstand angesagt. Am andern Tage gab dies auch der russische Sender bekannt.

Hans Warren *Holland*

8. Mai – VE Tag. Jeder scheint froh zu sein, singt, spielt, lacht, ist überglücklich. Ich habe so lange geweint, dass ich jetzt Kopfweh habe. Stundenlang konnte ich nicht schlafen wegen der Suchscheinwerfer, die sich grell blau und weiß hin und her bewegten und die Nacht durchdrangen, niedrig über der Erde; das Aufsteigen von Feuer, rot, grün, gelb und weiß; das endlose V-Gehupe von den Schiffen: …——, …——, heiser, hoch und vibrierend. Mädchen kamen vorbei, singend, mitten in der Nacht. Sie sangen die englischen Lieder, die ich ihnen in dem Kursus beigebracht hatte, und ich lag da, in mein Kissen beißend, um Schlaf flehend. Ich wollte den überschwenglichen Lärm der Soldaten und Feiernden nicht hören.

Der Matrose Horst Wilking *1926 **Rotterdam**

Am 8. Mai 1945 hatte ich Wache von 4.00 bis 8.00 Uhr. Während dieser Zeit, in der ersten Morgendämmerung, begannen in Rotterdam viele Glocken zu läuten, obwohl doch gar kein Sonntag war! Irgendwo in der Stadt schienen auch Schießereien zu sein, und dann sah ich auf einem Speichergebäude im gegenüberliegenden Katendrecht (wir lagen mit unserem Boot im St.-Jobshaven) eine rote Flagge wehen, die mit Hammer und Sichel geziert war! Das war es also! Der Krieg war wohl vorbei, und unser Hauptgegner konnte seine Flagge ungestört in einer noch von uns besetzten Stadt zeigen.

Noch hatte ich bis 8.00 Uhr Wache – und bei uns an Bord bzw. in unserem Hafenbecken war es ganz ruhig. Ich konnte also weiter nachdenken und beschloß, mich nach Beendigung meiner Wache zu erschießen.

Ich sah aufgrund meiner bisherigen Lebenseinstellung keinerlei Lebensmöglichkeit, und der Tod schien das einzige zu sein, diese Schmach zu überdecken. Als es dann soweit war, machte sich ein anderer Gedanke breit. Das mit dem Erschießen hatte ja wohl noch etwas Zeit; es war doch sicherlich höchst interessant zu wissen, wie es denn nun wohl weiterging. Dieser Gedanke setzte sich fest – und von da an wurde ich nun ein Zuschauer meiner selbst. Und es ging natürlich weiter.

Max Beckmann 1884–1950 *Amsterdam*

Dienstag 8. Mai 1945. Morgens alleiniger Morgenspaziergang über den Bahnhof. Die Engländer kommen jetzt massenhaft in Tanks – Lastwagen – überall sitzt die Bevölkerung jubelnd mit drauf. – Ich hab' feste noch den ganzen Tag gearbeitet ... Na ja – es geht weiter alles wie ich's vorausgesehen.

*

Bertolt Brecht 1898–1956 *New York*

nazideutschland kapituliert bedingungslos. früh sechs uhr im radio hält der präsident eine ansprache. zuhörend betrachte ich den blühenden kalifornischen garten.

Elias Canetti 1905–1994 *(London)*

Der Zusammenbruch der Deutschen geht einem näher, als man es sich zugestehen mag. Es ist das Maß der Täuschung, in der sie gelebt haben, das Riesenhafte ihrer Illusion, das Blindmächtige ihres hoffnungslosen Glaubens, was einem keine Ruhe gibt. Man hat immer die verabscheut, die diesen eklen Glauben zusammengeleimt haben, die wenigen wirklich Verantwortlichen, deren Geist zu soviel gerade noch ausgereicht hat, aber die anderen alle, die nichts getan als geglaubt haben, in wenigen Jahren mit so viel konzentrierter Kraft wie die Juden sie über Jahrtausende aufbrachten, die Leben und Appetit genug hatten, um ihr irdisches Paradies, Weltherrschaft, wirklich zu wollen, alles übrige dafür zu töten, selber dafür zu sterben, alles in kürzester Zeit, diese unzähligen blühenden, strotzend gesunden, einfältigen, marschierenden, dekorierten Versuchstiere für Glauben, abgerichtet zum Glauben, dressiert wie kein Mohammedaner, – was sind sie denn wirklich jetzt, wenn ihr Glaube zusammenstürzt? Was bleibt von ihnen übrig? Was sonst war in ihnen vorbereitet? Welches zweite Leben könnten sie jetzt beginnen? Was sonst sind sie ohne ihren furchtbaren militärischen Glauben? Wie

sehr fühlen sie ihre Ohnmacht, da es für sie nichts als Macht gab? Wohin können sie noch fallen? Was fängt sie auf?
Vielleicht, weil wir nicht einmal aufatmen dürfen, zwischen diesem Krieg und dem nächsten, wird dieser doch nie kommen.
Eine Erfindung, die noch fehlt: Explosionen rückgängig zu machen [...]
Wir kommen von zuviel her. Wir bewegen uns auf zuwenig weiter [...]
Man kann nicht atmen, es ist alles voll Sieg.

Stefan Heym 1913–2001 ***Bad Nauheim***

Zu Ende: Das deutsche Oberkommando hat sich ergeben, bedingungslos. VE-Day, der Tag des Victory in Europe, auf den man so lange gewartet hat, ist gekommen, der Spuk ist vorbei. Der Sergeant S. H. kleidet sich langsam an, dann greift er nach seiner Pistole, begibt sich in den Hof der Villa und feuert das ganze Magazin, eine Patrone nach der anderen, in die Luft. Draußen laufen die Menschen zusammen, begaffen durch das eiserne Gitter hindurch den einsamen Soldaten, der seine Pistole im Holster unter der Schulter wieder verstaut und achselzuckend zurückschreitet ins Haus; er wird noch rasch einen Kaffee trinken, ein Mini-Päckchen Pulver auf eine Tasse heißen Wassers, bevor er quer durch den Park hinübergeht in die Redaktion. Sieg, Sieg bedeutet zunächst einmal zusätzlich Arbeit.
Gerade will er den Rasen betreten, den Kurrasen, den gepflegten, der Kiesweg rund um die Grünfläche ist ihm zu lang und zu langweilig, und da sind auch die zwei Bübchen, fünf- oder sechsjährig, die auf dem Gras herumtollen in der Sonne, da – Gott inszeniert sein eignes Theater – taucht eine Amtsperson auf, eine Art Parkwächter oder auch Förster, in moosgrünen Breeches, die ebenso moosgrüne Jacke stramm über Brust und Bauch und das befiederte Hütchen schnurgerade ausgerichtet über der Nasenwurzel, und schnauzt die Bübchen an.
Der Sergeant S. H. versteht nur «Verboten!» und geht zu auf den Uniformierten und stellt ihn. Er irre sich, teilt er ihm mit, es sei nicht verboten, auf dem Rasen zu spielen, und er möge die Kinder gewähren lassen. Der Mann blickt S. H. an aus verkniffenen Augen, die Lippen zittern ihm, er wagt nicht zu widersprechen, er deutet nur auf das Schild, weißbemaltes Holzbrett, dreißig Zentimeter über dem Gras: Verboten! Der Sergeant S. H. grinst. Auch dieses Schild gelte nicht mehr, erklärt er dem Grünen, es sei aus und vorbei nun mit der alten Ordnung, und Freiheit herrsche von jetzt an in Deutschland, und alle dürfen tanzen und singen, überall, neue Tänze, neue Lieder, und umherhüpfen auf dem Kur-

rasen im Kurpark von Nauheim, kapiert? Und plötzlich, in dem Ton, den der Mann gewöhnt ist: «Still gestanden! Kehrt! Abtreten!»
Der pariert auf der Stelle, schleicht ab, die Schultern gekrümmt. Eine Welt ist zusammengebrochen, seine.
Also doch, endlich: Sieg!
Aber auch die Bübchen haben sich davongemacht, nicht übers Gras, auf dem Kiesweg.

*

Thomas Mann 1875–1955 *Pacific Palisades*
Kapitulation Deutschlands erklärt. Schwerin-Krosik und [?] war noch bei Eisenhower zur Unterzeichnung der unbedingten Übergabe an die drei Mächte. Döniz ordnet die Rückkehr der U-Boote zu ihren Basen an. Ausgeschlossen ist das Kommando von Prag, das rebelliert u. den Kampf fortsetzt. Mitteilung an das deutsche Volk: Die Überlegenheit des Gegners an Menschen u. Material zwinge zum Niederlegen der Waffen. Deutschland solle ruhig bleiben und ein neues Leben beginnen. Wäre dies letztere ehrlich gemeint! [...] Meldung, daß die Leichen des Göbbels und der Seinen gefunden seien. Außerdem die des Feldmarschalls von Bock. Die deutschen Truppenteile, die sich in letzter Zeit ergeben, bestehen aus «prächtigem», wohl unterhaltenem Menschenmaterial. Man hat sie geschont und das Kruppzeug geopfert. – – Ist dies nun der Tag, korrespondierend mit dem 15. März 1933, als ich diese Serie von täglichen Aufzeichnungen begann, – also ein Tag feierlichster Art? Es ist nicht gerade Hochstimmung, was ich empfinde. Natürlich ist die gegenwärtige deutsche Regierung nur episodisch, Instrument der Kapitulation, da Eisenhower keinen Himmler ins Zelt lassen konnte. Übrigens aber wird dies oder das *mit* Deutschland, aber nichts in Deutschland geschehen, und bis jetzt fehlt es an jeder Verleugnung des Nazitums, jedem Wort, daß die «Machtergreifung» ein fürchterliches Unglück, ihre Zulassung, Begünstigung ein Verbrechen ersten Ranges war. Die Verleugnung u. Verdammung der *Taten* des Nationalsozialismus innen und außen, die Erklärung, zur Wahrheit, zum Recht, zur Menschlichkeit zurückkehren zu wollen, – wo sind sie? Die alberne Zerissenheit der Emigration, der neidische Haß auf mich und meine Haltung kommen hinzu, die Freude niederzuhalten. – Eine gewisse Genugtuung ist das physische Überleben. Nach dem Fall Frankreichs ließ Göbbels meinen Tod melden; er konnte es sich nicht anders denken. Und hätte ich mir Hitlers Falschsieg als ernst zu Herzen genommen, wäre mir auch wohl nichts

anderes übrig geblieben, als einzugehen. Überleben hieß: siegen. Es ist ein Sieg. Klarheit darüber, wem der Sieg zu danken: Roosevelt. – Schrieb dies morgens und fuhr dann im XXVI Kapitel fort. Machte nach dem Rasieren Rundgang in der Nähe. Viel Post nach Tische zu lesen: Artikel aus «Washington Post», Briefe von Kerényi und schon von Gratulanten; Brief von Monty Jacobs aus London wegen Botschaft zu der am 3. Juni in einem Londoner [Konzertsaal] zu haltenden Geburtstagsfeier unter Teilnahme englischer Schriftsteller. – Nach dem Thee Diktate an K.: An Elmer Davis wegen Révy, an Knopf und Leiser. – Truman und Churchill werden morgen das Ende des europ. Krieges verkünden. In Europa, Rom, Oslo, Stockholm, Jerusalem wird gejubelt. Dabei aber wird noch gekämpft, angeblich weil die Kommunikations-Verbindungen mit den Truppen in Deutschland langsam arbeiten, in Wahrheit aber wohl, weil die Autorität der Döniz und Jodl sehr zweifelhaft und Teile von Panzergrenadieren, S.S. Leuten, Hitlerjugend einfach nicht parieren. Man hört auch nichts von der Entwaffnung der Truppen, die vor Montgomery kapitulierten. Möglich ferner, daß die Russen nicht befriedigt im Punkt der Massenübergaben an die Alliierten. Freilich hat bei Eisenhower in Reims der Russe mit unterschrieben. E. hatte begreiflicher Weise die Veröffentlichung noch nicht gewünscht. Sträfliche Übereilung der Associated Press.

★

Swetlana Allilujewa *1924 *Moskau*

Am 9. Mai 1945, als der Rundfunk das Ende des Krieges meldete, rief ich Vater [Stalin] an; es war am frühen Morgen, ich war furchtbar aufgeregt, ganz Moskau war lärmend und lustig, alle wußten bereits vom Sieg ... «Papa, ich gratuliere dir zum Sieg!» konnte ich nur sagen, dann mußte ich weinen. «Ja, der Sieg», sagte er. «Danke, ich beglückwünsche dich. Wie fühlst du dich?» Ich fühlte mich herrlich, wie alle Menschen in Moskau an diesem Tage.

Wir, das heißt mein Mann und ich, luden alle unsere Bekannten zu uns ein. Die Zimmer waren gesteckt voll, wir tranken Champagner, tanzten und sangen. Die Straßen quollen von Menschen über, ich hatte Angst, auszugehen, ich erwartete in zwei Wochen das Kind. [...] Wir alle befanden uns in einem gehobenen Zustand, uns war so freudig zumute in jenem Mai 1945.

Ilja Ehrenburg 1891–1967 ***Moskau***

Abends übertrug man eine Rede Stalins. Er sprach kurz und selbstsicher, in seiner Stimme war keinerlei Erregung zu spüren. Er redete uns nicht wie am 3. Juli 1941 mit «Brüder und Schwestern» an, sondern mit «Landsleute». Draußen krachte ein nie dagewesener Salut, das Feuer von tausend Geschützen ließ die Fensterscheiben erzittern. Ich aber dachte an die Rede von Stalin. Das Fehlen jeder Herzlichkeit stimmte mich traurig, aber ich wunderte mich nicht darüber. War es doch der Generalissimus, der sprach, der Sieger. Was sollten ihm Gefühle? Die Menschen, die seine Rede hörten, ließen Stalin ehrfurchtsvoll hochleben. Auch darüber staunte ich längst nicht mehr. Ich hatte mich daran gewöhnt, daß es Menschen gibt mit ihrer Freude und ihrem Leid und irgendwo über ihnen Stalin. Zweimal im Jahr kann man ihn von fern sehen: auf der Tribüne des Mausoleums ... Er will, daß die Menschheit vorwärtsmarschiert. Er führt die Menschen, entscheidet über ihr Schicksal. Ich selbst schrieb über Stalin, den Sieger. Ich dachte an die Soldaten, die an diesen Mann glaubten, an die Partisanen und Geiseln, die ihren Abschiedsbrief vor dem sicheren Tod mit dem Satz: «Es lebe Stalin», beendeten. [...]
Heute an den Abend des 9. Mai zurückdenkend, könnte ich mir andere, weitaus zutreffendere Gedanken zuschreiben. Hatte ich doch das Schicksal von Gorew, Stern, Smusikewitsch und Pawlow nicht vergessen, wußte ich doch, daß sie keine Verräter waren, sondern grundehrliche, durch und durch saubere Menschen, deren Beseitigung zusammen mit der Liquidation der anderen Kommandeure der Roten Armee, der Ingenieure, der Intelligenzija, unserem Volk teuer zu stehen kam. Aber ich will offen sein: An jenem Abend dachte ich nicht daran.
An den von Stalin ausgesprochenen (besser: verkündeten) Worten war alles überzeugend. Und die Salven der tausend Geschütze klangen wie ein Amen.
Wahrscheinlich fühlten alle an jenem Tag, daß eine wichtige Hürde genommen war, vielleicht die wichtigste. Irgend etwas ist zu Ende, irgend etwas Neues beginnt. Ich wußte, daß das Leben nach dem Krieg nicht leicht sein würde. Das Land ist verheert und arm, viele junge und kräftige Männer sind gefallen, vielleicht die besten. Aber ich wußte auch, wie sehr unser Volk gewachsen war, ich entsann mich der klugen und edlen Worte über die Zukunft, die ich so oft in Bunkern und Unterständen gehört hatte. Und wenn mir an jenem Abend jemand gesagt hätte, wir hätten die Leningrader Affäre und die Sache mit den jüdischen Ärzten noch vor uns, kurzum alles, was zehn Jahre später auf dem Zwanzigsten Parteitag entlarvt und angeprangert wurde, hätte

ich diesen Mann für verrückt erklärt. Nein, ein Prophet war ich gewiß nicht. […]

Alle gratulierten Stalin und rühmten die Rote Armee. Und trotzdem, mein Herz wollte sich nicht beruhigen.

Und was wird bei uns nach dem Krieg sein? Darüber dachte ich noch mehr nach. Wir brauchen neue Erziehungsmethoden: keine Anschnauzer, kein Auswendiglernen, keine Kampagnen, sondern Inspirationen. Den jungen Herzen muß man Güte, Vertrauen und jenes Feuer einhauchen, das die Gleichgültigkeit dem Schicksal des Kameraden oder Nachbarn gegenüber ausschließt. Und das Wichtigste: Was wird Stalin jetzt tun? […]

Im Auftrag des «Roten Stern» fuhr Irina nach Odessa, wo die von der Roten Armee befreiten Engländer, Franzosen und Belgier eingeschifft wurden. Gleichzeitig traf aus Marseille ein Transport mit unseren Kriegsgefangenen ein. Unter ihnen waren welche, die aus dem Lager geflohen waren und in französischen Partisaneneinheiten mitgekämpft hatten. Irina erzählte, man habe sie wie Verbrecher behandelt und sofort isoliert; es hieß, man würde sie in Lagern unterbringen. Minutenlang stellte ich mir die Frage: Wird sich das Jahr siebenunddreißig wiederholen? Aber die Logik spielte mir wieder einmal einen Streich. Ich sagte mir: Damals hatte man Angst vor dem faschistischen Deutschland, deshalb wurde das Feuer auf die eigenen Reihen eröffnet. Jetzt ist der Faschismus zerschlagen, die Rote Armee hat ihre Stärke erwiesen. Das Volk hat zu viel mitgemacht. […] Das was war, kann sich nicht wiederholen. Wieder einmal hielt ich meine Wünsche für Wirklichkeit und die Logik für ein Pflichtfach in der Schule der Geschichte. […]

Der letzte Kriegstag … Niemals fühlte ich mich den anderen so verbunden wie in den Jahren des Krieges. Einige Schriftsteller haben damals gute Romane und Dichtungen geschrieben. Was aber blieb mir übrig? Tausende von Artikeln, die einander gleichen, die heute nur noch ein allzu gewissenhafter Historiker durchzulesen imstande ist, und noch einige Dutzend kurzer Gedichte. Dennoch bedeuten mir jene Jahre sehr viel. Zusammen mit allen habe ich damals gelitten, gehaßt, geliebt. Ich lernte die Menschen besser kennen und stärker lieben als vorher in langen Jahrzehnten: so groß war die Not und die Macht der Herzen.

Auch daran mußte ich nachts denken, als die Feuer der Raketen erloschen und die Lieder verstummten, als die Frauen ins Kissen weinten, um die Nachbarn nicht zu wecken. Ich dachte an das Leid, an den Mut, an die Tiefe, an die Treue.

Markus Wolf *1923 *(Moskau)*
Den Abend des 9. Mai 1945 erlebte ich in Moskau mit meinen Eltern auf der Steinbrücke nahe des Kreml. Während der Salutschüsse zum «Tag des Sieges» fühlten wir uns eins mit Tausenden jubelnder Menschen, deren Vaterland in den elf langen Jahren der Vertreibung aus Deutschland zu unserer zweiten Heimat geworden war. Beim Schein der bunten Raketentrauben, die sich in der Moskwa spiegelten, gab es Tränen der Freude und viele Tränen der Trauer. Mein Vater hielt seine Gefühle in dem Gedicht «Letzter Salut» fest, aus dem die Zeile stammt: «Der Krieg ist aus, die lange Nacht geschwunden ...»

Gerhard Dengler *1914 *(Moskau)*
In der Frühe des 9. Mai wurden wir – die Mitglieder und Mitarbeiter des «Nationalkomitees Freies Deutschland» – vom sowjetischen Kommandanten in den großen Speisesaal zusammengerufen. Mit feierlicher Stimme verlas er uns die offizielle Tass-Mitteilung über die in der vergangenen Nacht in Berlin-Karlshorst erfolgte bedingungslose Kapitulation der Führung der Hitler-Wehrmacht.
Nun endlich war es Wirklichkeit: Dieser schreckliche, verbrecherische, von Hitler-Deutschland vom Zaun gebrochene Krieg war zu Ende. All unser Bemühen, Deutschland das Schicksal von Stalingrad zu ersparen, war erfolglos geblieben. Wie in Stalingrad folgten die Generäle der Wehrmacht Hitler bis zum bitteren Ende. Aber dann löste sich doch die Stimmung, und wir eilten auf die sowjetischen Offiziere zu, schüttelten ihnen die Hände, gratulierten ihnen und umarmten sie. Wir, die wir seit Gründung des Nationalkomitees für die schnelle Beendigung des Krieges durch den Sturz Hitlers gewirkt hatten – durch unsere Zeitung und unseren Sender im Hinterland und durch Flugblätter und Lautsprecherpropaganda an der Front –, wir empfanden nur natürlich diesen Sieg auch als unseren, denn nun war wirklich der Weg frei für ein antifaschistisch-demokratisches Deutschland. Davon waren wir damals fest überzeugt.

⋆

Der Diplomat George F. Kennan *1904 ***Moskau***
Erst am 9. Mai, einen Tag nach der Beendigung der Kämpfe im Westen, gaben die bis dahin trotz der Kapitulation der Deutschen vor Briten und Amerikanern immer noch mißtrauischen Russen zu, daß auch im Osten der Widerstand aufgehört habe und der Krieg in Europa damit beendet

sei, und teilten das ihrem Volke mit. Die Nachricht verbreitete sich in Moskau in den ersten Morgenstunden des Zehnten; und bei Tagesanbruch war die Stadt von einer Feiertagsstimmung gepackt, deren überschäumende Begeisterung alle üblichen Gebote der Disziplin hinwegschwemmte.

Natürlich zeigten wir die amerikanische Flagge von unserm kombinierten Kanzlei- und Wohngebäude im Zentrum der Stadt, und vom Hotel National, das Wand an Wand mit unserm Haus stand, wehten die Fahnen derjenigen Verbündeten, deren unglückselige Vertreter in Moskau keine eigene Bleibe hatten finden können und die deshalb ihre amtlichen Geschäfte immer noch vom Hotelzimmer aus besorgten, so wie wir es 1934 mehrere Monate lang getan hatten.

Gegen 10 Uhr morgens marschierten Gruppen junger Leute, vielleicht Studenten, singend und fahnenschwenkend die Straße entlang, erblickten die Flaggen der Alliierten am Hotel National und brachen in herzliche Hochrufe aus. Als sie dann hinter dem Hotel das Sternenbanner entdeckten, malte sich in den Gesichtern und Gesten der meisten von ihnen Überraschung und Entzücken; sie stoppten den Vorbeimarsch, stellten sich vor dem Botschaftsgebäude auf und demonstrierten in einem wahren Taumel der Begeisterung ihre freundschaftlichen Gefühle. Der Platz vor dem Gebäude war geräumig – er hätte zweihunderttausend Menschen gefaßt – und bald hatten sich unsern ursprünglichen Gönnern Tausende von anderen zugesellt, die in die Hurras einstimmten und winkten und keine Lust hatten, weiterzuziehen. Uns selbst bewegte und freute dies Zeichen der Volksstimmung, nur wußten wir nicht recht, wie wir darauf reagieren sollten. Wenn einer von uns sich auf der Straße zeigte, wurde er sofort ergriffen, begeistert in die Luft geworfen und von Hand zu Hand über den Köpfen der Menge weitergereicht, bis er sich irgendwo am äußeren Rand des wonnetrunkenen Durcheinanders verlor. Kaum einer von uns war erpicht auf ein Erlebnis dieser Art, und so versammelten wir uns auf den Balkonen und winkten, was die Arme hergaben. Als Geste der Erwiderung schickte ich einen von uns übers Dach zum Hotel National und besorgte von dort eine sowjetische Fahne, die wir neben die unsere hängten. Das veranlaßte die Menge erneut zu Jubelrufen. Aber auch das schien nicht genug. Als Geschäftsträger – der Botschafter war außer Landes – fühlte ich mich verpflichtet, mit ein paar Worten unsere Dankbarkeit zu zeigen. Die Balkone waren zu hoch, als daß man mich von dort verstanden hätte; also stieg ich hinunter ins Hochparterre und kletterte auf den Sockel einer der großen Säulen, die die Fassade des Gebäudes schmückten. Ein paar andere kamen noch mit, darunter (aus irgendeinem in dem fröhlichen Durcheinander dieses Tages untergegangenen Grund) ein Sergeant unserer Militärmission in Uniform, der, wie ich glaube, in Wirklichkeit Pastor war. Unser Erscheinen löste eine neue Woge der Begeisterung aus. Die Polizei, die die Leute bis dahin von den Mauern des Gebäudes ferngehalten hatte, und ein Partei-Agitator, der offensichtlich geschickt worden war, um sich zum Sprecher der Leute zu machen und sie zum Weitergehen zu bewegen, wurden jetzt gutmütig beiseite gedrängt, und die Menge schob sich über das kleine Geländer am Bürgersteig in den grasbewachsenen Vorgarten und umdrängte den Sockel. Ich brüllte auf Russisch: «Wir gratulieren zum Tag des Sieges. Ruhm und Ehre unsern sowjetischen Verbündeten!» – was mir das Äußerste dessen schien, was ich sagen konnte. Daraufhin tobten sie vor Freude und hoben einen Sowjetsoldaten so hoch, daß er den Sockel erreichen konnte. Er zog sich zu uns hinauf, küßte und umarmte den verdutzten Sergeanten und riß ihn erbarmungslos hinunter in die ausgestreckten Arme der Menge. Dort schaukelte er hilflos auf einem Meer von Händen und entschwand bald unsern Blicken (Wie man mir sagte, kam er erst am folgenden Tag zurück). Mir selbst glückte die Flucht zurück ins Haus. Den ganzen Tag lang bis spät in den Abend verharrte die riesige Menschenmenge winkend und hochrufend vor dem Haus. Die sowjetischen Behörden waren naturgemäß nicht besonders entzückt davon, zumal dies, wie man uns berichtete, der einzige Ort in ganz Moskau war, wo sich eine Demonstration auch nur einigermaßen vergleichbaren Umfangs abgespielt hatte. Ein einmaliges, höfliches aber zurückhaltendes Hurra der Menge hätte man vielleicht tragbar gefunden, vor allem wenn es von dem Ausdruck der Entschlossenheit begleitet gewesen wäre, die «Überreste des Faschismus» (nämlich jede Art des Widerstands gegen die politischen Absichten der Sowjets) auszurotten; keinesfalls aber diese Wärme, diese Freundlichkeit, diese Begeisterung, die den Repräsentanten einer Regierung gezeigt wurde, von deren Schändlichkeit als bourgeoiser Institution die sowjetischen Propagandisten das Volk schon seit mehr als zwei Jahrzehnten zu überzeugen versuchten. Man kann sich unschwer ausmalen, welche Demütigung die Demonstration für Partei und Polizei gewesen sein muß. Siebenundzwanzig Jahre lang war ohne ihre geflissentliche Vorsorge nicht einmal ein Spatz auf eine Moskauer Straße gefallen, und nun, plötzlich – dies! Sie ließen sich allerlei einfallen, um die Menge zum Weitergehen zu bewegen, errichteten sogar in Windeseile einen Musikpavillon am entgegengesetzten Ende des Platzes und schickten eine Blaskapelle hin. Aber es nützte alles nichts. Die Leute blieben.

Es war sogar uns selbst ein wenig unangenehm. Wir hatten nicht beabsichtigt, an einem solchen Freudentag Anlaß zur Verärgerung zu geben. Wir hatten wahrhaftig nichts dazu getan, die Demonstration zustande zu bringen oder sie zu verlängern, nachdem sie begonnen hatte. Aber wir waren noch hilfloser als selbst die Behörden.

*

Marinenachrichtendienst
Telegramm 10.30
Alle ausstrahlen auf allen Wellen.
Nach Einwilligung in die bedingungslose Kapitulation aller deutschen Streitkräfte sind Versenkungen von Schiffen und Zerstörungen von militärischen Einrichtungen und nichtmilitärischen Anlagen und Einrichtungen nunmehr im Gesamtbereich der Kriegsmarine unbedingt zu unterlassen. Zuwiderhandlungen bedeuten schweren Verstoß gegen ausdrücklichen Willen Großadmirals und werden schwere Nachteile für deutsches Volk bringen.

Der U-Boot-Mann Eduard Adams *Bergen*
Tagsüber Ruhe; breche meinen Seenotproviant auf.

Der Leitende Ingenieur Günter Bartelt *Norwegen*
Der schwarze 8. Mai 1945 überraschte uns im Einsatz auf See. Der generelle Befehl lautete: Kein Schiff darf mehr auslaufen! Alle in See befindlichen U-Boote haben England anzusteuern! Dies war der erste Befehl, den wir nicht ausführten. Wir drehten ab und liefen mit unserem Schützling, den wir zu begleiten hatten, Farsund an. Auch hier waren wir schon des öfteren gewesen und sahen nun traurigen Herzens die Stätte früheren Wirkens unter den gänzlich neuen Umständen wieder. Wohl war es noch die alte große Brücke, die den Fjord überspannte, und wohl waren es noch die kleinen geduckten Häuschen wie bisher, aber man sah alles mit anderen Augen. Die Norweger hatten plötzlich geflaggt. Sie feierten auf ihre Art das Ende des Krieges. Man hatte keine rechte Vorstellung davon, wie es nun weitergehen sollte. Wir legten zunächst neben einem Leinensucher an und ließen alle wichtigen Schiffsunterlagen mit Ausnahme des Kriegstagebuches im Schiffskessel verbrennen. Wenige Stunden darauf setzten wir uns aus Warsund ab und liefen nach Kristiansand zu unserem Flottillen-Stützpunkt zurück. Eine Besprechung beim Flottillenchef ergab den Beschluß, daß alle anwe-

senden U-Boote – es waren etwa 20 – ihre Torpedos verfeuern und auf den Meeresgrund schicken sollten. In einem stillen Seitenfjord entfernten wir die Zündköpfe aus unseren Torpedos und ließen alles in den Fluten versinken. Die Flakmunition mußte abgegeben und an der Pier gelagert werden. Alle fahrbereiten U-Bootseinheiten zogen sich in einen stillen Seitenfjord zurück und harrten der weiteren Dinge. Mit unendlicher Niedergeschlagenheit, aber doch auch im Bewußtsein, bis zum letzten Augenblick unsere Pflicht getan zu haben, warteten wir. Etwas konnten wir jetzt auch an uns selbst denken. Soweit noch Lagerbestände vorhanden waren, kleideten wir uns neu in Marineblau ein. Wenn wir uns jetzt schon den Feinden ausliefern mußten, wollten wir es in stolzer Haltung und tadellosem Aussehen tun. Überall setzte ein Putzen und Flicken ein. [...] Seit einem Jahr waren wir ständig im Einsatz gewesen und hatten stets nur das graue U-Bootszeug oder auch das Lederzeug getragen. Jetzt sahen wir uns in der blauen Uniform wieder. Es war die Vorbereitung für eine Parade zum Ableben aus unserem U-Bootsdasein.

Der Adjutant Heinz Priesmeier *Kamakura / Japan*

Wir waren auf die Kapitulation vorbereitet und hatten entsprechende Vorsorge getroffen. Dann kam der 8. 5. 45. Das japanische Marineministerium teilte uns offiziell mit, daß es die Beschlagnahme der deutschen U-Boote und Schiffe im Südraum und in Japan angeordnet habe. Alle übrigen Marinebestände wie Lebensmittel, Material und Geldbestände blieben in unserem Besitz. Es verfügte weiterhin, daß alle Marineangehörigen von Kamakura nach Hakone in die Internierung gebracht werden müßten.

Am 8. 5. waren wir noch die einzige Dienststelle innerhalb des gesamten Botschaftsbereichs, die ab Anfang Mai 1945 Funkverbindung mit der Heimat hatte. Auch der deutsche Botschafter bekam über uns die letzten Anweisungen aus der Heimat. Die Japaner internierten uns nach der bedingungslosen Kapitulation in einem Hotel in Hakone.

Bevor wie Kamakura verließen, mußte ich in Uniform mit unserem Dolmetscher im Auftrag meines Chefs bei allen japanischen Dienststellen und Behörden Abschiedsbesuche machen und mich für die gute Zusammenarbeit bedanken. Außerdem war es meine Aufgabe, den Japanern die bittere Notwendigkeit unserer Kapitulation zu erklären und ihnen für ihren Krieg, der ja weiterging, den Sieg zu wünschen.

Die Japaner bedauerten Deutschlands Schicksal, anerkannten unseren Kampf bis zum letzten und wünschten mir alles Gute. Es war eine seltsame Situation für mich. So hatte ich mir nie einen Kriegsschluß vorgestellt, unter Einhalt diplomatischer Gepflogenheiten.

Der sowjetische Admiral Arseni Golowko *Kolabucht*
8. Mai, abends. Es ist sehr schade, daß ich das Tagebuch sehr lückenhaft und in zu gedrängter Form geführt habe. Die vierJahre in ständiger Anspannung sind wie im Fluge vergangen. Erst jetzt, da man zurückblickt, beginnt man zu verstehen, welch weiter Weg zurückgelegt wurde und daß mich diese vier Jahre mindestens zehn bis fünfzehn Jahre gewöhnlichen friedlichen Lebens gekostet haben. Überhaupt machen diese vier Jahre eine ganze Epoche im Leben des Landes aus.

★

Der Panzersoldat H. St. *1925 *Kurland*
Im schönsten Schlaf wurden wir gestört und uns die Meldung gebracht, daß um 16 Uhr Antreten wäre. Ja, um diese Zeit also stand der gesamte Regimentsstab: Führergruppe, Erkundungszug und Nachrichtenzug. Der Kommandeur ließ zum offenen Viereck herumschwenken und begann seine Ansprache mit folgenden Worten: «An dem heutigen schicksalsschweren Tage ...»
Ich dachte, was ist denn nun kaputt? Und wir alle waren völlig niedergeschlagen, als wir von dem Kapitulationsangebot des Großadmirals Dönitz hörten. Der Kommandeur sagte weiter, seit 14.00 Uhr bestehe Waffenruhe, aber noch sei die Kapitulation nicht vollzogen. Wenn es soweit wäre, gäbe es zwei Möglichkeiten für uns: einmal, daß wir uns gefangengeben und zum Iwan schippen gehen würden; zum anderen, daß wir uns durchschlagen könnten nach Deutschland. Für diese zweite Möglichkeit sei er.
Jeder von uns hing nun seinen Gedanken nach.
Konnte es denn möglich sein, Deutschland hat kapituliert? Wo waren die Jahre der Siege geblieben? Was sollte nun werden? Keiner konnte es fassen. Aber wir müssen uns damit abfinden. Da standen wir nun und waren über 1000 km (Luftlinie) von der Heimat entfernt. Die Brücken nach dahin waren für uns zerbrochen. Wo war die stolze deutsche Wehrmacht? Hatte sie dieses verdient? Sollten alle Opfer umsonst gewesen sein? Mit den Gedanken war man wieder in der HKL. Ja, es war furchtbar, wenn man sah, daß neben einem die Kameraden fielen oder verwundet wurden. Nicht, daß man nicht stark genug war, dieses ertragen zu können. Doch. Aber wofür mußten sie bluten?

Gerhard Angerabend ***Libau***

Die Lage wurde von Stunde zu Stunde kritischer, denn ein Schiff nach dem anderen legte ab, und in einer solchen Situation kann unter den Wartenden unversehens eine Panik ausbrechen, die zu einer Katastrophe führen mußte. Und gerade in diesen Stunden zeigte sich noch einmal die ungebrochene Haltung und Disziplin des deutschen Soldaten aller Dienstgrade wohl in seiner vorbildlichsten und überwältigendsten Weise. Stumm stand diese Menschenmauer auf dem Quai, kein unnützes Wort, kein Fluch kam von den Lippen dieser Männer, die damit sich selbst überwanden.

Schon senkte sich die Dämmerung über den Hafen, als noch ein Dampfer, der letzte, an unserem Becken anlegte und der Kapitän mir sagte, daß er nur 50 Mann noch mitnehmen könne. Als fast alle von uns auf dem Schiff waren, kam ein Feldwebel zu mir mit der Bitte, ob noch etwa 40–50 verwundete Soldaten auf das Schiff kommen könnten. Der Kapitän des Dampfers mußte diese Bitte aus Sicherheitsgründen für sein Schiff ablehnen. Da gab ich den Befehl, daß die Männer meiner Division wieder aussteigen, um den Verwundeten Platz zu machen. Ein folgenschwerer Befehl, denn auf dem Schiff waren meine Männer bereits in Sicherheit, und wer garantierte mir und ihnen, daß noch ein Schiff kam? Der Hafen war ja schon leer. Und dennoch, sie kamen alle wieder zu mir auf die Landungsbrücke. Tapfere deutsche Männer, die auch jetzt noch ihren Kommandeur nicht verlassen wollten und zu ihm hielten, selbst in dem Bewußtsein, die Chance für eine Heimkehr verspielt zu haben. Bange Augenblicke folgten, in denen kein Wort mehr gesprochen wurde und in denen noch alle Blicke auf mich gerichtet waren mit der stummen Frage, was nun? Und da nahte die Rettung. Ein Schnellboot unserer Kriegsmarine hatte noch eine Rundfahrt durch den Hafen gemacht, sah uns auf der Brücke stehen und nahm uns an Bord, nachdem der Kommandant nochmals zu der im Außenhafen von Libau sich sammelnden Flottille zurückgefahren war, um auf seinem Boot für uns noch Platz zu schaffen. Nachdem es völlig dunkel geworden war, verließen wir als letzte den Hafen von Libau und landeten am 9. Mai abends in der Geltinger Bucht in Schleswig-Holstein.

Ein Soldat **Libau**

Gegen 18 Uhr fuhren wir nach Libau hinein, bis der Laster steckenblieb. Jeder nahm sein Gepäck und Gewehr und ging zu Fuß weiter. Etwa 400 Meter vor dem Hafengelände fingen alle an zu laufen. Einer rief dem anderen zu: «Schnell – das letzte Boot!» Am Hafenbecken spielten sich dramatische Szenen ab. Jeder wollte auf so einen Prahm. Alles schrie und stieß. Ich kann mich gut daran erinnern, daß ein Obermaat brüllte: «Los, Kameraden, es ist das letzte Boot!» Ich sprang noch auf den Prahm, als dieser sich schon in Bewegung setzte. So war ich vielleicht der letzte, der von Libau wegkam. Was sich an Tragik abspielte, habe ich in diesem Moment nicht mehr miterlebt. Habe noch Schüsse gehört, aber um was es sich gehandelt hat, entzieht sich meiner Kenntnis. Es war der Lauf ums nackte Leben. All die Tausende, die sich noch im Hafengelände befanden, und die Kameraden auf den Straßen und Wegen nach Libau: Sie konnten die rettenden Boote nicht mehr erreichen.

Gegen halb zehn Uhr abends sammelten sich die Kutter, Fähren und Fährprähmen auf offener See und stellten sich zu Geleiten nach Schleswig-Holstein zusammen. Libau brannte lichterloh. Fünf deutsche Transportflugzeuge wurden von russischen Nachtjägern abgeschossen und stürzten in die Ostsee. Auf unserem Prahm waren etwa 200 Menschen, die wie Heringe im Bauch des Bootes hingen.

★

Josef Potzgruber **Hela – Eckernförde**

Als am Abend des 8. Mai, pünktlich wie an den Tagen zuvor, die Boote und Prähme ankamen, lagen wir sprungbereit in unseren Löchern. Als wieder kein Befehl kam und alles zu den Booten drängte, sprangen auch wir aus unseren Löchern, stürmten durch das brusttiefe Wasser zu den schon hoffnungslos überfüllten Booten. Zusammen mit drei Kameraden versuchten wir, den erhöhten Bootsrand zu fassen. Auf die Schulter des anderen kletternd, halfen wir uns gegenseitig und kamen glücklich ins Boot, bzw. auf Deck des Fährprahms. Kurz darauf nahm das kleine Geleit Fahrt auf, es mochte ungefähr 7 Uhr abends gewesen sein. Es war ein klarer Abend, als wir die Bucht hinaus auf See fuhren. Zu unserer Verwunderung fuhren wir an Hela vorbei auf die offene See. Da verbreitete sich wie ein Lauffeuer die Nachricht, daß um Mitternacht der Waffenstillstand in Kraft trete. Ein kalter Schauer lief mir über den Rücken, angesichts der Tausenden Zurückbleibenden und meiner ungeahnten Rettung in letzter Sekunde.

Der Obersteuermann Fritz Bösel *1920 **Hela**

Am 8. Mai morgens beobachtete ich vom Ankerplatz aus durchs Glas, daß im Kriegshafen ein unwahrscheinliches Gedränge auf den Piers,

Molen und Kais von Soldaten herrschte, als die ersten Boote, Prähme, Leichter, Fischkutter und andere Fahrzeuge in den Hafen einliefen. Alles, was aufzutreiben war, was schwamm, lief ein und wurde beladen. Den ganzen Vormittag kamen kleine Fahrzeuge. Niemand wußte, woher diese Boote, diese Nußschalen aufgetrieben wurden. Es wurden immer mehr, 50, 60 und noch mehr. [...]

Es wurden uns nach Geschwindigkeit zusammengestellte Geleitzüge zugeteilt. Wir übernahmen Schutz und Navigation. M 3109 und M 3108 übernahmen drei mit Soldaten vollbeladene Marinefährprähme der 13. Land.-Flot. einschließlich des Flottillenchefs, eines Korvettenkapitäns als Verbandführer. Bei unserer Flottille herrschte Aufbruchstimmung. Alle Boote wurden als Begleit- und Sicherungsboote aufgeteilt, meist als Zweier-Päckchen.

Unsere beiden Boote wurden für die Verladung von bis zu 120 Landsern freigegeben. Tatsächlich beluden wir unsere KFK's bis zur Grenze unseres Fassungsvermögens.

Die Belastung vollzog sich anders als damals in Pillau, in großer Disziplin. Bei mir stieg ein Oberst ein. Ein riesiger, grobschlächtiger, etwa 45jähriger Bayer mit einem roten Gesicht. Er sorgte gleich für Ordnung unter den Soldaten. Später erlaubte ich ihm, sich in meine Kabine zurückzuziehen. Den ganzen Vormittag über verließen Geleitzüge von Kleinfahrzeugen, die von Sicherungsfahrzeugen der 9. Sicherungsdivision begleitet wurden, Hela in Richtung Westen. Noch immer trafen fahrbare Untersätze mit Soldaten aus dem Weichselstützpunkt ein. Gegen 13 Uhr fuhr das letzte Geleit größerer Schiffe aus.

Um 14 Uhr schlug auch unsere Stunde. Zurück blieben noch das Führerschiff der 9. Sicherungsdivision und einige Räumboote im Kriegshafen von Hela.

Luftlinie bis zu unserem Zielhafen Flensburg hatten wir über 300 sm zurückzulegen, bei einer durch die ausgeleierten Maschinen der MFP bedingten Marschgeschwindigkeit von 7 Knoten.

Zur Navigation stand uns nur eine Übersichtskarte der Ostsee zur Verfügung. Küstenkarten von den zu passierenden Seegebieten hatten wir nicht. Als wir den Kopf der Halbinsel bei herrlichem Wetter umrundet hatten, gingen wir auf 310° rechtweisenden Kurs. Hinter unseren beiden KFK's schipperten die schwerfälligen drei Marinefährprähme.

Etwa kurz nach 18 Uhr sahen wir im Westen Kriegsschiffe, die sich mit hohen Bugwellen näherten. ES-Austausch ergab, daß es sich um die Zerstörer «Karl Galster» und «Friedrich Ihn», Z 25 und die Torpedoboote 23 und 28 handelte. Der Großadmiral schickte das letzte Aufgebot, um zu retten, was zu retten war. Wehmut überkam einen, als die letzten, hellgrauen, schnittigen Schiffe der Flotte, die noch kampffähig waren, auf der Höhe von Rixhöft an uns vorüberrauschten, an der Stelle, wo auf dem Grund der See 6000 Menschen mit der «Goya» ihr Seemannsgrab gefunden hatten.

In dieser Nacht und am nächsten Morgen war die Ostsee zwischen Hela und Bornholm übersät mit Schiffen aller Größen und Bauarten. Von der Fähre bis zum Kutter, vom Küstendampfer bis zum Tanker, vom Hafenschlepper bis zum Schulschiff, vom Vorpostenboot bis zum Zerstörer, und dazwischen schwammen Leichter, Prähme, Schuten und offene Flöße, zum Teil in Schlepp. Das hatte die Ostsee noch nicht gesehen. Zum Glück hatten wir ruhige See. Ich war froh, daß wir unsere Wache durch drei teilen konnten, dank des kleinen Obersteuermannes. Trotzdem war ich fast die ganze Nacht auf der Brücke. In dem Tohuwabohu mußte man höllisch aufpassen, daß man keine Ramming fuhr, überall tauchten Boote auf. Den ganzen 8. Mai hatten wir eigenartiger Weise Ruhe vor dem Feind gehabt. Sie dachten wohl, daß sie uns doch alle kriegen.

Der Gefreite Alfred Pröbstle *1922 **Hela**

Gestern wurden wir über das Haff von der Artillerie beschossen. Das Feuer lag ganz in unserer Nähe. Die Dinger müssen ziemlich langsam fliegen. Man hört den Abschuß vor dem Einschlag. – Es geht die Parole, wir sollen nach Bornholm kommen. Hoffentlich wird's was. Wir müssen unbedingt hier weg, gegebenenfalls eigenmächtig. Wir setzen unsern Leutnant unter Druck. Wir drohen ihm an, ihn gefesselt im Unterstand liegen zu lassen, wenn er nicht mit abhaut.

Um Mitternacht sind wir fertig zum Türmen. Unser Leutnant hat nachgegeben, er macht mit. Es ist kein Befehl da, aber wir müssen weg. Im letzten Augenblick bekommt der Leutnant den regulären Befehl: «Rette sich, wer kann.» Um 4 Uhr marschieren wir zum Hafen. Ahnungslose Infanterie-Einheiten kommen uns entgegen. Sie marschieren zur Front auf der Halbinsel. Unheimliche Menschenmassen in den Straßen von Hela und im Hafengebiet. Im Hafen stehen wohl 20000 Menschen, Mann an Mann. Und dauernd die Möglichkeit von Artilleriebeschuß oder Luftangriffen. Klarstes Wetter. Wenn hier was reinhaut, die Folgen wären furchtbar.

Wir stehen grade auf einem Landungssteg, da beginnt der Artilleriebeschuß. Immer zwölf Schuß auf einmal, Kaliber 17,5. Ein Schuß schlägt dicht neben uns ein. Aber da wir praktisch im Wasser stehen, gibt das

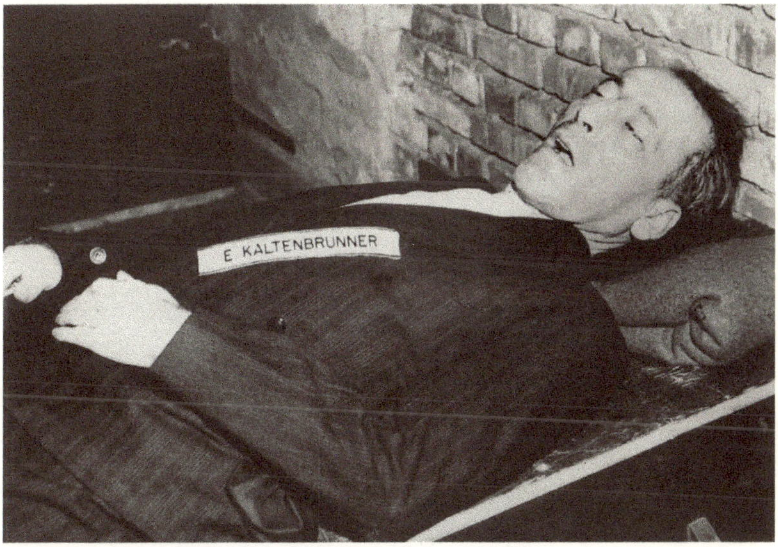

Ernst Kaltenbrunner nach der Hinrichtung, 16.10.1946

nur eine Wasserfontaine. Wir laufen zu einem großen Frachter, der grade Leute übernimmt. Immer wieder, wenn wir Abschüsse hören, schmeißen wir uns in den Dreck. Wenn die Dinger ankommen, liegt man wenigstens schon. Glücklicherweise gehen alle Schüsse über uns weg. Als wir an das Schiff herankommen, ist der Pott grade voll. Trotzdem wollen immer noch Leute rauf. Er muß vom Kai ablegen, damit er nicht gestürmt wird. Einer klettert noch an dem Tau, an dem das Schiff festgemacht war, hoch.
Da kein Schiff weiter da ist, müssen wir wieder zurück. Wir stehen im Hafen herum. Da legt ein Vorpostenboot an. Wir fragen, was sie machen. Sie wollen nur ihre Wassertanks füllen.
«Und dann geht's nach Haus, der Krieg ist vorbei.»
Der Leutnant und Oberdieck gehen zum Kommandanten des Bootes, einem Feldwebel zur See, und fragen, ob wir mitkommen können.
«So viel, wie an Deck gehen, können mitkommen. Unter Deck darf niemand», ist die Antwort.
Sofort sind wir an Bord. Wir sind ja nur zwanzig Mann.

★

Der Gefreite Eckart Oestmann *1922 *Simani*
Der 8. Mai dämmert herauf. Unser Leutnant Peter Braetsch ist beim Stab zum Befehlsempfang. Um 9 Uhr tritt unser «Meldekopf» an, und Leutnant Braetsch hält eine Abschiedsrede. Eine Hälfte wird auserwählt, um mit einem Flugzeug zu entkommen. Zu ihnen gehört auch Heinz Möller, der Leidensgefährte schwerer Zeiten, der wegen seines von mir lädierten Fingers mit in die Heimat soll. Die restlichen Leute beginnen unter dem anhaltenden Gebrumm der russischen Schlachtflieger, die Arbeitsunterlagen zu vernichten. Sammler, Benzin, Papier und vieles andere gehen in Flammen auf, bis der Befehl ergeht, daß alles Gerät ordnungsgemäß an die russischen Truppen zu übergeben sei, mit denen bereits wegen der Kapitulation «verhandelt» würde. Unsere Funkempfänger wandern jedoch noch in unseren tiefen Brunnen. Luftblasen zeugen von ihrem traurigen Ende.
Ab 14 Uhr ruhen die Waffen. Der ohnehin nicht große Lärm der Front verstummt. Eine unheimliche Ruhe breitet sich über der sonnigen Landschaft aus. Da ertönt in meinem Bunker das Telefon, das ich besetzt halte, da ich auf Anweisungen des Stabes warte. Ich nehme den Hörer ab. Es meldet sich die Zentrale mit allen angeschlossenen Dienststellen zur Durchgabe eines Befehls. Gespannt lausche ich und nehme den letz-

ten Befehl des 2. Weltkrieges entgegen. Er lautet: «Ab sofort tritt an die Stelle des Deutschen Grußes der frühere Gruß durch Anlegen der rechten Hand an die Kopfbedeckung. Ende.» Wahrlich, das ist das Ende! Wütend werfe ich das Telefon in die Ecke.
Gegen Abend besteigen wir den LKW, nachdem unsere russischen Hilfswilligen sich von uns verabschiedet haben. Sie gehen wahrscheinlich einer noch finstereren Zukunft als wir entgegen. Ihnen fällt der Abschied sehr schwer; es waren gute Burschen.
Der Wagen fährt – gut verproviantiert – gen Libau. Ein eigentliches Ziel haben wir nicht. Nur etwas tun, um uns abzulenken. Wir passieren die Flakstellungen, von denen große weiße Fahnen wehen, und rollen in die Stadt ein. Die Bevölkerung zeigt sich in Wort und Gebärde feindselig, aber sie wagt angesichts der Unzahl deutscher Soldaten keine Aktionen. Nach etlichen Umwegen landen wir am Hafen, wo im Scheine der untergehenden Sonne Tausende von Soldaten stehen, als sei ein Feldgottesdienst angesetzt. Alle Blicke richten sich auf das weite Rund des durch Molen begrenzten Hafens. Ein Schnellboot, überladen mit Soldaten, strebt der Ausfahrt zu. Hier stehe ich am Ufer der Verzweiflung. Vor uns Wasser, hinter uns der Feind und kein Entrinnen! In einem Bunker im nahen Dünengelände verbringe ich mit Gerhard Polke und vielen anderen die Stunden.

Heinrich Keim *Kurland*

7.5.1945, letzter Tag im Kurlandkessel. Da ich weiß, daß Wertsachen vielleicht nur noch Stunden in meinem Besitz sein werden, hinterlege ich meinen Ehering, Fotoapparat und meine Heimatanschrift bei einem lettischen Bauern. Die Zukunft ist so dunkel wie die Nacht. – Am nächsten Tage übergeben wir die Fahrzeuge, Waffen und Ausrüstung den Russen, und ein Dolmetscher erklärt uns, daß wir von jetzt ab Kriegsgefangene sind. An meinen Schulterstücken sehen die Russen, daß ich einer technischen Einheit bei der deutschen Wehrmacht angehörte. Augenblicklich werde ich von meiner Kompanie getrennt. Es bleibt eben noch Zeit, um mich von meinen Kameraden mit einem Händedruck zu verabschieden und ihnen für die Zukunft den Umständen entsprechend das Beste zu wünschen.
Bei untergehender Sonne werde ich von zwei russischen Posten auf einen Friedhof geführt – und man macht mir lautstark und mit unmißverständlicher Handhabung der Maschinenpistole klar, daß ich mich nicht von meiner Stelle entfernen darf. Es wird Nacht, der Himmel hat sich bezogen, es fällt ein feiner Regen. In der Umgebung wird es allmäh-

lich ruhiger. Ich bin nicht sicher, ob ich bewacht werde. Die Einsamkeit und das Gefühl, schutzlos in einem fremdem Lande zu sein, drücken die Stimmung auf den Nullpunkt und lassen den Gedanken an Schlaf nicht aufkommen. Ich nehme dann doch meine Decke, das einzige, was mir geblieben ist, und lege mich zwischen zwei Gräber. Obwohl der naßkalte Boden bald spürbar wird, bleibe ich liegen, damit der Körper Ruhe bekommt. Wer weiß, was mir der kommende Tag bringen wird. In diesem Dämmerzustand höre ich plötzlich einen Anruf: «Kamerad!» Im Morgengrauen sehe ich einen mir unbekannten Feldwebel. Er mußte die Nacht unweit von mir in gleicher Lage verbringen, hatte aber beobachtet, wie mich die Posten abends zuvor auf den Friedhof führten. Wie zwei alte Freunde sitzen wir nun zusammen, und doch weiß einer vom anderen so gut wie nichts.

Otto Faust *Kriegsgefangenenlager Szallias-Pilz bei Riga*

In diesem Lager erlebte ich auch die bedingungslose Kapitulation unseres Vaterlandes. Es war für mich sehr schwer. Als Idealist zog ich in diesen Kampf, ob als Soldat oder Nationalsozialist, und ein so gewaltiges Ringen nahm so einen bitteren Abschluß. Einige freuten sich, insbesondere die Herren von der «Antifa», d. h. Antifaschisten. Es waren meistens Vagabunden, ich werde nochmals auf diese «Sorte» zurückkommen [...] Ich war inzwischen körperlich so stark abgemagert, daß ich bei einer Untersuchung O. K. (d. h. ohne Kraft) geschrieben wurde. Außer Essenholen durfte ich nichts arbeiten, es waren viele Kameraden, die noch viel schlechter dran waren als ich, sie nannte man Distrophiker (Untererernährte), welche von ihnen sind im Lager gestorben. Ruhr und Wassersucht waren die häufigsten Krankheiten.
Im Mai kamen dann die Kapitulationstruppen aus dem Kurland, sie waren noch körperlich gut in Ordnung, gute Kleider und hatten noch viel Verpflegung bei sich. Sie waren alle zuversichtlich, daß sie bald in die Heimat entlassen würden, es kam jedoch anders.

*

Der Arzt *Lager Rothenstein*
Hans Graf von Lehndorff 1910–1987 *bei Königsberg*

Am 8. Mai hören wir, daß der Krieg zu Ende ist. Die Lautsprechen schallen noch etwas durchdringender als sonst. In den Hallen sprechen ein paar zweifelhafte deutsche Soldaten über die Befreiung vom Nationalsozialismus und die Segnungen des Bolschewismus. Vor der Tür des

Kommandanten ist – woher in dieser Wildnis? – ein strotzendes Blumenarrangement aufgebaut worden. Sonst merken wir nicht viel vom Endsieg. Die offizielle Ernährungslage ist nicht besser geworden. Es gibt weiterhin nur Grütze und manchmal getrocknetes Brot, das in Säcken transportiert wird. Das Lazarett hat allerdings den erheblichen Vorteil vor dem übrigen Lager, daß es seine Ration selber holen, zubereiten und verteilen kann. Außerdem bekommen Kranke und Personal täglich einen Eßlöffel Zucker.

Was uns am meisten zu schaffen macht, ist immer noch die Kälte. In der ersten Maihälfte stürmt und regnet es fast ununterbrochen, und die Temperaturen sind nachts noch um null Grad. Die Mehrzahl der Todesfälle beruht in dieser Zeit auf Auskühlung. Auch das ist eine lautlose Angelegenheit. Nirgends sieht man Zeichen eines Todeskampfes. Die Bewegungen werden von Tag zu Tag schwächer, die Menschen sprechen auch noch, wenn man sie anstößt, aber dann ist man froh, wenn es endlich so weit ist, daß man sie mit unbeschwertem Gewissen aus den Reihen ziehen und im Keller auf den Haufen legen kann, der täglich vergraben wird, denn viele warten schon auf die freiwerdenden Plätze.

Warm ist es nur in den Küchen, von denen auf jeder Etage eine eingerichtet worden ist. Eiserne Herde und Ofenrohre sucht man sich auf den Kasernenhöfen zusammen. Die Rohre werden aus den Fenstern geleitet und das Loch mit Pappe abgedichtet. Verheizt wird alles, was brennt. Meistens ist der ganze Raum verqualmt, besonders auf der Windseite, aber die Wärme wiegt alles auf. Außerdem können wir jetzt das Brot genießbar machen, an dem man sich sonst die Zähne ausbeißt. Es wird in Wasser aufgeweicht und dann geröstet. Was es sonst zu essen gibt, wird unter der Hand besorgt. Als Brotaufstrich verwenden wir Vitamin-B-Extrakt aus einer großen Blechbüchse, die von der unermüdlichen Erika in geöffnetem Zustand auf einem Schutthaufen gefunden wurde. Spuren von Grieß, Mehl und Reis, die als Anschauungsmaterial gedient haben, finden Schreiner und ich auf einem Erkundungsgang in dem ehemaligen Unterrichtszimmer eines eben geräumten Kasernenblocks. Wie ein Kind freut man sich über so eine unvermutete Beute.

Der Zaun, der das Lager umgibt, ist an mehreren Stellen offen, und die Lücken werden nur oberflächlich bewacht. Trotzdem denkt kaum jemand an Ausreißen. Was man aus der Stadt hört, verlockt nicht dazu, sich dorthin zu begeben. Wer sich auf der Straße sehen läßt, wird aufgegriffen und zur Arbeit oder in ein anderes Lager gebracht. Und um weiterzulaufen, ganz aus dem Stadtbereich heraus, dazu fehlt es an Mut und Kraft.

Ein paar Tage nach dem Umzug habe ich mit Giese und Erika nahe am Lagerzaun die Zwillinge begraben, die an der Kälte glücklicherweise bald gestorben sind. Giese hat einen Bibeltext gelesen und eine kurze Ansprache dazu gehalten. Anders spielt sich das Vergraben der übrigen Toten ab. Der junge Kaplan Klein, dem dies schwere Amt zudiktiert worden ist, weil er nach Ansicht der Russen offenbar Fachmann im Beerdigen sein muß, spricht nicht mit uns darüber, obgleich wir zusammen wohnen. Als ich ihn vorsichtig frage, ob er es fertigbrächte, ein geistliches Wort dabei zu sagen, wehrt er stumm ab. Einmal bleibt er zwei Tage lang wortlos liegen, und Giese muß ihn vertreten. Der hat mir den Vorgang dann in Form einer Art Beichte geschildert: Hinten auf dem Feld, in der Nähe der Umzäunung, wird ein längliches Loch gegraben, in das die Toten, fünfzig bis sechzig am Tage, hineingeworfen werden, größtenteils nackt; denn mit ihren Kleidern werden Männer zum Graben aus den Hallen gelockt. Nur so ist es möglich, ohne die polnischen Bändiger auszukommen. Da die Männer alle sehr schwach sind, dauert das Ausschachten des schweren Lehms den ganzen Tag. Und wenn einer liegenbleibt, sind die Kameraden nur schwer dazu zu bewegen, ihn nach der Arbeit zurückzutragen. Die Last des eigenen Körpers wiegt schon schwer genug, und man riskiert buchstäblich das Leben mit jeder Sonderleistung.

Michael Wieck *1928 *Königsberg*

Ein unbeschreibliches Freudenfest feierten die Russen, als Admiral Dönitz die Kapitulation unterzeichnete. Den ganzen Tag wurde mit allem, was schießen konnte, herumgeballert. Jeder war erleichtert, daß dieser Wahnsinn endlich ein Ende fand und nun an einen Neuanfang gedacht werden konnte. Rassenwahn und Herrschaftsanspruch hatten einen Rückschlag provoziert, wie er vernichtender nicht sein konnte. Das Fazit vom Traum eines weltbeherrschenden Großdeutschland war ein europäisches Trümmerfeld mit enorm vergrößertem Einflußbereich der Sowjetunion.

Von diesem Tag an wurde ich täglich mehr zum Ernährer meiner Eltern. Besonders Vater stand ratlos vor den neuen Lebensbedingungen, die uns alle zu Raubtieren in einer zu kleinen Wildbahn gemacht hatten. Jetzt mußte man die Sinne gebrauchen und flink handeln. Sehen, hören, kombinieren und Einfälle haben, das waren die lebensrettenden Eigenschaften. Sich den Russen unentbehrlich machen, ihre Sympathie gewinnen, etwas reparieren, zum Beispiel eine Uhr oder Petroleumlampen. Dafür gab es Brot oder Haferflocken, Gerste oder Suppe.

Mutter hatte vom Wasserholen Sehnenscheidenentzündung und große Schmerzen. Abends bastelte ich eine Pede – ein über die Schulter zu legendes Joch –, an das man rechts und links einen Eimer hängen konnte. Das erleichterte das Wasserholen. So konnte Mutter zwei halbvolle Eimer ohne Schmerzen tragen. Doch bald war ich selber in der Lage, unser lebensnotwendiges Wasser aus Luisenwahl zu holen. Vater gewöhnte sich daran, von uns versorgt zu werden, und begann wieder Chinesisch zu lernen. Doch auch als alter Mann hätte er versuchen müssen, in irgendeiner Form zum Lebensunterhalt beizutragen. Die Russen respektierten jetzt würdig aussehende und weißhaarige Männer und setzten sie bei Verwaltungs- und Organisationsaufgaben ein. Es sollte bald zu bitteren Auseinandersetzungen zwischen mir und Vater kommen.

Horst-Harry Reuschel ***Gestüt Damsbrück / bei Falkensee***

Als der Kapitulationstag am 6. Mai und Siegesparade am 8. Mai in Berlin kam, da hißte auch ich, der mit den anderen nach Damsbrück Zurückgekehrte, die englische Fahne auf unserem Stallboden. Klara hatte sie nach Mutters Angaben fabriziert und bis auf die fehlenden weißen Querstreifen war sie echt. Ich zog mit einem Amikäppi u. angehefteter englischer Kokarde umher und ich wurde zusehends mutiger. Es machte mir gar nichts aus, nun mit den Russen zu parlieren. Ein Russe, der mit vorgehaltener Pistole unser Panjepferdchen-Überbleibsel eines «Austausches» klauen wollte, den zwang ich zum militärischen Salut vor unserer Fahne und Wegtreten. Mein Zwang bestand in kaudergewelschtem Russisch: Du Kamrad? Wui Angliski ponemai, nix Germanski! Carascho slutheitje Towarisch! Su da Doswidanje. Egal wie, aber er spurte mit Salut vor mir oder der Fahne. Das Pferd war wieder unser. Aber es gab für mich auch mal Hiebe! Als ich einen Mongolen, der Papiroski drehend auf einem Panjerücken lümmelte, von unserem Grünschnitt runterholen wollte. Mein Spruch nützte nichts, auch nicht meine Beziehungsdeuterei zu seinem Kommandant. Er holte mit einer Art Nagaika aus und versuchte mich vom Pferd aus hauend zu verfolgen. Zum Glück war ich rascher als er u. raste die Koppelzäune durchschwingend aufs nachbarliche Gestüt, wo mein Russenfreund Alexej Kommandant war. Der half mir dann auch und prügelte nun seinerseits den Mongolen vom Pferd. Am nächsten Tag waren wir beim Ölen unserer nicht requirierten Mähmaschine, als plötzlich dieser Mongoliski mir auf die Schulter klopfte. Ehrlich, ich dachte an mein letztes Stündlein und habe aus dieser Zeit wohl auch meinen nervösen Magen behalten, aber nichts war: Grinsend quatschte er von: du Papiroski slutscheitje. Na, er bekam nicht nur eine, sondern gleich zwei, und so hatte ich doch gesiegt, denn die Russenpanjes durften fortan nicht mehr auf angliski Doma weiden.

★

Hans Henny Jahnn 1894–1959 *Bornholm*

Während des ganzen Morgens Flugzeuge in der Luft. Ich vermutete, es seien englische, die das Fahrwasser beobachten. Leider ist es anders. Als ich auf den Hof kam hörte ich Geräusche wie von einem riesenhaften Motor: das Trommeln der Geschütze und das Einschlagen der Bomben. Die Feuersäulen der Bomben spritzten [?] aus Rønne auf. – So geht es schon seit wenigstens einer Stunde.

Möglicherweise wurde auch Allinge bombardiert. Aber wir können es von hier nicht entscheiden. Die Sirenen haben wir hören können. – Das also ist der erste Friedenstag. Ich sehe übrigens nicht eine einzige Flagge. […]

Um 3 Uhr habe ich die Rede Churchills gehört. Sie war kurz, 4–5 Minuten Dauer. Er gab eine genaue Darstellung der Kapitulation. Zwei Punkte möchte ich hervorheben: Die gestern unterzeichnete Urkunde muß heute in Berlin ratifiziert werden und tritt danach erst heute Nacht, eine Minute nach 12 Uhr in Kraft. Ganz genau gesagt: in der ersten Minute des morgigen Tages. – Dieser Zusammenhang erklärt die Kriegshandlungen auf der Insel. […] Es wird immer unverständlicher, warum die Engländer nicht hierher gekommen sind. – – – – –

[…] Morgen früh sollen russische Truppen eintreffen und die Entwaffnung vornehmen. Wegen meiner Verbindung nach Deutschland bin ich sehr betrübt über diese Wendung. – – – – –

11 Uhr. Offiziell sollen $^4/_5$ von Nexø und 70% von Rønne vernichtet sein, doch *keine* dänischen Toten. […]

Offiziell werden 20 000 umherstreifende Soldaten aus Kurland als eine Gefahr für die Insel bezeichnet, weil sie weder Obdach noch Nahrungsmittel haben. Die dänische Regierung ist ersucht worden und auch bereit, Schiffe mit Nahrungsmitteln zu senden. Es dürften jetzt mehr Soldaten und Flüchtlinge als Einwohner auf der Insel sein. In Nexø steht ein Munitionsschiff in Flammen, das stückweis explodiert. Deshalb können die Brände in der Stadt nicht gelöscht werden.

★

Der Offizier
Udo von Alvensleben 1897–1962 *Nordnorwegen*
Unser Zeitalter ist «apokalyptisch». Die ganze zivilisierte Welt krankt an den Folgen der Säkularisation aller Kulturwerte und Bindungen, die in den letzten Jahrhunderten vorbereitet sich seit 1789 vollzieht. Gebirge von Schuld. Wie leicht hätte eine konstruktive Politik die Grundlage für ein Zusammenleben der Nationen unter neuen, besseren Voraussetzungen schaffen können! Doch Verbrechen häufen sich auf Verbrechen. Das alte Europa zerbricht. Wird die kommende Generation fähig sein, ein neues zu bauen? In all dem Heillosen mag das Heil im Verborgenen unter den Wenigen erwachsen, auf die es in allen Zeitaltern angekommen ist. Wird eine rechtzeitige Hinwendung des Menschen zu dem ewigen Maß der Dinge die Welt von der Selbstauflösung retten?
Die Norweger beginnen, Freudenfeste zu feiern. In der Nacht vom 7. zum 8. Mai lodern rings Johannisfeuer. Die Akten der gesamten Wehrmacht werden verbrannt. Es geschieht mit grimmiger Freude. Mit der Erklärung der bedingungslosen Kapitulation durch die Regierung Dönitz-Krosigk ist der Krieg zu Ende. Vorgänge wie im November 1918 wiederholen sich, doch wie harmlos wirkt die Niederlage im Ersten Weltkrieg jetzt demgegenüber! Das große Schiff, das ich am 1. September 1939 im Geiste hatte sinken sehen, ist untergegangen.
Voll Überraschung konstatiere ich, wie sich mir die Dinge in seltsamer Distanz und kühlem Lichte darstellen. Die Perspektive der welthistorischen Betrachtung läßt mich alles wie aus zu weiter Entfernung sehen. Der Schmerz ist vorweggenommen und ausgebrannt.

Der Leitende Ingenieur Günter Bartelt *Norwegen*
Drei Soldaten von unserem Marinestützpunkt mußten festgenommen und abgeurteilt werden. Sie hatten sich sehr unwürdig benommen und schwarze Listen angefertigt von Vorgesetzten, die ihnen unbequem waren. Sie hatten sich dazu hinreißen lassen, in den Straßen von Kristiansand inmitten johlender und feiernder Norweger ihre Uniformen gegenseitig zu demontieren, teilweise sogar mit den Zähnen. Eine Marine-Offizierstreife griff hart durch und setzte die Missetäter zur Aburteilung fest.

Der Wachoffizier Gerd Kochskämper *Kopenhagen*
Alle deutschen Schiffe im Hafen flaggten am 8. Mai 1945 über die Toppen. Um 16.00 Uhr wurden alle deutschen Nationalflaggen niedergeholt, da zum gleichen Zeitpunkt die Kapitulation in Kraft trat.

Kurz zuvor hatte unser Kommandant seine letzte Ansprache gehalten, in der er u. a. hervorhob, daß die Besatzung des Segelschulschiffes «Albert Leo Schlageter» und die des Hilfskreuzers «Orion» zusammen mit den Schiffen der Handelsmarine und der Kriegsmarine mit der Rettung der Vertriebenen über See zu einer humanitären Herausforderung gebracht wurden, deren einmalige Leistung erst in späteren Jahren ihre volle Anerkennung finden würde.

Ilse Vögerl *1920 *Kopenhagen*

Als die Kapitulation in Dänemark durch war, fingen die Freiheitskämpfer im Hafengebiet an, aus den Häusern auf die Schiffe zu schießen. Neben uns lag der Panzerkreuzer «Norma» [?], der schwenkte denn so hübsch seine Türme, und da haben wir gesagt: «Hoffentlich schießen die mal richtig.» Wir haben durch die Bulleyes geguckt und konnten einen Krieg aus nächster Nähe beobachten. Unser Wäschesteward, der ging bloß einmal über Deck und hatte dann einen Oberschenkelschußbruch. Die Dänen haben noch sehr viel Tote gehabt, und die Deutschen 15 Tote. Da kam die dänische Regierung den nächsten Tag und brachte einen Kranz, für die Toten. Weil die da nicht damit einverstanden waren, daß die Freiheitskämpfer nach der Kapitulation noch so was anfingen.

Thorkild Hansen 1927–1989 *Kopenhagen*

Ein unvergleichliches Sommerwetter, als wollte auch die Sonne den glücklichsten Tag seit Jahren feiern. In Turnhosen liege ich draußen auf dem Rasen und lese «Der Fall des Königs» [von Johannes V. Jensen]. Es ist wunderbar zu spüren, wie die Haut abwechselnd von der Sonne gewärmt und von einem Windstoß abgekühlt wird. Ich liege hier mit meinem winterblassen Körper von der Sonne wiedergeboren wie die geplagte Erde. Die anderen sind in die Stadt gefahren, um den Tag auf dem Rathausplatz zu feiern, aber ich liege lieber hier und spüre die Freude alleine. Es ist die alte Geschichte: lieber außen vor zu sein als sich außen vor zu fühlen. In diesen Tagen trägt man eine Armbinde, oder aber man bleibt daheim. […] Ich bleibe sitzen, während die Dunkelheit sich senkt. Ich sehe, wie der Himmelschein gleichsam unten im Wasser vergeht und der schwarzen Dunkelheit, dem ersten Stern weicht. Ich höre, wie die Vögel mit dem Singen aufhören. Ich spüre die Mücken, die Kühle, den Geruch von Waldboden. Dann erhebe ich mich und gehe nach Hause und setze mich, um dieses niederzuschreiben. Ich kann mich nicht überwinden, zu Bett zu gehen. Ich sitze vor dem offenen Fenster genau wie gestern. Ich sage mir, daß dies die zweite Nacht ist, es gab nicht nur eine. Dies ist die zweite stille, heilige Nacht des Friedens.

Knut Hamsun 1859–1952 *Nørholm/Norwegen*

Ich bin dessen nicht würdig, mit lauter Stimme über Adolf Hitler zu sprechen, und zu sentimentaler Rührung laden sein Leben und seine Taten nicht ein. Er war Krieger, ein Krieger für die Menschheit und ein Verkünder des Evangeliums vom Recht für alle Nationen. Er war eine reformatorische Gestalt von höchstem Rang, und es war sein historisches Schicksal, in einer Zeit der beispiellosen Roheit wirken zu müssen, die ihn schließlich gefällt hat. So wird der gewöhnliche Westeuropäer Adolf Hitler sehen, und wir, seine treuen Anhänger, neigen nun unser Haupt angesichts seines Todes.

⋆

Heimito von Doderer 1896–1966 *Oslo*

Außen • Ein heller, blauer, windwehender Frühlingstag. Jubel, Fahnen, Fähnchen, Flaggen, die Straßen dichtgesäumt von Menschen. […]
«Den Norwegern ist zu gratulieren.» Nach längerem Ausgang kehr' ich nachmittags in mein Zimmer zurück. Ich mußte zu Fuß gehen – und es war der Mühe wert, denn ich habe mir hundert Zigaretten, Tabak und Zigarren geholt, was alles plötzlich pro Mann und Nase gratis zur Ausschüttung gekommen ist, Zeichen der Zeit im genauesten Verstande! – ich mußte zu Fuß gehen, einen weiten Weg, denn die Tramway war überfüllt und später ganz eingestellt, der offiziellen Sieges- und Friedensfeier wegen. Alle Glocken läuteten, zehntausende von Fähnchen winkten, die Straßen wimmelten von Menschen … ich ging ganz unbehelligt, eine Aktentasche unterm Arm. Einmal lachte mich ein norwegischer Arbeiter freundlich an und winkte mir zu, einen Abschiedsgruß, und zum anderen Mal entschuldigte sich ein junger Herr überaus höflich, der mich im Gedränge angestoßen hatte. Das ist Europa. Das sind die Convenus, die nur bei freien Völkern – darunter versteh' ich solche, wo der Einzelne frei leben kann – gedeihen und so tief wurzeln, daß auch die Alteration sie nicht zu lockern und auszureißen vermag. «Den Norwegern ist zu gratulieren», könnte man mit Robert Neumann sagen, der «mit fremden Federn» geschrieben hat und mir mit seiner eigenen – nach dem Erscheinen von ‹Das Geheimnis des Reichs›, Roman aus dem russischen Bürgerkrieg – «Zu Ihrem Roman ist Ihnen zu gratulieren».
Innen und außen • Und doch ist es eine Qual: hier in deutscher Offi-

ziers-Uniform herumlaufen zu müssen nämlich; eben das zu bedeuten, was man nicht meint, die Brücke zwischen innen und außen, die Brücke der Wirklichkeit, so gänzlich zerbrochen sehen zu müssen, den Gegensatz zwischen Innen und Außen – dem eigenen Innern und dem eigenen Äußeren – in einer geradezu dramatischen Sauberkeit scharf abgegrenzt zu erleben. Ich werde vielleicht bedauert wegen etwas, das ich nicht leide, und vielleicht geheim geachtet wegen einer tragischen Würde, die mir nicht eignet! Heut' ist ein Doppel-Leben, das ich der brutalen Gewalt in mich einzubauen erlaubte – den organisierten Schrecken von Anfang an einer persönlichen Exposition vorziehend – zum Kristall geworden. Dessen Kanten und Flächen werden bei Vielen nicht so scharf und drückend sein wie bei mir; aber bei manchen doch vorhanden, unvollständig zwar, aber in den Grundlinien oder mindestens angedeutet. Man kann durch Dulden schuldig werden. So, letzten Endes, hat der totale Staat den Menschen eingesackt; und die Kulmination liegt dort, wo das was einer vorstellt, mit dem, was einer ist (um Schopenhauerisch zu reden), keinerlei Konnex mehr hat: nur die Klammer jener Grundschuld durch Dulden hält beides noch zusammen.
Wiederkehr des Lebens • Ja, ich fühl's: das Leben ist wieder da, es wird auch an mich als an einen Einzelnen wieder herantreten. Der Kristall, den ich oben metaphorisch erwähnt habe, muß, zur Vollendung gekommen, alsbald zerspringen. – Das war noch eine gute Stunde jetzt; mein Nachbar, ein mir nicht näher bekannter Soldat, hat mir sogar eine Tasse voll echtem Kaffee gebracht. – Wir gehen der Kriegsgefangenschaft entgegen, der Deklassierung, wieder einmal dem Leben in trüber Masse in Baracken und hinter Stacheldraht … «wir»: das hat ein Ende. Dieser doppelte Boden bricht ein. Jetzt heißt es: ich. Und ich will's ertragen.

⋆

Der Offizier der Waffen-SS
Léon Degrelle 1906–1994 *Oslo – Spanien*
Es war vielleicht halb zwei Uhr morgens, als ich eine beunruhigende Erscheinung bemerkte. Ein großer Scheinwerfer leuchtete hinter uns auf und suchte den Himmel ab.
Mein Herz schlug schneller.
Trotz aller Feiern waren wir entdeckt worden.
Scheinwerfer leuchteten jetzt in unserer Nähe auf. Andere blinkten weit vor uns.

Auf Flugplätzen zeichneten sich große Lichtvierecke ab. Die Rollbahnen glänzten wie weiße Suter[?].
Unsere Maschine flog so schnell sie konnte, um diesen verfluchten Lichtern zu entgehen.
Aber immer wieder leuchteten andere Scheinwerfer auf und folgten uns, als ob sie uns packen wollten.
Knatternd zeigte sich Lichtschein an den Flügeln.
Der Funkapparat begann zu knistern. Von den alliierten Flugplätzen aus riefen uns Beobachter an: «Wer sind Sie? … Was machen Sie? …»
Wir antworteten nicht und flogen immer schneller.
Unter mir lag Belgien.
Da war Antwerpen, das in der ersten Nacht des wiedergefundenen Friedens erstrahlte.
Ich dachte an unsere Flüsse, Straßen, an alle Orte, in denen ich gesprochen hatte, an die Ebenen und die Hügel und die alten Häuser, die ich so sehr geliebt hatte. Dort, unter der dunklen Maschine, war das ganze Volk, dieses Volk, das ich erhöhen, adeln und auf den Weg der Größe hatte führen wollen … Zu meiner Linken sah ich die Lichter von Brüssel und den großen schwarzen Fleck des Waldes von Soignes, in dem mein langgestrecktes, geliebtes Heim lag …
Wie groß ist doch das Unglück des Besiegten, der seine Träume zerrinnen sieht! […] Ich biß die Zähne aufeinander, als mir die Tränen kamen … In Nacht und Wind, verfolgt von einem bitteren Schicksal, hatte ich meine letzte Begegnung mit dem Himmel meines Vaterlandes …
Nun lag Lille hinter uns. Immer noch suchten die Scheinwerfer der Flugplätze nach uns.
Aber je mehr wir nach Süden kamen, um so größer wurde unsere Hoffnung, dem Tode zu entrinnen.
Wir näherten uns Paris, das unsere «Heinkel» in sehr niedriger Höhe überflog. Ich konnte die Straßen und Plätze erkennen, die silbergrau wie Tauben erglänzten.
Wir lebten noch! Wir überflogen die Beauce, die Loire und die Vendée. Bald würden wir am Atlantik sein.
Aber unsere Flieger sahen sich sorgenvoll an. Gewiß war nun die Gefahr geringer, von der alliierten Flak oder den Nachtjägern abgeschossen zu werden. Aber unser Benzin nahm ab.
Die Nacht war entsetzlich dunkel.
Mit Sorge sah ich nach unten. Die Leuchtzeiger zeigten fünf Uhr morgens. Ein schwacher Schimmer zeichnete sich in der Dunkelheit ab. Ich

hatte ihn sofort erkannt. Es war die Girondemündung. Wir waren auf dem richtigen Wege.

Wir flogen am Meer entlang.

Schwach konnten wir die Brandung am Strande erkennen. Weit im Osten wurde es kaum merklich heller.

Das Benzin ging immer mehr zur Neige.

Im bläulichen Schimmer des Armaturenbretts betrachtete ich die besorgten Gesichtszüge der Piloten.

Die Maschine flog langsamer und ging herunter.

Wir flogen an Arcachon vorbei. Dort hatte ich früher unter den duftenden Kiefern gelebt. Der Hafen war erleuchtet wie am 14. Juli.

Wir flogen an den düsteren Strecken der «Landes» entlang, in denen der große See von Biscarosse wie ein leuchtender Fleck lag.

Die «Heinkel» hatte zahlreiche Fehlzündungen.

Einer der Flieger gab uns Rettungsgürtel. Der Benzinvorrat war auf der Neige angelangt. Jeden Augenblick konnten wir nun ins Meer abstürzen.

Mit nervenzerreißender Spannung suchte ich nach der vermutlichen Linie der Pyrenäen. Schwaches Licht schimmerte.

Die Bergketten mußten zu sehen sein … Wir sahen sie nicht.

Die Fehlzündungen wurden immer vernehmbarer.

Im Südosten zeichete sich eine zartblaue Kette am Himmel ab. Das waren die Pyrenäen!

Ob wir wohl bis zur spanischen Grenze in der Luft bleiben würden?

Durch den Sturm vorangetrieben, waren wir fast zweitausenddreihundert Kilometer geflogen. Wir mußten die Maschine auf den linken Flügel und dann auf den rechten Flügel drehen, um die letzten Liter Benzin aus den Reservetanks in die Motoren laufen zu lassen.

Ich kannte die Gegend von Biarritz und Saint-Jean-de-Luze. Ich erkannte bereits die weiße Einbuchtung der Pyrenäen an der Mündung der Bidassoa.

Aber die Maschine wollte nicht mehr, sie war schon fast bis auf die Wellen heruntergegangen. Zwanzig Kilometer vor der iberischen Küste sollten wir untergehen.

Wohl oder übel mußten wir die roten Seenotraketen abschießen: Zwei Boote der Kriegsmarine kamen von der französischen Küste her auf uns zu.

– Welches Pech! Und dabei leuchtete nun in der Ferne ein Leuchtturm, ein spanischer Leuchtturm!

Die schaumigen Wellenkämme und das Wogen des Meeres, dicht unter uns, boten in ihrer Bereitschaft uns zu verschlingen, einen seltsamen Anblick ... Noch immer fielen wir nicht. Die Küste kam näher mit ihrer Brandung, ihren Riffen und ihren schwarzgrünen Bergen, die gerade erst aus der Dunkelheit aufgetaucht waren.
Plötzlich riß der Pilot die Maschine steil nach oben, jagte fast ebenso steil wieder nach unten, suchte mit donnernden Motoren die letzten Tropfen Benzin heranzuholen und jagte dann über einen felsigen Hügel, wobei er unter schaurigem Lärm über einige rote Dächer wegflog. Wir hatten keine Zeit mehr zum Nachdenken.
Blitzartig hatten wir eine kurze Sandstrecke entdeckt. Die «Heinkel», die ihr Laufgestell nicht heruntergelassen hatte, glitt mit zweihundertfünfzig Stundenkilometern auf ihrem Rumpf über den Boden. Ich sah, wie der rechte Motor wie eine Feuerkugel wegflog. Die Maschine drehte sich, stürzte ins Meer, versank in den Wellen und zerschellte.
Das Wasser drang in die Kabine ein und stieg uns bis zum Leib. Ich hatte fünf Brüche. Auf dem Strand von San Sebastian liefen aufgeregte Zivilgardisten mit schwarzen Zweimastern vor den Villen und Hotels auf und ab. Spanier kamen schwimmend, nackt wie Südseeinsulaner, zu unserem gestrandeten Flugzeug.
Sie hoben mich auf einen Flügel der zweimotorigen Maschine und dann in ein kleines Boot. Ein Sanitätswagen stand am Ufer.
Diesmal war der Krieg wirklich zu Ende ...
Ich lebte. Gott hatte mich gerettet.
Selbst meine Verletzungen waren ein Segen.
Ich sollte Monate im Bett eines Hospitals verbringen.
Ich hatte meine Kraft und meinen Glauben bewahrt.
Ich hatte die Bitterkeit, nutzlos in die Hand meiner Feinde zu fallen, nicht erleben müssen.
Als Zeuge der Taten meiner Soldaten blieb ich übrig. Ich konnte sie von den Anwürfen ihrer Gegner säubern, die kein Gefühl für Heldentum haben. Ich konnte von ihren Taten am Donez und am Don, am Kaukasus und in Tscherkassy, in Estland, in Stargard und an der Oder berichten.
Der Tag wird kommen, an dem die geheiligten Namen unserer Toten mit Stolz genannt werden. Bei diesen ruhmvollen Geschichten werden die Herzen unseres Volkes schneller schlagen. Und es wird seine Söhne anerkennen.
Zweifellos waren wir materiell besiegt worden.
In allen Ecken Europas waren wir nun zerstreut und verfolgt.

Dennoch konnten wir der Zukunft erhobenen Hauptes entgegensehen. Die Geschichte wägt das Verdienst der Menschen. Über alle irdischen Unvollkommenheiten hinweg hatten wir unsere Jugend rückhaltlos geopfert. Wir hatten für Europa, seinen Glauben und seine Kultur gekämpft. In Aufrichtigkeit und Opferbereitschaft waren wir bis zum Ende treu geblieben. Früher oder später muß Europa und die Welt die Gerechtigkeit unserer Sache und die Reinheit unserer Hingabe anerkennen.
Denn der Haß stirbt, er erstickt an seiner Torheit und Niedrigkeit. Aber alles Große ist ewig.

★

Ilse F. *Lager Lubovka / Sowjetunion*
Ich arbeitete nicht mehr im Schacht, sondern draußen auf der «Otlatka», beim Waggonausladen. Um 5 Uhr morgens hörten wir Glockenläuten. Etwas ganz Besonderes mußte es sein. Später kam unser Vorarbeiter u. sagte «Voina caput», der Krieg ist aus.

Marlis Brink *1927 *Lager Nischni-Tagil / Sowjetunion*
Bei Bekanntgabe des Kriegsendes am 8. Mai haben wir alle geweint. Gehofft wurde nur auf baldige Heimkehr.

Bernhard Kuhn *1891 *Kriegsgefangenenlager / Sowjetunion*
Unser Barackenkommandant, ein Pole, der für uns Deutsche nichts übrig hatte, erschien mit einem Papier in der Hand und kam sich ganz besonders wichtig vor. Er bat um Ruhe, schlug seine «Akten» auf, und alles mußte hinhören. Er las uns die bedingungslose Kapitulation der deutschen Wehrmacht vor. Anschließend hielt er eine kurze Ansprache, in der er u. a. sagte: «Die Deutschen sind alle politische Verbrecher und müßten demnach behandelt werden.» Ganz anders dagegen sprach eine russische Frau einige Tage nach der Kapitulation zu uns. Ob nun einer gut oder schlecht zu uns sprach, war uns, in Anbetracht unserer Lage, vollkommen gleichgültig, wir nahmen alles teilnahmslos hin.

Ein Soldat *Kriegsgefangenenlager Morschansk / Sowjetunion*
In Morschansk erlebten wir den 8. Mai 1945. Alle Gefangenen mußten auf einem großen Platz Aufstellung nehmen, nach Nationen getrennt. Uns wurde der Kriegsschluß mitgeteilt. Vorbeimarsch der russischen Offiziere. Gemeinsam die «Internationale» gesungen. Am anderen Tag

hatte ich Glück und durfte mit einigen Kameraden den Siegesfeier-Saal der Russen säubern. Dabei war manche zertretene Brotkruste, mancher Heringskopf eine willkommene Zusatzverpflegung für uns.

Wilhelm Winkelmann *1917 ***Kriegsgefangenenlager bei Kiew***

Vieles habe ich dem russisch-jüdischen Arzt zu verdanken. Er hieß Major Reifmann, der sich noch sehr für uns Kriegsgefangene eingesetzt hat. Doch er kam etwas spät zu uns, denn die meisten Gefangenen waren mittlerweile schon gestorben.
Auch ein deutscher Arzt kam zu uns, der uns durch Massagen wieder auf die Beine brachte.
Nachdem die letzten Überlebenden so einigermaßen genesen waren, wurden wir verlegt, und es wurde eine ehemalige Schule als Hospital aufgemacht. Nun kamen viele Kapitulations-Gefangene zu uns, es waren wohl einige hundert, und die Räumlichkeiten wurden mal wieder alle überbelegt. Zu uns kam dann eine russische Ärztin, die sehr nett zu uns war. Sie hat uns allen Mut gemacht, hatte für jeden ein gutes Wort. Sie hatte ein gutes Gedächtnis und kannte bald jeden mit Namen und auch deren Krankheit.

⋆

Der Schriftleiter Paulheinz Wantzen 1902–1974 ***Münster***

Die Liste der «Nazis» bei der Besatzung in Telgte soll 170 Namen tragen und täglich länger werden, weil die Leute sich in einer üblen Weise bei den Amerikanern als Denunzianten betätigen, besonders die Frauen. Der amerikanische Kommandant soll sich deswegen schon sehr abfällig über die deutsche Bevölkerung und die Frauen geäußert haben.

Hans Friedrich Blunck 1888–1961 ***Greben/Holstein***

Nicht leicht, sich auf Waffenstillstand umzustellen. Man sieht noch immer nach dem Himmel, sobald ein Flieger summt, und will Deckung nehmen.
Schmähliche Beispiele der Selbsterniedrigung.
Wie vorauszusehen war, bringt der Rundfunk, der von sämtlichen Ländern her auf uns einhämmert, die Gefahr der Kritiklosigkeit und des Verlustes der unabhängigen Meinung. Auch wenn wir in diesen Dingen Protestanten sind und die Landschaft nicht anders sein kann, so ergeben sich doch manche den einlullenden und einwiegenden Wiederholungen, die sie, hungrig auf Nachrichten, im Rundfunk hören.

Aber so wenig wir Geistigen uns in den letzten Jahren die Kritik haben nehmen lassen, so wenig werden wir jetzt nachgeben.
In einem allerdings erhielt ich gestern eine bittere Lehre. Ein Hauptmann, von Beruf Konfektionär, wusste aus seinen Erinnerungen Näheres über die Vorgänge in den Konzentrationslagern. Er sagte ungefähr: Die Greuelpropaganda wird jetzt hervorgesucht, um uns vergessen zu machen, dass man Hunderttausende unserer Frauen und Kinder niedergemetzelt hat, sinnlos, ohne irgendeinen kriegerischen Zweck. Aber es ist auch verkehrt, die Augen vor dem zu verschliessen, was bei uns geschah. Es sind einige hundert Verbrecher gewesen, die in den Konzentrationslagern der Gestapo (nicht SS) sich austobten, teils wirkliche entlassene Zuchthäusler, die durch ein absolutes Schweigegebot keine Nachricht aus ihren Kreisen hinausliessen. Dass die breiten Kreise unseres Volks nichts davon gewusst haben, ist richtig, dass selbst die höhere Führerschicht über die Einzelheiten nicht im Bilde war, ist wahrscheinlich, sie hätte sonst niemals die Konzentrationslager dem Gegner überlassen.
Wir haben bei allen Völkern Beispiele solcher Verbrechensgruppen; die russische wie die englische Geschichte ist voll davon. Aber es ist nun einmal so, dass wir den Krieg verloren haben, dass wir keine Stimmen zur Antwort haben und dass der Sieger als Zeugen die Macht auf seiner Seite hat. Der Hauptmann glaubte von Menschen zu wissen, die man an den Füssen aufgehängt habe, die man in Kloaken beinahe hätte ersticken lassen. Mir war den ganzen Tag zum Erbrechen zumute über die Schändung des Namens unseres Volkes.
Die Truppen, die von Dänemark kommen, werden angekündigt. Vorläufig haben wir neue Gruppen auf dem Hof, die sich seit Tagen nur noch von Haferflocken in Suppen ernährten und Fleisch verlangten. Im allgemeinen geht es musterhaft zu, aber der Druck wird stärker. Es ist sehr schwierig für mich, den Menschen begreiflich zu machen, dass ich Herdbuchtiere habe, sowohl bei den Rindern wie auch bei den Schweinen, und dass Edelzuchten kein Schlachtvieh seien.
Major Ruppert, der mir Freund wurde, und der junge Otto August Ehlers werden heute fahren, es tut mir leid. Ich habe mit beiden in diesen schweren Tagen schöne Stunden des Trostes und der Ablenkung in die Philosophie verbracht und lernte durch Zufall der Einquartierung in Ruppert einen der feinsten Köpfe der katholischen Führer unseres Volkes kennen.

*

Olga Gindina 1902–1966 *Moskau*

An ihren Mann,
8 Uhr abends

Mein Lieber!

Ich habe Dich nicht rechtzeitig fest an die Hand genommen, und Du hast Dich ein wenig gehenlassen. Bei Deinem letzten Besuch hier hast Du stark gealtert ausgesehen, warst aufgedunsen – man sieht, daß die Frauen sich schlecht auf Dich auswirken und Dich reichlich entkräftet haben. Gott mit Dir, Lasinka, wenn es Dir mit ihnen wohl ist, dann – bitte sehr. Aber Du mußt wissen, daß nichts, daß keines Deiner Päckchen mich freut, wenn Du nicht bei mir bist. Niemand kann Dich mir ersetzen, und ich bin vollkommen einsam. Sicher, die Kinder sind in meiner Nähe, aber das ist nicht dasselbe. Die haben ihre eigenen Interessen und können mir nicht viel Aufmerksamkeit schenken. Und Du schaffst Dir, wie ich sehe, Deine eigene Wirtschaft und hast nicht vor, zu mir zu kommen. Und ich habe auch nicht vor, zu Dir zu kommen: Ich will Dich nicht «stören» wie im letzten Sommer – wo ich gelitten habe und es für Dich eine Belastung war.

An Essen haben wir keinen Mangel, da leben wir luxuriös. Wir kaufen nur Brot und Kartoffeln. Alles andere haben wir. Butter haben wir schon lange nicht mehr, weil sie, wie sich herausstellte, mit Quark vermischt war und sehr schnell ranzig wurde, und da habe ich sie ausgelassen.

Die Konserven, die Du geschickt hast, schmecken sehr gut. Das ist, wie sich gezeigt hat, Büffelfleisch. Ganja hat auch so eine Dose mitgebracht, und die haben wir schon geleert, während wir Deine erst heute angebrochen haben. Wenn wir keinen Strom haben, essen wir das zum Frühstück, zum Abendessen usw. Der Honig ist lecker, aber bedenke, daß es kein reiner Honig ist, da ist Mehl untergemischt, und das schmeckt man heraus. Überhaupt kam das Päckchen mit den süßen Sachen sehr passend, gerade zum Feiertag. Aus der Kondensmilch haben wir zum Feiertag Tortenteig gemacht und Milchbrötchen gebacken. Aber mir war so traurig ums Herz.

Du versprichst, uns Eier zukommen zu lassen – das ist gut, denn die unsrigen sind wir sehr leid. Wenn Du ein Päckchen schicken solltest, wäre es gut, wenn Du einige Zwiebeln mitschicken könntest, denn wir haben schon bald keine mehr.

Ich habe den Eindruck, daß Du Deine Pflicht gegenüber der Familie erfüllst, aber mit mir zu reden, und sei es nur brieflich, hast Du keine besondere Lust. Na gut! Ich werde das alles überleben. Ich fürchte nur, daß, wenn mein großer Freudentag kommt und ich wieder mit Dir zu-

sammenleben werde wie zuvor, es schon ans Sterben gehen wird, es wird dann doch zu spät sein. Also, Lasinka, ich habe meine Pflicht Dir gegenüber erfüllt: Ich habe Dir ausführlich über alles und alle geschrieben. Verzeih, daß ich Dich mit meinem langen Brief gelangweilt habe.
Gruß von uns allen.
Ich küsse Dich. Deine Olja.

Der Rotarmist Semjon Worogulin ***im Osten***
An seine Mutter
Mama, guten Tag!
Alles läuft gut.
Heute nacht haben wir die Nachricht gehört, daß die Höhle der Faschisten, Berlin, gefallen ist. Mit dem Fall Berlins erblicken wir den Weg in eine herrliche Zukunft!
Gruß von der Front!
Dein Sohn Semjon.

Natalja Krischanowskaja *1909 ***Aschchabad / Turkmenien***
An ihren Mann,
Guten Tag, lieber Witali!
Da ich nicht die Angewohnheit habe, etwas vor Dir zu verbergen oder die Unwahrheit zu schreiben, werde ich Dir jetzt auch offen sagen, was mich geärgert hat.
Du hast geschrieben, daß bei Dir alles beim alten ist und daß es nichts zu schreiben gibt, und dann, daß Ihr Euch schon daran gewöhnt habt, weit weg von der Familie zu sein, daß das eine selbstverständliche Sache ist. Und dann hast Du angefangen, vom Wetter zu reden. Das sieht danach aus, daß Du Deiner Familie wirklich nichts zu schreiben hast (von mir persönlich rede ich gar nicht, solche Briefe habe ich sowieso nie bekommen).
Dann zu der Frage mit dem Paket. Warum schreibst Du, daß es Dich «beunruhigt», daß Du das Paket bisher nicht schicken konntest? Wenn das wirklich so ist, warum machst Du es dann nicht einfach? Wir würden uns sehr freuen. Ich habe Dir, wie mir scheint, schon vor längerer Zeit (schon im Dezember) geschrieben, daß Du mir kein Geld schicken sollst, besser schon Schuhe für die Kinder und mich. Aber wenn es schwierig ist, ein Paket zu schicken, dann ist das auch kein Unglück. Wir haben bisher ohne Pakete gelebt, und so werden wir auch nicht sterben, wenn keine kommen!
Übrigens haben viele Frauen hier schon mehrfach Pakete von ihren

Männern gekriegt, und sie entwickeln in dieser Hinsicht schon einen ungesunden Appetit, und ich will gar nicht, daß Du diesen Männern ähnelst, die (wie schaffen sie das bloß, sie müssen doch gleichzeitig auch kämpfen?) sich bemühen, den Bestellungen ihrer Frauen nachzukommen.
Ich will natürlich nicht verschweigen, daß ich Hilfe brauche. Ich habe Dir schon geschrieben, wie schlecht es bei mir mit den Schuhen aussieht. Ich gehe jetzt schon in Holzpantoletten zur Arbeit (zum ersten Mal im Leben). Eine Schuhreparatur kostet 130 Rubel, und ich habe kein Recht, das den Kindern wegzunehmen, d. h. es von ihrer Ernährung abzuziehen.
Aber das sind alles Dinge, die vorübergehen, wir werden wohl irgendwas nicht so Nötiges verkaufen, und dann wird es schon werden. Nur eines will ich: Ich will mich nicht für irgendwelche Pakete interessieren, die Seidenkleider oder sonstwas enthalten.
Wir küssen Dich herzlich – Natascha, die Kinder und die Mamas.
P.S. Du hast nach der Schuhgröße der Kinder gefragt, die habe ich Dir doch schon mal geschrieben (Nadja: 33–34, Kolja: 24–25).

⋆

Der sowjetische Hauptmann Naim Chafisow ***Polen***
Breslau ist eingenommen. 40 000 Hitlerleute sind gefangengenommen worden. So ist es ganz richtig ausgedrückt – nicht Deutsche, sondern Hitlerleute: Dort standen Wlassow-Leute.
Schon drei Nächte hintereinander träume ich von Marija – und immer auf ungute Weise: Mal trägt sie ein schwarzes Kleid und redet nicht mit mir, mal hat sie ein schwarzes Kopftuch und geht von mir weg.

Der Rotarmist Alexander Fedotow ***(Breslau)***
Es mag komisch klingen, Mama, aber wonach ich mich in den letzten Monaten am meisten sehnte, war Stille. Stille ohne das Kläffen der Maschinengewehre, ohne das Lärmen der Geschosse. Gestern gab mir mein Vorgesetzter einen Passierschein. Die anderen gingen auf Trophäenjagd, suchten nach Maschinenpistolen, Feldstechern und Orden. Ich begab mich zum Fluß und starrte zwei Stunden lang auf das strömende Wasser. Und am Abend hörte ich erstmals im Leben, wie in den Büschen die Nachtigallen sangen.

André Drouillat *Breslau*

Ich mache eine Runde zur Fabrik. Die Kameraden hatten in der Nacht Besuch von den Russen (sie kamen nur vorbei), aber Senftleben, seine Frau, seine Tochter (sehr jung) und seine Nichte haben Schwierigkeiten gehabt, sie sind zu uns geflüchtet mit 2 Frauen des Steingutwerks.
In der Stadt erzählt jeder, was er gesehen hat, Plünderungen, Vergewaltigungen, Diebstahl von Uhren, Ringen usw. [...] Die Läden sind geschlossen. Die, die offen sind, sind «total» geleert. Ich habe einige Besorgungen machen können mit M., da wir durch den Hintereingang in die Läden gingen.
Um Mittag Besuch von 3 Russen, ich versuche zu sprechen, aber sie scheren sich einen Dreck darum, ob wir Franzosen oder sonstwas sind. Sie geben sich damit zufrieden, aus der Kölnisch-Wasserflasche zu trinken und gehen dann wieder. Tagsüber noch einige andere Besuche. Die trikolore Kokarde, die wir zur Schau tragen, läßt sie ohne Reaktion.
In der Stadt dauert das große Schauspiel an: die Russen entdecken Fahrräder und wollen radfahren, ohne daß sie es gelernt haben. Was soll man zu dem Soldaten sagen, der einen Wecker auf den Gehweg gegenüber wirft, weil er in seiner Tasche zu läuten anfing.
In der Stadt wird das Passieren der Oderbrücken in Richtung Nord-Süd und Ost-West verboten.

Der Schüler Horst G. W. Gleiss *Breslau*

Wie aus Augenzeugenberichten verlautet, wurde in der vergangenen Nacht im Keller des Wohnhauses Rosenthalerstraße 66 eine ältere Frau von einem betrunkenen Russen vergewaltigt. Um vor den 22 anderen im Keller befindlichen Volksgenossen sicher zu sein, schoß die hereinstürmende Horde die Glühbirne der elektrischen Beleuchtung mit der Pistole entzwei und begingen dann in völliger Finsternis die Verbrechertat. Am frühen Morgen durchsuchten zwei dieser Steppenbestien die Handtasche von Tante Sidÿ, Mutti und den beiden bei uns wohnenden Frauen, ohne jedoch – dank der Vorsicht aller – etwas zu finden.
Gegen mittag schleifte ein im Range eines Unteroffiziers stehender Bolschewik meine Mutti, die er im Treppenhaus in meiner Begleitung traf, mit. Als ich zu ihrem Schutz mitgehen wollte, wurde ich mit der Faust in den Brustkorb geschlagen. Die verängstigte Tante Sidÿ folgte den beiden trotz unaufhörlicher Drohungen und Beschimpfungen. Zuletzt verschwand der Russe mit Mutti in einem Keller und als Tante auch dorthin folgen wollte, riß der Bolschewist das Revolver aus der Tasche und hielt es Tante vor die Brust, worauf sie zurückweichen mußte. Was

dann geschah, entzieht sich unserer Kenntnis, daß es jedoch ein schweres Sittlichkeitsverbrechen war, erkannte man aus Muttis erschöpftem, bleichem Angesicht, als sie nach einiger Zeit zurückkehrte.
Häufig konnte man heute beobachten, wie russische Kriegsberichter und Flugzeuge Filmaufnahmen von Breslaus Stadtbild und unseren geschlagenen deutschen Soldaten drehen.

Der Postbeamte Wilhelm Bodenstedt 1894–1961 ***Breslau***

Heute von 8–17½ Uhr zur Verhandlung im Keller Ohlauer Stadtgraben 28. Wurde entlassen, weil ich *nicht* Pg bin. Leider nichts zum Essen mitgehabt. Viel Kopfschmerzen infolge Hungers. Gleich nach 18 Uhr war ich zuhause. Gute Nacht, mein Weiberle.

Schwester Josepha ***Breslau***

Heut hatte ich Nachtwache. Die Russen haben uns heut wieder besucht, aber anständiger als gestern. Leider ist schon überall gestohlen worden u. die Mädchen u. Frauen belästigt worden.
O lb. Gott, erleuchte doch diese Seelen, die Dich nicht kennen. O hilf doch unserem Volke, daß es im Geist der Sühne alle Leiden trägt. Wir haben ja viel gutzumachen. Wir wird es in meinem Leben gehen? Heut ist im ganzen Reich Ruhe geworden. Lb. Mutter Gottes, Dir sei Dank.

*

Gerhart Hauptmann 1862–1946 ***Agnetendorf***

01 Minute (…) absoluten Ruhmes
Feuerendeserklärung, absoluter, allgem(einer) Art
Ab Nacht 1 Minute
Friedensseligkeit

Gerhart Pohl 1902–1966 ***Krummhübel/Schlesien***

Am 8. Mai wurde die bedingungslose Kapitulation bekannt. Am nächsten Morgen zog die Rote Armee in einzelnen wohlgeordneten Heeressäulen in Krummhübel ein.
Der Anblick der gutgenährten ausgeruhten Leute kurz nach Breslaus Fall war niederschmetternd und zugleich ein wenig komisch. Nur die leichten Panzer der Vorhut erinnerten noch an Krieg. Die übrigen Soldaten rollten auf kanadischen Lastwagen, amerikanischen Jeeps oder den einfachen stabilen Wagen der Landesproduktion an. Darauf hockten sie in buntem Durcheinander, rauchten Zigaretten und spielten Balalaika

oder Mundharmonika. Einige hatten sich alte Bauernkutschen nebst Pferden requiriert und kutschierten gemütlich die Bergstraße hinan. Das Gros kam zu Fuß. Alle trugen Orden, manche mehrere lange Schnallen untereinander. Die meisten schoben Fahrräder. Auch Frauen in Uniform waren darunter. Alle waren in gelöster Stimmung.

Schon nachmittags wurde die Lage für die Deutschen gefährlich. Die Sowjet-Soldaten hatten in den Kellern der Hotels Alkohol gefunden. Sie johlten und knallten herum, sammelten Taschen- und Armbanduhren ein, die kostbarsten wie die billigsten, und begannen die Frauen und Mädchen zu belästigen, die bald von Straßen und Feldern und aus den Häusern verschwunden waren. Am nächsten Tage war das Gros der Armee über die Paßstraßen nach der Tschechoslowakei weitergezogen. Nur eine verhältnismäßig schwache Besatzungstruppe war im Kreise Hirschberg geblieben. Wir atmeten auf.

Da erreichte mich die Nachricht, Gerhart Hauptmann habe den Wiesenstein verlassen und sei in dem deutsch-tschechischen Grenzort Polaun (bei Schreiberhau) von den Amerikanern aufgenommen worden. Ich meldete sogleich ein Gespräch nach Agnetendorf an. Das heißt: Ich wollte es anmelden ... Die Stromzufuhr war abgeschaltet.

Da ich selbst Krummhübel nicht verlassen durfte, schickte ich einen vierzehnjährigen Jungen nach Agnetendorf. Er verschwand auf einsamen Waldwegen und war nach acht Stunden zurück, ohne unterwegs einen Menschen getroffen zu haben. Sein Bericht erlöste uns von einem Alpdruck:

Gerhart Hauptmann war mit den Seinen auf dem Wiesenstein. Sein Zustand war zufriedenstellend. Kein Russe hatte bisher das Haus betreten.

★

Der Pfarrer Helmut Richter *Wittgendorf/Schlesien*

Heute war infolge der Verkündigung [des Waffenstillstandes] die Kirche im Bittamt voll, und ein Zug von Menschen, so lang wie noch nie, zog hinter dem Kreuz und den Fahnen in den neuen schönen Morgen, den noch etwas die nächtlichen Nebel umhüllten, dann aber die Sonne so herrlich machte. Lange Reihen von Jugend, dahinter viele Männer; und hinter dem Allerheiligsten, das ich voll Glück und in einer so merkwürdig frohen Liebe trug, zog die lange, lange Schar der Frauen. Wieder die Allerheiligenlitanei singend. Und alle haben dasselbe Glücksgefühl in sich gehabt, wie mir hinterher viele versicherten. Die Spannung der Tage und Stunden entlud sich in dem Bitten und Danken, und es war allen, als wärme die Sonne der Gnade Gottes bis in den Grund der Seele. Lange, vielleicht bis ans Ende des Lebens, werde ich mich erinnern des Augenblicks, da wir in großem Halbkreis auf der Höhe standen, das wunderschöne Bergland vor uns, unten das weitgestreute Dorf, und wie wir in einem Gebet Christus baten, alles unter Seinen Schutz zu nehmen. Nachmittags um 3 Uhr hörten wir bei mir die Friedensbotschaft Churchills, des englischen Premierministers; Gott sei gedankt, daß das Morden endlich beendet ist. Noch werden uns manche schwere Stunden bevorstehen, aber es ist doch wenigstens der Krieg aus. Meinen Vorschlag vom Spätnachmittag, in der Nacht – wenn um 0 Uhr 1 Minute der Friede in Kraft tritt – eine Stunde lang die Glocken zu läuten, um dadurch zum Ausdruck zu bringen den Dank an Gott, daß der Krieg zu Ende ist, auch die dankbare Ehrfurcht gegen die, die ihr Leben für das Volk hingaben, und auch die Mahnung, nun das Volk in Gottes Ordnung aufzubauen; dazu die Bitte an Gott, unserm Volk nicht zu schwere Lasten auferlegen zu lassen; um 1 Uhr dann das Hochamt zu feiern in derselben Meinung: alles das hat Herr Pfarrer gestattet. Leider hat das Fehlen des elektrischen Stromes das Glockenläuten unmöglich gemacht.

Die Schülerin Inge Merten *Gleiwitz*

An eine Freundin in Wien

Mein liebes Gretelein!

Gestern abend fand hier eine große Leuchtkugelschießerei statt. Eine Stunde dauerte der Zauber, wie ein Feuerwerk. Die Leute sagten, das sei Friedenssalut, weil Deutschland die Waffen gestreckt hätte. Ich konnte nicht einschlafen vor Aufregung. Wenn das nur nicht wahr ist, wenn bloß das nicht stimmt! Das kann doch nicht sein!

Mich würgt es im Halse. Das kann doch der Herrgott nicht zulassen! Wie soll denn das nur möglich sein?! Ich frage die Russen. Der Lumpenverwalter sagt, es stimmt. Der schwindelt sicher! Ein anderer weiß nichts, ein dritter meint, Breslau sei gefallen, darum das Freudenschießen. Was ist wahr, woran soll man glauben? Ich schleiche zu unserer Bank «Zufriedenheit» und bin ganz zermürbt. Das kann doch nicht wahr sein! Und wenn es doch zutrifft? Es verschlägt mir den Atem.

Und dann hat die Natur mir wieder einmal geholfen. Gäbe es einen blühenden Baum, einen lustigen Sommervogel, Blauhimmel und Sonnenschein, wenn alles Gute und Herrliche, wenn unser Deutschland zum Untergang bestimmt wäre? Das ist doch auch noch da, wie Vögel, Wald und Sonnenpracht, und wird nicht vergehen! Wie kann man nur so zweifeln. Wie oft sangen wir: Deutschland, heiliges Wort … die Zeilen

gehen mir den ganzen Vormittag im Kopf herum. Wieviel Kraft gibt uns oft eines unserer Lieder!
Möge die Vorsehung uns gnädig sein und uns die Erlösung nicht versagen!

Der Bauer Hans Hoffmann *Gnadenfrei / Eulengebirge*

Da sich nun ziemliche Menschenmassen zusammengefunden hatten, rückte der Treck nur sehr langsam und ruckweise vorwärts. Auch das zurückflüchtende Militär, hauptsächlich SS Formationen, beanspruchte rücksichtslos die Straße, und die Flüchtlinge wurden teilweise von den Straßen heruntergedrückt. Das Militär verbrannte die Sachen, zog die Uniformen aus und ließ zum Teil alles stehen und liegen. Es sah fürchterlich rechts und links der Chaussee aus. Für die Strecke von Gnadenfrei bis an das Eulengebirge, die man mit dem Kutschwagen unter normalen Verhältnissen in 1 Stunde zurücklegte, brauchte der Treck von früh 7 Uhr bis gegen Abend. In Habendorf warf ich meine Volkssturmsachen weg und zog mir Zivil an. Unseren gedeckten Kutschwagen, worin meine Frau mit den Kindern saß, zogen 1 altes Pferd und die beiden 2jährigen Fohlen Neptun und Peter; beide Fohlen hatten erst kurz zuvor ziehen gelernt, hielten sich aber sehr gut. […]
Wir waren froh, als wir nach vielen Ängsten und Schwierigkeiten die schützenden Gebirgszüge des Eulengebirges bei Tannenberg erreichten und es bald dunkel wurde. Durch gegenseitige Hilfe, Vorspann usw. kamen wir endlich um Mitternacht auf dem Kamm des Volpersdorfer Plänel an. Hier mußte, so gut das ging, Halt gemacht werden, da die Zugtiere unbedingte Ruhepause brauchten und auch die Abfahrt bei der Dunkelheit zu gefährlich war. Auf dem Plänel sah ich den Bürgermeister Mannsperger zum letzten Mal.

Charlotte Rosowsky *Grafschaft Glatz*

In unserem Ort war eine bekannte Likörfabrik (Moritz Thienelts Kroatzbeere hatte einen weiten Ruf). Von dort brachten die Russen jetzt eimerweise den Schnaps. Betrunkene Russen! Was dann folgen würde, darüber war ich mir vollkommen klar.
Die Frauen mußte ich auf jeden Fall in Sicherheit bringen. Auf einem Berg, schon jenseits des Gipfels, ganz im Wald, lag ein kleines Bauerngehöft, dessen Besitzer mir bekannt waren. Es war inzwischen Abend geworden. Im Halbdunkel zogen nun meine Schwägerin mit ihrem 2jährigen Kinde, die Frau und Tochter unseres Freundes und ich mit meinen beiden Jungen den Berg hinauf. Wir erreichten das Gehöft und durf-

ten auf dem Heuboden schlafen. Nachts gegen 2 Uhr wurde es unten plötzlich laut.

Ich ging hinunter, um nach der Ursache zu sehen. Weinende Frauen waren aus dem Dorf gekommen, die bereits von den Russen vergewaltigt worden waren, manche gleich mehrmals. Es muss toll zugegangen sein. In unserem stillen Winkel beunruhigte uns niemand. Es wurde Morgen. Viel geschlafen hatten wir nicht. Für mich ergab sich nun die Notwendigkeit, ins Dorf hinunterzugehen, um das Vieh zu füttern. Ich muss sagen, daß selten in meinem Leben eine Situation unheimlicher gewesen ist als diese.

Ich stand auf der Höhe des Berges und sah hinab auf das Dorf. Nur aus wenigen Schornsteinen kam Rauch. Alles lag still. Was würde ich vorfinden? Vielleicht die alten Eltern erschlagen? Betrunkenen Russen war alles zuzutrauen. Die Pferde vielleicht schon mitgenommen? Was erwartete mich persönlich?

Schließlich blieb mir doch nichts anderes übrig, ich musste hinunter. Langsam stieg ich hinab, soweit es noch möglich war, in der Deckung des Waldes bleibend. Doch einmal mußte ich ja heraus. Ich erreichte mein Vaterhaus. Alles war beim alten geblieben, und die Pferde waren auch noch da. Die Eltern hatten die ganze Nacht Besuch von Russen gehabt und hatten mit ihnen trinken müssen. Immer wieder war auf die leeren Betten gezeigt und gefragt worden: «Wo sind Töchter?» Wie froh war ich, daß wir uns alle in Sicherheit gebracht hatten. Es wäre wohl sonst böse ausgegangen.

Helga Felmy *1911 **Bad Landeck/Schlesien**

An ihren Mann in Kriegsgefangenschaft in den USA

Alterle, jetzt ist es soweit! Wir haben kapituliert. Der Russe wird uns bald besetzen. Alterle, ein furchtbares Gefühl zu sagen, daß alles umsonst war. Du weißt, wir haben immer damit gerechnet. Du weißt, daß ich nie auch nur einen Augenblick an den Sieg geglaubt habe! Aber es ist doch schwer zu ertragen, wenn auf einmal die Niederlage da ist, und wir verloren haben. Der Gedanke ist so furchtbar! Wie wirst Du erst an uns denken, mit welchen Sorgen und Gefühlen. Du wirst Dich fragen, ob sie geflüchtet sind. Nein, Alterle! Nach langem, langem Überlegen bin ich geblieben. Wo soll ich auch hin! Deutschland ist zerbombt, Millionen Menschen sind auf der Straße, verzweifelt nach einer Unterkunft suchend. Ich traf mich noch mal mit Dr. Werners, die mich mit den Kindern durch die Tschechoslowakei mitnehmen wollten. Ich war fast soweit, daß ich zugesagt hätte, aber als ich hinkam und T. Ruth und Mutti ganz ruhig kollektenzählenderweise im Anbau antraf und diese auf keinen Fall weggehen wollten, blieb ich auch und war dann ganz ruhig in meinem Entschluß. Ob es das Richtige war, wird die Zeit lehren. Züge standen sowieso nicht mehr zur Verfügung, die Eisenbahnbrücken waren gesprengt worden. Wir hätten uns zu Fuß auf den Weg machen müssen und wären nicht weit gekommen. Ich bete nur immerzu, daß der Russe einrückt, während ich schlafe, damit die Spannung nicht zu sehr über mich kommen wird.

*

Der Kriegsgefangene
Kuno Gerner †2002 *auf Transport – Camp Howze / Texas*

Als es schon fast Nacht geworden war und die Wachmannschaften lange hin und her gerannt waren, denn wir würden bald «da» sein, glitzerten die uns wohlbekannten Schnüre von Lampen auf, die ein Gefangenenlager, vielmehr dessen Zaun, des Nachts erleuchten. In ein Stichgleis fuhr der Zug bis dicht an die Lichter, und dann hieß es «let's go!» Unheimlich bei Nacht, unsympathisch der Wechsel des Personals – mit den Begleitern konnte man ja zufrieden sein –, eklig die Hast, mit der man eine Herde treibt, seien es auch Menschen. Nach mehrmaliger Zählung (das wird nun immer so sein) ging's übers Feld bis an den Zaun und dort wurde befohlen, im Schein von rings aufgefahrenen Autos niederzusitzen. Ein dicker, gebrochen Deutsch sprechender Captain hielt eine kurze Rede des Inhalts, daß jedermann aufgerufen werde, einen Zettel um den Hals bekäme, der zum Essen berechtige und als Ausweis für das processing – die Verarbeitung in der Papiermühle – gelte, daß man sich fügen solle, denn andernfalls würde man schießen, und hätte dann zwei – – im Bauch. Eins genüge, dies wiederholte er auf gleich aufflakkerndes Gelächter immer wieder. Es stellte sich bald heraus, daß es ein ganz famoser Bursche war. Subalterne Schreibernaturen, G.v.H. [garnisonsverwendungsfähig Heimat], dienerten katzbuckelnd vor ihm mit «Yes-sö», ganz wie sonstwo vor Vorgesetzten, aber sein «okay» war und blieb unerreicht im Verkehr deutscher Vorgesetzten mit Untergebenen. […]

Bei der folgenden Untersuchung der lumpigen Kleidung und Habseligkeit waren schnauzige Sergeants recht rigoros, mein restliches Notizbuch ging flöten. Und dann marschierte man in den Zaun.

Innerhalb des Zauns nach neuer Überzählung nahm die Kolonne ein Oberleutnant in Empfang, der sehr feine Manieren und spanisch-aristokratische Züge hatte. Er ließ bei jedem weiteren Halt, der an neuen Zäunen und sonstwie nötig wurde, alles niedersitzen, wohl eine militärische Methode, um leichteren Überblick zu haben, und ließ durch einen Dolmetscher uns stückweise berichten, daß Deutschland kapituliert habe; es war der 8. Mai 1945 abends etwa 11 Uhr, also nach europäischer Zeit schon der neunte. Er betonte merkwürdigerweise, was dann gar nicht mehr zutraf, daß die Kapitulation nur vor den Westmächten sei, nicht vor Rußland. Was in den Naziköpfen rechte Genugtuung hervorrief. Die meinten, dann werde man uns gleich auf amerikanischer Seite gegen Rußland weiter «einsetzen».

Wolfgang Soergel *(Kriegsgefangenenlager in Schottland)*

Adolf Hitler ist tot. Um Chemnitz wird noch gekämpft, in den zerfetzten Zeitungsmeldungen lese ich von bürgerkriegsähnlichen Zuständen in diesem Raum, in dem ich Euch suche. Sehe ich Euch wieder? Ende April wurden von britischen Truppen NS-Konzentrationslager befreit, die englischen Intelligence-Officers geben schauerliche Berichte. Es wurden schlimmste Verbrecher verhaftet, das Bild des Kommandanten Koch, des «beast of Belsen», ist an die Informations-Tafel geheftet, ein gemeines, verabscheuungswürdiges Gesicht. Die Wirklichkeit ist viel schlimmer als das Geflüster und Geraune der letzten Monate, es öffnen sich die Pforten der Unterwelt. Es liegt nun kein ehrenvoll Besiegter am Boden, wir werden als Mörderbande angesehen, denen die Maske abgerissen wurde. Blut, würgende Folter, Skelette und der Massentod ziehen ihre Spuren hinter den geschlagenen Truppen des Reiches. Da hilft kein Schrei nach Erbarmen, wo die Ohren taub und die Augen blind waren. Angeklagt stehen alle Deutschen, vom jüngsten bis zum ältesten Glied, denen nun das Schicksal des Sisyphos auferlegt wird, in vergeblicher Qual reuevoll zu versuchen, den Stein der Schuld von uns zu wälzen, immer aufs neue, immer umsonst, da es kein Vergessen geben kann.

Paul Groß *1925 *Kriegsgefangenenlager bei Arbuckle/Kalifornien*

Ab 8. Mai ließ der Ami uns spüren, daß er den Krieg gewonnen hatte. Bis dahin hatte er sich streng an die Kriegsgefangenenbestimmungen gehalten. Jetzt wurden uns viele Erleichterungen und Annehmlichkeiten genommen. Beim Arbeitseinsatz wurden uns sogenannte Quoten (Erfüllung einer Arbeitsleistung) auferlegt. Das gute Essen wurde schlechter und weniger, auch der freie Einkauf in der Kantine wurde abgeschafft.

Wir spürten, daß wir den Krieg verloren hatten. Etwas über ein halbes Jahr dauerte diese Schikane, dann wurde es langsam wieder besser.

*

Arthur Miller *1915 *USA*

Welche Gefühle ich beim Kriegsende hatte, fragen Sie. Es war, als hätte man sich gegen eine Stahltür gedrückt, die mit einem Mal von innen aufgerissen wurde – Ende des Faschismus! Auf eine eigenartige, fast komische Art hatten wir den Faschismus gebraucht, um unsere Köpfe an ihm auszurichten. Jetzt plötzlich war es, als gleite man schwerelos in einer Raumkapsel: «Oben», «unten», «links», «rechts» waren bedeutungslos geworden. Natürlich sollten die alten Bedeutungen bald zurückkehren, aber für einen kurzen Augenblick – geschichtlich gesprochen – hatten wir keinen Kompaß, keine Gewißheit, wie wir uns orientieren sollten. Für diesen kurzen Augenblick waren wir menschlich, auf leidvolle Weise. Es gab nur das, was gerade passierte, und den Ausdruck in den Augen dessen, der gerade sprach und vielleicht erkennen ließ, ob er, sie die Wahrheit sagte oder log. Es war eine so aufregende, so elementare Situation, in der wir uns befanden – wie Tiere mit gespitzten Ohren und der Nase im Wind. Und plötzlich mußte man sich fragen, warum wir so viele Millionen umbringen mußten, um dahin zurückzukehren, wo wir angefangen hatten, bevor der Nebel der Ideologie aufstieg.
Was ja bald wieder geschehen sollte.

Kurt Weill 1900–1950 *Los Angeles*

An Lotte Lenya in New York

Meinem Linnerl-Darling einen «Happy V-E Day»! Ich denke den ganzen Tag an dich, weil es ja der Tag ist, auf den wir zwölf lange Jahre lang gewartet haben – seit jener Nacht im März 1933, in der wir per Auto nach München fuhren. Du hast ja den festen Glauben, daß wir das Ende dieses Schreckens noch erleben würden, nie aufgegeben – und jetzt ist das Ende also da. Ich kann mir vorstellen, wie aufregend es heute in New York sein muß, und bestimmt wirst du feiern, wahrscheinlich mit den Hustons. Hier merkt man nicht viel von Feststimmung. Hier ist man dem Krieg im Pazifik viel näher und das läßt echte Friedenslaune nicht aufkommen.
Ich habe den ganzen Tag im Studio gearbeitet. Aber früh als ich aufstand (ich habe um 6 Uhr Trumans und Churchills Reden gehört) wurde mir klarer denn je, was dies bedeutet und als ich zum Studio fuhr, fühlte ich

mich wie eine Million Dollar, weil es zu einer Zeit geschehen ist, in der wir noch jung sind und in einer Welt ohne Nazis genießen können, was man so unsere besten Jahre nennt. Hoffen wir, daß sie diesmal wirklich hart mit den Deutschen verfahren. Ich denke, das werden sie tun, denn diese Greuel, die in den letzten Wochen in Deutschland entdeckt worden sind, machen einen verheerenden Eindruck auf die öffentliche Meinung hier – und selbst Amerikas sweetheart [Mary Pickford] sagte heute, sie wünschte, daß 70 Millionen Deutsche sterilisiert würden. (...)
Auf bald, Baby. *Sei niiiidelich, spiel dich nicht zu sehr auf.* Take it easy, amüsiere dich, iß tüchtig, trink nicht und rauche nicht und *schlipel dich aus und sei hochachtungsvoll ergebenst gegrüßt*
von deinem Ehegatten
Knuti

Alfred Döblin 1878–1957 ***(Hollywood)***
An Elvira und Arthur Rosin
So erleben wir denn jetzt, wenn auch noch nicht das Ende dieses Krieges, so doch den Sturz des Nazitums. Geht es Ihnen so wie mir: ich kann mich beinah kaum darüber freuen. Daß diese Bestie endlich daliegt, gut; aber was hat sie angerichtet. Den andern Verbrecher, in Italien, hat man auch zur Strecke gebracht. Wenn nun doch ein allgemeiner belebender Wille entstünde, wenn wir nun doch einen Sturm von Freiheit und menschlichem Gefühl, Schmerz und Solidarität erlebten, Aber kaum etwas davon. Eine neue Zeit, eine neue weltpolitische Periode bereitet sich vor, die Mächte gruppieren sich neu, eine lange Schwächeperiode (Gott sei Dank) steht in Aussicht; welch Schlag für uns, daß Roosevelt hinging, – es fehlen Stimmen. Aber vielleicht krabbelt man sich zurecht; wir hatten eine greuliche Zeit der «großen» Männer; vielleicht findet sich die Menschheit, ungestört von den schändlichen Herren, besser zurecht. Mein persönlicher Bedarf an historischen Ereignissen ist nun völlig gedeckt, – Ihrer wohl auch. Immerhin zeigt sich wieder einmal: zuviel Heldentum macht sich auch für die Helden schlecht bezahlt; am Schluß hängt man sie an den Hammelbeinen auf (man sollte eigentlich gleich damit anfangen). [...]
Vielleicht ist in einigen Monaten das Exil zu Ende, – und was kommt nachher? Das Leben eine Serie von Abenteuern.
Herzlichst Ihnen beiden Ihr Alfred Döblin

⋆

Der Oberleutnant Kurt S. *1918 ***Zeiden bei Kronstadt***

Am 28. 4. abends marschiere ich los. Alles ist überwacht. Ich muß querfeldein und durch sämtliche Flüsse waten. Besonders jetzt führen die Flüsse wieder Schneewasser, trotzdem werde ich schon in der ersten Nacht entdeckt, und am nächsten Tag, wo ich vor Schwäche kaum stehen und mich rühren kann, sucht mich ein großes Aufgebot von Kommunisten. Zweimal stehen sie fast neben mir, als ich unter einer kleinen Fichte kauere. Ich kann das, daß sie mich nicht gesehen haben, nur als ein Wunder bezeichnen. Die nächsten Tage schleppe ich mich mit der größten Anstrengung nach Richtung Kronstadt.

Am 3. Mai, früh um 3 Uhr, treffe ich in dem deutschen Ort Zeiden bei Kronstadt vollkommen erschöpft ein. Ich werde gut aufgenommen. Hier sind alle deutschen Männer von 16–45 und alle Frauen von 16–35 Jahren von den Russen nach Rußland deportiert. Hier in diesem Dorf allein ca. 700 Menschen. Die Leute, die noch hier sind (die Alten), sind vollkommen verstört. In einem Hause werde ich nicht bleiben können. Zur Zeit bin ich – heute am 5. Mai 45 – in einem ungarischen Hause. Ich habe mich wieder erholt, und meine Füße, die auch vollkommen hin waren, heilen wieder. Wie es in Deutschland steht, habe ich hier erfahren. Ich bin erschüttert. Was werden meine Lieben machen? Werden wir uns noch einmal wiedersehen? Ich habe in Covaszna schon 3 Tagebücher geschrieben und meine Gedanken über alles festgehalten. Was kommt, kann man nun wohl voraussagen. Wir sind nun die Sklaven der anderen. Es wird furchtbar werden.

[6. 5.] Rumänisch Ostern: Ich habe mir im Keller unter einem großen Holzhaufen ein Versteck gemacht. Am Tage bin ich dort, und nachts bin ich zuerst oben. Hoffentlich bleibt es so. Im übrigen denke ich ununterbrochen an zu Haus. Während ich hier in Ruhe sitze, werden meine Lieben verschleppt. Die Zukunft sieht furchtbar aus. Was soll werden? Es ist nicht auszudenken. Jedenfalls werden wohl in den nächsten Tagen die Feindseligkeiten eingestellt werden. Die deutsche Armee ist erledigt.

[7. 5.] Gestern abend habe ich seit langer Zeit wieder einmal Radio gehört. Allerdings nur Feindsender. Aber ich muß sagen, ich weiß nicht mehr, was ich denken soll. Alles kapituliert! Die deutschen Sender schweigen, nur Graz brachte Tanzmusik. Es ist furchtbar.

Jede Nacht träume ich die schrecklichsten Sachen. Die Elbe ist die Demarkationslinie zwischen Rußland und Anglo-Amerika. Es ist nun so, daß die Deutschen die Sklaven der anderen sind. Meine Gedanken sind bei meinen Lieben. Werden sie noch leben? Unter welchen Umständen? Ich kann fast nicht mehr klar denken. Ja, es ist vorbei.

Der eine Krieg – und der andere beginnt. Der Kampf um die persönliche Freiheit. Vielleicht kann ich heute wieder hören. Es wird sich ja auch zeigen, wie die Kriegsgefangenen behandelt werden. Ich glaube nicht, daß sie schnell zurückkommen.

[8. 5.] Breslau ist gestern gefallen, und 40 000 Deutsche gerieten in Gefangenschaft.

Die Angst um meine Lieben läßt mich keine Ruhe finden. Aber vielleicht sind sie schon vorher evakuiert worden. Aber ich kann ja noch nicht nach Deutschland zurück. Da werde ich ja auch sofort wieder gefangengenommen.

Der Krieg ist heute aus. Dönitz hat die Einstellung sämtlicher Kampfhandlungen befohlen. Der Frieden wäre da, aber was für einer? Ich wage nicht, in die Zukunft zu sehen. Ob ich jemals noch mein Kassengeschäft ausüben darf? Das hat mich am meisten in der Zeit, die hinter mir liegt, hochgehalten. Meine schöne Wohnung. Alles hin. Wer weiß, ob ich jemals meine Lieben wiedersehe. Wenn sie tot sein sollten, dann lohnt es sich auch nicht, daß ich noch weiterlebe.

[9. 5.] Hier läuten die Glocken. Die Fabriksirenen heulen. Der Krieg ist aus und gewonnen für die Alliierten. Wozu sich die Rumänen auch rechnen. Ich komme mit meinen Gedanken nicht von Deutschland los. Was wird werden? Ich glaube fest, daß aus Ostdeutschland nochmals alle nach Rußland müssen. Gestern hörte ich, daß Stalin Wiedergutmachung aller Schäden verlangt. Das dauert ein Menschenalter.

★

Der Waffen-SS-Mann Manfred Klein *1926 Slowenien

Vom Abend des 6. Mai an hatte ich Nachtdienst. Nach etlichen Stunden, es herrschte absolute Funkstille, und ich saß allein im Auto, stülpte ich mir die Kopfhörer über und suchte am Empfänger den englischen Sender BBC; durch sein markantes Pausezeichen, vier rhythmische Klopftöne, war er leicht zu finden. Es war natürlich strengstens verboten, feindliche Sender einzuschalten. Ich hatte aber die Lautstärke zurückgenommen und hörte zudem über Kopfhörer, da war Entdeckung kaum zu fürchten. Und außerdem: Wer sollte mich entdecken? Statt der erwarteten Berichte über das tägliche Kriegsgeschehen gab es für mich eine große Überraschung. Um 1.40 Uhr meldete BBC: «Morgen, Dienstag, den 8. Mai, feiert England als Tag des Sieges.» Damit mußte also, wenn England den Sieg feiern wollte, der Krieg beendet sein. Meine Empfindungen waren zwiespältig, sehr große Freude kam nicht bei mir auf.

Gewiß, der Krieg war zu Ende, ich war mit dem Leben davongekommen, aber ebenso gewiß stand uns jetzt Kriegsgefangenschaft bevor. Wir würden auf lange Zeit, vielleicht auch auf sehr lange Zeit die Heimat nicht wiedersehen.

Es ergab sich keine Gelegenheit, meinen engsten Kameraden zu erzählen, was ich heimlich gehört hatte. Sie schliefen noch, mein Dienst dauerte noch bis zum Morgen, und da zeigte sich, daß meine Nachricht schon keine Neuigkeit mehr war. Seit der Morgenfrühe durchzogen Einheiten des Heeres den Ort, beinahe endlos und zum Teil schon in loser Ordnung. Dazwischen tauchten immer wieder Volkssturmmänner auf, gruppenweise oder auch einzeln, in oft grotesker Kleidung. Es war ein Bild des Chaos, das Bild einer zurückflutenden geschlagenen Armee. Die meisten trotteten stumm dahin, einige, als sie uns sahen, sagten: «Der Krieg ist aus.»

Der Waffenstillstand trat am 8. Mai eine Minute nach Mitternacht in Kraft. Unser großes Glück bestand in der Tatsache, daß die Division schon seit einigen Tagen nicht mehr Bestandteil der HKL war, sondern abgelöst weit hinter der Front lag. Im anderen Fall wäre die Division wohl in sowjetische Gefangenschaft geraten. Bevor wir aus Lichendorf abfuhren, ließ der Kommandeur das Regiment antreten. Obersturmbannführer Josef Maier, ein geborener Österreicher, hielt eine leidenschaftliche Ansprache. Ungefähr sagte er: Man wisse, wie grauenvoll die bolschewistische Soldateska in Ungarn und der Oststeiermark wüte. Bevölkerung werde ermordet, Frauen werden geschändet. Er beschwor uns geradezu, mit ihm in die Berge zu gehen, um kämpfend Frauen und Kinder in der Steiermark und in Kärnten vor weiterem Unglück zu schützen. Das stieß auf taube Ohren, nicht ein einziger Soldat des Regimentes zeigte sich bereit zu einem Kampf im Untergrund, der ja außerdem völlig aussichtslos war.

Liesbeth Flade **Auf der Flucht nach Karlsbad**

Abends um 6 Uhr ging es los. Vati hatte die Verantwortung. Maria und ich blieben mit unseren Fahrrädern immer in der Nähe des Kompaniewagens, und als es gar zu anstrengend wurde, es ging ja zunächst immer bergauf, durfte Maria mitsamt ihrem Rad auf den Wagen. Waren wir erst fast allein gewesen, so wurden wir sehr bald zur Riesenkarawane. Von allen Seiten stießen größere und kleinere Trupps mit Handwagen, Kinderwagen, zu Fuß zu uns. Unheimlich viele suchten ja noch in der Flucht ihr Heil. Ich wäre bestimmt nicht aus Angst um unser Leben geflüchtet, aber unter keinen Umständen wollte ich unser Geschick von

Vatis trennen, und mußten wir Schweres erleben, dann waren wir wenigstens zusammen.
Es mußte gegen 12 Uhr nachts sein, da sahen wir in weiter Ferne und auch in einiger Nähe große Flammenzeichen. Wir wußten nicht, was es bedeutete, wir rätselten – vielleicht war Waffenstillstand? Keiner wußte es. Und nun ging's den Berg hinan auf engem Pfad, wo ein Wagen kaum fahren konnte An einer Kurve war ein Auto den Berg hinabgekollert, Menschen offenbar nicht zu Schaden gekommen, aber es war nicht wieder hochzubringen Die Leute dauerten uns sehr. Als wir die Serpentinstraße hinunter waren, trafen wir im spitzen Winkel auf eine ganz breite Straße. Da brauchten wir mindestens eine halbe Stunde, ehe wir uns eingefädelt hatten: zu dritt und viert nebeneinander schob sich die unübersehbare Menge langsam vorwärts, die Fußgänger schwer bepackt, Frauen mit Leiterwagen, Radfahrer, Pferdewagen. Am traurigsten war immer der Anblick von Frauen mit kleinen Kindern im Wagen. An Überholen war nicht zu denken, nur motorisiertes Militär jagte hin und wieder an uns vorbei, alles auch auf der Flucht.

Der Stabsarzt *Truppenübungsplatz Milowitz /*
Dr. Wilhelm zur Linden *Tschechoslowakei*

Am Dienstag, den 8. Mai nachts, brachen wir auf zur Flucht nach Westen. Als wir in der tiefen Dunkelheit einer mondlosen Nacht alles in mein Dienstauto verstaut hatten, was ich als Arzt unterwegs brauchte und die Sitzplätze von meinen engsten Mitarbeitern belegt waren, hörte ich die Stimme des Oberstabsrichters, Ritter von Fabrizius, der fragte, ob wir für ihn noch Platz hätten. Es war ganz unmöglich, ihn mitzunehmen, aber ehe ich ihm anderswo einen Platz besorgen konnte, war er von der Nacht verschluckt. Dies werfe ich mir noch heute vor, denn später hörte ich auf meine Nachforschungen hin, er sei in Sibirien verhungert.
Es war bereits Nacht, als sich die zwanzigtausend Mann starke Besatzung des Truppenübungsplatzes Milowitz am 8. Mai 1945 zum Abmarsch aufstellten. General R., der Lagerkommandant, dachte, mit dieser Riesenkolonne von Militärfahrzeugen, darunter sechshundert Panzern und Hunderten von Bauernwagen, beladen mit Lebensmitteln aus den sogenannten Wehrmachtsgütern, in geschlossenem Zuge nach Deutschland marschieren zu können. Der Abmarsch wurde auf 23 Uhr festgesetzt, da waren plötzlich die tschechischen Gespannführer verschwunden. Naiverweise hatte man geglaubt, sie würden mitmarschieren und ihre Erntewagen nach Deutschland fahren.
So wurden Soldaten bestimmt, die die Pferde anspannen und die Wa-

gen führen sollten; natürlich bei völliger Verdunklung, und es war eine rabenschwarze Nacht. Schließlich wurde der Abmarsch auf vier Uhr morgens verschoben, und der General legte sich ins Bett; er spürte nichts von der geladenen Spannung im Lager, die sich von Viertelstunde zu Viertelstunde steigerte.

★

Victor Klemperer 1881–1960 ***Bayern***

Nun die Lebensgefahr vorüber, haben wir die kleinen, aber summierten Leiden unseres Zustandes reichlich satt und finden in seiner Romantik keine Entschädigung mehr. Aber das Gefühl der Dankbarkeit ist doch immerfort vorhanden, und viele Stunden des Tages sind immer wieder genußreich. Bukolische Stunden sozusagen. Dazu auch «volksnahe» und also lehrreiche.

Ernst Jünger 1895–1998 ***Kirchhorst***

Der Kuckuck rief zum ersten Mal in den Moorwäldern. Der Wein am Haus bricht üppig, strotzend aus den Trieben; im Laubwerk, im Ausbruch schon verrät sich die dionysische Kraft. Einmal, vor Jahren, schnitt ich ihn zu spät und hörte in der Nacht den Saft aus den Wunden wie Blut herabtropfen.

Aus den Beeten dringt köstlicher Duft herauf. Auch das ist Sprache, und wunderbar ist es, wenn die Pflanze im Augenblick ihrer höchsten Kraft und Fülle und zugleich des tiefsten Glückes in einer stillen Frühlingsnacht das Schweigen bricht und ihr Geheimnis auszuströmen beginnt. Auch das ist Macht, ist schweigende Werbung, die unwiderstehlich wird. In den Worten der Alten wie *odor, aroma, balsamon* klingt diese köstliche Seite an, während in unseren Namen *Dunst, Ruch* und *Duft* die Dunkelheit und das Geheimnis der Botschaft vorwiegen.

Abends waren wir zum ersten Male seit sechs Jahren ohne Verdunkelung. Das ist immerhin eine bescheidene Verbesserung für uns an einem Tage, an dem Siegesfeiern in allen Hauptstädten der Verbündeten von New York bis Moskau strahlen, während der Besiegte ganz tief im Keller sitzt, mit verhülltem Gesicht.

Ich hörte die Ansprache des englischen Königs, die würdig, gemäßigt und dem Souverän eines großen Volkes angemessen war.

★

Rudolf Heß. 1977 im Hof des Kriegsverbrecher-Gefängnisses, Berlin-Spandau

Der Soldat
Joachim Halfpap *1927 ***bei Deutsch-Brod/Tschechoslowakei***

Am 8. Mai war es dann soweit. Mit Soldaten der Infanterie, Artillerie und der Luftwaffe marschierten wir weiter Richtung Westen. Zeitweise konnten wir auf einem Lastkraftwagen aufsitzen. Ich saß auf dem rechten Kotflügel und hielt mich an der Motorhaube fest. Wir befanden uns unter ständigem Beschuß. Die Gewehrschüsse und das Maschinengewehrfeuer wurde von Tschechen in Zivil abgefeuert. Sie warfen auch Handgranaten nach uns. Sie versuchten uns aufzuhalten und zu schaden. Immer öfter mußte unsere Kolonne anhalten, Fahrzeuge fielen aus, Soldaten flüchteten.

Wir kamen nur sehr langsam vorwärts. Oft mußten wir in Deckung gehen. Schließlich kamen wir nur noch zu Fuß weiter. Im Morgengrauen war der Marsch endgültig zu Ende. Wir kamen nicht mehr weiter. Es ging nicht vorwärts und nicht zurück. Wir befanden uns in einem Talkessel. Rundum waren zum Teil leicht bewaldete Hügel. Auf der Höhe vor mir, wenn man der Straße folgte, standen Panzer. Aus der Richtung, aus der ich kam, drängten viele Kameraden nach. Es entstand Panik. Viele von uns hatten noch nicht bemerkt, daß es einfach nicht mehr vorwärtsging. Keinen Schritt mehr. Vor uns stand der Russe.

Die Zustände wurden immer chaotischer. Nachfolgende deutsche Soldaten drängten ständig – was sollten sie auch anders machen – in den Talkessel hinein. Sie meinten sicher, es müsse irgendwie weitergehen. Vor uns, und auch vor mir stand der Russe. Genau genommen nicht ein einzelner Russe, sondern die Soldaten der sowjetischen Armee. Es wurde nun nicht mehr auf den Mann geschossen, man mußte nicht mehr andauernd in Deckung zu gehen. Ein Zurück gab es aber auch nicht mehr. Der Druck der von hinten nachrückenden Kameraden verstärkte sich. Vorwärts wollte ich eigentlich nicht, weil ich nicht genau erkennen konnte, was geschehen würde. Auf allen Anhöhen und Bergen um uns herum, auf den Feldern und eigentlich überall standen Panzer, gepanzerte und andere Fahrzeuge.

Die russischen Soldaten kamen die Anhöhen herunter, mir entgegen. Einige Russen trieben uns mit Waffengewalt den Weg oder Straße entlang bergauf. Dabei brüllten und schrien sie laut. Sie schossen in die Luft und neben uns in die Erde. Vielleicht trafen sie auch manchen Kameraden. Ich wäre an liebsten ganz klein gewesen. Zum Zeichen, daß ich mich ergab, hob ich die Hände hoch über den Kopf und lief mehr, als daß ich ging den Hügel hinauf. Oben auf der Höhe stand eine Reihe von sowjetischen Soldaten mit Stahlhelmen und voller Bewaffnung. Sie

hatten Maschinenpistolen oder Gewehr mit aufgepflanzten Bajonetten im Anschlag.
Es kam jetzt für mich darauf an, mich möglichst unauffällig zu verhalten. Unbedachtsame und hastige Bewegungen konnten als Provokation aufgefasst werden. Nervöses Handeln war unbedingt zu vermeiden. Meine Gegenüber waren auch in starken Streßsituationen, die auch schwer beherrschbar waren. Die russischen Soldaten brüllten fortwährend «Rukij wiärch», was soviel wie «Hände hoch» bedeutete. Das habe ich aber erst später erfahren. Dennoch wußte ich aus der Situation heraus, was gemeint war. Ab und zu schoß einer der Russen, als wenn er seinen Worten und Gesten Nachdruck verleihen wollte. Vielleicht war es aber auch Nervosität und Anspannung; ich kann es nicht sagen. Es wurde jedenfalls geschossen. Dies war einer der bösesten Augenblicke meines Lebens. Leicht konnte auch mich ein Geschoß treffen.
Notgedrungen näherte ich mich einem Russen. Ich bemerkte, wie einige Soldaten abgesondert wurden. Immer wieder fielen Schüsse. Immer näher mußte ich an den russischen Soldaten heran. Er war bestimmt nicht viel ruhiger als ich und auch nicht älter. Er hatte eine Pistole auf mich gerichtet. Uns trennte kaum noch ein Meter Entfernung.
Mit der freien Hand tastete mich der sowjetische Soldat ab und durchsuchte mich nach Waffen. Plötzlich bekam ich Schläge mit der Faust, Stiefeltritte und Schläge mit dem Kolben der Waffe. Der Grund: In meinem rechten Stiefelschaft steckte noch ein Messer, das ich in der Aufregung nicht weggeworfen hatte. Es wurde von mir immer als Brotmesser benutzt. Es hatte eine starke Klinge und konnte auch schon mal eine Dose öffnen. Der Russe aber sah es als Waffe an. Das Messer konnte ja auch so eingesetzt werden. Der Russe zweifelte vielleicht auch an meiner Friedfertigkeit. Vielleicht hatte er ja auch nur Angst, genau wie ich. Es waren entsetzliche Augenblicke. Alle Beteiligten waren in einer im Leben wohl äußerst selten vorkommenden und höchst gefährlichen Ausnahmesituation.
Man trieb mich zu den immer größer werdenden Haufen meiner bereits durchsuchten Kameraden. Mein Körper tat mir von den Schlägen weh. Ich war sehr aufgeregt und hatte große Angst, daß mir noch mehr geschehen könnte. Ich versuchte sofort in der Menge der Kameraden unterzutauchen. Das gelang mir auch. Zum Glück habe ich diese Momente höchster Gefahr überlebt. Die sowjetischen Soldaten, die mich gefangennahmen, ließen mich am Leben.

Der Funkmeister Heinz Dost ***Melnik bei Prag***

Als Funkmeister der 1. Panzerkorps-Nachrichtenabteilung 457 geriet ich am 8. Mai 1945 in tschechische Gefangenschaft. Ort der Gefangennahme: Melnik bei Prag. Mit mir geriet mein Mechaniker in Gefangenschaft. Wir wurden von tschechischen Partisanen, die sich in der Nacht mit weggeworfenen deutschen Waffen wiederbewaffnet hatten, gefangengenommen und nach kurzer Durchsuchung zur Erschießung an die Wand gestellt. Auf Befehl des Partisanenführers wurden die Gewehre durchgeladen. Man befahl uns, den Kopf etwas zu senken. Dann wurde von der Vollstreckung abgesehen. Es näherten sich auf der Straße Leute, deren Sprache wir nicht verstanden. Wir konnten aber so viel verstehen, daß es sich um ehemalige russische Kriegsgefangene handelte. Diese russischen Kriegsgefangenen hatten sich ebenfalls mit deutschen Waffen bewaffnet und wurden von den Tschechen aufgefordert, uns zu dem nahe liegenden Gut zu bringen, das etwa 100 bis 150 Meter entfernt lag. Inzwischen waren auch weitere deutsche Kriegsgefangene erschienen, Offiziere, Wehrmachtsbeamte, Zivilbedienstete der deutschen Wehrmacht mit ihren Frauen und Kindern. Der Kommandoführer der tschechischen Partisanen hetzte jetzt die tschechische Bevölkerung auf uns mit dem Ausruf: «Hier kommen die, die eure Frauen und Mädchen vergewaltigt haben.»

Daraufhin schlugen die Tschechen mit Knüppeln und Steinen auf dieses Häuflein Krieggefangener ein. Viele wurden verletzt. Als wir das Gehöft erreicht hatten, wurden wir nach Geschlechtern getrennt. Wir Männer mußten den Oberkörper freimachen. Es wurde kontrolliert, ob wir die SS-Tätowierung auf dem Oberarm hatten. Einige meiner Mitgefangenen hatten diese Tätowierung und wurden kurzerhand unter einem ehemaligen Pferdeschleppdach von den Tschechen erschossen.

Der Offizier Dieter Wiechmann *1922 ***bei Karlsbad***

In Komotau ging ich zuerst in ein Restaurant in der Stadtmitte und aß auf Reisemarken zu Mittag, alles so, als ob nicht draußen sich die Welt veränderte. Ich nahm Platz am Tisch eines Majors, der mir erzählte, daß er mit seinem PKW (DKW-»Meister-Klasse») auf der Fahrt zum Amerikaner sei und er mich gerne als Begleiter mitnehmen würde. Ich kaufte noch schnell in einem Lebensmittelgeschäft alle meine Reisemarken leer und erhielt außer Brot noch Margarine.

Gegen Abend kamen wir in Karlsbad an, wo wir hörten, daß ab 23 Uhr an allen Fronten Waffenstillstand herrsche. Major von L. hatte in Karlsbad Bekannte, bei denen wir in einer schönen Villa übernachten konnten. Am nächsten Morgen gingen wir in die Stadt, um uns formell aus der Wehrmacht entlassen zu lassen. In einer Baracke war extra eine Dienststelle dazu eingerichtet worden. Überall standen bewaffnete tschechische Zivilisten mit roten Armbinden und roten Blumen am Revers. Sie ließen uns in Ruhe, da die Stadt von bewaffneten deutschen Landsern nur so wimmelte.

Nach der formellen Entlassung aus der Wehrmacht waren wir der Meinung, wenn die Kokarde und Kordel an der Mütze und das Hakenkreuz an der Jacke sowie die Schulterklappen entfernt seien, hätten wir den Status von Zivilisten und würden von den Amerikanern als solche behandelt werden. Wir hofften sogar, zu den Heimatzielen fahren zu können.

Die Frau unseres Gastgebers trennte alle Soldatenmerkmale ab, und wir stiegen als «Zivilisten» wieder in den DKW. Vorher hatte ich dem Hausherrn, der Jäger war, mein Dienstfernglas 10×50 und meine Pistole 38 geschenkt.

Wir fuhren also dem endlosen Menschenstrom nach in Richtung Westen. Bei Eger wurden auf einmal alle Motorfahrzeuge auf getrennte Wege von den Flüchtlingen zu Fuß verwiesen, anscheinend schon durch die Amerikaner, die man aber nirgends sah.

Wir fuhren also ziemlich alleine auf einem solchen vorgeschriebenen Feldweg, als plötzlich ein US-Panzer vor uns stand. Die Besatzung forderte uns auf, auszusteigen und die Hände hochzunehmen. Das Auto und das Gepäck wurden untersucht, unsere Arme und Hände «überprüft», d.h. um Armbanduhr und Ringe erleichtert. Dann mußten wir ein weißes Taschentuch am Fenster befestigen und konnten weiterfahren.

Nach wenigen Kilometern Feldweg kamen wir auf einen riesigen «Parkplatz», wo lauter deutsche Fahrzeuge abgestellt waren. Auch wir mußten unser Fahrzeug verlassen und uns zu Fuß in ein Sammellager begeben.

Der Hauptmann
Arthur Mrongovius 1905–1992 *Krummau*

Links und rechts der Fahrstrecke standen amerikanische Posten in ihren olivgrünen Uniformen, ihren Stahlhelm tief in die Stirn gedrückt. Und hinter ihren Reihen waren ihre Jeeps und Panzer aufgefahren. Und so passierte auch die Limousine, in der ich zusammen mit vier russischen Offizieren saß, unbehelligt diese Postenkette. Unserer Kolonne wurde von den Amerikanern befohlen, auf dem Platz zu verharren, bis uns der Ort unserer Internierung zugewiesen worden wäre. Wir konnten daher,

hinter der Reihe der amerikanischen Posten stehend, Zeuge davon werden, wie eine der deutschen Einheiten nach der anderen durch das Spalier der Ami-Posten rückte und sich dabei ihrer Waffen entledigen mußte. Noch heute klingt mir das metallische Klirren in den Ohren nach, mit dem die auf einen großen Stapel an ihrer rechten Seite niedergeworfenen Waffen landeten. Noch war diesen deutschen Soldaten der typisch schlürfende Schritt späterer Gefangenenkolonnen nicht eigen, sondern sie zogen trotzigen Hauptes stolz aufgerichtet durch das Spalier der Sieger in das Dunkel der Zukunft.
Unter den kapitulierenden Einheiten befanden sich auch viele Waffen-SS-Verbände, und darunter sah man wahre Hünen von Männern, was die neben mir stehenden russischen ROA-Offiziere wiederholt zu Ausrufen der Bewunderung hinriß. «Kakije Orly!» (Was für Adler!) hörte ich sie immer wieder rufen. Bezeichnenderweise sollte mir in meiner langen Gefangenschaft bei den Sowjets dann auch noch sehr oft diese Bewunderung ausgerechnet für die Angehörigen der Waffen-SS seitens der einfachen Offiziere und Soldaten der Roten Armee begegnen.

Der Rotarmist Boris Gindin 1926–1945 *Tschechoslowakei*

An seine Schwester
Guten Tag, Musja!
Ich bin jetzt in einem tschechoslowakischen Dörfchen. Die Deutschen sind von hier weggelaufen. Übriggeblieben sind nur die «tschechisch Leud», wie sie hier an die Türen schreiben. Einige Deutsche haben vergeblich versucht, sich als solche «Leud» auszugeben.
Das Wetter ist jetzt herrlich. Es ist heiß. Überall ist Grün. Den Brief schreibe ich auf einem Balkon, einem solchen wie der, auf dem einst Romeo und Julia sich gegenseitig ihre Liebe gestanden haben. In der Wohnung, in der ich bin, wohnen zwei tschechische Mädchen. Eine ist 19, die andere 20. Schade, daß ich nicht gut Tschechisch kann. Viel kann man mit ihnen nicht reden. Aber es sind wunderbare Mädchen. In der Freizeit tanze ich mit ihnen zur Musik vom Koffergrammophon. So ein Leben ist das hier, mit allen Vergnügungen.
Schreib mir mehr. Was macht Deine Schule? Wie geht es Ganja? Ich interessiere mich für alles.
Gruß. Boris

★

Alisah Shek *1927 *KZ Theresienstadt*

Ganze Nacht und ganzen Tag Kanonade, ganz nahe. Vormittag SS ins Ghetto geschossen. Altmann. Südbaracken – anfangs mit Entwesung in Bodenbacher [Kaserne], bewältigt? Typhus geht weiter. Männer aus Mai- und Dezember-Transporten aus Schwarzwalde. 3 Wochen unterwegs, zufuß gekommene Von 1000 250 geblieben. Nachrichten: Rotes Kreuz, Raschka – Wahnsinniger, Hysteriker, kommandiert Sudeten [Kaserne]. Antisemit. 68) Die Juden Schindelt (Jubel in den Straßen, Russen kommen) und werden gehetzt und beschimpft (Gebrüll draußen) und mit Dreck beworfen. Auftrag für 40 000 Ankömmlinge, die alle Wege bis morgen abend. Bretterzaun um Bauschowitzer Kessel (Jubel), und dann überdachen! Meissner – übernommen. Sitzung – Juden, Sudetenkas[erne]. Tschechen. Zirka [Georg Vogel] ist weggelaufen. Abgelehnt einen Teil der Verantwortung zu übernehmen. Absolut unmöglich. Morgen sollen Leute (Tschechoslowaken) schleunigst wegkommen – ohne Rücksicht, ob geschossen oder was. Zufuß – das nennt man Rückkehr heim. Das Ganze geht daneben, es muß. Abends um halb zehn die ersten Russen. Gebrüll und Jubel. Gestern sangen sie tschechische Lieder, trugen Trikoloren, heute singen sie die Internationale und tragen rote Fahnen durch die Stadt. Es ist in mir eine Bitterkeit, ich kann nicht mehr mit ihnen gehen, denn in mir brach etwas, und an mir liegt eine Last von Jahrhunderten, aufgewühlt und lebendig. Ich habe nur einen Weg, und mich ekelt dies alles an. Menschen ekeln mich an. Indem ich an sie denken muß, kommt über mich eine Hoffnungslosigkeit derer, die alles Unverdaute aller Singenden tragen müssen.

Erich Kessler *KZ Theresienstadt*

Heute morgens um ½7 wurde ich geweckt mit der Nachricht, daß mein Bruder Hans heute nacht mit einem Transport nach Theresienstadt gekommen ist.

Ich war natürlich im Nu aus dem Bett und angekleidet und lief zur Sammelstelle. Das war ein Wiedersehen, nach so vielen Jahren schmerzlicher Trennung! Oft war ich ganz mutlos und wagte nicht an ein Wiedersehen zu glauben. Dann faßte ich doch wieder Hoffnung, und Gott sei Dank hat sich diese als begründet erwiesen. Aber wie mußten wir uns wiedersehen. Abgemagert mit dem typischen KZ-ler Blick, der von unvorstellbarem Grauen spricht. Das Normalgewicht von Hans war 72–73 kg. Heute wiegt er 48. Viel mußten die armen Kerle mitmachen, ehe sie den unter dem Schutze des Roten Kreuzes stehenden Boden Theresienstadts betraten und dadurch dem Leben wiedergegeben wurden. 3 Wochen waren sie unterwegs. Fast ohne Essen u. größtenteils zu Fuß. Die letzten 2 Nächte waren besonders arg. Es regnete in Strömen, und sie standen im offenen Lastwaggon eng zusammengepfercht und bis auf die Haut durchnäßt. Dabei aber todhungrig, so daß einer nach dem anderen vor vollkommener Entkräftung tot zusammenbrach. 70 Todesfälle waren in der letzten und schrecklichsten Nacht. Hans setzte sich auf seine Eßschale und schlief vor Schwäche ein. Als er erwachte, war er im Wasser, und als Folge davon hat er furchtbaren Durchfall. Nicht weniger als 40 Mal mußte er auf die große Seite gehen. Er bat mich, irgendein Gegenmittel aufzutreiben. Ich lief natürlich ins Spital zu einer bekannten Schwester, doch bekam ich nur Tierkohle. Zum Glück hatte ich noch getrocknetes Brot, das ich ihm auch brachte, damit er nicht in Versuchung kommt, etwas zu essen, was ihm schaden könnte. Im Dezember 1943 gingen von hier 1500 Personen weg und gestern kehrten 280 zurück. Alle anderen sind vergast, verhungert oder an den Strapazen zugrunde gegangen. Auch unsere liebe gute Mama werden wir nicht mehr sehen. Was diese Menschen erlebt haben und sahen, ist so ungeheuerlich, daß es kaum glaubhaft ist. Die Osttransporte, die von Theresienstadt abgefertigt wurden, kamen nach Birkenau, ein Nebenlager von Auschwitz, unter Stacheldraht. Dort verblieb der ganze Transport 6 Monate unter Quarantäne. Dann wurde von der Lagerleitung in Berlin angefragt, was mit dem Transport zu geschehen habe, und [man] gab gleichzeitig eine allgemeine Übersicht über den gesundheitlichen Stand und die Arbeitsfähigkeit der Leute. Gemäß dieser Einschätzung lautete dann das Urteil aus Berlin: «Vernichten» oder «Arbeitseinsatz». Im ersten Falle wurde der ganze Transport, ob Mann, Frau oder Kind, alt oder jung, krank oder gesund, vergast. Im zweiten Fall wurden die Arbeitsfähigen vom SS-Lagerarzt ausgesucht und der Rest gleichfalls vergast. Für einen Arbeitseinsatz kamen nur Männer unter 50 und Frauen unter 40 in Betracht. Selbstverständlich versuchte jeder, sich jünger zu machen, wenn er an dieser gefährlichen Grenze stand, um sein Leben noch einmal zu retten. Hans erzählte mir, daß sie drei Mal an den Gaskammern vorbeigeführt wurden und man sich dann doch noch entschloß, den Transport auszumustern. Die Nacht vor seinem Abtransport zu weiterer Sklavenarbeit nach Deutschland verbrachte Hans noch mit unserer lieben Mama. Es muß furchtbar für sie gewesen sein, Hans hat dann noch viel ausstehen müssen, aber zum Glück ist er heute hier. Gegen Mittag wurde der ganze Transport zur sogenannten Entwesung geführt. Ich ging natürlich öfter hin, um zu sehen, was mit ihnen ist. Nachmittags kamen zurückweichende SSTruppen am Ghetto vorbei, und obwohl das Rote

Kreuz angebracht war, warfen sie Handgranaten hinein und schossen mit Maschinenpistolen. Die Leute mußten in den Häusern bleiben. Am frühen Nachmittag griffen alliierte Flieger Leitmeritz an, und da ich gerade auf dem Dachboden der Geniekaserne war, sah ich ganz deutlich die Bombeneinschläge. Später ging ich, an die Häusermauern gedrückt, wieder zur Entwesungsanstalt, aber Hans war noch immer nicht an der Reihe. Als es finster wurde, ging ich noch einmal hin. Hans war noch immer draußen, und sie saßen um einen Haufen brennender KZ-Anzüge herum. Auf einmal hörten wir das Geräusch von fahrenden Tanks und jubelnde Rufe. Das waren die Russen! Ich lief quer durch den Hof des Spitals, wo ich oft gesessen bin und sehnsüchtig auf die Straße hinausgesehen habe. Nun war die Bretterwand umgerissen und die Kolonnen der siegreichen Roten Armee zogen an uns vorbei nach Prag. Es war stockdunkel, und nur die Scheinwerfer der Fahrzeuge erhellten immer die Straße. Wir jubelten ihnen zu, und alles sang die «Internationale», jeder wie er konnte. Deutsch, tschechisch, polnisch, ungarisch, alles durcheinander, aber mit gleicher Begeisterung. Ich lief zu Hans zurück, der noch immer beim Feuer saß, und gerade hatten sie Nachtmahl gefaßt. Sie bereiteten sich auf eine Übernachtung im Freien vor. Es war herrlich, das Zeichen der deutschen Tyrannei und Schmach in Flammen aufgehen zu sehen, während die Truppen der befreienden Roten Armee die Reste der «unbesiegbaren» deutschen Armee zu Paaren trieb: Es war schon spät, als ich mich von Hans verabschiedete, der mit 2 Kameraden bei einem Bekannten übernachtete.

*

Ilse Schulz *1913 *Aussig*

Am Morgen brachte das Radio die ersten Berichte von Waffenstillstandsverhandlungen. Der Krieg war zu Ende. Wir hörten es mit gesenkten Blicken. Kein Gefühl der Erleichterunng, der Hoffnung durchzog unser Herz. Unser bedrücktes Schweigen unterbrach Ullis jubelndes Stimmchen: «Mutti, der Vati!»

Mit wankenden Knien eilte ich zum Gartentor. Da stand er. Bleich und stoppelbärtig, in zerdrückter Uniform ohne Waffe, ohne Koppel, ohne Schuhe mit durchbluteten Verbänden an beiden Füßen. Aber er lebte! Er sah aus wie die Personifizierung des verlorenen Krieges, – aber er lebte. Selig hielten wir uns in den Armen. Dann umtanzten uns die Kinderlein; die Eltern, Hausgenossen und Nachbarn kamen herbeigeeilt. Welch froher Augenblick.

Die Seminaristin
Hildegard Holzwarth *1928 *Hermannshütte / Sudeten*

Heute war die Siegesfeier unsrer Feinde. Gestern haben wir vor den Westmächten die Waffen gestreckt. Gegen den Bolschewismus kämpfen wir noch weiter. Aber es dauert höchstens noch Stunden. Die Kämpfe in Prag sind auch beendet. Wir sind der Übermacht erlegen und jetzt der Willkür der Feinde preisgegeben. Unsre Soldaten werden nur noch als Gefangene herumgeführt. Heute mußten wir Sonntagsruhe halten und flaggen zur Siegesfeier. Wir haben natürlich die weiße Fahne gehißt. Nachmittags kam zu uns ein Amerikaner, ein richtiger Gangstertyp. Mich schaudert vor diesen Männern. Brrr! In den nächsten Tagen erwarten wir die amerikanische Besatzungstruppe. Augenblicklich führen an ihrer Stelle die Tschechen das Regiment. Sie demütigen uns, wo sie nur irgend können. Das ist schon so schwer gewesen für das ganze Volk, sechs Jahre durchzuhalten. Nun kam alles so plötzlich, daß wir uns gar nicht besiegt fühlen. Immer von neuem müssen wir uns an den Gedanken des Zerfalls des Reiches und unserer Auslieferung gewöhnen. Ich weiß, daß uns ein langer Leidensweg bevorsteht. Die Friedensbedingungen sind ungeheuer hart. Die Amerikaner sind gewalttätige Menschen. Deutsche Mädel sind für sie Freiwild. Aber wir werden uns wehren mit Händen und Füßen. Am besten wird sein, diese Menschen einfach zu übersehen. Es wird ja auch wieder einmal besser werden, ja, es muß ja so sein. Wir Deutschen haben den ungeheuren Willen dazu. Wir Jungen werden es schaffen trotz allem. Wenn uns nur ein gütiges Geschick wieder einen Führer schenken möchte, sonst sind wir durch innere Zwistigkeit allen äußeren Sachen preisgegeben. Die Siegesfeier war die erste große Demütigung

Der Soldat Ernst Hammen 1902–1984 *Tschechoslowakei*

Es muß der 8. Mai 1945 gewesen sein; das große Türmen begann auch bei uns. Der Start verzögerte sich freilich, wie meistens. Da gingen zwei hochbepackte Zivilfranzosen vorbei. Die Trikolore, die sie mit sich führten, wies sie als solche aus. «Wo wollt ihr hin?» fragte ich die beiden. – «Nach Westen», war die Antwort. – «Genau dahin will ich auch», sagte ich. Auf diese Weise kamen wir ins Gespräch. Sie waren als Studenten nach Deutschland zur Arbeit verpflichtet worden. Nach dem Untergang Dresdens, wo sie gearbeitet hatten, hatte sie das Schicksal nach Setzdorf verschlagen. Es waren zwei stattliche junge Männer, deren Wesen Vertrauen ausstrahlte. In den folgenden vierzehn Tagen, die wir zusammenblieben, erwiesen sie sich als echte Kameraden.

Sinngemäß erklärte ich ihnen folgendes: «Mit diesem Mordsgepäck kommt ihr nicht weit, schmeißt es in die Krippe hinten am Wagen und marschiert mit mir, solange ihr Lust habt, bzw. sitzt hinten auf. Nachher nehmt ihr mich mit als Zivilfranzose.» Meine Sprachkenntnisse reichten dafür aus. Ein Elsässer, 1917 aus der Schule gekommen, braucht ja nicht unbedingt perfekt Französisch zu sprechen! Die Sache leuchtete ihnen ein. Wir ließen uns am Ackerrain nieder. Ich holte meine Eßvorräte heraus, die meine brave Wirtin mir eingepackt hatte, Butter und Schinken, – Brot hatten wir ja eine ganze Wagenladung dabei – und teilte fein säuberlich in drei Teile. Jeder erhielt seinen Teil, die Kameradschaft war besiegelt.

★

Klaus Mann 1906–1949 *(Berchtesgaden)*

An seinen Vater

Von Innsbruck fuhren wir nach Berchtesgaden weiter. Das Gewimmel von alliierten Truppen, größtenteils Franzosen und «displaced persons» jeder Nationalität, war dort noch dichter, auch noch lärmender, von karnevalistisch wilder Ausgelassenheit. Zahlreiche Betrunkene fielen durch besonders entfesselte Manieren auf; der Wein, an dem sie sich derart angeheitert hatten, stammte aus Hitlers Keller. Zwei Tage lang war der «Berghof» von unseren Soldaten – G.I.s und Poilus – systematisch geplündert worden; es muß eine Raub- und Siegesorgie großartigwüsten Stils gewesen sein. Leider kamen Freund Tewksbury und ich zu spät, um dies noch mitzumachen. Wir fanden den berühmten Landsitz von militärischer Polizei bewacht – recht überflüssigerweise. Nach den Bomben, die hier schon früher gräßlich aufgeräumt, hatten die Plünderer gewissenhaft gewütet. Geborstene Mauern und verkohlte Balken, tiefe Trichter voller Schutt und Asche, zerbrochenes Mobiliar, Scherben und Dreck, ein Trümmerhaufen. Sonst nichts mehr da. In den Ruinen des Hauptgebäudes erkennt man noch die Struktur des enormen Fensters, auf das der Hausherr so besonders stolz gewesen sein soll. Hier pflegte er sich mit seinen Gästen, seinen Schranzen und Opfern am Anblick des alpinen Panoramas zu ergötzen. Das Panorama ist noch immer eindrucksvoll; aber die häßlichen Überbleibsel des «Berghof» stören das schöne Bild. Die mannigfachen Baulichkeiten für Gäste, Dienerschaft, Journalisten und Gestapo-Beamte, die Villa Martin Bormanns, Görings Pavillon, lauter schwarze Höhlen, schwarze Haufen: lauter Schmutzflecke und Schandmale in sonst reiner Landschaft. Von dem ganzen

mächtigen Komplex, der einst Hitlers Lustschloß und feste Burg gewesen, steht nur noch ein relativ bescheidener Seitenflügel, auch dieser ausgebrannt und ausgeraubt. Eine blau-weiß-rote Flagge schmückt das lädierte Dach. Die Trikolore!
Bei unserer Ankunft in Salzburg, am Abend des gleichen Tages, sahen wir an den Kiosken die Extra-Ausgabe der «Stars and Stripes» mit der großen Überschrift: «IT'S ALL OVER OVER HERE! VICTORY IN EUROPE IS OURS ...»
«It's all over ...» Vorbei! Geschafft! Erledigt! Man denkt nicht an das Kommende, nicht heute! Heute denkt und fühlt man nur: *Uff* ...
Und die pazifische Front? Dort gibt es noch kein solches Aufatmen. Pessimisten sagen, der Krieg mit Japan werde sich noch viele Monate, vielleicht Jahre lang hinziehen. Ich kann's nicht glauben. Freilich hätte ich auch nie für möglich gehalten, daß die Deutschen ihren selbstmörderisch-frevelhaften Kampf erst am 8. Mai 1945 beenden würden.

★

Der britische Sergeant Martin Hauser *1913 *Triest*

Triest. Ein Kreis hat sich geschlossen, nach zwölf Jahren. Damals war ich auf dem Wege nach Palästina und verließ eine friedliche Stadt – heute, am «Siegestag», ist der Frieden hier noch nicht eingekehrt. Schwere Reibungen sind zwischen den Alliierten auch hier entstanden – zwischen England und Amerika einerseits und den Jugoslawen andererseits wegen deren Besetzung der Stadt. Die Jugoslawen betrachten Triest als Entschädigung für 20 Jahre Leiden unter dem italienischen Regime und die Jahre bitterer blutiger Kämpfe gegen den italienischen und deutschen Faschismus. Sie betonen die Tatsache, daß die Bewohner der Stadt zwar zumeist Italiener seien, dafür aber die Landbevölkerung vorwiegend Kroaten. Sie sagen, daß Jugoslawien dringend einen großen Hafen für die Entwicklung des Landes braucht. Schön und gut, aber womit wir nicht einverstanden sein können, ist die Art und Weise, wie sie ihr Ziel erreichen wollen. Verhandlungen? Ja. Konferenz? Einverstanden. Volksabstimmung? Gut. Aber nicht einfach zupacken und sich die Bevölkerung samt Boden einverleiben. Wir haben diesen Krieg unter anderem gegen die Behauptung geführt, daß «der Zweck die Mittel heiligt».

Siegesfeier! Vor dem Rathaus ist der große Platz mit einer riesigen Menschenmenge gefüllt. Fahnen mit roten Sternen in der Mitte flattern über den Köpfen, große Plakate mit politischen Parolen in Italienisch und

Jugoslawisch in den Händen vieler Teilnehmer. Vom Balkon des Rathauses hängt eine große rote Fahne, rechts von ihr der «Union Jack» und die amerikanische Flagge, links die jugoslawischen und kroatischen Farben mit dem roten Stern in der Mitte. Rede folgt auf Rede, alles in Italienisch und Jugoslawisch übersetzt, Glückwünsche an die Alliierten für ihren Sieg – zusammen mit der Forderung nach einer Annexion von Triest! Im Saal, von wo eine große Glastür auf den Balkon führt, hohe Offiziere der britischen, amerikanischen, russischen und jugoslawischen Armee. Jeder verhält sich «reserviert». Nachdem wir den Krieg gemeinsam gewonnen haben, mögen uns die Götter helfen, wenn wir nicht auch den Frieden gemeinsam gewinnen.
Erste Schritte zur Reorganisierung der jüdischen Gemeinde und provisorische Hilfsmaßnahmen.

Vittorio Segre *1920 *Italien*

Mein Gedächtnis hat schwarze Löcher. In einem von ihnen streiten sich die Erinnerungen ans Kriegsende. Die Nachricht vom Waffenstillstand in Italien erreichte mich in Zadar, wohin die englische Einheit, der ich angeschlossen war, zurückgekehrt war, nachdem ihr die Truppen Titos den Weg nach Triest verlegt hatten. Ich ertränkte die Vorstellung, den Krieg so banal zu beenden, im Gin. Meine Trunkenheit muß die Erinnerungen durcheinandergebracht haben. Ich sehe noch den zerstörten Hafen, die schwangere jugoslawische Partisanin, die mit einer Handgranate auf dem Bauch in den Resten eines Stadtparks herumlief, den absurden Seemann, der mit geschultertem Bajonett den Kreuzer «Columbus» bewachte, der am Quai mit dem D'Annunzio-Spruch «Wir werden hier für immer bleiben» trieb.
Ich erinnere mich an das Patrouillenboot, das mich nach Italien zurückbrachte, die Fahrt nach Turin, wo ich Nachrichten von meiner Familie suchte. Die Stadt feierte, man tanzte in den Straßen, es gab keine alliierten Truppen, und ein Partisan, der mich Italienisch sprechen hörte, drückte mir das Gewehr auf die Brust, da er mich für einen verkleideten Faschisten hielt. Ich weiß nicht mehr, was ich am 8. Mai tat. Vielleicht war dies der Tag, an dem die bombardierte Synagoge wieder öffnete. Oder jener, an dem ich zu einem Schuster ging, der Schuhe mit dem Leder von gestohlenen Gesetzesrollen reparierte. «Ich wußte nicht, daß das heiliges Leder ist», sagte er. Wir sammelten alle Stücke zusammen, und er wies das Geld zurück, das ich ihm für ein Paar Damenschuhe geben wollte, die auf der Sohle mit uralter Tinte geschriebene hebräische Lettern trugen.

Der Major Erwein Karl Graf zu Eltz **Kroatien**

Die Ereignisse überstürzen sich, und die Lage zwingt uns zum raschen Weichen. Wir bildeten aus dem Korpsstab einen möglichst starken Geleitzug. Ich zog es vor, meinen eigenen Wagen zu benützen, und setzte mich bis an die Zähne bewaffnet vor das Fahrzeug des Generals. Unser Weg führte uns vorerst über Trakostan nach Windisch-Freistritz. Unsere ganze Aufmerksamkeit galt dem bergigen Gelände. Wir hockten locker und sprungbereit auf den Autositzen, mit den Fingern am Züngel unserer Maschinenpistolen. Erst bei einbrechender Dunkelheit erreichten wir Windisch-Freistritz, wo wir von Nandi Attems in gastlicher Form aufgenommen wurden. In seinem schönen und gepflegten Haus stellte er uns eine Reihe von bequemen Gastzimmern zur Verfügung, die von unserem Stabspersonal unverzüglich mit den notwendigen Führungsbehelfen versehen wurden. Graf und Gräfin Attems waren rührend bemüht, uns alles so bequem als möglich zu machen. Ich war im höchsten Grad überrascht und beunruhigt, daß unsere feundlichen Gastgeber offenbar nicht im entferntesten daran dachten, sich nach dem Westen abzusetzen und in Sicherheit zu bringen. Ich besuchte Nandi in seinem Schreibzimmer und sah dort, so wie überall im Schloß, daß er an seinen Lebensgewohnheiten nichts geändert hatte. Silber und andere Wertgegenstände befanden sich an ihren Plätzen wahrscheinlich wie eh und je. Ich sprach ihn darauf an und versuchte ihn zu überreden, doch wenigstens die wichtigsten Sachen zusammenzupacken und sich uns anzuschließen, da wir noch genügend Platz auf unseren Fahrzeugen hätten. Er meinte, daß er für seine Familie nichts Ernstes zu befürchen habe, da einer seiner Söhne im besten Einvernehmen mit den Partisanen stünde. Obwohl köstliche Betten aufreizend einluden, unsere müden Körper aufzunehmen, kam es nicht mehr dazu, da uns gegen Mitternacht die Nachricht erreichte, daß Deutschland auch dem Osten gegenüber kapituliert hat und daß ab 1 Uhr nachts der Stillstand aller Bewegungen zu erfolgen hätte. Unsere Divisionen erhielten trotzdem Befehl, sich auf Biegen oder Brechen zur österreichischen Grenze durchzukämpfen.

Der Stabsarzt
Dr. Hans Uhlemann *1907–1998 ***Kroatien – Österreich***

Am nächsten Tage ging es weiter, an der Drau entlang, ständig in Sorge, plötzlich aus den undurchsichtigen Wäldern beschossen zu werden. Aber es passierte nichts, der Waffenstillstand war ja schon in Kraft getreten. Unterwegs kamen wir an einem großen Proviantlager vorbei. Wir wollten Zigaretten usw. fassen, aber der Oberzahlmeister wollte nichts

herausgeben ohne besondere Anweisung seiner vorgesetzten Dienststelle, obwohl doch die Kapitulation schon bekanntgegeben war. Na, endlich ließ er sich etwas erweichen.
Dann kamen wir endlich, endlich über die alte Reichsgrenze und fuhren ins Lavanttal ein. Es war eng, die Straße schmal und vor uns Wagen an Wagen, dazwischen Kosaken der auf unserer Seite kämpfenden «Wlassow-Armee», die in geradezu panischer Angst versuchten, mit ihren Pferden zu entkommen, und sich in die Bergwälder schlugen.
Es kam die Nachricht, daß die Rote Armee uns im Norden schon erwartete. Also machte alles in wilder Flucht kehrt, um noch im letzten Augenblick zu den im Westen stehenden Engländern zu kommen. Viele Offiziere der Kosaken erschossen sich, weil sie genau wußten, was ihnen bei den Sowjets bevorstand. In der Tat wurden sie dann vereinbarungsgemäß den Russen ausgeliefert und in Judenburg kurzerhand in einem Kasernenhof reihenweise mit Maschinengewehren erschossen.
Wir gelangten nach einigen Pannen in langsamer Fahrt endlich nach dem österreichischen Ort Völkermarkt. So wie der Name sah es auch am Stadtrand aus: Titopartisanen, auch Frauen, teils wilde Gestalten wie aus einem Räuberroman (Wirtshaus im Spessart!) mit breiten, patronengespickten Gürteln, Handgranaten, Maschinenpistolen, Dolchen usw., kaum eine Stelle ihres Körpers ohne mörderisch aussehende Waffen. Und diese Banditen hielten uns an und wollten uns kassieren. Glücklicherweise kam im letzten Augenblick ein englischer Panzerwagen, dem wir uns ergaben und der uns auf Grund unseres Roten Kreuzes dann schützend in die Stadt geleitete. Nun waren wir in Sicherheit.

⋆

Isa Vermehren *1918 *unterwegs nach Neapel*

Pünktlich auf die Minute verließen wir am Dienstag früh um zehn Uhr das gastliche Hotel. Die Abreise und alle durch sie bedingten Organisationen waren ruhig und reibungslos abgelaufen, ohne Geschrei, ohne ein lautes Kommando, ohne irgendeine Spur von Aufregung. Es fällt einem Deutschen doch schwer zu glauben, daß ein militärischer Apparat auch ohne diese gräßlichen Begleiterscheinungen funktionieren kann, aber es geht tatsächlich, und der Eindruck ist mehr als angenehm. In einem Convoy von vierzig Automobilen, darunter etwa zehn Limousinen und dreißig bei uns so genannten Kübelwagen, bewegten wir uns, einer langen Schlange nicht unähnlich, den Berg hinunter fort in südlicher Richtung. Mit Rücksicht auf die älteren Leute und die Kinder war an-

geordnet worden, daß die Höchstgeschwindigkeit von vierzig Stundenkilometern nicht überschritten werden durfte. Wir hatten also weidlich Gelegenheit, alle Schönheiten dieser Frühlingsfahrt hinein in den Norden Italiens zu genießen. Das Land schien noch ganz befangen in dem glücklichen Taumel des endlich beendeten Krieges. Überall hingen Fahnen aus, und auf den kleinen Marktflecken standen die Menschen beieinander, als wenn sie alle große Ferien hätten. Hin und wieder begegneten wir kleineren oder größeren Gruppen deutscher Soldaten, die auf ihre Gefangennahme warteten oder bereits auf dem Wege dahin waren. Viele müssen in einem schmerzlichen Zwiespalt gewesen sein, nie anders diesem liebgewordenen Lande begegnen zu können als unter dem Zeichen der Feindschaft, erst als feindlich eindringende Sieger und nun als besiegter verstoßener Feind; auf allen lag die Ratlosigkeit wie ein bleischweres Gewicht, unter dem sie sich nur mühsam schienen bewegen zu können.
Am frühen Nachmittag machten wir Station in einem reizenden Gartenrestaurant, wo lange Tafeln für unseren Empfang gerichtet waren mit weißem Brot, herrlichen Marmeladeeimern und unerschöpflichen Mengen von Kaffee, Zucker und Sahne. Gegen Mitternacht erreichten wir Verona, das vom Kriege arg mitgenommen schien, und im Hotel «Colombo d'Oro» erwartete uns ein köstliches Abendessen mit gebratenen Hühnchen, Salat und Spargelköpfen, Eiscreme, Zigaretten und selbstverständlich wieder Kaffee.
Das zeitige Frühstück am anderen Morgen war nicht weniger genußreich. Wieder bestiegen wir unsere vierzig Automobile, diesmal aber nur, um die kurze Strecke zum Flugplatz zurückzulegen, wo fünf Maschinen mit angeworfenen Motoren zum Start nach Neapel auf uns warteten. Die Sonne schien, die Luft war ruhig und klar und ließ eine gute Aussicht auf das unter uns liegende Land. Heiße Sehnsucht durchzog mein Herz beim Anblick von Florenz, und voller Begierde haschte ich nach einem Eindruck von Rom. Unser Flugzeugführer war nett, er ließ uns zu sich in die Gondel kommen, und flog jeweils die Tangente, die die beste Aussicht gewährte. Während des Fluges bekamen wir Sandwiches und einen Becher Kaffee.
Wie die Kinder freuten wir uns darauf, im wärmeren Klima des südlicheren Neapel unser Prager Idyll fortzusetzen. Die ganzen Stunden standen noch und immer wieder unter dem Obertitel Befreiung. Befreit fühlten wir uns von Angst und Schrecken, von Terror und Unterdrükkung, von Mord und Krieg, befreit von der bitteren Notwendigkeit, sich schützen und verteidigen zu müssen, wirklich, wir schwammen in

einem Meer von Seligkeit, wir flogen durch einen Himmel durchsonnter Freude, wolkenlosen Glückes, vollkommenen Friedens.
Bei der Ankunft in Neapel begegneten uns zuerst die zahllosen Linsen unzähliger Pressephotographen, und die zweiten, die sich unserer annahmen, waren die Girls vom amerikanischen Roten Kreuz. Sie stürzten sich mit überwältigender Nettigkeit auf uns, traktierten uns mit Kaffee, die Kinder mit Limonade und Kakao, mit kleinen Pfannkuchen, schenkten uns Beutel, die lauter nützliche Sachen enthielten; ein Stück Seife, eine Zahnbürste, einen Waschlappen, eine Schachtel Zigaretten usw. Sie drückten uns Zeitungen in die Hand, strahlten uns an wie ihre liebsten Kinder und spielten unendlich einfallsreich ihre herzliche Rolle in «Unserem Frieden».
Da plötzlich zerriß der Traum: ein Posten trat uns in den Weg, der den Befehl hatte, die Angehörigen der Achsenmächte von denen der Alliierten zu trennen und jeden weiteren Kontakt zwischen ihnen zu verbieten. So rasch wie in der Nähe des Äquators der Wechsel von Tag und Nacht sich vollzieht, so schnell wich hier das Licht der heraufdämmernden Finsternis: ein Deutscher zu sein, wurde zum bösen Schicksal, das jäh seine Schatten über uns warf. Mit etwas verzerrtem Lächeln winkten wir unseren neuen Freunden Adieu und hatten lange zu kämpfen gegen eine schmerzhafte Übelkeit. Die amerikanischen Girls bewahrten sich ganz uneingeschüchtert ihre natürliche Herzlichkeit, und in ihrer unangefochtenen Teilnahme offenbarte sich eine echte Mütterlichkeit, die keine nationalen Unterschiede gelten lassen kann, aber das war nur ein schwacher Trost in dieser abgründigen Traurigkeit darüber, daß das «Mensch unter Menschen sein» doch nur im Traum zur Vollendung kommt.
Nach etwa dreistündigem Warten wurden wir aufgefordert, die zwanzig vorgefahrenen Limousinen zu besteigen, die uns vom Flugplatz zum Hotel «Terminus» brachten, wo das Quartier für uns bereitet war. Wir Deutschen bewohnten das eine Stockwerk, und die übrigen Achsenmächte das andere, und auf jedem Treppenabsatz stand ein amerikanischer Militärpolizist mit umgehängter Maschinenpistole, um aufzupassen, daß keiner den Flur verließ. Uns waren vierundzwanzig Stunden Zeit gegeben, um uns mit der neuen Lage abzufinden, was umso mühsamer war, als in der gegenwärtigen Situation die leisen Anklänge an ein «da capo» von unseren mißtrauisch gewordenen Ohren nicht überhört werden konnten: alle Fragen bezüglich unseres weiteren Schicksals wurden mit einem wohlvertrauten und stereotypen «ich weiß es nicht» beantwortet. Daß diese Dinge sich so scharf in mein Gedächtnis einge-

prägt haben, verdankt sich weniger einer hinter ihnen stehenden bösen Absicht seitens der Amerikaner, sondern ist vor allem so zu verstehen, daß in dieser ebenso verständlichen wie sachlich notwendigen Maßnahme ich das erste Mal dem deutschen Antlitz im ausländischen Spiegel begegnete. Daß wir mit soviel Bewachung bedacht wurden, geschah vornehmlich zu unserem Schutz, denn es konnte den Italienern ja nicht verborgen bleiben, daß soundsoviele Deutsche im Hause untergebracht waren, und ihre Reaktion darauf war mehr als unberechenbar. Die bewaffneten Militärpolizisten also warfen kein so schlechtes Licht auf die Amerikaner, wohl aber ein entsetzliches auf uns selber, deren stille Anwesenheit genügen konnte, einen Sturm wilder, empörter Wut zu entfesseln. Fast hätten wir uns zurücksehnen mögen ins KZ, wo man sich als Unschuldiger hatte fühlen können in den Händen der Schuldigen; hier hingegen lastete sich einem das Gewicht der «deutschen» Schuld mit so erdrückender Wucht auf, daß es schwer war, Ruhe und Ordnung zu wahren in dem entfesselten Widerstreit der eigenen Empfindungen.

*

Erich Kästner 1899–1974 *Mayrhofen*

Jodl hat die bedingungslose Kapitulation unterzeichnet. In Reims. Der Rundfunk überträgt die Siegesfeiern und den Jubel, der draußen herrscht. Alle miteinander sind stolz darauf, was sie in fünf Kriegsjahren geleistet haben. Und sie haben Grund, sich zu rühmen. Aber sie werfen uns vor, daß es ihrer Anstrengungen bedurfte. Was sie getan hätten, sei unsere Aufgabe gewesen. Wir, die deutsche Minorität, hätten versagt. Das ist ein zweideutiger Vorwurf. Er enthält nur die halbe Wahrheit. Sie verschweigen die andere Hälfte. Sie ignorieren ihre Mitschuld. Was sie verschweigen, macht das, was sie aussprechen, zur Phrase, und wir sind im Laufe der Zeit gegen Phrasen sehr empfindlich geworden. Auch gegen liberale Phrasen. Auch gegen Phrasen aus Übersee. Die Sieger, die uns auf die Anklagebank verweisen, müssen sich neben uns setzen. Es ist noch Platz.

Wer hat denn, als längst der Henker bei uns öffentlich umging, mit Hitler paktiert? Das waren nicht wir. Wer hat denn Konkordate abgeschlossen? Handelsverträge unterzeichnet? Diplomaten zur Gratulationscour und Athleten zur Olympiade nach Berlin geschickt? Wer hat denn den Verbrechern die Hand gedrückt statt den Opfern? Wir nicht, meine Herren Pharisäer!

Sie nennen uns das ‹andere› Deutschland. Es soll ein Lob sein. Doch

Sie loben uns nur, damit Sie uns desto besser tadeln können. Beliebt es Ihnen, vergessen zu haben, daß dieses andere Deutschland das von Hitler zuerst und am längsten besetzte und gequälte Land gewesen ist? Wissen Sie nicht, wie Macht und Ohnmacht im totalen Staat verteilt sind? Sie werfen uns vor, daß wir nicht zu Attentaten taugen? Daß noch die Trefflichsten unter uns dilettantische Einzelmörder unübertrefflicher Massenmörder waren? Sie haben recht. Doch das Recht, den ersten Stein gegen uns aufzuheben, das haben Sie nicht! Er gehört nicht in Ihre Hand. Sie wissen nicht, wohin damit? Er gehört, hinter Glas und katalogisiert, ins Historische Museum. Neben die fein säuberlich gemalte Zahl der Deutschen, die von Deutschen umgebracht worden sind.
Der Äther ist geduldig. Stalin hat erklärt, Deutschland solle nicht zerstückelt werden. Doch es müsse sich selbst ernähren, haben englische Minister geäußert. Man werde nur eingreifen, falls Hungerepidemien aufträten. Hauptmann Gerngroß hat mitgeteilt, daß die unverbesserlichen Anhänger Hitlers nur nördlich des Mains lebten. Und der Sender Vorarlberg pries die engelhafte politische Unschuld der Österreicher. Das künftige Schicksal des Altreichs gehe sie nichts an. Es interessiere sie nicht. Ihre Freunde wohnten hinter anderen Grenzen. Die Unschuld grassiert wie die Pest. Sogar Hermann Göring hat sich angesteckt. Er sei von Hitler zum Tode verurteilt und von der SS inhaftiert worden. Erst Angehörige der Luftwaffe hätten ihm das Leben gerettet. Man sieht, der Engel der Unschuld hat sich mit fast jedem eingelassen, und nun wollen sie alle ins Krankenhaus.
Prag und Dresden sind eingenommen worden. Mayrhofen verwaltet sich selber. Nach 21 Uhr darf niemand mehr auf der Straße sein. Und ein Anschlag besagt, daß wir, die Flüchtlinge, wegen der angespannten Ernährungslage, ausgewiesen werden sollen.

Görings Adjutant *Zell am See*

Vormittags grosses Packen, Toni hat grosse Sorge mit der Verteilung der Kraftfahrzeuge. Um 12.00 Uhr ist Abfahrt, erster Wagen Schw. Christa und ich, dann RM [Reichsmarschall] mit Familie, Robert, Gerch und alles andere hintennach. Der Pass ist wie üblich verstopft, zum grossen Teil durch SS, die sich zum «Partisanenkampf» in die Berge zurückziehen will, zunächst aber mal besoffen ist und Mädchen mitgenommen hat. Nach vier Stunden ist die Überfahrt der ersten Wagen geschafft, bis zum Abend die der übrigen. Wir rasten inzwischen in der Sägemühle von Untertauern, wo RM bald von Soldaten und Zivilisten umringt ist, die voller Erbitterung sein Schicksal hören und sich ihm, gleich zu wel-

cher Aufgabe, zur Verfügung stellen wollen. So war es ja auch in den letzten Tagen in Mauterndorf: was an Luftwaffen-Soldaten aus dem Süden kam, stellte sich RM zu seiner Sicherung sofort und bedenkenlos zur Verfügung: «Unsere Ehre ist die Treue.»
In Radstatt ist inzwischen eine Sperre auf Befehl der Amerikaner errichtet worden, und deutsche Offiziere wachen sorgfältig darüber, dass sich ja kein Soldat von der russischen Seite auf die amerikanische rettet! Nach langem Palaver lässt er uns durch. Kurz hinter dem Ort kommen uns zwei amerikanische Wagen entgegen. Es ist 20.10 Uhr. Der Limousine entsteigt ein General und Major Müller. RM steigt aus, geht auf den General zu, und es ergibt sich eine Begrüssung, wie sie formvollendeter bei einer Gefangennahme wohl nicht vor sich gehen könnte. Der General, es ist der stv. Div. Kdr. der 36. Div. Texas, General Stake, teilt RM mit, dass sein Schreiben angekommen und weitergeleitet sei, eine Antwort aber noch ausstehe. Er bittet ihn, für die Nacht in einem vorbereiteten Haus in Zell am See Quartier zu nehmen. An der Spitze der Kolonne fahrend, führt er uns dann dorthin, in die ehemalige Reitschule der SS. In der Küche sitzen einige SS-Führer mit ein paar Polenmädchen und betrinken sich. Sie haben alle ihre Waffen noch und führen höchst eindeutige Reden, wie «hoffentlich hat der da (RM) sein Testament gemacht» und ähnliches. Der amerikanische General lässt uns auf unsere Bitte einige Waffen, und ich teile eine ständige Wache vor dem Schlafzimmer RM ein. Erstes Auftreten von Pressephotographen.

Der Generalfeldmarschall
Wilhelm Keitel 1882–1946 **(Dobbin – Neustadt/Holstein)**

Wie wenig Einsicht Himmler in die politische Lage und seine persönliche Belastung hatte, geht aus folgendem Vorgang hervor. Er schickte aus seinem uns unbekannten Quartier [durch] einen Offizier des Heeres, der bis dahin noch zu seinem Stabe gehört hatte und den er gleichzeitig entließ, einen Brief an General Eisenhower, mit der Bitte um Weiterleitung. Der Offizier war ermächtigt, mir den Inhalt des Briefes zu übermitteln. Er enthielt in kurzen Worten das Angebot, sich freiwillig dem General Eisenhower zu stellen, wenn ihm zugesagt werde, daß er keinesfalls an die Russen ausgeliefert werde. Himmler hatte mir diese Absicht schon bei meiner letzten Unterredung [mit ihm] in Gegenwart Jodls angedeutet. Da der Offizier als Überbringer des Briefes nicht mehr zu Himmler zurückkehrte, hat dieser nie erfahren, daß der Brief nicht weitergesandt, sondern vernichtet worden ist und niemals General Eisenhower erreicht hat. Himmler hatte mir übrigens durch den Kurieroffizier zur Meldung an Dönitz sagen lassen, er werde aus dem Nordraum nunmehr verschwinden und untertauchen; für das nächste halbe Jahr werde er nicht gefunden werden. Seine, einige Wochen später erfolgte, Verhaftung und sein Selbstmord durch Gift in der Haft sind bekannt.

Paul Schmidt *Salzburg*

Am 8. Mai, 3 Uhr nachmittags, hörten wir Churchill: «Gestern morgen um 2.41 Uhr hat General Jodl als Vertreter des deutschen Oberkommandos und des Großadmirals Dönitz im Hauptquartier General Eisenhowers die bedingungslose Kapitulation aller deutschen Land-, See- und Luftstreitkräfte in Europa gegenüber der alliierten Expeditionsarmee und gleichzeitig auch gegenüber dem sowjetrussischen Oberkommando unterzeichnet.» Als ich in späteren Jahren den Text der Kapitulationsurkunde zu Gesicht bekam, stellte ich übrigens fest, daß General Jodl lediglich «by authority of the German High Command» kapituliert hatte und nicht als Vertreter des Staatsoberhauptes Großadmiral Dönitz. Völkerrechtlich ist dies, besonders wenn man Vergleiche zu der Beendigung des ersten Weltkrieges und der japanischen Kapitulation anstellt, ein interessanter Punkt, der für den Verlauf der weiteren Entwicklung nicht unwesentlich ist.

Diese Feinheiten gingen uns im Mai 1945 natürlich völlig verloren. Uns fiel nur auf, mit wie wenig Pathos der englische Premierminister dieses welterschütternde Ereignis mitteilte. «Die Feindseligkeiten werden offiziell eine Minute nach Mitternacht des heutigen Tages, Dienstag, den 8. Mai, eingestellt.» Keine großen Worte. Nur die nüchterne Feststellung: «Der Krieg gegen Deutschland ist damit zu Ende.»

Abends hörten wir dann noch Reportagen aus London von den dortigen Siegesfeiern. In der Londoner Wilhelmstraße, in White Hall, rief die Menge nicht «Wir wollen unseren Churchill sehen», sondern «we want Winny», und «Winny» erschien nicht in einer Uniform mit steifem Gesicht und noch steiferem ausgestrecktem Arm, sondern in seinem bekannten Luftschutzanzug mit einem steifen Hut und dirigierte im Scheinwerferlicht den Chorgesang der Menge auf der Straße. Wohl kaum gibt es in einer so kurzen, leicht faßlichen Szene zusammengepreßt eine treffendere Charakteristik des Unterschiedes zwischen «dem Deutschland seit 1933 und dem England seit 1066», notierten wir dazu in unserem Tagebuch.

«Jeder Waffenstillstand ist der erste Schritt zum Frieden und Wiederaufbau», hatte ich 1940 im Walde von Compiègne nach Unterzeichnung des Waffenstillstandes mit Frankreich im historischen Salonwagen zu General Huntzinger, dem Führer der französischen Delegation, in dem Bestreben gesagt, ihm über die unendliche Traurigkeit, die sich auf seinem Gesicht und in seiner Haltung ausdrückte, etwas hinwegzuhelfen. Daran mußte ich in diesem Augenblick denken, um so mehr, als ich ja selbst aus allernächster Nähe auf der diplomatischen Szene der zwanziger und dreißiger Jahre in den zahllosen Besprechungen und Konferenzen miterlebt hatte, wie sich Deutschland nach der schweren Niederlage von 1918 wieder erhoben und seinen Platz in der Völkerfamilie zurückgewonnen hatte.

Unser Tagebuch aber sagt: «Wo andere so viel Grund haben, sich zu freuen, und wir so viel Grund, nicht etwa über unser Unglück zu klagen, sondern uns für andere, die mit Recht oder Unrecht behaupteten, zu uns zu gehören und uns sogar führen zu müssen, bis ins Innerste zu schämen, stellt sich bei aller geistigen Widerstandskraft doch eine tiefe Niedergeschlagenheit ein. Einer spricht es aus, die anderen denken es mit. Trotz allem begrüßen wir diesen ersten kleinen Schritt weg vom Kriege in der Hoffnung, daß das völlig negative Resultat des nach allen Vorschriften des Rezeptbuches bis zum letzten Ende durchgeführten Experimentes von 1933 nunmehr allseitig erkannt wird. Jeder mit normaler Intelligenz ausgerüstete Deutsche muß sich sagen, daß bei der im deutschen Charakter gelegenen Suche nach immer neuen Wegen die Straße von 1933 auf jeden Fall als völlig unbrauchbar abzulehnen ist.»

Günter Cords *1928 *(Linz)*

Am Straßenrand tauchten Trupps in grauweißen Sträflingskleidern auf. Noch nie hatte ich so entsetzlich aussehende bis auf die Knochen abgemagerte Gestalten gesehen. Eine kleine Gruppe hockte am Straßenrand um ein Feuer und rührte in Kochgeschirren herum. Als sie bemerkten, daß wir nicht zu den Siegermächten gehörten, hielten sie unsere Pferde an und untersuchten ebenfalls unsere Fahrzeuge. Auch unser Protest, alles sei genau registriert und wir führen im Auftrag der amerikanischen Armee – hinderte sie nicht daran, zwei Kisten vom Wagen zu holen. Beim Weiterfahren hockte sich eine der Jammergestalten, ein 23jähriger Pole, auf unseren Wagen. Sein Kopf, der auf einem dünnen Hals saß, erinnerte eher an einen Totenschädel oder eine Fratze als an einen lebenden Menschen, zumal er nur ein Auge hatte. Unter der Sträflingskleidung zeichneten sich die dürren Knochen ab, und längs über den Kopf verlief eine mit der Haarschneidemaschine gezogene dreifingerbreite Schneise. Es kostete mich Überwindung, ihn anzuschauen.

«Wo kommt ihr her?» fragte Ignatz. – «KZ Mauthausen.» – «Nie gehört.»
«Doch, doch», nickte er eifrig und berichtete von Tausenden von Ausländern die dort eingesperrt und heute morgen von Amerikanern befreit worden waren, und dann berichtete er von unglaublichen Zuständen, die dort geherrscht haben sollten.

*

Konrad Adenauer 1876–1967 *Köln*

An Colonel John K. Patterson, Militärregierung
Im Hinblick auf den bevorstehenden Himmelfahrtstag bitte ich um Mitteilung, ob dieser Tag für die Gefolgschaft der Stadtverwaltung als Feiertag und dementsprechend als dienstfrei gelten soll. Der Himmelfahrtstag ist von jeher ein hoher Feiertag gewesen, nur war er von den Nationalsozialisten während der letzten Jahre als Feiertag abgeschafft worden.
A[denauer]

Walter Ulbricht 1893–1973 *Berlin*

An Georgi Dimitroff!
Genosse Dimitroff!
Wir haben unsere Arbeit in erster Linie auf die Auswahl von Antifaschisten für die Kreisverwaltungen und für die Stadtverwaltung von Berlin konzentriert. In vielen Kreisen waren die aus der Illegalität hervorgetretenen Kommunisten anfangs von den sich organisierenden Kreisverwaltungen isoliert. Die spontan geschaffenen KPD-Büros, die Volksausschüsse, die Komitees der Bewegung «Freies Deutschland» und die Ausschüsse der Leute des 20. Juli, die vorher illegal arbeiteten, treten jetzt offen auf. Wir haben die Büros mit Aushängeschildern geschlossen und den Genossen klargemacht, dass jetzt alle Kräfte auf die Arbeit in der Stadtverwaltung konzentriert werden müssen. Die Mitglieder der Ausschüsse müssen ebenfalls zur Arbeit in die Stadtteilverwaltungen überführt und die Ausschüsse selbst liquidiert werden. Die roten Fahrzeuge mit Hammmer und Sichel verschwinden ebenfalls allmählich aus dem Stadtbild. Im Zusammenhang mit der Bildung der Verwaltungsorgane gelingt es, einen breiten Zusammenschluss der antifaschistisch-demokratischen Kräfte herbeizuführen. Ihr Einverständnis zur Mitarbeit haben gegeben: Dr. Hermes, Prof. Sauerbruch, Prof. Gorbrandt, Stadtrat Otto Schulz, Schuldirektor Karl Schulz, der Regisseur und Filmschauspieler

Karl Rühmann, Dr. Flechtheim – eine Person, die Verbindung zu vielen bürgerlichen Hitlergegnern hat, das Präsidiumsmitglied des [?] Orlopp und andere.
In einer Reihe von Kreisen ist noch die Abgeschlossenheit der Illegaltität spürbar. Die Kommunisten haben dort noch wenig Verbindung zu den Menschen der anderen Schichten und politischen Richtungen. Da es weder Zeitungen noch politische Schulungen gibt, ist für die genügende Orientierung der Genossen längere Zeit erforderlich.
Vorschläge: Wir haben Maron und Schwenk als Stellvertreter des Bürgermeisters, Lorenz und Erpenbeck für die Abteilung Volksbildung und Gyptner für die Kaderabteilung vorgeschlagen. Ich brauche dringend weitere Mitarbeiter: zehn qualifizierte Instrukteure-Kommunisten für die Arbeit in den Kreisverwaltungen und in Brandenburg, einen Mitarbeiter für Kaderfragen und eine Sekretärin mit Stenographiekenntnissen. Ich schlage Försterling vor. Wenn er noch krank ist, so muss ich Köppe nehmen. Die Arbeit wird leichter, da die Referenten für Kaderfragen in den Kreisverwaltungen Kommunisten sind. Für die Schulungsarbeit wird Zaisser benötigt. Für die Propaganda und für die weitere Bearbeitung von Dr. Hermes brauche ich Hörnle. Für die Auswahl von Gewerkschaftskadern nehme ich Chwalek. Zehn Kriegsgefangene habe ich auf die Kreisverwaltungen verteilt. Ich brauche Kohlmey und zehn Gehilfen für die Arbeit in der Abteilung Volksbildung der Kreisverwaltungen. Es wäre erwünscht, dass Hans Becher Ende Mai zur Arbeit unter der Intelligenz hierherkommt. Ich bitte um Ihre Meinung, ob ungefähr 2 Wochen nach der Organisierung der Stadtverwaltung mit der Herausgabe einer antifaschistisch-demokratischen Zeitung begonnen werden kann. Zur Vorbereitung der Zeitung und des Verlags brauche ich Genossen Wendt. Eine Reihe leitender Genossen sind aus dem Gefängnis gekommen. Die Liste schicke ich nach.
Ulbricht
Politische Verwaltung der I. Belorussischen Front

Wilhelm Hausenstein 1882–1957 *Tutzing*

Seit zwei Wochen lese ich Hermann Grimms Goethe-Biographie. Starker, sehr starker Eindruck. Ich schäme mich, so spät an dieses Buch geraten zu sein. In den nächsten Tagen einige Auszüge machen. Heute bloß dies:
1. Die Analyse des Verhältnisses zwischen Goethe und Frau von Stein scheint mir, so sehr sie differenziert, nicht zuzureichen. Ich habe den Eindruck, es fehle dem Aspekt die reale Faser. Die reale: ich meine nicht das Physische, sicher nicht die Frage nach dem Physischen allein, son-

dern die Abwesenheit (relative Abwesenheit) einer *Intensität* in der Vorstellung von der Beziehung – eben der Intensität des *Wirklichen*.
2. Der Protestantismus Grimms schränkt das Urteil ein. Die großartige Rückperspektive auf die römische «Welt», auf die Geschichte Roms leidet merklich und verstimmend an der Unzulänglichkeit der Vorstellung vom Rom des neunzehnten Jahrhunderts. Der Protestant vermag die *Realität* des *geistlichen* Roms im neunzehnten Jahrhundert nicht zu verspüren.
Das ist aber auch alles, was ich, vom ersten Band und vom Anfang des zweiten her einzuwenden hätte, es sei denn noch die fühlbare, ja drastische Überschätzung Luthers, den Grimm auf eine dieser Persönlichkeit längst nicht zukommende Höhe setzt. Aber abgesehen davon: welch eine Biographie!
Ein Thema für ein Buch, das *bald* von einem Kundigen geschrieben werden müßte: «Goethe und die Deutschen». Es würde zu verdeutlichen sein, wie *wenig* Goethe auf die Deutschen gewirkt hat. Heute hat er überhaupt keine öffentliche Existenz mehr – denn daß auch heute noch akademische Vorlesungen über ihn gehalten werden, bedeutet noch lange keine Existenz!
In Frankreich: Corneille, Racine und andere haben den Stil der nationalen Sprache und Denkungsart *bis heute* bestimmt. Theater, Parlament, Volksversammlung: man lebt in Frankreich aus dem grand siècle. Deutschland lebt in seinen öffentlichen Äußerungen, in seiner nationalen Geisteshaltung ganz und gar *nicht* aus Goethe: *es ist, als hätte er nie existiert, nie geschrieben.*

⋆

Der britische Sergeant Martin Hauser *1913 ***bei Triest***

22.30 Uhr. Während ich diese Zeilen schreibe, höre ich draußen Gewehrschüsse, das Knallen von Feuerwerk, das Singen der Menschenmenge, die sich durch die engen Straßen dieses Dorfes wälzt, ganz in der Nähe von Triest. Es ist Nacht, und durch die Fenster dringt der Schein von roten, grünen und weißen Leuchtkörpern, die gegen den dunklen Himmel fliegen und für einen Augenblick mit dem Glanz der Sterne konkurrieren. Die Welt feiert das Ende des Krieges in Europa.
Ich sitze hier in der Garage einer kleinen neuseeländischen Unit. Im Radio wurde vor einigen Minuten bekanntgegeben, daß die Deutschen sich ergeben haben, daß heute nacht Churchill zum englischen Volk sprechen wird, daß morgen der «Siegestag» sein wird – Sieg in Europa.

Ich halte ein Glas Bier in der Hand, schaue in das durchsichtige gelbe Getränk, und meine Gedanken wandern. – Das ist also das Ende. Sieht so der Frieden aus? Empfindet man ihn so? Hier sitzen wir, eine Gruppe von Männern, die vor langer Zeit Haus und Familie verlassen haben, die sich loslösten von der Routine des täglichen Lebens in der Vergangenheit, um ihr Leben in der Zukunft zu sichern. Hier sitzen wir, glücklich, mit heilen Gliedern und Sinnen durch diese Jahre voll Gefahren und Schrecken gekommen zu sein. Aber wo ist die Freude, die Begeisterung, die von uns erwartet werden kann? Nichts dergleichen – ein Lächeln hier, ein Schmunzeln da, ein Witz, während man das Bier trinkt. Die Zeit vergeht mit dem Austausch von Erinnerungen – Erinnerungen an vergangene Zeiten, schwere Kämpfe, Freunde, die gefallen sind. Schwer lastet auf jedem die Vergangenheit. Man spürt ihren Druck. Auch ich spüre ihn. Für fünf Jahre, acht Monate und fünf Tage tobten die Kriegsfurien über Europa und Afrika, starben Millionen, litten Millionen, wurden Städte verwüstet, Industrien und Landwirtschaft zerstört, wurde der Tod in Form von Bomben und Minen über Felder und Wälder gesät. Energien und geistige Schöpfungskraft der Menschen konzentrieren sich in erster Linie auf Mittel zur Vernichtung der Zivilisation des zwanzigsten Jahrhunderts – soweit überhaupt von Zivilisation noch die Rede sein konnte. Für über fünf Jahre herrschte körperliche und geistige Knechtschaft über dem europäischen Erdteil, war Kampf für Freiheit und Gerechtigkeit identisch mit der Gefahr eines qualvollen Todes.
Und doch hat jedes Ding zwei Seiten – auch der Krieg. Er förderte die Zusammenarbeit zwischen Individuen und Nationen, machte die Rücksichtnahme auf andere erforderlich, zeugte die Erkenntnis der Notwendigkeit, sich mit dem Schicksal und den Bedürfnissen des Nachbarvolkes zu befassen. Er brachte einen in Verbindung mit Menschen aus den verschiedensten Ländern, mit den verschiedensten Anschauungen politischer oder religiöser Natur. Er verhalf zur Erweiterung des Blickfeldes und einer klareren Erkenntnis der Dinge, die sich auf der Bühne des Weltgeschehens abspielen. Meine persönliche Bilanz sind der Verlust von sechs der kostbarsten Jahre meines Lebens und der Zusammenbruch meiner Ehe. Als Entschädigung habe ich das Bewußtsein, in den letzten Jahren des Krieges meine Aufgabe als jüdischer Soldat dem jüdischen Volk gegenüber erfüllt zu haben, indem ich Menschen helfen und Gemeinden wieder aufrichten konnte.
Es ist fast Mitternacht. Ich sitze noch und schreibe, denn ich bin noch nicht in der Lage, mich hinzulegen. Oft hatte ich mich gefragt: «Wie wirst Du reagieren, wenn das Ende da ist? Begeisterung? Rührung? Auf-

atmen? Apathie?» Es ist eigentlich eine Mischung der letzten beiden Gefühle – der Anti-Klimax nach all der Spannung. Draußen gehen weiter Raketen hoch und Gewehrschüsse knallen. Zum letzten Mal?

Gerhard Hessel *1912 *Kriegsgefangenenlager Bad Kreuznach*

Das Lager Kreuznach. Kein Ruhmesblatt. Weder für die Amerikaner noch für die deutsche Armee. Und für mich schon gleich gar nicht. Der Null-Punkt war erreicht. Nun war ich ganz unten. Hinter Stacheldraht. Jammern ist hier nicht. Die Verhältnisse waren so. Die Gegend war gut gewählt, eine flache, endlose Mulde, das Nahetal. Kein Baum, kein Strauch, kein Dach, kein Zelt. Von oben Dauerregen, von unten triefende Nässe. Hinlegen? Das war nicht zu raten, sind viele nicht mehr aufgestanden. So schlief man im Stehen, im Hocken. An Wasser kein Mangel, das transportiert sich leicht und rinnt aus dem Schlauch. Aber Hunger. Verpflegung blieb aus, oft tagelang, dann einmal am Tag, irgendwann und ungekocht. Von den Latrinen will ich nicht reden, da sind manche kraftlos hineingefallen. War ja auch nichts zu scheißen. Dann kam die Ruhr. Wer das nicht erlebt hat, begreift gar nichts. Und da es keine Sanitätsversorgung gab – woher denn auch –, war dies das «Aus!». Ab ins Massengrab und Kalk drauf. Morgen für Morgen dasselbe. Nichts mehr mit «… für Führer und Vaterland». So ehrenvoll gibt sich der beschissene Tod nicht. Wo bleibt da die Ehrfurcht? Nur gut, daß uns der zweite Weltkrieg keine Kriegerdenkmäler beschert hat.
Tage, Tage, Wochen, Wochen. April, Mai, Juni … Was heißt da Zeit? Ein Greuel? Man kann's vergessen. Der Ami war einfach überfordert, damit hatte er nicht gerechnet. In den obersten Stäben eine Fehleinschätzung, eine falsche Entscheidung, solche Massen auf engstem Raum zusammenzuballen, das mußte schiefgehen. Man hätte sie sich sollen verlaufen lassen. Davon war nichts mehr zu fürchten. Da liegt's, die Furcht wirkt nach. Und dann die Administration, der helle Wahnsinn. Dieser Menschenbrei, der letzte Matsch eines zu Ende gekommenen Krieges, mußte – «mußte?» – auch noch sortiert, registriert, mit ordentlichen Papieren versehen und entlassen werden. Im Sommer '45 wurde Kreuznach aufgeteilt, mit Schub ab ins Entlassungslager, ab nach Babenhausen.
Doch bevor ich dort ankomme, will ich meines Lehrers gedenken, er hat sich's um mich verdient. Ein Greizer Landser, älterer Mensch, Vornamens «Willi», im Frieden – wann war das? – Omnibusfahrer bei den Greizer Verkehrsbetrieben. Ein Asket, der einzige dieser Spezies Mensch, den ich

je kennen lernte. Ein Alpinist des sechsten Grades, zäh und entschlossen nicht aufzugeben. Der lehrte mich, das bissel Verpflegung, diese Handvoll nach einem hungrigen Tag, einfach wegzuwerfen: «Tritts in den Dreck, Du brauchst es nicht!» Er lehrte, mich zu konzentrieren. Da war fern am Horizont, außerhalb des Lagers, ein Kugelbaum, auf den hin konzentrierten wir uns, heißt, ich hab's erst gelernt. War gar nicht mal so schwer, denn Bedürfnisse besaßen wir keine, nur muß man sie auch noch vergessen.
Vergessen muß man auch, was um einen herum vorgeht. Das war schon schwerer im Chaos der Masse. Nichts wahrnehmen, selbst die Wahrnehmung vergessen, bis zur Reduzierung der animalen Funktionen. So hockten wir stunden-, tagelang mit Blick auf den Kugelbaum, die Zeit auch vergessend. Vielleicht – frage ich mich, war dies das höchste Maß an Freiheit, das ich je genossen.
Ich blicke auf Kreuznach zurück ohne Zorn. Eine Lektion in der Geschichte verlorener Kriege auf der Verliererseite. Ein Seitenblick auf die Menschheit außer Rand und Band, nicht gerade ermutigend für Gottes Ebenbild. Und ein Stück eigener Erfahrung – «... ein Schatten fällt von jenem Leben in die anderen Leben hinüber, und die leichten sind an die schweren wie an Luft und Erde gebunden.»

Elfie Walther *1928 ***(KZ Sandbostel)***

Sie sterben uns unter den Händen weg. Wir können nicht viel helfen. Wenn wir morgens kommen, müssen wir erst einmal den Dreck wegmachen. Vor fast jedem Bett liegt ein Haufen, und überall finden wir Urinlachen, aber wir dürfen uns nichts anmerken lassen. Sie denken ja, wir seien Krankenschwestern.
Sind wir fertig und haben alles mit Lysol aufgewaschen, fängt es wieder von vorn an.
Es kommen immer mehr Kranke. In unserem Komplex sind 6 Baracken. Alle sind überbelegt. Heute sollen 600 Neue kommen. Aber es sind gestern und heute über 100 Menschen gestorben.
Im ganzen – so sagte mir ein englischer Soldat – liegen im Lager ca. 3000 Menschen.
Die Arbeit ist schwer und anstrengend. Meine Beine und Hände sind dick geschwollen vom Laufen und Kannenschleppen.
Die Patienten wollen den Brei nicht mehr. Wenn wir mit den Kannen in der Tür erscheinen, werfen sie mit Bechern nach uns.
Sie wollen Brot haben. Kann ich verstehen! Aber es gibt noch nichts. Die Engländer haben mit der Beschaffung große Schwierigkeiten.

Viel schlimmer als unsere körperliche ist unsere seelische Verfassung. Diese Eindrücke werden wir bestimmt nie mehr los. Es läßt sich auch gar nicht mit Worten beschreiben, was wir hier erleben.
Heute wurden die Patienten gewaschen. An den beiden ersten Tagen sind wir nicht dazugekommen. Jetzt liegen sie alle nackt in den Betten, und einige sind schon etwas munterer geworden, springen sogar so im Zimmer herum.
Ich glaube, sie kommen erst jetzt so richtig dahinter, daß sie von den Deutschen befreit worden sind.
Abends:
Ich habe schlimme Halsschmerzen. Der englische Arzt hat mich untersucht. Angina, meint er. Dagegen könnten sie nichts tun. Es gibt kaum Medikamente. Wir bekommen jedenfalls nichts. Einige von uns haben schon so komische Läusekappen auf. Viele liegen mit Fieber und Durchfall auf den Strohsäcken. Wir müssen ihre Arbeit mit übernehmen.
Heute nachmittag war ich nahe am Verzweifeln. Inge ist nun auch ausgefallen, und ich stehe ganz allein vor der Arbeit in unserer Baracke. Da nun alles langsamer geht, werden einige Patienten ziemlich aggressiv, so daß ich richtig Angst bekommen habe. Gott sei Dank ist da auch ein Zimmer, in dem so nette und gebildete Leute liegen. Sie kommen aus Holland und Belgien. Einige sind Ärzte, und dann ist da ein Rechtsanwalt, der tröstet uns immer und spricht uns Mut zu.
Das muß man sich mal vorstellen: Der, dem unsere Leute so viel angetan haben, spricht uns Mut zu! Er meint, was wir hier täten, wäre ganz wunderbar. Aber es wäre eine große Gemeinheit, daß halbe Kinder das in Ordnung bringen müßten, was Erwachsene angerichtet hätten.
Dieser Mann hatte nur eine Bemerkung gegen die deutsche Besatzung in Holland gemacht. Dafür brachte man ihn ins KZ.
Eben erhielten wir statt der üblichen Graupensuppe eine Dose mit Fleischschmalz und etwas Brot. Sechs Mädchen konnten sich eine Dose und ein Brot teilen. Das hat uns ganz wunderbar geschmeckt. Auch Kaffee gab es. Wir sind endlich mal wieder richtig satt geworden, und der Kaffee wärmt. Nun haben wir auch wieder Mut für die nächsten Tage.

*

Der amerikanische Kriegsgefangene
Ray T. Matheny *1925 *Braunau am Inn*

Am Spätnachmittag des 7. Mai wurden die Kriegies in ein am Westrand der Stadt gelegenes Fabrikgebäude verlegt, das uns bis zum Abtrans-

port als Unterkunft dienen sollte. Nicht alle wurden erfaßt und gleichzeitig hingebracht; daraufhin wurden Patrouillen ausgeschickt, sämtliche ehemaligen Kriegsgefangenen einzusammeln. Ein paar von uns waren damit beschäftigt gewesen, das städtische Museum zu plündern; einer hatte einen edelsteinbesetzten Degen an sich gebracht und ein anderer eine silbergefaßte Diamantbrosche. Noch ein anderer war in das Geburtshaus von Adolf Hitler eingedrungen, das zu einer nationalen Gedenkstätte gemacht worden und mit allerlei Erinnerungsstücken an Hitler und seinen Aufstieg zur Macht ausgestattet war. Dieser Kamerad hatte sich eine goldene Plakette mit Hakenkreuz darauf angeeignet, in die eingraviert war: Adolf Hitler von Admiral Dönitz. Diese Dinge wurden verheimlicht und beim Heimtransport der Kriegies vermutlich in die Vereinigten Staaten eingeschmuggelt. [...]
In der Fabrik suchten die Kriegies sich jeder eine Stelle, um die Wolldecken auszubreiten und dort die Nacht zu verbringen. Die Köche des 3rd Corps of Engineers brachten uns 10-in-1-Rationen zum Essen. Diese Pakete enthielten hochkonzentriertes Eigelb und Wurst, Schinken, Rindfleisch und so weiter, alles Dinge, die sich gut mit anderen Nahrungsmitteln mischen ließen. Viele von uns vertilgten ganze Dosen dieser äußerst kalorienhaltigen Lebensmittel, doch da sie es nicht gewohnt waren, wurde ihnen wenige Stunden später speiübel. [...]
Lastwagen brachten uns auf einen ungarischen Flugplatz östlich der Stadt, der vollstand mit deutschen Flugzeugen. Es waren Unterkünfte für Hunderte von Mannschaften vorhanden, und wir sollten hier ein paar Tage verbringen, bis wir per Flugzeug nach Hause zurückgebracht werden konnten. Am frühen Nachmittag wurden wir auf den Flugplatz losgelassen. Ich lief sofort zu den Parkplätzen, um mir die deutschen Maschinen anzusehen. Da standen mehrere Heinkel 111, Junker 88, Messerschmitt 109, eine Me-108, Focke-Wulf 190 und ein kleines Flugzeug, das als Ausbildungsmaschine gedient hatte. Ein Kriegie schaffte es, eine Ju-88 anzulassen, und kariolte damit auf dem Flugplatz herum. Dabei vergaß er jede Vorsicht und geriet so nahe an eine He-111 heran, daß eine Luftschraube der Ju-88 durch eine Tragfläche sägte. Feuer brach aber nicht aus. Ich fand eine Me-109 G, an der noch keine Sprengladung angebracht worden war. Bei ihrem Rückzug hatten die Deutschen die Magnetzünder vieler Maschinen mit einer kleinen Sprengladung versehen, um sie für den Feind unbrauchbar zu machen.
Die Me-109 faszinierte mich aus vielen Gründen. Ich bewunderte ihre Leistung als in großer Höhe operierendes Jagdflugzeug sowie ihre Geschwindigkeit. Hinzu kam wohl auch, daß ich auf meinem letzten Flug

einen Zweikampf mit dem Piloten einer solchen Maschine ausgetragen hatte. In einem nahe gelegenen Hangar entdeckte ich eine Handkurbel für den Schwungkraftanlasser und fand den Hauptschalter genau an jener Stelle, an der er den britischen Geheimdienstberichten zufolge sitzen mußte. In den Tanks fand ich noch ein wenig Treibstoff und im Motor reichlich Öl. Ich stand auf der Flügelwurzel der rechten Tragfläche und kurbelte den Anlasser, bis er einen schrillen Ton von sich gab, sprang dann ins Cockpit und zog am T-Griff, um den Anlasser zu betätigen. Beim zweiten Versuch klappte es, und der Motor lief. Das Motorengeräusch war Musik in meinen Ohren, und ich bedauerte nur, diese Maschine nicht fliegen zu können. Etwa eine Viertelstunde ließ ich den Motor laufen, dann zog ich den Steuerknüppel ganz zurück und zurrte ihn mit dem Sicherheitsriemen fest. Anschließend stieg ich auf die linke Tragfläche hinaus und machte die Gasdrossel auf. Der Motor brüllte auf, und der Rückwind des Propellers war unglaublich kräftig – für einen kurzen Augenblick; dann blieb der Motor stehen. Mir war der Treibstoff ausgegangen. Was ich vorgehabt hatte, war, den Motor auf Hochtouren laufen und ihn dann durch Überhitzung explodieren zu lassen.

Winkend rief Jerry Smiley mich zu einem Hangar herüber, in dem er Ersatzteile von Nazi-Maschinen entdeckt hatte. Darunter befanden sich BG-Zündkerzen und viele andere amerikanische Produkte. Das Vorhandensein dieser Ersatzteile erfüllt uns mit größter Wut. Wir riefen andere Kriegies herbei, damit sie bezeugen könnten, daß in deutschen Maschinen amerikanische Flugzeugbauteile verwendet wurden.

★

Der Marineadjutant Harry C. Butcher *1902 ***(Reims)***

Heute morgen gegen 1 Uhr 30 wurde ich ans Telephon gerufen. Es war Ruth Briggs, die mir sagte: «Es fängt an!» General Ike sei schon da und ich, als der Treuhänder der Füllfederhalter, solle schleunigst nach dem Hauptquartier kommen.

«Wie könnte der Krieg ohne diese Füllfedern zu Ende gehen?» spottete sie. Ich fand Korporal Street noch in der Küche vor, Geschichten erzählend. In einer Rekordzeit fuhr er mich zur Ecole Professionnelle.

Vor dem Haupteingang befand sich ein Wespennest von Korrespondenten, die eifrig darauf warteten, ins Schulhaus eingelassen zu werden. Wenn ich gescheit gewesen wäre, wäre ich hinten in den Hof der Schule gefahren und hätte mich durch die Hintertür hineingeschlichen. Die Korrespondenten waren von Paris hergefahren in der Hoffnung, daß sie bei dem Akt Zutritt hätten. Ich konnte zwar ihren Wunsch sehr gut verstehen, es war aber nichts zu machen, zudem war ihnen ja in Paris gesagt worden, daß sie nicht zugelassen würden, daher waren auch die meisten nicht gekommen. Auf der Treppe stehend informierte ich sie kurz und versprach ihnen, General Allen zu bitten, sich um sie zu kümmern. Ich fand General Allen, der gerade mit General Bull den von den Vereinigten Stabschefs eingetroffenen Befehl besprach: das Ende des Krieges werde erst an einem späteren Datum gemeinsam von den Regierungen von Washington, Moskau und London verkündet, die Unterzeichnung dürfe also noch nicht bekannt gegeben werden. Ich sagte Allen, daß die Korrespondenten ihn erwarteten, was den geplagten General im Augenblick aber wenig interessierte.

Für mich war es nun höchste Zeit, wenn ich nicht die «Vorstellung» versäumen wollte, und so eilte ich in den Kartenraum, wo die russischen Offiziere, General Spaatz, General Morgan, Admiral Burrough, Luftmarschall Robb und General Spaatz bereits versammelt waren und warteten, General Bull folgte mir.

Beetle kam dann, sah sich die Sitzordnung an und sprach kurz über den «modus procedendi». Er schien gar nicht das eine einsame Mikrophon, das den Wissensdurst der Welt befriedigen sollte, zu bemerken. Obwohl er einen Augenblick in die Filmlampen blinzelte, hatte ich das Gefühl, daß er nun nichts mehr gegen die Berichterstattung unternehmen würde, da die 17 Korrespondenten sich ruhig, aber mit gespitzten Ohren, im Hintergrund hielten.

General Jodl und Admiral v. Friedeburg, die beiden Hauptpersonen, traten, von General Strong und Brigadegeneral Foord geleitet, ein. General Strong legte die Dokumente vor General Smith, ich legte die massiv goldene Füllfeder daneben. Beetle erklärte den Deutschen kurz – Strong übersetzte – die Kapitulationsdokumente seien zur Unterschrift fertig, ob sie bereit und gewillt seien, zu unterzeichnen? Jodl nickte zustimmend. Ich reichte ihm die vergoldete Füllfeder; er hatte zwei Dokumente zu unterschreiben, nachdem er das erste unterschrieben hatte, nahm ich die vergoldete Feder fort und ersetzte sie durch meine – Charlie Daly hatte sie mir in Algier geschenkt; mit dieser unterzeichnete er das zweite Dokument.

Dann unterschrieben die Generäle Smith, Susloparow und Sevez beide Dokumente. Nachdem das geschehen war, stand General Jodl auf, nahm Achtungstellung ein und sagte zu General Smith auf englisch:

«Ich möchte etwas sagen.»

Dann sprach er deutsch weiter:
«Herr General! Durch diese Unterzeichnung ist das deutsche Volk und die deutsche Wehrmacht den Siegern auf Gnade und Ungnade ausgeliefert. In diesem Krieg, der über fünf Jahre gedauert hat, hat unser Volk mehr vollbracht und mehr erduldet als vielleicht alle übrigen Völker der Erde. Ich kann jetzt nur der Hoffnung Ausdruck verleihen, daß die Sieger es mit Großmut behandeln werden!»
Die offizielle Zeit der Unterzeichnung war 2 Uhr 41 britische Sommerzeit.
Ich hatte nun die Federn; Ike kann, wenn er will, die goldene und die vergoldete dem Präsidenten und dem Premierminister, die meinige Mr. Parker dedizieren – das dumme ist, daß die meinige weder aus Gold noch vergoldet ist.
Die Delegierten standen auf, und die Deutschen wurden zu General Ike geführt, der sie streng fragte, ob sie alle Klauseln voll und ganz begriffen hätten und ob sie bereit seien, sie auszuführen. General Strong übersetzte die Frage. Die Deutschen antworteten bejahend, machten eine steife Verbeugung und verließen das Zimmer.
Da die Photographen dringend noch weitere Aufnahmen heischten, forderte General Ike uns alle auf, sich um ihn zu gruppieren. Jemand machte den Vorschlag, er solle die Füllfedern halten; er hob sie hoch, das V-Zeichen mit ihnen bildend, es wurde geknipst und dann beglückwünschten alle einander.
Doch Ikes Arbeit war noch nicht beendet, er mußte noch für die Wochenschau und für den Rundfunk herhalten: Er nahm den Luftmarschall mit in den Kartenraum, damit alle Welt die beiden Alliierten vereinigt sähe, und sprach «aus dem Handgelenk» einige kurze Worte. Auf meine Veranlassung hin wurde noch eine Nachaufnahme gemacht, denn er hatte das Wort «Waffenstillstand» gebraucht und ich fand, daß dieses Wort die Laxheit und Nachlässigkeit der Periode zwischen den beiden Kriegen in sich schließe. Über mich brummend ersetzte er es durch «Kapitulation».
Als wir in Ikes Bureau zurückgingen, versetzte mir Tedder einen Rippenstoß und sagte augenzwinkernd, General Ike sei der beste Redner der Welt und ich solle mich nicht so aufspielen.
Aber es ist kein Waffenstillstand, es ist die völlige, bedingungslose Kapitulation, und dafür haben wir gekämpft!
Ab und zu hatten wir uns früher im Scherz heroische Textfassungen für die Meldung der vollzogenen Kapitulation ausgedacht. Aber der Oberste Befehlshaber diktierte nun schlicht folgendes Kabel an die Vereinigten Stabschefs:

«Am 7. Mai 1945 um 2 Uhr 41, Ortszeit, ist die Aufgabe unserer alliierten Streitmacht erfüllt worden!»

Jetzt war die Frage, wann die Nachricht von der Kapitulation veröffentlicht werden sollte. Ich machte Ike auf die vor dem Gebäude versammelten Korrespondenten aufmerksam und sagte, die Nachricht werde durchsickern, was für Vorsichtsmaßnahmen wir auch ergriffen und was für Aufforderungen, Diskretion zu wahren, wir erließen. General Bull legte den Befehl vor, der an alle alliierten Verbände an der Front zu übermitteln war: in der Nacht von Dienstag auf Mittwoch, den 8. und 9. Mai, um 00 Uhr 01, britische Sommerzeit, sind die Feindseligkeiten einzustellen. Der Befehl sollte in offener Sprache verbreitet werden. Ich machte darauf aufmerksam, daß die Nachricht von jeder Radiostation aufgefangen werden könnte, und schlug daher vor, den Befehl «Feuer einstellen» erst um 7 Uhr durchzugeben und dann auch die Nachricht den Korrespondenten frei zu geben. Doch für einen Soldaten gilt nur «Befehl ist Befehl», und General Ike hatte von den Vereinigten Stabschefs den Befehl erhalten, daß die Bekanntgabe erst später an einem von den Regierungen festzusetzenden Zeitpunkt erfolgen dürfe. An diesen Befehl hielt er sich, gab aber die Anweisung, daß der Befehl «Feuer einstellen» chiffriert durchzugeben sei.

Es war fast 5 Uhr, als wir in die Federn krochen.

Morgen gehe ich nach Berlin! Ich habe schon so viel in diesem Krieg erlebt, doch diese Reise wird der Höhepunkt sein. Ike kommt nicht, er schickt Luftmarschall Tedder, seinen Stellvertreter, was insofern gut ist, weil sich eine britische Unterschrift auf dem Dokument befinden wird.

Gegen 9 Uhr stand ich auf, badete, rasierte mich und zog mich an, dann steckte ich meine Nase in Ikes Schlafzimmer; er lag noch im Bett, war aber schon einige Zeit wach und hatte mehrere Telephongespräche erledigt – eines mit General Bull über die Ratifizierung der Kapitulation durch die Russen; auch hatte er eine aufregende Wildwestgeschichte gelesen.

Ike hatte durch Vermittlung unserer Militärmission in Moskau General Antonow durch ein Telegramm darauf hingewiesen, daß sich das SHAEF gewissenhaft an die Abmachungen mit den Russen, keinen separaten Waffenstillstand an unserer Front zu schließen, gehalten habe. Ferner hatte General Ike General Antonow mitgeteilt, daß die Deutschen die bedingungslose Kapitulation in Reims unterzeichnet hätten (Kopie der Urkunde sei General Antonow gesandt worden), bevor der Antrag der Russen, die Kapitulation in Berlin zu unterzeichnen, eingetroffen sei; er habe aber von den Deutschen ein Dokument unterzeichnen

Ein deutscher Kriegsgefangener gießt das Waschwasser für Erich Raeder durch ein Gitter an der Zellentür, Nürnberger Stadtgefängnis, 10.12.1945

lassen, womit sie sich verpflichtet hatten, die Kapitulation durch den Chef des Oberkommandos der Wehrmacht und die Befehlshaber des Heeres, der Marine und der Luftwaffe zu ratifizieren.
Auf den Rat einiger Offiziere seines Stabes hin, die Erfahrungen im Umgang mit den Russen haben, hatte sich Ike entschlossen, nicht nach Berlin zu gehen. Der Krieg war ja tatsächlich durch die Kapitulation von Reims gestern nacht beendet worden, und die von den Russen verlangte formelle Ratifizierung soll nach Ansicht von Ikes Stab nur ein Schauspiel für das russische Volk darstellen. Der Premierminister habe auch dagegen Einwände gemacht, daß Ike hingehe. Ike hätte zwar gerade gerne an dieser Zeremonie teilgenommen, da er Berlin besuchen und die Russen kennenlernen wollte.
Während ich noch in Ikes Schlafzimmer war, meldete General Morgan telephonisch, daß durch einen Vertrauensbruch von Ed Kennedy, des Korrespondenten der «Associated Press», die Nachricht über die Unterzeichnung der Kapitulation veröffentlicht worden war. Als Kennedys Bericht in Amerika verbreitet wurde, gab ihn das Kriegsinformationsamt durch Kurzwellensender weiter, Radio Luxemburg, von der Propaganda-Sektion des SHAEF betrieben, übernahm automatisch die Sendung, was einer offiziellen Bestätigung des Berichtes gleichkam, da der Kurzwellensender Luxemburg mit Recht als amtlich betrachtet wird. Und die Deutschen, die verzweifelte Bemühungen machten, ihren zerstreuten und zersprengten Formationen den Kapitulationsbefehl zugehen zu lassen, hatten bereits ihrerseits durch den Sender Flensburg ein amtliches Communiqué herausgegeben. Ike war wütend, konnte aber gegen die vorzeitige Bekanntgabe nichts machen, als über mich zu brummen und zu befehlen, daß weiterhin amtlich Stillschweigen gewahrt werde. Wenn die Angelegenheit nur London und Washington anginge, wäre es gar nicht so schlimm gewesen, nur den Russen gegenüber war es peinlich, da sie im allgemeinen so mißtrauisch sind. […]
Ikes Hauptsorge war, daß infolge der vorzeitigen Veröffentlichung noch amerikanische, britische und französische Menschenleben geopfert würden.
Er machte einen müden und abgespannten Eindruck. Die letzten vier Tage hatten ihn mehr mitgenommen als die ganzen letzten elf Monate des Feldzuges. Aber doch ist er glücklich, daß wir jetzt mit den Russen einig sind und die Zeremonie in Berlin anscheinend gut verlaufen wird. Von General Marshall hatte er per Kabel die Weisung erhalten, Gruppen von Offizieren und Mannschaften nach Amerika zu schicken, damit sie den Feierlichkeiten in verschiedenen Städten beiwohnen könnten.

Ike antwortete, daß er die Gruppen so groß als möglich machen wolle, da er glaube, daß das Publikum die Feiern bald überbekommen werde; er persönlich möchte lieber an keinen Empfängen und Feiern teilnehmen, er würde viel lieber angeln gehen.
Heute Nachmittag waren die Funker verschiedener Länder reichlich damit beschäftigt, die Funksprüche von Oberst Frank McCarthy, dem Sekretär des Generalstabs im Kriegsdepartement, durchzugeben, der sich bemühte, von Stalin, Churchill und Truman die Genehmigung zur amtlichen Bekanntgabe der Kapitulation zu erhalten.
Heute abend traf die Mitteilung von den Russen ein, daß die Ratifizierung morgen in Berlin stattfinde. Unsere «C-47»-Spezialtransporter mit Sender werden um 8 Uhr 15 in Reims starten.
Die Mitteilung der Russen bedeutete für Ike eine große Erleichterung, da er noch immer das Auftauchen irgendwelcher Mißverständnisse befürchtete. Seine Sorge war durch die geschickte Propaganda der Deutschen erhöht worden, die danach trachteten, sich den westlichen Alliierten und nicht den Russen zu ergeben. Es ist Ike klar, daß die Deutschen im Osten mit gleicher Münze von den Russen bezahlt werden für das, was sie in ihrem russischen Feldzug 1941–42 begangen haben; die Deutschen haben daher, kollektiv und individuell, entsetzliche Angst vor der russischen Rache.
Ed Kennedys Vertrauensbruch hatte die größten Unannehmlichkeiten hervorgerufen; ich habe gelernt, daß es viel leichter ist, einen Krieg zu beginnen als ihn zu beenden.

★

Der britische Sergeant
Norman Kirby *1913 *Lüneburger Heide – Flensburg*

Es war ein strahlender Frühlingstag, aber trotz des hellen Maisonnenscheins begann dieser unvergeßliche Tag – wie so viele Tage im Leben bei der Armee – mit einer Menge nicht gerade aufregender Pflichten. Nachdem ich meinen Schlafplatz im Zelt in Ordnung, zwei Paar Stiefel zum Schuster gebracht, die tägliche Anwesenheitsmeldung dem Lageroberfeldwebel gemacht und meine kleine Ausrüstung gepackt hatte, meldete ich mich bald nach Einbruch der Morgendämmerung an dem auf der Karte angegebenen Ort in der Lüneburger Heide.
Pünktlich zur verabredeten Zeit traf ich mich mit zwei britischen Offizieren in einem Jeep. Einer von ihnen war Major O'Brian, der andere war, wie sich herausstellte, ein Beobachter der BBC, Chester Wilmot.

Nachdem ich sie begrüßt hatte, kletterte ich in den Jeep. Wir wurden über die unebene Heide gefahren und durch die Vororte von Lüneburg zu einem Flugplatz, wo eine Anson schon auf uns wartete, als wir ankamen. Mich befiel große Aufregung, als ich das Flugzeug bestieg, mein erster Flug – Flugreisen waren noch nicht so üblich wie jetzt. Wir wurden in unseren Sitzen angeschnallt, die kleine Eisenleiter wurde in das Flugzeug gezogen, die Tür geschlossen, und mit einem Aufheulen der Motoren glitten wir die Rollbahn entlang in einen warmen blauen Himmel. Bald lag Deutschland hübsch und geometrisch weit unter uns. Wo waren der Staub, die Schlaglöcher, die zerstörten Verschiebebahnhöfe, die endlosen, ungeordneten Schlangen von vertriebenen Personen in dieser vereinfacht dargestellten Landschaft? Ich starrte hinunter auf die sonnenbeschienene Elbe, die wie ein gewundenes Band durch ein helles Mosaik von gelben und grünen Feldern glitt; in der Ferne erhoben sich die wenigen verbliebenen Schornsteine von Hamburg. Später schnitt der Kiel-Kanal eine gerade Linie durch diese Aussicht. Hin und wieder zog das Flugzeug hoch oder fiel abwärts, wenn es in ein Luftloch geriet. Ich sah Major O'Brian an, um Informationen über das Ziel unserer Reise zu bekommen. Er zog einen großen Umschlag aus seiner Tasche und sagte: «Dieses, mein Junge, ist das Ende des Krieges.» […]

Der heutige Tag sollte das Ende aller Feindseligkeiten im Westen ankündigen. Ich war begeistert über die Aussicht auf endgültige Kapitulation, die nach so langer Zeit ganz Europa Frieden bringen würde. Mir war nach Singen zumute.

Aber was hatte ein einfacher Sergeant mit dieser lebenswichtigen Mission zu tun? Major O'Brian bemerkte meinen fragenden Blick:

«Sie sprechen Deutsch, nicht wahr, Sergeant?» – «Ja, Sir.» – «Nun dann.» Ich überlegte: «Was hat das zu bedeuten?» und stellte mir dabei vor, daß ich wie gewöhnlich die langweilige Rolle des Wachestehens übernehmen sollte, oder für meine höheren Offizieren erkunden sollte, wo die Waschräume sind. Das Mißverständnis hätte nicht größer sein können. Major O'Brian war mit der Aufgabe betraut worden, ein Schreiben mit den endgültigen Kapitulationsbedingungen Feldmarschall Keitel, dem Oberbefehlshaber der deutschen Streitkräfte, zu übergeben, und ich sollte der Dolmetscher sein. Der BBC-Reporter sollte als Army-Captain vorgestellt werden, als Stellvertreter des Majors.

Ein großer deutscher Flugplatz kam in Sicht mit Flugzeugen, die das Hakenkreuz trugen und ordentlich in Reihen am Rande des Platzes standen. Dieses, so erfuhren wir, war alles, was von der mächtigen Luftwaffe

Görings übriggeblieben war. Ich erinnerte mich, andere Flugzeuge mit den gleichen Zeichen gesehen zu haben, als sie die Felder von Kent verwüsteten. Ich hatte auch noch weitere Erinnerungen an die Flugzeuge, die die Londoner während der langen Nächte des Luftkrieges wachhielten. Die Anson drehte ab und kreiste zweimal über dem Flugplatz, ehe sie landete. Infolge eines Mißverständnisses war niemand anwesend, um die Abgesandten des Feldmarschalls Montgomery zu empfangen. Nur ein General Blaskowitz, der zufällig an Ort und Stelle war, kam auf uns zu und verkündete: «Ich weiß nichts von so einer Mission.»
Er bot sich jedoch freiwillig an, die Gruppe in seinem Wagen zum OKW (Oberkommando der Wehrmacht, das oberste Hauptquartier der deutschen Streitkräfte) zu fahren.
In den Straßen von Flensburg, die von deutschen Soldaten, Matrosen und Luftwaffenangehörigen bevölkert waren, erregten die drei britischen Uniformen in einem offenen Wagen großes Aufsehen. Diese Masse Soldaten waren der Rest der sich zurückziehenden Armeen, der der Gefangennahme an der russischen Front entkommen war. Sie sahen entmutigt und verkommen, hager und grau im Gesicht aus; viele waren unrasiert und barfuß, die bloßen Füße steckten in Lumpenstreifen. Einige trugen lange, zerlumpte Mäntel, schmutzige, ausgefranste Hosen – ein Bild, das an den Rückzug aus Moskau erinnerte. Arme, steif zum Nazigruß erhoben, grüßten den General entlang der ganzen Straße, aber die Ereignisse dieses Tages würden das Ende derartiger Demonstration bedeuten.
Major O'Brian flüsterte: «Machen Sie sich keine falschen Hoffnungen, Sergeant, es ist das Hakenkreuz an der Mütze.»
Von dem Tag an war es ein strafbares Vergehen, den Arm zum «Sieg Heil»-Gruß zu heben oder die Naziflagge öffentlich zu zeigen.
Das deutsche Oberkommando war in einer Marineschule untergebracht, wo Wachen mit Stahlhelmen die Eingänge bewachten und auf dem Gelände Streife gingen, eine Aufgabe, die innerhalb von Minuten ihre Bedeutung verlieren würde. Als wir aus dem Wagen stiegen, erfolgte ein allgemeines Zusammenschlagen der Hacken wie Hunderte von Kastagnetten und flatterndes Nazigegrüße. Chester Wilmot und ich sahen kurz Feldmarschall Keitel, der oben an einem Erkerfenster stand, ehe wir in das Gebäude geführt wurden. Ein langer Gang lag vor uns. Noch mehr Wachen mit Helmen, umgehängten Gewehren und Handgranaten in ihren Koppeln salutierten in Naziart vor den Bürotüren. Von zwei zivilen Besuchern wurde in allzu bekannter Weise die Identität überprüft. Am Ende des Korridors wurde unsere Gruppe in einen spärlich möblierten Raum gewiesen, der voller deutscher Offiziere war. Nachdem

wir eingetreten waren, wurden wir aufgefordert, uns zu setzen, und einer von ihnen erhob sich, nahm rittlings Platz mit dem Rücken zur Tür. Wir wurden gebeten, den Grund unseres Besuches zu erklären.
«Sagen Sie es ihnen», sagte Major O'Brian zu mir.
In stockendem Deutsch, aber im Bestreben, meine Stimme zu festigen, erläuterte ich, daß der Major und der Captain, sein Stellvertreter, mit einer Kopie der endgültigen Kapitulationsbedingungen von Feldmarschall Montgomery gekommen seien. Major O'Brian habe das Dokument bei sich und verlange, es Feldmarschall Keitel auszuhändigen. Sie schienen uns nicht zu glauben. Major Buchs, der Sprecher der Deutschen, sagte in ruhigem und gemäßigtem Ton:
«Diese Nachricht kommt überraschend.»
Da bemerkte ich durch das hohe Fenster, dem ich gegenübersaß, die Spitze eines Bajonetts in Abständen hin und her vorbeigehen. Sie hatten eine Wache vor dem Zimmer postiert. Wir mußten warten; das erschien uns sehr lange, und die Ungeduld Major O'Brians mußte entschlossener ins Deutsche übersetzt werden. Ich werde mich immer an den schmuddeligen Raum erinnern, in dem ein geheiligtes Bild von Adolf Hitler von harmloseren Kunstwerken eingerahmt war, unter denen sich auch eine humorvolle Studie von zwei kleinen angelnden Jungen befand.
Major Buchs entgegnete, daß wir nicht mit Feldmarschall Keitel zusammentreffen könnten, da er gerade fortgegangen sei. Diese Neuigkeit kam wie ein Schlag für uns; die dringende Nachricht erforderte die sofortige eigenhändige Übergabe der Kapitulationsbedingungen, und wir hatten Keitel noch nicht einmal gesehen? Da lief irgendetwas nicht ganz aufrichtig bei diesem Empfang. Wir protestierten: erkannten sie nicht die Bedeutung unseres Auftrags? Ich wiederholte: «Wir bestehen darauf, wir kommen von Feldmarschall Montgomerys Hauptquartier mit der erbetenen Kopie der endgültigen Kapitulationsbedingungen.»
In diesem Augenblick wurden die Vorgänge durch ein lautes Klopfen an der Tür unterbrochen. Ein Deutscher verbeugte sich steif und verkündete Mittagessen.
«Es ist Zeit zum Mittagessen», erklärte Major Buchs und verschob jede weitere Entscheidung.
Major O'Brian bestand darauf: «Ich habe Befehl von General Eisenhower, dieses Schreiben Feldmarschall Keitel eigenhändig zu übergeben.» – «Aber das ist unmöglich, er ist nicht hier», erwiderte der Major. Da konnte man in dieser Angelegenheit nichts unternehmen, und vermutlich war man weiterhin dabei, irgenwo im Hintergrund unsere

Referenzen zu überprüfen. Alle möglichen unangenehmen Gedanken begannen sich in meinem Kopf zu regen, und ich konnte fühlen, daß meine Gefährten meine Besorgnis teilten. Während wir in dem Zimmer warteten, hörten wir Scharen von Soldaten von ihrer morgendlichen Arbeit zurückkommen und zackige Marschlieder singen. Dann kam ein Hoffnungsstrahl in Form einer telefonischen Nachricht vom Tag mit dem Befehl, Seyss-Inquart festzunehmen, den verrufenen Gauleiter (Provinz-Gouverneur) von Holland, und ihn im gleichen Flugzeug mit zurückzubringen.

Kurz danach fuhren zwei Stabsfahrzeuge (die einzigen Mercedes Benz, die nach Major Buchs Aussage in Deutschland verblieben waren) außerhalb des Haupteingangs vor, und wir wurden eingeladen, mit ihnen zum Mittagessen zu fahren. Major O'Brian und Chester Wilmot nahmen im hinteren Wagen Platz, während ich in britischer Isoliertheit im führenden Wagen saß. Neben dem Fahrer saß der deutsche Major, und neben mir hinten in dem offenen Mercedes stand steif ein deutscher Posten mit Stahlhelm, der sein Gesicht bis auf den Unterkiefer verbarg und mit einem weißen Stock den Verkehr zur Seite winkte. Dieser weiße Stock mit einer roten Scheibe an einem Ende, verschaffte uns Vorrang. Nazi-Salut und Hackenzusammenschlagen begleiteten unsere Fahrt durch die Stadt. Mit Sirenengeheul fuhren wir in die Einfahrt zur deutschen Offiziersmesse unten am Wasser. Hier sah ich Dänemark zum ersten Mal. Leider war das als letztes von den westlichen Armeen befreite Land auf der anderen Seite des Wassers unerreichbar, aber verlockend nah.

Bei der Ankunft an der Offiziersmesse fühlte ich mich sehr einsam, als ich auf den anderen Wagen wartete, in dem sich meine einzigen zwei Verbündeten in diesem feindlichen Deutschland befanden. Als ich über die See sah, dachte ich: Nachdem sie uns erschossen haben, wie ich vermute, werden sie die Leichen hier abladen. Ich wurde aus dieser entmutigenden Träumerei aufgerüttelt, als zu meiner Erleichterung schließlich Major O'Brian und Chester Wilmot kamen und in die Messe gingen. Ich wartete draußen. Einige Augenblicke später erschien Major O'Brian wieder und sagte: «Kommen Sie herein, Sergeant.» – «Ich kann nicht, Sir», antwortete ich. – «Warum nicht?» – «Ich bin nur Sergeant.» – «Nun gut, aber sie sind alle Nazis.»

So ging ich hinein und traf auf eine Ansammlung deutscher Offiziere aller Ränge, vom niedrigsten bis zum höchsten. Das Mittagessen in der Offiziersmesse, in der die Kellner zu versteinern schienen, wenn eine Bestellung aufgegeben wurde, bestand aus dicker Graupensuppe, ähnlich schlechter Reisnachspeise, einer Scheibe Schwarzbrot und einem Glas

Wein. Letzterer war ausgezeichet und erwies sich als der einzige versöhnliche Beitrag dieses Essens. Mit vieldeutiger Bescheidenheit entschuldigte sich mein deutscher Tischnachbar (ein Brigadegeneral): «Sie sehen, wie weit Deutschland heruntergekommen ist, wenn die Befehlshaber solchen Dreck essen müssen. Aber trotzdem, wir haben diesen guten Wein gerettet, um unseren Sieg zu feiern, ha, ha!»
Diese sarkastische Bemerkung über ihre Niederlage klang von den Lippen eines hochrangigen deutschen Offiziers vor der Veröffentlichung der Kapitulationsbedingungen erstaunlich.
Als das Essen vorbei war, stürmte eine Ordonnanz in den Raum, und nachdem sie sich durch Hackenzusammenschlagen Aufmerksamkeit verschafft hatte, überbrachte sie atemlos ihre Meldung an den anwesenden höchsten Offizier.
«Feldmarschall Keitel erwartet die britischen Abgesandten.»
Wir kletterten wieder in die Stabsfahrzeuge und fuhren zurück zu Feldmarschall Keitels Büro im OKW. Das erwies sich als schlichter Raum, der auf den Haupteingang hinausblickte, von wo wir Keitel zum ersten Mal gesehen hatten. Büroangestellte eilten geschäftig hin und her, was in diesem kleinen Vorzimmer, von dem aus wir zu Keitel vorgelassen wurden, wie ein undiszipliniertes und würdeloses Durcheinander wirkte. Wir mußten uns langsam zwischen einem Aktenschrank und einer zerzausten Schreibkraft hindurchzwängen, deren Haare über ihre Schreibmaschine fielen und die ein Ausbildungsprogramm für die Deutsche Wehrmacht für das Jahr 1947 in die Maschine klapperte. Ausbildung für was? Den nächsten Krieg? Und welche Deutsche Wehrmacht?
Als die kleine Tür, die in Keitels Zimmer führte, aufschwang, rang ich immer noch im Geiste mit der Tortur, militärische Ausdrucksweise ins Deutsche übersetzen zu müssen. Ich vermutete, er würde die Bedingungen zurückweisen. Das wäre ärgerlich. Alle Arten von peinlichen Möglichkeiten drängten sich auf, aber es war zu spät. Wir traten schon über die Schwelle, und die imposanten Gestalten von Keitel und seinem Stabschef zeichneten sich als Silhouetten gegen das Fenster ab. Deswegen werde ich mich immer an sie erinnern. Es herrschte ein angespannter Moment tödlichen Schweigens. Natürlich! Sie warteten darauf, daß der Dolmetscher zuerst spricht! Wir gingen zum Schreibtisch des Feldmarschalls, und mit einem forschen Gruß wagte ich den entscheidenden Schritt, Major O'Brian, den Verbindungsoffizier, und den Captain, seinen Stellvertreter, vorzustellen. Ich war wie erschlagen, welches Gewicht meine Worte erlangten, als ich mit deutscher Satzstellung sagte: «Herr Feldmarschall, darf ich Ihnen Major O'Brian vorstellen aus dem

Hauptquartier Feldmarschall Montgomerys, der im Auftrag von General Eisenhower, dem Oberkommandierenden der alliierten Streitkräfte in Europa, die endgültigen Bedingungen für die Kapitulation der deutschen Streitkräfte zu Land, auf dem Wasser und in der Luft überbringt.»
Ich war noch mehr erstaunt, als mir bewußt wurde, das es meine Stimme war, die dem höchsten Befehlshaber der deutschen Wehrmacht wirklich diese feierliche Ankündigung des Kriegsendes gemacht hatte. Feldmarschall Keitel, eine imposante Gestalt in so trister Umgebung, öffnete das Schreiben, das ihm der Verbindungsoffizier übergab, und erwiderte mit einer Miene aus Granit: «Vielen Dank für dieses Dokument, das die Kapitulationsbedingungen enthält. Ich bin durch General Jodl, der mit mir vom Hauptquartier General Eisenhowers aus in Verbindung steht, wohin ich ihn heute morgen geschickt habe, schon mit diesen Bedingungen vertraut gemacht worden, aber ich brauche dieses Dokument und werde es zur Sicherheit behalten.»
Wenn die Menschen Englisch oder Französisch sprechen, versteht man, was sie sagen, während sie es aussprechen. Wenn Leute Deutsch sprechen, weiß man, ehe sie fertig sind, nicht, was sie sagen. Die Antwort Feldmarschall Keitels lautete ungefähr so: «Ich Ihnen, für dieses Kapitulationsbedingungen enthaltende, als Sicherheit gebrauchte Dokument die Nachricht davon, die mir übermittelte aus General Eisenhowers Hauptquartier von dem dorthingesandten General Jodl heute morgen, Dank.»
Während ich verzweifelt auf das letzte Verbum (ich glaube, es war «curse» oder «defy» oder «challenge» wartete, welches diesem endlos erscheinenden Satz den Sinn geben sollte, wandte ich mich militärisch nach halblinks zu dem Verbindungsoffizier und übersetzte die Worte des Feldmarschalls einfach, indem ich sagte: «Er sagte, dankeschön.» Major O'Brian zog seine Augenbrauen hoch und schien anzudeuten: «Hat er das wirklich?» Zum Schluß sagte Keitel: «Und danken Sie Feldmarschall Montgomery für die Schnelligkeit, mit der er Sie geschickt hat.»
Er griff nach seinem Stab und grüßte zackig, indem er ihn schräg vor seine Brust hielt. Das Monokel in seinem Auge wackelte bei dieser plötzlichen Bewegung seines Körpers. Wir salutierten auch, in weniger spektakulärer Art, wendeten uns nach rechts und verließen den Raum.

Unsere nächste Aufgabe war, Seyss-Inquart zu finden. Er muß einen Wink bekommen haben, weil er sich abgesetzt hatte und unsere Nachforschungen nur auf ein negatives Echo trafen. Er war nicht aufzufinden. Er wurde jedoch später auf der Straße von der kanadischen Armee

aufgegriffen, die, um jede weitere heimliche Flucht zu verhindern, ihm seine falschen Zähne wegnahm. Wir hatten den Verdacht, daß auch Admiral Dönitz absichtlich abgehauen war, indem er Feldmarschall Keitel die Verantwortung überließ. Aber auch er kam nicht sehr weit, und alle wurden schließlich zum Prozeß nach Nürnberg gebracht.
Als unsere kleine Dreiergruppe aus dem OKW auftauchte, die Vordertreppe hinunterging und in den Mercedes Benz stieg, der uns zum Flugplatz bringen sollte, stellten sich die deutschen Offiziere mit ihren Kameras auf und fotografierten.
Erst als die Anson wieder ins Blaue hinaufdonnerte, versank ich in herrliche Entspannung.

*

Thea Sternheim 1883–1971 ***Paris***
Das Ende der Schlächterei in Europa. Auf wie lange? Mir ist wie nach einer schweren Krankheit zu Mut. Meine Beine hängen mir wie Gummischläuche an. Nie aber war meine Hoffnung auf Erden geringer als heute. […]
Das promeniert, singt, schwitzt, die meisten Gesichter drücken eine seit lange nicht wahrgenommene Freude aus, die oft das Animalische streift. Ich erkenne deutlich Tierphysiognomien: Alle Art Vögel, Katzen, Schweine.

Marguerite Duras 1914–1996 ***Paris***
Die Deutschen sind das, wovor ich in meinem Leben am meisten Angst hatte. Nicht die Tiger, der Teufel, die Schlangen der Kindheit oder der Tod, am meisten Angst hatte ich vor den Deutschen. Noch immer träume ich regelmäßig von ihnen. Und in meinen Träumen bin ich immer schuldig. Die Deutschen sind die ewigen Sieger. Es handelt sich stets um das gleiche Szenario: Ich gehöre zur Résistance und werde verraten. In meinen Träumen kehren die Deutschen seit fünfzig Jahren nach Paris zurück.
An die Umstände der Niederschrift von «Der Schmerz» erinnere ich mich überhaupt nicht mehr. Das Buch erschien vor einem Jahrzehnt – ich hatte es völlig vergessen und das Manuskript per Zufall in meinem Landhaus wieder gefunden. Darin steht zu lesen: «Wenn man aus den Nazigreueln ein deutsches Schicksal macht, schränkt man den Menschen von Bergen-Belsen auf die Dimension einer Regionalfigur ein. Die einzige Antwort, die sich auf dieses Verbrechen geben läßt, ist die, daraus

ein Verbrechen aller zu machen. Es zu teilen. Ebenso die Idee der Gleichheit, der Brüderlichkeit.» Als ich diese Texte nach vierzig Jahren wieder las, wurde ich krank und mußte mich behandeln lassen. Es war mir unerträglich, an sie erinnert zu werden. Ich muß sie unmittelbar nach dem Krieg geschrieben haben, aber wahrscheinlich erst 1946. Noch 1945 wäre ich dazu nicht in der Lage gewesen.

Paul Valéry 1871–1945 ***(Paris)***

Völkerbund: «Société des Nations». Schon der Name bezeichnet eine Absurdität. Denn beim Begriff *Nation* selbst (im politisch-juristischen Sinne) muß man ansetzen.
Nation bedeutet Verschiedenartigkeit, Gegensatz, Konkurrenz, Eifersucht usw. *konventionellen* oder *historischen Ursprungs* (was auf dasselbe herauskommt, denn was *wegen* der *Vergangenheit* existiert, das *existiert als Wertkonvention* des *Verschwundenen* – genau wie das Erbrecht existiert – welches traditionell und anfechtbar ist). Es gibt auch echte Vergangenheitswerte, das sind die unbewußten, die *nicht-erlernten*, vielmehr *erworbenen*.

*

Von den Fehlern der Nation. Wer wird es wagen, sie zu beleuchten? Voltaire empfand sie sehr stark – Und seither sind sie ungehindert angewachsen – Sie haben die Macht übernommen.
Keine Regierung kann versuchen, die Nation «umzuerziehen» – Und besonders keine demokratische. Ganz gleich, wie im übrigen der Name lautet – jedes Regime ist hierbei «demokratisch» – also dem Augenblick unterworfen.
Unsere großen Mißerfolge haben ihre Quelle in der Unfähigkeit zu längerfristiger Vorausschau – und zu einem Handeln gemäß dieser Vorausschau auf Kosten der Bequemlichkeit des Augenblicks. (Unabsetzbarkeit) – Es ist klar, daß es auf Kosten der augenblicklichen Freiheit geht, wenn man etwas tut, wozu im Augenblick nichts nötigt – Es ist klar, daß das «Nach mir die Sintflut» nicht nur ein Monarchenwort ist.
– «Sich mit wenigem begnügen» ist auch eine Rechtfertigung für Geiz und damit fürs Ungepflegte, Schmutzige – eine schäbige Tugend.
Derlei Sparsamkeit ist eine Verirrung. Dahinter steckt Angst vor der Zukunft, vor dem nächsten Tag, und also wird gehortet, zugleich aber wird wirkliche Vorausschau abgelehnt. [...]

*

Kein Volk Europas sollte die Eigenschaften gehabt haben, die notwendig gewesen wären, um sich durchzusetzen und eine gemeinsame lebensfähige Organisation zu errichten. Und zwar seit den Römern.
Europa ist am Ende seiner Karriere. Siehe Weltkarte. 1945 – 1815 = 130.
Die religiöse Einheit verfehlt – 3 widerstreitende christliche Religionen.
Verhängnisvolle Rolle der «Nationen» – keine Vorteile dieser historisch-politischen Formation bei klar erwiesenen Gefahren. Absurde Personifizierungen.

Albert Schweitzer 1875–1965 *(Lambarene)*

Die Nachricht von dem Aufhören des Krieges in Europa erhalten wir am Montag, dem 7. Mai, um die Mittagszeit. Während ich nach dem Essen an meinem Tische sitze, um dringende Briefe fertigzustellen, die um zwei Uhr auf den zum Meer hinabfahrenden Flußdampfer gebracht werden sollen, taucht vor meinem Fenster ein weißer Kranker auf, der seinen Radioapparat mitgebracht hat. Er ruft mir zu, daß nach deutschen Meldungen, die von der Radiostation Leopoldville in Belgisch-Kongo weitergegeben werden, in Europa ein Waffenstillstand zu Wasser und zu Lande abgeschlossen werden soll. Ich aber muß am Tisch sitzenbleiben, um mit den Briefen, die alsbald fortmüssen, fertig zu werden. Nachher muß ich ins Spital hinunter, wo die Herzkranken und andere Patienten auf zwei Uhr zur Behandlung bestellt sind. Im Laufe des Nachmittags wird die Glocke geläutet und den sich versammelnden Bewohnern des Spitals mitgeteilt, daß der Krieg zu Ende ist. Später muß ich mich, trotz der großen Müdigkeit, in die Pflanzung schleppen, um zu sehen, was dort gearbeitet wird.
Erst am Abend komme ich zur Besinnung und kann versuchen, mir vorzustellen, was das Ende der Feindseligkeiten in Europa bedeutet und was die vielen Menschen empfinden müssen, die seit Jahren die erste Nacht ohne Angst vor drohender Bombardierung erleben dürfen. Während draußen im Dunkel die Palmen leise rauschen, hole ich das Büchlein mit den Sprüchen Laotses, des großen chinesischen Denkers aus dem 6. Jahrhundert vor Christus, vom Schaft herunter und lese seine ergreifenden Worte über Krieg und Sieg.
«Die Waffen sind unheilvolle Geräte, nicht Geräte für den Edlen. Nur wenn er nicht anders kann, gebraucht er sie ... Ruhe und Frieden sind ihm das Höchste. Er siegt, aber er freut sich nicht daran. Wer sich daran freuen würde, würde sich des Menschenmordes freuen ... Bei der Siegesfeier soll der Oberführer seinen Platz einnehmen nach dem Brauch der Trauerfeiern. Menschen töten in großer Zahl soll man be-

klagen mit Tränen des Mitleids. Darum soll, wer im Kampfe gesiegt, weinen wie bei einer Trauerfeier.»

Ludwig Marcuse 1894–1971 *(Beverly Hills)*

Ein Leipziger Portier steht auf der Straße zwischen Trümmern und schreit: «Wir sind belogen und betrogen worden.» Ein Leipziger Professor entschuldigt sich: «Wir haben nichts damit zu tun.» Mit «damit» meint er die vergangenen zwölf Jahre. Hatten sie alle nichts «damit» zu tun? [...]
Ich bin aber leidenschaftlich gegen den Begriff, der im «Hexenhammer» stehen könnte: Kollektivschuld. Sie ist das Produkt eines Kollektivwahns. Sie ist der Ausdruck einer Hitlermethode, die Praxis der baren Unmenschlichkeit: vom Einzelnen abzusehen und nur in Gruppen zu denken. Zwar kann das moralische Urteil über das, was in Deutschland geschehen ist, in einem einzigen Satz niedergelegt werden. Das moralische Urteil über «Das deutsche Volk», über achtzig Millionen Menschen, kann nicht aus einem Satz bestehen. Ein Mädchen, das gläubig auf der Schulbank Hitler gelernt hat, ist anders zu beurteilen als ein älterer Professor, der ungläubig von Hitler gelebt hat. Kein Verzeichnis der Greuel sollte uns dahin bringen, so unzugänglich für das Individuum zu sein, wie es die verstorbene deutsche Gewalt war.

Wilhelm Hausenstein 1882–1957 *Tutzing*

Es erschreckt, nein, es entsetzt, zu sehen, daß die Katastrophe in den Menschen keinerlei moralische Veränderung hervorbringt. Ich beobachte dies zwar bloß in dem schmalen Sektor, den ich überblicken kann (unmöglich über die Grenzen des Dorfes hinauszugehen, schon der Wald hinter dem Hause ist eine Art Wildwest, wo verdächtige Figuren streunen, und grundsätzlich ist der Austritt aus dem Dorf untersagt). Allein es ist ja leider anzunehmen, daß es anderwärts ebenso zugeht, wie hier: von den Ereignissen ist *keine verwandelnde Gewalt* auf die Gemüter ausgegangen – die wenigen ausgenommen, für die es des Zusammenbruchs und der von Haus zu Haus bettelnden Juden nicht erst bedurfte. *Auf was um des Himmels willen warten die Menschen noch?* Sie weinen, wenn man ihnen (fürs Erste) die Wohnungen wegnimmt, um Offiziere und Soldaten einzuquartieren; das heißt: sie weinen über den Verlust der noch immer hergebrachten Bequemlichkeit, aber sie beziehen nichts, rein nichts auf den Gedanken der Züchtigung, deren jeder Deutsche harren muß (jeder, und ich nehme mich wahrhaftig nicht aus). Wollte

nun endlich die Kirche das Wort ergreifen! Wollte sie Prediger aussenden, wie Savonarola einer gewesen ist! Er war mir je und je schrecklich, aber jetzt wäre der Moment für ihn und Seinesgleichen reif! Indes, die Kirche hat in den verflossenen Jahren wohl allzu sehr geschwiegen – in die Tiefe und in die Breite geschwiegen, denn der *eine* Graf Galen hat am Ende bloß die *Ausnahme* demonstriert.
Die Leute streichen heute um die drei Fahnen der Okkupation, wie sie 1933 um das rote «Banner» mit der schwarzen Spinne im weißen Rundfeld herumgestrichen sind: in fellachenmäßiger Weise unterwürfig – und schon verstehen sie, mit der neuen Situation Geschäfte zu machen! Ich warte bloß auf den Augenblick, wo die Lebensmittel den Käufern mit fremder Währung vorbehalten bleiben, nämlich von den Händlern und Bauern her. Begreiflich gewiß, wenn diese so spekulieren; nicht begreiflich, wenn es ihre *einzige* Überlegung ist.
Als Margot hier ankam (und nun sind es gute fünfundzwanzig Jahre), sagte sie mir impulsiv: «Ich würde mich gar nicht wundern, wenn plötzlich alle Frauen auf der Straße sich nackt auszögen, alle Männer auf den Händen liefen, die Kinder alle mit Steinen auf jeden würfen, der nicht dergleichen tut.» Die Vision von der Verfassung der deutschen «Seele» schien mir damals absurd; inzwischen habe ich begriffen, daß ein unverdorbener Blick, von außen hereingekommen, den tatsächlichen deutschen Zustand richtig gesehen hat; was damals ein Potential war, ist inzwischen schauderhafte Realität geworden. Realität nicht buchstäblich, wohl aber weit über jenen Aspekt hinaus: das Ganze und das Einzelne der mit dem Namen «Hitler» bezeichneten moral insanity war leider mehr, unendlich viel mehr als die grausige expressionistische Farce, von der Margots Wahrnehmung damals in unmittelbar beängstigender Art heimgesucht wurde. Jene moral insanity, die Hitlers eigentliches Klima geworden ist, sein Treibhaus – jene moral insanity ist durch die ungeheure Evidenz der Katastrophe keineswegs beseitigt; sie wirkt nach, sie ist noch immer die Disposition der Leute.
Was soll der Himmel *noch* zulassen, damit sich dies fürchterliche Verhältnis ändert?
Die Okkupation ist von einem deutschen Publikum umlagert, das gestern noch das Parteizeichen trug oder «der Partei» hofierte. Die Okkupation merkt es nicht.

*

Alexander Werth *1901 *(Moskau)*

Am 7. Mai kapitulierte die deutsche Wehrmacht. Jodl unterzeichnete die Kapitulationsurkunde in Reims, Keitel am nächsten Tag in Berlin. Hier unterschrieb für die russische Seite Marschall Schukow; für die Sowjets war die Kapitulation in Reims nur ein Vorspiel gewesen, zu dem man lediglich einen jüngeren Offizier geschickt hatte. Als Churchill am 8. Mai um vier Uhr nachmittags über den Rundfunk das Ende des Krieges bekanntgab, sendete Radio Moskau seelenruhig eine Kinderstunde mit einer hübschen Geschichte über zwei Hasen und einen Vogel. In Rußland wurde das Kriegsende erst am 9. Mai morgens bekanntgegeben. Der Umstand, daß für die Sowjetunion der Siegestag erst einen Tag später als für den Westen anbrach, hatte seinen Grund darin, daß Prag noch nicht befreit war. Die westlichen Alliierten hielten das für ein belangloses Detail, die Russen jedoch nicht.

Der 9. Mai wurde zu einem unvergeßlichen Tag für Moskau. Die spontane Freude der 2 oder 3 Millionen Menschen, die sich an diesem Abend auf dem Roten Platz versammelten, durch die Gorkijstraße zogen und an den Moskwa-Ufern entlangströmten, war so tief, wie ich es vorher in Moskau noch nie erlebt hatte. Man tanzte und sang auf den Straßen. Soldaten und Offiziere wurden umarmt und geküßt. Vor der amerikanischen Botschaft standen die Menschen dicht gedrängt und riefen: «Es lebe Roosevelt!», obwohl der Präsident bereits vor einem Monat gestorben war. (Vor der britischen Botschaft, die sich, auf dem anderen Ufer der Moskwa gelegen, von dem eigentlichen Schauplatz der Freudenkundgebungen entfernt befand, gab es nur ein paar kleinere Sympathiedemonstrationen.) Etwas Ähnliches hatte es in Moskau nie zuvor gegeben. Das Feuerwerk, das an diesem Abend abgebrannt wurde, war das größte, das ich je gesehen habe.

Der Rotarmist Ilja Kritschewski *1907 *Berlin*

Meine Kommandierung ging zu Ende. Abends mußte ich mich wieder in der Redaktion einfinden, die jetzt in einem Vorort von Berlin stationiert war.

Der Tag war frühlingshaft, sonnig. Leichte, wie mit Wasserfarbe hingetupfte Wölkchen zogen langsam über den Himmel. Vor dem Reichstag lärmte ein ausgewachsenes Feldlager. Soldaten rasierten sich direkt auf der Straße, vor Spiegeln, die irgendwie auf der Panzerung von Kampfwagen aufgestellt waren.

Ich machte mich auf einen Streifzug durch die Stadt und hielt Ausschau nach charakteristischen Eindrücken. Ein Militärangehöriger malte eine

Studie auf Leinwand; als Staffelei diente ihm eine Autokarosserie. Ich trat näher: Womöglich ein Bekannter? In diesen Tagen begegnete ich vielen Menschen, mit denen mich das Schicksal in unterschiedlichen Kriegsjahren zusammengeführt hatte. Mir schien allmählich sogar, daß alle Frontstraßen nach Berlin geführt hatten. Aber diesen Mann kannte ich nicht. In Gedanken wünschte ich ihm erfolgreiches Schaffen, dann ging ich weiter.

Schon lange faszinierte mich das Brandenburger Tor. Ich ging zur Straße Unter den Linden. Von dieser geradlinigen mit Linden bepflanzten Allee aus wirkte das Tor interessanter. Die angeschossene bronzene Quadriga wurde gekrönt vom roten Banner unserer Heimat, das sich in Wind und Sonne bauschte. Die Pferde, von einer Granate verstümmelt, schienen just vor dem Abgrund zu stoppen.

Wie oft hatte ich schon in der Vorkriegszeit Fotografien dieses Bauwerks gesehen. Darauf wirkte es feierlich und monumental. Vielleicht hatte ein Durchschuß in einer der Säulen oder etwas anderes den Eindruck gestört, jedenfalls schien mir das Tor durchaus nicht majestätisch, als ich es zeichnete.

Am anderen Ende stieß die Straße Unter den Linden auf einen Platz, an dem sich das Berliner Schloß erhob. Vor dem Gebäude stand ein pompöses Denkmal für Wilhelm I. Den Kaiser umgaben diverse allegorische Figuren; ich erinnere mich unter anderem an eine Frau, die neben einem sein Pferd zügelnden Reiter einherschritt. Das Monument war durch Beschuß beschädigt, am Sockel lagen Teile eines bronzenen Ritters umher; mich verblüfften die Ausmaße seiner riesigen behandschuhten Hand.

Mitten auf dem Platz stand auf einem Podest eine sowjetische Reguliererin. Flott und gekonnt hantierte sie mit ihren Fähnchen. Vielleicht war sie eine von den Mädchen, die uns schon im Raum Kalinin in Regen und Schnee den Weg gewiesen hatten. Ich betrachtete ihre adrette, vertraute kleine Gestalt und war von Herzen froh, sie hier im Zentrum von Berlin zu sehen. Ich konnte nicht widerstehen und zeichnete dies vor mir aufgetauchte Bild des letzten Tages des Frontlebens, des 8. Mai.

Bei Sonnenuntergang kehrte ich in die Redaktion zurück. Es dunkelte. Noch herrschte eine ungewohnte Stille, und der Abend, vom Duft des jungen Grüns erfüllt, war wundervoll.

Plötzlich schossen Raketen hoch, eine nach der anderen. Bunte Lichtfontänen zerflossen am Himmel, dichte Rauchstreifen hinterlassend. Lustige Fünkchen tanzten umher und verhießen das langerwartete friedliche Leben. ich wußte nicht, woher dieses Feuerwerk kam. Vielleicht feierte jemand, so wie wir gestern, im voraus den Abschluß des Krieges? Es war der Vorabend des großen Feiertags, des Tages des Sieges.

Fritz J. Raddatz *1931 ***Berlin***

Leichen waren für mich nichts Ungewohntes, sie lagen im Mai 1945 in Parkanlagen, am Straßenrand, oft so ausgeplündert, dass nicht zu erkennen war, ob erschossener Soldat oder umgebrachter Zivilist. Geschändete Frauen mit aufgerissenen Mündern, die Goldzähne von Fledderern herausgebrochen. Manche halb verkohlt in den Trümmern verbrannter Häuser. Es war nicht Flieder, noch waren es Hyazinthen, nach denen in diesem Frühjahr die Luft süßlich schmeckte.

Eine Rundfunksendung ***(Berlin)***

BBC-Bericht über das zerstörte Berlin
4'20
Erinnert ihn an Photos von den Wüsten in Colorado / Situation am Flughafen Tempelhof / Auf der Fahrt nach Karlshorst hat er kaum ein unzerstörtes Haus gesehen / Die Bevölkerung ist apathisch / Den Zustand Berlins kann man in fünf Worten zusammenfassen: «Berlin has ceased to exist» / Die Zerstörungen Berlins können nicht mit denen anderer deutscher oder alliierter Städte verglichen werden / Die Lage ist «terribly im- and depressing» / Die Zahl der meist in den Kellern lebenden Bevölkerung wird auf etwa 2 Millionen geschätzt, es sind meist Kinder oder Alte.
Reporter: Thomas Cadett (engl)

★

Der Generalfeldmarschall
Wilhelm Keitel 1882–1946 ***Berlin***

Am 8.5. [1945], nach Rückkehr von Jodl am 7.5. aus dem Hauptquartier des Generals Eisenhower bei Reims, flog ich im Auftrag des Großadmirals – als Staatsoberhaupt und Oberster Befehlshaber der Wehrmacht – mit dem [von] Jodl und dem Stabschef Eisenhowers vollzogenen Vorvertrag in einer englischen Transportmaschine nach Berlin. [...]
Wir flogen zunächst nach Stendal. Dort wurde eine Staffel von Verkehrsmaschinen zusammengestellt, unter Führung des englischen Luftmarschalls und des bevollmächtigten Vertreters des General Eisenhower. Nach einer Art Ehrenrunde über Berlin landeten wir, ich als letzter mit

meiner Passagiermaschine, auf dem Flughafen Tempelhof. Ein Ehrenbataillon der Russen mit Musikkorps empfing die englische und amerikanische Delegation; wir konnten aus der Ferne von unserem Landeplatz die Zeremonie beobachten. Zu meiner Begleitung war ein russischer Offizier – man sagte mir, der Oberquartiermeister von General Schukow – [befohlen]. [Er] fuhr mit mir im Auto, die anderen Wagen meiner Begleitung folgten.

Wir fuhren über den Bellealliance-Platz durch die Außenstadt nach Karlshorst und wurden in einer kleinen, geräumten Villa, dicht neben dem Kasernement der Pionier- und Ingenieur-Schule, abgesetzt. Es war etwa 13 Uhr. Wir waren ganz unter uns. Gelegentlich erschien ein Reporter, es wurden Lichtbilder von uns aufgenommen, bisweilen besuchte uns ein russischer Dolmetscher-Offizier. Er konnte mir nicht sagen, wann der Akt der Unterschrift unter die Kapitulationsverhandlung stattfinden werde, von der man mir übrigens schon auf dem Flugplatz einen deutschen Abdruck übergeben hatte.

Ich konnte daher den von Jodl paraphierten Vorvertrag mit diesem Wortlaut vergleichen, stellte aber nur unwesentliche Abänderungen fest. Die einzig entscheidende war die Einfügung von Strafandrohungen gegen Truppen, die zur vorgesehenen Zeit nicht die Waffen niederlegen und sich ergeben würden. Ich forderte daher von dem Dolmetscher-Offizier einen Bevollmächtigten des Generals Schukow, weil ich diese Ergänzung nicht ohne Vorbehalt unterschreiben werde. Es erschien dann auch nach einigen Stunden ein russischer General mit dem Dolmetscher-Offizier und nahm meinen Einspruch entgegen; er war, glaube ich – der Chef des Stabes von Schukow.

Ich erklärte ihm den Grund meines Einspruches dahin, daß ich keine Gewähr hätte über den zeitgerechten Empfang unseres Befehls zum Niederlegen der Waffen, so daß sich Truppenbefehlshaber berechtigt fühlen könnten, einer solchen Aufforderung nicht zu entsprechen. Ich forderte die Einschaltung eines Satzes, wonach die Übergabe (Kapitulation) in Kraft sei erst 24 Stunden nach Eingang unseres Befehls bei der Truppe, bevor Strafmaßnahmen wirksam werden dürften. Nach etwa einer Stunde kehrte der General zurück, mit dem Bescheid, Gen. Schukow sei einverstanden mit einer Frist von 12 Stunden – statt 24 –. Er forderte nunmehr meine Legitimation zur Einsicht durch die Vertreter der Siegermächte, ich würde sie alsbald zurückerhalten. Als Termin für [den] Unterschrift-Akt nannte er «gegen Abend».

Gegen 15 Uhr wurde uns ein reichliches Frühstück durch russische Mädchen serviert. Unsere Geduld wurde auf eine schwere Probe gestellt.

Gegen 17 Uhr wurden wir in ein anderes Haus geführt und dort mit einer Vesper bewirtet, aber es erfolgte nichts. Man brachte mir meine Vollmacht zurück, mit der Bemerkung, es sei alles in Ordnung, aber die Zeit der Unterschrift wußte man angeblich nicht. Gegen 22 Uhr wurde ich ungeduldig und ließ offiziell anfragen, wann der Akt der Unterschrift stattfinde; die Antwort lautete, etwa in einer Stunde. Gegen Abend hatte ich unser bescheidenes Gepäck aus dem Flugzeug holen lassen, weil der, als sicher, erwartete Rückflug nicht mehr möglich war.
Kurz vor 24 Uhr, als dem Zeitpunkt des Inkrafttretens der Kapitulation, wurde ich mit Begleitung in das Kasino der Kaserne hinübergeführt. Wir betraten mit dem Glockenschlag 24 Uhr den großen Saal durch eine große Seitentür, und wurden an die unmittelbar gegenüberstehende Längstafel geführt, wo drei Sitzplätze für mich und die beiden Begleiter noch frei waren. Unsere Begleitung mußte hinter uns stehen. Der Saal war bis zum letzten Winkel gefüllt, von zahlreichen Jupiterlampen hell erleuchtet. Eine Quer- und drei Längsreihen waren dicht besetzt. Den Vorsitz an der Quertafel hatte General Schukow, rechts und links von ihm die Bevollmächtigten Englands und Amerikas.
Als der Chef des Stabes von Schukow mir den Vertrag in drei Sprachen vorlegte, verlangte ich von ihm Aufklärung über die von mir geforderte Einschränkung der Strafbestimmungen, die im Text doch nicht enthalten sei. Er ging zu Schukow zurück und kam nach kurzer Besprechung mit ihm, die ich beobachten konnte, wieder zu mir, mit der Mitteilung, Schukow sage mir die Nichtanwendung von Strafmaßnahmen mit einer Fristverlängerung von 12 Stunden ausdrücklich zu.
Der feierliche Akt begann mit wenigen einleitenden Worten; dann fragte Schukow mich, ob ich den Kapitulationsvertrag gelesen habe? Ich antwortete: «Ja.» Die zweite Frage lautete, ob ich zur Anerkennung durch Unterschrift bereit sei. Ich antwortete erneut mit lautem: «Ja!» Es begann sofort die Unterschrift-Zeremonie, dann Beeidigung, nachdem ich zuerst unterschrieben hatte ... Nach Abschluß verließ ich, durch die nahe Tür hinter mir, den Saal mit meinem Gefolge.
Nunmehr wurden wir in unsere kleine Villa zurückgeführt; in unserem ersten Aufenthaltsraum am Nachmittag war eine mit kalten Speisen vollbeladene Tafel aufgebaut mit verschiedenen Weinen, in den übrigen Räumen Schlafgelegenheiten sauber – für jeden ein Bett – hergerichtet. Der Dolmetscher-Offizier kündigte einen General der Russen an, nach seinem Eintreffen sollte serviert werden. Nach ½ Stunde erschien der Oberquartiermeister von Schukow und bat uns Platz zu nehmen; er bäte, ihn selbst zu entschuldigen. Das Essen sei wohl wesentlich beschei-

dener als wir gewohnt seien; wir möchten aber vorlieb nehmen. Ich konnte nicht unterlassen, zu antworten, daß wir solchen Luxus und eine so reich gedeckte Tafel nicht gewohnt seien. Er fühlte sich offenbar durch diese Bemerkung sehr geschmeichelt.
Wir hatten geglaubt, die Beladung der Tafel mit einer Art Sakuska beende diese Henkersmahlzeit. Als wir längst gesättigt waren, begann erst das warme Essen mit Braten usw. Zum Schluß gab es noch gefrorene frische Erdbeeren, die ich zum ersten Mal in meinem Leben vorgesetzt erhalten hatte. Offenbar hat ein Berliner Schlemmer-Restaurant diese Nachttafel geliefert, denn auch die Weine waren deutschen Ursprungs. – Nach dem Essen verließ uns der Dolmetscher-Offizier, der offensichtlich als stellvertretender Gastgeber fungiert hatte. Wir legten uns nieder, nachdem ich auf 6 Uhr das Flugzeug zum Rückflug bestellt hatte.

Neue Zürcher Zeitung

Karlshorst, 10. Mai. (Exchange) Während Keitel seine Unterschrift unter die Kapitulationsurkunde setzte, brach sein Adjutant, Oberstleutnant Brehm, in Tränen aus. Keitel, der sich nichts davon anmerken ließ, wie sehr auch er die Tragweite des Aktes verspürt haben muß, wandte sich sofort mit erstaunlicher Härte an Brehm in einem Ton, der deutlich vernommen werden konnte: «Lassen Sie das. Nach dem Krieg können Sie ein Vermögen verdienen, wenn Sie ein Buch verfassen: ‹Mit Keitel im russischen Kriegsgefangenenlager›.»

Der Schriftsteller Jakow Makarenko *Berlin-Tempelhof*

Über dem riesengroßen Flughafengebäude wehte eine weiße Fahne. Es war ein sonniger Tag. Um zwei Uhr erschienen am Himmel über Berlin drei Douglas-Maschinen. Sie machten eine Begrüßungsrunde und landeten. Mit der ersten Maschine kam der britische Luftmarschall Tedder, mit der zweiten der amerikanische General Spaatz, mit der dritten der französische General De Lattre de Tassigny. Dann landete ein anderes Flugzeug mit Feldmarschall Keitel an Bord. Niemand gab ihm die Hand. Schweigsam trafen sich die Sieger mit den Besiegten, und das ist die Sprache der Geschichte. Sie fuhren nach Karlshorst, um die Kapitulation Deutschlands zu unterschreiben.

Der sowjetische General
Georgij Shukow 1896–1974 *Berlin-Karlshorst*

Am frühen Morgen des 8. Mai kam Wyschinski mit einem Flugzeug in Berlin an. Er brachte alle zur Kapitulation Deutschlands nötigen Unterlagen mit und informierte mich darüber, wer das Alliierte Oberkommando vertreten sollte.

Fast zur gleichen Zeit trafen in Berlin Journalisten und Reporter der großen Zeitungen und Zeitschriften der Welt sowie Fotoreporter ein, um über den historischen Augenblick zu berichten, da die Zerschlagung des faschistischen Deutschlands juristisch verankert und der endgültige Zusammenbruch aller faschistischen Pläne, all der ehrgeizigen barbarischen Absichten von seinen Vertretern anerkannt werden würde.

Gegen Mittag landeten auf dem Flugplatz Tempelhof die Vertreter des Alliierten Oberkommandos, der britische Luftmarschall W. Tedder, der Befehlshaber der amerikanischen Fernfliegerkräfte General Spaatz und der Oberbefehlshaber der französischen Armee General de Lattre de Tassigny [...].

Vom Flugplatz aus begaben sich unsere Verbündeten nach Karlshorst, wo die bedingungslose Kapitulation des OKW entgegengenommen werden sollte.

Ebenfalls auf dem Tempelhofer Flugplatz kamen aus Flensburg, von britischen Offizieren bewacht, Generalfeldmarschall Keitel, Generaladmiral von Friedeburg und Generaloberst der Flieger Stumpff an, die von Dönitz bevollmächtigt waren, die bedingungslose Kapitulation zu unterzeichnen.

In Karlshorst war in dem einstöckigen Kasino der ehemaligen Pionierschule ein Saal für die Unterzeichnung vorbereitet worden.

Nach einer kurzen Ruhepause fanden sich alle Vertreter des Alliierten Oberkommandos bei mir ein, um die Verfahrensfragen dieses bewegenden Ereignisses zu besprechen.

Kaum hatten wir den für die Besprechung bestimmten Raum betreten, da strömten auch schon unzählige amerikanische und britische Journalisten herein und überschütteten mich sofort mit Fragen. Im Namen der alliierten Truppen schenkten sie mir eine Fahne zum Zeichen der Freundschaft, in ihr war in Gold ein Gruß der amerikanischen Truppen an die Rote Armee eingestickt. Nachdem die Journalisten den Sitzungssaal verlassen hatten, begannen wir unsere Besprechung über die Kapitulation des imperialistischen Deutschlands.

Keitel und seine Begleiter hielten sich inzwischen in einem anderen Gebäude auf. Wie unsere Offiziere berichteten, waren Keitel und die anderen Mitglieder der Abordnung äußerst nervös. Keitel sagte zu seinen Begleitern: «Als wir durch Berlin fuhren, mußte ich erschüttert feststellen, wie stark zerstört die Stadt ist.»

Darauf antwortete ihm einer unserer Offiziere: «Waren Sie, Herr Feldmarschall, nicht erschüttert, als auf Ihren Befehl Tausende sowjetischer Städte und Dörfer dem Erdboden gleichgemacht wurden, Orte, unter deren Ruinen Millionen unserer Landsleute, darunter Zehntausende Kinder, den Tod fanden?»

Keitel zuckte nervös die Achseln, sagte aber kein Wort.

Wie zuvor vereinbart, versammelten sich die Vertreter des Alliierten Oberkommandos Tedder, Spaatz und de Lattre de Tassigny, ferner Wyschinski, Telegin, Sokolowski und andere um 23.45 Uhr in meinem Arbeitszimmer, das an den Saal stieß, wo die faschistischen Militärs die Urkunde über die bedingungslose Kapitulation unterzeichnen sollten.

Punkt 24.00 Uhr betraten wir den Saal.

Alle nahmen an einem Tisch Platz, hinter dem an der Wand die Staatsflaggen der Sowjetunion, der USA, Großbritanniens und Frankreichs hingen.

An langen, mit grünem Tuch überzogenen Tischen saßen im Saal die Generale der Sowjetarmee, deren Truppen innerhalb kürzester Zeit die Verteidigung Berlins durchbrochen und die arroganten faschistischen Feldmarschälle, die faschistischen Rädelsführer und das ganze Nazideutschland in die Knie gezwungen hatten. Anwesend waren auch zahlreiche sowjetische und ausländische Journalisten und Bildreporter.

Bei der Eröffnung der Sitzung erklärte ich: «Wir Vertreter des Oberkommandos der sowjetischen Streitkräfte und des Alliierten Oberkommandos sind von den Regierungen der Antihitlerkoalition bevollmächtigt, die bedingungslose Kapitulation Deutschlands von der deutschen militärischen Führung entgegenzunehmen. Führen Sie die Vertreter des Oberkommandos der Wehrmacht in den Saal.»

Aller Blicke waren auf die Tür gerichtet, auf deren Schwelle im nächsten Augenblick diejenigen erscheinen sollten, die in die ganze Welt prahlerisch hinausposaunt hatten, Frankreich und Großbritannien in einem Blitzkrieg besiegen, die Sowjetunion in anderthalb, höchstens zwei Monaten vernichten und die ganze Welt erobern zu können.

Als erster betrat Generalfeldmarschall Keitel – der engste militärische Mitarbeiter Hitlers – den Raum, langsam und bemüht, nach außen Gelassenheit zu zeigen. Er grüßte die Vertreter des sowjetischen und des Alliierten Oberkommandos, indem er die Hand mit dem Marschallstab hob. Ihm folgte Stumpff. Seine Blicke verrieten ohnmächtige Wut. Gleichzeitig mit ihm betrat Friedeburg den Raum. Er schien vorzeitig gealtert.

Die deutschen Vertreter wurden aufgefordert, an dem für sie bestimmten Tisch Platz zu nehmen, der unweit der Tür stand.

Keitel setzte sich bedächtig und blickte zu uns am Präsidiumstisch herüber. Stumpff und Friedeburg setzten sich neben Keitel. Die Offiziere ihrer Begleitung nahmen hinter ihnen Aufstellung.

Ich wandte mich an die deutsche Abordnung: «Haben Sie die Urkunde der bedingungslosen Kapitulation bei sich, haben Sie sie studiert und sind Sie bevollmächtigt, sie zu unterzeichnen?»

Luftmarschall Tedder wiederholte meine Frage englisch.

«Ja, wir haben sie studiert und sind bereit, sie zu unterzeichnen», sagte Keitel gedämpft und überreichte uns ein von Dönitz unterzeichnetes Schriftstück. Es besagte, daß Keitel, von Friedeburg und Stumpff bevollmächtigt seien, die Urkunde über die bedingungslose Kapitulation zu unterzeichnen.

Das war nicht mehr der überhebliche Keitel, der die Kapitulation des besiegten Frankreichs entgegengenommen hatte. Jetzt sah er geschlagen aus, obwohl er sich Mühe gab, Haltung zu bewahren.

Ich stand auf und sagte: «Ich fordere die deutsche Abordnung auf, an diesen Tisch zu kommen. Hier werden Sie die Urkunde über die bedingungslose Kapitulation Deutschlands unterzeichnen.»

Mit einem feindseligen Blick auf das Präsidium erhob sich Keitel rasch von seinem Platz, dann senkte er die Augen, nahm langsam seinen Marschallstab vom Tisch und kam mit unsicheren Schritten auf unseren Tisch zu. Sein Monokel fiel herunter und baumelte an der Schnur, das Gesicht bedeckte sich mit roten Flecken.

Neben ihm traten Stumpff, von Friedeburg und die deutschen Offiziere der Begleitung an den Tisch. Keitel rückte sein Monokel zurecht, setzte sich auf den Rand eines Stuhls und unterschrieb umständlich alle fünf Exemplare der Urkunde. Nach Keitel setzten Stumpff und Friedeburg ihre Unterschriften darunter.

Nach der Unterzeichnung stand Keitel auf, streifte den rechten Handschuh über und suchte wieder einen strammen Militär zu markieren. Das mißlang ihm jedoch, und still ging er an den für ihn bestimmten Tisch zurück.

Am 9. Mai um 0.43 Uhr war die Urkunde über die bedingungslose Kapitulation von allen unterzeichnet. Ich forderte die deutsche Abordnung auf, den Saal zu verlassen.

Keitel, Friedeburg und Stumpff standen auf, verneigten sich und gingen, von ihren Stabsoffizieren gefolgt, mit gesenkten Köpfen.

Ich gratulierte im Namen des sowjetischen Oberkommandos allen Anwesenden herzlich zu dem langersehnten Sieg. Ein unvorstellbarer Lärm erhob sich im Saal. Alle beglückwünschten einander und schüttelten sich die Hände. Vielen standen Freudentränen in den Augen. Meine Kampfgefährten Sokolowski, Malinin, Telegin, Antipenko, Kolpaktschi, Kusnezow, Bogdanow, Bersarin, Bokow, Below, Gorbatow und andere traten an mich heran.

«Teure Freunde», sagte ich zu meinen Waffenbrüdern, «uns ist eine hohe Ehre zuteil geworden. Das Volk, die Partei und die Regierung haben uns das Vertrauen erwiesen, unsere heldenmütigen Sowjettruppen zum Sturm auf Berlin zu führen. Dieses Vertrauen haben die Sowjettruppen, darunter auch ihr, die ihr die um Berlin kämpfenden Truppen befehligt habt, in Ehren gerechtfertigt. Viele weilen leider nicht mehr unter uns. Wie hätten sie sich über den langersehnten Sieg gefreut, für den sie, ohne zu zaudern, ihr Leben hingegeben haben!»

Bei der Erinnerung an ihre guten Freunde und Genossen, denen es nicht beschieden war, diesen freudigen Tag zu erleben, konnten sich diese Männer, die gewohnt waren, dem Tod furchtlos ins Auge zu sehen, der Tränen nicht erwehren. Am 9. Mai 1945, 0.50 Uhr, wurde die Sitzung, in der die bedingungslose Kapitulation der faschistischen Streitkräfte entgegengenommen worden war, beendet.

Ich eröffnete das Bankett und brachte einen Trinkspruch auf den Sieg der Antihitlerkoalition über Nazideutschland aus. Dann hielten Marschall Arthur Tedder, de Lattre de Tassigny und General Spaatz Ansprachen. Auch sowjetische Generale ergriffen das Wort. Alle sprachen von dem, was ihnen in diesen schweren Jahren am Herzen gelegen hatte. Ich erinnere mich, daß viel und herzlich gesprochen und immer wieder der lebhafte Wunsch geäußert wurde, die freundschaftlichen Beziehungen zwischen den Ländern der antifaschistischen Koalition für immer zu festigen. Diesen Wunsch äußerten sowohl sowjetische als auch amerikanische, französische und britische Generale, und wir alle hegten damals die Hoffnung, daß er in Erfüllung ginge.

Das Festessen endete am Morgen mit Liedern und Tänzen. Dabei waren die sowjetischen Generale einfach nicht zu schlagen. Auch ich konnte schließlich nicht mehr an mich halten, fühlte mich wieder jung und gab einen russischen Volkstanz zum besten. Als wir dann auseinandergingen, manche fuhren direkt zum Flugplatz, wurde zu Ehren des Sieges überall – in und bei Berlin – aus allen Waffen geschossen. Man schoß zwar in die Luft, aber die Kugeln und die Geschoßsplitter, die zur Erde fielen, machten am Morgen des 9. Mai einen Spaziergang in Berlin nicht ganz ungefährlich. Doch wie grundlegend unterschied sich diese Gefahr von der, die uns in den langen Kriegsjahren schon fast zur Gewohnheit geworden war.

Wilhelm Keitel unterzeichnet die Kapitulationsurkunde, Berlin Karlshorst, 9.5.1945

Am selben Morgen wurde die unterzeichnete Urkunde über die bedingungslose Kapitulation dem Hauptquartier des Oberkommandos überbracht.
Punkt 1 der Urkunde lautet:
«1. Wir, die hier Unterzeichneten, die wir im Auftrage des Oberkommandos der Deutschen Wehrmacht handeln, übergeben hiermit bedingungslos dem Obersten Befehlshaber der Alliierten Expeditionsstreitkräfte und gleichzeitig dem Oberkommando der Roten Armee alle gegenwärtig unter deutschem Befehl stehenden Streitkräfte zu Lande, zu Wasser und in der Luft.»

Der Frontberichterstatter
Konstantin Simonow 1915–1979 ***Berlin***

Tempelhof. Morgen. Noch ist kein Flugzeug gelandet. Der Flugplatz ist leer. Nur in der Mitte übt ein dicker kleiner Oberst mit der Ehrenwache vor dem Eintreffen der Verbündeten. Er übt lange und fleißig: Im Krieg haben die Soldaten diese Dinge verlernt. Wir sitzen im Gras und langweilen uns. Endlich kommt der Stellvertreter des Oberbefehlshabers, Sokolowski, in Begleitung einiger Generale. Einen von ihnen kenne ich. Ich bin ihm in Italien begegnet. Damals wurde noch im Gebiet von Florenz gekämpft. Wie lange scheint das zurückzuliegen?
Das erste Flugzeug landet! Heraus tritt Wyschinski, begleitet von einigen unserer Diplomaten. Sie steigen sofort in ein Auto und fahren ab. Anderthalb Stunden später setzt noch ein Flugzeug auf. Gestern erwarteten wir, daß Eisenhower kommen werde, und erst hier, auf dem Flugplatz, als nicht Shukow, sondern Sokolowski eintraf, sagten wir uns, statt Eisenhower werde ein anderer kommen. Nun sind der britische Luftmarschall und Stellvertretende Oberbefehlshaber der alliierten Expeditionsstreitkräfte in Europa, Arthur W. Tedder, und der Oberbefehlshaber der strategischen Luftstreitkräfte in Europa, der amerikanische General Carl A. Spaatz, eingetroffen. Spaatz ist mittelgroß, wohlgenährt, quadratisch gebaut, Tedder hager, jugendlich, von unbestimmbarem Alter, behende, beweglich, und er lächelt häufig und etwas gezwungen. Sie und Sokolowski begrüßen sich. Die Soldaten präsentieren das Gewehr, die Kapelle intoniert drei Hymnen, die Verbündeten und Sokolowski schreiten die Ehrenwache ab.
Inzwischen landet ein weiteres Flugzeug, das die Deutschen Wilhelm Keitel, Generaladmiral Hans-Georg von Friedeburg und Generaloberst Hans-Jürgen Stumpff bringt. In ihrem Gefolge befinden sich einige deutsche Offiziere. Die Ehrenwache, die zum Empfang der Verbündeten

angetreten ist, steht zwischen dem Flugzeug, mit dem die Deutschen gekommen sind, und den Wagen am Ende des Flugplatzes, zu denen die Deutschen gehen müssen. Sobald die Deutschen das Flugzeug verlassen haben, treten einige sowjetische Offiziere an sie heran, und während die Verbündeten die Ehrenformation abschreiten, werden auf der anderen Seite die Deutschen zu den Wagen geführt. Voran schreitet Keitel im langen Mantel, mit großer, hoher Generalsmütze, deren Teller gebogen ist. Er vermeidet es bewußt, nach links oder rechts zu sehen, geht mit großen, ausholenden Schritten.

Wir folgen den Deutschen durch Berlin. Als ich die vorbeihuschenden Ruinen sehe, die einsamen Gestalten der Einwohner, denke ich, daß man sich schwerlich ein bedrückenderes Bild vorstellen kann als jenes, das sich den zur Unterzeichnung der Kapitulation fahrenden deutschen Generalen bietet.

Karlshorst. Als erstes besichtigen wir den Festsaal der Ingenieurschule. Hier soll die Unterzeichnung erfolgen. Der Saal ist nicht sehr groß. Zweihundert Quadratmeter. An der Stirnseite schmücken Flaggen die Wand: die sowjetische, die amerikanische, die britische und die französische. Der Oberbefehlshaber der 1. französischen Armee, Jean de Lattre de Tassigny, heißt es, sei ebenfalls gekommen oder treffe noch ein. Unter den Flaggen steht ein langer Tisch, der fast die ganze Breite der Wand einnimmt. Dort werden die Vertreter des alliierten Kommandos Platz nehmen. Senkrecht dazu stehen hintereinander noch drei Tische, zwei lange und ein kurzer. Der kurze ist für die deutsche Delegation gedacht, der mittlere für die sowjetischen und die verbündeten Generale und Offiziere, die der Kapitulation beiwohnen werden. Der letzte Tisch schließlich steht den Korrespondenten zur Verfügung.

Fast eine Stunde halten wir uns in der Ingenieurschule auf. Alles verzögert sich, weil die sowjetischen und die verbündeten Vertreter noch über einige Verfahrensweisen verhandeln. Die Kapitulation, die ursprünglich für 2 Uhr angesetzt war, beginnt erst am Abend. Endlich betreten Shukow und Telegin den Saal, und mit ihnen kommen Wyschinski, Tedder, Spaatz und Lattre de Tassigny, den ich das erstemal sehe. Er ist ein noch junger General, etwa fünfundvierzig.

Die Korrespondenten und Militärpersonen, die bei der Kapitulation zugegen sein sollen, eilen auf die noch freien Plätze zu. Ein Offizier, der als Ordner eingesetzt ist, tritt an sie heran und flüstert ihnen hastig etwas zu. Unsere Generale an dem Tisch, der für die kapitulierenden Deutschen vorgesehen ist, springen wie von der Tarantel gestochen auf und setzen sich um.

Shukow lächelt. Tedder lächelt. Lattre de Tassigny lächelt. Sie lächeln sich und dem nicht lächelnden Spaatz zu und nehmen an ihrem Tisch die Plätze ein. Die Fotografen und Kameramänner geraten aus dem Häuschen. Sie springen auf die Tische, pressen ihre Bäuche gegen die Schultern der Generale und knipsen, knipsen, knipsen ...
Einer unserer Kameraleute streift mit seinem Apparat einen amerikanischen Admiral am Kopf. Der Admiral, der die Hektik der Berichterstatter offenbar gewohnt ist, lacht gutmütig und winkt ab: «Okay!» Unsere Ordner aber, denen diese Atmosphäre unbekannt ist, würden den armen Kerl am liebsten vor die Tür setzen.
Die Leute am zentralen Tisch benehmen sich sehr unterschiedlich. Spaatz verzieht keine Miene. Wyschinski ist übereifrig.
Shukow strahlt. Tedder, der neben ihm sitzt, hat ein leichtes Lächeln auf dem angenehmen, jedoch ausdruckslosen Gesicht. Über den Dolmetscher sagt er etwas zu Shukow, und ich glaube, daß er von allen Anwesenden der einzige ist, der sich eine Portion Ironie für die bevorstehende feierliche Prozedur aufgehoben hat. Lattre de Tassigny scheint bekümmert darüber, daß er später als die anderen eingetroffen ist, und darauf bedacht zu sein, daß recht bald zur Tagesordnung übergegangen wird. Ich sehe Shukow, sein schönes, starkes Gesicht, und mir fällt ein, wie ich ihm während der Kämpfe mit den Japanern am Chalchyn gol begegnet bin, als er noch Korpskommandeur war und in der Mongolei unsere Armeegruppe führte. [...] Seitdem sind sechs Jahre vergangen, in der Zwischenzeit bin ich Shukow nicht begegnet, und damals hätte ich es mir nicht träumen lassen, daß unser nächstes Zusammentreffen in Berlin und vor der Entgegennahme der Kapitulation der deutschen Armee stattfinden würde.
Als im Saal Ruhe eingetreten ist, steht Shukow auf und erklärt die Sitzung zur Entgegennahme der Kapitulation der deutschen Armee für eröffnet. Dann wird über die Vollmachten gesprochen und festgestellt, wer von welcher Regierung bevollmächtigt wurde, und die Dokumente werden in den einzelnen Sprachen verlesen. Darüber vergehen zehn Minuten.
Shukow steht wieder auf, wendet sich den Offizieren am Eingang zu und sagt trocken: «Führen Sie die deutsche Delegation herein.»
Die Tür wird geöffnet, und Keitel, Friedeburg und Stumpff treten ein. Ihnen folgen einige Offiziere, vermutlich Adjutanten. Keitel braucht nur drei Schritte zu machen, um an seinen Tisch zu gelangen. Er geht dorthin, bleibt hinter dem mittleren Sessel stehen, streckt die Hand mit dem kurzen Marschallstab aus, vollführt eine flinke Bewegung vorwärts

und rückwärts, die mich an Hantelgymnastik erinnert. Er rückt den Sessel ab, setzt sich und legt den Marschallstab vor sich nieder.
Shukow steht auf und sagt etwas, aber es ist nicht zu verstehen, was.
Es wird den Deutschen übersetzt. Keitel neigt zustimmend den Kopf.
Weitere Einzelheiten der Prozedur folgen.
Ich beobachte Keitel. Er hat die behandschuhten Hände auf den Tisch gelegt, Stumpff erscheint absolut ruhig. Friedeburg ist erstarrt, aber hinter seiner Reglosigkeit verbirgt sich grenzenlose Niedergeschlagenheit.
Auch Keitel sitzt anfangs reglos da, blickt vor sich hin, dann dreht er ein wenig den Kopf und sieht Shukow aufmerksam an, richtet den Blick wieder vor sich auf den Tisch und erneut zu Shukow hin. Das wiederholt sich einige Male, und obgleich der Ausdruck hier äußerst unangebracht ist, täusche ich mich nicht, wenn ich meine, daß er Shukow neugierig mustert. Keinen anderen als Shukow, und in der Tat neugierig, als sehe er einen Menschen, der ihn schon lange interessiert und der jetzt nur zehn Schritte entfernt vor ihm sitzt.
Am zentralen Tisch beginnt die Unterzeichnung des Dokuments. Ihre Unterschrift leisten Shukow, Tedder, Spaatz, als letzter Lattre de Tassigny.
Während sie unterschreiben, verändert sich Keitels Gesicht schrecklich. In Erwartung der Sekunde, da er an der Reihe ist, zur Feder zu greifen, sitzt er steif und starr da. Der große Offizier, der in strammer Haltung, die Hände an der Hosennaht, hinter seinem Sessel steht, weint, ohne daß sich in seinem Gesicht ein Muskel regt. Keitel sitzt gerade da, dann streckt er die Hände aus und ballt sie auf dem Tisch zu Fäusten. Den Kopf legt er immer weiter zurück, als wollte er die Tränen, die unter den Lidern hervorzubrechen drohen, nach hinten drängen.
Shukow steht auf und sagt: «Der deutschen Delegation wird vorgeschlagen, die Urkunde über die bedingungslose Kapitulation zu unterschreiben.»
Der Dolmetscher übersetzt die Aufforderung ins Deutsche, und Keitel, der den Sinn der Worte schon erfaßt hat, ehe alles übersetzt ist, vollführt eine Handbewegung auf sich zu als Zustimmung, daß ihm die Urkunde zur Unterschrift vorgelegt werden soll.
Shukow streckt jedoch mit einer kurzen Bewegung den Arm in Richtung der Deutschen aus, deutet auf den Tisch, an dem die Verbündeten sitzen, und sagt hart: «Sollen sie zum Unterschreiben herkommen.» Als erster steht Keitel auf. Er tritt an die schmale Seite des Tisches, setzt sich in den dort stehenden Sessel und unterzeichnet mehrere Exemplare der

Urkunde. Dann kehrt er an seinen Tisch zurück, setzt sich und nimmt die alte Pose ein. Zum Schreiben hat er einen Handschuh abgestreift. Jetzt zieht er ihn wieder an.
Nach ihm gehen Stumpff und Friedeburg unterschreiben. Unterdessen sehe ich weiter zu Keitel hin. Er hat sich halb dem Tisch der Alliierten zugewandt, betrachtet sie und grübelt so angestrengt über etwas nach, daß er unbewußt die rechte behandschuhte Hand ans Gesicht führt und sich über die schwer herabhängenden Wangen streicht.
Der letzte der drei Deutschen kehrt auf seinen Platz zurück.
Shukow steht auf und sagt: «Die deutsche Delegation kann den Saal verlassen.»
Die Deutschen erheben sich. Keitel vollführt mit dem Marschallstab die gleiche Bewegung, die er eingangs gemacht hat, als er eingetreten ist, dreht sich um und geht hinaus. Die anderen folgen ihm. Die Tür wird geschlossen.
Und plötzlich weicht die gestaute Spannung aus dem Saal. Sie verfliegt, als hätten alle lange den Atem angehalten, der nun der Brust entströmt. Ein allgemeiner Seufzer der Erleichterung und Erschöpfung bricht sich Bahn.
Die Kapitulation ist besiegelt, der Krieg zu Ende.

Der Marineadjutant
Harry C. Butcher *1902 ***(Berlin/Paris)***

Gestern bin ich von Berlin zurückgekehrt. Als wir auf dem Flugplatz Orly landeten, herrschte strahlender Sonnenschein, in meinem Innern aber Finsternis, und ich hatte mich zunächst 18 Stunden ins Bett gelegt. Da unsere Reise nach Berlin in einer so kurzen Frist vonstatten gehen mußte, hatte das SHAEF nicht die Genehmigung einholen können, unsere Sender in die russische Zone zu bringen, und so mußten wir schweren Herzens die zwei «C-47» zurücklassen; es blieb nichts anderes übrig, als unsere Korrespondenten per Flugzeug nach Paris zurückzuschicken, wo sie ihre Berichte zensurieren lassen und bereithalten können, damit sie dann sofort in die Welt hinausgeschickt werden, wenn endlich die Genehmigung der drei Regierungen erteilt ist. Für die westlichen Alliierten sollte Luftmarschall Tedder unterzeichnen und General Tooey Spaatz und General de Lattre de Tassigny als Zeugen fungieren; die Herren hatten ein zahlreiches Gefolge, darunter die Generalmajore Ken Strong und «Pinky» Bull. Die deutsche Delegation von Reims – Jodl, Friedeburg und Gefolge – flogen mit uns in einer «C-47» um 8 Uhr 45 vom Flugplatz Reims ab. [...]

Wir waren pünktlich zur festgesetzten Stunde angekommen – nach britischer Sommerzeit, also eine Stunde vor der für die Russen maßgebenden mitteleuropäischen Zeit. [...]
Wir schlenderten im Vorgarten umher, betrachteten die Russen in ihren einfachen praktischen Uniformen mit den enggeschnallten Gürteln und den schwarzen Stiefeln. An der Ecke uns gegenüber stand ein russisches Mädchen und musterte ruhig diese seltsamen Wesen aus der westlichen Welt; sie war groß und schön – dennoch schienen sich die russischen Soldaten nicht um sie zu kümmern, wir interessierten sie offensichtlich viel mehr, denn sie gingen ständig das Trottoir hinauf und hinunter, wir hatten reichlich zu tun, ihre Ehrenbezeugungen zu erwidern.
Tedder ging fort und stattete Schukow einen offiziellen Besuch ab, wobei Höflichkeiten ausgetauscht wurden. Die Unterzeichnung sollte in zwei Stunden stattfinden, wurde aber verschoben. In der Zwischenzeit überreichten Tex Lee und Jim Gault dem russischen Marschall im Namen General Eisenhowers das Wappenschild des SHAEF.
Dann mußten wir wieder endlos warten; viele von uns, besonders die Fliegeroffiziere Tedder und Spaatz, wollten die Bombenschäden im Stadtinnern besichtigen, doch die Russen erklärten, daß solch ein Ausflug längere Vorbereitungen erfordere, da in den Straßen Posten aufgestellt werden müßten; sie, die Russen, möchten keinen Mißklang in die Zeremonie bringen lassen, indem distinguierte Gäste aus dem Hinterhalt erschossen würden, zudem lägen noch vielerorts Bomben mit Zeitzündern. Tatsächlich konnten wir auch aus der Ferne Detonationen vernehmen.
In der Villa hatte indessen ein russisches Mädchen in Uniform ein kaltes Buffet aufgestellt – ausgezeichnet hatte sie es gemacht. Ihr rundes, fast orientalisches Gesicht war so sauber gewaschen, daß es glänzte. Sie lächelte dauernd, war sehr höflich und aufmerksam. Wir bedienten uns reichlich mit Sandwichs – Weißbrot mit schwarzem und rotem Kaviar, Schinken und Sardinen, auch Butter, es schien aber Lend-Lease-Butter zu sein, denn sie blieb einem im Mund kleben, wie die, die wir in Afrika gehabt hatten und von der wir immer glaubten, sie enthalte Paraffin. Es gab reichlich Rheinwein und roten Wein, auch süßen und Cognac. Wir waren alle hungrig und durstig und, da wir nichts zu tun hatten, als zu warten, lernte das Mädchen den Weg von der Küche nach dem Wohnzimmer sehr gut kennen.
Im Wohnzimmer war ein gutes Radio, und gegen 15 Uhr gelang es mir, nacheinander die Reden zum V-Tag von Churchill in London, von Truman in Washington und von de Gaulle in Paris zu angeln.

Das russische Mädchen, mit dem ich mich nur durch Zeichen verständigen konnte, machte heftige Neinbewegungen. Sie wollte erst an das Ende des Krieges glauben, wenn sie es amtlich vom Moskauer Radio hörte.
General Deane, Chef der amerikanischen Militärmission in Moskau, war in direktem Flug von Moskau gekommen. Er erzählte uns, daß die im Hafen von Odessa liegenden amerikanischen und britischen Schiffe am Montag das Ende des Krieges gefeiert und mit ihren Flabgeschützen Salut geschossen hätten. Die Russen waren sofort eingeschritten und hatten erklärt, der Krieg sei noch nicht zu Ende, solche Freudenkundgebungen dürften erst erfolgen, wenn Moskau das Zeichen gäbe.
Mit Brigadegeneral Turner und Oberst Dupuy erkundete ich den Saal, in dem die Ratifizierung vorgenommen werden sollte: Er war etwa 20 Meter lang und 15 Meter breit, mit Zementfußboden, sehr hübsch mit einer Galerie auf einer Seite. Ungefähr 50 russische Reporter und Photographen waren bereits versammelt; ich fand einen, der englisch sprach; wie er mir sagte, war er der Vertreter des «Inform-Bureau», anscheinend das Pendant zu unserem Propaganda-Amt in Washington.
Er versuchte mir bei der Lösung einer schwierigen Aufgabe zu helfen: Die Presse-Sektion wird ständig von den Korrespondenten bestürmt, bei den Russen die offizielle Besuchserlaubnis für die russische Zone zu erwirken. Vom SHAEF aus hatten wir verschiedentlich unsere Militärmission durch Funkspruch ersucht, sie solle eine auf Gegenseitigkeit beruhende Erlaubnis beschaffen, waren aber bisher leider ohne Erfolg geblieben. Nun wollte ich die Frage Schukow direkt unterbreiten, damit wir wenigstens erreichen könnten, daß die Korrespondenten in Berlin zugelassen würden, ohne auf die Genehmigung Moskaus warten zu müssen. Mein neuer Freund vom «Inform-Bureau» stellte mich dem Vertreter der Agentur Tass vor und dolmetschte für mich. Der Tass-Mann sagte, er werde mein Gesuch weiterreichen, er könne mir aber nicht viel Hoffnung machen, da wahrscheinlich nicht einmal Schukow diese Erlaubnis erteilen dürfte, sondern erst in Moskau rückfragen müßte.
Ich wußte, daß die amerikanischen Korrespondenten in Rußland im allgemeinen in Moskau sitzen bleiben mußten und ihre Weisheit nur aus dem Studium der russischen Zeitungen oder von den amtlichen Mitteilungen der Sowjetstellen beziehen konnten. Nun wollte ich aber von meinem russischen Freund wissen, wie die Kriegsberichterstattung bei den Russen vor sich gehe. Er erklärte mir, daß alle Korrespondenten Soldaten oder Offiziere der Roten Armee seien. Diese Soldaten-Korrespondenten der Roten Armee mußten ihre Berichte nicht der Zensur vorlegen, – es gab bei den einzelnen Armeen keine Zensoren, – sondern

sandten sie direkt nach Moskau; sie waren so geschult, daß sie ohne Verletzung militärischer Geheimnisse und, so nehme ich an, gemäß der offiziellen Partei-«Linie» schreiben konnten. Ich fragte, was geschähe, wenn ein Korrespondent die Vorschriften verletze. Statt einer Antwort zuckte mein Freund mit den Achseln.

Als ich zur Villa zurückkam, fand ich, daß fast alle von uns in den Wagen saßen und darauf warteten, nach Tempelhof zu fahren, um ihr Handgepäck zu holen, da wir ja wahrscheinlich infolge der Verzögerung der Ratifizierung in Karlshorst übernachten mußten. Sie hatten schon eine halbe Stunde gewartet, und es dauerte noch eine Stunde, bis der uns zugeteilte russische Offizier von oben her die Genehmigung zu unserer Fahrt erhielt. Ich fand in einem Wagen bei Tex O'Reilly von der «New York Herald Tribune» Platz, und wir fuhren die gleiche Straße wie am Morgen zurück, nur war sie jetzt für den Zivilverkehr geöffnet. Hunderte von «Displaced Persons» kamen uns langsam entgegen: viele zu Fuß, alle Arten von Gepäck schleppend, andere schoben Handkarren, hie und da gab es ein pferdebespanntes Vehikel, so mit Gepäck, Frauen und Kindern beladen, daß es fast zusammenkrachte. Es war ein jämmerlicher, trostloser Zug; einige der Leute trugen Fahnen – ich sah holländische, belgische, französische und italienische.

Deutsche Zivilisten standen in langen Schlangen mit Eimern, Pfannen, Kannen, Kesseln und sonstigen wasserhaltenden Geräten vor Wasserpumpen. Sie machten nicht den Eindruck, als sei in ihnen noch ein Funken Kampfeswille geblieben.

Russische Soldaten waren eifrig dabei, den russischen, britischen und amerikanischen Fahnen, die wir auf unserer Hinfahrt bemerkt hatten, noch französische Embleme hinzuzufügen; die Franzosen waren offensichtlich vergessen worden.

Als wir wieder in der Villa zurück waren, hörten wir, daß die Unterzeichnung nochmals verschoben worden sei.

Wir standen im Saal herum, alle wurden müde und matt. Wie froh war ich, daß General Ike nicht mitgekommen war, er wäre vor Ungeduld geplatzt.

Ich kam mit einem amerikanischen Sergeanten ins Gespräch, der sich nach etwas Eßbarem umschaute, und brachte ihn in unsere Villa, wo die Russin ihm zu essen gab. Er war von der Funkerabteilung des SHAEF mit uns gekommen und sollte die Funkverbindung zwischen Berlin und Reims herstellen. Da wir keinen eigenen Sender hatten, mußte er einen russischen benutzen; wie er mir klagte, versuchte er aber seit Stunden vergebens, Verbindung mit Reims zu erhalten.

Tedder und Bull, die Meldungen an Ike durchgeben wollten, drängten ihn; auch ich wollte an General Ike und an General Allen Nachrichten übermitteln. Es bestand aber die Hoffnung, daß die Verbindung nach Sonnenuntergang klappen würde.

Die Russen hatten in großen Mengen Käse und deutsches Bier herangeschafft; das Bier machte aber dem so guten Ruf des deutschen Biers gar keine Ehre. Der Text der Ratifizierungsurkunde wurde eifrig mit den Russen diskutiert, Entwürfe wurden gemacht und wieder verworfen; Ikes Sekretärin, Feldweibelleutnant Nana Rae, die klugerweise ihre Maschine mitgebracht hatte, tippte eifrig. Russische Photographen tauchten an allen Ecken und Enden auf und nahmen pausenlos unsere Offiziere auf. Korrespondenten gingen ein und aus. Schukow war nicht anwesend; ein stämmiger russischer Kommissar, der nicht einen Moment seinen Hut abnahm, beteiligte sich lebhaft an den Diskussionen und ging zu Schukow in dessen Haus, wenn irgend eine Frage zu entscheiden war.

Schließlich schien alles klar und die Briten, Russen, Franzosen und Amerikaner zufrieden zu sein, wir wanderten also in den Konferenzsaal. An einem Ende stand ein langer Tisch, drei ebenso lange waren im rechten Winkel davor gestellt – einer für die Korrespondenten, die beiden anderen für die Delegationsmitglieder. Unter der Galerie stand für die Deutschen ein kleiner Tisch, etwa zwei Meter lang.

Am quergestellten Tisch nahm Schukow Platz, rechts von ihm Tedder, links Spaatz, neben diesem de Lattre de Tassigny; neben Tedder setzte sich dann der russische Kommissar in Zivilkleidung, der Vertreter der Partei (wie ich nachträglich erfuhr, heißt er Wyschinski). Im Hintergrund standen Batterien von Filmlampen. Wenn Beetle unser bescheidenes Arrangement als Hollywood bezeichnet hatte, so konnte man das hier sicher Super-Hollywood nennen. Die ursprüngliche Zahl von 50 russischen Photographen und Korrespondenten war inzwischen auf mindestens 100 angewachsen.

Als wir Platz genommen hatten, surrten die Kameras, und Schukow, vor dem zwei Mikrophone standen, erhob sich; seine Brust war, ebenso wie die der meisten anwesenden russischen Offiziere, mit Orden bedeckt. Die russische Wache brachte die Deutschen. Keitel trat ein, arrogant und herausfordernd, schritt zu seinem Tisch, hob den Marschallstab zum Gruß und setzte sich. Stumpff, der rangälteste Offizier der Luftwaffe, den die Deutschen hatten auftreiben können, nahm rechts von ihm Platz, Friedeburg links. Der Admiral blickte finster drein, Keitel musterte den Raum, als stünde er auf dem Schlachtfeld – der Feld-

marschall war das verkörperte Preußentum, wovon ich schon soviel gehört hatte. Seine Haltung stand in scharfem Gegensatz zu der der deutschen Zivilisten, die ich während des Tages gesehen hatte, alle schienen sie wie geschlagen zu sein und waren völlig verschüchtert gewesen.
Tedder stand auf, hielt einen Bogen Papier in der Hand und fragte mit seiner dünnen Stimme, in gebührendem scharfen Tonfall, ob die Deutschen die Kapitulationsbedingungen, die ihnen ausgehändigt worden seien, annähmen. Er sprach englisch, ein Dolmetscher übersetzte seine Worte zuerst ins Russische, dann ins Deutsche. Keitel antwortete, daß er die auf dem Bogen – den er hochhob – geschriebenen Bedingungen annehme; seine Antwort wurde von Dolmetschern auf russisch und englisch wiederholt.
Keitel wurde dann aufgefordert, zum Tisch zu kommen und zu unterzeichnen. Es waren mehrere Exemplare, er unterschrieb jedes rasch, entschlossen, in verächtlicher Haltung. Wir konnten ihn zwar nicht sehen, als er unterschrieb, er war von einer Horde Photographen und Korrespondenten umringt. Ein russischer Kameramann, der seinen schweren Apparat und Stativ schleppte, hatte einen eifrigen Schrittmacher, der die Kollegen beiseite drängte, was ihm einen Faustschlag ins Gesicht einbrachte, den er aber sofort zurückgab, was zwar zu unserer Unterhaltung, nicht aber zur Erhöhung der Würde des historischen Ereignisses beitrug. Ich wünschte, Beetle hätte das sehen können.
Als Keitel zu seinem Tisch zurückgegangen war, gingen Friedeburg und Stumpff zum Tisch und unterschrieben. Danach unterzeichneten Schukow und Tedder als Vertreter der Alliierten, Spaatz und Tassigny fügten ihre Unterschriften als Zeugen hinzu.
Während der Zeit diskutierte Keitel heftig mit dem amerikanischen Dolmetscher, Reinhardt. Ich erfuhr nachher, daß Keitel dringend Fristverlängerung für die Benachrichtigung der einzelnen Truppenabteilungen verlangt hatte, da die Verbindungsmöglichkeiten so schlecht seien. Keitels anmaßendes Verlangen, den Text, den er gelesen und unterzeichnet hatte, noch zu ändern, kam zu spät, denn es gab keine Einspruchsmöglichkeit und die Feindseligkeiten würden innerhalb von wenigen Minuten formell eingestellt werden.
Als die alliierten Vertreter unterzeichnet hatten, stand Schukow auf und befahl barsch, daß die Deutschen sich entfernen sollten. Keitel erhob sich sofort, die anderen folgten seinem Beispiel, er klappte die Absätze zusammen, grüßte mit seinem Stab, machte kehrt und stolzierte zum Raum hinaus.
Nachdem sie fort waren, ging die Gesellschaft auseinander und ver-

teilte sich auf die Nebenzimmer, wo die Photographen und Kameramänner mit vielen Lampen ihr Werk fortsetzten. Es scheint, als hätte jeder Russe eine Kamera «befreit». Es werden mindestens tausend Aufnahmen gemacht worden sein und die Zahl der russischen Berufs- und Amateurphotographen scheint keinerlei Beschränkung erfahren zu haben – die westlichen Alliierten hatten im ganzen drei zur Stelle.
In der Zwischenzeit hatten Mädchen in Uniform im Ratifizierungssaal die Tische für das unvermeidliche Festbankett gedeckt. Wir nahmen die gleichen Sitze ein, wie gegen 1 Uhr 30. Mir fiel meine Serviette auf – sie war ein Stück eines Bettuches, für mich ein Zeichen der Entbehrungen der Russen. Ich steckte sie in die Tasche als ein Souvenir für Beverly.

★

Aus dem letzten deutschen Wehrmachtbericht ***Berlin***
Seit Mitternacht schweigen nun an allen Fronten die Waffen. Auf Befehl des Großadmirals hat die Wehrmacht den aussichtslos gewordenen Kampf eingestellt. Damit ist das fast sechsjährige heldenhafte Ringen zu Ende. Es hat uns große Siege, aber auch schwere Niederlagen gebracht. Die Deutsche Wehrmacht ist am Ende einer gewaltigen Übermacht ehrenvoll unterlegen.
Der deutsche Soldat hat, getreu seinem Eid, im höchsten Einsatz für sein Volk für immer Unvergeßliches geleistet. Die Heimat hat ihn bis zuletzt mit allen Kräften unter schwersten Opfern unterstützt. Die einmalige Leistung von Front und Heimat wird in einem späteren gerechten Urteil der Geschichte ihre endgültige Würdigung finden.
Den Leistungen und Opfern der deutschen Soldaten zu Lande, zu Wasser und in der Luft wird auch der Gegner die Achtung nicht versagen. Jeder Soldat kann deshalb die Waffe aufrecht und stolz aus der Hand legen und in den schwersten Stunden unserer Geschichte tapfer und zuversichtlich an die Arbeit gehen für das ewige Leben unseres Volkes. Die Wehrmacht gedenkt in dieser Stunde ihrer vor dem Feinde gebliebenen Kameraden. Die Toten verpflichten zu bedingungsloser Treue, zu Gehorsam und Disziplin gegenüber dem aus zahllosen Wunden blutenden Vaterland.

★

Der Frühling

Die Sonne glänzt, es blühen die Gefilde,
Die Tage kommen blüthenreich und milde,
Der Abend blüht hinzu, und helle Tage gehen
Vom Himmel abwärts, wo die Tag' entstehen.

Das Jahr erscheint mit seinen Zeiten
Wie eine Pracht, wo Feste sich verbreiten,
Der Menschen Thätigkeit beginnt mit neuem Ziele,
So sind die Zeichen in der Welt, der Wunder viele.

Mit Unterthänigkeit
Scardanelli
d. 24. April 1839. Friedrich Hölderlin

Epilog

Die brüderliche Liebe untereinander sei herzlich. Einer komme dem andern mit Ehrerbietung zuvor. Seid nicht träge in dem, was ihr tun sollt. Seid brünstig im Geiste. Schicket euch in die Zeit.

HERRNHUT RÖMER 12,10.11
(21. Juni 1941)

Fuldaer Nachrichtenblatt ***(Fulda)***

Neue Straßennamen

Die veränderten politischen Verhältnisse haben eine Änderung verschiedener Straßennamen notwendig erscheinen lassen. So ist dem «Adolf-Hitler-Platz» – früher Friedrichsmarkt – wieder der Name zurückgegeben worden, den er von den Anfängen der bürgerlichen Siedlung Fulda bis in das neunzehnte Jahrhundert hinein trug. Er heißt von nun an «Unterm heilig Kreuz». Diesem Zeichen war nämlich die Fuldaer Pfarrkirche, die den Mittelpunkt des Platzes bildet, geweiht.

Harry S. Truman 1884–1972 ***Washington***

Nicht aller Faschismus ist mit Mussolini gestorben. Hitler existiert nicht mehr – aber die Samen seines Wahnwitzes haben in vielen fanatischen Köpfen Wurzel gefaßt. Es ist leichter, die Tyrannen zu beseitigen und die Konzentrationslager aufzuheben, als die Ideen auszurotten, aus denen sie geboren sind und ihre Kraft gezogen haben. Der Sieg auf dem Schlachtfeld war unerläßlich, aber er ist nicht alles. Um eines guten, eines dauerhaften Friedens willen müssen die gutgesinnten Völker in aller Welt ihre Entschlossenheit wahren, den bösen Geist zu zertreten, der die Welt im letzten Jahrzehnt überschattet hat.

Die Kräfte der Tyrannei und Reaktion in aller Welt werden versuchen, die Einigkeit der Vereinten Nationen zu untergraben. Bis in die letzten Tage hinein, als die Militärmacht der Achse in Europa bereits zerbrach, haben sie versucht, uns zu trennen.

Es gelang ihnen nicht – sie werden es aber wieder versuchen.

Sie versuchen es sogar jetzt. «Teilen und Herrschen», das war und bleibt ihre Parole. Immer noch versuchen sie, Argwohn und Haß zwischen den Verbündeten zu säen und sie zur gegenseitigen Treulosigkeit aufzuhetzen.

Aber ich weiß, daß ich für jeden und alle hier im Hause spreche, wenn ich sage, daß die Vereinten Nationen einig bleiben werden. Keine Propaganda wird sie trennen, weder vor noch nach der Kapitulation Japans.

Der Rotarmist Leonid Woitenko *1922 *bei Berlin*

Der Soldat Popow war ein seltsamer Mensch. Er hatte nichts als Grillen im Kopf. So führte er ein Tagebuch in einem dicken selbstgebundenen Heft mit weichem Zeitungspapier. Es war sein Stolz. In jedem freien Augenblick hatte er mit dem Stummel eines Kopierstiftes dort was hingeschrieben. Da er den Stift ständig in den Mund zur Anfeuchtung steckte, lief er immer mit blauen Lippen umher. So war auch sein Spitzname – Iwan-Stiftbrigade. Kurz vor Berlin war sein Tagebuch spurlos verschwunden. Er hat es heftig gesucht, hohe Belohnungen dafür versprochen, hat es sogar dem Bataillonskommandeur gemeldet. Er weinte! «Alles vorbei. Über zwei Jahre habe ich jedes Dorf eingetragen, jeden Meter des zurückgelegten Weges beschrieben, von Stalingrad bis Berlin. Nun wird man mein Buch zum Zigarettendrehen verwenden. Nein, sowas ertrage ich nicht. Dann schon lieber die feindliche Kugel ...»

So grämte er sich etwa eine Woche lang, und eine feindliche Kugel hat ihn dann gefunden. Eine deutsche Panzereinheit war bei Erkner durchbrochen, und unser Bataillon war schwer mitgenommen. In diesem Kampf fiel der Kriegstagebuchverfasser Popow. Am nächsten Morgen haben wir sein Heft hinter der Rückenlehne seines LKWs gefunden. Er hat es wohl selbst dorthin gesteckt und in der Hektik der Kämpfe vergessen.

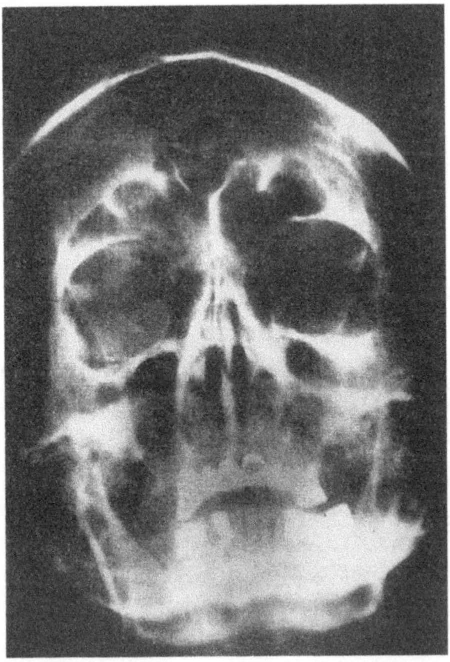

Röntgenaufnahme von Hitlers Schädel, wahrscheinlich vom 19.9.1944

ANHANG*

Editorische Notiz

Die Texte, die ich für DAS ECHOLOT auswählte, wurden in den meisten Fällen nicht gekürzt. Auslassungen am Anfang oder am Ende eines in sich geschlossenen Textes habe ich in der Regel nicht angezeigt. Hingegen habe ich Streichungen innerhalb eines Textes durch [...] kenntlich gemacht. Eigenheiten in Stil, Orthographie und Zeichensetzung wurden beibehalten, um die Authentizität der Dokumente zu wahren. Offensichtliche Verschreibungen wurden korrigiert. Ergänzungen oder Erläuterungen, die ich an manchen Stellen für nötig hielt, stehen in eckigen Klammern. In der Datumszeile zum Beginn der einzelnen Tage ist links nach dem Zeichen < die Zahl der Tage angegeben, die seit dem Kriegsbeginn vergangen sind, rechts vor dem Zeichen > die Zahl der Tage, die bis Kriegsende verbleiben.

Zur Kopfzeile: Namen von Autoren, die nicht genannt werden wollten, wurden entweder durch Initialen wiedergegeben oder pseudonymisiert. Entsprechend wurde verfahren, wenn die Rechteinhaber nicht identifiziert werden konnten.
Soweit es möglich war, wurden die Lebensdaten der Autoren ermittelt. Die Orte stehen in runden Klammern, wenn die Texte nicht exakt einem Tag zugeordnet werden konnten. Orte, die nicht unter dem Zugriff der deutschen Wehrmacht standen, wurden kursiv gesetzt.

Es liegt in der Natur der Sache, daß Tatsachen und Vorkommnisse nicht auf ihren Wahrheitsgehalt überprüft werden konnten. Hieraus und aus dem subjektiven Charakter der Quellen erklären sich offensichtliche Widersprüche.

W. K.

* Erarbeitet von Dirk Hempel und Barbara Münch-Kienast

Abkürzungsverzeichnis

BBC .... British Broadcasting Corporation
BDM .... Bund Deutscher Mädel
Div. .... Division
DDR .... Deutsche Demokratische Republik
DEFA .... Deutsche Film-AG
EK .... Eisernes Kreuz
ev. .... Evangelisch
FDP .... Freie Demokratische Partei
FHQU .... Führerhauptquartier
Gestapo ...... Geheime Staatspolizei
HJ .... Hitlerjugend
HKL .... Hauptkampflinie
Hq. .... Headquarter
i. G. .... im Generalstab
kath. .... katholisch
KdF .... Kraft durch Freude
Kdr .... Kommandeur
KfK .... Kriegsfischkutter
KHD .... Kriegshilfsdienst
KLV .... Kinderlandverschickung
KPD .... Kommunistische Partei Deutschlands
KZ .... Konzentrationslager
LI .... Leitender Ingenieur
LS .... Luftschutz
MAN .... Maschinenfabrik Augsburg–Nürnberg
MG .... Maschinengewehr
mot. .... Motorisiert
MPi .... Maschinenpistole
NATO .... North Atlantic Treaty Organization
NKFD .... Nationalkomitee Freies Deutschland
NKWD ...... Narodny Komissariat Wnutrennich Del (Sowjet. Volkskommissariat für Innere Angelegenheiten)
NSDAP ..... Nationalsozialistische Deutsche Arbeiterpartei
NSV .... Nationalsozialistische Volkswohlfahrt
OKL .... Oberkommando der Luftwaffe
OKW .... Oberkommando der Wehrmacht
Pak .... Panzerabwehrkanone
Pg .... Parteigenosse, Mitglied der NSDAP
PK .... Propagandakompanie
PM .... Prime Minister
POW .... Prisoner of War
RAD .... Reichsarbeitsdienst
RAF .... Royal Air Force
RFSS .... Reichsführer SS
RM .... Reichsmarschall
RSHA .... Reichssicherheitshauptamt
SA .... Sturmabteilung
SBZ .... Sowjetische Besatzungszone
SD .... Sicherheitsdienst
SED .... Sozialistische Einheitspartei Deutschlands
SFB .... Sender Freies Berlin
SHAEF ...... Supreme Headquarters Allied Expeditionary Forces
SPD .... Sozialdemokratische Partei Deutschlands
SS .... Schutzstaffel
Stalag .... Stammlager
stv. .... Stellvertretend
SU .... Sowjetunion
Tac/R .... Tactical Reconnaissance
U .... Untersee, Unterseeboot

Ufa .... Universum-Film AG
uk .... unabkömmlich
US .... United States
USA .... United States of America
UvD .... Unteroffizier vom Dienst
VB .... Völkischer Beobachter
v. D. .... vom Dienst
VE .... Victory Europe
WAAF .... Women's Auxiliary Air Forces
ZK .... Zentralkomitee
z. S. .... zur See

Register

Das Register verzeichnet in aphabetischer Folge sämtliche in das Werk aufgenommenen Texte unter den jeweiligen Personennamen, Anonyma bzw. der Institution. Danach ist die Seitenzahl angegeben. Der Pfeil → am Ende des Eintrags verweist auf die entsprechenden Fundstellen im Quellenverzeichnis und zwar mit halbfett gedruckten Zahlen auf die veröffentlichten Quellen (*siehe* S. 478 ff.), mit halbfett gedrucktem Buchstaben A und nachfolgender Ziffer auf die Archive und Institutionen (*siehe* S. 490 f.).

Quellenverzeichnis

1. Veröffentlichte Quellen

Wenn nicht ausdrücklich anders vermerkt, liegt bei urheberrechtlich geschützten Autoren das Copyright © bei den in der jeweiligen Quellenangabe genannten Verlagen.

1 ADENAUER, KONRAD: *Briefe*. 1945–1947. Bearb. v. Hans Peter Mensing. Berlin, Wolf Jobst Siedler Verlag 1983. © Stiftung Bundeskanzler-Adenauer-Haus

2 ADLER, H.G.: *Theresienstadt 1941–1945*. Das Antlitz einer Zwangsgemeinschaft. Geschichte, Soziologie, Psychologie. Tübingen, Mohr Siebeck 1960

3 ALLILUJEWA, SWETLANA: *Zwanzig Briefe an einen Freund*. Aus d. Russ. übertr. v. Xaver Schaffgotsch. Zürich, Wien u. a., Verlag Fritz Molden 1967

4 ALPER, BENEDICT S.: *Love and Politics in Wartime*. Letters to My Wife, 1943–45. Selected and ed. by Joan Wallach Scott. Urbana and Chicago, University of Illinois Press 1992. © Board of Trustees of the University of Illinois

5 ALVENSLEBEN, UDO VON: *Lauter Abschiede*. Tagebuch im Kriege. Hrsg. v. Harald von Koenigswald. Berlin, Propyläen Verlag in der Ullstein Buchverlage GmbH 1971

6 Anonyma: *Eine Frau in Berlin*. Tagebuchaufzeichnungen vom 20. April bis 22. Juni 1945. Mit einem Nachw. v. Kurt W. Marek. Frankfurt a. M., Eichborn Verlag 2003. © Hannelore Marek 2002

7 AXMANN, ARTUR: *«Das kann doch nicht das Ende sein»*. Hitlers letzter Reichsjugendführer erinnert sich. Schnellbach, S. Bublies Verlag 1995

8 BAHNSEN, UWE, JAMES P. O. DONNELL: *Die Katakombe*. Das Ende der Reichskanzlei. Stuttgart, Deutsche Verlags-Anstalt 1975

9 BALLHORN, FRANZ: *Die Kelter Gottes*. Tagebuch eines jungen Christen 1940–1945. Recklinghausen, Regensberg Druck- und Verlags GmbH 1980

10 *Baltische Studien*. Neue Folge Bd. 68 (1982). Marburg, Verlag N. G. Elwert

11 BARTH, EMIL: *Lemuria*. Aufzeichnungen und Meditationen aus den Jahren 1943 bis 1945. Hrsg. u. mit Anm. versehen v. Bernhard Albers in Zusammenarb. mit Karin Dosch-Muster. Aachen, Rimbaud Verlagsgesellschaft 1997

12 BAUER, FRITZ: *Würzburg im Feuerofen*. Tagebuchaufzeichnungen und Erinnerungen an die Zerstörung Würzburgs. Würzburg, Echter Verlag, 1985

13 BAUER, ROBERT: *Heilbronner Tagebuchblätter*. Heilbronn, Selbstverlag 1949

14 BAUR, HANS: *Mit Mächtigen zwischen Himmel und Erde*. Coburg, K.W. Schütz Verlag 1971

15 BECKMANN, MAX: *Tagebücher 1940–1950*. Zusammengest. v. Mathilde Q. Beckmann. Hrsg. v. Erhard Göpel. Mit einem Vorw. v. Friedhelm W. Fischer. Nachdruck der erw. Ausg. 1979. München, Piper Verlag 1984
16 BEHRENS, ERWIN: *Tagebuch aus Moskau*. Hamburg, Christian Wegner Verlag 1964
17 BELOW, NICOLAUS VON: *Als Hitlers Adjutant 1937–45*. Mainz, v. Hase & Koehler Verlag 1980
18 BERGAU, MARTIN: *Der Junge von der Bernsteinküste*. Erlebte Zeitgeschichte 1938–1948. Mit einem Vorw. v. Michael Wieck u. mit Dokumenten über die jüdischen Todesmärsche 1945. Heidelberg, Heidelberger Verlagsanstalt 1994. © Heidelberg, Universitätsverlag C. Winter
19 BERTHOLD, EVA: *Kriegsgefangene im Osten*. Bilder. Briefe. Berichte. Königstein i. Ts., Athenäum Verlag 1981
20 BESYMENSKI, LEW: *Der Tod des Adolf Hitler*. Unbekannte Dokumente aus Moskauer Archiven. Eingel. v. Karl-Heinz Janßen. Aus d. Russ. v. Valerie B. Danilow. München, F. A. Herbig Verlagsbuchhandlung 1982
21 BESYMENSKI, LEW: *Die letzten Notizen von Martin Bormann*. Ein Dokument und sein Verfasser. Vorbereitet v. Verlag der Presseagentur Nowosti, Moskau. Aus d. Russ. übertr. v. Reinhild Holler. Stuttgart, Deutsche Verlags Anstalt 1974
22 BOLDT, GERHARD: *Die letzten Tage der Reichskanzlei*. Reinbek, Rowohlt Verlag 1947
23 BONIFAS, AIMÉ: *Häftling 20801*. Ein Zeugnis über die faschistischen Konzentrationslager. München, Berlin, Buchverlag Union [4]1983
24 BORKOWSKI, DIETER: *Wer weiß, ob wir uns wiedersehen*. Erinnerungen an eine Berliner Jugend. Frankfurt a. M., S. Fischer Verlag 1980
25 BOURKE-WHITE, MARGARET: *Deutschland April 1945*. Mit einer Einl. v. Klaus Scholder. Aus d. Amerik. v. Ulrike von Puttkamer. München, Schirmer/Mosel Verlag 1979 [© f. deutsche Ausg.]
26 BRECHT, BERTOLT: *Arbeitsjournal*. Bd. 2: 1942–1955. Hrsg. v. Werner Hecht. Frankfurt a. M., Suhrkamp Verlag 1973
27 BRELOER, HEINRICH (Hrsg.): *Mein Tagebuch*. Geschichten vom Überleben 1939–1947. Köln, vgs Verlagsgesellschaft Schulfernsehen 1984
28 BRYANT, ARTHUR: *Sieg im Westen 1943–1946*. Aus den Kriegstagebüchern des Feldmarschalls Lord Alanbrooke, Chef des Empire-Generalstabs. Übertr. v. Hans Steinsdorff. Düsseldorf, Droste Verlag 1960
29 BUTCHER, HARRY C.: *Drei Jahre mit Eisenhower*. Das persönliche Tagebuch von Kapitän zur See Harry C. Butcher, USNR, Marine-Adjutant von General Eisenhower 1942–1945. Bern, Alfred Scherz Verlag 1946
30 CANETTI, ELIAS: *Die Provinz des Menschen*. Aufzeichnungen 1942–1972. München, Wien, Carl Hanser Verlag 1973
31 CAROSSA, HANS: *Ungleiche Welten*. Frankfurt a. M., Insel Verlag 1951
32 CHURCHILL, WINSTON S.: *Der zweite Weltkrieg*. Mit einem Epilog über die Nachkriegsjahre. Bern, München u. a., Alfred Scherz Verlag 1989. © Frankfurt a. M., S. Fischer Verlag

33 Colville, John: *Downing-Street-Tagebücher 1939–1945*. Aus d. Engl. v. Karl H. Schneider. Berlin, Wolf Jobst Siedler Verlag 1988

34 Cranz, Martin: *Ich, ein Deutscher*. Erfahrungen mit meinem Vaterland und unserer Welt 1926–1986. Dülmen, Laumann-Verlagsgesellschaft 1987

35 *Dachauer Hefte*: Studien und Dokumente zur Geschichte der nationalsozialistischen Konzentrationslager. Im Auftrag des Comité International de Dachau, Brüssel. Hrsg. v. Wolfgang Benz u. Barbara Distel. 1. Jg. (1985), H. 1: Die Befreiung. © Max Mannheimer

36 *Das Ende, das ein Anfang war*. Die letzten Tage des Dritten Reiches. Mit einer Einl. v. Thomas Urban. Freiburg i. Br., Verlag Herder 1981

37 Degrelle, Léon: *Die verlorene Legion*. Preußisch-Oldendorf, K. W. Schütz Verlag 1972. © Preußisch-Oldendorf, Deutsche Verlagsgesellschaft

38 *Der Prozeß gegen die Hauptkriegsverbrecher vor dem Internationalen Militärgerichtshof Nürnberg*. 14. November 1945–1. Oktober 1946. 42 Bde. Nürnberg 1947–49

39 *Der Spiegel*, 3 (1966)

40 Diem, Liselott: *Fliehen oder bleiben?* Ein dramatisches Kriegsende in Berlin. Freiburg i. Br., Verlag Herder 1982

41 Doderer, Heimito von: *Tangenten*. Tagebuch eines Schriftstellers 1940–1950. München, Verlag C. H. Beck 1964 (1. Aufl. Biederstein Verlag)

42 Döblin, Alfred: *Ausgewählte Werke*. Bd. 13: Briefe. Olten, Freiburg i. Br., Walter Verlag 1970. © Düsseldorf, Patmos Verlagshaus

43 Dollinger, Hans (Hrsg.): *Kain, wo ist dein Bruder?* Was der Mensch im Zweiten Weltkrieg erleiden mußte. Dokumentiert in Tagebüchern und Briefen. Köln, Komet Verlag 2004

44 Ehrenburg, Ilja: *Menschen – Jahre – Leben*. Autobiographie. Bd. 2. München, Kindler Verlag 1965 (deutsche Ausg.). © Paleyeva Faina

45 Eltz, Erwein Karl Graf zu: *Mit den Kosaken*. Kriegstagebuch 1943–1945. Donaueschingen, Privatdruck 1970

46 Enzensberger, Hans Magnus (Hrsg.): *Europa in Ruinen*. Augenzeugenberichte aus den Jahren 1944–1948. Frankfurt a. M., Eichborn Verlag 1990 (deutsche Ausg.). © Helen Miranda Wilson 1983, repr. by permission of Farrar, Straus and Giroux (für Edmund Wilson)

47 Fest, Joachim C.: *Das Gesicht des Dritten Reiches*. Profile einer totalitären Herrschaft. München, Piper Verlag 1993

48 Findahl, Theo: *Letzter Akt*. Berlin 1939–1945. Aus d. Norw. von Thyra Dohrenburg. Hamburg, Hammerich & Lesser 1946

49 *Frankfurter Allgemeine Zeitung*, 6. 5. 1995; 19. 4. 1999

50 *Frankfurter Presse*, 3 (1945)

51 *Fuldaer Nachrichtenblatt*, 26. 4. 1945

52 Galland, Adolf: *Die Ersten und die Letzten*. Jagdflieger im Zweiten Weltkrieg. München, Schneekluth Verlag 1953

53 Gaulle, Charles de: *Memoiren 1942–1946*. Die Einheit, das Heil. Übertr. v. Wilhelm u. Modeste Pferdekamp. Düsseldorf, Droste Verlag 1961

54 Geouffre de la Pradelle, Raymont, Jean de Pange (Hrsg.): *Ver-*

jagt – Beraubt – Erschlagen. Die Austreibung aus den alten deutschen Grenzmarken. Schicksal und Völkerrecht. Wiesbaden, Verlag Karl Heinz Priester 1961
55 GLEISS, HORST G.W. (Hrsg.): *Breslauer Apokalypse 1945*. Dokumentarchronik vom Todeskampf und Untergang einer deutschen Stadt und Festung am Ende des Zweiten Weltkrieges. Bd. 4 u. 5. Rosenheim Obb., Natura et Patria Verlag 1986
56 GOEBBELS, JOSEPH: *Goebbels Reden 1932–1945*. Hrsg. v. Helmut Heiber. Düsseldorf, Droste Verlag 1971
57 GÖRLITZ, WALTER (Hrsg.): *Generalfeldmarschall Keitel*. Verbrecher oder Offizier? Erinnerungen, Briefe, Dokumente des Chefs OKW. Göttingen, Berlin u. a., Musterschmidt Verlag 1961. © Schnellbach, S. Bublies Verlag
58 GOLOWKO, ARSENI GRIGORJEWITSCH: *Zwischen Spitzbergen und Tiksibucht*. Übers. v. Horst Both. Berlin, Militärverlag der Deutschen Demokratischen Republik 1986
59 GRAFF, SIGMUND: *Von S. M. zu N. S.* Erinnerungen eines Bühnenautors (1900–1945). München, Wels, Verlag Wesermühl 1963
60 GROSS, K. A.: *Fünf Minuten vor Zwölf*. Des ersten Jahrtausends letzte Tage unter Herrenmenschen und Herdenmenschen. Dachauer Tagebücher des Häftlings Nr. 16921. München, Neubau Verlag o. J. [ca. 1946]
61 GUN, NERIN E.: *Eva Braun – Hitler*. Leben und Schicksal. Velbert, Blick + Bild Verlag 1968. © Kiel, Arndt-Verlag 1994
62 HALTERMANN, UDO (Hrsg.): *So erlebten wir das Ende*. Als Deutschland den Zweiten Weltkrieg verlor. Erinnerungen. Nettetal, Steyler Verlag 1988
63 HAMMEN, ERNST: *Glückliche Heimkehr*. Die Geschichte des Kriegsendes 1945 und einer glücklichen Heimkehr zum Hunsrück. Bad Kreuznach, Pandion Verlag 1985
64 HANSEN, THORKILD: *De søde piger*. Dagbog 1943–1947. Kopenhagen, Gyldendalske Boghandel, Nordisk Forlag 1974
65 HANSEN, THORKILD: *Der Hamsun Prozeß*. Aus d. Dän. v. Ulla Leippe u. Monika Wesemann. München, Albrecht Knaus Verlag in der Verlagsgruppe Random House 1979
66 HARTUNG, HUGO: *Schlesien 1944/45*. Aufzeichnungen und Tagebücher. Freiburg i. Br., Bergstadtverlag Wilhelm Gottlieb Korn 1956
67 HAUSENSTEIN, WILHELM: *Licht unter dem Horizont*. Tagebücher von 1942–1946. München, F. Bruckmann Verlag 1967. © München, Stiebner Verlag
68 HAUSER, MARTIN: *Wege jüdischer Selbstbehauptung*. Tagebuchaufzeichnungen 1929–1967. 4. erw. Aufl. Bonn, Bundeszentrale für politische Bildung 1997. © Martin Hauser
69 HEDINGER, ANNEMARIE: *Vertrieben*. Aufzeichnungen aus den Jahren 1945/46. In: Eckart-Schriften H. 133 (1995). © Wien, Österreichische Landsmannschaft
70 HEER, HANS (Hrsg.): *Als ich 9 Jahre alt war, kam der Krieg*. Schüleraufsätze 1946. Ein Lesebuch gegen den Krieg. Mit einem Vorw. v. Hermann Glaser. Köln, Prometh Verlag 1980
71 HESSEN, HEINRICH PRINZ VON: *Der kristallene Lüster*. Meine deutsch-ita-

lienische Jugend 1927–1947. München, Piper Verlag 1994 (deutsche Ausg.). © Milano, Gruppo Longanesi

72 Höcker, Karla: *Die letzten und die ersten Tage.* Berliner Aufzeichnungen 1945. Berlin, Verlag Bruno Hessling 1966. © Dr. Viola Hammetter

73 Hölderlin, Friedrich: *Sämtliche Werke.* Bd.2. Hrsg. v. Friedrich Beissner. Stuttgart, Verlag W. Kohlhammer 1951

74 Hupka, Herbert (Hrsg.): *Letzte Tage in Schlesien.* Tagebücher, Erinnerungen und Dokumente der Vertreibung. München, Langen Müller Verlag in der F. A. Herbig Verlagsbuchhandlung ^{5}1988. © Helmut Richter (für seinen Beitrag)

75 Irving, David (Hrsg.): *Die geheimen Tagebücher des Dr. Morell, Leibarzt Adolf Hitlers.* München, Wilhelm Goldmann Verlag 1983. © David Irving

76 Jahnn, Hans Henny: *Briefe II.* 1941–1959. Hrsg. v. Ulrich Bitz u. a. Hamburg, Hoffmann und Campe Verlag 1994

77 Jahnn, Hans Henny: *Fluss ohne Ufer III.* Hrsg. v. Uwe Schweikert u. Ulrich Bitz. Hamburg, Hoffmann und Campe Verlag 1986

78 Jünger, Ernst: *Sämtliche Werke in 18 Bänden.* Bd. 3: Tagebücher III. Strahlungen II. Stuttgart, Verlag Klett-Cotta 1979

79 Junge, Traudl: *Bis zur letzten Stunde.* Hitlers Sekretärin erzählt ihr Leben. Unter Mitarb. v. Melissa Müller. Berlin, Claassen Verlag in der Ullstein Buchverlage GmbH 2002. © Traudl Junge und Melissa Müller

80 Junger, Gerhard: *Schicksale 1945.* Das Ende des 2. Weltkrieges im Kreise Reutlingen. Reutlingen, Verlagshaus Oertel & Spörer 1971

81 Kästner, Erich: *Notabene 45.* Ein Tagebuch. Zürich, Atrium Verlag 1961

82 Kantorowicz, Alfred: *Deutsches Tagebuch.* Erster Teil. Berlin, Kindler Verlag 1959

83 Kardorff, Ursula von: *Berliner Aufzeichnungen 1942–1945.* Erw. u. bebilderte Neuausg. München, nymphenburger in der F. A. Herbig Verlagsbuchhandlung 1976. © Petra von Kardorff

84 Kasack, Hermann: *Dreizehn Wochen.* Tage- und Nachtblätter. Aufzeichnungen aus dem Jahre 1945 über das Kriegsende in Potsdam. Hrsg. v. Wolfgang Kasack. Mit einem Geleitw. v. Walter Kempowski. Nachw. u. Erl. v. Günter Wirth. Berlin, Edition Hentrich 1996

85 Katz, Casimir: *Jeder sah es anders.* Erinnerungen an meine Kindheit und Jugend im Dritten Reich. Gernsbach, Casimir Katz Verlag 2000

86 Keim, Heinrich: *Gefangener der Wälder.* Erlebnisbericht. Stuttgart, Buchdienst Hans Jürgen von Elterlein ^{5}1983

87 Kempka, Erich: *Die letzten Tage mit Adolf Hitler.* 3. erw. u. erl. Aufl. Preußisch Oldendorf, Deutsche Verlagsgesellschaft 1991

88 Kempka, Erich: *Ich habe Adolf Hitler verbrannt.* München, Kyrburg Verlag o. J. [ca. 1950]

89 Kennan, George F.: *Memoiren eines Diplomaten.* Memoirs 1925–1950. Mit einem Vorw. v. Klaus Mehnert. Stuttgart, Henry Goverts Verlag 1968. © George F. Kennan by permission of Little, Brown and Company

90 Kersten, Felix: *Totenkopf und Treue.* Heinrich Himmler ohne Uniform.

Aus den Tagebuchblättern des finnischen Medizinalrats Felix Kersten. Hamburg, Robert Mulich Verlag 1952

91 KESSLER, ERICH: *Ein Theresienstädter Tagebuch.* Der Theresienstädter 20. April 1945 und die Tage danach. In: Theresienstädter Studien und Dokumente 1995. © Prag, Nadace Terezínská iniciativa

92 KIRBY, NORMAN: *1100 Miles with Monty.* Security and Intelligence at Tac Hq. Stroud, Gloucestershire, Allan Sutton Publishing 1989. © Norman Kirby 1989, 2003

93 KLEIN, MANFRED: *Eine deutsche Jugend 1926–1945.* Würzburg, Selbstverlag 2001. © Dorothea Klein

94 KLEMPERER, VICTOR: *Ich will Zeugnis ablegen bis zum letzten.* Bd. 2: Tagebücher 1942–1945. Hrsg. v. Walter Nowojski unter Mitarb. v. Hadwig Klemperer. Berlin, Aufbau-Verlag 1995

95 KLÜGER, RUTH: *weiter leben.* Eine Jugend. Göttingen, Wallstein Verlag 1992

96 KOKOSCHKA, OSKAR: *Briefe III.* 1934–1953. Hrsg. v. Olda Kokoschka u. Heinz Spielmann. Düsseldorf, Claassen Verlag 1986

97 KOLLER, KARL: *Der letzte Monat.* 14. April bis 27. Mai 1945. Tagebuchaufzeichnungen des ehemaligen Chefs des Generalstabs der Deutschen Luftwaffe. Vorw. v. Walter Görlitz. Esslingen, München, Bechtle Verlag 1985

98 KRAUSHAAR-BALDAUF, ELISABETH: *Nimm das Brot und lauf.* Biographie. Baden-Baden, Schwarz Verlag 1983. © Dr. E. A. Kraushaar

99 KRONIKA, JAKOB: *Der Untergang Berlins.* Flensburg, Verlagshaus Christian Wolff 1946

100 KUBY, ERICH: *Das Ende des Schreckens.* Dokumente des Untergangs Januar bis Mai 1945. München, Paul List Verlag 1961. © Erich Kuby

101 KUBY, ERICH: *Mein Krieg.* Aufzeichnungen aus 2129 Tagen. München, nymphenburger in der F. A. Herbig Verlagsbuchhandlung 1975. © Erich Kuby

102 KUNZE, KARL (Hrsg.): *Kriegsende in Franken und der Kampf um Nürnberg im April 1945.* In: Nürnberger Forschungen Bd. 28 (1995). © Nürnberg, Verein für Geschichte [Stadtarchiv Nürnberg, C 36/I Nr. 322]

103 KUPFER-KOBERWITZ, EDGAR: *Dachauer Tagebücher.* Die Aufzeichnungen des Häftlings 24814. Mit einem Vorw. v. Barbara Distel. München, Kindler Verlag 1997

104 LAMMERS, MARIE (Hrsg.): *Lebenswege in Ost- und Westdeutschland.* Frauen aus einer Stettiner Schulklasse erzählen. Frankfurt a. M., S. Fischer Verlag 1996

105 LANGE, EITEL: *Mit dem Reichsmarschall im Kriege.* Ein Bericht in Wort und Bild. Stuttgart, Curt E. Schwab Verlag 1950

106 LANGE, WILHELM (Hrsg.): *Cap Arcona.* Dokumentation. Eutin, Struves Buchdruckerei u. Verlag, 1988

107 LAQUEUR, RENATA: *Bergen-Belsen Tagebuch 1944/45.* Aus d. Niederl. übers. v. Peter Wiebke. Hannover, Fackelträger-Verlag [2]1989. © Renata Laqueur

108 LEHFELDT, WALBURG: *Gut Lehfelde.* Eine deutsche Geschichte 1932–1950 (Wie konnte das geschehen?). München, Limes Verlag in der F. A. Herbig Verlagsbuchhandlung 1986. © Walburg Lehfeldt

109 Lehndorff, Hans Graf von: *Ostpreußisches Tagebuch*. Aufzeichnungen eines Arztes aus den Jahren 1945–1947. München, C.H. Beck Verlag 1961 (1. Aufl. Biederstein Verlag)

110 Leonhard, Wolfgang: *Die Revolution entläßt ihre Kinder*. Köln, Verlag Kiepenheuer & Witsch 1955

111 Liddell Hart, Basil Henry: *Lebenserinnerungen*. Übertr. aus d. Engl. v. General Leo Freiherr Geyr von Schweppenburg. Düsseldorf, Wien, Econ Verlag 1966

112 Lilje, Hanns: *Im finsteren Tal*. Rechenschaftsbericht einer Haft. Hannover, Lutherisches Verlagshaus 1999. © Familienarchiv Hafermann-Lilje

113 Linden, Wilhelm zur: *Blick durchs Prisma*. Lebensbericht eines Arztes. Frankfurt a. M., Vittorio Klostermann [5]1991. © Brigitte Schönemann

114 Linge, Heinz: *Bis zum Untergang*. Als Chef des Persönlichen Dienstes bei Hitler. Hrsg. v. Werner Maser. München, F. A. Herbig Verlagsbuchhandlung 1980

115 Mack, Joanna, Steve Humphries (Ed.): *The Making of Modern London 1939–1945*. London on War. London, Sidgwick & Jackson 1985. © London Weekend Television

116 Mann, Heinrich: *Briefwechsel mit Barthold Fles 1942–1949*. Hrsg. v. Madeleine Rietra. Berlin, Weimar, Aufbau-Verlag 1993

117 Mann, Klaus: *Der Wendepunkt*. Ein Lebensbericht. Frankfurt a. M., S. Fischer Verlag 1952. © Reinbek, Rowohlt Taschenbuch Verlag 1984

118 Mann, Klaus: *Tagebücher 1931 bis 1949*. Hrsg. v. Joachim Heimannsberg, Peter Laemmle u. a. Reinbek, Rowohlt Verlag 1995

119 Mann, Thomas: *Tagebücher 1944–1. 4. 1946*. Hrsg. v. Inge Jens. Frankfurt a. M., S. Fischer Verlag 1986

120 Marcuse, Ludwig: *Mein zwanzigstes Jahrhundert*. Auf dem Weg zu einer Autobiographie. Berlin, Paul List Verlag (Ullstein Buchverlage GmbH) 1960

121 *Marineforum*. 70. Jg., 5 (1995). Hamburg, Verlag E. S. Mittler & Sohn

122 Matheny, Ray T.: *Die Feuerreiter*. Gefangen in Fliegenden Festungen. München, Albrecht Knaus Verlag in der Verlagsgruppe Random House 1988

123 Matt, Alphons: *Zwischen allen Fronten*. Der Zweite Weltkrieg aus der Sicht des Büros Ha. Frauenfeld, Stuttgart, Verlag Huber [3]1969

124 Mende, Erich: *Das verdammte Gewissen*. Zeuge der Zeit 1921–1945. München, F. A. Herbig Verlagsbuchhandlung 1982

125 Meneghello, Luigi: *Die kleinen Meister*. Roman. Berlin, Verlag Klaus Wagenbach 1990

126 Menzel, Matthias: *Die Stadt ohne Tod*. Berliner Tagebuch 1943/45. Berlin, Carl Habel Verlagsbuchhandlung 1946

127 Michelet, Edmond: *Die Freiheitsstraße*. Dachau 1943–1945. Deutsche Übertr. v. Georg Graf Henckel von Donnersmarck. Stuttgart, Europa-Contact-Gesellschaft o. J. [ca. 1955]

128 Montgomery, Bernhard Law: *Memoiren*. Aus d. Engl. v. Dietrich Niebuhr. München, Paul List Verlag 1958. © London, A. P. Watt Ltd.

129 MORAN, LORD: *Churchill.* Der Kampf ums Überleben 1940–1965. Aus dem Tagebuch seines Leibarztes Lord Moran. Aus d. Engl. v. Karl Berisch. Hrsg. v. Sir Charles MacMoran Wilson. München, Droemer Knaur Verlag 1967. © London, Constable & Robinson Publishing Ltd.

130 MUSSOLINI, BENITO: *Colloquio con il Giornalista Cabella.* In: Opera Omnia Vol. XXXII. A cura di Edoardo e Duilio Susmel. Firenze, La Fenice 1960

131 MUSSOLINI, RACHELE: *Mein Leben mit Benito.* Zürich, Thomas Verlag 1948

132 MUSSOLINI, VITTORIO: *Vita con mio padre.* Milano, Arnoldo Mondadori Editore 1957

133 NANSEN, ODD: *Von Tag zu Tag.* Ein Tagebuch. Aus d. Norw. übertr. v. Ingeborg Goebel. Hamburg, Hans Dulk Verlag 1949

134 *Neue Zürcher Zeitung*, 20.4.1945; 10.5.1945

135 NEUMANN, FLORA: *74559. Erinnern, um zu leben.* Vor Auschwitz, in Auschwitz, nach Auschwitz. Hamburg, Selbstverlag des Alternativen Wohlfahrtsverbandes (SOAL) 1991. © Flora Neumann

136 NICOLSON, HAROLD: *Diaries and Letters 1930–1964.* Ed. and Condensed by Stanley Olson, with an Introd. by Nigel Nicolson. London, Flamingo, an Imprint of Harper Collins Publishers 1996. © William Collins 1968

137 NIEKISCH, ERNST: *Gewagtes Leben.* Begegnungen und Begebnisse. Köln, Verlag Kiepenheuer & Witsch 1958

138 NIN, ANAÏS: *Die Tagebücher der Anais Nïn 1944–1947.* Hrsg. v. Gunther Stuhlmann. Aus d. Amerikan. übertr. v. Manfred Ohl u. Hans Sartorius. München, nymphenburger in der F. A. Herbig Verlagsbuchhandlung 1977

139 PANOFSKY, WALTER: *Richard Strauss.* Partitur eines Lebens. München, Piper Verlag 1965

140 PAQUIN, GRETE: *Wie hinter einem Vorhang.* Ein Göttinger Tagebuch von 1938 bis 1947 für meine Kinder geschrieben. Neukirchen-Vluyn, Friedrich Bahn Verlag 1968

141 PAVESE, CESARE: *Das Handwerk des Lebens.* Tagebücher 1935–1950. Aus d. Ital. v. Maja Pflug. Berlin, Claassen Verlag in der Ullstein Buchverlage GmbH 1988

142 PECHTOLD, FRIEDRICH: *Der Pimpf.* Eine Familie erlebt den Krieg im Kölner Land und in Coburg. Sulzbach, Selbstverlag 1987. © Karin Pechtold

143 PEIKERT, PAUL: *«Festung Breslau» in den Berichten eines Pfarrers.* 22. Januar bis 6. Mai 1945. Hrsg. v. Karol Jonca u. Alfred Konieczny. München, Berlin, Buchverlag Union [5]1974

144 PENTZIEN, ARNO: *Kriegstagebuch*: 2. (mot.) A. R. 18 vom 7. Juni 1941 bis Kriegsende 1945. Hamburg, Selbstverlag 1974

145 POHL, GERHART: *Bin ich noch in meinem Haus?* Die letzten Tage Gerhart Hauptmanns. Hrsg. u. mit einem Nachw. v. Günter Gerstmann. Herne, Stiftung Martin-Opitz-Bibliothek 2003. © Peter Pohl, Kiel

146 RAD, GERHARD VON: *Erinnerungen aus der Kriegsgefangenschaft Frühjahr 1945.* Hrsg. von Luise von Rad. Neukirchen-Vluyn, Neukirchener Verlag 1976. © Ursula von Rad

147 RADDATZ, FRITZ J.: *Unruhestifter.* Erinnerungen. Berlin, Propyläen Verlag in der Ullstein Buchverlage GmbH 2003
148 RIEDEL, HERMANN: *Halt! Schweizer Grenze!* Das Ende des Zweiten Weltkrieges im Südschwarzwald und am Hochrhein in dokumentarischen Berichten deutscher, französischer und Schweizer Beteiligter und Betroffener. Konstanz, Südkurier Verlag ²1984
149 ROOSEVELT, ELEANOR: *Eleanor Roosevelt's My Day.* Her Acclaimed Columns. Vol.1: 1936–1945. Ed. by Rochelle Chadakoff with an introd. by Martha Gellhorn. New York, Pharos Books 1989. © Nancy Roosevelt Ireland
150 RÜRUP, REINHARD (Hrsg.): *Der Krieg gegen die Sowjetunion 1941–1945.* Eine Dokumentation [Topographie des Terrors]. Berlin, Argon-Verlag 1991
151 RUHL, KLAUS-JÖRG (Hrsg.): *Deutschland 1945.* Alltag zwischen Krieg und Frieden in Berichten, Dokumenten und Bildern. Darmstadt, Neuwied, Hermann Luchterhand Verlag ³1985. © Klaus-Jörg Ruhl
152 SÄGEBRECHT, WILLY: *Nicht Amboß, sondern Hammer sein.* Hrsg. v. Fanny Rosner u. Heinz Vosske. Erinnerungen. Berlin, Karl Dietz Verlag 1968
153 SAENGER, ERNA: *Geöffnete Türen.* Ich erlebte hundert Jahre. Berlin, Selbstverlag 1975
154 SCHELLENBERG, WALTER: *Aufzeichnungen des letzten Geheimdienstchefs unter Hitler.* Hrsg. v. Gita Petersen. Vorw. Klaus Harpprecht. Komment. v. Gerald Fleming. München, Limes Verlag in der F.A. Herbig Verlagsbuchhandlung 1979
155 SCHENCK, ERNST GÜNTHER: *Patient Hitler.* Eine medizinische Biographie. Düsseldorf, Droste Verlag 1989. © Michael Schenck
156 SCHMIDT, PAUL: *Der Statist auf der Galerie 1945–50.* Erlebnisse, Kommentare, Vergleiche. Bonn, Athenäum Verlag 1951
157 SCHMIDT: *Das Tagebuch des Herrn Schmidt.* Ein Zeitdokument aus Berlin vom 20. April bis 27. Juli 1945. Hrsg. v. Michael Schütz. Hamburg, AVH-Verlag 1999
158 SCHÖN, HELMUT: *Die letzten Kriegstage.* Ostseehäfen 1945. Stuttgart, Motorbuch Verlag 1995
159 SCHRAMM, PERCY E. (Hrsg.): *Kriegstagebuch des Oberkommandos der Wehrmacht (Wehrmachtführungsstab) 1940–1945.* Bd. IV/8. Geführt v. Helmuth Greiner u. Percy E. Schramm. Bonn, Bernhard & Graefe Verlag o.J.
160 SCHROEDER, CHRISTA: *Er war mein Chef.* Aus dem Nachlaß der Sekretärin von Adolf Hitler. Hrsg. v. Anton Joachimsthaler. München, Langen Müller Verlag in der F.A. Herbig Verlagsbuchhandlung 1985
161 SCHULTZ-NAUMANN, JOACHIM: *Die letzten dreißig Tage.* Das Kriegstagebuch des OKW April bis Mai 1945. Augsburg, Weltbild Verlag o.J. © Bonn, Bernhard & Graefe Verlag 1961–1979
162 SCHULTZ-NAUMANN, JOACHIM: *Mecklenburg 1945.* Mit einem Vorwort von Andreas Hillgruber. München, Universitas Verlag in der F.A. Herbig Verlagsbuchhandlung 1989
163 SCHWEITZER, ALBERT: *Albert Schweitzer Lesebuch.* Hrsg. v. Harald Steffahn. München, C.H. Beck Verlag 1984

164 Shek, Alisah: *Ein Theresienstädter Tagebuch.* 18. Oktober 1944–19. Mai 1945. In: Theresienstädter Studien und Dokumente 1994. © Prag, Nadace Terezínská iniciativa

165 Shindel, Aleksandr Danilovich (Hrsg.): *Auf beiden Seiten der Front.* Briefe sowjetischer und deutscher Soldaten 1941–1945 (Po obl storony fronta. Pis ma sovetskich i nemeckich soldat 1941–1945 g.g.). Moskau, «Sol» 1995

166 Shirer, William L.: *Berliner Tagebuch.* Das Ende. 1944–1945. Hrsg. u. aus d. Amerikan. übers. v. Jürgen Schebera. Leipzig, Gustav Kiepenheuer Verlag 1994 [© f. deutsche Ausg.]

167 Shukow, Georgi Konstantinowitsch: *Erinnerungen und Gedanken.* Bd. 2. 5., überarb. u. erw. Aufl. Berlin, Militärverlag der Deutschen Demokratischen Republik 1976

168 Simonow, Konstantin: *Kriegstagebücher.* Bd. 2: 1942–1945. Aus d. Russ. v. Corinna u. Gottfried Wojtek u. Günter Löffler. Berlin, Verlag Volk und Welt 1979 (deutsche Ausg.). © Ekaterina Simonowa-Gudzenko, Mariya Simonowa, Alexander u. Alexej Simonow

169 Speer, Albert: *Erinnerungen.* Berlin, Propyläen Verlag in der Ullstein Buchverlage GmbH 1969

170 Spitta, Theodor: *Neuanfang auf Trümmern.* Die Tagebücher des Bremer Bürgermeisters Theodor Spitta 1945–1947. Hrsg. v. Ursula Büttner u. Angelika Voß-Louis [Eine Veröffentlichung d. Instituts für Zeitgeschichte]. München, R. Oldenbourg Verlag 1992

171 Stalin, Josef, Winston S. Churchill: *Die unheilige Allianz.* Stalins Briefwechsel mit Churchill 1941–1945. Hrsg. v. Gerhard Schoenberner mit einer Einl. u. Erl. zum Text v. Manfred Rexin. Reinbek, Rowohlt Verlag 1964. © Gerhard Schoenberner

172 *Stars and Stripes*, 12. 2. 1945; 20. 4. 1945; 24. 4. 1945; 26. 4. 1945

173 Steinbock, Johann: *Das Ende von Dachau.* Salzburg, Österreichischer Kulturverlag 1948

174 Steiner, Herbert: *Zum Tode verurteilt.* Österreicher gegen Hitler. Eine Dokumentation. Mit einem Vorw. v. F. Heer. Wien, Europa Verlag 1964

175 Sternheim, Thea: *Tagebücher III 1936–1951.* Hrsg. u. ausgewählt v. Thomas Ehrsam u. Regula Wyss im Auftr. der Heinrich Enrique Beck-Stiftung. Göttingen, Wallstein Verlag 2002

176 Sternheim, Thea: *Tagebücher V.* Kommentar. Hrsg. u. ausgewählt v. Thomas Ehrsam u. Regula Wyss im Auftr. der Heinrich Enrique Beck-Stiftung. Göttingen, Wallstein Verlag 2002

177 Storm, Ruth: *Ich schrieb es auf.* Das letzte Schreiberhauer Jahr. Freiburg i. Br., Bergstadtverlag Wilhelm Gottlieb Korn 1961

178 Sullivan, Matthew Barry: *Auf der Schwelle zum Frieden.* Deutsche Kriegsgefangene in Großbritannien 1944–1948. Übers. aus d. Engl. v. Margarete Venjakob. Wien, Paul Zsolnay Verlag 1981

179 Susdalew, P. K, W. A. Jumatow (Hrsg.): *Mit eigenen Augen.* Moskauer Künstler im Großen Vaterländischen Krieg. Aus d. Russ. übertr. v. Joachim Wilke. Berlin, Militärverlag der Deutschen Demokratischen Republik 1988

180 SWEERS, WEERT: *Die Turteltaube.* Heimweh nach Ostfriesland. Ein Zeitzeuge berichtet. Neermoor, Selbstverlag 1993

181 THAPE, ERNST: *Ernst Thapes Buchenwalder Tagebuch von 1945.* Hrsg. v. Manfred Overesch. In: Vierteljahrshefte für Zeitgeschichte 29, H. 4 (1981). © Manfred Overesch

182 TISSIER, TONY LE: *Der Kampf um Berlin 1945.* Von den Seelower Höhen zur Reichskanzlei. Berlin, Ullstein Buchverlage GmbH 1991

183 TRAMPE, GUSTAV (Hrsg.): *Die Stunde Null.* Erinnerungen an Kriegsende und Neuanfang. Stuttgart, Deutsche Verlags-Anstalt 1995

184 TREMAYNE, JULIA: *War on Sark.* The Secret Letters of Julia Tremayne. Introd. by Michael Beaumont. Exeter, Devon, Webb & Bower 1981. © Xan Franks

185 TRUMAN, HARRY S.: *Memoiren.* Bd. 1: Das Jahr der Entscheidungen (1945). Aus d. Amerik. v. Eduard Thorsch. Stuttgart, Scherz & Goverts Verlag 1955

186 UHLAND, LUDWIG: *Uhlands Gedichte und Dramen in zwei Bänden.* Bd. 1: Gedichte. Stuttgart, J. G. Cotta'sche Buchhandlung Nachfolger o. J. [ca. 1890]

187 VALÉRY, PAUL: *Cahiers / Hefte 1.* Hrsg. v. Hartmut Köhler u. Jürgen Schmidt-Radefeldt. Übers. v. Reinhard Huschke, Hartmut Köhler u. a. Frankfurt a. M., S. Fischer Verlag 1987 (deutsche Ausg.). © Paris, Éditions Gallimard 1973 u. 1974

188 VAUPEL, HELMUT: *Kriegsende 1945 – Letzte Tage in der Prignitz.* In: Blätter zur Stadtgeschichte H. 4 (1998). © Wittenberge, Prignitzer Heimatverein

189 VERMEHREN, ISA: *Reise durch den letzten Akt.* Ravensbrück, Buchenwald, Dachau: eine Frau berichtet. Reinbek, Rowohlt Taschenbuch Verlag 1979. © Isa Vermehren

190 *Vor 50 Jahren: Hamburg in den letzten Wochen des Zweiten Weltkrieges.* In: Hamburgische Geschichts- und Heimatblätter 13, H. 6–7 (1995). © Hamburg, Verein für Hamburgische Geschichte

191 WANTZEN, PAULHEINZ: *Das Leben im Krieg 1939–1946.* Ein Tagebuch. Aufgezeichnet in der damaligen Gegenwart. Bad Homburg, Verlag Das Dokument 2000

192 WARLIMONT, WALTER: *Im Hauptquartier der deutschen Wehrmacht 1939–1945.* Grundlagen, Formen, Gestalten. Bonn, Bernard & Graefe Verlag 1962

193 WARREN, HANS: *Geheim Dagboek 1945–1948.* Amsterdam, Bert Bakker 1982

194 WASSILTSCHIKOW, MARIE: *Die Berliner Tagebücher der «Missie» Wassiltschikow 1940–1945.* Aus. d. Engl. v. Elke Jessett. Berlin, Wolf Jobst Siedler Verlag 1987 (deutsche Ausg.). © The Estate of Marie Harnden 1985

195 WEICHMANN, ELSBETH: *Zuflucht.* Jahre des Exils. Mit einem Vorw. v. Siegfried Lenz. München, Albrecht Knaus Verlag in der Verlagsgruppe Random House 1983

196 WEIDLING, HELMUTH: *Der Endkampf in Berlin (23. 4.–2. 5. 1945).* In: Wehrwissenschaftliche Rundschau 12. Jg. (1962)

197 WEILL, KURT, LOTTE LENYA: *Sprich leise wenn Du Liebe sagst.* Der Brief-

wechsel Kurt Weill–Lotte Lenya. Hrsg. u. übers. v. Lys Symonette und Kim H. Kowalke. Köln, Kiepenheuer & Witsch 1998. © New York, The Kurt Weill Foundation for Music

198 WEISS, FRANZ-RUDOLPH VON: *Kriegsende und Neuanfang am Rhein.* Konrad Adenauer in den Berichten des Schweizer Generalkonsuls Franz-Rudolph von Weiss 1944–1945. Hrsg. v. Hanns Jürgen Küsters u. Hans Peter Mensing [Eine Veröffentlichung d. Instituts für Zeitgeschichte]. München, R. Oldenbourg Verlag 1986

199 WELLERSHOFF, DIETER: *Die Arbeit des Lebens.* Autobiographische Texte. Köln, Kiepenheuer & Witsch 1985

200 *WELT am SONNTAG*, 28.4.1985

201 WERTH, ALEXANDER: *Rußland im Krieg 1941–1945*. Bd. 2. Aus d. Engl. v. Dieter Kiehl. München, Droemer Knaur Verlag 1964. © Alexander Werth's Trustees

202 WESTPHAL, SIEGFRIED: *Erinnerungen.* Mainz, v. Hase & Koehler Verlag 1975

203 WIECK, MICHAEL: *Zeugnis vom Untergang Königsbergs.* Ein «Geltungsjude» berichtet. Mit einem Vorw. v. Siegfried Lenz. Heidelberg, Lambert Schneider Verlag 1988. © Heidelberg, Universitätsverlag C. Winter

204 WILLIS, DONALD J.: *The Incredible Year.* Ames, Iowa, Iowa State University Press 1988

205 WISCHNEWSKI, ALEXANDER: *Tagebuch eines Feldchirurgen.* Berlin, Militärverlag der Deutschen Demokratischen Republik 1978

206 WOLFF-MÖNCKEBERG, MATHILDE: *Briefe, die sie nicht erreichten.* Briefe einer Mutter an ihre fernen Kinder in den Jahren 1940–1946. Hrsg. v. Ruth Evans. Hamburg, Hoffmann und Campe Verlag 1980. © Rhys Evans

207 WYNDHAM, JOAN: *Love Lessons & Love is Blue.* Diaries of the War Years. London, Mandarin 1995

208 *Yanks treffen Rote.* Begegnung an der Elbe. Erinnerungen amerikanischer und sowjetischer Soldaten des Zweiten Weltkrieges. Aus d. Amerikan. v. Karl Heinz Berger, aus d. Russ. v. Heinz Kübart. Berlin, Militärverlag der Deutschen Demokratischen Republik 1990

2. Archive und Institutionen

A 1 Archives Nationales à Paris, Centre Historique. M. Chereau (AJ/72/321. All.23)
A 2 Bayerisches Hauptstaatsarchiv, München. Kriegsarchiv. Franz Ritter von Epp (Nachlass Epp 94)
A 3 Bundesarchiv-Lastenausgleichsarchiv, Bayreuth
A 4 Bundesarchiv-Militärarchiv, Freiburg. Wehrmachtsbericht (RW 4)
A 5 Das Kempowski Archiv, Nartum
A 6 Deutsches Rotes Kreuz Suchdienst, München
A 7 Deutsches Rundfunkarchiv, Frankfurt a. M.
A 8 Evangelische Kirchengemeinde Marien, Berlin
A 9 Hans Fallada Archiv, Feldberger Seenlandschaft. Elisabeth Ditzen. © Dr. Ulrich Ditzen
A 10 Imperial War Museum, London. Department of Documents. © mit freundlicher Genehmigung der Rechteinhaber
A 11 Institut d'Histoire du Temps Présent – Centre National de la Recherche Scientifique, Cachan. Archivar Chobaut (cote ARCo 83); Ferdinand Picard (Picard D.24)
A 12 Kreisgemeinschaft Angerburg Archiv, Rotenburg (Wümme). Walter Wendel. © Maria Wendel
A 13 Marinemuseum Dänholm Archiv, Stralsund
A 14 Marineschule Mürwik. Wehrgeschichtliches Ausbildungszentrum. Gert Kochskämper (Archiv Nr. 16460)
A 15 Nordost-Institut, Lüneburg. Namen sind geändert: Wilhelm Bodenstedt (P O/144); Irma von Blanck-Heise (P O/50)
A 16 Schleswig-Holsteinische Landesbibliothek, Kiel. Nachlaß Hans Friedrich Blunck (Cb 91). © Dr. Jürgen Blunck
A 17 Senatsverwaltung für Stadtentwicklung, Berlin
A 18 Siebenbürgische Bibliothek mit Archiv, Gundelsheim
A 19 Staats- und Universitätsbibliothek Hamburg. Handschriftenabteilung. NL Walter Teich (46:1157: Bl. 80)
A 20 Staatsarchiv der Freien und Hansestadt Hamburg. Luise Solmitz (622-I: Familie Solmitz I Bd. 34)
A 21 Staatsbibliothek Berlin, Preußischer Kulturbesitz. Handschriftenabteilung. NL Hauptmann
A 22 Stadtarchiv München. Anni Antonie Schmöger (NL Schmöger)
A 23 Stiftung Archiv der Akademie der Künste, Berlin. Fritz Hochwälder (Georg-Kaiser-Archiv) © Ullstein Buchverlage GmbH, Berlin; Eva Richter-Fritzsche (Eva-Schmidt-Fritzsche-Archiv) © Gisela Harich-Hamburger; Walther von Seydlitz-Kurzbach (Erich-Weinert-Archiv); Mary Wigman (Mary-Wigman-Archiv) © Marlies Heinemann
A 24 Stiftung Archiv der Parteien und Massenorganisationen der DDR im Bundesarchiv Berlin. 8. Sitzung des Lagerkomitees (Dy 55/V 278/2/23); Bertram

Bietz, unbekannter KZ-Häftling, August Richard Protz (Dy 55/V 278/2/29); Wilhelm Pieck (Ny 4036/544); Walter Ulbricht (Ny 4182/851); Erich Weinert (Ny 4065/1)

A25 The Mass-Observation Archive, Brighton. © reproduced with the permission of the Trustees of the Mass-Observation Archive, University of Sussex

A26 Traditionsarchiv Unterseeboote, Cuxhaven-Altenbruch

A27 University of Oregon Library System, Eugene, Oregon. Division of Special Collections and University Archives. Edward Morton (Ax 783)

A28 Zentrum der Dokumentationen «Volksarchiv», Moskau

A29 Zentrum zur Aufbewahrung der Dokumente der Jugendorganisationen, Moskau

3. Bildnachweis

Wir danken folgenden Institutionen für den Abdruck von Photographien: Bayerische Staatsbibliothek, München (S. 453); dpa-Bildarchiv, Frankfurt a. M. (S. 239); Sächsische Landesbibliothek – Staats- und Universitätsbibliothek Dresden Abt. Deutsche Fotothek (S. 218, 283, 343); SV-Bilderdienst, München (S. 108, 181, 413); ullstein bild, Berlin (S. 8, 35, 77, 437); ullstein bild – AP (S. 143); ullstein bild – dpa (S. 2); ullstein bild – Sven Simon (S. 379); ullstein bild – Ernst Voller (S. 261); ullstein bild – Horst Sakowitz (S. 310).

Danksagung

Ich danke den Archiven, die mich bei meiner Materialsuche unterstützten, den Verlagen für die Erteilung der Abdruckgenehmigungen und allen Personen für ihre freundliche Bereitschaft, uns ihre Texte für DAS ECHOLOT zur Verfügung zu stellen.
Ferner danke ich für Recherchen und Transkriptionen Carla Damiano, Andrej W. Doronin, Hans-Wilhelm Eckert, Kirsten Hering, Hildegard Kempowski, Ulrich Krüger, Anette Lienert, Simone Neteler, Mireille Onon, Anatoli Philippowitsch Platitsyn, Angela Scheffel, Peter Steege, Frank Wagner;
für Übersetzungen Kirsten Bühler (aus dem Dän.), Nicole Fester (aus dem Engl.), Andrea Gotzes (aus dem Russ.), Manfred Hempel (aus dem Engl.), Annette Kohler (aus dem Ital.), Mireille Onon (aus dem Franz.), Anatoli Philippowitsch Platitsyn (aus dem Russ.), Anne L. Schippmann (aus dem Engl.), Ingeborg Schröder (aus dem Russ.), Frank Wagner (aus dem Engl.), Regine Wagner (aus dem Engl.) sowie für die Einholung der Abdruckgenehmigungen Barbara Münch-Kienast.

W. K.

*

Inhalt

ANHANG

Die Originalausgabe erschien 2005 im Albrecht Knaus Verlag, München
Redaktion: Dirk Hempel

MIX
Papier aus verantwortungsvollen Quellen
FSC
www.fsc.org
FSC® C083411

Verlagsgruppe Random House FSC® N001967

PENGUIN VERLAG

1. Auflage 2020

Covergestaltung: bürosüd nach einem Entwurf von
Design Team unter Verwendung eines Kunstwerks von Juan Genovés;
Postimagenes, 1969, Öl auf Leinwand (117x73x2 cm);
mumok-Museum moderner Kunst Stiftung Ludwig Wien,
Leihgabe der Österreichischen Ludwig-Stiftung; VG-Bildkunst 2019
Druck und Bindung: CPI books GmbH
Printed in Germany
ISBN 978-3-328-10514-5

www.penguin-verlag.de